脱文明のユートピアを求めて

EXTRAORDINARY GROUPS
An Examination of Unconventional Lifestyles

リチャード・T・シェーファー
Richard T. Schaefer
ウィリアム・W・ゼルナー
William W. Zellner
松野 弘 監訳
Hiroshi Matsuno
徳永真紀／松野亜希子 訳
Maki Tokunaga　Akiko Matsuno

筑摩書房

目　次

日本語版への序文　1
著者紹介　5
序　文　8
序　論……12
1　社会学的説明……13
2　多様性（Diversity）……16
3　関　心（Interest）……17

目次

4 カルトとは何か？ …… 18

第1章 ジプシー …… 20
1 概観 …… 21
2 初期の歴史 …… 24
ジプシーのパラドックス／現代期／アメリカ合衆国
3 ロムを研究する難しさ …… 30
4 マリメ …… 32
マリメとメラロ／ガジェ——状況の定義づけ／同化への障壁
5 家族と社会組織 …… 37
ファミリア／ヴィツァ
6 見合い結婚と結婚資金 …… 41
ボリ／現代の変化／ガジェとの結婚
7 ライフスタイル …… 45
移住と移動性／ライフサイクル／ジェンダー役割

目次

8 経済組織……50
クンパニア
9 活動……52
占術／不法行為
10 社会統制……55
リーダーシップ――ロム・バロー／社会統制としてのマリメ／クリス
11 偏見と差別……60
12 適応能力――ジプシーのトレードマーク……65
13 展望……66
インターネット情報源 68
精選文献リスト 69
第2章 オールド・オーダー・アーミッシュ……80
1 初期……81
2 「……風変わりな人々」……84

目　次

風貌と服装／一般的なライフスタイル／医学と健康
3　農　場……92
経済発展／アーミッシュの家／変化のペース
4　レジャーとレクリエーション……98
肯定的な側面／自動車の禁止／相対的剥奪
5　宗教的慣習……103
聖職者／人と神とによる選択／「仮初《かりそめ》の訪問者」
6　サンクション……108
マイドゥンク
7　求愛と結婚……111
デートの実践／結婚
8　家　族……114
女性の役割／家の有意性／家族の機能
9　教育と社会化……120
アーミッシュ学校／価値

目　次

10　アーミッシュが直面している問題……124
ラム・スプリンガ／近代化の脅威／
観光事業の苦悩――果たして事実は？／
行政の介入／消える農地――最大の問題？
11　将　来……131
結論
インターネット情報源　134
精選文献リスト　135
第3章　シェーカー教徒……143
1　マザー・アン・リー……145
性的欲望／指導者の出現
2　アメリカでの始まり……149
3　迫害と起訴……151
マザー・アンの死
4　シェーカー教徒の生活の魅力……154

結婚生活の終わり／経済的安定／社交性／情緒性と熱狂的活動／地上のキリスト
5　拡　大……158
南北戦争／再来信仰者の数
6　経済的組織……162
肉体労働／分業／実用主義／シェーカーの発明／音楽
7　シェーカー経済の評価……168
訴訟
8　社会組織……170
9　男女の分離……173
10　シェーカー教徒の典型的な一日……176
秩序／安息日／概観
11　子供たち――成功とも失敗ともいえない事業……181
教育方針／準拠集団行動
12　シェーカー神学……185

二元性——神、男、女／心霊主義
13　教団の衰退……189
14　シェーカー教の遺産……192
15　現在の状況……195
インターネット情報源　197
精選文献リスト　197
第4章　モルモン教徒……204
1　「焼き尽くされた」地域……204
金板
2　ジョセフ・スミス——論争を引き起こした男……208
モルモン書／疑う人と信じる人
3　草創期……212
4　余波——そして、ブリガム・ヤング……214
5　複　婚……217
始まり／複婚の実施／日の栄えの結婚／複婚家庭

6　多妻結婚の終焉 …… 224
7　ＬＤＳの組織 …… 227
ワードとステーク／教会幹部／参加型関与
8　家族の活力 …… 231
血縁家族のネットワーク／死者の調査
9　独特の慣習 …… 235
集団帰属意識／知恵の言葉／道徳を法制化する／什分の一／伝道活動
10　現代の政治 …… 243
11　モルモン教の課題 …… 244
知識人／女性の役割／人種問題／不変の継承プロセス／背教者たち
12　原理派 …… 251
今日の複婚／注目を集めているケース
13　今日のモルモン教 …… 255
ビジネスと財政上の利害／福祉／教育

14　グローバル宗教……260
インターネット情報源　262
精選文献リスト　263
第5章　オナイダ共同体……277
1　背　景……278
2　パトニー集団……280
3　オナイダ……284
マンション・ハウス
4　第一次集団の相互行為……286
大ホール
5　意思決定……290
運営委員会／中央メンバー
6　女性の役割……293
新しい服装
7　構成員と脱退……295

社交性／脱退
8　相互批判……299
9　経済共同主義……301
罠／自己満足とエスノセントリズム／労働――文化的テーマ／生活レベル
10　複合婚……307
性的規制／仲介人の利用／仲間意識の高揚
11　複合婚――答えなき問題……314
12　優種育成計画……317
13　子育て……321
14　道の終わり……325
外部圧力／内部圧力／タウナー支持者／リーダーシップの衰退／崩壊／余波
15　現代的評価……332
インターネット情報源　334
精選文献リスト　334

第6章　エホバの証人……341
1　千年王国運動……341
2　チャールズ・ラッセル……342
ミラー派／個人的特徴／かすかな醜聞
3　エホバの証人と連邦政府……347
変形論／エホバの証人と外国政府
4　組　織……352
世界本部／パターソン農場
5　財　源……355
慈善事業／建設
6　証人たちが信じていること……357
最初の創造／堕罪／贖《あがな》い／外れた予言／
終末論／楽園
7　社会的特徴……363
投票行動／性的態度／結婚と家族／
統合化された共同体／医学／教育／

目次

祝日

8 改宗者の獲得と信仰の維持……372
絆／確信の必要性／アノミー／改宗前から共有される価値観

9 宗教的な観点……380
家庭訪問／過去の関係／疎外／信者であること／隠語

10 集会……384
開拓者と伝道者

11 結びの言葉……386
インターネット情報源 388
精選文献リスト 388

第7章 ファーザー・ディヴァイン運動……398
1 マザー・ディヴァインに会う……399
2 聖餐の祝宴……401

目次

祝いの催し／説教／「肉体を持つ神」

3 ジョージ・ベイカー物語 …… 410

メッセンジャー

4 ニューヨーク市時代 …… 414

5 セイヴィル――転機 …… 417

ルイス・J・スミス判事

6 入信の理由 …… 423

顕在的機能と潜在的機能／人種のステレオタイプ／疎外

7 経済構造 …… 428

ホテル業／雇用サービス

8 社会組織と名称 …… 432

9 性的行為禁止―結婚禁止―家族禁止 …… 433

シェーカー教徒とディヴァイン派

10 報酬 …… 436

11　敵と離反者……439
背教者／トミー・ガルシア物語
12　運動の範囲と運営……447
指導部
13　マザー・ディヴァイン……452
再婚／ジム・ジョーンズ
14　運動――短所と長所……455
短所／長所
15　現　状……458
インターネット情報源　461
精選文献リスト　461

第8章　ネイション・オブ・イスラム……468
1　転向事例――クレイから、アリへ……469
2　ブラック・ムスリム――宗教ではなく、レッテル貼り……472
3　イスラム教――概観……473

目次

イスラム教と、ユダヤ教、キリスト教との伝統の共通点／イスラム教独自の信条／イスラム教世界の多様性
4 アメリカ合衆国におけるイスラム教……476
5 ブラック・ナショナリズム……478
世界黒人地位改善協会／二重意識
6 ムーリッシュ・サイエンス・テンプル……481
7 ネイション・オブ・イスラム——初期……484
8 イライジャ・ムハンマド——預言者の登場……487
イライジャ・ムハンマドとイスラム教
9 マルコムX——ブラック・ムスリムの唱道者……490
マルコムXとイライジャ・ムハンマドとの関係の終焉
10 対破壊者情報活動……494
11 動乱期——一九六五年-一九七五年……495
マルコムXの暗殺／千年王国運動／イライジャ・ムハンマドの死
12 アメリカン・イスラム協会の誕生……497

13 ネイション・オブ・イスラムの持続……500
14 ネイション・オブ・イスラムとユダヤ系アメリカ人……502
15 家族生活とジェンダー……504
16 教育……506
17 ミリオン・マン・マーチ……508
18 オバマランドにおけるブラック・ナショナリズム……509
19 結語……511
インターネット情報源 513
精選文献リスト 513
第9章 サイエントロジー教会……521
1 L・ロン・ハバード……522
幼少期／作家としての経歴
2 デーヴィッド・ミスキャヴィッジ……527
3 ダイアネティックス――概観……528
オーディティング／訓練／セイタン／メスト

目次

4 サイエントロジーへの改宗 534
5 組織、本部、分派集団 537
シー・オルグ／リハビリテーション・プロジェクト・フォース／フロリダ州クリアウォーター／分派集団
6 宗教としてのサイエントロジー 540
教義／礼拝／祝日／絶縁
7 社会問題に関する見解 545
同性婚と同性愛／中絶／避妊／来世
8 サイエントロジーの最大の敵――政府 547
攻撃にさらされる癒し／スノー・ホワイト作戦／アメリカ合衆国の画期的出来事――認定／世界の宗教
9 批判者への批判 552
10 リサ・マクファーソンの死 553
フォート・ハリソン・ホテル／法的解決
11 ハリウッドとの親交 555

セレブリティ・センター／サイエントロジーの結婚式／
クルーズとホームズ／ジェット・トラボルタの死
12 結びの言葉 …… 559
インターネット情報源 560
精選文献リスト 561

第10章 ウイッカ …… 570
1 ウィッチクラフト——序論 …… 571
ペイガンなのか？ ——そう、ペイガンである／
悪魔主義者か？ ——いや、そうではない／
オカルティストか？ ——おそらくそうであろう
2 反ウィッチクラフト運動 …… 575
ピューリタン／魔女術の取り締まり
3 ジェラルド・ガードナー …… 579
クラフトの登場／マン島／影の書／リード
4 ウイッカの組織 …… 588

目次

5 カヴン対ソリテア……590
カヴン／ソリテア
6 呪術……592
7 ライフサイクル……595
ウイッカニング／ハンドファスティング／来世
8 ブルーム・クローゼットから出る……599
9 女神……601
10 宗教としてのウイッカ……604
政府の承認
11 メディア……608
訓練を受けるウィッチ／インターネット／
フラッフィー・バニー
12 現代のパターン……613
インターネット情報源 616
精選文献リスト 616

目　次

用語解説　627
監訳者あとがき　637
索　引　i

註について――原註・訳註とも各章末にまとめた。本文中の註番号で、訳註には＊印を付した。
本文中の太字（ゴシック体）の語――巻末の「用語解説」にあることを示す。

脱文明のユートピアを求めて

EXTRAORDINARY GROUPS (9th edition)
by Richard T. Schaefer and William W. Zellner

First published in the United States
by Worth Publishers, New York

Japanese translation published by arrangement with
Worth Publishers, a division of Bedford, Freeman and
Worth Publishing Group LLC through The English
Agency (Japan) Ltd.

日本語版への序文

このたび、拙著『脱文明のユートピアを求めて』（原題 *Extraordinary Groups* 第9版、二〇一一年）の日本語版に対して、序文を書く機会を与えられたことを大変嬉しく思っております。本書の初版が一九七六年に刊行されて以来、その最新版である、第9版まで多くの読者に関心をもって読まれ続けていることに感謝したいと思います。

本書の英語版への序文を記す際には、この仕事の完成に助力してくれた数多くの人々に謝意を表していますが、今回の日本語版の刊行に関しては、本書の意義を理解し、日本語版刊行に大変尽力して下さった、千葉商科大学人間社会学部教授／千葉大学大学院客員教授（前・千葉大学大学院教授）の松野弘博士にとりわけ、感謝したいと思います。また、版権仲介に努めていただいた、ワース出版社のイレーヌ・エレンバーガー、サラ・バーガーにお礼を申し上げます。

さて、本書に登場する一〇の「風変わりな集団」を選ぶに際して、私は社会の支配的集団にとって、明らかに一般社会の価値観とは異なる風変わりと思われるような社会集団への、何千人、場合によっては、何百万人もの信奉者を魅了しているような集団を選びました。程度の差はあれ、これらの集団のメンバー（成員）は、自分たちの「よそ者」(outsider)、あるいは、「マイノリティ」(minority＝少数民族、もしくは、少数者集団)の信念や行動をかたくなに保持しながらも、より大規模な社会と相互に作用しています。「風変わりな集団」は、日本においても新しいものではありません。本書で記述されている一〇の集団に類似した特徴をもつ日本のさまざまな集団に関しては、多くの研究者が書き記してきました。読者の方々は、これらの集団と、カルト集団として知られている「オウム真理教」、中国の「法輪功」、韓国の「世界基督教統一神霊協会」やチョン・ミンソクの「摂理」等との類似や差異による比較を即座に思いつかれるかもしれません。私は読者の皆さんに、これらの集団は、本書に登場する米国の一〇の集団との比較をマジョリティの人々のマイノリティの人々に対する態度や差別という視点の他に、歴史、イデオロギー、雇用問題、家族生活、教育などの視点から考えていただくことを願いながら執筆しました。

本書で取り上げている「風変わりな集団」のいくつかは日本にも存在しています。第二次世界大戦中、日本の「エホバの証人」(The Jehovah's Witnesses＝日本では、通称「ものみの塔」)は欧米の信者の人々と同じく、国家の権威を認めることを拒否してきました。とりわけ、一九三九年には、ヒロヒト天皇(昭和天皇)の御影に拝礼することを拒否した一〇〇人以上の「エホバの証人」信者が逮捕され、何年もの間、彼ら(あるいは、彼女ら)の所在は不明となっていました。二〇一二年現在、日本の「エホバの証人」の信者数は二一万七〇〇〇人以上となっています。「モルモン教」(The Mormons)は北海道の札幌にある私立大学、北星学園大学のキャンパスの近くに、日本で三番目、アジアで八番目の教会を設立しました。「サイエントロジー教会」(The Church of Scientology)の創始者ロン・ハバードは一九二七年から、一九二八年にかけて日本やアジアの他の国々を訪問しました。これらの経験は自らの信念体系を前進させていくことに役立ったと彼自身が説明しています。今日、「サイエントロジー教会」は情報によれば、二〇〇人のスタッフとともに東京に事務所を構え、反ドラッグ・プログラムを推進しているようです。

二〇一一年の東日本大震災とそれに伴う大津波は、またたくまに世界の人々の関心を集めました。この災害に際して、本書に登場するいくつかの「風変わりな集団」は日本人のニーズに応えました。「エホバの証人」や「モルモン教」は海外からの援助をもとに日本で救援チームを組織したと聞いています。さらに、「サイエントロジー教会」は「奉仕者としての宗教的な教師」(volunteer ministers)を派遣し、被災して家を失った人々を支援しました。どちらの場合も、これらの宗教集団の国際的な組織が自らの援助活動をPRし、信仰は別にしても、すべての人々に対して奉仕活動は行われるものであることを明らかにしました。

他の視点からみても、米国の「風変わりな集団」は日本に存在しています。欧州の放浪の民とされる「ロマニー」(Romany――ジプシー語でいう「ジプシーの人々」)が日本に存在しているとの記録はないのにもかかわらず、「ジプシー」(Gypsy)という言葉は、時折、日本の「サンカ」の訳語として使われています。ジプシー風の音楽は日本でも演奏されています。一九八五年のハリソン・フォード主演の映画『刑事ジョン・ブック　目撃者』(Witness――アーミッシュ)や一九九二年の『マルコムX』(Malcom X――ネイション・オブ・イスラム)は日本での上映で興行的にも成功しました。ジョン・トラボルタやトム・クルーズなどの有名俳優が「サイエントロジー教会」を信奉していることは、日本の映画ファンにもよく知られています。アーミッシュの料理本の翻訳は日本でよくみかけますし、アーミッシュのパイやパン製品は町の商店やスーパーマーケットでも売られています。日本の方々がこれらの宗教集団を信奉するにせよ、しないにせよ、このように、米国の「風変わりな集団」は日本の社会に少しずつですが、浸透しているように思われます。

私は米国の「風変わりな集団」について日本の読者の皆さんが理解を深めて下さり、かつ、日本に存在しているさまざまな集団に対して、本書を通じて関心を寄せていただければ、著者として幸いこの上なく思います。

二〇一五年二月

デポール大学リベラルアーツ・社会科学部名誉教授、Ph.D.

リチャード・T・シェーファー

著者紹介

著者の一人であるリチャード・T・シェーファー教授は、ノースウェスタン大学で学士号（B. A.）を取得後、シカゴ大学で社会学の修士号（M. A.）と博士号（Ph. D.）を取得した。それまで人種関係論（race relations）に研究関心をもっていた関係で、「クー・クラックス・クラン（Ku Klux Klan——黒人・ユダヤ人・旧教徒等を排斥することを目的とした、白人秘密テロ結社）の成員性」に関する修士論文、「英国における人種的偏見と人種関係」に関する博士論文を執筆した。著作として、（一）『人種集団、並びに、エスニック集団』（*Racial and Ethnic Groups*）（第12版、Census Update）、（二）『米国における人種とエスニシティ』（*Race and Ethnicity in the United States*）（第6版）、（三）『社会学』（*Sociology*）（第12版）、（四）『社会学入門』（*Sociology: A Brief Introduction*）（第9版）、（五）『社会学の対象と課題』（*Sociology in Modules* and *Sociology Matters*）（第5版）などがある。また、『アメリカ社会学雑誌』（*American Journal of Sociology*）（シカゴ大学）、『人種と文化に関する評論』（*Phylon: A Review of Race and Culture*）、『現代社会学』（*Contemporary Sociology*）（アメリカ社会学会の書評誌）、『社会学と社会調査』（*Sociology and Social Research*）、『季刊　社会学』（*Sociological Quarterly*）、『社会学の教授法』（*Teaching Sociology*）（アメリカ社会学科の雑誌）などの学術専門誌に数多くの論文を発表してきた。さらに、「イリノイ社会学会」（Illinois Sociological Association）、「中西部社会学会」（Midwest Sociological Society）

の会長職を歴任した。彼はまた、自らが所属する大学の学部生に対する教育活動が高く評価され、二〇〇四年に「ヴィンセント・デポール　社会学教授」（Vincent DePaul Professor of Sociology）に任命された。このように、シェーファー博士は三五年以上にわたって社会学を教えてきたが、現在では、デポール大学（DePaul University）で名誉教授職の地位にあり、多くの学生からさまざまな教訓を得ながら、こうした学生のもつ多様な洞察力を高く評価している。

もう一人の著者の、故ウィリアム・W・ゼルナー教授は、オクラホマ州エイダ（Ada）にある、イースト・セントラル大学（East Central University）の社会学担当教授を長年、務めてきた。彼はこの *Extraordinary Groups* の第4版から第7版までの著者であった（第4版は、W・M・ケファートとの共著）。彼はラファイエット・カレッジ、ミズーリ・ヴァレー・カレッジ、モラヴィアン・カレッジ、ミリキン大学で学び、学士号（B.A.）を、さらに、ウェスタン・イリノイ大学で修士号（M.A.）を、サウス・ダコタ州立大学で博士号（Ph.D.）を取得した。

ゼルナー博士は、『対抗文化の社会学的分析』（*Countercultures: A Sociological Analysis*）や『セクト、カルト、スピリチュアル・コミュニティ』（*Sects, Cults, and Spiritual Communities*）［マルク・ペトロフスキーと共編］をはじめとして、数多くの論文、エッセイ、著作を発表した。「オクラホマ社会学会」（Oklahoma Sociological Association）の会長や「宗教の科学的研究学会」（Association for the Scientific Study of Religion）の会長（三度）を歴任し、「九つの郡のコミュニティ活動のためのアワード賞委員会」（an award-winning nine-county community action agency）の委員長も務めた。さらに、米国の宗教的な宗派やカルトに関心を寄せる外国人ジャーナリストに情報を提供する、アメリカ合衆国情報局のすぐれた専門家の一人に認定されていた。一九六六年、ゼルナーは、〈対抗文化と風変わりな集団に関する概論〉（Overview of Countercultures and Extraordinary Groups）に関する学部講座をはじめて立ち上げた。彼は本書の第7版が刊行され、多くの一般読者、学生、教師等に読まれるようになってからまもなく、二〇〇三年に逝去された。

序　文

現在、本書『脱文明のユートピアを求めて』は、第9版に至って、これまでの刊行の歴史の中で最も満足のゆくものとなった。本書は社会学者によって執筆され、社会学理論を例証しており、人類学、宗教学、歴史学、心理学を含む、さまざまな社会科学課程にも採用されている。こうした学際的アプローチは、本書が多くの大学において使用されている理由の一つである。そして、その採用数は増え続けている。

本書が魅力的であるもう一つの理由は分析的というよりも、むしろ記述的であり、説明的な内容にある。事実、説明は基礎的な社会学概念と絡ませてあるが、体系的分析、帰納的推論は指導者の判断に委ねている。

本書第9版は、一九七六年に初版が世に出て以来、最も重大な修正を行った。一四九八年の「ジプシー」（The Gypsies：ロマ）から、二〇世紀の「サイエントロジー教会」（The Church of Scientology）、「ウイッカ」（Wicca）に至るまで、各集団がアメリカに存在しているが、それらをおおよその年代順に整理し直した。さらに、全く異なる経験と構成員パターンをもつ三集団――「シェーカー教徒」（The Shakers）、「ネイション・オブ・イスラム」（The Nation of Islam）、「ウイッカ」（Wicca）――が追加された。

全章において、最新の出来事や研究成果が取り上げられている。最新の情報には以下のものが含まれる。歌手マドンナのロマを擁護する支持宣言（六三頁）、第4章「モルモン教徒」（The Mormons）において、新たなセクション〔現代の政治〕〔原理派〕〔グローバル宗教〕、そして、第9章「サイエントロジー教会」において、新たなセクション〔組織、本部、分派集団〕〔批判者への批判〕、ジェット・トラボルタの死をめぐる論争（五五八頁）を追加した。

法的措置は、本書に登場する多くの集団に影響を与え続けている。例えば、最新の第9版においては、「エホバの証人」が許可なく、他人の家を訪問する憲法上の権利を有すると判断した最高裁判決を考察した。また、テレビ番組『ビッグ・ラブ』（モルモン教徒）や『アーミッシュ・イン・ザ・シティ』など、映画『ザ・クラフト』（ウイッカ）、『アメリカン・ジプシー』など、本書に登場する少し「風変わりな集団」をメディアがいかに表現し、もしくは、誤って報道しているかの考察も継続している。さらに、カルトという論争的な話題については、序章で取り上げる。そして、シェーカー教徒のメンバーとともにミーティングに参加したシェーファー自身の経験も、この第9版に含まれている。

大学教育上の特徴は、重要語句が七〇語から一一三語に増加したことなどにみられる。これら追加された用語には、「スペルワーク」（spellwork）など、「風変わりな集団」（extraordinary groups）に特化した用語に加えて、逸脱、エスノセントリズム、批判者への批判、第一次集団、第二次集団、規範、疎外、ステレオタイプ、商品化など、社会科学分野ではよく知られている用語も含まれる。

すでに述べた三集団の追加は、旧版を知っておられる読者には、自明のことであろう。現在なお存続しているとはいえ、シェーカー教徒はキリスト教の変化の一形態として特徴的に示されている風変わりな共同生活の実践について、もう一つの観点を提供する、一九世紀の歴史物語である。ネイション・オブ・イスラム、ユダヤ教、キリスト教の伝統とは対照的である。ネイション・オブ・イスラムはこうした伝統から距離を置くだけではなく、ごく最近まで、二〇世紀に移民によってもたらされたイスラム教の教義からも鋭く乖離するものであった。シェーカー教徒やネイション・オブ・イスラムより、慣習的な伝統から距離を置く集団を列挙することは難しい。少なくとも、ウイッカの存在を認識するまでは、そうであった。この集団を理解しようとする努力の大半は、それが何であるかということだけではなく、何が正確でないかを明確にするのに費やされた。こうした三集団を追加した結果、私たちはアメリカ合衆国を構成する社会生活の広範なタペストリーのより完全な視点を得るのである。

『脱文明のユートピアを求めて』の刊行の背後にある創造的、かつ、学術的な見解を守るために、著者はあらゆる努力をした。初版の著者は、ペンシルヴァニア大学の社会学教授、ウィリアム・S・ケファート（William S. Kephart）であった。多数の学生にとって幸いなことに、ビル・ゼルナーは、不便なライフスタイルに固執する集団に対するケファートの情熱に出会い、第4版から彼は共著者となった。私は、ウェスタン・イリノイ大学で教壇に立っていた時、一九七〇年代後半に学籍があったビル・ゼルナーの学部生時代と大学院生時代、の両方とも熟知している。彼のおかげで、本書は色あせることなく、さらに一〇年以上にわたって三度も版を重ねた。

謝　辞

長きにわたり、多数の読者からの思慮深く、鋭い洞察力に満ちたコメントによって、『脱文明のユートピアを求めて』（*Extraordinary Groups*）は版を重ね、進化を遂げてきた。コメントを寄せて下さった、ロレーヌ・クリモビッチ（Lorraine Klimowich）、ペニー・ロビンソン（Penny Robinson）、ブランディ・スミス（Brandy Smith）に感謝申し上げる。そして、学術的なコメントを寄せて下さった、キャロル・アプト（Carol Apt）：サウス・カロライナ州立大学、ボニータ・フリーマン＝ウィズオフト（Bonita Freeman-Withoft）：ウェスト・チェスター大学、マーク・ハートラローブ（Mark Hartlaub）：テキサスA&M大学：コーパス・クリスティ校、ジョセフ・キャロル（Joseph Carroll）：コルビィ＝ソーヤー・カレッジ、ジェフェリー・ローゼンフェルド（Jeffery Rosenfeld）：ナッソー・コミュニティ・カレッジ、ブライアン・モス（Brian Moss）：オークランド・コミュニティ・カレッジ、ミッシェル・タイタス（Michele Titus）：カレッジ・オブ・サンマテオ、ポール・ディマーズ（Paul Demers）：ネブラスカ大学リンカーン校、リチャード・ジェンクス（Richard Jenks）：インディアナ大学サウスイースト校、ブライアン・バリィ（Brian Barry）：ローチェスター工科大学、フェラー・ボース（Feler Bose）：アルマ・カレッジ、M・G・ダン（M. G. Dunn）：ロアノーク・カレッジ、ケリー・ダガン（Kelly Dagan）：イリノイ・カレッジ、フィリップ・ディビス（Philip Davis）：ジョージア州立大学、T・ジョン・アレキサンダー（T. John Alexander）：ヒューストン・バプティスト大学、ダグラス・C・バクテル（Douglas C. Bachtel）：ジョージア大学、アントニオ・A・キアレッリ（Antonio A. Chiareli）：ユニオン大学、カレン・B・マーティン（Karen B Martin）：グレイト・ベイシン・カレッジ、フレッド・C・パンペル（Fred C. Pampel）：コロラド大学、デニス・L・ペック（Dennis L. Peck）：アラバマ大学、の各位に、謝意を表したい。

リチャード・T・シェーファー
schaeferrt@aol.com
www.schaefersociology.net

序論

アメリカは「文化的多様性」（cultural diversity）に満ちた魅力ある国である。多様なエスニック集団、数多くの宗教集団、宗教的組織など、こうした集団や組織のすべてはほとんど無数にあるように思えるほどだ。実際、アメリカが他の大半の社会との違いをみせるのは、おびただしいほどのアソシエーション的集団（機能的集団）を有するという点にある。

アメリカ社会にこれまで出現してきた数多くの多様な文化集団の中から、今回の第9版では、次の一〇の集団を選定した。

（一）「ジプシー」（The Gypsies）、（二）「オールド・オーダー・アーミッシュ」（The Old Order Amish）、（三）「シェーカー教徒」（The Shakers）、（四）「モルモン教徒」（The Mormons）、（五）「オナイダ共同体《コミユニテイ》」（The Oneida Community）、（六）「エホバの証人」（The Jehovah's Witness）、（七）「ファーザー・ディヴァイン運動」（The Father Divine Movement）、（八）「ネイション・オブ・イスラム」（The Nation of Islam）、（九）「サイエントロジー教会」（The Church of Scientology）、（一〇）「ウイッカ」（Wicca）。

1　社会学的説明

これらの集団を選んだ、最初の、かつ、重要な理由は次のような社会学的説明に関係している。一〇の集団を選んだのは、これらの集団が主要な社会学的原理を具体的な形で説明してくれているからである。いくつかの例を見てみよう。

社会学者によってこれまで使用されてきたように、「第一次集団」(primary group)は、当該集団のメンバーが経験の共有、相互信頼、相互の支援・理解等の属性を保有している小規模で、直接的接触のある集団である。これらの集団はその名前のごとく、強化な絆をもった組織である。これらの集団の人々は、どこにでもいる人間としての特質をもっている。多くの社会では、第一次集団は家族であり、子供たちのパーソナリティ構造に関する限り、家族は継続的な影響力をもっていると社会学者たちは感じている。

したがって、家族を排除しようと企図しているどんな文化、どんな下位文化(subculture)も第一次集団のニーズを満足させるための代替的な社会的メカニズムを提供しなければならないのは当然のことといえる。オナイダ共同体《コミュニティ》はまさにこの点では、適切な事例である。

オナイダ共同体の人々はユートピア社会を建設しようと、伝統的な結婚制度、家族、両親の子育てをひたすら維持していた。すべての男性はすべての女性と性的関係をもつことを許されていたし、すべての子供は共同体全体で養育されていた。両親と子供の間、あるいは、特定の男性と女性との間の不適切な愛情は厳しく禁止されていた。オナイダ共同体のメンバーの数がそれなりの規模へと拡大し、この共同体が何十年も維持されてきたのは、集団の連帯性を促進するために用いられてきた方法が明らかに効果的であったからである。

オナイダ共同体の人々は皆、「マンション・ハウス」(Mansion House) という大きな家の一つ屋根の下で暮らしていた。この「マンション・ハウス」は、連帯感を高める目的で特別に設計された建物であった。共同体のメンバーは共同の食堂にいて、集会場所で、さまざまな会合を開いていた。喫煙、飲酒、カード遊びのような行為は禁止されていた。というのは、こうした行為は個人的志向性や反集団的志向性をもつようになると考えられていたからである。反対に、音楽活動、演劇活動などの活動は大いに奨励されていた。

オナイダ共同体の人々は、日々の生活では、私的所有という概念を全く否定していた。彼らは、自分たちの物的所有、富、友人、子供は共有していた。メンバーは共通の経済哲学・神学をもっていた。〈私たちという直接的な連帯感情〉(we-feeling) が非常に強いので、集団としての規模が大きいにもかかわらず、〈プライマリー・グループ〉としてのニーズを充足させることができたのである。

よく知られた「状況の定義づけ」(definition of the situation) に関する一つの例をみてみよう。この言葉を造った、ウィリアム・I・トマス (William. I. Thomas アメリカの社会学者。シカゴ学派の重鎮) は、「現実 (real) と定義されるものが、結果として現実なのである」と述べた。オールド・オーダー・アーミッシュはこうした言葉を説明するのにすばらしい事例を提供してくれる。というのは、彼らは自動車を彼らの社会的均衡 (social equilibrium) への脅威として定義づけした。したがって、彼らにとっては身体を動かすことが基本なのである。

アーミッシュの間では、その成員にとって寛容度が増したが、珍妙な「機械」、すなわち、自動車はタブーとして残った。共同体のメンバーは自動車を所有することは許されない。さまざまな圧力があったにもかかわらず、アーミッシュの教会はこの点だけは譲らなかった。これからも決して許さないだろう。

オールド・オーダー・アーミッシュは親密な絆をもった家族的生活を維持している。彼らは土地、教会共同体、馬と馬車に執着している。自動車は彼らの規則正しく、かつ、ゆったりとした生活様式を妨害すると彼らは感じている。

実際、アーミッシュのこうした判断は間違っているかもしれない。自動車は彼らが恐れているほどの悪影響をもたらさないかもしれない。しかし、こうした考え方は筋違いなのである。彼らはすでに「状況の定義づけ」を行っているのである。そして、彼らが自分たちの共同体の社会的展望を変えることなくして、この定義づけを変えることはまず、できないのである。

さらに、この他の社会学的説明には、モルモン教の「**一夫多妻**」(polygyny) 制度、ジプシー共同体の「**社会統制**」(social control)、ファーザー・ディヴァイン運動に例示されているような「**文化的な課題**」(cultural theme)、シェーカー教徒やネイション・オブ・イスラムにおける「**ジェンダー役割**」(gender role) にみられるような社会学的概念、すなわち、「**疎外**」(alienation)、「**同化**」(assimilation)、「**誇示的消費**」(conspicuous consumption)、「**サンクション**」(sanctions)、「**習俗**」(folkways)、「**モーレス**」(mores)、「**カリスマ的権威**」(charismatic authority)、「**エスノセントリズム**」(ethnocentrism)、「**願望**」(aspiration)、「**価値**」(values)、「**顕在的機能**」(manifest function)、「**潜在的機能**」(latent function) などがある。

本書の各章では、当該集団に関するさまざまな社会学的概念やその集団の文化的構造に多々ふれている。この社会学的概念と集団、あるいは、集団に関連した事柄を分析し、統合することによって、読者は本書の執筆目的と内容を学ぶことになるだろう。

私たちは、一九六五年から一九七五年の間に登場してきた、数多くの「カウンター・カルチャー」(対抗文化)型のコミューンときわめて類似した集団を選定したが、教養教育的な価値という観点からすると、「多様性」(diversity)という言葉がまさに該当しているように感じた。したがって、相互に全く異なる集団を選んだのである。

2 多様性

オナイダ共同体が厳格な経済的共産主義(economic communism)システムに固執したのに対して、モルモン教はきわめて自由な企業活動を重視していた。また、アーミッシュが農村型の集団であるのに対して、ファーザー・ディヴァイン運動は都市型の集団である。アーミッシュが何世紀にもわたる歴史をもった伝統的な集団であるのに対して、サイエントロジー教会は今から七〇年前に誕生したまったく新しい集団である。ネイション・オブ・イスラムやウイッカは一〇〇〇年以上前に回帰していくような活動への結びつきをもっているけれども、この二つの集団は明らかに、二〇世紀に結成された集団なのである。これらの集団の活動範囲は異なっている。サイエントロジー教会の人々は自分たちの組織の資料は自由に使用可能だし、数多くの情報センターも利用できる上に、膨大な量のインターネットサイトを効果的に利用することもできる。エホバの証人やモルモン教徒が布教活動を通じてメンバーを獲得しているのに対して、アーミッシュは神が自然にメンバーを増やしてくれるということに満足している。

3 関　心

これらの特殊な集団を選定した三番目の、かつ、最後の理由は率直にいって、興味深い研究対象だからである。こうした理由は、本書における数多くの説明が個人的な経験にもとづいているからだということを私たちは承知している。例えば、本書の著者の一人である、故W・W・ゼルナー教授はアメリカのペンシルヴァニアで生まれ育ったし、彼のオールド・オーダー・アーミッシュとの魅力的な会話は長年の調査の成果である。筆者の私（シェーファー）はファーザー・ディヴァイン運動の大きな後退期にフィールドワークを実施し、マザー・ディヴァイン（ファーザー・ディヴァイン運動の創始者である、ジョージ・ベーカーが一九六五年に逝去した後、ベーカー夫人が精神的なリーダーとなり、この運動を引き継いだ）とも二度ほど会った。

私は二〇〇九年に、三人のシェーカー教徒の信奉者と共に、教会（すなわち、祈禱）の集まりに参加したし、二〇〇七年にアラスカのサイエントロジー教会の信者の一人からヒアリングも受けた。私はまた、ウイッカ共同体へ出向いたこともあるし、二〇一〇年には、ニューヨークのマンハッタンの集会でメンバーの一人と会ったこともある。

オナイダ共同体に対する私たちの関心もまた、随分前にさかのぼる。すなわち、多くの生存しているメンバーや子孫にも実際にインタビューを行った。エホバの証人の人々とのインタビューや接触も実施された。ジプシーについていえば、私たちと彼らとの関係が有益であればよかったと願うばかりだったが、実際にはそういうことにはならなかった。ジプシーとの接触は物理的にも困難であったし、彼らと話をすることも無理であった。これまでの数多くのジプシーとのインタビューはまったくの失敗であった。幸いにも、インタビューに応じてくれた一部の人たちは協力的であった。また、他の研究者が実施した非常に貴重なフィールドワークも役立った。

社会学のさまざまな原理を学ぶことはさほど難しいことではない。その秘訣はこれまでの教養教育の最良な伝統を活用しながら、社会学原理を意味のあるものにしていくことである。本書で取り上げた「風変わりな集団」（extraordinary groups）を学ぶことで、本書の主題の意味を理解していただけると私たちは望んでいる。また、すでに述べた「文化的多様性」という形でこれらの集団のことを学ぶことは、私たち自身の生活様式が自己満足に陥るのを防いでくれるだろう。

4　カルトとは何か？

本書のすべての章に決して登場しない一つの言葉が、「カルト」（cult）である。しかし、「カルト」は、本書のいくつかの章の集団としばしば関係がある。私たちは次の二つの理由から、この言葉を使用しないようにした。

第一に、一般の人々の心に浮かぶ「カルト」という言葉には、説明する必要がないほどの非常に否定的な意味が込められている。ある集団を「カルト」と呼ぶことは、信念体系としての集団を軽蔑することになるのである。こうした信念体系は人々に尊敬の念を抱かせるほどの価値はない上に、真摯に敬意の対象になることはまったくないのである。「カルト」という言葉には、ある集団がその指導者の背後にある不吉な動因をもったきわめて実利主義的な意味合いと、「カルト」の信奉者がたとえ誘拐されたのでなくとも、家族や友人からの隔離を行っているといった、集団外部の人たちが洗脳として非難するような意味合いの双方が含まれているのである。

第二に、「カルト」というレッテルを貼るという誤用をしてしまうと、宗教や社会科学の研究を行っている多くの学者は、この言葉が使用されるすべてを放棄してしまう。集団の規模・指導者性・他の宗教集団との関係性の観点から、この言葉をきわめて正確に定義するための努力がなされてきた。多くの事例では、これまで「カルト」というレッテルで時折、「スティグマ」（烙印）を押されてきた集団を説明する際に、あるいは、「新宗教運動」のことを述べる際に、「セクト」（分派）が優先的に使われてきた。

読者の方々もおわかりになるように、本書で「カルト」という言葉を使用しなかったのは、私たちが「風変わりな集団」（extraordinary groups）に関連したさまざまな論争を避けることを意味しているからではない。違法な性的行動の罪、瀆罪、厄介きわまりない危険な隠蔽の罪、行政機関への乱入の罪といった事柄に対する説明をしなければならないということが、この言葉を使用しない理由の一つである。しかしながら、私たちは次のことに留意しなければならない。すなわち、世の中の多くの人々が「風変わりな集団」に対する見方や厄介だとか、一風変わったとか思われる集団のライフスタイルの意味を認識し、さらには、こうした生活様式を理解するようになった段階に至ってはじめて、私たち自身のライフスタイルや信念が常に正常であると考えられるようになるのである。

第1章　ジプシー

本書で議論されているすべての集団の中で、最も「風変わりな集団」はジプシーである。調査経験のある者にさえ、彼らの文化パターンは理解しがたい。ジプシーが理解不可能なライフスタイルをもっていることは事実である。例えば、論争を呼び、広く読まれたピーター・マーズ（Peter Maas）の『ジプシーの王様』という本のカバーには、以下のように記されている。

アメリカ合衆国には、おそらく一〇〇万人以上のジプシーがいる。正確な人数は誰も、政府でさえわからない。彼らは、もはや埃の舞う道を馬車隊で進むことはせず、都市に住み、車を運転し、電話やクレジット・カードを使う。しかし、彼らは学校に行かず、読み書きもできないし、税金も払わない。昔からの計略と示談によって生活している。ジプシー自身は、自らの際立った差異を認め、そのことを誇りとしている。(1)

現代のジャーナリズムの性質を考えれば、この説明は真実だろうか？　その回答は単純なものではなく、前記の各点について、いくらか説明が必要であろう。しかし、その前に「ジプシー」（*Gypsies*）という用語について、説明しておく必要がある。この用語は、通常、集団に言及する際に使用される言葉であるが、人々によって受容された一つではない。「ロム」(Rom)、もしくは、「ロマ」(Roma) とは、「ロマーニ」(*Romani, Romany*) と呼ばれる特殊な言語を話す、この少し「風変わりな集団」の最も中立的な名称である。「ロム」という言葉は東、または、南ヨーロッパを起源とする人々のみを指す場合があるため、特にヨーロッパにおいて、現代のロムの多くは自らをトラベラーと認識している。対照的に、「ジプシー」とは、起源がエジプト人であるとする誤りのために、彼らに適用された名称であった。ロムは、一般的に「ジプシー」と呼ばれることを嫌悪し、その言葉には否定的な含意があると考える。「ロム」という用語は、こうした魅惑的な人々を専門に研究している人々によって主に使われており、そのためにわれわれもジプシーという用語を使用するが、読者はロムの正しい使用法についても留意されたい。

1 概　観

さて、先ほどのピーター・マーズの文章について考えてみよう。アメリカ合衆国にジプシーが何人いるのか誰もわからないのは、事実である。一〇〇万人というのは妥当な推測であると思われるが、実数が把握されることはないであろう。ジプシーは頻繁に移動し、多くの異なる名前や通称をもち、一般的には情報を公開しないので、国全体はいうまでもなく、ある一つの都市をとっても、正確な人数を確定することはまず、困難である。(2)

ジプシーが都市に住み、自動車を運転するのか？　実際、彼らはそうしている。彼らを農場や郊外で見つけることはできそうにない。水上生活者にも見出せないであろう。彼らは、都市――町や市街地――居住者であり、ほぼ五〇州すべてに居住している。同時に、いつもそうであったが、ジプシーは頻繁に移住する。彼らは世界で最も知られている偉大な旅人かもしれない。（イングランドでは、ジプシーと旅人という言葉は、互換的によく使われている）。後に説明するが、移動はジプシーの生活様式の中心的役割を担っている。

自動車に関しては、ジプシーは運転するだけではなく、時には車の修理で生計も立てている。荷馬車と幌馬車の時代は長く続いたが、ジプシーは——彼らの常として——、動力輸送にきわめてよく適応した。実際、彼らは低所得者集団であるにもかかわらず、よくキャディラックに乗っている。

ジプシーは学校へ行かないのか？　ほとんど学校に通っておらず、しかもそれは長期にわたっている。彼らは、公教育が自分たちの生活様式には不適切であり、さらに、アメリカの学校システムが若者を同化させる傾向にあると考えている。「同化」（assimilation）とは、異文化に仲間入りする際に、自らの文化的伝統を捨てる過程である。

ジプシーは、読み書きができない？　その通りである。彼らの大多数は機能的に読み書きができない。彼らは、自らの言葉、ロマーニ語（ジプシー語）の読み書きができない。というのも、それは書かれた言語ではなく、話し言葉だからである。識字状況は改善しつつあるが、進歩は遅い。しかし、ジプシーは言語的不利を背負いながら、見事に環境に適応している。

アメリカ合衆国都市部において、公立学校教育はより一般的になってきている。事実、一九六五年の初め、ロマは学校やヘッド・スタート計画[*1]の創設に関わるようになり、人々に就学援助や指導を提供した。初めはサンフランシスコ、それからオレゴン州、ワシントン州、東部のシカゴ、ボルティモアを含む各地へと拡大した。[3]

ジプシーは税金を払っていないのか？　調査者の中には「何が何でも払おうとしない」と答える人もいるであろう。ジプシーは課税対象となる財産を持っていないので、多くは固定資産税を払っていない。彼らは居住地を買うのではなく、借りる方を好む。また、多くのジプシーは不定期に働き、低賃金であるために、所得税は払うまでもない金額である。大多数は生活保護を受けている。一方、ホワイトカラー職へと転向するジプシーも少ないながら存在し、彼らの税金は他のホワイトカラー労働者とおそらく同等額だろう。

ジプシーは、昔ながらの計略と示談によって生計を立てているのか？　複雑な疑問であるが、確かに、ジプシーは複雑な人々である。すべてのエスニック集団がそうであるように、ジプシーにも正直な人と不誠実な人がいる。しかし、残念ながら、多くのジプシーはいまだに、「ガジェ」[4]（*gadje*）（非ジプシーの人々）をいいカモと考えている。こうした考えが計略やちょっとした詐欺へとつながっている。

同時に、ジプシーのガジェに対する態度は、ガジェ自身によって形成されている。後に示すように、ジプシーはさまざまな受容国に歓迎されなかった。逆に言えば、彼らはほぼ普遍的に、偏見と差別を経験してきた。ジプシーの居住地はどこでも、「**カウンター・カルチャー**」（対抗文化 counter culture）としてみなされていることに疑問はない。社会学者によると、その言葉は一般的に広まっている文化に対抗して登場する、集団的行動パターンを指す言葉である。社会的距離は、社会がロムに付与する汚名を考察する一つの手法である。「**社会的距離**」（social distance）とは、集団から離れる傾向を指す。物理的距離は考慮しない。ある人がある集団のメンバーと仲良くなったとしても、彼らに市民権を認めたり、また、結婚を通じて家族となることを歓迎したりしないこともあり得る。全米調査において、ガジェは自らとロムとの間に社会的距離を置きたい強い願望を明らかにした。アメリカ合衆国を含めて、いくつかの国でなされている社会的距離の研究は単純に自明のことを立証している。すなわち、ジプシーは地位の基準において絶対的な底辺に位置付けられると。[5]

それにもかかわらず、ジプシーは生き延びてきた。今も、生き延びている。彼らは裕福でないとしても、適度な収入を得ている。ジプシーでいることは容易なことではない。ある著者は次のようにいう、「唯一、馴染むために必要なことは適応すること」[6]。この後、この言葉の含意が明らかになるであろう。

2　初期の歴史

ジプシーの出自は、彼らの生活における多様な側面と同様に、謎に包まれている。前述の通り、「ジプシー」(*Gypsy*)という言葉は、「エジプト人」(*Egyptian*)から派生しており、したがって、ジプシーは誤ってエジプトに起源があると思われていた。このことを彼らは誇りに思っていた。事実、現在では、彼らの起源となる故郷はインドであった説がむしろ優勢であるが、ジプシーの中には、まだエジプト人としてのルーツを信じる人もいる。ジプシーの言語であるロマーニ語は、サンスクリット語——伝統的なインドの言語——がルーツである。

ロムのルーツは神秘的なステレオタイプを付加され、大きな謎とよく表現される[7]。昔の解釈についてはいくつか議論がある一方で、西暦一〇〇〇年以降にインドを離れたという点については、歴史家の間に合意がある。それ以前には、インドの民兵として、イスラム教の兵士に抵抗して、料理、テント設営、壊れた武器の修理、負傷したインドの人々の看護など、さまざまな役割を担っていた。インドの敗北によって、今日のジプシーの祖先は約五〇年以上の時間をかけて、イスラム文化圏を横切り、アルメニアへ向けて逃走することになった[8]。さらに、その二〇〇年後、ヨーロッパにおいて自分たちの生活を確立した。そして、一四〇〇年代には、フランス、ドイツ、イタリア、オランダ、スイス、スペインの西欧に存在していた。彼らは文化的にも物理的にも、ヒンズー教のインドから距離を置いた[9]。

ヨーロッパであれ、アメリカであれ、ロムのルーツがインド亜大陸であるという伝承は何かしら彼らの間に残っている。ジプシー音楽はインドで受け継がれている音階を表している。後に議論するが、紛争解決の裁判所は、インドの伝統的なそれと類似している。ジプシーは死者の所有物をよく焼却するが、それもインドで継続して行われている儀式である。ジプシーが肯定の意思表示の時に頭を横に振る仕草も、インドで同様に見られる仕草である[10]。

ロムは、ヨーロッパだけに存在するのではない。最初にアメリカへ来たジプシーは一四九八年、コロンブスによる二回目の航海の際に連れて来られた[11]（二六－二七頁の年表参照のこと）。

今日、ジプシーは実質的には各ヨーロッパ諸国に存在する。彼らはまた、北アフリカ、近東、南アメリカ、アメリカ合衆国、カナダにも居住している[12]。

ジプシーはヨーロッパ中に広まるにつれて——とりわけ——旅人として有名になった。ブロック（Martin Block）が第二次世界大戦前に書いているように、「移動し続けないジプシーはジプシーではない」[13]。実際のところ、ロムの大多数は「定住型ジプシー」、もしくは、「シンテ」（*Sinte*）である。

しかしながら、シンテであろうとなかろうと、あらゆる年代の人々にとって心を揺さぶられたのは、幌馬車と陽気に飾り立てられたキャラバン隊であった。ジプシーの生活に関して最も広く読まれている一冊の著者ヤン・ヨァーズ（Jan Yoors）は、少年時代に家出し、長年、ジプシーと一緒に生活した[14]。もう一人有名な著述家、ウェブ（G. E. C. Webb）は、「物心ついてからずっと、私はジプシーに魅力を感じていた。これらの浅黒い肌をした異邦人、世俗事への無関心、きわめて特徴的なボロボロの衣服で列をなして、道を往来したり、移動したりする姿の神秘性は私の想像をかき立てた。私は彼らに興味をもち、探求心をかきたてられた。しかし、誰も私にそれ以上のことを教えてくれる人はいそうになかった[15]」と述べた。

ウェブによって説明されたこうした特徴にもかかわらず、ジプシーは単一の集団ではなく、むしろ、地理的

に分散し、同じ大陸であっても他から孤立していたために、彼らには「文化的多様性」があった。ガジェがずっと抱いているジプシーの固定観念が皮肉にも時間と距離を超えてジプシーのエスニック・アイデンティティを維持することにつながっている[16]。

ジプシーのパラドックス

ジプシーは国に関係なく、ガジェを魅了しているのは間違いない。小説、演劇、オペラ、映画、歌は、ジプシーの放浪するロマンティックな様を表現——時には、美化——してきた。「ジプシー・ラブ・ソング」や「プレイ・ジプシー、ダンス・ジプシー」のような人気作品が世界的なミュージカルのレパートリーの一部となっている。

しかし、ジプシーが人々を魅了するにつれて、嫌がらせや迫害も増大した。これがジプシーのパラドックスである。すなわち、一方では、人々を魅了し、他方では、迫害を受けた。最も悲惨な迫害は第二次世界大戦中に為された。ナチスは五〇万人から一五〇万人のロムを殺害した。

ナチスによるジプシー絶滅政策についてさえも、ヨーロッパの歴史書では、あまり関心をもたれていない。ロム語において、その出来事は、「壊滅」という意味の「*O Baro Porrajmos*」と表記されている。戦後になり、ロム生存者に、他の民族やユダヤ避難民に対して行われたような特化した救済支援は行われなかった。しかし、

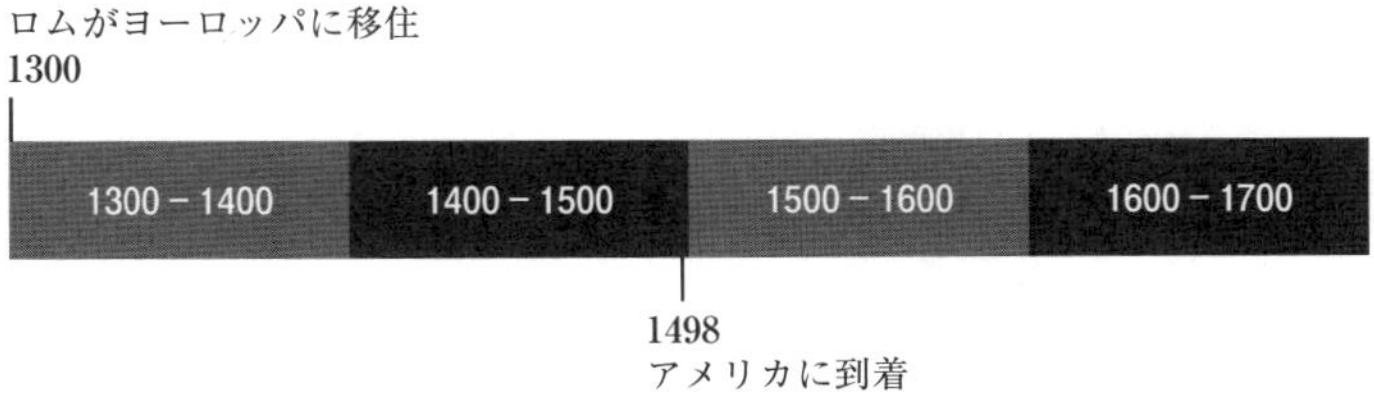

図1　ジプシー年表

一九八七年にはついに、米国ホロコースト博物館は、「壊滅」に関して利用可能な情報を共有する特別展を催した(17)。

しかし、世界規模の迫害を受けながらも、ジプシーは何とか生き延びている。ジプシーは今も生き延びている。グロッパー（Rena C. Gropper）は以下のように述べている。「迫害、偏見、嫌がらせ、彼らに変化を強いる文化的強制力にもかかわらず、五〇〇年もの間、ジプシーはあらゆる困難をものともせず、自分たちの存在を守り、自分たちのアイデンティティを厳然と維持することに成功した。われわれは劇的に変化しつつある世界の中で、生き延びる術について彼らから学ぶものがあるのではないだろうか(18)」と。

現代期

第二次世界大戦以降、都市化と近代化――人口増加とともに――はジプシーの生活様式を締め付けた。近代的なハイウェイが整備され、馬車立てのキャラバンが走る場所は、次第になくなっていった。キャンプを張る場所を見つけることは困難になり、開かれた田園地帯も縮小したようであった。しかし――いつも通り――、ジプシーは適応した。規模が縮小したとはいえ、移住は続いた。キャラバンや荷馬車は自動車、トラック、キャンプカー、トレーラーに取って代わった。どうにかして、さまざまな方法を用いて、ロムは何とか生き残った。しかも、彼らの集団アイデンティティ、もしくは、彼らの自由を犠牲にすることなく生き残った。

しかしながら、継続的な偏見と嫌がらせに対する犠牲なしに、彼らのアイデンティティの維持はなかった。ジプシー遊牧民はよくある場所から他の場所へ、追い回された。シンテ、もしくは、定住型のロム——彼らの割合は増加傾向にある——もまた、敵意と差別に遭っている。「ジプシー立入禁止」の看板は、次第に公的場所に多く建てられるようになってきた。

問題は一方的なものであったとはいえない。地域の権力者の観点からすると、ジプシーは税金を負担することなく、コミュニティ・サービスを利用している。実際、彼らはまったくといっていいほど、あらゆる税金を払っていない。さらに、ロムは汚く、建物内のトイレを使用しようとせず、嘘をつき、人をだまし、ものを盗むこともあった。彼らに対する批判の中には正当なものもあったが、多くは事実無根であった。何といっても、私たちはだまされた時に、gypped（だまされた）という言葉を使う。

幸いにも、ジプシーにも友人と支援者がおり、多数の国においては、キャンプの場所、居住施設の建設、法的支援の提供、その他、ロムの用地を改良する努力がなされた。一九七〇年代には、ジプシーの代表と共に多数の国家的、国際的委員会と協議会が組織された。これらの集団の目的はロムの利益を保護することだけではなく、彼らのステレオタイプを消散し、メディアで表現されている過ちと戦い、そして、ジプシーに関する情報交流の場として役目を果たすことである。

二〇〇五年、ヨーロッパ主要八カ国と、さまざまな国際組織が「ロマ一体性の一〇年」（Decade of Roma Inclusion）を宣言した。この宣言は、ロマに対する支援の先鋒になるはずだったが、ヨーロッパにおける最大規模で最も貧しいマイノリティとして関心を集めた(19)。二〇〇九年、アメリカ合衆国の国務長官である、ヒラリー・クリントンは、「ヨーロッパ最大のエスニック集団」に対する人種的プロフィール分析、暴力、差別、人権侵害を終結させるために、国際ロマ・デーをつくるように呼びかけた。彼女は声明の中で、一九九六年の大統領夫人時代に、東欧におけるロムの問題を直接どのように考えていたかを振り返りながら呼びかけた[20]。

ある意味においては、ロムは実に困難に満ちた生活を送っている。彼らのガジェとの関係は際限なき争いという形を取ってよく現れる。同時に、ジプシーにはほとんど同化傾向がみられない。彼らは明らかに自分がジプシーであることに誇りをもち、その態度も揺るぎない。

現在、世界にはどのくらいジプシーがいるのか。推計は九〇〇から一二〇〇万人の間でさまざまであるが、おそらく後者の方が現実に近いだろう（半分以上は東欧にいる[21]）。

アメリカ合衆国

現在のアメリカ合衆国へ移住した最初のジプシーは一五〇〇年代、ヴァージニア、ジョージア、ニュージャージー、ルイジアナに到着した。彼らの末路はわからないままであるが[22]、これら初期の移住者はヨーロッパ諸国から強制的に追放された人々であり、幸先のよい始まりではなかった。ロムの大多数は一八八〇年代以降に入国した人々である[23]。

一九三〇年代まで、ロムは馬車やカラフルなキャラバンを連れて、伝統的な移動パターン、キャンプ・パターンに則っていた。一九三〇年代には——ヨーロッパにおいても同様に——、一般的に、キャラバン隊は動力輸送へと変化していた。

一九三〇年代の大恐慌はジプシーに関する限り、他の重要な出来事を顕わにした。フランクリン・ルーズヴェルトが大統領に選出され、大規模な救済と福祉プログラムが導入されたことである。状況に有利なように、ロムはシカゴやニューヨークなどの大都市に群を成し始めた[24]。

彼らが定住する期間は、——より小規模な町については後に述べる——、雇用機会、生活保護の実態、警官の嫌がらせの程度次第であった。そして、これら三つの要素は時によって変化するので、一定の都市におけるジプシーの人口は絶えず変動していた。それにもかかわらず、ロムは都市に留まっており、例えば、最近の資料では、ロサンゼルスでは五万人、カリフォルニアでは二〇万人という推計が出ている。(25)

3　ロムを研究する難しさ

もしあなたが一二人のジプシーに同じ質問をすれば、あなたは一二通りの異なった回答を得るでしょう。もしあなたが一人のジプシーに同じ質問を一二回すれば、あなたはやはり一二個の異なる回答を得るでしょう。（著者不明）

多数の見解はあるが、この諺はいくらか重要な事実を含んでいる。ジプシーは異文化の中で生きているし――いつも生きてきた。ロムとガジェとの境界は画然たるものであり、ロムはその境目を維持しようとする意志をもっている。欺瞞、回避、虚偽の表明、嘘は、ジプシーの兵器庫である。彼らの要塞は、数百年かけて完全なものとなり、装飾された。多くの点で、ロムを調査することは秘密社会への潜入に類似している。

調査者が直面する、最も手に負えない障害はおそらく回避症候群だろう。ロムは通常、ガジェと交際しない。実際、易者への訪問を除いて、大半のアメリカ人はジプシーと連絡を取ることはまずない。大半の人はロムの住居内を見ることもまずない。調査者は同様の問題に直面する。調査者が大学の職員として認められた地位にあるという事実はロムにとって何の意味もない。一般的にいって、ジプシーは社会科学者や他の誰かに自分たちのライフスタイルや慣習を公表する意図はない。

幸運なことに、アン・サザーランド（Anne Sutherland）やレナ・C・グロッパー（Rena C. Gropper）、イザベル・フォンセーカ（Isabel Fonseca）による研究のように、私たちにはすぐれたアメリカのフィールド研究がいくつかある。(26) これらの調査者はただオブザーバーとしての訓練を受けただけではなく、ロムの中で言語を学びながら、仲間としてかなりの程度認められるようになり、数年を過ごした。しかし、彼らでさえも関係を築くために大変な困難を経験した。

ジプシー生活の一般化を困難にしている問題がある。ロムの慣習は彼らの移動パターンによっても変化する。ジプシーの中には、何年も同じ居住地に住む者もいる。常に移動する者もいる。他にも、世論の攻撃に遭い、移住する者もいる。そして、慣行とライフスタイルは集団ごとにいくらか変化している。たとえ、あらゆるロムが同様の移住形態をとっていたとしても、彼らの社会構造の分析は困難であろう。ジプシーは拡大家族のファミリア、または、複数のファミリア（「ファミリイ」*familiyi*）で生活しており、それは「ヴィツァ」（*vitsa*）と呼ばれる大規模な親族、もしくは、同血族を形成する（後に詳しく議論する）。重要なことは、ジプシーの慣習は各家族ごとに変わり得るし、ヴィツァごとに変わり得るために、またもや一般化は困難となる点である。

アメリカ系ロムの研究を複雑にしている究極の要因、それは彼らの慣習が彼らの出自によっていることである。例えば、ロムニシャル（英国系ジプシー）は、ボヤッシュ（ルーマニア系）とは異なるし、両集団ともにアルゼンティーナ（アルゼンチンやブラジルから来たジプシー）とは文化的に異なる。(27)

要するに、アメリカ系ロムは定型の文化パターンを示してはいない。彼らの親族構造、社会的・経済的な組織、地理的な流動性、民族性の差異ゆえに、たとえ彼らが協力的であったとしても――彼らは実際そうではないのだが――、ジプシーについて一般化することは困難であろう。（そして、たとえ「協力的な」ジプシーが調査者に問題を提示したとしても、ロムは、自身の独特の集団についての実用的知識を十分にもっているが、その他についてはもっていない。ジプシーは、広い視野、もしくは、民族の歴史的概観のようなものを何ももっていない)。

4　マリメ

ロムを理解するのに重要なのは、彼らのマリメという概念である。本章後半で詳しく議論するが、彼らのガジェを回避する鍵がマリメであり、社会統制のための強力な道具として機能しているのがマリメである。「マリメ」(*marimé*)とは、不潔、もしくは、堕落を意味する言葉で、ジプシーの用語法では、物体と概念の両方に用いられる。さらに厳密な意味において、ガジェにはそれと同等の言葉がないために、ガジェにとっては、その言葉の意味を理解することは難しい。カロル・ミラー(Carol Miller)は以下のように説明する。「マリメは、汚れた俗世間と一定の距離を置くジプシー生活のあらゆる領域に浸透している……ジプシーとガジェとの間、清潔と不潔との間、健康と病気との間、善と悪との間に線が引かれ、それらすべてのものは儀礼的回避の儀式を通じて、明確に可視化される(28)」。

マリメの最も際立った側面は、人間の身体の境界画定との関係である。上部、特に、頭と口は清潔できれいなものとみなされる。下部、特に、生殖器や肛門付近はマリメと考えられている。ロムの考え方によると、身体の上半分と下半分はとにかく「混合」してはならず、片方と接触するものはもう片方と接触してはいけない。

衛生学的＝儀礼的分離の事例は、他にも数え切れないほどある。自らもジプシーであったロナルド・リー(Ronald Lee)はいう。「あなたは衣服、食器、赤ん坊を同じ壺で洗うことはできない。ジプシーは皆、自分の食事道具、タオル、石鹸を持っている。他の食器や台所用具は、客人用に取って置き、さらにその他に妊娠した女性用の物がある。あるタオルは顔用であり、残りはその下の部分用である——そして、流し台には異なる色をした石鹸があり、それぞれ役割が割り当てられている」[29]。

マリメは明らかに、初期のキャラバン期に登場したものである。当時、料理、洗濯、洗い場、身体機能の手入れをする場所などにキャンプの一定の領域を設定することが——衛生上のため——必要不可欠であった。また、荷馬車やテントという狭い領域内において、性的行為に関する規則が注意深く詳細に説明され、実行されることが重要であった。しかしながら、よくあることだが、多様な衛生上の、そして、性的タブーは増加していった[30]。

グロッパーによると、「妊娠中、出産後、月経期の女性は、マリメである。（中略）マリメの女性は男性に料理を作ることも、給仕することもできない。男性の所持品をまたぐことも、スカートが男性のものに触れることも許されない。女性の衣服は男性の衣服とは別に洗濯しなければならない」とのことである[31]。

排泄のような自然現象でさえも、ロムにとっては困難を生み出しかねない。「ある高齢女性は病気にかかり、頻繁にトイレへ行くことがあまりに恥ずかしかったために、友人宅への訪問をやめた。男性は自分の家の中ではなく、外へ行って排泄する。特に、客人が来ている時はなおさらである」。

興味深いことに、そして、きわめて論理的にいえば、ジプシーの女性は胸ではなく、脚に恥じらいをもっている。サザーランド（Anne Sutherland）は、女性にとって露出した脚があまりに恥ずかしく、ミニスカートをはいている女性は、座る時にセーターでそれを隠すように期待されていると指摘する。一方で、「女性はブラジャーを鞄として使用する。そして、男性が夫であろうと、息子であろうと、父親であろうと、関係ない人であろうと、煙草やお金を取る際にブラジャーへ手を入れることは、きわめてありふれた光景である。しばらく会っていなかった女性が挨拶をする時、彼女たちはお互いに胸部を強く触る。彼らは機知に富む話や冗談の御礼としても胸部を強く触る」[32]のである。

マリメとメラロ

マリメとメラロの区別について、説明しておかなければならない。マリメとは、すでに述べたように、不潔、もしくは、堕落を意味する。「メラロ」(*melalo*)は単純に汚いことを指す。もしくは、リーの表現によれば、「本当に汚いもので汚れていること」を指す。[33]入浴していない人はマリメではなく、メラロである。肉体労働のために汚れた手は、マリメというよりはむしろメラロであろう。もし生殖器に触れた場合はマリメとなるであろうが。

実際に、ジプシーは一日に何度も手を洗う傾向がある。なぜならば、彼らはマリメである、多数の対象や道具に触れたかもしれないからである。ミラーは「一日中働いているロムも、自分から幸運が離れたと感じると、すぐに顔と手を洗う。彼は仕事から戻ってくると再び洗う」という。[34]

マリメとメラロとを区別することによって――逆に――ジプシーの住居がガジェからすると、汚く見える理由が説明できる。例えば、ジプシーの住居の中には、清潔とは遠くかけ離れた家がある。食べかす、煙草の吸殻、紙、包装紙――おそらく後に掃除されると思われる、あらゆるものが床に放り出されている。こうした状態は身体の衛生規則や食事準備、その他のことも規則をきちんと守っている限り、マリメではない。ある著者は「アメリカ人は目に見える汚さにショックを受けがちであるが、ジプシーは目に見えない不潔をひどく憎む」と述べている。[35]

ガジェ――状況の定義づけ

全てのロム集団がマリメに関して同じルール、手続きに従っているわけではない。家族集団間にもいくつかのヴァリエーションがある。サロ（Salo）は、厳密な慣習パターンを遵守している家族の方が緩やかな家族よりも、より高い地位にいると指摘する。[36] しかし、すべてのロムが同意している点が一つある。それは、ガジェはマリメである、という点である。ミラーは以下のように記している。

> ガジェは、経済に主たる価値を置き、その存在理由《レーゾン・デートル》はロムを苦しめる、異人種としてみなされている。ガジェの主な罪は、それはロムが決して許すことのできない罪であるのだが、彼らの不潔な傾向である。ガジェは、純と不純との決定的な区別を明確にしない。それらは、ジプシーが不潔と考える状況において観察される。例えば、公衆浴場の清掃を忘れる、レストランから無断で持ち帰ったフォークで食事をする、コインランドリーで下着と一緒に顔用のタオルやテーブルクロスを洗濯する、机の上に足を投げ出して休息をとる、などである。
>
> ガジェは上半身を保護しないために、頭からつま先まですべてマリメと考えられている。ロムの信条に従えば、この条件は伝染病を誘発し拡散する。[37] ロムはすべての病気と身体障害は伝染性のものとみなすので、それゆえにこのように論じているのである。

ガジェはマリメであるゆえに、ジプシーとガジェとの交際は、きわめて限定的である。実際、サザーランドは「ガジェとの交流は、経済的開発と政治工作に限定される。親交、相互扶助、同等という意味における社会関係は適切ではない」と言う。また、同氏は「ガジェの人々だけではなく、彼らと接触のある品目もまた、マリメとされる」と続ける。「いかなる時も、ジプシーはガジェの場所を使わざるを得ず、もしくは、大多数のガジェと接触せざるを得ず（例えば、職場、病院、福祉局、学校）、汚染の危険にさらされている。とりわけ、公衆トイレはマリメの場所であり、ジプシーは蛇口をひねったり、ドアを開けたりする時に、ペーパータオルを使うほどである」(38)。

マリメの解釈と含意に関するこうした相違は社会学用語の「状況の定義づけ」をまさに示している。社会学者のウィリアム・Ｉ・トマスはどのような集団であっても、集団自身が社会的現実を認識することの重要性を強調した。とりわけ、この概念は現実の客観的特徴だけではなく、加えてその解釈に対する人々の反応を指している。私たちが不適切、適切という判断を妥当とみなす場合、自らの集団や社会以外に属する人々が考え信じていることには疑問を感じることなく、行動するであろう。トマスの言葉に置き換えると、「現実と定義されるものが、結果として現実である」(39)。

このように、ジプシーはガジェをマリメとして考えており、それゆえに排除されるべき人々と考えている。ワシントン州のスポーカンにおいて、警察が訴えのあった盗品を探すために、それが赤ん坊のおむつの捜索であっても、二つのジプシーの家を捜索した有名な事件がある。警察は全面的に告訴を取り下げ、和解に大金を支払ったが、そのロムの家族は、家がガジェによって汚されたために、他のジプシーから訪問を拒否されていた(40)。また後に、アーミッシュの章で取り上げるが、ジプシーがガジェを汚らわしいものと考えているのと同様に、アーミッシュは自動車を排除されるべきものと考えている。

同化への障壁

マリメに含まれる多様な規則や禁止事項によって、ロムは困難を感じないのだろうか。ある意味において、答はイエスである。ジプシーの主たる居住地である都市世界は、「全面的にマリメの浸透している空間とみなされ、ガジェが不注意に使用する物品にあふれ、汚染されて病んでおり、それゆえに危険である」。危険を回避するために、ジプシーは日々、予防措置をとらなくてはならない――そして、当然ながらこれらの予防措置は時間がかかり、重荷である。したがって、「家は冒瀆に対する最後の要塞であり、唯一、ジプシーが一緒にくつろげる場所である」というミラーの指摘はもっともである。(41)

同時に、マリメは同化への極めて効果的な障壁として機能した。社会学者が使用するように、「同化」という用語はある集団が他の集団に吸収され、その最終結果は文化的特質の融合であることを表す。アメリカでは、ある集団は他の集団に比べて急速に同化しており、いわゆるメルティング・ポット（人種のるつぼ）の中で、各集団が個々に沸騰している状態である。もちろん、ジプシーはどのような規模の同化であっても最底辺に位置することになろう――それは彼らがまさに望んでいることであるのだが。ロムが考えているように、同化は集団の絶滅と同じ意味である。

ガジェに対する彼らの態度は何よりも同化への抵抗を明確に表している。ガジェがマリメであるという信念は同化への障壁として機能するだけではなく、誇りと自尊心を常にもつ役割を果たした。実際の所、彼らのガジェに対する否定的な態度は十分浸透しており、ジプシーは死後でさえも同化しようとしない！　デーヴィッド・ネメス（David Nemeth）は墓地と墓碑の調査を行い、ジプシーは、「自らとガジェ、そして、自らとジプシー社会からの追放者との墓地について、意図的に距離を取ろうとしている」ことを明らかにした。(42)

5　家族と社会組織

ジプシーの社会組織は非常に複雑な形態をしており、多様な親族とコミュニティ・ネットワークを解明することが困難な場合もある。しかし、以下の二点を念頭に置けば、単純化できるであろう。

一、ジプシーは個人主義者ではない。彼らの日々は仲間たちと一緒に過ぎてゆく。実際、ジプシー個人という言葉はまずは言葉遊びなのである。彼らの共同体《コミュニティ》では、単身世帯はなく、新婚夫婦でも子供のいない世帯はない[43]。

二、ロムは、異文化の中で生活しており、同化するつもりがない。彼らは自らの境遇を鋭く認識し、ガジェと自分たちとの間に明確な線引きをするように規定されている。彼らの社会組織は境界維持の過程を強化するように設計されている。

ファミリア

ジプシー文化の核は「ファミリア」である。ヨァーズは「ジプシー共同体の内部団結と連帯感は、強力な家族の結合にある。家族は、彼らの基盤であり、唯一の不変的な単位である」と指摘する[44]。

しかしながら、「ファミリア」（*familia*）とは、アメリカ人の核家族よりも、相当大規模なもので、より複雑なものである。一般的には、後者（アメリカ人の核家族）は夫、妻、子供を単位とする考えとなるだろうが、ファミリアは配偶者、独身の子供、既婚の息子とその妻と子供、加えて仲のよい親戚や養子も含んでいる[45]。さらに、ジプシーの夫婦は六人以上子供を産むので、ファミリアはすぐに計三〇人から四〇人になる。ジプシーの世界は男性世界なので、多くの点で、男性の家長は相当の権力を行使することが可能である。

そして、ファミリアは、拡大家族の様相であるが、実態はそれ以上のものである。メンバーは一緒に（もしくは、近所で）生活し、共によく働き、彼らはお互いに信頼し守り合っている。また、共に休日を祝い、病人や高齢者を介護し、死者を埋葬する。要するに、ファミリアは自給自足的集団に近い。機能していない数少ない機能の一つは結婚である。なぜならば、近親者間の結婚は難色を示されるからである。ロムは私有財産と自由企業を認めているが、所有者は個人ではなく、むしろファミリアという用語がふさわしい。伝統的には、ジャン＝ポール・クレバート（Jean-Paul Clébert）がいうように、「ジプシーの組織の中核は家族である。権力は父にあり、財産は個人ではなく、家族に所属する。家族は父、母、子供に限定されない。叔母、叔父、従兄弟・従姉妹も含む」(46)のである。

ファミリアは特に、支援組織として有効である。問題が経済的であれ、社会的であれ、政治的であれ、もしくは、医学的なものであれ、家族は支援のために団結する。もし警察官、ソーシャル・ワーカー、検査官、税務署員、もしくは、他の歓迎されないガジェがやむを得ず現れると、侵入者は強力な――一般的に効果的な――抵抗に直面するであろう。万が一、家族の誰かが病気になった場合、特に重病の場合には、ファミリアはお金を惜しまずに専門家の治療を受けさせるだろう。

病院関係者の証言にあるように、大人数で病院に集結した大家族は何かしら問題を起こす。サロは、「病気、特に末期の病気の場合、病院で十分な支援が大家族全員に要求される。したがって、病院の待合室は大家族で混雑する」という(47)。

もちろん、ファミリアの構造そのものが、何かしら問題を生み出す――例えば、住居など。不動産賃貸会社は、一二人以上もいる家族に、そうそう親切に部屋を貸さない。騒音、ゴミ処理、近隣からの不満など――すべてを考慮しなければならない。また、その規模ゆえに、ファミリアは面倒なことがある。ジプシー夫婦にとって、荷物を整理して移動することと、大規模なファミリアが「放浪すること」とは、まったく別の話である。さらに、ロムは明らかに移動することを好むために、拡大家族は移動の問題を常に提示する。

問題を含みながらも、ロムがファミリアを廃止しようとする徴候はない。逆に、ファミリアを促進しているように思われる。ある事例では、拡大家族の規模は減少している。他の場合、既婚の息子は自らの所帯を形成することもありうる。それにもかかわらず、ファミリアはジプシーの世界では中核であり続ける。ガジェが敵対的関係である限り、ファミリアはジプシーの主要な要塞として残り続けるであろう。[48]

本書に登場する他の集団とは異なり、ジプシーは宗教的選択や実践によって、周囲の人々と区分されたりしない。大半のロムは母国の宗教を信仰しており、それは大抵、キリスト教か、イスラム教であろう。こうした形式的な宗教の所属はマリメという伝統的信条によって補足されている。

ヴィツァ

ファミリアが拡大家族として想起される一方、「ヴィツァ」（*vitsa*）は多数のファミリアから形成される同族の親族集団である。ジプシー研究者の中には、ヴィツァを同族、もしくは、一団として考える人もいるが、重要なポイントは、ロムがそれをアイデンティティ・ユニットとして考えていること、である。例えば、きわめて有名なビンバレスティ族（Bimbalesti *Vitsa*）のメンバーはごくたまにしか全員が一緒にいないとしても——親族関係を感じ——お互いに自己同一化を行っている。

ヴィツァの規模は数人のファミリアから、一〇〇人以上の世帯まで多様である。より小規模なヴィツァのメンバーは各々、近距離に居を構え、機能集団として作用可能だ。しかし、ロムは大規模な家族をもち、大半のヴィツァは成長する傾向にある。それゆえに、アメリカのヴィツァの大多数はわずか二つの場合のみ、集団として機能する。裁判（ロム語ではクリス *kris*）と葬儀（ロム語ではポマナ *pomana*）、とりわけ、死者が尊敬に値する高齢者の場合がそうである。

ある時以降、ヴィツァは単純に肥大化した結果、通常、兄弟・姉妹、もしくは、従兄弟・従姉妹の血筋に沿って分裂が頻繁に起きた。サザーランドは、近年、大規模ヴィツァのミネスティ（Minesti）が数集団の小規模ヴィツァへ分割した事例をあげている[49]。ちなみに、リーダーシップの問題――ヴィツァが分裂するもう一つの理由かもしれない――も生じるが、ヴィツァの長は一般的には尊敬されている男性の長老である。

6　見合い結婚と結婚資金

ジプシーはアメリカでは、見合い結婚という古めかしい慣習に従う数少ない集団の一つである。実際、見合い結婚は世界中のロムの礎と考えられている。結婚生活はジプシーにとって重要なものであり、そのために彼らは若者をキューピッドの手に委ねたがらない。これは、若者が強制的に結婚させられるという意味ではない。ジプシーの結婚は、見合いであろうとも、両親が自分たちの意思を押しつけることはない。しかし、相手の選択過程において重要な役割を果たしており、結婚資金――もしくは、「ダロ」（*daro* 持参金）の準備――は、完全に両親の手によるものである[50]。

ジプシーの文化は個人的活動よりも、むしろ集団の重要性を強調する。さらに、グロッパーによれば、「ジプシーにとって、結婚が夫と妻の結びつきというだけに留まらないことは、きわめて明確である。二つの拡大家族間にとって、生涯の縁組みを意味するものだからである[51]」と。

見合い結婚は、通常、新郎の家族から新婦の家族へのお金の支払い、ダロを含む。金額は一〇〇〇から、一万ドル以上までさまざまである。新婦のファミリアの地位が高ければ高いほど、そして、容姿が魅力的であればあるほど、より高い金額が求められる。

数千ドルのダロがきわめて一般的であるが、そのお金の一部は結婚式の費用に使われる。嫁入り道具一式の支払いや夫婦の家具の購入などにも充てられる。さらに、ダロの一部が「了承の印として」新郎の父親に返還されることもあり得る(52)。

結婚式自体は宗教的司祭も世俗的な司会者もなく、内輪で行われる。それらはまさにその点では、ジプシーの結婚式であり、通常は借りたホールで行われる。祝祭は——豊富な食料と飲み物を含め——とても手の込んだものであり、正式な招待状は発送されないが、その共同体のジプシーは全員、歓迎される(53)。

ダロは、伝統的に新妻を保護する役割を果たす。つまり、もし彼女が夫や夫のファミリアに粗末な扱いを受けた場合、彼女は実家に戻ることができる。その場合、金銭は没収される場合もありうる。

ジプシーの妻が一般的な妻よりも過酷な状況に置かれているかどうかは疑わしいが、男女共に比較的若い年齢で結婚するのは事実である。結婚は一二‐一六歳の間が望ましく、そして、初婚の場合は、一八歳までが望ましいとされる年齢であるが、一一‐一二歳で結婚することもよくある(54)。それゆえに、この点が彼らに過度の気苦労を強いることはないとしても、法的年齢以下で結婚するジプシーは多いように思われる。ロムは結婚や離婚書類、出生証明、他の人口動態統計などにはさほど関心がない。

ジプシーはどのような二人であっても結婚できる一方で、大半の結婚は同族集団の中から相手を選ぶ。若い人々は、従兄弟・従姉妹や近親者以外という条件で、ヴィツァ内で結婚するように勧められる。若者が同じヴィツァ同士——例えば、又従兄弟・又従姉妹——で結婚することにより、幸せな結婚の展望がさらに広がると考えている。ヴィツァのメンバーは血縁だけではなく、同様の慣習に従い、同様のマリメ追放などを共有している。

ボリ

通例では、結婚すると、新妻は夫のファミリアと一緒に生活することになる。彼女は「ボリ」（*bori*）として認識され、義母の管理下に入り、多くの家事をこなす。

アメリカの文化パターンとは対照的に、ジプシーは結婚する時、妻が年上である傾向がある。サザーランドが説明するように、「妻が夫よりも年上であることが重要である。なぜならば、結婚後、妻はボリとしての義務を遂行できなければならず、夫のために稼がないといけないからである。しかしながら、夫は一人前になるまで、責任を取る必要はない」[55]のである。

年上とはいえ、当然ながら、多くのボリは新たに課せられた役割に適応する際に、とてつもない困難を経験する。妻が簡単に断念し、生まれ育ったファミリアに戻ることもある。もちろん、多くの場合、ボリは大事にされる。家庭円満は、誰にとっても望ましいことだからである。

当然ながら、ボリには出産の期待が寄せられる――しかも多くの子供を。彼らは避妊をまったくしない。逆に、子供のいない結婚は大変な不幸とみなされる。

性役割が逆転したり、男性が女性のファミリアと一緒に暮らしたりする事例もごく稀にある。こうした状況は、男性側が結婚資金を提供できない、もしくは、何らかの望ましくない身体的、または、精神的特徴を抱えている場合に起こりうる。こうした男性は「ハウス・ロム」（house Rom）と呼ばれ、妻の両親の支配下に入るために、他のジプシー男性からは蔑まれる[56]。

現代の変化

見合い結婚やダロがジプシーの文化の中で中心的部分を占めているとはいえ、システムはかつてほどに厳格なものではなくなっている。一般社会と同様に、ジプシーの世界でも若い人々を中心に自由度が増大しつつある。例えば、かつてジプシーの若者は付添人なしでデートすることは許されなかったが、その慣習は今や、ほぼ廃れている、とサロは指摘する。

　両親は子供の意思に配慮し、ロマンティック・ラブ（恋愛）は徐々に人気を得つつある。ジョン・マークス（John Marks）は「確かに、親はまだ見合い結婚を設定しているが、今や恋に落ちる若者もいる。かつては、あらかじめお互いに一度も会わない者同士が結婚していたものだが」と結論づけている。[57] しかし、若い女性の場合、婚前の貞節は、常に厳格に重視されているし、今でもそうである。

　報告によると、駆け落ちが増加しつつあり、また、「姑から妻を守ろうとする」若い男性もいる。[58] かたくなに伝統的な結婚システムを守る人もいるが、その中には表立って批判する人もいる。その限りでは、現実的にダロを免除する家族の数は、比較的少ない。

ガジェとの結婚

　こうした変化が起きているにもかかわらず、ジプシーのある慣習は不変のままである。それはガジェとの結婚禁止である。ガジェはマリメであるから、彼らとの結婚もまた、マリメである。繰り返しになるが、これはジプシーによる状況の定義づけであり、彼らがこの問題に妥協する徴候はない。

　禁止されているにもかかわらず、ガジェとの結婚はある——ジプシー共同体にとって、甚だ無念なことである。そうした結婚問題が生じるのは、大抵の場合、ロムの男性とガジェの女性との結婚である。こうした結婚は頻繁に議論の的となる。英国では、族外婚率が二六パーセントを占めるのに対して、サザーランドはカリフォルニア州バーヴェイル・ジプシーの研究では、ロムとガジェとの結婚がジプシーの結婚全体のわずか五・五パーセントであることを明らかにした(59)。

しかしながら、ロウワギー（Beverly Nagel Lauwagie）は、ロムとガジェとの結婚は間違いなくかなり高い割合に達しており、相当数のジプシーは、「見逃されている」と主張する。つまり、より大規模なコミュニティの一部になりつつある、ということである。ロムはガジェよりもはるかに出生率が高いので、もし毎年、相当数を見逃していなければ、ジプシーの人口は現在よりもはるかに大規模になっているはずであると彼女は論じている(60)。

しかし、ガジェとの結婚が行われると常に、彼らの子孫は自らのロムとしての過去を脱ぎ捨てる。先祖がジプシーであることは熱狂的なファンにさえもほぼ知られていない。俳優では、ユル・ブリンナー（Yul Brynner）、マイケル・ケイン（Michael Caine）、チャールズ・チャップリン（Charles Chaplin）、トレイシー・ウルマン（Tracy Ullman）。ミュージシャンでは、アダム・アント（Adam Ant）、ローリング・ストーンズ（Rolling Stones）のギタリスト、ロン・ウッド（Ron Wood）。エルビス・プレスリー（Elvis Presley）の両親は一八世紀ドイツのロムの子孫と考えられている。ジプシー・ローズ・リー（Gypsy Rose Lee）の人生はミュージカル「ジプシー」の基となったが、記録としては、彼女はエレン・ジューン・ホーヴィック（Ellen June Hovick）として生まれ、ロムとしてのルーツは不明である(61)。

7　ライフスタイル

いかなる人々であっても、ライフスタイルを一般化することは困難であるが、ロムは他の集団とは明確に区別される、ある文化的特徴をもっている。その最たる特徴は——これまでに数回、それとなく触れたところであるが――ジプシーの不屈な自由への愛である。
ロムは学校、ビジネス、物質的財産、共同体の仕事、財政的な義務、その他のあらゆる社会的・経済的重荷によって、拘束されることを好まない。彼らのライフスタイルはそれを示しており、彼らはそのことを大変誇りに思っている。ジプシーはまた、新鮮な空気や日光と、自由とを関係づけている。その信念はキャラバン時代に遡るものである。昔、ロムは閉鎖的空間にいたために、病気や疾患が多かった。新鮮な空気は万能薬であると信じられていた。

移住と移動性

移住に対する執着からわかるように、ジプシーほどより明瞭に自由を重要視する者はない。ロムはもはや放浪者《ノマド》ではないかもしれないが、かなりの程度、移動する人々であることに変わりはない(62)。彼らの移動性の高さは、経済的要因が重要な理由である。多数のロムは本拠地をもつ一方、仕事の機会はどこでもあるのだ。屋根葺き、自動車修理、巡回ショー、夏の収穫期作業は、全て定期的な移住を必要とするものである。少なくともいくつかの事例においては、海外への移住もある。サロは、「ロムは分散することによって、ガジェによって構築された効率的なコミュニケーション・システムと連動して、広範囲にわたる経済状況を入手する。カナダのジプシーの中には、アイルランド、ウェールズ、イングランド、ベルギー、フランス、ユーゴスラヴィア、ギリシャ、アメリカ合衆国（ハワイを含む）、メキシコ、オーストラリア、南アフリカの状態について連絡を取り合ったり、または、直接的な知識を持っている者もいる」と報告している(63)。

ロムはまた、友人や家族を訪問するために、結婚相手を探すために、ジプシーの休日を祝うために、結婚式や葬式に出席するためになど、社交的な理由で移住することもある。病気は特別な範疇であり、ジプシーは病気の親戚のそばにいるために、長距離を移住する。
もうおわかりだろうが、ロムは、警官、ソーシャル・ワーカー、教育委員会、地主などから逃れるためなど、戦術的に移住する。この手の移住は、――彼らが以前に使っていた名前を変えるので――当局が「手配中」のジプシーを捜し出し、本人確認をするのはきわめて困難になる。実際、彼らは移住する間、よく身元を偽り、ガジェに成り済ます。[64]
移住の最後の理由は――重要な理由である――、単に、移住を好むからである。彼らは移住することを身体的にも精神的にも心地よく感じている。ロムは移住は健康、幸運とに関連があると考え、一カ所に定住することは病気や悪運をもたらすと考えている。[65]

ライフサイクル

ジプシーの子供たちは、大規模グループの中に産まれ、ファミリアだけではなく、ジプシー・コミュニティ全体から歓迎される。彼らは両親に対して敬意を表明することを期待されるが、幼子は甘やかされている。ジョン・カーニー（John Kearney）が指摘するように、「子供はその場にいてもよいが、行儀よくおとなしくしているべきである」という諺は、決してジプシーによって考え出されたものではない。[66] 体罰はごく限られたときのみ、しかもやむを得ず行われる。ジプシーの子供たちは少なくとも次の子が産まれるまでは、一身に愛を受ける。

多くの点で、ジプシーの子供たちは同等の権利をもつ成人のミニチュアとして扱われる。子供たちの願いは成人の願いと同様に尊重される。[67] 卑屈で、臆病な様子はほとんどロムにはみられない。子供たちも明確に話すことが推奨されている。

ジプシーの子供たちはガジェの子供たちよりも、大人の仲間の中で大半の時間を過ごす。まず、ロムは公教育を信じていないために、このことはほとんどの事例において当てはまる。ジプシーの学校が政府の資金援助を受けて各地に設立されているけれども、子供たちが真に教育を受けているのは、家の中、もしくは、「参加型教育」と呼ばれる所においてである。[68] 少年は、八－九歳から父親と一緒に割り当てられた仕事へ行く。他方、少女は家事を手伝い、占いの手順を観察し始める。[69]

ジプシー文化では、男女とも年齢が上になるにつれて、より高い地位へ上がる傾向にある。若い男性は結婚し、成熟し、子供をもつ。子供たちが成長するにつれて、「彼の地位も上昇する」。自分の子供たちを結婚させる準備ができ、結婚させた時、彼の共同体における地位は一般的に確固たるものとなる。

年を取るにつれて、男性は家族内の問題を解決したり、もめごとを処理したりすることを期待される。また、ジプシーの伝統や文化を保存する機能も果たす。「自らの直系家族よりも、一団の業務」に、次第に多くの時間とエネルギーを費やすようになる。「彼は、古いジプシーであり、大きい男（Big Man）になりつつある」。[70]

同様の順序がジプシー女性の場合にも続く。少女時代には、家事の手伝いを求められる。後に――結婚して、ボリになると――、義母の管理下に置かれる。しかし、成熟して自分の子供を産むと、一人前の領域に達し、それに伴い地位も上昇していく。

多くのジプシー共同体において、第三者――学校職員やソーシャル・ワーカーなど――に対応するのは男性ではなく、女性である。もし彼女がこの点において成功すれば、彼女の共同体における立場は敬意の対象となる。また、ガジェにうまく対処できるようになると、知識の宝庫とみなされる。

男性も女性も親になることを待ち望み、孫を待ち遠しく思う。孫の誕生は真の自立を意味する。というのも、もはや高齢のジプシーには、世話をしてくれる子供と孫がいるからである。

ジェンダー役割

「ジェンダー役割」（gender roles）とは、社会が期待する男性として、女性としての適切な行動、態度、活動を指す。こうしたことは、成人の振る舞いを見て学ぶか、特定の活動を指示されることによって習得する。ロムは明確に性役割を定義している。事実、あるジプシー研究者は、「男女の分離がジプシー社会における最も基本的な点である」と述べる。さらに、性役割は分離によって特徴づけられる。その誘因がジプシーの機能、もしくは、単にファミリア内における日々の活動であるか否かにかかわらず、男性は部屋の一部に集まり、女性は別の箇所に集まる傾向がある。ロムは話好きだが、特別な状況にならない限り、男女が共に会話することはない。(71)

こうした分離は結婚の領域にまで影響を及ぼす。性的パートナーであり、彼の要求を満たしてきた母親と同等の人を得るという点を除けば、新郎のライフスタイルはほぼ同じである。「ジプシーの結婚の礎は、ロマンティック・ラブにあるわけではなく、ロムは夫婦間の愛情を示すことに難色を示す。夫は妻に奉仕を求めるが、彼は相変わらず兄弟・姉妹や従兄弟・従姉妹と大半の時間を一緒に過ごす。夫婦はめったに一緒に外出しない」。(72)

職業的にも、性役割は限定的な傾向にある。女性は占術を、男性は占い店の造作や設計を担当する。女性は料理をし、家事を担当する。男性は輸送手段を確保し、メンテナンスをする。多くの地域において、女性の方が男性よりも高収入である。一人の女性は一〇人の男性以上に収入があるとミッチェル（Josef Mitchell）は主張している。(73) これは大げさかもしれないが、女性の収入の方が男性よりも継続的で安定している。それにもかかわらず、通常、ファミリア、ヴィツァ、クンパニアにおいて、権力的地位にいるのは男性である。

ジプシーは、代々、辺境で不規則な仕事に従事してきた。馬の売買、屑鉄収集、占い、アスファルト舗装（道路の舗装）、自動車の修理、巡回ショー、音楽家など。

8　経済組織

ロムは競争的経済システムに付随する銀行やクレジット・カード、掛け売りなどを積極的に利用するが、集団としては、彼らの認識する「激しい競争社会」に巻き込まれたくはない。実際、多くのジプシーは競争に巻き込まれないように実にうまく回避している。

ポルスター（Gary Polster）はシカゴでの研究において、ジプシー男性は継続的な仕事に就かず、気が向いた時のみ、労働していることを明らかにした。サロのカナダにおける調査によると、ロムは仕事を目標や生活手段としてではなく、やむを得ないことと考えている。同氏はさらに以下のように続ける。「ジプシーは職業上、巧みに適応しているが、各人の真の献身とは、仲間の尊敬を得ることにある。ロムの仲間の間では、社会的に名声のある職業は彼の人生の重要な部分を構成する。ロムは自由に往来し、政治活動をし、見合い結婚をし、これらの活動と折り合うように、旅を企図しなければならない。生計を立てることは、必要な行為ではあるが、副次的なものである」と。(74)

ロムは多数の経済的、職業的なハンディキャップに直面する。彼らが従事してきた伝統的職業の多くは衰退している。馬の売買はすでに廃れている。ジプシーの伝統的職業である、金属細工《カルデラッシュ》（本来は「銅細工師」を意味する）はほとんど工場で行われるようになった。巡回ショーは着実に減少しつつある。

あらゆる専門職は大学や大学院での修練を必要とするので、教育を受けていないロムはさらに不利益を被る。

そして、最終的には、多数の職業——配管工や看護師、ホテルやレストランなどの仕事——には、マリメの禁止事項のために、ロムは関わることができない。

すべてを考慮すると、ジプシーが経済的成功に失敗した点ではなく、彼らが適応していることに驚く。実際、辺境とはいえ、ロムはガジェの生産システムのギャップを埋めていると——ある著者が指摘するように——論じることが可能かもしれない。彼らは通常の経済条件のもとでは、あまりに不規則であり、利益が上がらないために、大規模で、かつ、ガジェの経済企業にとっては魅力のない仕事、例えば、買い物かごの修理や道路の舗装など、人手不足の仕事をしている(75)。

クンパニア

ロムは必要な物を何も生産していない。この点は重要である。すなわち、必要な物はガジェから入手しなければならないということである。そして、それらを獲得することは物質的満足だけではなく、精神的満足にもつながる。「ジプシーは、観念上、ガジェとの経済関係を搾取する相手と考える。ガジェは自明のこととして、無知で愚かな者とみなされている。こうした関係をもたらすロムの価値観は〝ずる賢く生きていく〟ことと定義されるかもしれない。少なくとも事例を振り返ってみると、ガジェを欺くことによって、実質的利益を得るよりも、相当高度な精神的満足感を得ている(76)」。

サザーランドの研究によると、「ガジェは生計の源であり、例外なく、ロムは経済的、または、政治的動機のためにのみ、彼らとの関係を確立している」。ジプシー同士の経済関係は相互扶助に基づいており、他のジプシーからお金を稼ぐことは倫理に反することとみなされている。唯一の正当な収入源はガジェであり、「彼らからお金を引き出す技術はロムの社会においては高く評価される(77)」。

この「引き出す」過程における経済団体はファミリア、または、ヴィツァではなく、クンパニアという連合のような組織であり、その組織は特定の町や都市に居住している男性ジプシーから構成される。力のあるクンパニアは、認可証、もしくは、政治的保護が必要であろうとなかろうと、その地域において認可される道路舗装ビジネスや占い師の定員の総数を決めていた。この手のクンパニアは仲間入りを許されていないファミリイを追い出す権力をもっていた。しかし、厳格でないクンパニアでは、こうした権力が欠如していた。ファミリイは困難な社会的・経済状況の対策として、自由に入会脱退可能であった[78]。

ジプシー文化特有の観点からすると、クンパニアにはもう一つの意味がある。ジプシーはガジェとの間に明確な領域を維持しようと努め、ガジェと一緒に働かないようにした。必要であれば、彼らは工場や商業施設における雇用を受け容れるであろう。しかし、これは一般的な行動ではない。一般的に、ジプシーは同性の成人メンバーが構成する小規模の作業単位（*wortacha*）で働いている。このようにして、二、三人の男性が道路舗装や自動車修理などに従事できる。女性は訪問販売や占いをする小規模集団の中で仕事ができる。

9　活　動

占　術

ロムによって独占されている分野が一つあるとしたならば、それは間違いなく「占術」（*fortune-teller*）である。実際のところ、ジプシーと占術は不可分の関係にあると思われる。——それにはもっともな理由がある。

ロムの少女は一三－一四歳の段階で易者、もしくは、占い師や助言者になることを期待される。占術は適切なジェンダー役割、ジプシー女性の適切な職業とみなされており、少女たちは自分たちの母親、叔母、他の女性の親戚が毎日、この伝統的に受け継がれた占術を実践するのを目にする。[79]

占術は、学ぶことが難しい職業ではなく、諸経費もそれほどかからず、さらに――場所次第では――、売り上げも相当見込める。クラーク（Marie Wynne Clark）は、以下、古いジプシーの言葉を引用している。「銀貨が人の手に渡らなければ、未来は実現しない」[80]と。そして、常にこの格言を信じるガジェのおかげで、水晶玉、手相占い、カード占いは利益を生み出している。

時々、ジプシーの占術師が詐欺、もしくは、ブジョ（*bujo*）の罪で告訴され、有罪となる。ブジョとは、まさに詐欺に他ならない。ブジョによって、騙されやすい客が財産の大半を巻き上げられる。よく知られている企みは、「鞄の取り替え」と呼ばれている。この場合、偽札や紙切れの入った鞄と、客が除霊や呪いを解くために占術所に持ってきた現金の入った鞄とを取り替える（ロム語において、ブジョとは「鞄」を指す）。明らかに、これらは異常な事例である。実際のところ、多くのロムは当該地域との関係悪化や警察の取り締まりを考慮して、ブジョには難色を示す[81]。

頻繁に発生するブジョの結果、多くの地域は占術を不法とした。カナダの多くと同様に、アメリカ合衆国の多くの主要都市は占術を禁止している。占術の非合法化はジプシーにとって最大の問題でありうると考える識者もいる。（大変興味深いことに、占術営業の禁止令は憲法で保障されている言論の自由を侵害しているとして、一九八五年、カリフォルニア州最高裁判所は下級裁判所の決定を却下した）。

適法か否かはさておき、多くの地域で何らかの制約を受けているとしても、ロムはせっせと商売に励んだ。彼らは、占い師ではなく、「読みとり」や「助言」のふりをする。このことは警察の「協力」という方便を必びている。

要とするかもしれない。しかし、次々と手段を変えて、ジプシーは生き延びている。ジプシーは絶えず生き延

不法行為

他のタイプの犯罪――強盗、住居侵入、レイプ、殺人など――についても、ジプシーは関わっているのか。答は、関わっているものと、関わっていないものがある。彼らは、暴行や路上強盗、レイプ、殺人などの暴力的犯罪には、めったに関わらない。しかし、窃盗は別の問題で、警察もその件に関しては強い関心を示しているようである。

ジプシー担当の法執行官は、率直な事実として、アメリカで生活するジプシーのうち、相当の割合が窃盗に従事していると考えている。こうした考えは、ジプシーほぼ全員が天性の詐欺師であると考えるのと同じくらい愚かなことだ、とハンコック（Hancock）は述べる[82]。しかし、そのような考え方が蔓延している。ロサンゼルス警察には、「ジプシーの犯罪捜査班」が実際に存在する。さらに、「クリミナル・マインド」（*Criminal Mind*）という人気テレビ番組は、番組内容がスポンサーのボイコットにつながりかねないという懸念がないまま、二〇〇九年、ジプシー家族が誘拐に関わっているとする「血統」という特集を放送した。虚構の中で、そして、現在の法執行システムによって、これほどまでに本質的な犯罪集団としての烙印を押されている集団はおそらく他にないであろう[83]。

検事長や検察官は懐疑的な目でロムを見る傾向にある。というのも、ジプシーを刑務所へ送ることが難しく、憤慨しているからである。ロムにとって、刑務所で過ごす時間はマリメの禁止事項を破ることに値する。その結果、個人のジプシーは実刑を免れるためには、どんな苦労も惜しまない。

10　社会統制

「ローマニア」(*romania*)――容易には定義できない用語である――は、ジプシーの生活様式や世界観を意味している。それには、彼らの道徳規準、伝統、慣習、儀礼、行動の規則が含まれる。要するに、ハンコックの示すように、ローマニアとは、ジプシーが正しいと考え、意にかなうと考えるものである。[84] それが社会を一つにまとめる凝集力となっている。

しかし、ローマニアは明文化された規定ではない。むしろ、ジプシーの文化の側面に組み入れられている。明文化された規準ではないために、ロムは二つの問題に直面する。（一）何がローマニアで、何がローマニアでないのかを誰が決めるのか。（二）故意に、もしくは、無意識に規準に反した人に、どのように対処するべきか。これらの問題は社会統制という大問題を提起する。

社会学者によって使用されるように、「社会統制」(social control) は、人々の行為が社会からの逸脱を防ぐための手法、戦術を意味する。「非公式的な社会統制」(informal social control) は、嘲笑、笑顔、儀礼のような手段を通じて、一般市民によって何気なく実行されている社会統制を意味する。「公式的な社会統制」(formal social control) は、例えば警察官、裁判官、教育行政関係者、雇用主など、権力を持つ行為主体によって実行される社会統制を意味する。社会学的には、非公式的な社会統制は常時、社会統制の維持に貢献しているために、公式的な社会統制よりも重要であるとみなされる。ジプシーがまさにその好例である。ロムは、ほぼ完全に公式的な統制なしで集団を維持しており、大半を非公式的な多様性に依存している。

例えば、閉鎖的社会ゆえに、噂話、嘲笑、冗談は、ジプシーにとって相当の効果がある。メンバー個人は一般社会においてよくみられるような匿名性から免れることはできない。したがって、あらゆるジプシー共同体において、逸脱行為の報告と噂が広まるのに時間はかからない。

リーダーシップ——ロム・バロー

大半の集団において、リーダーシップは社会統制の重要な手段として機能するが、ジプシーの場合、この点に関してはそれほど幸運ではない。ロムはリーダーシップの質に関して問われることがない。一つには、ジプシーのリーダーシップが年齢で判断されるからである。すなわち、年を重ねればローマニアのより高度な知識を持っていると考えられる——そして、ローマニアの知識が承認された権力の源である。当然ながら、若い指導者はめったにいない。

もう一つの難点は、ジプシーのリーダーシップが細分化する傾向にあることである。少なくとも、理論上は各ファミリア、各ヴィツァ、各クンパニアに、それぞれリーダーがいる。いくらか重なる部分——真に調和した部分——もあるが、特に、異なるナツィアが関わる場合、深刻な口論や内紛にもなる。

リーダーシップはファミリアにおいて始まり、その家長はヒューロ（*phuro*）として知られている。ヒューロが年を取り、彼のファミリアが規模としても勢力としても成長するにつれて、彼の共同体における地位と——彼の権力——は、次第に増加する。彼の判断が健全であることが明確で、ファミリアのいろいろなメンバーに真の関心を示し、ガジェとの対応において、有能であることを示すことができれば、ヒューロはヴィツァ、もしくは、クンパニアの指導者になることができる。そうなると、彼は「ロム・バロー」（*Rom Baro*）もしくは、「大きい男」（Big Man）として知られるようになる。

「大きい男」（ビッグ・マン）には、二つの機能がある。彼の仲間に支援とサーヴィスを提供することと、特に政治的意味において、ガジェ共同体との交渉に当たることである。大きい男は、強権によってではなく、説得や議論によって治める。もし説得する力がなくなれば、交替させられるかもしれない。また、彼が罪を犯せば、彼のロム・バローとしての地位は終わりを迎えるかもしれない。

ジプシーの世界において、大きい男は多数存在するが、仮に地域政府に取り入るために自らを王と名乗ることはあるとしても、真の意味で「ジプシーの王様」はいない。例えば、シルヴァーマン（Carol Silverman）は以下のように言う。「王様、または、女王様の地位は、病室を確保したり、葬儀場を特別に訪問したり、特別な権利を行使したりする際に利用される。ある情報提供者が言うには『入院したジプシーは誰でも、自動的に王様となる。そのため、彼らはよりよい処置を受ける……ジプシーの中に、王様はいない。しかし、ニューヨークの新聞社の資料室へ行き、昔の新聞のお悔やみ欄を見れば、ジプシーが亡くなった時は常に王様と称された。王様は一〇〇〇人にものぼるであろう』」と。(85)

現代において、最も有名な（もしくは、悪名高い）アメリカのジプシー指導者はビンバレスティ・ヴィツァのロム・バロー、ティーン・ビンボ（Tene Bimbo）である。彼は国中の権力を追求した。その過程において、軽微な窃盗から殺人まで、あらゆる罪で一四〇回も逮捕されたという！　ある新聞は「ティーン・ビンボに対してなされなかった告訴があるとしたら、おそらくただの怠慢である」と述べる。(86)

ティーン・ビンボは一九六九年、八五歳で亡くなった。それ以降、彼のようなロム・バローは出てきていない――おそらくこれからも出てこないであろう。彼の子孫はビンボのことを現代のロビン・フッドになぞらえ愛情を込めて話すが、大半のジプシーはもはや彼の姿がないことを喜んでいる。ビンボの行為はロムにとって望ましくない悪評やジプシーの歪曲されたイメージをもたらしたと彼らは考えている。（以前に挙げたピーター・マース『ジプシーの王様』は、ティーン・ビンボの死後に噴出した権力闘争に基づくものである）。

現代において、最も有名な（もしくは、悪名高い）ヨーロッパのジプシー指導者はイオン・ショアバ（Ion Cioaba）であった。彼は「すべての地域におけるすべてのジプシーの王であると宣言したが、故郷のルーマニアでは、政治的に何ら影響をもたらすことはなかった[87]」。彼は一九九七年に、六二歳で亡くなった。

一九九二年、ショアバは五〇〇〇人のジプシーが出席した戴冠式典を開催し、報道機関を困惑させた。式典の時に、彼は一三ポンドもある純金の冠をかぶった。ジプシーは誰が皇族に就くことができるか否かを規定しないので、わずか数カ月後には、敵対的ジプシーがジプシーの皇帝を立ち上げた。

ロバート・トーマス（Robert Thomas）によると、ショアバは「太っており、ジプシーの伝統的慣習である青い背広を着用せず、ほぼ成功しなかったが、ジプシーの諸権利を明確に主張した。一例を挙げると、彼は、ドイツにおけるルーマニアへのジプシー国外追放を中止するように要求し、ホロコーストで亡くなった数千人のジプシーの賠償金を求めた[88]」。

社会統制としてのマリメ

ジプシーのリーダーシップが社会統制の有効な源泉かどうかは判断の難しいところだが、マリメは継続的に強力な社会統制の伝統的手段である。実際、それはロムを秩序内に治める最も肝要な要因であるかもしれない。マリメはただ単に人や物が汚染されたという宣告に留まらないために、その理由はわからない。マリメであると宣告されたジプシーは集団全体から追放される。他のロムも以後、その人とは関わりを持たない。

ジプシーの社会内に限っていえば、彼らは社交的である。彼らは本当に決して一人にはならない。実際に、朝起きた時からずっと、他のロム仲間と一緒に過ごす。話したり、笑ったり、働いたり、議論したり、噂話をしたり、おそらく最も重要なのは、食事をすること――すべて集団行動としてみなされている。それゆえに、マリメと宣告されることは実質上、存在のまさに本質的な意味において、ジプシーではなくなるという意味である。彼は自分だけではなく、家族にも恥をかかせることになる。

サザーランドはマリメについて、「他のロムと社会的交流を拒絶されるという意味において、ジプシー社会においては究極の罰である。マリメが続く期間は社会的死である」という(89)。終身にわたるマリメの宣告は、ジプシーの罰則において最も冷酷であるだけではなく、回復する方法がなければ、対象となった人物は自殺によって人生を終わらせる方を実際に選ぶかもしれない(90)。

クリス

幸いにも、ロムにとってマリメが永続的なものであるとは限らない。非難されたジプシーは批判されていることが罪にあたるかどうか、裁判で決定する権利を持っている。その裁判はクリス・ロマニとして知られている。ロムの使用法によると、「クリス」(*kris*) は法と正義のシステムも意味する。というのも、彼らは一般的にアメリカの裁判所を使用しないからである。

クリス・ロマニは成人ジプシーの陪審員から構成され、公平な裁判官によって進められる。裁判官、もしくは、クリサトラは知恵と客観性で名を馳せる者であり、非常に頼りにされている(91)。しかしながら、訴訟当事者が前もって評決に服することに同意しない限り、裁判官は訴訟を受け付けない。マリメに関する申し立てに加えて、クリスの訴訟は結婚資金、離婚訴訟、ヴィツァ間の不和、盗みの申し立て、占術をめぐる争いなどの論争を含んでいる。

クリスは深刻な事由でのみ招集される。なぜならば、ジプシーの裁判は時間と高額な費用がかかるからである。異なる地域の職員が担当しなければならず、ホールを借りて使用しなければならない。長期にわたる裁判では、有罪となった側が「法廷」の経費を負担しなければならず、経費には食料や飲料が含まれる場合もある。[92]

これらの要因により、クリスは他のあらゆる裁定手段が失敗に終わるまで、開催されない。例えば、通常の論争であれば、ロム・バローや内輪の話し合いで解決できる。そして、たとえこれらの努力が失敗に終わったとしても、「ディヴァーノ」（*divano*）という当事者による公開討論を求めることができる。

クリスは社会統制の効果的な手段であろうか。そうは言い難い。大半の事例において、おそらくそうであるといえる――が、このシステムには内在的欠点がある。おそらく、問題の当事者は前もって、下された決定に従うことに同意する。もしそうしなければ、少なくとも、理論上はジプシー社会を離れる以外に頼みの綱がないからである。彼ら独自の法に従うことを拒絶するジプシーに、現実的に何がなされうるか。最近の分析によると、アクトン（Thomas Acton）は、「現在、拡大家族以上に大規模になったジプシー集団が自分たちのメンバーに効果的な制裁を行使することは困難である」と指摘する。[93] ヨァーズは以下のように述べている。「クリス、もしくは、ロムの集合意思は流動的構造である……裁判官の宣告の有効性は本質的に大多数のロムによる決定が受け容れられるかどうかにかかっている。法の支配を強制するための、絶対的な強制力を有する要素はない。ロムには、警察権力、刑務所、死刑執行人が存在しない」[94]と。

11　偏見と差別

偏見と差別は実際にあらゆるジプシーが直面し、共に生きる現実である。偏見と差別は関連した概念であるが、研究者はそれらの違いを以下のように定義する。「偏見」（prejudice）とは、あるカテゴリーの人々全体に対して、否定的な態度を示すことである。「差別」（discrimination）とは、偏見、または、他の恣意的な理由ゆえに、個々人と集団に対して、平等の権利と機会を否定することである。

ロムが実質、今までに生活してきたあらゆる国で迫害を受けたことは悲しいながら事実である。すでに述べたように、ナチスは第二次世界大戦中に大量のジプシーを殺害した。ヴィツァ全体が一掃された。さらに、ケンリック（Donald Kenrich）とプクソン（Grattan Puxon）は、長きにわたるニュルンベルク裁判開廷の間、一人のジプシーも証人として呼ばれなかったと記している。[95]また、金銭的賠償も、生き延びたロマーニ集団にまったくなされなかった。

一九七九年、ジミー・カーター（Jimmy Carter）大統領が全米ホロコースト評議会（U. S. Holocaust Memorial Council）を創設した。ヒットラーによる死の収容所において、犠牲となり、死亡した人々全員を永遠に忘れないことを目的にしたものである。一九八七年まで、ジプシーは「六五人委員会」（sixty-five-member council）に招待されなかった。委員会からカーター大統領への報告書には、「ジプシー」という言葉は付属資料に、「その他」として、ポーランド人、ソヴィエト捕虜、フランス人、セルビア人、スラブ人と一緒に、一度だけ登場する。ジプシーの死者総数は今や六〇万人ほどになると推計されている。これは民族虐殺関連で比較すると、ユダヤ人犠牲者と割合は同等であるが、人数は一〇倍にものぼる。[96]

最終的に、一九九三年に「米国ホロコースト博物館」（U. S. Holocaust Memorial Museum）が開館し、ドイツ人に迫害されたジプシー音楽家のバイオリン、伝統的なジプシー女性の衣服、チェコスロヴァキアで発見されたジプシーワゴンも展示された。ロマの悲劇から目を背けたことに対する最初の取り組みは喪失したものに対するさまざまな配慮によって対処された。[97]

大量虐殺はヒットラーの失脚によって停止されたが、ジプシーに対する偏見と差別の問題は東西ヨーロッパにおいて続いた。それにもかかわらず、ベルリンの壁崩壊の前に、共産党の一団がジプシーを守る手段を提供した。

ベルリンの壁崩壊以降、ジプシーはヨーロッパのどの集団よりも、最も攻撃されている。例えば、ルーマニアでは敵意の的となり、ジプシーは彼らの常套手段である移動を実行した。一九九一年の八カ月間、ドイツへの入国を要求した九万一〇〇〇人のルーマニア人のうち、九一パーセントがジプシーであった。目的地としてドイツを選択した総数は今や五〇万人近くになる。(98)

ヨーロッパのどこであっても、大体彼らは望まれざる客である。彼らはスケープゴートとなり、よくスキンヘッドやネオ・ナチの暴力の犠牲となる。家は壊され、時には死者も出る。全体主義から民主主義的構造へ最もスムーズに移行してきたと称される国、チェコ共和国においてさえ、ジプシーへの深刻な敵対感情が存在する。

アメリカ合衆国においては、組織的反ロム感情は限定的だが、途絶えることはなかった。一九九八年になって、ニュージャージー州は一九一七年に制定した「反ロム法」を無効とした。このような法は、記録上、これが最後と思われる。(99)

とりわけ、ヨーロッパにおいて、ジプシー共同体は常に低くみられている。(100)このような考えは、社会学者がエスノセントリズムと定義するものの中核である。「エスノセントリズム」(ethnocentrism)とは、自らの文化や生活様式が規準、もしくは、他集団のものよりもすぐれていると考える傾向を意味する。ある共同体において、チェコ市民は自分たちの居住区とジプシーの居住区との間に、道路を横断する一五フィートの壁を建設するように市役所を説得した。ウースチ・ナド・ラベム(Usti Nad Labem)の市長は、その決定について謝罪していない(今は市民権団体の介在により保留になっている)。「この壁は、チェコ共和国の法律を遵守し、望ましい道徳に従うある集団に関するものであり、そして、これらの規則を破る――賃料を払わない、不衛生な状態にある、不正を働く——集団に関するものである。これは人種的問題ではなく、まともな人々と、まともでない人々とに、どのように対処するかという問題である」。この壁は、最終的には、市民権団体の抗議を受けて、建設後、すぐに撤去された[101]。

ヨーロッパにおけるロマの処遇を考慮して、彼らの代わりに発言する有名人、例えば、俳優のイーサン・ホーク（Ethan Hawke）が登場した。歌手のマドンナ（Madonna）は、ジプシーの子供たちの教育を支援するチャリティで、個人的な所有物をオークションにかけた。二〇〇九年、ルーマニアのブカレスト——ジプシー人口が最大の国——での彼女の発言が世界的に注目を浴びた。それに対して、数千人の観客からブーイングが起こった[102]。

貧困にせよ、子供たちが直面している教育への試練にせよ、ジプシーが抱えている問題は、総体的に自分で対処するべきであると、一般社会は変わらず考えている。一般社会に潜むあらゆる問題点は考慮されない。社会学者はこれを「犠牲者非難」と呼ぶ。「**犠牲者非難**」（blaming the victim）は社会の責任を認めるのではなく、人種集団、エスニック集団、その他の集団の問題を非難されている人々の欠陥として表現する[103]。

世界中のジプシーに対する否定的な非難の中には、ジプシーは金遣いが荒すぎる、固い結束を隠している、肉親にも拡大家族にも、家族の絆に忠誠心をもっている、という非難さえある。しかし、これらは本当に否定的態度なのだろうか。

社会学者がよく用いる「**内集団**」（in-group）という用語は、自分が所属していると考える集団やカテゴリーを意味する。対照的に、「**外集団**」（out-group）というのは、自分は所属していないと考える集団を指す。内集団は、一般的に忠誠心、同じ嗜好性、構成員の協調によって、特徴づけられる。メンバーは、内集団を「われわれ」と言い、外集団を「彼ら」と表現する。

自分の所属する集団のメンバーを称賛するために、そうではない人の特徴を批判することは、内集団では美徳とされるものが外集団では悪徳になる好例である。社会学者のロバート・マートン（Robert Merton）はある集団の適切な行動が第三者によって実行された時、受け容れ不可能になることを説明した。家族志向であること、強い親族の絆があることは決まって称賛されるが、ジプシーのような集団によって実践されると、第三者はそのことに憤慨する。[104]

アメリカ合衆国のジプシーも、偏見と差別に直面し続けている。すでに議論したように、ジプシーは世論と法執行機関の双方から、犯罪集団とみなされてきた。二〇一〇年、本書の著者である、リチャード・シェーファー（Richard Schaefer）は、メイン州ポートランド郊外の女性から「ジプシーがやって来たから」家のセキュリティを厳重にしたと話しかけられた。数年前には、イリノイ州の大規模ディスカウントストアの責任者から、町近郊にある店の店長に「ジプシーが店に向かっている」という電話を何度も何度もかけていると打ち明けられた。

なぜ、迫害は終わらないのだろうか。アフリカン・アメリカンやチカーノ、特定の移民集団が経験したように、エスニックなものに基づく偏見であると主張する人もいる。しかし、一方では、ただ単にジプシーは価値のない厄介者だと考える人もいる。ある警察官は、「彼らは経済的な寄生虫に他ならない」という。事の真偽については議論の余地があるが、その意見は的はずれである。もし人々がジプシーを非生産的であり、反体制派と認識するならば、あらゆる当事者にとって不幸なことに、偏見や差別が正当な報復とみなされる可能性がある。

12　適応能力――ジプシーのトレードマーク

ロムは差別の要因にそれほど関心がない。現実主義者たるべしと彼らは考えている。そして、ジプシーであることは差別を甘受することであると考えている。事実、ジプシーであるからには、自分たちにとって、好ましくないこと、同意し難い多くのことを受け容れなければならない。実際、これがジプシーのトレードマーク、つまり、適応能力である。

ジプシーは差別を乗り切るだけではなく、社会変化のめまぐるしい展開にも適応しなければならない。時代が変わり、慣習が変わり、政府が変わり――時として、永遠なるものなど何もないように思われる――、しかし、どのような変化であれ、ロムは必要な適応をしているようである。彼らは文化的アイデンティティを喪失しないで適応している。

彼らの適応事例は限りなくある。ジプシーは随分前に、自らの起源であるインドのヒンズー教を捨てた。ジプシーには独自の宗教がない。ジプシーは放浪や移住する過程で、滞在国の宗教――もしくは、複数の宗教に――に適応してきた。服装についてもほぼ同様であるが、ポルスターが言及しているように、ジプシー女性は、よく色鮮やかな服装をしている(105)。ロムは、一見、香辛料が多用された料理を好みそうであるが、彼らの生活する国や地域の食物や料理に適応している。

ジプシーの旅人はキャラバン隊を組んでいた時代、市街地から離れたあまり知られていない場所にキャンプを張っていた。状況の変化によって、キャンプから都市へ、生活の場を移さざるを得なくなった時も、彼らはむしろ以前よりもうまく適応していた。現在、大半のアメリカン・ロムは都市地域において見られるはずである。

馬から動力輸送へ変化した時も、ロムは適応した。馬の売買人を辞めて、彼らは自動車の修理やエンジン整備を学んだ。金属細工――長い間、ジプシーの専門であった――が、工場型の生産技術に座を奪われた時、ロムは屋根葺き職人や道路舗装へと転じた。各所で占術が違法になった時、ジプシーは「読心者」「助言者」になった。[106]「生計が立てられない」時でさえ、ジプシーには何とか対処できる人間がいる。識字能力のハンディキャップや書類手続に馴染みがない（それどころか、軽蔑している）にもかかわらず、多くの場合、福祉行政に適応し、十分な保障が得られるようになった。

13　展　望

アメリカン・ジプシーには、どのような未来が待っているのだろうか。水晶玉をもつジプシーでさえ、予言することはできない。しかし、経験に基づく推測は可能である。

まず初めに、ジプシーの積極行動主義はおそらく――いくらかは――活発になるであろう。国際的な点からすると、世界ジプシー会議のような会議は、ジプシーの問題に関心を集めることに成功した。二つの突出した努力が結果をもたらした。スイス銀行やドイツ産業界がホロコースト時の奴隷労働の罪について、一〇億ドルで和解したが、その対象の中にジプシーも含まれた。アメリカ合衆国では、「全米ジプシー協会」（American Gypsy Organization）、その他の集団も設立された。こうした組織はジプシーとガジェとの関係に、好ましい影響を必然的にもたらした。[107]

同時に、ジプシーの積極的行動主義は内在的限界がある。アメリカのロムは目立たない集団である。彼らは活動させることはもちろんのこと、見つけることがまず難しい。彼らは伝統的に組織や示威行動ではなく、移住や回避という手段をとる。例えば、一般大衆の抗議——他のマイノリティ集団がよく使う——が、ジプシー共同体《コミュニティ》の情を動かすことはまずない。

ジプシーの特徴でもあった、非識字率は将来的には十中八九、減少する傾向になるであろう。ジプシーの子供たちのための学校がカリフォルニア、ワシントンＤＣ、フィラデルフィア、シカゴ、シアトル、カムデン、ニュージャージーに設立されており、さらに拡大されていくであろう。しかし、ハンコックの指摘によると、失敗例は成功例を圧倒し、「ジプシーの大多数はどのような学校教育であっても、反対のままである」(108)。

非識字率の減少を想定すると、ロムのアメリカにおける労働市場の位置も、少しは改善するはずである。現在でさえ、ホワイトカラーや専門職と思われるジプシーがいる。しかし、ロムが大学や大学院に進学することはめったにないので、その数はかなり少ない。

さらに将来的には、ロムとガジェとの関係はいくらかではあるが、改善していくかもしれない。多くの点において、アメリカン・ジプシーは一般社会の経済的報いから関係を絶ってきた。こうした報酬の相伴にあずかるためには、彼らはガジェに対する態度をおそらく変えなければならないであろう。彼らがどの程度変化するかは推測の域を出ない。

ロムはまた、マリメに付随する規則をわずかに軟化させるかもしれない——いくらかは。あるジプシー共同体において、こうした規則はすでに軟化されつつある。そして、この傾向が続くと、一般社会との関係において、改善は副次的結果の一つになるであろう。同時に、大半のロムはマリメ概念がジプシー社会の中核にあることを十分に知っている。マリメなくして、社会統制の維持は困難であろう。それゆえに、規則へのさらなる腐食が起きるか否か、注視しなければならない。

まとめると、ジプシーの生活様式、もしくは、ローマニアにおける変化は劇的にではなく、穏やかに進行するであろう。ロムは鋭く自らは何者か、自らは誰であるのか、認識しており、――彼らはそのことを誇りに思っている。そして、彼らは一般社会へ適応を進めようと変化するかもしれないが、他方、社会の機能を担うことはおそらくない。彼らは同化しないであろう。彼らは、独自のアイデンティティを諦めないであろう。彼らは自身の文化を断念しないであろう。こうして、たとえ規模が縮小しようとも、あらゆる可能性において、彼らは差別と嫌がらせという二つの爪を引き続き感じていくだろう。

ロムはずばり、どの程度の変化を許容するだろうか。もしくは、このような変化はどのような形態をとるだろうか――この点については、議論の余地がある。しかし、一つ確実に考えられることがある。ジプシーは生き延びる。つまり、ジプシーは永遠に生き延びるということである。

【インターネット情報源】

www.errc.org

ロマに対する差別や迫害と戦う、ハンガリーに本部を置くヨーロッパ・ロマ・権利センターのサイト。

romani.org

このウェブサイトでは、人として、そして民族として、ロムの認知を広めることを主な活動としている。

www.gypsyloresociety.org

ジプシー、または、トラベラー研究に関心ある人々の国際組織（一八八八年に英国で創立）。

www.soros.org/initiatives/roma

ヨーロッパにおけるロム関係のさまざまなイニシアティヴが紹介されている。

www.photomythology.com/

カリフォルニアからイタリアまで、ロムのフォトエッセーが掲載されている。

【精選文献リスト】

Andersen, Ruth E. “Symbolism, Symbiosis, and Survival: Role of Young Women of the Kalderasha in Philadelphia.” In *The American Kalderasha: Gypsies in the New World*, edited by Matt T. Salo, pp. 11–28. Hackettstown, NJ: Gypsy Lore Society, 1981.

Beck, Sam. “The Romanian Gypsy Problem.” In *Papers from the Fourth and Fifth Annual Meetings, Gypsy Lore Society, North American Chapter*, edited by Joanne Grumet, pp. 100–109. New York: Gypsy Lore Society, 1985.

Belton, Brian A. *Questioning Gypsy Identity: Ethnic Narratives in Britain and America*. Walnut Creek, CA: AltaMira Press, 2005.

Clark, Marie Wynne. “Vanishing Vagabonds: The American Gypsies.” *Texas Quarterly* 10 (Summer 1967): 204–10.

Clébert, Jean-Paul. *The Gypsies*. London: Vista, 1963.

Cortiade, Marcel. “Distance Between Romani Dialects.” *Newsletter of the Gypsy Lore Society, North American Chapter* 8 (Spring 1985): 1ff.

Dodds, Norman. *Gypsies, Didikois, and Other Travelers*. London: Johnson, 1976.

Fonseca, Isabel. *Bury Me Standing: The Gypsies and Thier Journey*. NewYork: Knopf, 1995.（『立ったまま埋めてくれ——ジプシーの旅と暮らし』、イザベル・フォンセーカ著、くぼたのぞみ訳、青土社、一九九八年）。

Friedman, Victor A. "Problems in the Codification of a Standard Romani Literary Language." In *Papers from the Fourth and Fifth Annual Meetings, Gypsy Lore Society, North American Chapter*, edited by Joanne Grumett, pp. 55–75. New York: Gypsy Lore Society, 1985.

Gmelch, George. *The Irish Tinkers*. Prospect Heights, IL: Waveland Press, 1985.（『アイルランドの漂泊民』、ジョージ・グメルク、亀井好恵・高木晴美訳、現代書館、一九九三年）。

Gropper, Rena C. *Gypsies in the City*. Princeton, NJ: Darwin, 1975.

Hancock, Ian F. *The Pariah Syndrome: An Account of Gypsy Slavery and Persecution*. Ann Arbor, MI: Karoma, 1988.（『ジプシー差別の歴史と構造——パーリア・シンドローム』、イアン・ハンコック、水谷驍訳、彩流社、二〇〇五年）。

——. *We are the Romani People*. Hertfordshire, England: University of Hertfordshire Press, 2002.

Kearney, John. "Education and the Kalderasha." In *The American Kalderasha: Gypsies in the New World*, edited by Matt T. Salo, pp. 43–54. Hackettstown, NJ: Gypsy Lore Society, 1981.

Lee, Ronald. *Goddam Gypsy: An Autobiographical Novel*. Montreal: Tundra, 1971.

Lockwood, William G. "Balkan Gypsies: An Introduction." In *Papers from the Fourth and Fifth Annual Meetings, Gypsy Lore Society, North American Chapter*, edited by Joanne Grumett, pp. 91–99. New York: Gypsy Lore Society, 1985.

Maas, Peter. *King of the Gypsies*. New York: Viking, 1975.（『ジプシー・キング——摩天楼のどぶねずみたち』、ピーター・マーズ、山本和郎訳、読売新聞社、一九七六年）。

Marre, Jeremy, and Hannah Charlton. *Beats of the Heart*. New York: Pantheon, 1985.

Mayall, David. *Gypsy Identities 1500–2000: From Egipcyans and Moon-men to the Ethnic Romany*. London: Routledge, 2004.

Nemeth, David. *The Gypsy-American: An Ethnographic Study*. Lewiston: Edwin Mellen Press, 2002.

Okely, Judith. *The Traveler Gypsies*. New York: Cambridge University Press, 1982.（『旅するジプシーの人類学』、ジュ

ディス・オークリー、木内信敬訳、晶文社、一九八六年)。
Pippin, Roland N. "Community in Defiance of the Proscenium." In *The American Kalderasha: Gypsies in the New World*, edited by Matt T. Salo, pp. 99–133. Hackettstown, NJ: Gypsy Lore Society, 1981.
Polster, Gary. "The Gypsies of Bunniton (South Chicago)." *Journal of Gypsy Lore Society* (January–April 1970): 136–51.
Rehfisch, Farnham, ed. *Gypsies, Tinkers, and Other Travelers*. New York: Academic Press, 1975.
Salo, Matt T., ed., *The American Kalderasha: Gypsies in the New World*, Hackettstown, NJ: Gypsy Lore Society, 1981.
Salo, Matt, and Sheila Salo. *The Kalderasha in Eastern Canada*. Ottawa: National Museums of Canada, 1977.
Silverman, Carol. "Everyday Drama: Impression Management of Urban Gypsies." In Matt T. Salo, ed., *Urban Anthropology, Special Issue* 11 (Fall–Winter 1982): 377–98.
Sutherland, Ann. *Gypsies: The Hidden Americans*. New York: Free Press, 1975.
Tong, Diane. "Romani as Symbol: Sociolinguistic Strategies of the Gypsies of Thessaloniki." In *Papers from the Fourth and Fifth Annual Meetings, Gypsy Lore Society, North American Chapter*, edited by Joanne Grumet, pp. 179–87. New York: Gypsy Lore Society, 1985.
Yoors, Jan. *The Gypsies*. New York: Simon & Schuster, 1967.(『ジプシー』、ヤン・ヨァーズ、村上博基訳、早川書房、一九六七年)。
——. *Crossing: A Journal of Survival and Resistance in World War II*. New York: Simon & Schuster, 1971.
——. *The Gypsies of Spain*. New York: Macmillan, 1974.

註

（1）Peter Maas, *King of the Gypsies* (New York: Viking, 1975).

（2）Ian F. Hancock, "American Roma: The Hidden Gypsy World," *Aperture* 144 (Summer 1996): 14. ジプシーに関する国勢調査のデータはないが、アメリカ合衆国のジプシーが、推計一〇〇万人ほどであるとする文献は以下を参照のこと。Mary Beth Marklein, "European effort spotlights plight of the Roma." *USA Today*, February 2, 2005, p. 6A. 言語のデータについては、以下のサイトを参照のこと。"Languages Spoken, Census 2000," <www.census.gov>.

（3）Ian Hancock, "The Schooling of Romani Americans: An Overview." Paper read at the Second International Conference on the Psycholinguistic and Sociolinguistic Problems of Roma Children's Education in Europe, Varna, Bulgaria, May 27, 1992.

（4）興味深いことに、ジプシーの言語は標準化されていない。その結果、言語の多くにはさまざまな綴りがある。おそらく発音に沿って綴られてきたためと考えられている。例えば、*gadje* は、*gaje, gazhé, gaujas,* と表記することもある。

（5）Matt Salo and Sheila Salo, *The Kalderasha in Eastern Canada* (Ottawa: National Museums of Canada, 1977), p. 17. Tom W. Smith and Glenn R. Dempsey, "The Polls: Ethnic Social Distance and Prejudice," *Public Opinion Quarterly* 47 (Winter 1983), pp. 584-600.

（6）Rena C. Gropper, *Gypsies in the City* (Princeton, NJ: Darwin, 1975), p. 189.

（7）T. A. Acton, "The Social Construction of the Ethnic Identity of Commercial Nomadic Groups," in Joanne Grumet, ed., *Papers from the Fourth and Fifth Annual Meetings, Gypsy Lore Society, North American Chapter* (New York: Gypsy Lore Society, 1985), pp. 5-23.

（8）Ian F. Hancock, *We are the Romani People* (Hatfield, England: University of Hertfordshire Press, 2002), pp. 7-17.

（9）Gropper, *Gypsies in the City*, pp. 1-16.

（10）Hancock, *We are the Romani People*, pp. 71-72.

（11）Hancock, "American Roma," p. 20.

（12）いわゆるジプシーを真のジプシーではない、もしくは、ロムではないと考える人々もいる。彼らはアイルランドやスコットランドのティンカーズ、ノルウェーのティターズを含めて考えているようである。本書においては、ロムに限定して取り上げる。Frederik Barth, "The Social Organization of a Parish Group in Norway," in Farnham Rehfisch, ed., *Gypsies, Tinkers, and Other Travelers* (New York: Academic Press, 1975), pp. 285–89. George Gmelch, *The Irish Tinkers* (Prospect Heights, IL: Waveland Press, 1985).

(13) Martin Block, *Gypsies: Their Life and Their Customs* (New York: Appleton-Century, 1939), p. 1.

(14) Jan Yoors, *The Gypsies* (New York: Simon & Schuster, 1967).

(15) G. E. Webb, *Gypsies: The Secret People* (London: Jenkins, 1960), p. 9.

(16) Brian A. Belton, *Questioning Gypsy Identity. Ethnic Narratives in Britain and America* (Walnut Creek, CA: AltaMira Press, 2005).

(17) Hancock, *We are the Romani People*, pp. 34–52.

(18) Gropper, *Gypsies in the City*, p. 1.

(19) "Europe's Roma: Poor and Unloved," *Economist*, February 5, 2005, p. 50. David Mayall, *Gypsy Identities 1500–2000: From Egipcycans and Moon-men to the Ethnic Romany* (London: Routledge, 2004).

(20) "Secretary Clinton's Message on International Roma Day" <http://blog.state.gov.index.php/entries/internationa_roma_day>. "U. S. First Lady in Hungary" <http://www.romnews.com/communityu/modules.php?op=modloadtname=newsoffile=articletside=80>.

(21) 一五〇〇万人という数字は、一九八三年、インドのチャンディーガルにて開催された国際ロマーニ・フェスティバルにおいて、インドのインディラ・ガンディ（Indira Gandhi）首相によって提示された。<http://romani.org> を参照のこと。

(22) Ian F. Hancock, "Gypsies," in Stephan Thernstorm, ed., *Harvard Encyclopedia of American Ethnic Groups* (Cambridge, MA: Harvard University Press, 1980), p. 441.

(23) Gropper, *Gypsies in the City*, p. 18; Belton, *Questioning Gypsy Identity*, pp. 69–91.

(24) Gropper, *Gypsies in the City*, p. 20.

(25) Myrna Oliver, "John Merino: Leader in L. A. Gypsy Council Dies," *Los Angeles Times*, August 14, 1995, p. A12.

(26) Anne Sutherland, *Gypsies: The Hidden Americans* (New York: Free Press, 1975). Gropper, *Gypsies in the City*. Isabel

Fonseca, *Bury Me Standing: The Gypsies and Their Journey* (New York: Alfred Knopf, 1995). 東欧における現在のジプシー生活を取り上げたフォンセーカの著書はジプシーのアイデンティティ理解を一般化するのに役立った（Mayall, *Gypsy Identities*, pp. 33-35)。

(27) Marcel Cortiade, "Distance between Romani Dialects," *Newsletter of the Gypsy Lore Society, North American Chapter* 8 (Spring 1985): 1ff.

(28) Carol Miller, "American Rom and the Ideology of Defilement," in Rehfisch, ed., *Gypsies*, p. 41.

(29) Ronald Lee, *Goddam Gypsy: An Autobiographical Novel* (Montreal: Tundra, 1971), pp. 29-30.

(30) Miller, "American Rom," p. 42. 以下の文献も合わせて参考のこと。Elwood Trigg, *Gypsy Demons and Divinities* (Secausus, NJ: Citadel, 1973), p. 64.

(31) Gropper, *Gypsies in the City*, pp. 92-93.

(32) 引用箇所については、以下を参照のこと。Sutherland, *Hidden Americans*, p. 266. 段落については p. 264 を参照のこと。

(33) Lee, *Goddam Gypsy*, p. 244.

(34) Miller, "American Rom," p. 47.

(35) Gropper, *Gypsies in the City*, p. 91.

(36) Salo and Salo, *Kalderasha*, p. 115.

(37) Miller, "American Rom," pp. 45-46.

(38) Sutherland, *Hidden Americans*, pp. 258-259.

(39) William I. Thomas, *The Unadjusted Girl* (Boston: Little Brown, 1927).

(40) 以下の映画を参照のこと。*American Gypsy: A Stranger in Everybody's Land.* <www.americangypsy.com>

(41) Miller, "American Rom," p. 47.

(42) David Nemeth, "Gypsy Taskmasters, Gentile Slaves." in Matt T. Salo, ed., *The American Kalderasha: Gypsies in the New World*, (Hackettstown, NJ: Gypsy Lore Society, 1981), p. 31.

(43) Salo and Salo, *Kalderasha*, p. 39.

(44) Yoors, *Gypsies*, p. 5.

(45) '*familia*' に関する興味深い説明については、以下を参照のこと。Gropper, *Gypsies in the City*, pp. 60–66.

(46) Jean-Paul Clébert, *The Gypsies* (London: Vista, 1963), p129.

(47) Salo and Salo, *Kalderasha*, p. 19.

(48) Hancock, *We are the Romani People*, pp. 59–61; Gulbun Coker, "Romany Rye in Philadelphia: A Sequel," *Southwestern Journal of Anthropology* 22 (1966), p. 98. また、以下も参照のこと。Gropper, *Gypsies in the City*, pp. 60–66.

(49) Sutherland, *Hidden Americans*, pp. 82–83, 194.

(50) Hancock, *We are the Romani People*, p. 72.

(51) Gropper, *Gypsies in the City*, p. 86.

(52) Sutherland, *Hidden Americans*, p. 232.

(53) Gropper, *Gypsies in the City*, p. 158.

(54) Sutherland, *Hidden Americans*, p. 223.

(55) Sutherland, *Hidden Americans*, p. 223.

(56) Sutherland, *Hidden Americans*, p. 175.

(57) 以下から引用した。Sutherland, *Hidden Americans*, p. 219.

(58) Gropper, *Gypsies in the City*, p. 163.

(59) Sutherland, *Hidden Americans*, p. 248. Belton, *Questioning Gypsy Identity*, p. 45.

(60) Beverly Nagel Lauwagie, "Ethnic Boundaries in Modern States: *Romano Lavo-Lil* Revisited," *American Journal of Sociology* 85 (September 1979), pp. 310–37.

(61) 有名なロムのより詳細な一覧については、以下を参照のこと。<http://www.imninalu.net/famousGypsies.htm>

(62) Ronald Lee, "Gypsies in Canada," *Journal of Gypsy Lore Society* (January–April 1967), pp. 38–39.

(63) Salo and Salo, *Kalderasha*, p. 76.

(64) Carol Silverman, "Everyday Drama: Impression Management of Urban Gypsies," in Matt T. Salo, ed., *Urban*

Anthropology, Special Issue 11 (Fall-Winter 1982), p. 382.

(65) Sutherland, *Hidden Americans*, pp. 51-52.

(66) John Kearney, "Education and the Kalderasha," in Salo, ed., *American Kalderasha*, p. 48.

(67) Gropper, *Gypsies in the City*, p. 130.

(68) Barbara Adams, Judith Okely, David Morgan, and David Smith, *Gypsies and Government Policy in England* (London: Heinemann, 1975), p. 136.

(69) Gropper, *Gypsies in the City*, p. 138.

(70) Gropper, *Gypsies in the City*, p. 165.

(71) Sutherland, *Hidden Americans*, p. 149ff.

(72) Gropper, *Gypsies in the City*, p. 88.

(73) Joseph Mitchell, "The Beautiful Flower: Daniel J. Campion," *New Yorker*, June 4, 1955, p. 54.

(74) Gary Polster, "The Gypsies of Bunniton (South Chicago)." *Journal of Gypsy Lore Society* (January-April 1970), p. 142. Salo and Salo, *Kalderasha*, p. 93, p. 73.

(75) Beverly Nagel Lauwagie, "Explaining Gypsy Persistence: A Comparison of the Reactive Ethnicity and the Ecological Competition Perspective," in Grumet, ed., *Papers*, p. 135.

(76) Matt T. Salo, "Kalderasha Economic Organization," in Salo, ed., *American Kalderasha*, p. 73.

(77) Sutherland, *Hidden Americans*, p. 65.

(78) Sutherland, *Hidden Americans*, pp. 34-35.

(79) Ruth E. Andersen, "Symbolism, Symbiosis, and Survival: Roles of Young Women of the Kalderasha in Philadelphia." in Salo, ed., *American Kalderasha*, pp. 16-17.

(80) Marie Wynne Clark, "Vanishing Vagabonds: The American Gypsies." *Texas Quarterly* 10 (Summer 1967), p. 205.

(81) Mitchell, "Beautiful Flower," p. 46.

(82) Hancock, "American Roma," p. 17. Hancock, *We are the Romani People*. pp. 94-97.

(83) Hector Becerra, "Gypsies: the United Suspects," *Los Angels Times* (January 30, 2006, pp. A1, A2). "Synopsis for 'Criminal Minds'" <http://www.imdb.com/title/tt1256089/synopsis.>.

(84) Hancock, "Gypsies," p. 443.

(85) Carol Silverman, "Negotiating 'Gypsiness': Strategy in Context," *Journal of American Folk-Lore* 101 (July–Sept. 1988), pp. 261–75.

(86) Maas, *King of the Gypsies*, p. 4.

(87) Robert Thomas Jr., "Ion Cioaba, 62, of Romania, Self-Styled King of All Gypsies Dies," *New York Times*, February 27, 1977, Sec. B, p. 10.

(88) Thomas, "Ion Cioaba," p. 10. おそらくショアバや彼のような活動家は以前、考えられていたよりも、より成果を収めていた。ドイツはホロコーストの賠償に一七〇億ドルもの基金を捻出した。その示談はユダヤ系利益団体によって強く主張されたものであった。しかし、ドイツ首相ゲアハルト・シュレーダーは、ジプシーがその基金の分配を受けるであろう、と明言した。

(89) Sutherland, *Hidden Americans*, p. 98.

(90) Gropper, *Gypsies in the City*, p. 100.

(91) 一九九五年八月、おそらく最も有名な「クリサトラ」(*krisatora*) だったジョン・メリノ (John Merino) がロサンゼルスで亡くなった。メリノはカリフォルニア・ジプシーの第三世代で、紛争解決のために、月に二度集合する一二人のクリスの長を務めた。メリノは不動産投資家でもあり、また、ホーソーン警察予備隊の隊長でもあった。彼は次のように話していた。「富裕という文化や慣習制度のなかで、ロムの文化を残すことは可能であり、アメリカ社会に受容されることも可能である」。メリノは、カミーノ・カレッジに通学していた (Myrna Oliver, "John Merino: Leader in L. A. Gypsy Council Dies," *Los Angeles Times*, August 14, 1995, p. A12.)。

(92) Gropper, *Gypsies in the City*, pp. 81–102. Hector Becerra and Richard Winton, "Firebombing Linked to Gypsy Feud," *Los Angels Times*, April 24, 2008, pp. B1, B5. David J. Nemeth, *The Gypsy-American—An Ethnographic Study* (Lewiston, New York: Edwin Mellen, 2002), pp. 109–22.

(93) Thomas Acton, *Gypsy Politics and Social Change* (London: Routledge & Kegan Paul, 1974), p. 99.
(94) Yoors, *Gypsies*, p. 174. (イタリック字体は著者によるものである)。
(95) Kenrick and Puxon, *Destiny of Europe's Gypsies*, p. 189.
(96) Ian F. Hancock, *The Pariah Syndrome: An Account of Gypsy Slavery and Persecution* (Ann Arbor, MI: Karoma, 1988), p. 81.
(97) Jeshajahu Weinberg and Rina Elieli, *The Holocaust Museum in Washington* (New York: Rissoli, 1995).
(98) Zoltan D. Barany, "Living on the Edge: The East European Roma in Postcommunist Politics and Societies," *Slavic Review* 53 (Summer 1994), p. 340.
(99) "The Religious and Culture of the Roma," <www.religioustolerance.org/roma.htm> (二〇〇五年一一月一七日アクセス)。
(100) Henry Kamm, "Gypsies Find No Welcome from Czechs," *New York Times*, December 8, 1993, p. A7 (N).
(101) Jane Perlez, "A Wall Not Yet Built Casts The Shadow of Racism," *New York Times*, July 2, 1998, Sec. A, p. 4; BBC News, "Czech court backs anti-Gypsy wall," April 12, 2000, <http://news.bbc.co.uk/2/hi/europe/711211.stm>. (二〇一〇年四月一九日アクセス)。
(102) <http://www.hiphopmusic.com/best_of_youtube/2009/08/madonna_gypsies_speech_booed_in romaniavideo.html>.
(103) William Ryan, *Blaming the Victim*, rev. ed. (New York: Random Houose, 1976).
(104) Robert K. Merton, *Social Theory and Social Structure* (New York: Free Press, 1968). Peter Szuhay, "Arson on Gypsy Row," *Hungarian Quarterly* v36 (Summer 1995), p. 83.
(105) Polster, "Gypsies of Bunniton," p. 139.
(106) *American Gypsy: A Stranger in Everybody's Land*, directed by Jasmine Dellal, 1999.
(107) Hancock, "Gypsies," pp. 444–45; Hancock, *We are the Romani People*.
(108) Hancock, "Gypsies," p. 444.

訳註

（＊1）「ヘッド・スタート計画」とは、アメリカ合衆国連邦政府が主に低所得者層の子供たちを対象に提供する、就学援助や健康指導のためのプログラムのことを指す。就学前の子供たちが、就学時に円滑に勉強できるように、アルファベットの読み書きや数字の数え方を指導する。

第2章　オールド・オーダー・アーミッシュ

アーミッシュは、一六世紀スイス再洗礼派の流れを汲む人々である。「再洗礼派」(Anabaptists)とは、一般的に、ローマ・カトリックと初期プロテスタントによる幼児洗礼を拒否した人々を指す。彼らは洗礼の「信者」であると主張し、また、換言するならば、自覚的信仰告白による成人洗礼を提唱するが、それは一六世紀においては犯罪であった。スイス再洗礼派の多くはメノー・シモンズ(Menno Simons)の強力な指導力のゆえに、「メノナイト」(Mennonites)として知られるようになった。この意味において、アーミッシュはメノナイトの一派であり、二つの集団は多くの点で、とりわけ、歴史的意味において共通している。(1)

メノー・シモンズは一四九六年オランダに生まれた。彼はローマ・カトリック司祭であったが、教会と決裂し、最終的には彼独自の活動を始めた。彼の教えは教会と国家との分離、成人洗礼主義、武器携帯の拒否、もしくは、宣誓の拒否を含むものであった。彼は一五六一年に亡くなった。

メノー・シモンズの神学的信念、非宗教的信念の分析は紙幅が限られているので行わないが、一点だけ言及すべきことがある。彼は「マイドゥンク」(*Meidung*)――教会から破門されたメンバーの追放、あるいは、忌避――に確固たる信念をもっていた。最終的にアーミッシュを形成したのはマ゛イ゛ド゛ゥ゛ン゛ク論争であった。

1 初期

ヤコブ・アンマン（Jacob Amman または Jakob Ammann）はメノナイトの牧師であった。一六五六年にスイスで生まれたと推定される以外、彼の幼少期についてはほとんど知られていない。彼は教会の職階を急速に駆け上り、すぐに尊敬される指導者となった。残された記述からすると、旧約聖書の預言者と同様、彼は厳格で公正な人物であり、各地で諭し戒め、忠実に信念の正当性を主張して回った。

彼を最も苦悩させたのはメノナイトの指導者の中に、マイドゥンクを施行しない者がいたことであった。次から次へと宗派が誕生し、一六九三年にはマイドゥンク論争をめぐって、妥協できないことが明確となった。破門を支持する人々がアンマンのグループに加わり、アーミッシュとして知られるようになった。残りの者は多数派のメノナイト教会員として留まった。

この二つの宗派がアメリカに到着した時も、分裂は尾を引いており、今日まで続いている。さらに、マイドゥンク自体は中心概念であり続けている。事実、マイドゥンクがアーミッシュの社会制御システムの中核であると言っても過言ではないであろう。詳細については、後半で議論することにしている。

今日のアーミッシュはヤコブ・アンマンのことをどう考えているのであろうか。メンバーの中には、アンマンの見解、及び、手法の双方においてあまりにも粗暴であったと主張する者もいるし、他方では、時代の趨勢に迫られた必要なものとして、アンマンの行為を擁護する者もいる。彼は明らかに畏敬された指導者ではなかった。事実、オールド・オーダー・アーミッシュの多くはヤコブ・アンマンについて知識や関心をほとんど持っていないという。

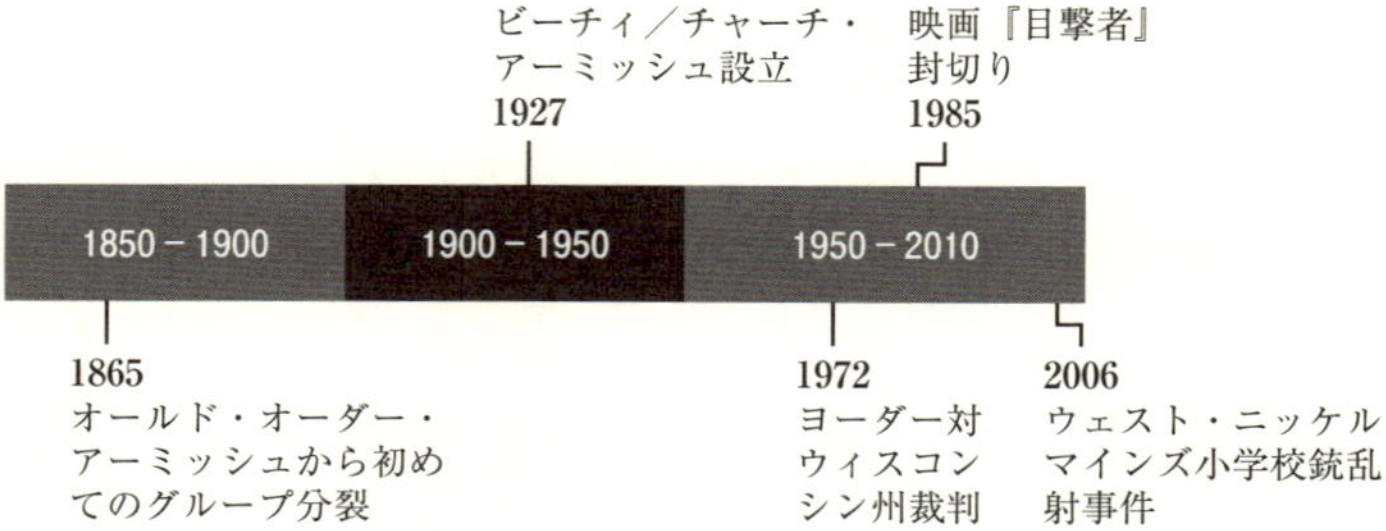

その理由を明確にすることは難しい。アンマンは強い信念をもった強い指導者であったが、そうした資質をアーミッシュはあまり重視しない傾向にある。オールド・オーダー・アーミッシュは謙虚さ、兄弟愛、集団討論と同意を重んじる敬虔な信者であり、指導者への野心をもつ人々に疑いを抱く。アンマンに対する彼らの態度は両面価値性《アンビヴァレンス》の一つであり、それほど不可解なものではない。しかし、それでもなお、もしヤコブ・アンマンの強い支配と強固な意思がなかったならば、アーミッシュが独立した集団として今も生き残っているかどうかは疑わしい。

　アーミッシュは一七一〇年頃、スイスとドイツからアメリカ植民地へ移住を始めた。彼らが定住した土地は後にペンシルヴァニアとなる場所であり、ウィリアム・ペンが宗教的寛容を宣誓した場所である。クエーカーやメノナイトと同様に、アーミッシュも歓迎された(2)。

　アーミッシュは他のアメリカ入植者と同様、危険に直面したが、ヤコブ・アンマンの一団は、他の集団とは比較にならないほど農業発展の条件に恵まれた。気候、土壌、雨量、地形はすばらしいものであった。とりわけ、土地は安価で、ほぼ無尽蔵に供給されるもののように思われた。オールド・オーダー・アーミッシュは農夫にとって夢のような条件下にあり、それを最大限に活用することに着手した。

　彼らは一七〇〇年代には数家族であったけれども、一八〇〇年代には数

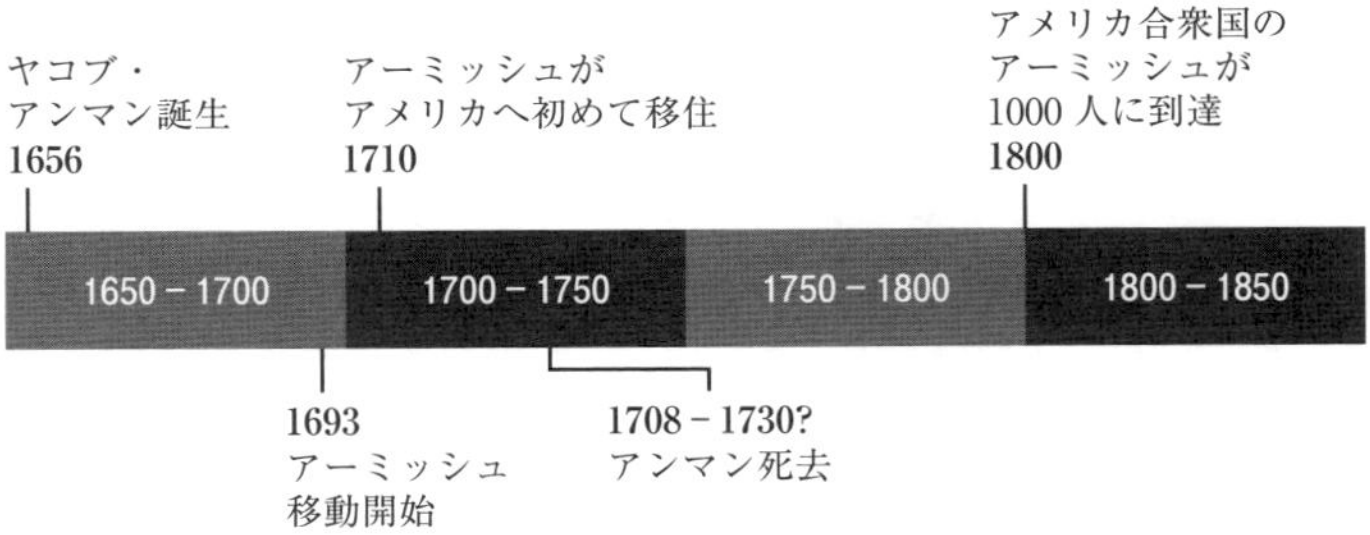

図2　オールド・オーダー・アーミッシュ年表

千人にまで成長し、繁栄した。実際には、ペンシルヴァニアでの「ほぼ無尽蔵」と思われていた土地供給は無限ではないことが現実となり、新たな共同社会を形成するために、アーミッシュは結果的に他の地域へ移住せざるを得なかった。こうした移住は、人口増加によって拍車がかかった。一九九二年、アーミッシュはアメリカ合衆国とカナダのオンタリオで一二万五〇〇〇人であったが、二〇〇九年には、その人数は二三万三〇〇〇人（一〇万六〇〇〇人は成人洗礼メンバー）まで増加した。今日、大半はオハイオ、ペンシルヴァニア、インディアナに住んでいるが、少なくとも二九州以上に共同社会がある。(3)

　中央アメリカ、南アメリカにも、また、多くのオールド・オーダー・アーミッシュ共同体《コミュニティ》がある。逆説的ではあるが、彼らの生まれた祖国であるヨーロッパに、今日、アーミッシュは存在しない。

　アーミッシュの世俗的実践や宗教的実践は、彼らがどこに住もうとも多くの同質性を示しているが、重要な地域的差異もまた、存在する。われわれは多少なりとも一般的な説明を提示するつもりであるが、ペンシルヴァニア州ランカスター郡のアーミッシュに特に、注目してみよう。オールド・オーダー・アーミッシュはアーミッシュの中でも、保守的なグループである。一八六〇年代初め、他のグループはよりリベラルな方向へ進もうとして決裂した。しかしながら、オールド・オーダー・アー

ミッシュはあらゆるアーミッシュの中で最も歴史があり、最大規模の——そして、最も興味深い——グループの一つである。(4)

2 「……風変わりな人々」

オールド・オーダー・アーミッシュの古めかしい衣装と、馬と馬車を眼にすると、彼らは過去からやってきたかのような印象を受ける。実際、彼らはただ単に古風というだけではない。保守主義的な考え方は彼らの宗教の一部であり、それ自体生活全体に浸透している。アーミッシュは、自らが一般的な人々とは異なっていることを自覚している。数世代にわたって、彼らは非アーミッシュを「イングリッシュ」(English)、または、「イングリッシャーズ」(Englishers) と表現する。

アーミッシュは聖書の文字通りの解釈を信じており、以下のくだりを特に深く信じている。「しかし、あなたがたは、選ばれた民、王の系統を引く祭司、聖なる国民、神のものとなった民です」(「ペトロの手紙 一」第二章第九節)。アーミッシュは特別に神に選ばれているがゆえに、俗世間と十分な「距離」を保つことに、大変な労力を費やしている。彼らは単に俗世間から離れて暮らすことによってだけではなく、現代文明の基準となるものの非常に多くを拒絶することによって、それを実行している。例えば、自動車やラジオ、テレビ、高校や大学、映画、エアコン、宝石、化粧、生命保険、カメラ、楽器などがそれに当たる。こうした例は挙げれば切りがない。

だからといって、オールド・オーダー・アーミッシュがあらゆる変化を拒絶しているというわけではない。後で紹介するが、変化の中には相当に幅広く浸透しているものもある。(5) しかし、一般的にみて、ヤコブ・アンマンの一団が自分たちに有害であると確信している、俗世間的な手法を受け容れることは決してない。

風貌と服装

第1章で定義した通り、「内集団」とは一般的に忠誠心や同じ趣向、構成員の親和性によって特徴づけられる。メンバーは内集団を「われわれ」と呼び、「外集団」を「彼ら」と呼ぶ。アーミッシュにとって、衣服の特徴は内集団の最も際立った特徴の一つである。

男性の帽子――おそらく彼らの衣装の中でも最も顕著な特徴――は低い帽子に広いつばが付いており、少年たちはそれより小さい型のものを着用している。コートは襟や下襟のないもので、ほぼ間違いなくベストを含んでいる（アーミッシュの男性とベストは簡単に切り離せない）。針金の鉤止め具がスーツ、コート、ベストに付いている。

アーミッシュの男性が着用しているズボンは特に言及に値する。なぜならば、（一）決して折り目、もしくは、折り返しを付けない、（二）常にサスペンダーを着用している（ベルトはタブーである）、（三）大半は、チャックやボタンが付いていない。その代わり、垂れ蓋、もしくは、「幅広いズボンの前垂れ蓋」のタイプを使用する(6)。また、シャツを除いて、アーミッシュの男性の服装は主に黒色である。

聖書の指示に従って、アーミッシュの女性は頭を常に覆っている。彼女たちは屋内では小さな白いリネンの帽子を、屋外では有名な黒いボンネットをかぶっている。化粧品や化粧は当然ながら常に禁止されている。ドレス服の色は濃い目――青や紫がきわめて一般的――で、スカートとエプロンが長目の服（種類は多様）である。また、公の場では、女性はショールか、ケープを身に着ける。

アーミッシュの女性にとって、ストッキングは黒でなければならず、靴は黒く踵の低い種類のものである。

とても興味深いことに、最近の少年少女はジョギング・シューズを履いている。事実、若者に最も人気のある履物の二大様式とは、ジョギング・シューズと裸足である！　男女ともに、あらゆる宝石（結婚指輪を含む）はタブーである。なぜならば、身に着けるものはすべて機能的でなければならないとされているからである。装飾品に例外があるとすれば、男性のあごひげがそうかもしれない。ただし、これは認識的意義がある。つまり、未婚の若い男性はひげをきれいにそり落とし、既婚男性はひげを伸ばすことを要求される。口ひげ――在欧時代に、軍隊と関連があったもの――は、完全にタブーとされている(7)。

男性の髪型は分け目のない長髪のダッチボブで、必要な手入れは自宅で行われる。女性もまた、彼女たち独自の調髪方法を採用しており、好きな髪型にすることも、カールさせることも禁止されている（脚や眉毛の手入れも同様に禁止されている）。彼女たちの髪の結い型は、アーミッシュ独特のものであり、アーミッシュの教室――少女二〇人全員が同じ髪型をしている――は、外部者の目には奇異に映る。

オールド・オーダー・アーミッシュは、自らが異質な存在であることを十分に認識しており、それを認識しながらも、変わろうという意思はまったくない。逆に、彼らの「異質さ」は互いの親密さを増加させ、内集団の感情を強める。

アーミッシュは倹約家なので、研究者の中には、彼らが決して流行遅れにならない衣服を計算ずくの上で着用しているのではないか、と考えるものもいる。しかし、これが理由ではない。ヤコブ・アンマンの一団はただ倹約家なだけである。彼らは靴、ストッキング、帽子を除いて、自らの衣服ほぼすべてを作っている。また、彼らは文字通り、衣服をボロボロになるまで着古す。しかし、彼らがスタイルを変えない根本的な理由は、そうした変化が世俗的なものであると考えているからである――そして、世俗的であることは否定的な含意をもっている。

一般的なライフスタイル

最初に、「誇示的消費」(conspicurous consumption) という術語を使用したのは、初期社会学の大家の一人である、ソースタイン・ヴェブレン (Thorstein Veblen) であった。その語は、所有する富を公然と見せびらかすことによって、人々の関心を集めようとする性向を意味する。しかし、そうした見せびらかしが多くのアメリカ人の間では、当然のことと考えられていた。アーミッシュ共同体では、そうした考えをもつ人は一人もいない。例えば、彼らの家は中には驚くほど現代的特徴の物もあるが、精巧な家具、ファンシーな壁紙、東洋風絨毯などは一つもない。先ほど述べたように、衣服は質素で実用的なものであり、男女ともにいかなる装飾品をも身に着けようとしない。

謙虚さを強調するがゆえに、オールド・オーダー・アーミッシュはどのような形であれ、世間から注目されることを好まない。事実、自尊心はきわめて重い罪と考えられている。その結果、一般的に社会で多かれ少なかれ、よく見られる行為をアーミッシュの領域で見ることはめったにない。自慢を耳にすることもまれである。肖像画に描かれること、もしくは、写真撮影されることは禁止されている。特に、撮影は完全なタブーである。そうした行動をとれば、「自己の誇張」(self-aggrandizement) とみなされる(8)。

ランカスター郡では、自転車、自動二輪、自動車は厳しく「禁じ」られており、それらを購入すればいかなる成人であっても、厳しい集団圧力にさらされることになる。自動車は最もよく知られている適例である。後に述べるが、アーミッシュのライフスタイルは、自動車型の文化ではなく、馬型の文化に強い影響を受けている。

オールド・オーダー・アーミッシュはゆったりとしたテンポの共同体である。彼らは社会的流動性や競争ではなく、従順さや慎み深さ、服従などの特質を重んじる。(9)社会一般の非常に大きな特徴となっている雑踏をアーミッシュの土地で目にすることはない。急いでいるアーミッシュの成人に出会うのはむしろ異例であろう。アーミッシュはビジネスに関わる時も、かなり保守的な手法を採る。株や債券、その他の「投機」にはまったく興味がない。しかし、彼らは、民間企業を強く信頼しており、抵当を設定して、銀行から融資を受けたり、小切手を使用したりする。銀行は彼らを優良で、信用リスクの少ない顧客と考えている。

ヤコブ・アンマンの一団は政治に強い関心をもっていない。彼らは投票するが——全国的選挙よりも地方選挙に——投票者の出足は比較的鈍い。ジョン・A・ホステトラー（John A. Hostetler）によると、投票者登録の際、彼らの大半は共和党員として登録している。(10)アーミッシュ自身は、教会が許可しないために、いかなる種類であれ、主要な官職に就いたことはない。

オールド・オーダー・アーミッシュは生命保険を含め、多様な商業保険を拒否する傾向にある。しかしながら、彼らの間には、非常に広範囲にわたる相互扶助の組織や自助プログラムのネットワークが存在している。それらの中には財政査定を含むものもある。農夫は病気になったとしても、田畑の世話や収穫までも隣人たちに頼ることができる。

医学と健康

アーミッシュの納屋が全焼してしまっても、一〇〇人もの隣人が集まり、一日、もしくは、二日の内に、新しい納屋を建ててしまう。こうした納屋の建設技術は全米の関心を集めた。しかし、アーミッシュの建設技術がその他の建物建設に用いられていることはあまり知られていない。

例えば、クリニックの開設である。一九八〇年代後半、若い小児科医であるホームズ・モートン（Holmes

Morton）は遺伝子の病、グルタル酸性尿症がランカスター郡のアーミッシュとメノナイトの子供たちに多いことを発見した。フランク・アレン（Frank Allen）によれば、その病気は突然、発症し、肝臓、さらには、脳を含む神経系を蝕み、深刻な結果をもたらすことになる。多くの犠牲者は昏睡状態に陥った後、四八時間以内に死に至る。最初の症状を乗り切っても、そのほとんどは進行性の麻痺を患うことになる。

クリニックの開設と医療機器の購入のために、モートン博士は自分の家を抵当に入れようとしたが、その必要はなかった。一九九〇年一一月一九日、「ウォール・ストリート・ジャーナル」はモートン博士の献身的活動を聞きつけ、彼の夢について語った記事を第一面に掲載した。(11)

寄付を募ったわけでもないのに、三七州から二五〇人以上の読者がそのプロジェクトに賛同した。寄贈者のうち二人は一〇万ドルを寄付した。ヒューレット・パッカード社は八万五〇〇〇ドル相当の医療機器を寄贈した。あるアーミッシュの農夫はランカスター郡の農地のうち、建設用地として三エーカーの一等地を寄贈した。一九九〇年一一月後半、雨の土曜日、映画『刑事ジョン・ブック　目撃者』のために建てられた納屋の周囲一マイル内に一〇〇人以上のアーミッシュが集結し、アーミッシュ初のクリニックが開設された。

そのクリニックは比較的新しい医療分野である遺伝子療法の最新拠点となった。アーミッシュは他のコミュニティよりも遺伝子病の割合が高いことが明らかになっている。現在、七五〇〇人のアーミッシュはすべて四七家族から生まれている。一九八九年以降、モートン・クリニックはこの国で最も進んだ遺伝子研究クリニックの一つとなった。(12)

かつてアーミッシュの人々はとにかく医師や病院にかかることを好まなかったし、中にはまだかたくなに拒絶する人もいる。例えば、一九九一年初め、他のアーミッシュ共同体と同様に、六つのペンシルヴァニア郡の共同体においても四〇〇件もの風疹（ドイツはしか）の事例が報告された。その前年、アメリカ合衆国全土で報告された同事例は、わずか一〇九三件にすぎない。[13]

それでもやはり、医師や病院にかかりたがらない人もいるが、今やアーミッシュの大半は必要な時には医療機関を利用するようになった。ただ、アーミッシュの女性の大多数は助産師を呼んで自宅で出産している。[14]

アーミッシュ共同体が一般社会と交流のない状態であること、入植者の限られた夫婦から子孫が増えていることは遺伝病の研究にとって最適な条件であった。一九七六年から九四年まで、精神科医と生物学者はペンシルヴァニア州におけるアーミッシュ家族の躁鬱行動について三世代にわたって調査した。躁鬱状態（双極性障害）に見舞われている者は極限的な高揚感と抑圧状態の間を変化する。この病気の調査では、科学者はアーミッシュを適切な事例として考えている。アーミッシュ共同体には、正確な系譜が記録されており、さらに、躁鬱病の一因となる多くの環境的要因、例えば、アルコール依存症、薬物濫用、失業、離婚などがアーミッシュという下位文化（subculture）においては、きわめてまれだからである。

ペンシルヴァニア州の調査によって、躁鬱行動の遺伝関係が明らかになった。それは、明らかに特殊な遺伝子と関係があった。研究者はこの遺伝子が躁鬱病を確定するものでも、妨げとなるものでもないと強調する。報告できることは、その遺伝子をもつ人が躁鬱行動の素因を示しているというのみである。研究者は単にアーミッシュを観察するだけではなく、鬱病の一因となる遺伝型甲状腺病の存在を明確にすると同様に病気治療の手助けもする。

病院での治療や最先端の治療を受けるのは例外である。多くのアーミッシュは健康保険に入っておらず、現代的な薬や医療を受けない。最も伝統的な共同体のアーミッシュはより同種療法や民間療法を好む。このことから、アーミッシュの起業家には、健康食品店を経営している者もいる。アーミッシュは一般的に高価な診断方法や治療を求めない。およそアーミッシュの薬への考え方は自然の解毒剤をより好み、最先端治療への懐疑心、情報の欠如などにみられるように、保守的で田舎の価値観によって形成されている[15]。

残念ながら、農村地帯で生活する保守的なアーミッシュでさえ、エイズからの影響を避けることはできなかった。ランカスター郡はペンシルヴァニア州の中でもエイズの報告者数が七番目に多い地域である。ある説教者は、『フィラデルフィア・インクワイアー』誌（*Philadelphia Inquirer* 以下『インクワイアー』誌と略す）のラリー・ルイス（Larry Lewis）に以下のように話した。「われわれは完璧ではない。宗派によっては、婚前交渉もあるし、おそらくわずかではあるがドラッグの使用もあるし、性的逸脱もある[16]」。そして、彼は、長老が郡の売春婦を訪れていたことさえも耳にしたことがあると続けた。

医学や健康に関連して、オールド・オーダー・アーミッシュは生と同様に死についても保守的である、と言わなければならない。彼らの葬儀は簡素である。花や金属製の棺、音楽、装飾、喪章、喪に服す腕章などはない。防腐処置は大半の区域で容認されているが、処置を施さない区域もわずかにある。葬儀屋を営むアーミッシュは一人もおらず、葬儀屋自体がタブーとされている。アーミッシュの大工が木の棺をつくり、自宅で葬儀を行い、アーミッシュの監督（*Volle Diener* 全権力を持つ聖職者）が司会を務める。眠らないという昔からの習慣（死者の周りを囲み、一晩中見守る習慣）はいまだに大半の地域で行われている。

アーミッシュの共同墓地は、驚くほど質素である。花もなければ、装飾に凝った墓も霊廟もない。事実、管理人さえいないので、時々荒れ果てた墓もある。一般的に、死者の名前と日付――ただし、巻物や墓碑銘、碑文などない――を、手書きで標しただけの小さな同じ形の墓標が並んでいる。アーミッシュの墓地の大半は、奇抜なものである。その土地は大抵、アーミッシュの農地であり――もしくは、農地であった――、無償で埋葬区域に割り当てられている。

ご想像通り、アーミッシュの葬儀や埋葬の費用は「イングリッシュ」（非アーミッシュ）の平均的費用のほんの一部である。

3　農　場

アーミッシュの生活は象徴的な意味にとどまらず、文字通り、家を中心に展開している。アーミッシュ地域の大半の住民は家で生まれ、家や家の近辺で仕事をし、家で社会化される。衣服の多くは家で作られ、ほぼすべての食事を家でとる。礼拝式はあちらこちらの家で行われる。オールド・オーダー・アーミッシュは結婚式もまた家で挙げ、そして——最もふさわしいフィナーレとして——葬儀も自宅で執り行う。

しかしながら、「家」(home) には特別な意味がある。というのも、ヤコブ・アンマンの一団は主に郊外に住む人々であり、彼らの伝統的住居は農場として最もよく描かれるからである。事実、アメリカ合衆国のアーミッシュにとって、農場と家とは同義である傾向があり、この感覚が彼らの宗教哲学を完全なものにしている。

アーミッシュの農場は世界でも最良の部類に入るであろう。作付面積が相当広範囲であることに加えて、彼らの耕作地には、大規模でよく手入れされた家や納屋、畜舎、乳製品貯蔵庫、サイロ、物置や倉庫がある。そして、アーミッシュ共同体には老人ホームがないので、一つの農場に二世代から三世代、多い場合には四世代が生活している。必要に応じて、農場内に家が増築される。当然ながら、農場に相当数の高齢者が存在することによって、保守的影響力が自然と永続的に機能している。とにかく、比較的大きなアーミッシュの農場のいくつかが村の縮図の様相を呈していることは特に不思議なことではない。

アーミッシュの農業システムの基本は耕作時にトラクターを使用しないことである。この不利な条件のために、他の農夫には太刀打ちできないと思われるかもしれないが、アーミッシュは逆にそれを利に転じようとしている。実際には、トラクターの代わりに馬を使うことにより、アーミッシュの農夫は土地耕作に多くの時間を費やしている。しかし、彼は重労働を苦にしない。彼の息子たちが無償で十分に働いてくれるからである。トラクターを買ったり、買い換えたりする必要がないので、お金の節約にもなる。そして、馬糞は栄養価の高い天然肥料の原料となる。あるアーミッシュ農夫は、「トラクターにガソリンを入れて得られるものは、せいぜい煙くらいである！」といった。

トラクターを除き、アーミッシュはさまざまな最新型の農機具を使っている。噴霧器、耕耘機、結束機、藁を束ねる機械、乾草機など。ガソリン・エンジンは許可されており、動力源として、しばしば固定式トラクターを利用している。

農業上の失敗はほとんどない。というのも、アーミッシュは農業の達人だからである。彼らは土壌、作物、家畜の群をよく理解し、自分の仕事を愛している。農作物は逸品であり、最高値で農作物を売ることができる。市場で食料を買うこともできるが、彼らの食料品の大半は自家製である。食費という観点からすると、これは大きな利点である。当然のことながら、彼らの会話の大半は農業に関することである。

経済発展

一九六〇年代後期までは、教会員は農業以外の職業に従事すると、除名されることもあった。現在では、そうした事例はない。農業は彼らの主たる職業ではあるが、アーミッシュすべてが農夫という訳ではない。それは他の選択したか、耕作地の欠如のためか、のどちらかである。今や、彼らの職業はより多様化している。おそらくアーミッシュのコンピュータ・プログラマーはいないだろうが、鉄工、馬具制作者、馬車修理工、大工などに従事しているアーミッシュは存在する。非アーミッシュもこうした職人をよく雇用している。

アーミッシュが他の職種へ転職することはより大規模な社会、つまり、非アーミッシュの社会に緊張をもたらすことがある。アメリカ合衆国の中で主流派社会から距離を置く限り、彼らが敵意に直面することはあまりない。しかしながら、大規模社会の経済活動に入るにつれて、内集団の緊張は増長した偏見へと展開していく。アーミッシュが商業市場に参入することは回避すべきとされてきた訴訟と保険に関する教会の伝統的教義を損なう。歴史的に重んじてきた相互扶助が必ずしも現代のビジネスマンに適合するとは限らない。彼らのために法的措置が取られた後、アーミッシュ企業は典型的に社会保障の支払い、労働者の補償などが免除されている。

アーミッシュの起業家は例えば、チャイナタウンで見かけるような典型的なエスニック・ビジネスマンとは異なっている。エスニック・ビジネスに関する調査は、マイノリティの企業が発展する主要な勢力として、マイノリティや移民に対する偏見を引き合いに出す。アーミッシュはきわめて異例の事例である。教育、工場労働など、特定の職種への自らの規制ゆえに、彼らは小規模ビジネス主になることを選択する。オールド・オーダー・アーミッシュの中に階級差はほぼない。

前述した例の多くの場合、仕事は自分自身に適した農地を入手するまでの一時的なものに過ぎない。とはいえ、多かれ少なかれ、仕事が恒久的なものになることも多い。これは特に、ランカスター郡において当てはまるのだが、その地域は深刻な「土地の搾取」が行われた所である。

二〇世紀後半の土地の搾取と二〇〇八年に始まった不況はより多数のアーミッシュを新たな職種へと押し出した。農業以外の職業は好まれたが、その結果、アーミッシュは資本主義経済の波にさらされやすくなった。政府の失業救済を受けたがらない慣習は多くのアーミッシュ共同体において、家計を維持する必要のために消滅した(17)。

アーミッシュの家

二一世紀のアーミッシュの典型的な家を描くことは容易ではない。通常の地域や区域の多様さに加えて、「世代的」要因が考慮されなければならないからである。若い世代のアーミッシュの家は親世代の家とは明らかに異なっている。

伝統的なアーミッシュの家は農場と同様に手入れが行き届いており、今でもしっかりと機能している。そうした家は簡素で、現代的な利便性の多くと無縁であり、しっかりと修理が施されていて、オークのように堅固である。（アーミッシュの家は、そうでなければならない。というのは、同じ家族が何世代にもわたって、そこに住むことになるからである）。

こうした家の大半は相当大規模である。これにはいくつかの理由がある。アーミッシュは、出生率が高く、いつの時代にも家では多くの子供たちが生活しているようである。また、アーミッシュの農夫は早くに引退する傾向にあり、通常は家を息子の一人に譲り渡し、親は隣接する「グロスドーディ・ハウス（おじいちゃんの家）」で生活する。なお、付言しておくが、後述するように、オールド・オーダー・アーミッシュは教会の建物を持たない。彼らの家が教会であり、各家を順番に使い、礼拝が行われる。それゆえに、家は信徒団が座れるように十分な広さをもつものでなければならない。

伝統的なアーミッシュの家は部屋が広く、大量の食材を調理して給仕するために、特に台所が広い（ダイニング・ルームはない）。家具は機能的でなければならないが、だからといって、家の中が味気ないわけではない。アーミッシュの信条は決して色の使用を禁じてはいない。壁には淡い青色がよく使われ、皿は紫色であることが多い。ベッドカバーやタオルのような品には、どの色を使っても構わない。家の外は芝生と花の庭であることが多い。フェンス、壁、郵便受け、敷地境界標にも、鮮やかな色が使用されている。

彼らは色が大好きであるが、ヤコブ・アンマンの一団は色を混ぜることを認めない。衣服、フェンス、郵便受け、馬車、それらはすべて単色である。格子柄、ストライプ、プリントは派手過ぎると考えられている(18)。このため、一般的な印象とは逆に、アーミッシュの納屋で、ヘックス・サイン(*1)を見かけることは決してない。

比較的新しいアーミッシュの家は多くの点で、伝統的な家とは異なっている。やや小さめで、「農場の家」とは思えない外観である。事実、電線やカーテンがないことを除いて、それらはアーミッシュの家には見えない。現代的な機器や設備に関しては、「伝統的な家」と「新しい家」との差異がより一層重要になってくる。

アーミッシュは公共の電線から供給される電気の利用を固く禁じている。教会は、この点に関してはかたくなな態度をとっており、この禁止によって、メンバーは利用可能な道具や電気機器を制限されてきた。しかし、長年にわたり、ヤコブ・アンマンの一団は携帯用シリンダー入り圧縮ガス、バッテリー、小さな発電機、蒸気機関、ガソリンを使う発動機、水力電動機などの、むしろ興味深い代替機を考え出してきた。その結果、今では、家だけでなく、納屋や仕事場、店舗、事務所などでも、アーミッシュにとって利用可能となった現代的機器があふれている(19)。

例えば、当世風の外観に加えて、ランカスター郡にある現代風なアーミッシュの家は現代的なトイレや浴室の設備、魅力のある床張りや高級木工家具、ほどほどに最新の台所設備を備えているようである。その台所設備には、食器洗浄機やオーブン、冷蔵庫が含まれているが、これらは前述のような公共の電気以外の電源によって作動している。ランカスター郡以外のアーミッシュ共同体では、室内の配管を認めていない。一方、ランカスター郡のアーミッシュは、どこで何が許されていようとも、草刈り機や自転車を使用しない。これらは受容可能なテクノロジーについて、アーミッシュの中で多様な解釈が生まれていることを意味する。

変化のペース

こうした変化はどの程度の意味があるのだろうか。家庭生活と職務の双方において、ランカスター郡のアーミッシュが意義深い変化を経験したことは否定できない。その理由は複雑かもしれないが、変化や修正の多くは安全弁として作用している。つまり、メンバーにある程度の必要なゆとりをもたらしている。このため、これらを受け容れなければ、内部不和が生じてしまうであろう。

同時に、前述した近代化を目にすることによって、それよりも重要なアーミッシュの実状が曖昧になるようなことがあってはならない。「変化への抵抗」は、依然としてアーミッシュ社会の特徴の一つである。さらに、ランカスター地区のアーミッシュの家はいくつかの点においては驚くほど現代的であるが、電気を使用していない。照明は電球ではなく、オイルランプや加圧ガスのランタンである。禁止品目の一覧には、今でもズラリと品目名が並んでいる。食器洗浄機、衣服乾燥機、電子レンジ、ミキサー、冷凍庫、集中暖房、掃除機、エアコン、芝刈り機、自転車、トースター、ヘア・ドライヤー、ラジオ、テレビ、これらはすべてタブーとされている[20]。

アーミッシュが近代のどの部分を受け容れ、どの部分を拒否するのか、ということについて、確定することは困難である。彼らが変化を容認する際には、通常はじっくりと審議が行われる。その際、意思決定過程において、共同体が監督の手助けをする。最近、多くの敬虔なアーミッシュがローラーブレードに夢中になり、外部の多くの人に衝撃を与えた。

アーミッシュの歴史家、サム・ストルトゥファス（Sam Stoltzfus）は以下のように述べている。「インラインスケートは容認可能である……というのも、アーミッシュはそれをローラースケートの新版やアイススケートに似たもの、脚力スクーターの改良版とみなしているからである。これらはすべてアーミッシュが長年にわたって使用してきたものである」[21]と。

4　レジャーとレクリエーション

ヤコブ・アンマンの一団は懸命に働く。実際、どの集団も甲乙付けがたいほど、皆、熱心に働く。しかしながら、レクリエーションとレジャーに関しては別である。というのも、この領域に関しては、何を制限するかについて、多少選択の自由が認められているからである。これには多くの理由がある。

まず、典型的なアーミッシュの農夫とその妻は余暇時間に限りがある。夫に関していえば、トラクターの使用禁止によって、農作業は重労働となり、なおかつ、その作業に多くの時間をとられてしまう。そして、彼の妻は多くの電気機器の利用を認められていないので、多くの日々の仕事——特に、食事の準備——の大半を手作業で行わなければならない。

また、アーミッシュの関心はそれほど広くない。必要な仕事による出張以外、市街地から距離を置く傾向にある。都市生活は世俗の縮図であり、世俗は邪悪とつながっていると考えている。しかし、このことは、オールド・オーダー・アーミッシュが多くのアメリカの文化的生活から、自らをうまく遮断していることを意味する。彼らはオペラやバレエ、コンサートへ出かけたりしない。映画や演劇へ足繁く通うこともない。美術展にも足を運ばない。一般的には、外食することはめったになく、バーやナイトクラブへ出かけることもない。スポーツのイベントへの参加も厳しく禁じられている。

母国でも同様に、ヤコブ・アンマンの一団である、彼らの活動は制約されている。彼らはテレビ、ラジオ、ステレオを持っていない。ダンスやカード遊びもしないし、カクテル・パーティに出席することもない。ピアノや他の楽器も持っていない。彼らはとりわけ、大衆誌や小説に関心がなく、アメリカの偉大な発明、電話の使用さえも認められていない！　しかし、公衆電話の使用は許可されており、アーミッシュの地域ではよく見かける。また、地域によっては、アーミッシュの店で電話を見かけることがあるかもしれない。

アーミッシュ共同体では、アメリカの祝日を祝うこともない。戦没将兵追悼記念日、ハロウィン、労働の日、復員軍人の日、リンカーンとワシントンの誕生日、独立記念日、これらすべての記念日が無視される。クリスマスとイースターはお祝いするが、世俗的なものではなく、宗教的な意味が重視される。クリスマスはクリスマス・ツリーや電飾、ヤドリギ、装飾、カード、サンタクロースとは関係ない。しかし、仕事はすべて休みとなり、子供にはプレゼントが渡される。こうしたあらゆる宗教儀式や感謝祭には、訪問者である家族、友人が目立つ。

肯定的な側面

ここまで、われわれはアーミッシュのレクリエーションの否定的な側面、つまり、彼らがしないことを議論してきた。では、レクリエーションに関して、彼らは何をしているのであろうか。彼らの社会活動の大半は彼らの家と宗教を中心に展開している。打ち解けた付き合い――通常は、男性同士、女性同士――は、礼拝の前後に起きる。日曜日の夜には、若者たちがデートや求愛の意味を含むものとして機能する懇親会（社交的な会合）、「歌う会」を開催する。特定の宗教的祝日はさらに打ち解けるための機会を提供する、そして――後に紹介するように――結婚式は特別な行事である。

ただの日常的な訪問がアーミッシュの地域では、主な楽しみの一つとなっている。礼拝は隔週ごとに行われ、礼拝のない日曜日には、多くの家族が親戚や友人を訪問する（もしくは、訪問を受ける）。よく知られている制限もあるが、アーミッシュの生活は決して陰気なものではない[22]。アーミッシュの大人も子供もテレビを見たり、テレビゲームをしたり、メールを打ったりしないため、われわれ非アーミッシュよりも、顔を合わせて会話することが多く、家族や友人とリラックスして外出を楽しむ。

ヤコブ・アンマンの一団は外出やピクニックを好む。さらに、そういう行事の時に消費する食料の量からして、そこでの食事もレクリエーション活動に分類されるべきである！　アーミッシュはあらゆる動物に対して、特別な感情をもっており、アーミッシュの家族が一日動物園で楽しく過ごすというのは、きわめてありふれた光景なのである。

家の中では、決して勉強好きな集団ではないが、読書をしていることもある。聖書、『アウスブント』（*Ausbund* アーミッシュの賛美歌集）、初期アナバプティストの迫害の話である『殉教者の鏡』（*Martyrs Mirror*）を読んでいる。とても面白いことに、『バジェット』（*The Budget*）というアーミッシュの新聞があるのだが、これは非アーミッシュによって発行されている。

オールド・オーダー・アーミッシュは時には、チェスやチェッカーのようなゲームをするし、若者はさまざまなスポーツを楽しむ。男性には、嚙みタバコをたしなむ人もいるし、多くの地域では――ランカスター郡の地域も含む――、タバコを吸うことも認めている。さらに、飲酒に関しては、難色を示されることもあるが、アーミッシュの男性は時折、一人で「少量の酒をたしなむ」ことで知られている。一般的には、ヤコブ・アンマンの一団は、少なくとも男性に限っていえば、飲酒に対しては、ある程度寛容である。

自動車の禁止

他の禁止事項――レジャーとレクリエーションとに関して、最も決定的なものの一つ――は、自動車所有の禁止である。その禁止は絶対的なものであるが、他人の車に乗ることは認められている。また、バスやタクシーの利用も可能である。

所有禁止にはいくつかの理由がある。その理由として、聖書の中で、馬について言及されていることが挙げられる。また、自動車——その維持費——が馬や馬車と比較して、高価であるともいわれている。肥料、および、その欠如の問題については、すでに述べた。これらの理由には一理あるが、本当の理由ではない。自動車の所有が生活全体を堕落させるという考えが本当の理由である。

自動車が普及し始めた一九二〇年代、車は高価で当てにならなかった。とはいえ、それらは偉大な発明であり、輸送の伝統形態を鋭く破壊する象徴であった。したがって、アーミッシュもメノナイトの多数派も車を拒絶した。しかし、メノナイト集団の大半が最終的にその禁止を撤廃したのに対して、アーミッシュ共同体は譲歩を拒否し、現在までその立場を貫いている。

ヤコブ・アンマンの一団はこれまでも自動車所有を許可するように、強く迫られてきた。馬蹄は道に轍を作り、多くの地域で馬の足跡が公道に残っている。より重要なのは、近代的な公道は危険であり、馬車は特に、夜になると近づいてくる自動車にはねられることがある。州法は動く乗り物にはライトを付けることを定め、アーミッシュは座席下のバッテリーで作動する夜間ライトを設置するよう義務付けられた。自動車所有に対する締め付けがあまりに厳しいので、教会を離れ、自動車の所有と運転を認めている比較的リベラルな集団（極めて小規模な）、ビーチィ・アーミッシュ（Beachy Amish）へ参加する家族も増えていくであろう。

自動車の禁止はアーミッシュ以外の人々も、アーミッシュ自身も、アーミッシュのアイデンティティを維持するのに重要であると考える中心概念の一つである。もしアーミッシュとして生活する必要性に迫られたとすれば、大半の人々はアーミッシュらしさを守るために必要な不便さと犠牲とに苦しむことになるであろう。

個人的にも集団的にも、アーミッシュは耕作や教会共同体、馬や馬車に固執している。自動車は広範囲にわたる有害な変化を象徴している。本当のことをいえば、ヤコブ・アンマンの一団が判断を誤っているのかもしれない。自動車は、彼らが恐れているような結果をもたらさないかもしれない。しかし、そうした推測は無意味である。ジプシーがマリメという状況を定義づけするのと同様に、アーミッシュはすでに自動車について状況を定義づけしており、彼らが自らの社会観全体を変えなければ、その定義を変えることはほぼ不可能である。

相対的剥奪

自動車以外にも、アーミッシュの世界（Amishland）では、アンバランスに思えることがある。例えば、彼らは労働過剰で、レジャーやレクリエーションにはほとんど時間を使っていないように思われる。そのことを彼らは不満に思うことはないのであろうか。より充実した人生を送りたいと思わないのであろうか。

答は、「思わない」である。大多数のアーミッシュの人々は他の生活をもたらすものは何であれ、一切望まない。彼らはレジャー活動を楽しんではいる。しかし、たとえレジャー活動の時間がなくても、外見からはっきりと感じ取れるほどに生気を失ってしまうとは思えない。シンプルで、複雑ではないスローペースな生活様式を彼らが心から望んでいることは事実であり、重労働も不便な生活も、彼らにとっては問題ではない。

この理由の一つは、社会学者に広く用いられている概念、「相対的剥奪」（relative deprivation）によって説明可能だ。この概念によると、人々は絶対的な意味において剥奪されたことに不満を抱くのではなく、自らの準拠集団との関連において剥奪されたことに不満を抱く。

三〇〇〇ドル昇給した労働者は部署内の他人の給与額よりも同程度か、より高額であるならば、おそらく満足するであろう。しかし、もし大半の同僚がより高額の給与であると知れば、彼、もしくは、彼女の士気はそれによって影響を受けるであろう。同様に、学生は普通、成績がBであれば満足するが、クラスの大半がAであり、Bが最も低い成績評価だと気づけば、そうはならないであろう。

「相対的剝奪」をアーミッシュ共同体に応用すれば、かなりの部分は説明できる。大半のアーミッシュは来る日も来る日も朝早く起床する。彼らはかなりの重労働をこなし、自動車やテレビ、エアコンなどの所有を禁止されている。しかし、ここでポイントとなるのは、彼らの「準拠集団」――アーミッシュの地域全体――が同様の制限を経験していることである。したがって、相対的剝奪は生じない。

ヤコブ・アンマンの一団はまったく不満を感じていない。多少の便利さを欠いてはいるが、事実、皆それを神の意志として受け止めている。彼らは懸命に働くが、一般的に自らの仕事を愛しているからであり、重荷とは考えていないからである。実際、アーミッシュの家族が一五〇、もしくは、二〇〇エーカーの農場の運営に困ることはほとんどない。困難なのは、大規模農場の運営ではなく、家族が忙しく働くだけの十分な広さを持つ農場を探し出すことである！

5　宗教的慣習

外部の人にはあまり知られていないが、オールド・オーダー・アーミッシュは教会や教会を中心とする組織をもっていない。彼らの中には、専門職としての聖職者も宣教師もいないし、日曜学校もない。しかし、彼らはアメリカ合衆国において、最も敬虔な信者団体の一つであり、彼らの非集権化的教会構造――構造自体は簡素である――は、きわめてうまく機能している。

アーミッシュは教区ごとに組織されている。それぞれの区はある地理的な領域をカバーしており、一定数の家族を含んでいる。地域によって成員数はさまざまであるが、アメリカ合衆国の大半の区域はおそらく子供を含め平均一五〇から、二〇〇人である。人数がこの数字以上になれば、通常、その区域は分裂する。ヤコブ・アンマンの一団は常に高出生率を維持しているので、こうした分裂はしばしば起きる。

日曜日の朝の礼拝はアーミッシュの家で順番に開かれており、三時間ほど続く。男女は別れて座り、男性が前方から数列、女性がその後列に座る（各区域には、ベンチのセットがあり、礼拝の前には当番の家まで運ばれる）。訓話――ドイツ語でよく行われる――はきわめて長く、ベンチには特に背もたれがないので、一時間ほどすると皆もぞもぞし始める。

オールド・オーダー・アーミッシュは音楽演奏を認めていないため、歌も禁止されていると思われるかもしれないが、そうではない。日曜日の礼拝では、賛美歌は不可欠なものであるし、事実、彼らの賛美歌本――『アウスブント』（Ausbund）――は、一五六四年にはじめて出版され、プロテスタント派によって歌われてきた最も古い賛美歌である。賛美歌それ自体――大部分は、囚人となったアナバプティストの在監者によって書かれたもので、総計一四〇もある――、大変な苦悩と確固たる信条を物語っている。驚くことに、『アウスブント』には音符が記されておらず、書き留められているのは歌詞のみであるために、メロディーは口頭で世代ごとに受け継がれている。

聖職者

各アーミッシュの区域では、通常、四人の聖職者が代表を務めている。監督が一人、説教者が二人、執事が一人である。監督はその区域の教会の精神的主柱である。「教会と世俗の代表者」ということもできる。というのも、アーミッシュの地域では、二つの領域が混在する傾向にあるからである。いかなる場合でも、監督は代表者である。彼は結婚式、葬式、洗礼、聖餐式、破門を取り仕切る。また、主たる仕事ではないが、説教も行う。彼の主な仕事は規則を定め施行すること、その他には、共同体をまとめることである。教会の規則は明文化されたことがないので、――実のところ――監督の発言が規則である。

二人の「説教者」（*Diener zum Buch* 聖書担当の聖職者）は聖餐式や洗礼などの儀式で監督の補助をする。彼らの主な職務は日曜日の礼拝を執り行うこと、信徒を祈りに導くこと、聖書を解釈することである。説教者は聖書の典拠に精通していなければならず、本やノートの類を手に持たず、人々の前に立ち、説教を行わなければならない。

「執事」（*Armen Diener*, minister of the poor）もまた、日曜礼拝や儀式を補助する。しかし、彼らの主な務めは、区域の日々の活動にある。例えば、結婚式の仲人、報告された規則違反に関する情報収集、内部不和の対処、特に、寡婦や孤児に関する問題を抱えている家族の世話などである。

四人の聖職者は無給である。彼らは他のアーミッシュ同様に、自分の農地を耕し、家族の世話をしなければならない。さらに、教会には一切の財産も富もなく、また、集権化された執行機関もまったく存在しないので、自らの仕事の時間を削って、その役職を務めている。なお、女性は聖職に就くことはできない。

もし二つ以上の区域がお互いに「完全な仲間関係」であれば、すなわち、もし彼らが特定の行為規則や衣服規定、許容される備品などに同意していれば、彼らは決められた日曜日に牧師を互いに交代させることもあるかもしれない。もし区域がそうした関係になければ、彼らの間にはほとんど、もしくは、まったく接点がない。例えば、ランカスター郡など、いくつかの地域においては、いろいろな区域の牧師が年に二回ほど会合を開き、教会に関する問題を議論したり、差異を調整したりしている。しかし、これはアーミッシュがかつて経験した、中央集権化された教会組織に近いものである。

人と神とによる選択

オールド・オーダー・アーミッシュの聖職者は常に、「人と神との共同作業」によって選ばれる。というのは、つまり、成人信徒の投票によって推薦されるが、最終的に「勝者」は籤《くじ》によって選ばれる。より具体的には、もし説教師の職に空席が生じた場合、信徒団は推薦を求められる。三票以上を得た成員は籤に名前が加えられる。選挙の日、候補者の数だけ、聖書が机の上に並べられる。その中の一冊には、聖書を引用した紙切れが挟んである。候補者は歩き回り、各々聖書を選び、紙切れの挟んである聖書を選んだ人が新しい説教師となる。こうして、彼は神に選ばれたと信じられている。

これが説教師と執事の選抜手続きである。しかし、監督はアーミッシュにとって、よりすぐれた経験を何かもっているべきであると考えられ、監督に空席が生じると、説教師と執事の中から、直接、籤で選ばれる。一度選ばれると、すべてのランクの聖職者たちは通常、一生、その地位を保持する。多くの場合、彼らの仕事は評価されないものであることが多いが、大半のアーミッシュの聖職者は選ばれることを明らかに誇りに思っている。

すべての聖職者は重要であるが、特に、監督は中心的役割を担う。なぜならば、教区の性格を決定するのは監督だからである。第三者からみれば、多様なアーミッシュ共同体間のごくわずかな差異はわかりにくいかもしれないが、実際にそこには差異があり、監督はそれらに気づいている――あらゆる細部の差異に至るまで――。ひげの成形、女性のショールやエプロンのデザイン、帽子やボンネットの種類、馬車に備え付けてある道具、トラクターの利用、家具、納屋や店の設備など、あらゆるものが「全権力を持つ聖職者」（*Volle Diener*）の注意深い精査を受ける。

アーミッシュの教区の中には、近隣の教区と完全な仲間関係を築いていない教区が存在するが、この理由を知ることは容易である。ある教区においては馬車の屋根（幌）がグレーであり、他の教区においては黒色、また、他の教区においては白色、黄色である。教区によって、賛美歌のメロディーもさまざまである。ある教区では、男性の髪の毛が肩の長さまであり、他の教区では、耳にも届かない程度の長さである。女性の頭の覆いやスカートの長さもさまざまである。家の備品も多様であり、その他も同様である。

「仮初《かりそめ》の訪問者」

「私たちは地上では、仮初の訪問者にすぎず、その主たる義務は、来世のための準備をすることである」。ヤコブ・アンマンの一団は、こう強く信じている。現世――そして、その言葉が暗示するすべてのこと――は「悪」である。それゆえに、アーミッシュは現世から離れた状態を維持しようとする。これは、彼らが「特異」性を強く主張する理由、すなわち、風変わりな装いをし、風変わりに行動し、風変わりに生活する理由を説明している。

彼らの生活様式と同様、アーミッシュの神学上の信念は実に質素である。オールド・オーダー・アーミッシュとして、彼らは短期間しか地上にいないために、世界の改善や生活のより善き場の形成には、まず興味がない。彼らのあらゆる志向は、来世に向けられている。神の言葉は自己否定を要求していると信じており、喜んで必要な犠牲を払うつもりでいる。神は人格を備えており、言葉を有し、聖書は神の言葉を忠実に書き写したものである。また――これはきわめて重要なのだが――、神は全能である。すべては神の命であり、神の知識なくして何も起きない。

個人の救済に関して、アーミッシュは死後の復活を含めて、永遠の生を信じている。しかし、永遠の生を過ごすのは天国か、地獄か、のどちらかにおいてである。このどちらで過ごすことになるかは地上を訪問している間、どのように生活したかにかかっている。メンバーはもし教会のルールに従えば、天国へ行けるという期待を抱いてもよい。というのも、そうすることによって、彼らは自らを神の手に委ねることになるからである。

彼らはルールを明文化しないが、皆、何をすべきか理解している。さらに、常に向き合うべき聖書がある。事実、彼らの習慣のかなり多くは——マイドゥンクを含めて——、特定の聖書の一節に基づいている。

6　サンクション

「サンクション」(sanction 是認／制裁) という用語は、集団の成員の立場として望ましい行為をもたらすように、集団によって採用された報いと罰を意味する。どの行動がサンクションの対象となるのか、それは集団による受容可能な行動と逸脱との定義による。「逸脱」(deviance) とは、集団、または、社会の行動基準や期待に背く状態を指す。アメリカ合衆国における大半の集団の中では、自動車の運転、音楽演奏、映画鑑賞は、受容される行為というだけではなく、望ましいと考えられている行為である。しかしながら、アーミッシュはその行動について異なる定義をし、彼らの社会の中では、こうした行為はサンクションの対象であり得る。一方で、後に詳述するが、アーミッシュは正式な学校への通学を第八学年で終わりにする。多くの人にとっては、これは逸脱のように思われるかもしれない。アーミッシュに関する有名な研究者のジョン・ホステトラー (John Hostetler) は、このことについて政府高官から詰問された。「教授、人は世界において進歩する必要があると思わないか?」ホステトラーは、「それはその世界次第である」と答えた。[23] サンクションに関する後の議論と関連があるのはアーミッシュの世界によって定義された逸脱である。

肯定的サンクションは他の共同体における使用例ときわめて似通っている。例えば、メンバーの特権、集団の承認、聖職者の祝福、洗礼や正餐などの儀式や典礼、社会化の機会、そして、もちろん、自分の仲間と共に神を礼拝する満足感などがそれに当たる。

否定的サンクションについては、ヤコブ・アンマンの一団はきわめて緩やかなものから厳格なものまで、一連のペナルティや罰則を採用している。第一段階は、非定式的なサンクションに関係する。例えば、ゴシップやあざ笑い、嘲笑、集団的不支持の表明などである。こうした反応はどこの集団においてもみられるが、各アーミッシュ共同体は小規模で緊密な関係でつながっているので、反対意見の表明はとりわけ、有効である。

第二段階は、聖職者の一人による定式的な訓戒である。もし罪が相当深刻であれば、違反者は説教師と監督の両方に訪問され、訓戒を受ける。また、違反者は信徒の前で詳細に自分の罪を告白し、集団の許しを請うように要求されることもある。

マイドゥンク

究極のサンクションは、「絶縁」（シャニング shunning）や「破門」（バン ban）として知られている、「マイドゥンク」（*Meidung*）に付すことである。しかし、その厳しさゆえに、最後の手段としてしか使用されない。ヤコブ・アンマンの一団は強い宗教的志向をもち、鋭く研ぎ澄まされた自制心を身につけている――そして、アーミッシュ共同体はこの事実を基に成立している。陰口や叱責、懺悔を課すことは通常、十分に悔悛させることができる。マイドゥンクは、メンバーが礼拝をないがしろにしたり、外部の者と結婚したり、主たる規則（自動車購入など）を破ったりして、何の悔恨も示さなかった場合にのみ適用される。

マイドゥンクは監督によって課されるが、信徒による満場一致の賛成がなければ、実施されることはない。

しかし、一般的にいって、破門は絶対的なものである。その教区の人々が逸脱した当事者と関わりをもつことは決して許されず、これは自らの家族構成員についても例外ではない。通常の婚姻関係でさえ、関わりは禁止される。もし共同体のメンバーがマイドゥンクを無視した場合、たとえそれが誰であろうとも、その人もまた、破門になるであろう。事実、マイドゥンクはあらゆるアーミッシュ教区で尊重されており、当該教区とは「完全な仲間関係」にない人々にも、例外なく尊重されている。破門が強力な武器であることは間違いない。ヤコブ・アンマンの一団がそうであることを示している。

一方、破門は取り消される場合がある。もし、破門されたメンバーが自らの行為の過ちを認め、信徒に許しを請うならば、マイドゥンクは解かれ、違反者は再び、教会員になることを許される。その違反がどれほど深刻であっても、アーミッシュは破門された人を敵としてみなすことは決してなく、ただ単に過ちを犯した人物とみなすだけである。そして、彼らはマイドゥンクの執行に断固とした態度で臨むものの、信徒はおそらく、過ちを犯した会員が自らの過ちを悔い改めるよう祈っているであろう。

破門の執行はそれほど頻繁にはないが、それは決して珍しいことではない。女性よりも男性の方がかなり多く、高齢の人よりも若い人の方が多い。マイドゥンクは十代前半で洗礼が行われていれば、おそらく今以上に頻繁に若い男子に課されているであろう。洗礼を受ける前の若い男子は多少、腕白気味であるものと考えられており、また、実際そうであることが多い。この点は後に議論する。

もちろん、洗礼はこうした事柄を一変させる。というのは、洗礼とは、それを受けることによって、若者が正式に教会の一員となり、従順の誓いを行う儀式だからである。一度、宣誓がなされると、寛容の限度は相当低下する。洗礼以前には許されていた行動をして、マイドゥンクに服することになる若者がいくらか存在する。

7　求愛と結婚

アーミッシュの求愛と結婚のパターンは非アーミッシュ社会とは相当かけ離れたものである。まず、デートの習慣が異なる。婚約や婚約指輪などはない。派手な結婚式もない。伝統的な新婚旅行もなく、すなわち、当の二人さえいれば、結婚はできるということである。結婚の前後ともに、女性の場所は確固として家庭の中にある。アーミッシュの地域では、女性運動らしきものはまったくない。彼らの夫婦としての行動は一般社会のそれと類似した点もあるが、アーミッシュは独自の行動様式に従う傾向にある。

デートの実践

アーミッシュの少年少女は他の集団の若者よりも求愛行動にかなり多くの制限を受けている。一つには、アーミッシュの若者は比較的長時間の労働に従事していることが挙げられる。それゆえに、彼らにはあまり「交際する」時間がない。また、異性と出会う場が限られている。彼らは高校や大学へ行かないので、アメリカの若者が主として集う場はその地域には存在しない。通常、彼らがファストフード店やショッピングモール、映画、バー、ダンス、ロックコンサート、夏期リゾート、及び、その他の娯楽施設へ入り浸ることはない。また、自動車の所有も許可されないために、このことが恋愛にさらに制限をかけている。

もう一つの制限要因には、いわゆる同族結婚規定と関係がある。「**族内婚**」（endogamy）とは、同じ集団の中から結婚相手を選択する制限を指す。「**族外婚**」（exogamy）とは、集団以外のメンバーと結婚することを指す。社会学者は宗教、人種、国籍、社会階級などの大枠の分類に関して、これらの用語を用いる。族外婚が増大しているようにみえる社会一般の傾向とは対照的に、オールド・オーダー・アーミッシュは厳格に族内婚を守り続けている。本書で議論している「風変わりな諸集団」の多くにとっても、族内婚は共通のテーマである。

アーミッシュの両親は子供たちに「イングリッシュ」(非アーミッシュ)とデートをすることを禁じている。実際、唯一認められているデートは教区内か、もしくは、お互いに「完全な仲間関係」にある教区間のどちらかにおいてである。それゆえに、アーミッシュの間で、同族婚は有資格者数を制限することに役立っている。教区周辺地域では、この制限によって、いくつかの問題が生じる。

アーミッシュの求愛行動は一般的に日曜日の夜に催される「歌う会」を中心に展開している。これらは、通常、昼間の礼拝サービスと同じ農場で催される。歌会は若者自身で運営され、他教区からの参加する者も多くいる。軽食が供され、歌が唄われ、終始、笑い声や冗談が飛び、気軽な会話も大いに交わされる。デート相手がいれば、男性は女性を歌会に連れて行くかもしれない。いなければ、その夜は相手を探そうとし、そして、彼女を家まで送り届けることもある。

一般社会と同様、たとえ女性が男性に家まで送ってもらうとしても、デートの状況はそこから進展するかもしれないし、しないかもしれない。しかしながら、一般社会とは異なり、アーミッシュの若者はロマンティックな愛や身体的魅力をさほど重視しない。むしろ、家族生活や共同体での生活をうまく送れそうな相手の方が好まれる。例えば、労働意欲、子供好き、信頼、気だてのよさなどである。ちなみに、カップルは公衆の面前ではどのような形であれ、愛情表現をすることを避ける傾向にある。

一度、カップルが結婚を決めたら、男性は執事のもとを訪れ、自らの意志を示さなければならない。その後、執事が女性の父親を訪れ、公式な結婚許可を求める。許可は通常与えられる。というのは、双方の両親ともに、おそらく事の成り行きについてよく知っており、すでに結婚の準備が始まっていることもある。

結婚

結婚はアーミッシュの地域において、最も派手な行事であり、ランカスター郡だけでも、毎年、一〇〇組以上の結婚式がある。結婚はヤコブ・アンマンの一団にとって主要な制度であり、結婚の事実を公表するところから始められる。

その告知は通常、結婚の二週間前、教会の礼拝時に初めて行われる。花嫁の住居が狭過ぎる場合を除いて、結婚式は花嫁の家で行われる。植え付けの最盛期にあたる六月は、通常行われない。アーミッシュの結婚式の大多数は、収穫後の一一月と一二月に行われる。

旧約聖書の特定の部分が一語一語引用されるので、式の時間は多少長めであるが、式自体は手の込んだものではない。ブーケや花束はいかなる種類のものも用意されない。花嫁のヴェール、花嫁の介添人、新郎の付添人、写真、装飾、ウェディングマーチやその他の音楽などの演出はないが、合唱は何度も行われる。

新郎は礼服を着用し、花嫁は白いケープに白いエプロンを身に着けている（彼女が、その後、白い服を着用するのは棺に横たえられた時、つまり、死んだ時である）。儀式の最後に、結婚指輪の交換、誓いのキスが行われることもない。監督がただ次のように述べるだけである。「さぁ、共に歩みなさい。あなた方は夫婦となったのですから」と。

結婚式は、慎み深いものであるが、提供される食事は桁外れに量が多い。大量の食事が用意されるのは、教区全体の人々が招待される上に、交流のある友人や親戚も呼ばれるからである。出席者の数が数百人にのぼることも珍しくはない。事実、中には同じ日にいくつかの結婚式に出席する人もいる。(24)

食事の準備と給仕には、教区の女性たちが手伝いを申し出る。ほとんどの家は一度に数種類の料理を提供できる十分広い台所を備えている。そうでないとしても、臨時の台所が準備される。客は通常、順番に給仕される。

祝祭が終わると、夫婦は初夜を花嫁の両親の家で過ごす。翌朝、新婚夫婦は両親の家の掃除を手伝い、結婚式の招待客の家を二、三カ月かけて廻る旅に出る。大半の若者にとって、新婚旅行は休暇であり、その主たる目的は私的なものであるが、アーミッシュの間では、それはただ単に、友人や親戚の訪問の延長に過ぎない。新婚旅行で各家庭を廻る際には、新婚夫婦は客としてさまざまな結婚のプレゼントを受け取るが、多くは家庭を築く時に役立つ実用的な贈り物である。

新婚旅行の後、二人は共同体で、晴れて夫婦と認められる。もし可能であるならば、彼らは農業を生業とする。もし結婚したのが一番下の息子であれば、彼とその妻は彼の両親の家に住み、徐々に農場と家事の仕事を引き継いでいくことになろう。しかし、そうでない場合も、若い夫婦は両親の家が近いという理由で、（かなりの程度、両親の支援を受けて）購入した家に住み、両親のすぐそばで生活する。

8　家　族

アーミッシュ共同体には、若者は「煙突から煙の見える」範囲から遠くに移住してはいけない、という古い言い伝えがある。事実、ほとんどのアーミッシュは自分たちの両親と同じ郡部で生まれる。アーミッシュが家族の農場を売却することはめったにない。さらに、アーミッシュの稼ぎ手がその地域を離れるのは、もはや利用可能な土地が存在しない時か、あるいは、監督との間に深刻な溝が生じてしまった時くらいである。その結果、アーミッシュの家族システムはほとんど変化なく、世代から世代へ脈々と受け継がれていく傾向にある。

教会が大きな変化に難色を示すだけではなく、――若い夫婦が見習うべき――両親、祖父母、親交のある親戚たちもまた、影響を抑制するのに十分なほど似通った行動をとる。

アーミッシュの家族システムは実にシンプルで、効果的である。夫も妻も実直な労働者である。彼らは、自分たちが努力家であることを誇りに思っている。第三者からすると非常に裕福であると思われるほどに、とても優秀な農夫であり働き手である。多くのアーミッシュはきわめて価値の高い土地をかなりの規模で所有しているが、金銭的な意味においてはそうではない。

アーミッシュの夫婦にとって、農場はおそらく日々の重大な関心事であるので、通常、多くの子供たちに仕事を手伝わせる。後に紹介するように、アーミッシュの若者は一般的には、高等教育を免除されているので、義務教育に関する法や児童労働法などは限られた意味しかもたない。その結果、他の子供たちと異なり、アーミッシュの子供たちは経済上の資産としてみなされている。家族に一〇人以上子供がいるのは決して珍しいことではなく、実際のところ、夫婦の平均的出生数はおおよそ七人程度である。

女性の役割

女性の場所が家庭の中にあるということはアーミッシュの世界に広く知られている。彼女たちが従属的な地位を維持している限り、やさしさと敬意の念を欠落させることはない。アーミッシュがそう考えているように、この二元性は単に神の意向を守っているにすぎない。「男は神の姿と栄光を映す者ですから、頭に物をかぶるべきではありません。しかし、女は男の栄光を映す者です」（「コリントの信徒への手紙　一」第一一章第七節）。

第三者にとって、オールド・オーダー・アーミッシュの間に、女性運動がまったく起こりえないということは容易にみてとれる。共同体においても、教会においても、男性が主要な決断を下す。前述の通り、女性には聖職に就く資格がない。通常の家事労働に加えて、女性はさらに、牛の乳搾り、芝地や庭の手入れ、壁やフェンスのペンキ塗りなどの仕事をこなす。時には、女性が馬と共に耕地や収穫をするという光景を目にすることもある。それに対して、男性が皿洗いや食事の準備、掃除などの家事労働を手伝うことはめったにない。しかし、女性が家内工業や仕事を始めるにつれて、このことは変容していくのかもしれない。

当然、例外はありうるが、アーミッシュの妻たちは家長制の生活様式にうまく適応しているように思われる。彼女たちの社会的役割は明確に定義されているだけでなく、アーミッシュの世界では画一的である。アーミッシュの女性は、「非アーミッシュ」の女性たちがかなりの程度、平等を獲得したことを認識しているが、彼女たちが同様に伝統的地位を変えようとする動向はほとんどない。彼女たちは家の管理と子育ての双方について、相当の発言力をもっている。また、聖職者の推薦を含む、あらゆる教会事項について正式な投票権をもっている。そして——これはおそらく最も重要なことであるが——、彼女たちは神の言葉に従っているという認識から生じる精神的満足感を得ているのである。

最後に一つ指摘しておく。アーミッシュの人々が集まると、男性は男性と、女性は女性と集う傾向にある。男性は自分の妻にキスをしたり、愛情を示す言葉を発したりしない。このことから、アーミッシュの配偶者はお互いにそれほど強い情愛をもっていないと推論されるかもしれないが、それはほぼ間違いである。ヤコブ・アンマンの一団が反対していることは愛情自体ではなく、公然の愛情表現である。結局のところ、アーミッシュは保守的な人々であり、公の場においてキスをしたり、抱きしめたり、手をつないだりするという考えは嫌悪の対象となる。私的な場においては、他の集団同様、当然ながら情愛深い人々である。

家の有意性

アーミッシュは学校の重要性を認識しているが、当然のこととして、子供の社会化に対する第一の責任は親にあると考える。もし少年少女が学校で問題を起こしたならば、両親が指導される。もし少年がアーミッシュ共同体内において問題を起こしたならば、監督はその少年だけではなく、両親とも話し合いをする。そして、もし若者が法を犯したならば、信徒たちは両親を気の毒に思う。

一般的に言って、アーミッシュの子育ては寛容と制限とが混合した哲学の実践である。乳児は多少甘やかされ気味で、めったに一人になることはない。乳児は可能な限り、家族テーブルでご飯を食べ、集団の一員であることを感じる。親戚や友人は、乳児に思いやりを注ぐ。子供たちは、自分たちが共同体のメンバーに歓迎されていることを直ちに感じるようになり、また、実際に歓迎されている。

乳児が歩くことを学ぶと同時に、彼らは規律に従い、権威を尊重するよう教えられる。アーミッシュの家族は構造的な権威主義ではないが、服従にかなりの強調点が置かれているのは事実である。これは、矛盾ではない。服従は恐怖ではなく、むしろ愛に基づくものと考えられている。平手打ちや体罰は日常的に行われているが、子供が怒りを抱くことはない。彼らは、幼い頃からそうした行為が自らのためであり、単に両親の愛情と知恵の表現であると理解しているからである。

家庭内の躾《しつけ》は学校の学習内容を補う傾向にある。伝統的価値の受容が奨励され、探求的な態度は奨励されない。競争心ではなく、協力的な態度が強調される。子供たちは、自らがすべて神の創造物であり、それゆえに、他人の感情に深い配慮をもたなければならないという見解を必ず身につけさせられる。子供たちは外部世界に潜む危険や邪悪さについて——何度も何度も繰り返し——念を押される。

家族の機能

何年も前に、社会変動の研究をしている社会学者、ウィリアム・Ｆ・オグバーン（William F. Ogburn）はアメリカの家族について、興味深い観察を行った。オグバーン曰《いわ》く、植民地時代から現在まで、家族は革新的機能の喪失によって特徴づけられている。彼は、教育、宗教、保護、レクリエーション、経済的機能など、退化しつつある機能をリストにあげた。彼の議論の主眼は、他の組織がこれらの機能を引き継いだという点にある。例えば、宗教的機能のように、かつては家庭の中心にあったものが、教会によって引き継がれている。教育は学校の職分となってしまった。レクリエーションは商業的企業に奪われてしまった。家族はもはや生産単位ではないので、経済的機能は失われてしまった――この主たる要因は児童労働法と義務教育に関する法が子供の労働を禁じた点にある。このように機能が退化したために、アメリカの家族は弱体化している、とオグバーンは結論づけた。

社会学者の中には、オグバーンの主張に賛同する者もいるが、異論を唱える者もいて、その議論はまだ収束していない。家族は機能を喪失したかもしれないが、他のものを得たと主張する社会学者もいる[25]。オールド・オーダー・アーミッシュはその論争に一石を投じているといってもよいだろう。というのは、オグバーンがアメリカの家族生活から消滅したと主張した諸機能はまだアーミッシュの家族内では機能しているからである。

経済的には、農業を営むアーミッシュの家族は十分な生産単位である。教育はいまだに大部分が家族の機能であり、レクリエーションも同様である。宗教礼拝でさえ、家の中で行われ、もちろん、祈りは各アーミッシュの家族生活において、欠かせない役割を果たしている。

結論として、アーミッシュの家族は機能的意味において、きわめて強力な単位である。さらに、この強さは他の多くの点においても明らかである。実際に、オールド・オーダー・アーミッシュがアメリカにおいて最も安定した家族システムの一つを維持している、という相当数の証拠がある。彼らの出生率は尋常でないほどに高く、社会的、もしくは、経済的な条件に影響されない。乳児死亡率は低く、ほぼ全員が結婚し、外部集団と結婚することはめったにない。脱退は、深刻な問題ではない。夫と妻と子供たちという単位は農業に献身し、家族と集団の強い忠誠を示している。彼らの農業型経済が永続性をもち、かつ、成功していることは明らかである。

違法行為や不義（不倫）は、ほとんど耳にしない。脱会も実際には耳にしないし、離婚もまだ報告されていない。

一般社会と比較して、アーミッシュは若者の問題、高齢者の問題がそれほどない。若者はまず違法行為をしないし、繰り返しになるが、高齢者の世話をしているのは公的機関ではなく、彼らの家族である。孤児や未亡人、その他の障害者については共同体が面倒をみるので、アーミッシュの中で社会福祉支援の受給経験者は今まで一人もいない。

最後に、アーミッシュの家族システムに関して、一点述べておきたい。それは彼らの親族構造である。というのも、それらしきものが典型的なアメリカ家族にはまったく存在しない――かすかに類似したようなものさえ見当たらない――からである。結局、アメリカの夫婦の約二分の一は、結婚生活を維持することさえできない――彼らは別居するか、離婚するか、である――。共に暮らしている人々に関していえば、一人か、二人の子供がいる家族が一般的である。結果として、拡大家族――叔母、叔父、姪、甥、従兄弟・従姉妹――が存在するにしても、その規模は小さく、機能的にも限定される傾向にある。アーミッシュ共同体の実態は反対である。家族は明らかにアーミッシュ社会の中核であり、彼らの大規模な親族ネットワークは団結した支援システムとして機能している。

オールド・オーダー・アーミッシュは教育に反対であると一般的に思われているが、事実はそうでない。彼らが反対しているのは若い人々を引き離しかねない、そして、彼らの農業中心的、保守的な生活様式を脅かしかねないような教育である。それゆえに、アーミッシュ共同体では、学校の授業は、読み、書き、算数、書法、文法――に加えて、地理、歴史、衛生学の初歩を意味することが多い[26]。

9　教育と社会化

現在、アーミッシュの両親は、最初の八年間は自分たちの子供を学校へ――それがアーミッシュの学校であれば――通わせたい、と非常に強く思っている。しかし、アーミッシュの学校以外に通わせることは避けている。彼らは一四歳から一八歳までの間を決定的に重要な時期と考えており、一〇代の若者が高校の世俗的なものにさらされることに反対している。何年にもわたって、アーミッシュ共同体はこうした点に従うことを拒否してきた。

一九六〇年代、ウィスコンシン州のアーミッシュの親たちは、彼らの子供をその地域の高校へ通わせることを拒否したとして、逮捕され、有罪判決を受けた。一連の司法の場における闘いの後、最終的に判決は最高裁まで持ち越された。一九七二年、ヨーダー対ウィスコンシン州（*Yoder v. Wisconsin*）の画期的判決において、裁判所は七対〇でアーミッシュの両親を支持した。判決では、州の普遍的な教育における正当な利益を認めながらも、「アメリカ合衆国憲法修正条項第一条、宗教の自由な活動条項によって、とりわけ、保護されている人々と、そして、宗教的な子育てに関する親の伝統的な関与など」も、それと同じくらい重要な要素であると宣言した。

アーミッシュ共同体はまだ数州において学校問題を抱えているが、一九七二年の最高裁判決は否定的な感情の多くを打ち消すことになった。今でも、世論はアーミッシュ側に傾いている。ランカスター郡では、アーミッシュはさまざまな学校関連の問題について、州高官との調停を働きかけている。新しい諸問題はすべて、同様の趣旨で解決が図られるであろう。

アーミッシュ学校

アーミッシュ学校はアーミッシュの人々を実によく表している。一切の余分なものが存在しない。学級新聞、部活動、バンド、体育プログラム、ダンス、あるいは、学級委員も存在しない——。オールド・オーダー・アーミッシュは託児所や保育園、もしくは、幼稚園のプログラムを一切もたない。事実、彼らの学校の大多数では、ただ一クラスに一人の先生がいるだけである。入学者の平均は約三〇人である。

アーミッシュ共同体は自分たちの学校を建設するか、もしくは、州から学校を購入するか、のどちらかである。もし購入するならば、あらゆる電気設備の撤去など、特定の改築が施される。木材か、石炭のストーブで暖をとり、一般的にトイレは校舎外にある。しかし、暖房、照明、トイレ設備などの違いは別として、アーミッシュ学校は他の学校の教室とかなり同じ様相を示している。黒板、チョーク、ボルトで留められた机、コート掛け、ポスターやカラフルな写真、紙と鉛筆、そして——もちろん——、手製の芸術的な壁飾りが備わっているという点においては同じである。

アーミッシュの教師は普通、若い未婚の女性であり、その点は非アーミッシュとはまったく対照的である。典型的なアメリカの教師は専門の教育課程の修了に基づき、国家資格である教員免許を有する大卒者である。対照的に、アーミッシュの教師は大学はもちろん、高校にさえもいっていない。

ヤコブ・アンマンの一団は、よき教師とは、大学の学位や国家資格と関係がないと信じている。むしろ教師は天職のようなもので、天職は神が付与する属性であると考えている。理想的なアーミッシュの教師はまさに彼女の存在によって、若い世代にアーミッシュの人生観を伝えることのできる人である。したがって、彼女は、十分に適応し、宗教的であり、全体的にアーミッシュの規則に従っていなければならない。

もちろん例外もあるが、大半のアーミッシュの教師はひたむきな人物である。高校を卒業していないが、その多くが通信制教育を修了している。彼らは、教員のための機能集団をもっており、年に一度、協議会に出席し、アーミッシュの教師の『会報』を購読している。彼らはしばしば、一年間、もしくは、勤務校に割り振られる前に、教師補佐として無給で労働するように要求される。担任をもつようになると、かなりの薄給であっても喜んで働く。

アーミッシュの教師は、「単なる一教師」ではない。彼女は同様に、校長であり、用務員であり、保母であり、管理人であり、遊び場の監督者であり、厳格な躾《しつけ》役でもある。アーミッシュの子供たちは比較的大事に扱われるが、規律上の問題が生じた場合、教師は通常の矯正手段をとる。例えば、叱責や説教、注意、学校の居残り、黒板に自分の「罪」を書かせるなどである。深刻な違反――故意の規律違反、あるいは、許可なく学校を離れるなどの違反――に対しては、大半のアーミッシュの先生はためらうことなく体罰を与える。アーミッシュは高校・大学への入学を禁じてはいないが、職業教育を強調する。それゆえに、一三歳以上になると、アーミッシュの教育は見習いのようなものか、子供たちが将来生計を立てられるような技能の習得であることが多い。

学校における銃撃事件が全米の注目を集めているが、アーミッシュが運営するウェスト・ニッケルマインズ小学校はまさにその事件の現場となった。二〇〇六年一〇月、銃を持った男が教室で銃を乱射し、五人の少女が死亡、その他、五人が重傷、その後、男は自殺した。全米の注目を浴びたが、犯人の動機は不明であり、地域のアーミッシュ共同体から示された同情に称賛の声が注がれた。アーミッシュ共同体は犯人の家族に食料を分け、無条件の支援をし、共同葬儀に寡婦を招いた。四カ月後に校舎は建て替えのために取り壊され、無事だった子供たちは旧校舎から二〇〇ヤード離れた場所に建設された新校舎に通った(27)。

価　値

社会学者が用いるように、「価値」(value) という言葉は、文化において、何を善、望ましい、適切と考えるか、――もしくは、何を悪、望ましくない、不適切と考えるか――という、集合概念を意味する。事実、価値はそれを共有する人々にとって非常に基本的なものであるために、疑問の余地なく容認される傾向にある。さらに、大半の人々は同様の価値体系をもつ人々の面前では、より快適に感じるようである。

他のものと同様に、ある集団を別の集団から隔てているものは、価値の総体であり、このことはアーミッシュ学校によく現れている。公立学校とアーミッシュ学校とを隔てているものは、単にカリキュラムと履修課程だけではない――それは価値である。例えば、速さよりも正確さに、はるかに強い強調点が置かれている。事柄の記憶や(アーミッシュの)規律の習得は分析的志向や探求よりも重要であると考えられている。

アーミッシュの子供たちは、――AからFまで――成績を付けられるが、同時に彼らは、一位を取るためにお互いに競い合ってはいけないと教えられる。ヤコブ・アンマンの一団にとって、才能は――この世における多くの他のものと同様に――、神から与えられたものである。それゆえに、習得の遅いことはまったく不名誉なことではない。彼らの価値的序列《ヒエラルキー》では、善い行いをして、他人に親切に接することの方がより重要である(28)。

すべてが神の目に似ているという点を強調するために、子供たちの人形には、目、鼻、口、指、つま先がない。また、顔の描写禁止は偶像禁止の聖書とアーミッシュの信仰が一致していることを示す[29]。

アーミッシュ学校は子供の精神的な力量についてと同様に、子供の道徳的な成長についても非常に強い関心を持っている。正誤、正邪、善悪などの価値観は何度も何度も繰り返し遠回しに言及される。このように、繰り返し道徳が強調されることによって——学校だけではなく、教会、家、共同体によっても——、諸個人の良心は形作られていく。この事実は早期に言及されており、再度、言及される価値がある。というのも、マイドゥンクの脅威が悪事の抑止力であることは確かだが、アーミッシュ社会における調和の主たる要素は良心だからである。

10　アーミッシュが直面している問題

あらゆる集団は何らかの社会問題を抱えており、オールド・オーダー・アーミッシュもその例外ではない。しかし同時に、アーミッシュは「問題」について、驚くべき記録を持っている。犯罪、不正、貧困、離婚、遺棄、アルコール依存症、薬物依存、妻や子供への虐待、このような諸問題の発生がアーミッシュの地域では低い。事実、問題の発生率が低いので、ヤコブ・アンマンの一団は、学校論争とは、一体、何についての議論なのか、理解できないようである。実際に、複数のアーミッシュの人々は、「アーミッシュの若者を統合された公立学校やさらには高校まで送り出してほしいと考えている人々がいるが、彼らは問題を抱えた集団であり、われわれはそうではない……」と述べている。

彼らの生き方を念頭に置くならば、アーミッシュが一般社会よりも社会問題を抱えていないとはいえ、何か問題が生じた時、その問題の解決は一般社会ほど容易ではない。逆に、ある一定の問題は一般社会においてよりも、アーミッシュの地域では、より大きな苦痛を引き起こすかもしれない。とにかく、以下の諸問題は、それらが深刻な崩壊を意味するという理由からではなく、アーミッシュが何としても一生付き合わなければならない頻発する悩みの種であるがゆえに、選び出したものである。

ラム・スプリンガ

アーミッシュがほぼ成功を収めている役割の一つが子育てであり、子供も信仰心を守り続けている点である。しかし、ご想像の通り、アーミッシュでも一〇代の若者は、しばしば反抗する。これは、一〇代の若者が、特に少年が、アーミッシュにとって受容しがたい行動、例えば、年長者に対する無礼な振る舞い、世俗的な（非アーミッシュ的）行動、車の運転、アメリカ合衆国の典型的な若者のライフスタイルでの生活などをした時に明確になる。近代アーミッシュの研究者、ドナルド・K・クレイビル（Donald K. Kraybill）がいうように、「アーミッシュの若い無法者は教会指導者にとって当惑するものであり、その教区を超えた大きな共同体内の不名誉の印となる」(30)のである。

世俗社会の誘惑は青年期の間、オールド・オーダー・アーミッシュにいくらか世俗的な活動を日常化するように導く。アーミッシュの若者は「ラム・スプリンガ」(＊2)（*rum springa*）と呼ばれる真実を探る期間に、よく自らの下位文化の領域を試す。このラム・スプリンガという用語は、「走り回る」という意味である。ラム・スプリンガはよくある出来事であるが、アーミッシュの宗教から明確な賛同は受けていない。

たとえ、ラム・スプリンガがアーミッシュにとって逸脱行為だとしても、それに夢中な人々は瞬時に日常化する。一〇代の少年は同世代の非アーミッシュから借りた車の中で待機しながら、離れた所から車のライトを点滅させて少女に合図を送り誘い出す。少女たちはこっそり抜け出し、コンビニか、ガソリンスタンドへ行き、洋服を着替えて化粧をする。少年少女たちはポップミュージックに合わせて踊り、タバコを吸い、飲酒するために行く場所をあらかじめ決めておく。アメリカのヤコブ・アンマンは、まず想像できないが。[31]

両親は時に目撃することもあるが、それ以外の方法で気づくことが多い。例えば、納屋からラジオの音が聞こえてきたり、真夜中に敷地内へ入って来る自動車の音を聞いたりした時は、両親はすぐに子供たちを調べたり、罰したりしない。両親は子供たちに話さないで、伝統的なアーミッシュのライフスタイルに戻ってきやすい快適さを守る。

ラム・スプリンガの間、一般社会の技術や現代風のものに触れていながら、アーミッシュの若者の大多数は「家に戻る」、すなわち、アーミッシュ共同体に戻り、信仰の洗礼を受ける。彼らはこの世間をよく知る段階を踏むことによって、教会に加わることは撤回できない行為であることを自覚する。研究者の報告によると、アーミッシュの子供の八五‐九〇パーセントが若年の成人期に信仰を受け容れる。[32]

二〇〇四年、アメリカのテレビ局、ユナイテッド・パラマウント・ネットワーク（United Paramount Network　略してＵＰＮ）がロサンゼルスでラム・スプリンガ中の若者五人をノンフィクション番組「都市のアーミッシュ」で取り上げ、一〇週にわたって放送した。アーミッシュ共同体による批判として代表的なものは、こうした番組がアーミッシュをどれだけ傷つけているかという訴えである。[33] なぜならば、ムスリムや伝統的ユダヤ教の若者が改宗しようとする場面を放送する番組はないからである。

近代化の脅威

概して、どの一〇年をとってみても、さまざまな新しい発明と技術革新が社会に生まれている。そして、アーミッシュはその侵入と常に戦い続けなければならない。自動車、電話、電灯、トラクター、ラジオやテレビ

――これらのものはヤコブ・アンマンの一団に大きな打撃を与えてきた。規律が不必要なまでに厳格であると考え、アーミッシュを去る成人のメンバーについて、すべてのアーミッシュ共同体が経験している。

全信徒が脱会した事例もいくつかある。例えば、一九二七年に、アーミッシュの牧師、モーゼズ・M・ビーチィ（Moses M. Beachy）は、母集団からの離脱運動を起こした。先にも述べたが、この集団――ビーチィ・アーミッシュ、または、チャーチ・アーミッシュとして、現在知られている集団――のメンバーは自動車、および、その他の現代の便利な器具の使用を許可されている。一九六六年には、ニュー・オーダー・アーミッシュとして知られている集団が形成され始めた。ニュー・オーダー・アーミッシュは電話を導入し、電気やトラクターの使用を許可した(34)。

非常によくあることだが、もし歴史が繰り返されるならば、オールド・オーダー・アーミッシュはおそらくここ数十年の間に、さらなる分裂と脱会を経験するであろう。

観光事業の苦悩――果たして事実は？

アーミッシュはごく最近まで、自分たち以外の世界から自らを隔絶し続けることによって、その生活様式を維持してきた人々の社会である。そのため、観光客の流入はアーミッシュを不快にさせる問題を含んでいる。しかしながら、現在では、諸手をあげて観光者を歓迎するアーミッシュも増加している。

ペンシルヴァニア州観光局が観光事業を調査するために、ヴァージニアの会社に依頼した際、彼らは驚いた。ポコノ山脈、もしくは、アレガニー国立森林がリストの中でトップになるであろうと予想されていた。しかし、実際には、アーミッシュの地域が一位であり、毎年八〇〇万人以上の旅行客が訪れていた。アーミッシュの地域におけるビジネスの大半は依然として、第三者によるものである。モーテルやゲスト・ハウス、レストラン、農作物市場、雑貨店、手工芸品店、骨董品店、おみやげやノヴェルティ〔訳注：アーミッシュの珍しい品物などを指す〕の店、小売店、馬車乗り、そのリストは多岐にわたる。大半のアーミッシュは農業活動に満足しており、観光客に不快感を覚えている。しかし、アーミッシュ人口は増加しているのに対して、彼らにとって利用可能な土地は縮小している。その結果、多くのアーミッシュが今やさまざまな方法で観光客にサービスを提供している。それにもかかわらず、観光客が消費するドルのわずかな部分しか、アーミッシュへと渡っていない。(35)

一日に五〇人ほどのバスツアー客は特に、アーミッシュ共同体にとって不快なものである。専門のツアーガイドが運転するバスは狭い道を塞ぎ、馬や馬車の行く手を妨げ、学校や農場の前に駐車し、他にも、アーミッシュの日常生活に支障をきたす。また、オールド・オーダー・アーミッシュは写真撮影を禁じられているが、撮影好きの観光客はそんなことなどお構いなしである。(36)

ノンフィクション番組「都市のアーミッシュ」で見たように、メディアは常にアーミッシュに対して敬意を払わない。一九八五年、ハリソン・フォード（Harrison Ford）とケリー・マクギリス（Kelly McGillis）主演の映画『刑事ジョン・ブック　目撃者』（Witness）が公開された。この映画は、オールド・オーダー・アーミッシュの生活様式に関するさまざまなエピソードを紹介するという触れ込みで、ランカスター郡において一〇週間以上撮影された。アーミッシュ自身は映画に強く反発し、プライバシーと宗教双方への侵害であると感じていた。アーミッシュの暴力シーンとアーミッシュ女性と非アーミッシュ男性との関係性に動揺した。しかしながら、劇場では、大変な人気を博した。どのくらいの鑑賞者が映画を見て、直接、アーミッシュ共同体を訪問する気になったか定かではないが、その数は相当数に上るに違いない。

数家族のアーミッシュがその地域を離れ、より静かな牧草地へと向かった。他にも、今や各地で目にするような何百もの工芸店を経営したり、売店を始めたりする人もいる。研究者の中には、大規模な観光事業がアーミッシュの文化的アイデンティティを強化する傾向にあると考える人もいるが、これには議論の余地がある。とにかく、ランカスター郡のアーミッシュはアメリカにおける最大の観光名所の一つであり、その状況は変化しそうにない。幸いにも、大半の他の地区において、観光事業はそれほど緊迫した事態になってはいない。

行政の介入

国民が増大するにつれて、行政の組織網はより複雑なものになり、法は急増し、官僚制は強化され、アーミッシュも他の市民と同様に、規制の迷路に直面した。ヤコブ・アンマンの一団に対して、今では、子供たちの種痘と予防接種が義務付けられている。アーミッシュの農夫たちは行政の規制に従って、牛乳の検査を課せられている。さらには、たとえ第三者が気づいていようとそうでなかろうと、アーミッシュは州、および、連邦の所得税、固定資産税、売上税を支払わなければならない。

すでに述べたように、いろいろな時に、オールド・オーダー・アーミッシュは義務教育や建築条例、ソーシャル・セキュリティ（公的年金）とメディケア（アメリカの健康保険制度）、馬車の安全器具、土地区画規制、失業保険、徴兵制などの問題に関してもまた、行政と対立してきた。

最後の問題――徴兵制に関する法律や兵役義務を含む――は特に、言及するに値する。というのも、アーミッシュは平和主義者であるからである。彼らは、どのような条件下であっても、決して戦おうとしない。ハンティントン（Huntington）が指摘しているように、「敵意に対するあらゆる形での報復は、禁止されている。アーミッシュの男性は攻撃された時でさえも、自分や家族を物理的に守ることはないであろう。彼は山上の垂訓の新約聖書に従うように教えられている」(37)のである。

したがって、もちろん、オールド・オーダー・アーミッシュは軍隊の任には決して就かないし、あるいは、その他の形であっても、国のために戦うことは決してない。そして、彼らの立場ゆえに、両世界大戦間、何度か当局と激しい論争を繰り広げた。しかし、通常、彼らの立場は行政によって尊重されてきた。もし現在、彼らが徴兵されることになるとしても、アーミッシュの若者は良心的兵役拒否者として、代替任務の実行が許可されるであろう。

アーミッシュは政治に無関心だといわれているが、それは正しくない。二〇一一年九月一一日、テロリスト攻撃の後、アーミッシュは非アーミッシュから愛国心について問われることになった。実際、多くの第三者から見て、アーミッシュが国旗を掲げていないことは疑わしく思われる。彼らは平和主義者である一方、国を愛し、子供たちに国旗に敬意を表するように指導すると断言する。事実、ジョージ・W・ブッシュ（George W. Bush）の二〇〇四年大統領選挙の際、彼らが保守的価値観のために、アーミッシュを投票から閉め出そうとした。教会の指導者の中には、いまだに投票行為に対して警告を発する人もいるが、最終的には教会は投票について個々人の判断に委ねている。しかしながら、多くのアーミッシュにとって、投票は優先順位が最も高いわけではない。投票日が結婚式が行われる日程と実によく重なってしまい、あるペンシルヴァニアのアーミッシュ男性は「結婚式へ馬を引いて行くから、投票へ戻るすべがない」と話した(38)。

それでもやはり、結局のところ、間違いなくヤコブ・アンマンの一団は、政府の規制が耐え難いほどにつらく、妨害的なものであることをしばしば思い知ることになる。記録によると、官僚主義がもたらす苦しみを分かち合うに留まらなかった。アーミッシュ共同体は今までは自分のものを所有できていたが、その後、彼らは思いがけず、再び、災難に見舞われることになる。

消える農地——最大の問題？

多くの専門家によれば、農地不足が現在アーミッシュの直面している最大の問題である、と指摘されている。アメリカ合衆国には現実的に土地不足はないにもかかわらず、地味豊かな農地は何カ所かのアーミッシュ共同体では、極端に不足している。その理由は非常に明白である。オールド・オーダー・アーミッシュは国全体の人口成長率よりも、かなり速い速度で人口が増えている。しかも、大半のアーミッシュは農業に従事するために、当該共同体では、耕地の供給は枯渇する傾向にある。

アーミッシュの観点から、その問題にどう回答するのか？

一人、もしくは、数人の息子に、自分の農地を分割すること以外に――明らかに限られた解決策ではあるが――、ヤコブ・アンマンの一団はわずか二つの現実的な選択肢をもっている。彼らにできることは転住、もしくは、農業以外の職種への転職である。過去五〇年にわたって、転住は支持されてこなかった。

国中、または、ラテン・アメリカまで移住した家族もいる。移住への選択肢が開かれていることは今や明らかであるが、大規模移住の兆しがすぐ目の前に見えているというわけではない。しかし、アーミッシュが他の職業へ次第に転職していることは明らかである。

11 将　来

最初に――そして一般的にいうと――、ヤコブ・アンマンの一団は「問題解決」の場として、非常にすぐれている。評論家の中には、アーミッシュは現在の形態で生き残ることはできない、すなわち、強大な産業社会に飲み込まれてしまうであろうと論じる人もいる。しかし、アーミッシュはそうした評論家よりも長続きするだろうし、あらゆる可能性から考えてみれば、そうあり続けるであろう。

前述の社会問題は確かに、十分現実となりうるものではあるが、少々当てにならない。若者の問題は実際、聞くほどには深刻ではない。事実、二、三名以上の若者の不正行動もあるし、他集団への脱会でさえ多数みられるが、しかし、この過程は別の安全弁として作用している。アーミッシュは、自分たちのルールが厳しく、そして、順応できない人がいることも十分に理解している。しかし、洗礼までにある程度の自由の余地を若者に付与することによって、教会に加わる人は忠実であり、良心的なメンバーであることが判明すると考えられている。

実際、この安全弁理論は有効だと思われる。なぜならば——結局のところ——、洗礼を受けたメンバーで教会を離れた人々はわずかな割合にとどまるからである。記録によると、アーミッシュ人口は劇的に増大している。一九〇〇年五〇〇〇人、一九五〇年三万三〇〇〇人、二〇〇九年現在では、二三万人以上である。

観光事業は重大な問題というよりも、慢性的ないらだちを引き起こしている問題のようにみえる。そして、何とかして、オールド・オーダー・アーミッシュはそれと共存する方法を学んだ。事実——皮肉なことに——、観光客のお金のほとんどは非アーミッシュへと流れてはいるが、観光事業はアーミッシュ共同体に絶えず増収をもたらしている。

行政の介入や近代化の脅威などの問題は明らかに乗り越えられている。農地獲得が困難になりつつあるがゆえに、多少なりともアーミッシュの男性が他の職に就かざるを得ないことは事実であり、こうした変化は軽視されるべきではない。しかし、これらの仕事の本質を見ることが重要である。例えば、ランカスター郡では、アーミッシュが外部の労働市場で、無限定に職を探し求めるということはない。逆に、彼らが職業を選択する際、その範囲は非常に限られている。

クレイビルが指摘するように、男性の多くは農場内にあるか、もしくは、農場に隣接する工芸店で働いている。働く既婚女性——キルティング、パン製造、工芸など——は、その作業を家で行う。アーミッシュの男性は大きな店構えで小規模な事業を経営している。例えば、高級家具、配管、建設、金物、食肉業、機械修理、石工、室内装飾、家具、その他さまざまな小売店が挙げられる。しかし、彼らは悪影響を受けるという理由から、一般的には工場労働を拒否する。実際、自宅以外で労働に従事している人のうち、七五パーセント以上が自営業であるか、もしくは、アーミッシュの雇用主のもとで働いている。(39)

さらに、クレイビルは以下のように結論づけている。ランカスター郡アーミッシュの三分の一が農場を離れているけれども、「彼らは、近代的な労働を受け容れてはいない。概して、非農業労働は地域型で、家族志向であり、小規模で、エスニック・ネットワークに寄り添っている。アーミッシュは自らの製品に強いアイデンティティを抱き、十分に管理するだけではなく、個人の職人気質や仕事への満足感も持ち続けている。さらに、彼らはまた、時間、スピード、他の労働条件をも管理している(40)」。

結　論

考察したあらゆることから、アーミッシュはアメリカにおいて、将来が約束されているように思われる。彼らは自らの諸問題を独自の方法で処理し、しかも、それは概して成功している。その過程において、自らのアイデンティティを強固にするべく努力している。人生観、神や宇宙との関係、神学、性役割、服飾様式、土への愛情、分離主義、節約、謙虚さ、平和主義、勤勉、教育への態度——要するに、「アーミッシュ」の基礎的要素——は、彼らが常に行ってきたことと、現在、まったく同じものである。

過去において、オールド・オーダー・アーミッシュは時に誤解され、口論をし、罰金を課せられ、投獄されたことさえもあった。現在、逆に、彼らは世論を味方に付ける傾向にある。観光事業は何百万人というアメリカ人を多様なアーミッシュ共同体へ引き込んだ。そして、人々は直接アーミッシュに会いに来て、アーミッシュについて学ぶにつれ、アーミッシュの生活様式を尊敬するようにもなってきている。したがって、行政との論争においても、アーミッシュ共同体は多々、有用な公的支援を当てにすることができる。

アーミッシュのライフスタイルは一般社会とは異なるが、現代のアメリカ人に、ある種のノスタルジーをいくらかよみがえらせている。環境主義や温室効果ガスへの関心の高まりとともに、現在、多くの人があまりにもシンプルに機能する能力を、そして、さらに重要なことは、生活を楽しんでいることを、羨ましく思っている。事実、テレビ、電子レンジ、家庭用コンピュータを持たない人々を指す「アーバン・アーミッシュ」(urban Amish) という語彙がスラングで使われ始めている。さらに、近年の銀行破綻により、資本主義と関係なく生き延びるアーミッシュに賛辞が送られることもある(41)。

将来のことについて考える時、アーミッシュは世俗的意味においても、聖的意味においても、きわめて楽観的である。もちろん、後者が決定的に重要な構成要素である。なぜならば、ヤコブ・アンマンの一団は自らを——永遠に——神の手に委ねることにより、自分たちの将来について、何の疑いも抱いていないからである。

【インターネット情報源】

www.amish.net

このサイトは特に、ペンシルヴァニア、オハイオ、インディアナのアーミッシュ地域を訪れる旅行客に向けた情報が載っている。

www.thirdway.com

メノナイト・メディアによって企画されたサード・ウェイ・カフェはメノナイトを中心にアーミッシュ全体の情報を提供している。

http://holycrosslivonia.org/amish/

アーミッシュの宗教的自由を求める全米委員会のサイトはアメリカ合衆国におけるオールド・オーダー・アーミッシュの宗教の自由を保護しようとしている。

www2.etown.edu/amishstudies/informativehomepage

エリザベスタウン・カレッジのサイトで、アーミッシュ研究の有益な情報を入手できる。

【精選文献リスト】

Altick, Richard D. *Remembering Lancaster*. Hamden, CT: Archon, 1991.

Ammon, Richard. *Growing Up Amish*. New York: Atheneum, 1989.

Armstrong, Penny, and Sheryl Feldman. *A Midwife's Story*. New York: Arbor House, 1986.

Beachy, Eli R. *Tales from the Peoli Road: Wit and Humor of Very Real People, Who Just Happen to Be Amish*. Scottdale, PA: Herald Press, 1922.

Bender, Sue. *Plain and Simple: A Woman's Journey to the Amish*. New York: Harper-Collins, 1990.（『プレイン・アンド・シンプル――アーミッシュと私』スー・ベンダー著、伊藤礼訳、鹿島出版会、一九九二年）

Fisher, Sara, and Rachel Stahl. *The Amish School*. Intercourse, PA: Good Books, 1986.（『アーミッシュの学校』、サラ・フィッシャー、レイチェル・ストール著、杉原利治・大藪千穂訳、論創社、二〇〇四年）

Good, Merle, and Phyllis Good. *20 Most Asked Questions about the Amish and Mennonites*. Intercourse, PA: Good Books, 1995.

Hauslein, Leslie A., and Jerry Irwin. *The Amish: The Enduring Spirit.* Godalming, Surrey, England: Colour Library Books, 1990.

Hostetler, John A., *Amish Society.* 4th ed. Baltimore: Johns Hopkins University Press, 1993.

Hostetler, John A., ed. *Amish Roots: A Treasury of History, Wisdom and Lore.* Baltimore: Johns Hopkins University Press, 1989.

Hostetler, John A., and Gertrude Enders Huntington. *Children in Amish Society: Socialization and Community Education.* New York: Holt, Rinehart&Winston, 1971.

Huntington, Gertrude Enders. "The Amish Family." In *Ethnic Families in America,* edited by Charles Mindel, Robert Habenstein, and Roosvelt Wright, pp367–99. New York: Elsevier, 1988.

Kraybill, Donald B. *The Puzzles of Amish Life.* Intercourse, PA: Good Books, 1990.（『アーミッシュの謎——宗教・社会・生活』、ドナルド・クレイビル著、杉原利治・大藪千穂訳、論創社、一九九六年）

——. *The Riddle of Amish Culture.* rev. ed. Baltimore: Johns Hopkins University Press, 2001.

——. *The Amish and the State.* Baltimore: Johns Hopkins University Press, 2003.

——. *The Amish of Lancaster County.* Mechanicsburg PA: Stackpole Books, 2008.

Kraybill, Donald, and Steven M Nolte. *Amish Enterprise: From Plow to Profit.* Baltimore: Johns Hopkins University Press, 1995.

Luthy, David. *The Amish in America: Settlements That Failed, 1840–1960.* Aylmer, Ontario: Pathway,1986.

Mackall, Joe. *Plain Secrets: An Outsider Among the Amish.* Boston: Beacon Press, 2007.

Morello, Carol. "Embattled Midwife to the Amish." *Philadelphia Inquirer,* July 23, 1989.

Nolt, Steven M., and Thomas J . Meyers. *Plain Diversity: Amish Cultures and Identities.* Baltimore: John Hopkins University Press, 2007.

Schlabach, Theron F. *Peace, Faith Nation: Mennonites and Amish in Nineteenth-Century America.* Vol. 2 of *The*

Mennonite Experience in America. Scottdale, PA: Herald Press, 1988.
Scott, Stephen. *Plain Buggies: Amish, Mennonite, and Brethren Horse-Drawn Transportation*. Intercourse, PA: Good Books, 1981.
——. *Why Do They Dress That Way?* Intercourse, PA: Good Books, 1986.
——. *The Amish Wedding and Other Special Occasions of the Old Order Communities*. Intercourse, PA: Good Books, 1988.
Seitz, Ruth, and Blair Seitz. *Amish Ways*. Harrisburg, PA: R B Books, 1991.
Shachtman, Tom. *Rumspringa: To Be or Not to Be Amish*. New York: North Point Press, 2006.
Smith, Elmer. *The Amish People*. New York: Exposition Press, 1958.
Smucker, Donovan E. *The Sociology of Mennonites, Hutterites, and Amish: A Bibliography with Annotationsa, Volume II 1977-1990*. Waterloo, Ontario, Canada: Wilfrid Laurier University Press, 1991.
Stevick, Ruhad A. *Growing Up Amish: The Teenage years*. Baltimore: John Hopkins University Press, 2007.
Umble, Diana Zimmerman and David L. Weaver-Zercher (eds.). *The Amish and the Media. Baltimore*: John Hopkins University Press, 2008.
Wasilchick, John V. *Amish Life: A Portrait of Plain Living*. New York: Crescent Books, 1992.
Weaver, J. Denny. *Becoming Anabaptist: The Orgin and Significance of Sixteenth-Century Anabaptism*. Scottdale, PA: Herald Press, 1987.
Weaver-Zercher, David L. *Writing the Amish: The Worlds of John A. Hostetler*. University Park, PA: Pennsylvania State University Press, 2005.
Wittmer, Joe. *The Gentle People: Personal Reflections of Amish Life*. Minneapolis: Educational Media, 1990.
Yoder, Paton. *Tradition and Transition: Amish Mennonites and Old Amish 1800-1900*. Scottdale, PA: Herald Press, 1991.

註

（1）第二次世界大戦以前、アーミッシュは自らを「アーミッシュ・メノナイト」（Amish-Mennonites）と称していた。良心的兵役拒否として登録するために（アーミッシュはいかなる理由があっても、決して戦争に参加しない）申請書を提出したが、その際、「二つの宗教名を記入することはできなかったために、メノナイトを削り、それ以来、単にアーミッシュとして知られるようになった」。Richard Ammon, *Growing Up Amish* (New York: Atheneum, 1989), p. 17.

（2）アメリカ初期に関する包括的議論については、以下の文献を参照のこと。John A. Hostetler, *Amish Society*, 4th ed. (Baltimore: Johns Hopkins University Press, 1993). アーミッシュの視点によるアーミッシュの歴史・生活様式については、以下の文献を参照のこと。Hostetler, John A., ed. *Amish Roots: A Treasury of History, Wisdom and Lore* (Baltimore: Johns Hopkins University Press, 1989). アーミッシュによって記された一五〇以上もの簡略な記事が掲載されている。また、以下の文献も参照のこと。Paton Yoder, *Tradition and Transition: Amish Mennonites and Old Amish 1800-1900* (Scottdale, PA: Herald Press, 1991).

（3）"Amish Population by State"（2009）. "Amish Population Change"（1992-2008）. Young Center for Anabaptist and Pietist Studies, Elizabethtown College. <http://www2.etown.edu/amishstudies>.

（4）ランカスター郡をよく知る読者は、アーミッシュ区域内の町村名が絵になる名前であることを思い浮かべるであろう。例えば、Intercouse, Smoketown, Leola, White Horse, Compass, Bird-in-Hand, Beartow Gap, Mascot, Paradise, など。

（5）Stephen Scott and Kenneth Pellman, *Living without Electricity* (Intercourse, PA: Good Books, 1990).

（6）スコットによると、「一八二〇年代、前開きズボンが広まった時、その服を下品とみなす人もいた。一八三〇年代、『ジェントルマンズ・マガジン・オブ・ファッション』（The Gentlemen's Magazine of Fashion）は、前開きズボンを〝猥褻で不愉快なファッション〟と評している。一般社会では、その後、これを結果的に受け容れられたが、多くの質素派（plain people）は否定的であった」。質素派には、オールド・オーダー・アーミッシュも含まれる。Stephen Scott, *Why Do They Dress That Way?* (Intercourse, PA: Good Books, 1986), p. 114. ウィリアム・ゼルナーは元アーミッシュから、ワークシャツとズボンをもらったことがあった。ズボンはネイビーのベルボトムのような感じで、七つのボタンとスナップが付いていた。グレーのシャツには、針金のフックが付いていた。

（7）時々、アーミッシュの禁止事項には矛盾がある。例えば、腕時計は禁止されているが、懐中時計は許可されている。矛盾について合理性がある場合もあり、その場合、アーミッシュは上手に説明する。しかし、そうでない場合、回答は「今までずっとそうであったので」という説明であった。

（8）不思議に感じる読者に対して、ここで簡便な説明はできない。ヤコブ・アンマンの一団はカメラを所有せず、写真撮影されることを断固拒否した。しかし、葉書、チラシ、パンフレット、新聞、雑誌、本を見ると、おそらくアーミッシュはアメリカで最も写真に写っている集団であろう！

（9）Hostetler, *Amish Society*, pp. 185-89, 333ff. and Donald Kraybill, *The Riddle of Amish Culture* (Baltimore: Johns Hopkins University Press, 1989), pp. 24-25.

（10）Hostetler, *Amish Society*, p. 253.

（11）Frank Allen, "Farm Folks Gather in Strasburg, Pa., against a Plague: Raising High the Roof Beams of Holmes Morton's Clinic Begins to Fulfill a Dream," *Wall Street Journal*, November 19, 1990, p. A1

（12）Kate Rudder, "Genomics in Amish Country," Genome News Network, <www.genomenewsnetwork.org>（二〇〇四年七月二三日投稿、二〇〇五年一一月九日アクセス）。

（13）"Rubella Breaks Out in Amish Communities," *New York Times*, March 26, 1991.

（14）Penny Armstrong and Sheryl Feldman, *A Midwife's Story* (New York: Arbor House, 1986). Carol Morello, "Embattled Midwife to the Amish," *Philadelphia Inquirer*, July 23, 1989.

（15）「よくある質問」と「健康」については、以下を参照のこと。<http://www2.etown.edu/amishstudies>（二〇〇九年九月九日アクセス）。Jean Antol Krull, "Family Ties," *Medicine Magazine* (University of Miami School of Medicine, Spring 2004). <http://www6.miami.edu/ummedicine-magazine/Spring2004/>.

（16）Larry Lewis, "The Reality of AIDS Touches Even the Amish: The Sect's Relative Isolation Cannot Shield It from the Pervasive Disease," *Philadelphia Inquirer*, April 12, 1992, p. B1.

（17）Douglas Belkin, " A Bank Run Teaches the 'Plain People' About the Risks of Modernity," *Wall Street Journal*, July 1, 2009. Joshua Boak, "Hard Times Strike Amish," *Chicago Tribune*, April 19,2009, sec. 4, p. 1, 5.

（18）ペンシルヴァニア州、ノーサンプトン郡で育ったゼルナーによると、ヘックス・サインはペンシルヴァニアダッチ（一七－一八世紀にドイツ南西部、および、スイスからペンシルヴァニアに移住した人々の子孫）によって継承されたものであるという。多様なサインが幸運祈願もしくは厄除けとして売られている。アーミッシュは決してそれらを使ったことはない。

（19）以下の議論を参照のこと。Kraybill, *The Riddle of Amish Culture*, pp. 150-64.

（20）Donald B. Kraybill, *The Amish of Lancaster County* (Mechanicsburg, PA: Stackpole Books, 2008).

（21）David W. Chen, "Amish Going Modern, Sort of, About Skating," *New York Times*, August 11, 1996, Sec. 1, p. 10.

（22）アーミッシュは、ユーモアを楽しむ心がないわけではないが、訪問する時は物語を語って過ごす。もし、なぜ、アーミッシュが「質素になるよう育てられるのか」などの話に興味があれば、以下の文献を参照のこと。Eli R. Beachy, *Tales from the Peoli Road: Wit and Humor of Very Real People, Who Just Happen to Be Amish* (Scottdale, PA: Herald Press, 1992).

アーミッシュの生活様式への関心は、現在、とても大きなものとなり、作家やイラストレーターによって子供向けの本が出版され始めている。Patricia Polacco, *Just Plain Fancy* (New York: Bantam Doubleday Dell, 1990).

（23）John A. Hostetler with Susan Fisher Miller, "An Amish Beginning," in David L. Weaver-Zercher, ed., *Writing the Amish* (University Park: Pennsylvania University Press, 2008), p. 35.

（24）Stephen Scott, *The Amish Wedding and Other Special Occasions of the Old Order Communities* (Intercourse, PA: Good Books, 1988), p. 13.

（25）Richard T. Schaefer, *Sociology*, 12th ed. (New York: McGraw-Hill, 2010), p. 316. William F. Ogburn and Clark Tibbitts, "The Family and Its Functions," in *Recent Social Trends in the United States*, edited by Research Committee on Social Trends (New York: McGraw-Hill, 1934), pp. 661-708.

（26）アーミッシュの教育手法に関する詳細な説明については、以下の文献を参照のこと。Hostetler, John A., and Gertrude

Enders Huntington, *Children in Amish Society: Socialization and Community Education* (New York: Holt, Rinehart&Winston, 1971).

(27) Donald K. Kraybill, Steven M Nolte, and David L. Weaver-Zercher, *Amish Grace: How Forgivness Transcended Tragedy* (San Francisco: John Wiley,2007). Melody Simmons, "After Shooting Amish School Embodies Effort to Heal," *New York Times*, January 31, 2007. Diane Zimmerman Umble and Advid L. Weaver-Zercher, *The Amish and the Media* (Baltimore: John Hopkins University Press, 2008).

(28) Hostetler and Huntington, *Children in Amish Society*, pp. 54–96.

(29) Susan Bender, *Plain and Simple: A Woman's Journey to the Amish* (New York: HarperCollins, 1990), pp. 17–18.

(30) Kraybill, *Riddle of Amish Culture*, p. 138.

(31) Tom Shachtman, *Rumspringa; To Be or Not to Be Amish* (New York: North Point Press, 2006).

(32) Richard A. Stevick, *Growing Up Amish: The Teenage Year* (Baltimore: John Hopkins University Press, 2007); Shachtman, *Rumspringa*, p. 250.

(33) Bernard Weinraub, "UPN Show Is Called Insensitive to Amish," *New York Times*, March 4, 2004, pp. B1, B8.

(34) Lawrence P. Greksa and Jill E. Korbin, "Key Decisions in the Lines of the Old Order Amish: Joining the Church and Migrating to Another Settlement," *Mennonite Quarterly Review* 74 (November 4, 2002), pp. 373–98. Kraybill, *The Amish of Lancaster County*, pp. 42–44.

(35) "Amish Country State's Top Tourist Attraction," *Morning Call*, Allentown, PA, June 2, 1999. Kraybill, *The Amish of Lancaster County*, pp. 68–70.

(36) 近年、アーミッシュの生活について、写真入りのすぐれた文献が出版されている。Ruth Seitz and Blair Seitz, *Amish Ways* (Harrisburg, PA: R B Books, 1992). John Wasilchick, *Amish Life: A Portrait of Plain Living* (New York: Crescent Books, 1991). Leslie Hauslein and Jerry Irwin, *The Amish: The Enduring Spirit* (Godalming, Surrey, England: Colour Library Books, 1990).

(37) Gertrude Enders Huntington, "The Amish Family." In Charles Mindel, Robert Habenstein, Roosvelt Wright, eds., *Ethnic*

Families in America (New York: Elsevier, 1988), p. 382.

(38) "Bus People," *The Economist*, October 16,2004, p. 29. Kraybill, *Amish of Lancaster County*, p. 60.

(39) Kraybill, *Riddle of Amish Culture*, pp. 197-205.

(40) Ibid., p. 211.

(41) "Urban Amish," <http://www.urbandictionary.com/define.php?term=urban%20amish>（二〇〇九年三月一六日アクセス）、Belkin, "A Bank Run," 2009.

訳註

(＊1)「ヘックス・サイン」とは、悪霊除けなど図式化された魔法の記号を主に意味するが、単なる装飾としても使われる。

(＊2)「ラム・スプリンガ」とは、一六歳になったアーミッシュの子供が一度親元を離れて俗世で暮らす期間を指す。この間、アーミッシュの掟から完全に解放され、子供たちはその間に多くの快楽を経験する。そして、「ラム・スプリンガ」の終了前に、アーミッシュであり続けるか、アーミッシュと絶縁して俗世で暮らすか、のいずれかを選択する。

第3章　シェーカー教徒

七月のある暑い日曜日の朝、私は礼拝のために礼拝堂に入った。[1] 私は男性にふさわしく、礼拝堂の左側のドアから中に入り、最年少の五二歳のシェーカー教徒（Shaker）、ブラザー・アーノルドのすぐ後ろのベンチに腰かけた。私の真向かいには女性用のベンチが並んでいた。最前列のベンチには八三歳のシスター・フランシスと七〇歳のシスター・ジューンが座っていた。私たちが腰を下ろしている礼拝堂は一七九四年に建てられたもので、青と白で塗装された内装と自然のままの木造部が当時と変わらず残っていた。私たちがいる部屋はたくさんの窓から差し込む太陽の光に明るく照らされていた――カーテンのようなものはかかっておらず、外界の事物が入り込むままになっていた。その三人のシェーカー教徒の服装は簡素だったが、とはいえ、必ずしも地味な色の服を着ているというわけではなかった。ブラザーは白いハイカラーのシャツの上にレザーのベストを着ていた。二人のシスターはパステルカラーのロングドレスに身を包み、肩には折りたたんだ大きな木綿のスカーフをゆったりと掛けていた――それは、二〇〇年以上にも及ぶ慎み深さの名残なのだ。

午前一〇時になる直前に、ブラザー・アーノルドが大きな鐘（Great Bell）を鳴らした。その鐘は、一九三一年に終止符を打ったニューヨーク州のアルフレッド・セツルメント（Alfred settlement）から来たものだ。集会は静粛そのものだった。シスター・ジューンがこの美しい日について一言述べた後、私たちに「一八八五賛美歌集」を開いてシェーカー教徒の歌をア・カペラで（すなわち、伴奏なしで）歌うよう求めて、集会（または礼拝）を開会した。

その朝、メイン州ポートランドから北西三五マイルの丘の頂上にある小さな居住地には、およそ一二人の共同体《コミュニティ》の友人たち、私自身と私の妻、そして、「キリスト再来信仰者連合会」（United Society of Believers in Christ's Second Appearing）(＊1)の現存する信徒たち全員がいた。シェーカー教徒（または、再来信仰者）とその友人たちは旧約聖書と新約聖書を拾い読みし、主の祈りを暗誦し、その日の集会のテーマである「許し」について自ら進んで証言したり、他の人々に証言するよう求めたりしていた。ブラザー・アーノルドは二一年前のこの日に亡くなった自分の父親について証言した。ブラザー・アーノルドの証は、彼が初めてシェーカー教徒になった時に父親がそれを快く思わなかったことを述べるものだった。父と息子はそれから何年もの間、口もきかなかった。しかしながら、礼拝について話をした時に、二人は結局互いを許しあうこととなり、心温まる関係を取り戻したのである。

信徒たちは一時間の集会の間ずっとシェーカー教徒の歌を一二曲歌った。ある共同体から来た女性はその日の朝に自宅でとてもつらい出来事を経験し、そのために集会に遅刻してしまったのだと証言した。彼女の説明は感情に訴えかけるものだった。その日の午後、彼女が養子にした一六歳の娘とその生みの父親が初めて会う予定だったのだが、当日の朝になって、父親が電話で「行けなくなった」、と再びいってきたのである。彼女は礼拝のテーマに合わせて、自分の娘が許しを見いだせるよう助けたい、と願った。そこに集まっていた人々は皆、何と答えたらよいか、また、何をすればよいのかわからず、身動きひとつしなかった。その時、シスター・フランシスが突然、あの有名な曲「簡素な贈り物」（"Simple Gifts"）――「簡素であることは、天から授かった贈り物、自由であることは、天から授かった贈り物、……生き方を改めること、改めることは喜びとなる」――を歌い始め、しばらくして、その場にいる人たちも皆、心を込めて一緒に歌い、その女性が吐露した不安を和らげたのである。

集会の後、皆で温かく挨拶を交わし、そして、シスター・フランシスはいつも私のような新顔を見つけては、心から歓迎してくれるのだった！

1　マザー・アン・リー

このように、二一世紀に入ってもなお活動を続けているシェーカー教の起源は一八世紀イングランドにさかのぼる。シェーカー教の伝統では、創始者であるアン・リー（Ann Lee）は実際の出生記録は今のところまだ見つかってはいないものの、一七三六年二月二九日にイングランドのマンチェスターで誕生したとされている。彼女は労働者階級の家庭の出身で、彼女の経歴にはいまだ不明な点が数多くあるが、彼女がいわゆる「庶民」であったことは確かである。彼女はいかなる種類の教育も受けたことはなく、幼い頃から雑用をさせられていた。彼女に関するあらゆる証拠から判断する限り、彼女が労働者階級の出身で、暗い子供時代を過ごしたということがシェーカー教の経済と哲学の両方を形作るのに役立ったのである(2)。

アン・リーが二二歳の時、彼女の人生のターニング・ポイントがやって来た――もっとも彼女自身も他の誰も、その時はそう認識していなかったのだが。彼女は急進的なキリスト教のセクトの指導者であるジェームズ・ウォードレー（James Wardley）とその妻ジェイン・ウォードレー（Jane Wardley）と知り合ったのである。元々クエーカーだったウォードレー夫妻は「光を見た」――すなわち、キリストの霊が女性の肉体の中に再び、現れるだろうと信じるようになっていた――ために、フレンド会（Society of Friends）を脱退した。シェーカー教が聖なるものをある時は男として、また、ある時は女として見る、この見解にみられる二重性については、後ほど詳しく論じることにする。

ウォードレー率いる宗派の宗教的会合について述べるのは難しいのだが、それはなかなかの見ものだったに違いない。ウォードレー派の人々は、いかにもクエーカー教徒らしい無言の瞑想から始まって、それから徐々に精神性をより表に出して表現するようになっていった。彼らは発作的に叫んだり、身体を小刻みに震わせたり、主と話し始めたりするのだった。こうした「身体の振動」ゆえに、彼らはさまざまな名称――「跳舞派」(jumpers)、「身震いする者たち」(shiverers)、「震えるクエーカー」(Shaking Quakers)、そして、ついには「シェーカー」(Shakers)――で呼ばれるようになったのである。

これら初期のシェーカー教徒はクエーカーの習慣の一部――例えば、簡素な服装や平和主義――をもち続けていたが、決定的な神学、もしくは、哲学はまったくもっていなかった。そして、アン・リーは歓迎されたとはいえ、直ちにその集団に何らかの影響を及ぼしたわけではなかった。しかしながら、一七六二年に、アン・リーとシェーカー教徒の両方に長きにわたって影響を及ぼすことになる、ある出来事が起こった。アン・リーがエイブラハム・スタンレー(Abraham Stanley)という人物と結婚したのである。二人とも読み書きができなかったため、婚姻登録簿に「X」とサインした。

性的欲望

なぜ、二人が結婚したのかその正確な理由はわかっていない、というのは、これについては後ほど論じることになるのだが、二人がお似合いの夫婦ではないということは目に見えて明らかだったからだ。アンは出産では肉体的に大変な苦労を味わった。彼女は子供を四人産んだが、全員が幼い頃に亡くなってしまった。四番目の子の出産では鉗子が用いられ、アン・リーの生命は本当に危険にさらされた。彼女は何とか生き延びたが、その時、彼女は「子供は自分にはトラブルを意味する」ことを確信したのである。

アン・リーはこうした出産の悲劇的結末を、神のご不興の表れと解釈した。彼女は、自分が肉体の誘惑に屈してしまった――それも、一度ならず何度も――ためだと考えた。そして、その都度、自分は厳しく罰せられたのだ、と。そういうわけで、諸悪の根源は性的欲望であり、人間はこの欲望を抑圧できなければ、その結果に対して責任を取らなくてはならないだろう。セックスと結婚は強く絡み合っているので、結婚はそれ自体として間違っているに違いない、と。

まもなく、アンは夫を避け始めた。彼女自身の告白によると、彼女は自分のベッドを「まるで燃えさしででもできているかのように」見始めたという。また、彼女はシェーカー教徒の間でより積極的に役目を果たすようになり、肉体の罪を声高に非難し始めた。最初は、グループのメンバーの全員が彼女の意見に賛成したわけではなかったが、やがて、彼女は彼らを説得することに成功した。ほどなく、シェーカー教徒は結婚を含むあらゆる性的行為を非難するだけでなく、そのような行為を容認している既成の教会も批判するようになっていた。

マンチェスターの町民はすぐさまこれに反応した。彼らは、シェーカー教徒がしていることは魔術だとか、異端だとか、冒瀆だ、などと主張し、怒り狂った暴徒がアン・リーを襲うことも何度かあった。一度、彼女はマンチェスターのクライストチャーチの「会衆を不安に陥れた」という理由で投獄された。シェーカーの伝統では、その時に、彼女は残酷な仕打ちを受け、食べ物も一切与えられずに小さな独房に二週間も閉じ込められたといわれている。アンの熱心な信徒の一人が独房の鍵穴に小さな管を何とか挿し込み、夜通し、その管を通してミルクとワインを彼女に与えることをしていなかったならば、彼女は命を落としていただろう。この牢獄の話は誇張されたものであるに違いないが、それは、アン・リーがシェーカー教徒にどれだけ尊敬されるようになっていたのかを示している。

指導者の出現

予想通り、まもなくアン・リーはシェーカー教徒にとっての指導者、聖人、ならびに、殉教者となった。しばらくの間、シェーカー教徒はキリストの再臨が近づいており、それは女性の姿として現われるだろうと思っていた。アン・リーが投獄されてからは、彼らは「アン・リーこそがその人だ」と確信していた。その日から、彼女は「マザー・アン・リー」(Mother Ann Lee) として知られるようになり、メシアの地位を授けられたのだが、これはシェーカー教徒が今日まで固く守り続けている信条である。実際、彼らは「シェーカー」(Shakers) という名称を受け入れてはいるが、組織の正式名称は「キリスト再来信仰者連合会」(United Society of Believers in Christ's Second Appearing) または、略して「再来信仰者」(Believers) である。

支持者からそれほどまでの献身と尊敬を集めることができたアン・リーとは、一体、どのような人物だったのだろうか？　外見的には、彼女は小柄でずんぐりした体形で、髪は茶色く、青い目を持つ色白の女性だった。支持者によれば、彼女には、見る者に彼女を信じようという気持ちを抱かせるような威厳のある美しさが備わっていた。誰に聞いても、彼女はひたむきで、私心が一切なく、思慮に富み、まったく恐れを知らない人だったと言う。

しかしながら、本書で論じられている、その他の多くの指導者たち（例えば、第5章で論じられている、オナイダ共同体のジョン・ハンフリー・ノイズや第7章で論じられている、ファーザー・ディヴァイン）と同じく、彼女についても、言葉による記録が著しく不十分である。アン・リーは、正真正銘のカリスマ的な物腰、すなわち、彼女が信奉者たちと共にいる時に必ず感じられた、人を惹きつけずにはおかない内なる力を備えていた。彼女は、言葉では言い表せないようなやり方で、信奉者たちに、「自分は今、この世のものではない神々しいお方の前にいるのだ」と感じさせることができたのである。

2　アメリカでの始まり

釈放されてから数カ月後、マザー・アン・リーは神の啓示を受け取った。彼女はアメリカに行くことを命じられただけでなく、新世界では再来信仰者が栄え、増えることを確信したのである。この啓示はさておき、イングランドやヨーロッパ大陸にいてもシェーカー教徒には未来はほとんどない、ということが明白になってきていた。彼ら独特の身体を回転させるような動きやセックスの拒否は、彼らに肉体的虐待や法的起訴を除いては何ももたらしてはいなかった。それゆえに、彼らは海外に脱出する計画を立て、一七七四年五月、アン・リーと信奉者たちのうちの八人がニューヨークに向けて出帆した。実に奇妙なことに、ウォードレー夫妻は彼女に同行しなかった。さらに奇妙だったのは、アンの夫が同行したことだ――その理由について最もよく知っているのは彼自身だけである。

この小さな再来信仰者の一団は、八月にニューヨークに到着した後、すぐにオールバニーのすぐ外側にあるニスカユナという土地に落ち着いた。彼らは建物を建て、土地を開墾し、作物を植え、鍛冶屋や靴製造や機織りをして金を稼いだ。しかし、精神的な意味では、進歩は残念なほどゆっくりとしたものだった。記録によれば、一七七九年までは、改宗者はたった一人しかいなかった。さらに、エイブラハム・スタンレーはまったく姿を見せなくなったようである。

彼らのうちの何人かは、シェーカー教が大きな進歩を遂げられないでいることにひどく落胆するようになっ

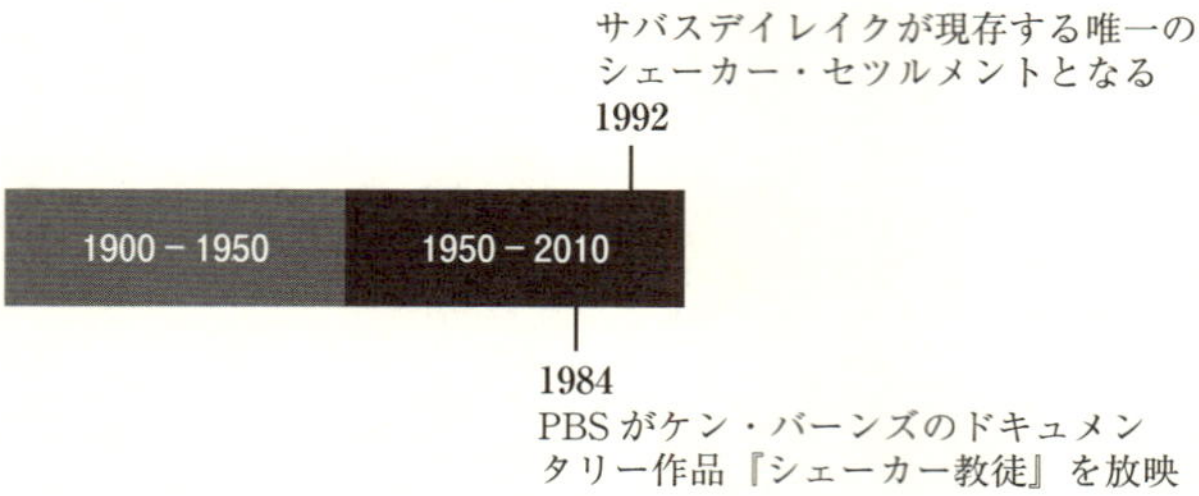

ていたが、マザー・アンは忍耐を説いた。時が来れば、新たな改宗者たちが「ハトのごとくやってくる」と彼女はいうのだった。案の定、何カ月もたたないうちに、改宗者たちが本当に次から次へと流れ込んできた。その中で最も重要な改宗者がバプテスト派の牧師で、その地域で最も影響力ある聖職者の一人、ジョゼフ・ミーチャム（Joseph Meachem）だった。ミーチャムはマザー・アンの雄弁な支持者となるばかりか、最終的には、再来信仰者の歴史において最も影響力ある二人、ないしは、三人の人物のうちの一人となったのである。

このような成功を収めたにもかかわらず、アン・リーは二つの困難に直面したのだが、それは時として歴史家によって見過ごされてきた。最初の困難は、彼女が生きていた時代のジェンダー役割に関するものである。第1章でジプシーを論じた際に見てきたように、「ジェンダー役割」とは、男性と女性が伝統的に期待されている行動を指す。一七〇〇年代には、ジェンダー役割は明確に定義されていた。男性と女性は、特に職業の領域において、まったく異なる役割を割り当てられており、部分的にであれ重なり合うことはほとんどない、とされていた。知的専門職——例えば、医学、歯学、法律、高等教育、聖職者——は男性の領分であり、これらの職業に就くことを求める女性は誰であれ、不審な目で見られた。事実上、聖職者はもっぱら男のみだった。アン・リーが自らの教会の頭であっただけでなく、信奉者たちにキリストの化身だと信じられていたという事実は大きなハンディキャップだった。

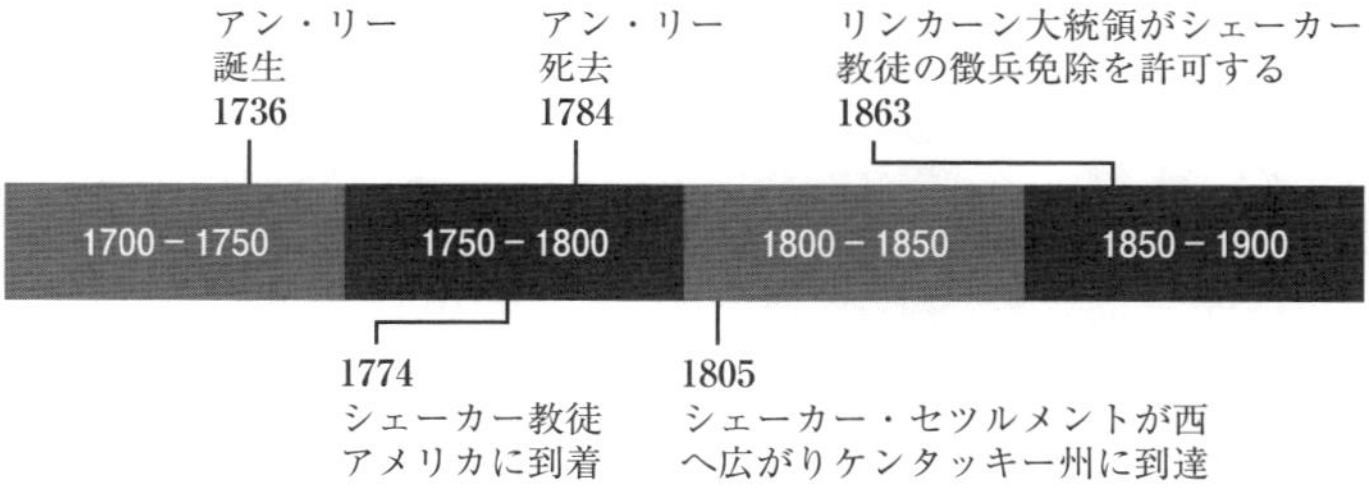

図3　シェーカー教徒年表

マザー・アンが直面した二つ目の困難は、性と結婚に関する彼女の立場が不評を買っていたという事実である。彼女が清教主義《ピューリタニズム》に近い時代に教え導いていたのは本当だが、シェーカーの教義はそのような時代にとってさえ、極端なものであった。アン・リーが独身主義の原則にもかかわらず、支持者を獲得できたことは彼女の精神的、ならびに、カリスマ的な能力のさらなる証しである。

3　迫害と起訴

北米でのシェーカー教徒の最初の一〇年間（一七七四‐八四）は、実質的には、アメリカ独立革命戦争と同時期だった。シェーカー教徒は――最近、イングランドから到着したばかりであるがゆえに――当然のことながら英国のシンパではないかと疑われた。アン・リーの信奉者たちが騒ぎを起こすのではないかと疑われることはほぼ避けられず、一七八〇年に人々がシェーカー教徒の信徒獲得運動に疑いの目を向けた時、その避けられない事態が現実に起こったのである。投獄されたシェーカー教徒の中には、マザー・アン・リー、ジョセフ・ミーチャム、ウィリアム・リー（William Lee）、メアリ・パーティントン（Mary Partington）、ジョン・ホックネル（John Hocknell）、ジェイムズ・ホイッテカー（James Whittaker）がいた。

ジョゼフ・ミーチャムについてはすでに言及した。ウィリアム・リーはアン・リーの弟だった。ホックネル夫妻とパーティントン夫妻は初期のグループの中で唯一の富裕階級出身のメンバーだった。事実、ジョン・ホックネルはシェーカーの渡米やニスカユナの土地購入に必要な資金の大部分を提供していた。また、アン・リーに鍵穴から食事を与えて彼女が英国の牢獄で餓死するのを阻止した、と伝えられているのはジェイムズ・ホイッテカーであった。このように、シェーカーの指導部全体が英国のシンパであるという疑いで投獄された。

彼らの釈放後でさえ、手におえない暴徒が再来信仰者に数々の侮辱や罵詈雑言を雨あられと浴びせた。罰金、追放、懲役刑、打擲《ちょうちゃく》、棍棒での殴打――時には、まるで神が彼らを見捨てたかのように思われたに違いない。ジェイムズ・ホイッテカーは殴られ、もう死んだものとして放置された。ウィリアム・リーは岩で頭を殴られ、頭蓋骨に重症を負った。マザー・アンは何度も石を投げつけられたり、容赦なく打たれたりした。この三人は皆、何とか生き延びたが、彼らが比較的若くして亡くなった、という事実はこのように彼らに敵意を持つ暴徒から彼らが繰り返し暴力を受けたことによるものだ、と考えられる。

マザー・アンの死

一七八三年九月、アン・リーと補佐役たちは、二年以上もの間放浪した後、ニスカユナに戻った。ほとんどの点で、その旅は成功を収めた。シェーカーの信仰を、それについて一度も聞いたことがない人々にまで広め、非常に多くの改宗者を獲得していた。彼らは少なくとも六つのシェーカー共同体のための独自の基礎を築いた。原理を忠実に守り、また、圧力に屈することを拒むことによって、彼らの立場には同意しなかった多くのアメリカ人の共感と尊敬を勝ち得たのである。

しかしながら、ネガティブな側面では、その放浪生活が彼らに大きな打撃を与えていたことは明らかであった。最初に倒れたのはウィリアム・リーで、彼はニスカユナに戻ってからたった一〇カ月で亡くなった。彼は大柄の若者で、姉のボディガードのような役目を果たしていたが、暴徒の襲撃による被害が姉弟に致命的な打撃を与えていた。ウィリアムの死は、同じく体が衰弱し始めていたマザー・アンに目に見える影響を及ぼした。二カ月後の一七八四年九月八日、アン・リーは四八歳という若さでこの世を去った。見たところ、彼女には虫の知らせがあったようである、というのは、亡くなる数日前、彼女がこのようにいっていたという――「私には見える、ウィリアムがやって来るのが。黄金の戦車に乗って、私を家に連れて帰るために」。

マザー・アンの正確な死因は歴史的議論のテーマとなってきた。シェーカー教徒の間の口頭伝承によれば、マサチューセッツ州ピーターシャムで暴徒がまず彼女を階段から引きずり下ろした後、彼女はすでに亡くなっていたという。彼女は襲われ、本当に女かどうか確かめようとした暴徒によって衣服をはぎ取られたのだ。彼女の死から五〇年後、彼女の遺体が墓から掘り出され、新しい埋葬地へと移された。この時、彼女の頭蓋骨が割れていたことが発見され、それは彼女がシェーカー教に対する迫害者たちの手にかかって死んだという話を裏付けているようである。(3)

かくして、非凡な人物の短くも注目すべき生涯は幕を閉じた。彼女自身のパーソナリティの静かな力を通して、彼女はごく小さな一団を急速に成長する宗教集団へと変えることができた。「キリスト再来信仰者連合会」は主要な宗教組織の一つにはならなかったが、長きにわたる興味深い歴史を持つこととなった。実際、シェーカー教はアメリカのすべてのコミューンのうち最大で、最も長く続き、最も成功を収めたものの一つとなったのである。

「コミューン」(commune)は共同体の資産が共有され、個人の所有が認められない共同生活の一形態である。(＊2)今日では、コミューンは一九六〇年代のヒッピーや「フラワーパワー」(flower power)と一般に結びつけられているが、コミューンには長い歴史がある。それは「ユートピア的共同体」(utopian community) と呼ばれることもあれば、それが唱える階級なき経済システムを反映して、「共産主義的」と呼ばれることもある。共産主義は純理論的には、不平等や社会階級の差別などが一切ないコミューンに範をとっている。コミューンは発展を遂げたシェーカー・セツルメント (定住地) のように、皆が意思決定や経済的生産活動に参加するように組織されている。後ほど、オナイダ共同体の一九世紀のコミューンを考察することにしよう。

4　シェーカー教徒の生活の魅力

その後七〇年ほどの間に、再来信仰者は増えて繁栄し、やがて八つの州で一九のさまざまなソサエティ (教会法人) へと拡大していった——およそ一万七〇〇〇人という前代未聞の信徒数を誇ったと伝えられている。当時の他の実験的集団のほとんど——ニューハーモニー、ブルック・ファーム、フーリエ主義者ほか——が数年という短期間で挫折したことを考えると、この数字はとりわけ、注目に値する。「シェーカー・ソサエティ」は構成員に厳格な規則を課した——罪の告白、結婚の拒否、独身主義、肉体労働、世間からの隔絶、そして、階級なき共同体経済を実現するために私有財産を完全に放棄すること。これらの要因がひとまとめになると、信徒数の増加に不利に働くように見えるだろう。しかし、実際には、信徒数は著しく増加した。なぜだろうか?

それにはさまざまな要因が組み合わさっているが、そのいくつかはシェーカー共同体の潜在的機能と関係があった。マートン (Merton) によると、社会過程や社会制度の多くは二重の機能を持っている——一つは開かれていて、明白に規定されており、意識的で意図的な「顕在的機能」(manifest function) で、もう一つは、無

意識的、もしくは、意図的でない「潜在的機能」(latent function) である。(4)

例えば、大学の友愛会 (fraternity) や女子学生クラブ (sorority) には、会員となった学生に食事や住居や友情を提供するという顕在的機能がある。しかし、それらには潜在的機能もある。それは会員になるように誘われた学生に社会的地位を与えることである。シェーカー教徒も同様であった。男女は顕在的にはその集団の宗教的志向を信ずるがゆえに加わったのであるが、潜在的な意味では、シェーカー共同体はそこに加わらなければ手に入れられないような、ある報酬を彼らに与えたのである。

結婚生活の終わり

不幸な結婚生活を理由に加わった人たちもいたことは否定できない事実である。現代では、結婚生活に不満をもつ夫婦はすぐに離婚という手段に訴えるのだが、かつては、常にそうであるとは限らなかった。英国植民地だった頃の東部一三州の多くでは、離婚という規定それ自体が存在しなかった。離婚が許可されている州ですら、それは社会的に容認されないものであったがゆえに、めったになかった。したがって、不幸な配偶者には、連合会が合法的な解決法を提供した。夫婦が数多くのシェーカー共同体の一つに加わり、そこでの規則――その一つが男女は分離されるべきだというものであった――に従うことによってまったく新しい生き方を始めることができたのである。そうした人たちの中には、性的禁欲をプラスに受け止める人もいたかもしれない。

経済的安定

再来信仰者は、夫をなくし、現実に自活の手段をまったく持たない女性たちにも安息の地を提供した。このことは小さな子供を持つ女性に特に、当てはまった。この時代には、生命保険は実質的にまだ存在しておらず、女性の仕事は数も種類もまだひどく限られていた。その上、社会福祉計画——メディケア（アメリカの健康保険制度）、社会保障、家族扶助など——は二〇世紀の特色であり、一九世紀のものではなかった。ともあれ、夫に先立たれた女性は苦労することがしばしばであった——それが、再来信仰者への改宗者の多くが女性であったことの理由の一つである。会員名簿を見ると、常に女性が男性よりも多く、実際の割合はほぼ二対一だった。

再来信仰者が結婚をどう見ていたのかは、未亡人の姓の扱いに明白にあらわれている。未亡人はあたかもあらゆる結婚の痕跡をできる限り消し去るためであるかのように、夫の姓を捨てて、旧姓を使用するのである。(5)

もちろん、再来信仰者が提供する経済的安定に惹きつけられたのは、未亡人だけではなかった。アメリカ人の中には、資本主義の要求に適応できない人たちもいた。気質、能力、人生観といった要因から、そうした人たちは競争的なシステムによって日々課される難題に取り組みたい、という欲求がまったくなかっただけなのである。そのような人たちはコミューンの中に、よりリラックスした雰囲気とより安定したライフスタイルを見出したのである。

社交性

あるインタビュアーが年配のシェーカー教徒の女性と話している時、「シェーカー教徒のライフスタイルのどんなところがこれだけ多くの人々を惹きつけたと思いますか？」と尋ねた。すると、その女性はほとんど考えることもなく答えた、「ご存じの通り、皆が自分を気にかけてくれたのよ。至る所に善意があって、一緒に過ごしたり話をしたりすることができる人がたくさんいたの。とても居心地のよい会だったわ」。シェーカー教徒が一人でいることは、まれであった。典型的な家族用の住居は、同性が何人かで一つの寝室を共有することを想定した造りになっていた。時には、信徒が年齢や職業によってグループ分けされていたが、プライバシーはあまりなかった(6)。

情緒性と熱狂的活動

シェーカーが多くの改宗者の獲得に成功したもう一つの理由は、一部のアメリカ人が「キリスト再来信仰者連合会」（The United Society of Believers in Christ's Second Appearing）特有の信仰形態の特徴である情緒性と熱狂的活動を心から信奉したことだった。再来信仰者は生涯のほとんどを通じて、何らかの非常に熱狂的な行動をとった。彼らの日課の大部分は秩序、不動の姿勢、共同体の生活の細部にわたる細心の注意によって特徴づけられていたが、その宗教的奉仕は、後ほど論じるように、それとはまったく別物であった。

地上のキリスト

また、マザー・アンは本当にキリストの化身だったと結論づけるアメリカ人もいた。グループの創始者を――神から遣わされた使者のみならず――神の子とみるこの見方は、後ほど論じるもう一つの驚くべき集団、ファーザー・ディヴァイン運動と共に、シェーカー教徒がもっていた属性である。

シェーカーの文献によれば、数々の奇跡がマザー・アン・リーによって引き起こされたものだとされてきた。彼女が生まれながらに持っていた、人を癒す才能には、骨折や動かなくなった関節を元通りにしたり、感染症や痛みを治したり、癌を消失させたり、足の不自由を癒したりすることなどが含まれていた。これらの奇跡を信じる人々にとっては、なぜ、連合会が彼らの唯一の真の信仰として受け容れられるようになったのか、を理合会が成長する唯一の方法は改宗だったので、そうした奇跡について考察することは重要である。

解するのはたやすい。したがって、これらの奇跡がシェーカー教の魅力だったのである。独身主義を掲げる連

5　拡　大

ジェイムズ・ホイッテカーはアン・リーの後を継いでシェーカーの頭となり、一七八六年にホイッテカーが亡くなるとすぐ、ジョゼフ・ミーチャムが指導者の座に就いた。また、それは適切な時期に、適切な人を、適切な地位に就けるという問題だった。というのは、今まで、再来信仰者が何よりも必要としたのはシステム化し、組織化し、組織の拡大のお膳立てをしてくれる人だった。

ファーザー・ジョゼフはすぐれた組織者で、彼が最初に行ったことの一つは、ルーシー・ライト（Lucy Wright）を「女系」の指導者に任命することだった。彼女は並外れて知的な女性で、生まれながらにして信頼できる指導者だった。この二人が一〇年にわたって教会を率い、一七九六年にジョゼフ・ミーチャムが他界した後は、マザー・ルーシーがさらに、二五年間トップの地位に居続けた。ジョゼフ・ミーチャムとルーシー・ライトは米国で生まれた最初のシェーカー教指導者であった。

ニューヨーク州ニューレバノンに本部が設置されてから、連合会は何十年にもわたって——数字的にも、地理的にも——成長を続けた。居住地の中には、ほとんど困難もなく設立され発展してゆくものもあった。しかしながら、最も嘆かわしい状況に直面した居住地もあった。迫害、暴徒による暴力、地形的な悪条件、アメリカ先住民による襲撃、不十分な医療施設、フロンティア環境に付随するその他の危険などだ。当時は道路もほとんど整備されていなかったことを考えると、シェーカー教徒の拡大主義はより一層印象的にみえる。彼らの

共同体の大多数は互いに何百マイルも離れた所にあったのである。

南北戦争

南北戦争はシェーカー教徒にとって重要な時期だった。平和主義者であった彼らは信仰上の理由から、北軍と南部連合軍のどちらにも奉仕することはできなかった。彼らは平等を信じており、そのため、彼らは奴隷制を終わらせ、ひいては南部連合軍を打ち負かすという大義に共感していた。彼らは解放奴隷を熱心に自分の共同体に迎え入れた。シェーカー教の二人の指導者はワシントンＤＣでリンカーン大統領を訪れ、シェーカー教のすべての男性信徒を徴兵から免除することを要請し、受け容れられた。感謝の気持ちとして、教会はリンカーン大統領に彼ら独自の椅子の一つを贈り、リンカーンはそれに対して、書面で「とても座り心地がいい」と感謝の言葉を述べた。

経済的には、南北戦争はケンタッキー州のシェーカー・セツルメントのいくつかを荒廃させた。それらのセツルメントはその敷地を横断する北軍と南軍の両方のまさに板挟みとなり、戦時協力のために食料や荷馬車や馬を失った。その一方で、ニューイングランドのセツルメントは戦後の生活で不足する経済的、感情的な支えを求めて、北軍の退役軍人や未亡人がビリーバー共同体に加わったために、戦争から恩恵を得たのであった。(7)

再来信仰者の数

何人くらいの人がマザー・アン・リーの信奉者に引き寄せられたのであろうか？　宗教集団の確定的な信徒数を挙げるのは常に難しい。第一に、そのようなデータは一般的にその集団自体が提供したものである。こうした宗教集団はさまざまな理由から、自分たちが成功していることを示す証拠を出すために信徒数を水増しし

創設年	所在地	総信徒数
1787	ニューレバノン（ニューヨーク州）	3,202
1787	ニスカユナ（ウォーターヴリート）（ニューヨーク州）	2,668
1790	ハンコック（マサチューセッツ州）	548
1790	エンフィールド（コネチカット州）	739
1791	ハーヴァード（マサチューセッツ州）	500
1792	カンタベリー（ニューハンプシャー州）	746
1792	ティリンガム（マサチューセッツ州）	241
1793	アルフレッド（メイン州）	241
1793	エンフィールド（ニューハンプシャー州）	511
1793	シャーリー（マサチューセッツ州）	369
1794	サバスデイレイク（メイン州）	202
1806	ユニオンビレッジ（オハイオ州）	3,873
1806	ウォーターヴリート（デイトン）（オハイオ州）	127
1806	プレザントヒル（ケンタッキー州）	800
1810	ウェストユニオン（バーソウ）（インディアナ州）	350
1817	サウスユニオン（ケンタッキー州）	676
1822	ノースユニオン（オハイオ州）	407
1824	ホワイトウォーター（オハイオ州）	491
1836	グローブランド（ニューヨーク州）	793

表1　シェーカー・ソサエティの創設年、所在地、信徒数

たり、あるいは、逆に、自分たちを誹謗中傷する人たちの不安を和らげるために数を少なめに申告したりするかもしれない。第二に、誰を信徒とみなすのかは宗教集団によって異なる。家族で信徒になっている場合はその全員を信徒とみなす集団もあれば、洗礼や堅信のような儀式に参加して敷居を跨いだ者のみを信徒に含めることを好む集団もある。シェーカー・セツルメントのかなりの割合、おそらく二〇パーセントが自活できないけれども、必ずしもシェーカー教に身を捧げているわけでもない子供や高齢者や障害者で構成されていることが多かった(8)。

加えて、再来信仰者（the

believers）は教義よりもむしろコミューンで生活することで得られる経済的な支えの方に惹きつけられた信徒もいることを知っていた。早くからアン・リーの信奉者だったルーシー・ライトは一八一六年には、すでに、「（信徒の）数は私たちが誇りとすべきことではない」と述べていた。むしろ、大事なのはシェーカー教徒の間の「純潔と神聖」の感情を最大にすることなのだ。(9)

表1は、主に入手可能なデータを利用している部外者によって算出された、さまざまなシェーカー・ソサエティの創設年、所在地、信徒数の概算を時系列にまとめたものである。(10)

第7章で論じるディヴァイン派（ファーザー・ディヴァインの信奉者たち）のように、再来信仰者は信徒数を公開することに難色を示した。(11)それにもかかわらず、先の表に挙げた場所以外に、南は遠くジョージア州やフロリダ州にまで及ぶ諸州に、少なくとも一二の他の支部や短命に終わった共同体があった。したがって、標準的な参考図書で挙げられている一万七〇〇〇人という信徒数は、実際よりも著しく少なく見積もった数字であることは確かだ。事実、メイン州サバスデイレイクのシェーカー・ミュージアム・アンド・ライブラリー（Shaker Museum and Library）に所蔵されている記録文書に基づけば、累積総信徒数はおよそ六万四〇〇〇人であったようだ。(12)

再来信仰者は、彼ら自身のソサエティは大きな社会から物理的に隔絶しているという事実にもかかわらず、懸命に改宗者の獲得に努めていた。シェーカー教徒はその歴史の大部分を通じて、熱烈、かつ、熱心に改宗者を得ようと努めていた。新しい信徒はそれぞれ、この驚くべき集団のユートピア的世界観を擁護し、また、新たな居住地の創設は現世を神の王国に変えることへの一歩だとみなされた。(13)

「キリスト再来信仰者連合会」にとって、経済的共産主義にならって建設されたコミューンは彼らの宗教哲学の自然の結果だった。彼らの論法は独身主義を実践するためには、世間から隔離された生活を送らなくてはならないというものだった。そして、世間から隔離された生活を成功させるには、私有財産を廃止することが必要だった。

6　経済的組織

シェーカー教の指導者の中には、謙譲と救恤《きゆうじゆつ》のようなキリスト教的美徳は共同所有を通して最もよく発揮される、と考える人たちもいた。共同所有によって少なくともすべての再来信仰者の間には、富者も貧者もなく、主人も奴隷もなく、ボスも下っ端もいなくなるであろう。そのようなシステムは明らかに、社会学者〔訳注：マックス・ウェーバー〕が「理念型」(ideal type) と呼ぶものである。すなわち、あらかじめ考えられたすべての基準を満たす、あるいは、あらゆるものが計画に従って進む仮説的状況である。理念型は、社会学者が現実の状況と概念化された理想を比較できるようにする、という点で価値がある。後で論じるように、再来信仰者は自分たちの理想にもう少しで到達するところだったのである。(14)

肉体労働

理論と実践の両面において、肉体労働はシェーカー教の機構体系において高尚な地位を占めていた。高尚な地位。これ以外に適した言葉はないであろう。「あなたの手を労働に、あなたの心を神に捧げなさい」、アン・リーはこういうのが好きだった、そして、シェーカー教徒はこれらの言葉を彼らの経済の礎石として利用した。

高齢者や虚弱者は例外として、すべての大人と子供が何らかの肉体労働に従事することを求められた。これは一般信徒のみならず、指導者にも適用された。アン・リーは紡績工として働き、ジェイムズ・ホイッテカーは熟練した織工で、ジョゼフ・ミーチャムは農夫、といった具合に。シェーカー教徒は、これが自然の道理であると考え、さらに、イエスは大工で、パウロは帆作り、ペテロは漁夫だった、と指摘した。

再来信仰者は、肉体労働は個人に強制されたものではない、と強く感じていた。むしろ、それは心の内から生ずる感情であり、道徳的献身の形を取った。このように、さまざまな手仕事や得意分野――果樹園執事、飾り棚執事、薬草執事など――を受け持つ男女がいたのだが、彼らの仕事は命令したり、監督したりすることではなく、むしろ事務処理を扱ったり、備品を割り当てたり、管理運営業務を処理したりすることであった。

一見したところ、どんな形であれ労働を強制されることはなかったようなので、何が再来信仰者をそこまで勤勉にしたのか、シェーカー教徒ではない人々にはよく理解できないことがしばしばである。同様に、簡単な務めを果たすだけでよいのだろうと期待して連合会に入会した人々――いわゆる「ウィンター・シェーカー」(Winter Shaker)と呼ばれる人々――の中には、精力的な労働パターンに適応できず、すぐに教会を辞めてしまう人たちもいた。以下の表現――マザー・アン・リーによるものだが――が示しているように、労働は実際、再来信仰者の文化的主題の一つだった。

一分たりとも無駄にしてはいけない、暇などないのだから。
悪魔は他の人々を誘惑するが、怠け者は悪魔を誘惑する。
神の人々は借金を返済するために自分の農地を売ったりせず、むしろ労働に取りかかり、農地を守る。(15)

アン・リーは無駄話を労働時間の損失とみなした。怠惰、遊興、放縦は避けられるべきものだった。シェーカー教徒の考えでは、天国には怠け者は一人もいない。かなりの程度のエスノセントリズム（自民族中心主義）がさまざまなシェーカー共同体に浸透していたことは明らかだ。信徒は、マザー・アンが進むべき道を指示してくれたのであり、自分たちのライフスタイルは他のどんなライフスタイルよりもすぐれているということを確信していた。集団として、彼らは外界と交わることにほとんど興味を示さなかった。

また、再来信仰者を勤勉へと駆り立てたその内的献身は彼らの労働をひときわ質の高いものにしてもいた。製品が椅子であれ、テーブルであれ、ほうきであれ、買い手は最高の技術を確信することができた。シェーカー教徒が製作した家具は木目の良質な木材から作られ、適切な処理が施され、機能的なデザインで、完璧に組み立てられ、丈夫で長持ちするように作られていた。シェーカー教徒のトレードマークは単なる労働ではなく、質の高い労働だった。果物や野菜を売る場合でも、高品質が維持された。籠一杯のリンゴを買ったとすれば、それぞれの段に積み重ねられているリンゴはどれも同じ品質のものであり、下に「売れ残り品」が隠れていることなどないであろう。

各人が特にどの職業に携わったのかは、ほぼ個人の選択の問題とされていた。多くの信者が一つ以上の職業に秀でており、必要に応じて努力を配分していた。シェーカー教徒が携わった熟練を要する職務の完全なリストを作ってみると、それは一般社会のそのようなリストとほぼ同じものになった――大工、高級家具職人、料理人、女性裁縫師、農業家、鍛冶屋、庭師、織工、金属細工師、機械工、等々。

分　業

かつて、社会学者のエミール・デュルケム（Émile Durkheim）は、社会構造は社会的「分業」（division of labor）の発達の度合いに応じて変化する、と主張した。別の言い方をすれば、社会的分業は職務が遂行される方法に基づくものである。例えば、食料を供給するという職務はほぼ完全に一人の人間によって行うことができるし、あるいは、複数の社会の成員の間で分担することもできるが、このそれぞれの食料供給の方法はまったく異なる結果を社会的分業にもたらすのである。(16)

さまざまなシェーカー共同体における分業の方法は――少なくとも、振り返ってみれば――幾分、パラドックスとみなされ得るものである。一方では、女性と子供は職業構造の不可欠な要素であった。実際、すべての若者が何らかの職業を習得するよう求められていた。同様に、すべての女性が働き、そのうちの多くが真のリーダーの地位にまで上りつめた。他方では、リーダーの地位にもかかわらず、女性は「女の仕事」をし、男性は「男の仕事」をした――一般社会と同じように――という事実は否定できない。このように、女性は家事の大部分――食料の準備、料理、裁縫、家事、育児――をこなした。男性は農場を経営し、木材を伐採し、家具を作り、金属細工に携わるなどした。

このような男女の分業が一般社会における男女の分業をそのままなぞっていたことの理由の一つは、おそらくシェーカー教が男女の分離を強く主張していたことであった。ジェンダーに関係なく、仕事を割り当てておきながら、それと同時に厳格な性別分離を維持していたならば、数々の克服しがたい問題を引き起こしていたかもしれない。(17)

実用主義

シェーカーの職人のすべてが同等の技術を有していたわけではないことはいうまでもない。一般社会と同じように、職人の技術には差があった。同様のことがさまざまなシェーカー共同体にも当てはまった――能率には差があったのだ。しかしながら、再来信仰者全体を通じてみられる基本的な考えは実用主義であった。フリル、渦巻き模様、洗練、装飾、精巧さ――そのようなものは連合会とは無縁であった。

正しいものであるためには、椅子は軽く、丈夫で、長持ちし、掃除がしやすく、快適でなくてはならなかった。簡素な直線に沿ってそのような椅子を組み立てることは、シェーカー教徒の才能の証しだった。かつての信者が言ったように、「書き物用の机、たんす、テーブルはどれも簡素な直線で作られているものの、すぐれた職人技が光っていた。シェーカー教徒には杜撰なところはまったくなかった。それは間違いなかった――信仰から、彼らが製作したものに至るまで、彼らのすべてが本物だったのだ」(18)。

シェーカー教徒が作った家具には、独特の美的特質がある――線は常にまっすぐで、見ればそうとわかるのである。シェーカー教の神学は世界に何の痕跡も残さないでいるのに、シェーカーの音楽（これについては後ほど論ずる）は愛好され続け、また、家具も独自の芸術形式として高く評価されるようになってきている。現代の市場では、本物のシェーカーの椅子、テーブル、飾り棚、その他の製品は法外な価格で売れている。例えば、シェーカーの家具の最も素晴らしいものには、一二万ドルもの値がついた。シェーカーのアンティークのろうそく立てを含めて、今では数万ドルで売られている(19)。

シェーカーの発明

再来信仰者は多くの発明をしたとも信じられており、例えば、丸のこ、硫黄マッチ、スクリュープロペラ、無頭釘、洗濯ばさみ、平ぼうき、豆の殻むき器、種子用紙包装機、脱穀機、回転式オーブン、ほうきの柄を丸く削ったり、皮革を裁断したり、ラベルを印刷したりするためのさまざまな機械がある。実に奇妙なことではあるが――ごくわずかな例外を除いて――、シェーカー教徒は独占主義的だとして、発明品の特許を取ることはしなかった。

コミューンの精神に従って、シェーカー教徒は個人として、自らの労働に対して金銭を受け取るようなことは一切しなかった。この原則は正規の信者のみならず、教会役員にまで及んだ。その一方で、困窮する信者は一人もいなかった。靴や新しいシャツ、または、ドレスが欲しくなったら、共同の店に行き、受け取りのサインをするだけでよかったのだ。食事の時間になると、信者は共同食堂に行き、そこで思う存分食べることができた。

音　楽

シェーカー教徒が音楽を考案したわけではないことは明らかだが、それは彼らの遺産の一部である。ほぼ最初から、再来信仰者は礼拝に声楽を組み込んだ。概して、和声（メロディーとは対照的に、各パートに分かれて歌うこと）と楽器は彼らの音楽の一部ではなかった。和声で歌うことはある程度は容認されるようになってきたが、楽器による伴奏が認められることはまれであった。

何万曲ものシェーカーの歌が作られ、その中で賛美歌集に記録されているものはほんの少しであったが、多くの曲が編曲され、広く歌われた。最も有名なのは「簡素な贈り物」（Simple Gifts）で、一八四八年にアルフレッド共同体のジョゼフ・ブラケット（Joseph Brackett）によって書かれたものである。後に、アーロン・コープランド（Aaron Copeland）の一九四四年の交響曲「アパラチアの春」（"Appalachian Spring"）の一部となった、この「簡素な贈り物」(＊3)は、よく知られているように、二〇〇九年のバラク・オバマ大統領の就任式(＊4)で、ヨーヨー・マ（Yo-Yo Ma）(＊5)、イツァーク・パールマン（Itzhak Perlman）(＊6)、アンソニー・マクギル（Anthony McGill）、ガブリエラ・モンテーロ（Gabriela Montero）によって演奏された。

7　シェーカー経済の評価

当然ではあるが、どんな経済的実験に関しても、決まってなされる質問といえば、これだ――その実験は効果があるのか？　再来信仰者に当てはめてみると、これは二重に重要な問いだった、というのは、彼らは資本主義システムの中で「集産主義経済」(a collectivist economy) を運営しようと試みていたからである。

残念なことに、単純な問いにはいつも単純な答えがあるとは限らないのだ――そして、このことは手近な問題に確かに当てはまる。連合会は非常に効果的な社会システムを実現することに成功した。彼らの日常活動は円滑に進み、内輪もめも最小限で、また――さまざまなシェーカー共同体の規模を考えると――、社会的結合が一貫して強固だった。しかしながら、彼らの経済的能率を評価する際には、数多くの複雑な要因が浮かび上がってくる。

一つには、シェーカー経済の成功は社会主義的な要因によるものだったのか、それとも、徹底的な勤勉性によるものだったのか、を見分けるのは難しい。再来信仰者はその熱意と献身ぶりをもってすれば、法人企業としても同様に成功を収めていたのではなかったろうか？

彼らの経済的成功のうち、どれくらいが宗教的熱意や経済と宗教が絡み合っていたという事実によるものだったのだろうか？　また、どれくらいが一連の力強い指導者たち――アン・リー、ジェイムズ・ホイッテカー、ジョゼフ・ミーチャム、ルーシー・ライト、リチャード・マクネマー (Richard McNemar)、フレデリック・エヴァンズ (Frederick Evans) ――のおかげだったのだろうか？

これらの要因がどの程度まで相互に関係していたのか、が明らかになることはおそらくないであろう。しかしながら、集産主義的な要因それ自体が彼らの経済的な生存能力に貢献したことは否定できない。迅速な労働の提供、自給自足、外界と有利に取引をする能力——これらはすべてプラスの特徴だった。そして、最後に、当然のことだが、彼らが給料を信者に支払わず、また、株主もいなかったという事実は利益のすべてを社会に再投資できることを意味した。

したがって、少なくとも南北戦争までは、シェーカー経済の成功はともかくも部分的には、その社会主義的側面によるものだったといえそうである。

訴訟

先に論じたように、再来信仰者が米国で活動を始めたばかりの頃は敵意と迫害にさらされる日々だった。しかしながら、時がたつにつれ、また、連合会が正直、勤勉、信心深いとの評判を獲得してゆくにつれ、悪意の多くは減少していった。だが、運の悪いことに、迫害に代わって、新たな脅威が現れた——それは大抵、経済的な回復を装って起こされる訴訟であった。

シェーカー教に入会した人は、自分の全財産を放棄し、教会が適切と判断した方法でそれを利用することを許可するという旨の誓約書に署名することになっていた。信徒が退会を望めば、それはいつでも許可されたばかりか、元々の財産も返還してもらうのが常であった。手ぶらで入会した場合でも——「ウィンター・シェーカー」の多くはそうだったのだが——必ずといっていいほど手当が惜しみなく与えられるものだった。

しかし、信徒の中には、脱会した途端、入会期間中の自分の奉仕に対して報酬を支払うように要求する者たちがいた。再来信仰者はこれを拒んだために、その結果、多くの苦々しい訴訟が闘われることとなった。こうした訴訟の中には、不当に利益を得ようとする者が起こしただけのものもあれば、自分は正当で、道義的な要求をしていると考える人々が起こしたものもあった。もっとも、大抵の場合、こうした訴訟は失敗に終わり、法廷は連合会に味方した。

それにもかかわらず、そうした訴訟は敵意や憎悪を誘発し、原告の主張が新聞の第一面の大見出しを飾った。シェーカー教徒は事実上、すべての宗教と同様に、批判や特に、背教者――かつての信者――からの非難にさらされた。これはローマ・カトリック教のような既成の宗派でさえも当てはまるのだが、小規模で、外部の人々からあまりよく理解されていない集団の場合には、シェーカー教に対する訴訟においてもなされたような、著しく常軌を逸した告発でさえも正当だとみなされかねないのだ。

連合会に対して起こされた訴訟は非常に多かったので、それらを処理することが管財人の一般に認められた職務の一つになった。結局、誓約書の言葉遣いがより厳しいものへと改められ、拘束力のある契約書へと変えられた。注目すべきことは、管財人は法律家ではなかったにもかかわらず、教会に対する法的告発のほとんどが原告の敗訴に終わったことである。[20]

8　社会組織

アメリカ合衆国におけるその他のコミューン、もしくは、ユートピア実験の大半と違って、シェーカー教徒の冒険的事業には、多くの州にまたがって、多数の男女が関わっていた。ピーク時には、「キリスト再来信仰者連合会」は一〇万エーカーを超える土地と数百棟の建物を所有していた。こうした膨大な保有財産の管理は容易なことではなかったが、シェーカー教徒はお役所的な関与は最小限にして、諸事万端をうまく処理した。間違いを犯す――その中には重大なものもあった――こともあったが、全般的な能率性ということに関しては、再来信仰者は高く評価されてしかるべきである。

一九のシェーカー・ソサエティのそれぞれがおよそ一〇〇人の信者から成る、「ファミリー」に分けられていた。ファミリー——かなり皮肉な言葉だが——は別々に暮らし、別々に働き、別々に管理された。そういうわけで、ニスカユナには四つのファミリーが、ハンコックとユニオンビレッジには六つのファミリーが、ニューレバノンとプレザントヒルには八つのファミリーが、存在していた。こうしたさまざまなファミリーやソサエティは社会的にも経済的にも相互に独立していたが、特にトラブルの時には、ある集団が別の集団を助けるのはよくあることだった。

通常、二人の男性長老と二人の女性長老が各ファミリーを統括し、彼らの支配は絶対的だった——彼らはニューレバノンの教会本部の承認にのみ従えばよいとされていた。長老はファミリー内の宗教的、ならびに、世俗的な道理の両方に対して責任を負った。彼らは懺悔に耳を傾け、集会を運営し、行動規範を守らせ、説教師としての役目を果たし、宣教師として活動し、新たな入会希望者の入会を許可（あるいは、拒否）した。また、経済政策や仕事の割り当て、外界との財政上の取引にも責任を負った。しかしながら、そうした事柄に関しては、彼らは執事や管財人という形で補佐を任命するのが通例であった。執事はさまざまな作業場や食料生産センターを担当し、一方、管財人は外界とのビジネス活動を行った。[21]

長老自身はニューレバノンの教会本部によって任命されたり、承認されたりしたのだが、ファミリーは任命された長老を拍手喝采によって受け容れるのが通例であった。とはいえ、拍手喝采をするかしないかというだけで、その意味では、連合会は民主主義とは程遠かった。投票も、選挙も、抗議もまったくなかった。ファミリーの長老、または、牧師は別の住居に居住し、彼らの決定は最終的なものであった——たとえ彼らが政策的な事柄に関しては、ニューレバノンと相談するのが普通だったとしてもだ。

ニューレバノンの聖務省もまた、二人の男性長老と二人の女性長老から構成されており、長老頭が教会の正式な指導者であった。この集団は外部からの介入や干渉なしに、自ら永続することのできるものだった――彼らは自分の後継者を自ら任命しただけでなく、教会指導者はマザー・アン・リーにさかのぼる神聖な権威を受け継いでいることを主張できたのである。聖務省は教会ガイドラインの全般を決定し、行動規範を印刷・配布し、さまざまな社会や家族の実情を正確につかみ、シェーカー教の数々の異質の要素を統一体へと作り上げた。

ほぼ絶対的な権力を有していれば、そうした省はその立場を利用して、過酷なまでに独裁的になるであろうといったように、誰でもそう考えるかもしれない。しかし、専制的な人物は多少なりとも存在したかもしれなかったが、きわめてまれだったようである。シェーカー教の性質――謙譲や罪の告白や神への奉仕を重視する――は、権威の不当な濫用を阻止するような類いのものだったのである。

長老、執事、管財人は信心深く、反応が素早い人たちだったので、必ずといっていいほど信徒の信頼を勝ち得た。彼らは行政上の任務に加えて肉体労働にも従事しなくてはならなかったために、彼らの記録はそれだけ一層印象的なものとなっている。

一般信徒にはあらゆる職業の人々が含まれていた――医師、法律家、農場経営者、未熟練労働者、商人、熟練工などがいた。とはいえ、改宗者の大部分は上層の社会経済的地位の出身というよりも、むしろ労働者階級の出身だった。ローマ・カトリック教徒が加入したという記録はないが、主要な宗教団体のほとんど――バプテスト、メソジスト、アドヴェンティスト、長老派教会、ユダヤ人――が網羅されていた。アフリカ系アメリカ人も所属することもできたし、実際に所属しているが、同様のことは外国生まれの人々にも当てはまった。後年には中高年の信者が増加しつつあったが、ごく若い人から非常に高齢の人まで、あらゆる世代を網羅していた。

連合会の信者でいるかどうかについては、常に本人の自由意志に任されていた。シェーカー教徒は退会を望む信者は誰でもそれを許可されるべきだと固く信じていた。教会の厳格さを好まない人も一部にはいたのであるが、退会者の数が度を越して多くなることはなかった。その理由の一つは、すべての入会希望者は長老たちによって入念に選抜・教育され、入会が認められた後も、修練期間を経なくてはならないという事実にあった。

9　男女の分離

連合会の文化的主題のもう一つのものは、セックスと結婚の完全な放棄だったということは心に留めておかなくてはならない。実際、再来信仰者たちは「独身主義の喜び」を高らかに宣言するのを非常に好んだ。彼らはそのような喜びを天より下った命令とみなし、それに従って行動した。現在では、サバスデイレイク共同体のシスター・フランシス・カー（Sister Frances Carr）はセックス禁止をかなり論理的、かつ、直接的に解釈している。「独身主義は、私たちを自由に愛することができるようにしてくれるのです、そして、私がいう〝愛〟とは、福音的な愛のことです――すべての人を愛することであり、個人的な愛に制限されないということなのです」[22]。

このような熱意にもかかわらず、男女の分離は信徒の裁量に任されてはいなかった。宗規がニューレバノンの聖務省から発行され、さまざまなファミリーの長老たちによって注意深く施行された。歴史上、男女がそれほどまでに組織的に身体的接触を阻まれたことは一度もなかったといっても過言ではないだろう。セックスだけでなく、いかなる種類の身体的接触も禁じられたのだ。

男女（「兄弟姉妹」）は、一つ屋根の下でも、別々のエリアの別々の部屋で眠った。食事も、共同食堂の別々のテーブルで取った。これは、メイン州サバスデイレイク共同体で二一世紀になってもまだ残っている習慣である。男性信徒と女性信徒が階段ですれ違うことも許されておらず、そのため――まるでこれだけでは十分ではないかのように――住居の多くには男女別々の出入り口があった。玄関の広間ですら、男女がすれすれに通り過ぎることのないように、わざと広く作られていた。伝統的に、握手や体に触れることをも含む、あらゆる身体的接触が禁じられていた。今日では、これは緩和されて、シェーカー教徒は自由に握手をしたり、異性の信徒を親しみをこめて抱きしめることまでもするようになってきている。障害のある人を見かけたら、再来信仰者は今では助けの手を差し伸べるだろう。もっともこのようなことは一九世紀の「触れてはならない」という規範には違反するであろうが。

一九世紀には、大人の第三者が同席することなしに男女が二人きりでいることは許可されておらず、この規則は仕事と儀式の両方に適用された。できる限り、男女の交流はすべてグループ単位で行われた。その上、ブラザーとシスターは長老の特別の許可がなければ、グループで一緒に働くことすら許されていなかった。

子供たちもまた、男女分離の方針に沿って養育された。男の子と女の子は別々の宿舎で生活し、いかなる身体的接触も許されなかった。男の子は一般にブラザーの監督下に、女の子はシスターの監督下にあった。このように、シェーカー教徒の家族の中で育てられる子供は実質的には、全生涯を異性の信者と一度も接触することなく過ごすことが可能であった。

すべての家族が男女の分離に関して厳格だったが、中には明らかに極端に走る家族もあった。例えば、長老が鎧戸の閉まった窓越しにひそかに見張ったり、宿舎を抜き打ちで訪問したりするのだった。ケンタッキー州プレザントヒルにある、最大のシェーカー・ソサエティの一つは屋根に監視塔を設置することまでした。

もっとも、一般的には、男女間の関係が予期せぬ出来事によって損なわれることはなかった。男女の間には、緊張状態や不和、反目などはほとんどなかった。それどころか、男性と女性は心の平和から生ずる安心感を抱きながら、むつまじく共同生活を送った。例えば、一人のブラザーに一人のシスターが割り当てられ、彼女が彼の服装の世話をし、洗濯や修繕をし、また、「彼の習慣や現世で必要とするものの一切に姉妹のような目配り」を怠らないのであった。そのお返しに、ブラザーはそのシスターのために雑用、特に、激しい肉体労働を伴うような雑用をしてあげるのだった。

伝統的な厳格な男女の分離にもかかわらず、少数の「不信心者」は異性と二人きりになる機会を見つけることができた。いくつかの姦淫の例が文書に記録されており、そのうちの少なくとも一つは妊娠という結果に終わっている。「不信心者」が自らの決心を後悔していたという報告は、自分たちの決心こそ「正道」なのだというシェーカー教徒の確信を強めるものとなった。

何世代かにわたってみてみると、誘惑は他の信徒からではなく、外部の人からもたらされてきたということがわかる。きわめて公式に、ある女性記者が二〇〇六年に『ボストン・グローブ』(The Boston Globe)紙の特集記事を書くためにサバスデイレイク共同体を訪れた。そのセツルメントで最年少の信徒だった四三歳のウェイン・スミス(Wayne Smith)は、その当時は彼女の知らないうちに、彼女に強く惹かれてしまった。その女性記者の記事が紙面に登場してから数カ月後、彼は同朋の信徒たちに対して、自分は一七歳から再来信仰者だったが、彼女との関係を続けるために教会を去るつもりだ、と告げた。二年後、二人は結婚した。サバスデイレイク共同体は彼が去ったことに明らかに動揺していたが、彼がブラザー・ウェインから、一市民ウェインに変わるのを助け、今でも愛情をこめて彼のことを話している。(23)

10　シェーカー教徒の典型的な一日

連合会では、一日は朝早く、夏には午前四時半、冬には五時頃に始まった。朝の鐘の音で再来信仰者は起床し、ひざまずいて無言で祈りを捧げる。それから、ベッドから寝具をはぎ取り、きれいにたたんで椅子の上に置き、椅子を壁に取り付けられているフックに掛ける。この活動に割り当てられている時間は一五分で、その後、指名されたシスターが部屋を掃除し、ベッドを整え、椅子を元の位置に戻すのだ。

他のシスターたちが朝食を準備し、食堂で食卓の用意をしている間、ブラザーたちは朝の日課をこなす――薪をもってきて火をおこし、家畜に餌をやり、牛の乳を搾り、その日の仕事の打ち合わせをした。

朝食は六時半に出されたのであるが、すべての食事がそうであるように、ブラザーとシスターは静かな祈りの時間を過ごすためにあらかじめ別々の部屋に集まっていた。それから、彼らは長老に率いられて、別々のドアから――ブラザーは左側のドアから、シスターは右側のドアから――食堂に入った。男女別々のテーブルに着席した後、会衆全体が感謝の祈りを捧げるためにひざまずいた。その後、食事が供された。

各テーブルには四人から八人の大人――子供たちには別のテーブルで食事が出された――が座り、メニューは高級とまではゆかなくても、豊富であった。食事に関しては、ソサエティによって事情が違っていたが、一般に、再来信仰者は肉よりも乳製品や野菜を好んだ。一部のソサエティでは、肉はまったく出されなかったし、豚肉は再来信仰者の間では禁止されていた。

しかしながら、食事の規則――それ自体、かなり自由が認められていた――よりも重要だったのは、食事の時の礼儀作法の基準となる行動規範だった。姿勢をよくすることがどの食事でも求められた。最初に、長老に食事を出すことになっていた。信徒は好きなだけおかわりをすることが許されていたが、取った食事はすべて残さず食べなくてはならなかった——食べ物を無駄にしてはいけなかった。食事が終わったら、ナイフとフォークを所定の位置に置かなくてはならない。大皿からカットされる肉は四角く、しかも、「赤身、脂身、骨」を均等に含むようにカットすると定められていた。

殊のほか珍しかったのは、食事中は一切の会話を禁止する、という規則だった。この禁止令はすべてのシェーカー・ソサエティで施行され、私たちの大部分は無言で食事をすることを考えただけでもかなり気が滅入ってしまいそうなのだが、宗教的な雰囲気がみなぎる中で、再来信仰者たちはその慣習を難なく切り抜けていた。無言で食事をするという習慣は大して過酷ではなかったようである。

朝食を済ませると、長老を含むシェーカー教徒たちはそれぞれ、自分に割り当てられた仕事に取りかかった。その仕事の多く、特に女性がやる仕事の多くが交代制で行われた。だが、どんな仕事であろうと、再来信仰者たちは優秀な働き手だった。

昼食の時間を知らせる鐘が正午少し前に鳴り響くと、朝と同じ儀式が繰り返された。午後は普段通りの労働に充てられ、その後、六時に夕食だった。夜は大体何らかの事前に計画された活動で占められた——全体集会、礼拝、歌や踊りの会、ソサエティの集会、等々。就寝時刻は大抵、九時から九時半の間だった。

シェーカー教徒は——アーミッシュがするように——皆が同じような服装をしているわけではなかったが、彼らの服装のスタイルは事実上、決められていた。時がたつにつれて、多少の変化があったにもかかわらず、男性の典型的な服装はつばの広い帽子、喉まできちんとボタンを締めたノーネクタイの無地のシャツ、ベストに丈の長いコート、ダークカラーのズボンだった。(＊7)

女性はゆったりとしたボディスと足首丈のスカートを着用した。ケープやシェーカー・ボンネット(＊8)と同じく、エプロンをつけることが求められた。女性の服装は男性の情欲を刺激しないようにわざと不恰好なものになっているという事実についてコメントする観察者が一人ならずいた。同様に、男性も女性も色のついたものを着用することは許可されていたが、地味な色合いのものだけが認められていた。

再来信仰者にとっての娯楽は外界との接触がほとんどないために、かなり限られたものだった。実際の非常事態の場合を除いて、連合会の信徒は外部の医師を呼ぶことすらせず、その代わりに病気のブラザーやシスターを薬草やエキス、シェーカー教徒の尽力で手に入るものなら何でも使って、治療することを好んだ。ほとんどの信徒にとって、外界と長く接触する唯一の機会は他のシェーカー共同体に出かけることだった。この種の外出は彼らにとっては、一年で最も楽しい時間の一つだった。

世間の基準からすれば、「キリスト再来信仰者連合会」は到底、楽しい組織とはいえないものだった。日常生活は真剣な仕事だった。再来信仰者は厳しく統制された生活を送り、活動の機会も制限されていた。彼らの禁止事項のリストは恐るべきものだった――セックス禁止、結婚禁止、金銭の所有禁止、私有財産禁止、食事中の会話禁止、外部との接触禁止、最小限の娯楽、外出も訪問者もほとんどなし。家庭のペットですら、少女の母性的感情をどういうわけか刺激するのではないかという恐れから、禁じられていた。飼うのを許されていたペットは猫だけで、ネズミを駆除するのに使われた。

秩　序

このテーマの権威であるロザベス・カンター（Rosabeth Kanter）は、秩序はユートピア的共同体に共通する特徴であると考えていた。彼女はこう述べている。「混沌としており、十分に協調していないとみなされている大きな社会とは対照的に、ユートピア的共同体は意識的な計画と協調を特徴としている。……出来事はあるパターンに従っている。……ユートピア主義者はしばしば意味と統制、秩序と目的を望み、自分の共同体を通じてこうした目標を追求する」[24]と。

シェーカー教徒は適切な例である、というのも、彼らのソサエティでは、秩序と目的が結びついて、一つの決定的なライフスタイルを生み出していたからだ。例えば、彼らの建物に備えつけられる家具調度品は厳しく制限されていた――敷物はダメ、絵画はダメ、写真はダメ、装飾もダメ。そのようなものは汚れを受けとめるものとみなされ、再来信仰者がよくいっていたように、「天に一切の汚れはない」のである。シェーカー教徒のまさに最初の産業の一つがほうきの製造だったのは、どうみても偶然ではない。

シェーカー教徒のどの部屋の壁にも、掃除の時に床から片づけた椅子を掛けるための木製のフックがずらりと取り付けられていた。外と通じるドアには泥落としが敷かれていた。秩序は清潔と、また、整然とした共同体生活のために計画された建物と対になっていた。必要な道具や備品、ハーブ・ショップの種やハーブを収納するために大きさに応じて設計された作り付けのキャビネットやたんすが部屋のほとんどにあった[25]。

安息日

日曜日は連合会全体にとって特別な日だった。日曜日は、一切の労働が禁じられている聖日ではあったけれども、決して――非常に多くのキリスト教集団においてもそうであったように――厳粛な日ではなかった。それどころか、あらゆる年代のシェーカー教徒にとって、精神的に高揚し、歓喜し、歌い、踊る日だった。あたかも静けさ、寡黙さ、現世的なものの克服――一週間のうち六日間は目立つ特徴――が、七日目には、宗教的恍惚がほとばしる瞬間に解放されるかのようであった。

ダンスそれ自体――または、「マーチ」（marches）と彼らは呼んだのだが――は穏やかに喜びを表現するものから、爆発するように激しいものまでさまざまだった。シェーカー教徒は、人間のあらゆる部分が神の崇拝に用いられるべきだと固く信じていた。穏やかなものはリズミカルに体を動かすもので、参加者は行進するのだが、その時、「両肘は曲げたまま、両手を体の前に伸ばし、両手を揺らすように上下に動かした。まるで腕の中に何かを寄せ集めるかのように。この動きは〝善を集める〟ことを意味した。彼らは、〝悪を振り払う〟ことも大切だと信じていた」(26)。

以下に示す元信者の体験談からは、より爆発的なダンスがどのようなものであったか垣間見ることができる。

恍惚が最高潮に達すると、シェーカー教徒はダンスの中で神を崇めずにはいられなくなる。……前転運動というものがあり、これは、ものすごい勢いで身をかがめ、頭と足がくっついてしまうほどに体を丸め、車輪のように何度も前転する——あるいは、体を伸ばして床に寝そべり、丸太のように転がるものである。……

それよりもさらに屈辱的だったのは痙攣運動である。この運動はまず、頭から始まって、頭を前後左右に小刻みに揺らし、……手足と胴体をあらゆる方向にひきつらせる。こんな風に体を動かしても、誰も怪我をしないということは見物人にとってかなりの驚きだった(27)。

いくつかの事例では、シェーカー教徒の男女ともに全裸でダンスや鞭打ちに耽っていた、というかなり説得力のある証拠も存在する。とはいえ、性的な含みは一切なく、とにかく、そのような行動は明らかに例外であった(28)。

概観

こうした極端な行動形態——その多くは伝えられるところによると、連合会の成立初期にみられた——にもかかわらず、シェーカー教徒は真面目な生活、フリルや装飾やいかなる種類の贅沢もない生活を送っていた。彼らの生活は平和で満足した生活でもあり、この事実は外部の人間たちを戸惑わせた。しかし、アン・リーの支持者たちが心安らかであったことは明白であり、その安らかな心をかき乱すことは至難の業で、また、それは一般社会では見つけられなかったであろう。

当然、外部の人間たちは連合会について複雑な感情をもっていた。一方では、シェーカー教徒は「不自然な」生活を送っているという理由で、また、選挙では投票せず、公的生活に参加せず、母国のために武器を取ることもしない、という理由で、彼らの憤りの対象となった。これに対して、シェーカー教徒はその実直さ、宗教的敬虔さ、勤勉に働く能力ゆえに心から称賛されることもあった。一九世紀が進むにつれ、再来信仰者は一般社会の尊敬すべき一員として扱われるようになっていった。

11　子供たち——成功とも失敗ともいえない事業

子供はシェーカー教徒の事業の中でもあまり成功をおさめなかったものの一つだった、ということに疑いはまったくない。連合会に生まれた子供は一人もいなかったが、あらゆる年齢の子供たちが孤児、あるいは、改宗者を親にもつ子として受け入れられた。彼らは二一歳になると、連合会にとどまるか、去るかの選択を迫られた。そして、大多数は去ることを選んだ。このようにあまりに悲惨な結果だったので、南北戦争以降、ますます多くのシェーカー・ソサエティが子供の受け容れを一切やめてしまった。(29)

親と子をめぐる状況がシェーカー教徒に悪評をもたらすことが一度ならずあった。時々、片親、あるいは、両親が、二度と子供に会わないという条件で自分の子供をシェーカー共同体に預けることがあった。しばらくしてから、その親が経済的に回復したり、結婚生活を修復したりした後で、子供を取り戻しにやってくるのだった。シェーカー教徒は子供を返してほしいというこうした予想外の要求に抵抗しなかったのだが、時に、チャンスをつかみ損ねた親が誘拐だと申し立てて、公に告訴することがあった。他の例では、一方の親がシェーカー教徒になり、もう一方の親と子供の養育権をめぐってしばしば公の場で面倒な争いを引き起こすこともあった。

いくつか例外もあり、シェーカー教徒のライフスタイルで育てられた子供たちの中には、シェーカー教徒特有の生活様式に幸いにも適応する子たちもいた。その最も顕著な例が現在、七二歳のフランシス・カーで、彼女は、自分が一〇歳の頃から再来信仰者の間で育てられたことについて、あまねく書き記している(30)。

結局、シェーカー教徒は大人だけを受け容れるようになった。しかし、次のような疑問が残る——なぜ、彼らは子供に関してもっと成功しなかったのか？　その理由は十分には理解されていない。子供たちは最高の養育を施され、やさしく扱われていた。体罰は認められていなかった。一八〇〇年代には、「公教育」という考え方が米国で確立し、再来信仰者は自分たち独自の学校を設立して先例に従った。彼らの子供たちは男女別々のクラスで、「三つのR」を教えられた。

日々の暮らしでは、シェーカーの子供たちは大人とほとんど同じ日課に従った。それぞれの子供が一つか、それ以上の手仕事の技術を教わった。幼い頃から、職人技への誇りが徐々に教え込まれた。清潔が重視された。男女は厳しく隔離されていた。食事の規則や正式の食事作法は遵守された。服装ですら大人とまったく同じだった。子供たちはシェーカー教徒のミニチュア版のようにみえる、と訪問者たちはたびたびコメントした。当然のことながら、彼らの生活における事実上すべての側面がマザー・アン・リーによって規定された宗教的価値観を植えつけることだった。

子供たちは十二分に養育されていたのに、なぜ、彼らの非常に多くがシェーカー教を捨てたのだろうか？この問いに対するいくつかの答えに異議を唱えることはできるが、事実は、再来信仰者は特殊な人種だったということらしい。誰もが普通の夫婦関係や家族関係を捨てられるとは限らなかった。大人がこの生活様式を選ぶのはいいとして、平均的な人間——特に平均的な若者——に対しては、ロマンティックな愛やセックスや子供をもつことができない、軍隊のように統制された生活は暗澹たる見通しを与えたに違いない。

教育方針

若い人にシェーカー教団に残ることを思いとどまらせた、もう一つの要因は教育に対する再来信仰者の否定的な態度だった。シェーカー教徒自身はこの問題をごまかす傾向にあったが、彼らはほとんどの知的活動や芸術活動を信用していなかった。

アン・リーの言葉、「あなたの手を労働に、あなたの心を神に捧げなさい」は、現在まで再来信仰者が固く守ってきた原則である。しかし、彼女は精神には言及しなかったために、このように精神を省くこともシェーカー教徒の方針の一部になったのである。連合会の学校で実践されていた教育は英語や算数や地理の基礎を教える程度にとどまっていた。科学、文学、外国語、歴史、美術といった科目はシェーカー教徒の教育体系ではほとんど居場所がなかった。

連合会の若者が外界の若者の多くが決して受けることのなかった訓練を施されていた、というのは本当である。手仕事や家事の技術を習得するのに加えて、シェーカー教徒の少年少女は宗教、ならびに、聖書の幅広い教育を受けた。彼らは謙譲、正直、親切、時間厳守、誠実を教えられた。肉体がもたらす害悪に気をつけるよう警告された。他の人々の幸福を促し、争いを避けるように奨励された。要するに、長老たちの考えでは、彼らは人格と道徳的責任を育む訓練を受けていたのである。

しかし、真の知的好奇心——精神の世界に対するいくらかの感受性——をもつ少年少女にとっては、連合会は暗澹たる環境だったに違いない。本、雑誌や学術誌、哲学的議論、抽象概念、政治的論争——こういったものはすべて斥けられた。高等教育は一切なかった。シェーカー教徒の若者は誰も大学に進学しなかった。医師や弁護士になる者は一人もいなかった。重要な公職に就く者もいなかった。自然科学や物理科学で有名になる人もいなかったのである。(31)

芸術においても、状況はほとんど同じだった。詩、演劇、文学、彫刻、絵画、交響曲や歌劇——これらはすべてシェーカー文化には欠けていた。こういった方面の才能がある若者にとって、マザー・アンが切り開いた道はあまりにも狭かったのである。

準拠集団行動

社会学的に言うと、「準拠集団」(reference group)とは、人が行動や適切な振る舞いの基準を求める集団、承認を与えたり、保留したりすることのできる集団のことである。人が自らを評価する際に比較する集団、それが準拠集団である。例えば、ヒップホップ・ミュージックのファンが集まるサークルに入りたいと思う現代の高校生は、自分の行動をそのグループの行動にならったものにするだろう。仲間と同じような服装をし始め、同じ曲をダウンロードして聴き始め、同じクラブに出入りするようになるだろう。(32)人は、他の準拠集団でも大きな社会でもなく、特定の準拠集団と比較して自己評価する。大人のシェーカー教徒にとっては、連合会が彼らの準拠集団であり、彼らはそれに従って行動した。

しかしながら、連合会に連れてこられた若者にすれば、話はまったく別だった。こうした若者たちはシェーカー教を自ら選んだわけではなかった。自発的にシェーカー共同体を準拠集団とみなしたわけではないために、準拠集団の受容可能性にあまり影響されなかった。彼らは外界からおおむね隔離されていたが、外界の影響を受けないわけではなかったことは確かだった。

普通の性的欲望をもつ、あるいは、それなりの知的能力や芸術的能力をもつ若い男女はシェーカー教団にとどまることは難しい、と気づいたに違いない。彼らが二一歳になって、教団にとどまるか、去るかの選択を迫られた時、去ることを選ぶであろうことは誰でも予想できた。そして、実際、先に触れたように、このような事態が起こったのである。

12　シェーカー神学

「キリスト再来信仰者連合会」の神学上の教義は複雑でも、包括的でもなかった。だが、それはとりわけ、一九世紀の基準からすれば、急進的だった。シェーカー教徒は三位一体、永遠の断罪、無原罪懐胎、肉体の復活、贖罪、といった概念を認めなかった。彼らの大部分は聖書の文字通りの解釈を信じていた――しかし、彼らは聖書より後の時代にも啓示はあったとも信じていた。

二元性――神、男、女

三位一体を認めなかったために、彼らは、神は二つの要素、すなわち、男と女から構成されていて、このことは自然の至るところに反映されている、と考えていた。この見解はマザー・アン・リーによって明確に表現されているが、彼女自身がその生涯で味わった悲しみのいくつかのことを考えれば、おそらく、彼女は伝統的なキリスト教においては女性の視点が正当に評価されていない、と感じていたのだろう。シェーカー教徒は天使でさえも男と女がいると信じていたのであり、同様のことはアダムにも当てはまった。キリストは霊魂だとみなされており、最初は男であるイエスの姿で、そして――ずっと後になって――女である、マザー・アンの姿で現われるとされた。この「男‐女」という二元性はこの状況のもう一つの定義だったのであり、世俗的な意味でも宗教的な意味でも、この概念はシェーカーの組織全体に浸透していた。女性はその宗教的信条において男性と対等だったので、シェーカー教徒は、男性が権威において女性より勝ることよりも、むしろ男性と女性が対等であることを期待して、日常生活にアプローチするようになった(33)。

再来信仰者は、教会が共有財産、平和主義、分離主義、独身主義を強調するのは、正しい原理に基づくものであったのに、後の宗派やセクトがそのあるべき道からそれてしまった、と確信していた。独身主義に背くことはその好例だった。

シェーカー教徒が決して変えることのなかった立場は、エデンの園でのアダムとイブの行為が原因で罪がこの世にもたらされた、というものだった。この「行為」は、当然、性的行為のことであり、神に真っ向から反抗することだった。それ以降、肉体的本性を克服し、肉体的欲望を抑えることによってのみ、男女は救いにあずかれることとなった。シェーカー教徒はこの苦闘に勝っていたので、彼らは、現世の人々の中で自分たちだけが神の思し召しを果たしているのだ、と思っていた。

人類の排除――シェーカー教の独身主義の教義が支配的になったならば、きっと起こるであろう現象――に関しては、深刻な問題は一切なかった。再来信仰者は千年王国が近づいていると考えていたので、その結果、人類が存続する真の理由などまったくなかった。新しい万物の秩序では、精神性が肉体性に取って代わるであろう。

興味深いことに、そして、おそらくは矛盾することに、シェーカー教徒は人間の本性は基本的に罪深いものであるとは考えなかった。彼らはエデンの園でアダムが犯した罪を信じてはいたけれど、それと同時に、主はあまりに正しいお方なので、一人の人間の過ちゆえにすべての人間を罰することなど、おできになるはずがない、とも考えていた。同様に、彼らは現世の人々が行う結婚を罪深いものとして分類しなかった。しかし、その一方で、シェーカー教徒ではない人々は精神的に自分たちよりも低い地位にある、と考えていた。

心霊主義

シェーカー教徒は現代の「心霊主義」(spiritualism)、すなわち、生きている人が死者と交信できるという信条の先駆者の一つだった。連合会の信徒はこの点について、かなり明確だった。彼らは、「ノアの洪水以前に生まれた」人々だけでなく、最近亡くなったばかりの同胞とも——面と向かって——話すことができる、と主張した。

霊の世界との交信はシェーカー共同体によってさまざまであっただけでなく、時期によってもさまざまで、一八三〇年代と一八四〇年代が特に「活気に満ちた」時期だった。しばらくの間、宗教的儀式がとても活気のあるものになったために、長老たちはそうした儀式から訪問者たちを締め出したほどだった。その理由を理解するのはたやすい。

再来信仰者たちには娯楽がほとんどなかったために宗教的儀式が活を入れる傾向にあった。挨拶と長老たちによる祈りの後、シスターたちとブラザーたちは同心円状に二つの大きな円を作った。男女はどんな時でも互いに触れてはならなかったが、参加者らはさまざまな複雑なパターンでグループ編成を変えるのだった——その間ずっと歌ったり、詠唱したり、手を叩いたりした。

こうした行動のある時点で、著しい変化が踊り子たちを襲った。期待のムードがあたり一面を支配した。ここで、突然、グループの中から、悪魔が姿を現していることを意味する「ヒュー」という大きな音が聞こえてきた。すると、その場にいる人々が一斉に「悪魔を踏みつけろ！」と叫び、唱えながら、足を踏み鳴らすのだった。

次に、シスターの中の二人、ないし、三人が、「震えろ！　震えろ！　キリストはあなたと共に御座《おわ》す」という叫び声に合わせて何度もぐるぐると回った。目が回ったり、疲れたりして、彼女たちが床に崩れ落ちると、他のシスターたちが彼女たちに代わって回り始めた。体を揺らし、ジャンプし、叫び、手を叩き、足を踏み鳴らすのを順に行ってゆく途中で、誰かが片手を上げ、マザー・アンが——皆への贈り物の果物を持って——そこにいることを宣言するのだった。信徒は一人ずつ前に進み出て、各々に用意された架空のバスケットを受け取り、それから果物の皮を剝き、果実を食べるという動作をしてみせるのだった。

次に、長老の一人がマザー・アンからのメッセージがあることを告げた。それは、近隣のアメリカ先住民の首長の何人かがこの集会に加わるためにこちらに向かっている、というものだった。すると、信徒たちは奇妙な言い回しで唱和し始め、ドアの方を指さし、アメリカ先住民の登場を待った。

この儀式が終わるとすぐ、ブラザーたちとシスターたちが平行に列を作り、また、別の一連のダンスと旋回運動を始めるのだった。今度は、アメリカ先住民が窓の所に現われたと伝えられ、すると、信徒たちはあふれんばかりの喜びの拍手をした。その後また、別の「ヒュー」という音と、さらに足を踏み鳴らす音が聞こえてきた。悪魔が再び解き放たれたのだ。

ダンスは延々と続き、時には晩鐘をかなり過ぎてしまうこともあった。礼拝によって多少のバリエーションはあったが、霊の顕現は、多かれ少なかれ、当然のこととみなされた。最も頻繁に訪れたのはマザー・アン・リーで、それに肉薄していたのがアメリカ先住民――シェーカー教徒は彼らに精神的な親近感を持っているらしかった――だった。他に頻繁に現われた霊としては、アレクサンダー大王、ナポレオン、ジョージ・ワシントン、ベンジャミン・フランクリンがいた。

幻影、幻覚、お告げ、幽霊、死者との交信は絶え間なく続くようであった。それはまるで、マザー・アンの信徒たちは霊の世界を恍惚と受け入れることによって、現世で色々なことが禁じられていることについて抱いている鬱憤を晴らすことができるかのようであった。

一八五〇年以降、連合会において心霊主義はみたところ、衰退していったようだ――少なくとも、それに関する報告は減少している。とはいえ、何十年もの間、その痕跡は十二分に残っていたのであり、現代のシェーカー教徒は、特に、日曜集会の時に、自分の知り合いですでに他界した再来信仰者の霊の存在を感じるなどと話したりしている。ダンスに関しては、ブラザーやシスターが悪魔を踏みつけるバイタリティをもち続ける限り、振顫を伴うそれらのダンスは連合会の特徴であり続けた。体を激しく動かしながら、踊ったり、旋回したりすることは一九〇〇年代前半には見られなくなり、また、礼拝中の行進は一九五〇年代までに終わりを告げた。

13　教団の衰退

「キリスト再来信仰者連合会」は南北戦争の頃にピークを迎えた。その後、最初はゆっくりと、それからはますます急速に信徒数が減少した。一八七〇年代半ばまでに、連合会は新聞に新会員を募る広告を出さなくてはならない状況に追い込まれていた。例えば、次の広告は一八七四年にニューヨークの複数の新聞に登場した。

男性も、女性も、そして子供たちも、生涯にわたって快適な家を見つけることができるでしょう。シェーカー教徒と共に、真の信仰を喜んで受け入れ、清い生活を送れば、欠乏とは無縁の暮らしがあなたを待っています。詳細については、ニューヨーク州レバノンのシェーカー教団宛てに手紙をお送りください。(34)

一九世紀の終わりまでに、シェーカー共同体全体がつぶれかかっていた。一九二五年までには、残っているグループのほとんどが消滅していた。

かつては、日の出の勢いを誇り活気に満ちあふれていたこの集団に、何が起こっていたのか？　この問いに対する答えを見つけるのはそう難しくない。まず、南北戦争の前でも、アメリカ経済が変わりつつあることは明白だった。シェーカー教徒にはうってつけだった、昔の手工芸制度は工場制度に取って代わられつつあった。シェーカー教徒は品質を重視していたにもかかわらず――あるいは、おそらく、それゆえに――現代の流れ作業的生産工程に太刀打ちできなかった。すでに触れたように、アン・リーは「「あなたの手を労働に、あなたの心を神に捧げなさい」とよくいっていたものだが、現代の工場が及ぼす途方もない影響については彼女はまったく知らなかった。

輸送と通信もまた、連合会のライフスタイルに影響を与えつつあった。鉄道――後には、自動車――の登場で、再来信仰者にとって、その分離主義を維持するのがますます困難になっていった。とりわけ、比較的若い信者は外界のさまざまな誘惑に抵抗するのは難しいと感じていた。

同様に、連合会の指導部も変化しつつあった。初期の指導者たち——アン・リー、ジェイムズ・ホイッテカー、ジョゼフ・ミーチャム、ルーシー・ライト——は勇気と知恵と先見の明がある女性たち、男性たちだった。その後も、有能な指導者が任命されたが、時がたつにつれて、変化する社会のさまざまな問題に聖務省が対処できない事態が頻繁に起こっていたようだ。このことは宗教的な分野と、世俗的な分野の、両方に当てはまった。

宗教的な分野では、教会の指導者は若いシェーカー教徒を教団に引きとどめておくのに必要な精神的な導きを与えることも、また、子供を失ったことを埋め合わせるのに十分な数の大人の改宗者を獲得することもできなかった。

世俗的な分野では、経営に失敗する例があまりに多かった。管財人の中には、明らかにその仕事に不適格な者がいた。ニューハンプシャー州エンフィールドのシェーカー教団は杜撰な経営が原因で二万ドルの損失を出した。オハイオ州ユニオンビレッジでは、連合会は、管財人の一人が教団の金を持ち逃げしたために四万ドルの損失を蒙った。ケンタッキー州サウスユニオンの教団支部は南北戦争に起因する数々の困難のために、一〇万ドル以上を失った。このようなことが次から次へと起こった。他の多くの支部もまた、多額の出費を必要とする訴訟に巻き込まれて金銭的損失を蒙った。当然のことではあるが、ここに挙げた金額は一九世紀当時の金額であり、現在の金額に換算したものではない。

教団の衰退をもたらしたもう一つの要因は、一般社会における人間のセクシュアリティに対する態度の変化であった。アメリカがまだ清教主義《ピューリタニズム》の余波を受けていた一七〇〇年代、並びに、一八〇〇年代初期に肉体の害悪を説くのは結構なことだったが、一九〇〇年代までには、セックスを罪とみなす人がますます減少してきていることは明白だった。そして、セックスに対するより現実的な態度があらわれるようになってくると、シェーカー教徒の立場はそれに応じて、弱体化していった。

社会福祉のあり方も変化しつつあった。次第に、さまざまな政府機関が病人や寡婦や高齢者や孤児を支援するようになってきたのである。福祉の概念全体が政府の義務だとみなされるようになるにつれ、困窮者の避難所としての、連合会の役割は衰退していった。

ある意味で、シェーカー教は常にそれ自身の破滅の種を自らの内に孕んでいた。結局、成長――あるいは、生存とまでいってもよいが――のためには、独身主義は自滅的な教義なのである。それは人間が肉体を克服することなのかもしれないが、最終的な結果は生物学的にいえば、停滞である。なるほど、ローマ・カトリック教会の独身聖職者は残存しているかもしれないが、しかし、彼らは全信者のうちのごく少数にすぎない。再来信仰者の場合は、組織全体が独身主義に関わっていた。そして、改宗率が減少した時、この教団が終焉を迎えるのも時間の問題だったのである。

14　シェーカー教の遺産

シェーカー教の遺産とは、正確には何だろうか？　二世紀以上にもわたって存在し続けてきた中で、シェーカー教徒は私たちの記憶に残るようなことをしてきたのであろうか？　いくつかの点ではシェーカー教の事業は明らかな失敗であったが、他の点では著しい成功でもあった。成功と失敗のどちらとみなすかは、評価する人間の性格それぞれによって変わってくるであろう。

ネガティブな側面では、再来信仰者はその最重要目標――ユートピア、すなわち、地上の天国を建設すること――を達成できなかったことは確かだ。記録だけを見ても、彼らは世俗的分野と宗教的分野の両方において失敗した。世俗的な意味では、再来信仰者が繁栄することは一度もなかったし、これはどうあっても変えられない事実である。南北戦争の頃から、この運動は情け容赦なく衰退していった。

宗教的には、再来信仰者が世間に残した影響ははっきりと識別できないほどわずかなものである。彼らの神学は現代では、実質的にまったく知られておらず、心霊主義は厄介なものとみなされ、おそらくはダンスや行進も同様の扱いをされているのだろう。要するに、シェーカー教徒はその努力と誠実さにもかかわらず、現代の宗教思想に事実上、何の影響も及ぼしてこなかったのである。

その一方で、再来信仰者がアメリカのさまざまな風物にいくらか重要な文化的貢献をしたことは明白である。彼らが、この国の歴史において——一七八〇年から二一世紀まで——最も長い共同社会（communal society）の歴史を刻んだことを記憶に留めておかなくてはならない。

彼らの発明品についてはすでに言及した。同じく重要なのがアメリカの家具の様式に彼らが貢献したことである。テーブル、椅子、飾り棚——すべてに、連合会の特色である機能性や職人技が刻印されている。また、音楽の分野では、先に触れたように、シェーカー教徒は相当な数のフォークソングや霊歌に貢献した。(35)

シェーカー教徒以上に、名前と品質をしっかりと結びけられる集団は他にはないかもしれない。彼らが生産する果物や野菜は最高の品質だった。種子やハーブも最高のものだった。彼らが作る家具は見事なまでに頑丈だった。建物ですら、見たところ倒壊しそうになかった。その多くは、さまざまなシェーカー共同体の崩壊後に外部の組織によって買い上げられたのだが、今でも使用されている。そうした建物は学校、博物館、州施設、ローマ・カトリック修道会、個人の住居に使用されており、そのほとんどは、建築年数がかなりたっているのにもかかわらず、非常に良好な状態である。

彼らが待ち望んだユートピアは実現しなかったが、シェーカー教徒は一般社会を悩ませていた社会問題の多くを取り除くことには成功した。貧困と失業、犯罪と非行、アルコール依存症と薬物中毒――すべて、連合会には存在しなかった。アメリカ社会がまさにこれらの問題に、今なお、悩まされていることを考えれば、これはそれなりの偉業であったことは確かだ。重要なのは、シェーカー教徒が共同体生活と分離主義をうまく機能させ、効果を生み出すことができると世間に身をもって示すことができた、ということである。

現代的な意義のあるもう一つの貢献は、すべての信徒を平等に扱うことを彼らが主張した点である。高齢者、若者、裕福な人、貧しい人、黒人、白人、米国生まれの人、外国生まれの人――誰しも、再来信仰者連合会においては、のけ者にされていると感じることはなかった。皆が対等な人間として扱われたのである。大きな社会ではこの習わしに従うことはなかったにしても、少なくとも、実際に役立つ手本という恩恵にはあずかった。また、再来信仰者たちは外部の人たちの多くを戸惑わせたに違いないような勇気と献身が混ざり合った特徴もみせることができた。というのは、長い間、無情な扱いを受けていたにもかかわらず、アン・リーの支持者たちは一度たりとも、その信念が揺らぐことはなかったからである。結局、観念して迫害をやめたのは外部の人間の方だった。

最後に、当然のことではあるが、連合会は彼らの自制心の強さを一般社会に示した。本書の目次が十分に証明しているように、アメリカには、珍しい結婚や性の習慣をもつ風変わりな集団がかなり多く存在してきた。しかし、組織全体でセックスを永続的に控えることは外部の人間には理解できないも同然だった。とはいえ、シェーカー教徒はただ自制しただけではなく、禁欲を誇りとしたのである。彼らはよくこう宣言していたものだ、「自らを征服する者は町を征服する者より偉大である」と。

あらゆることを考えてみると、「キリスト再来信仰者連合会」はアメリカ文化に新しい、興味深い次元を付け加えた。そのような集団は彼らをおいて、他にまだ一つも現われていない。社会がその文化的多様性によって豊かになるとすれば、私たちは、シェーカー教徒が数々の貢献をしたことをプラスに評価しなくてはならない。彼らが発展しうる集団として、今後も存続できるかどうかについては、次節で論じることにする。

15　現在の状況

「キリスト再来信仰者連合会」の現状はどのようなものであろうか？　彼らは存続しているのか？　成長しているのか？　新しい信者は今も受け容れられているのか？　それとも、彼らが宗教的にも世俗的にも復活するには遅すぎるのか？

さまざまな共同体が閉鎖した時、資産はオークションにかけられたり、売却されたりし、それで得た収入は存続している他の共同体に回収された。ニューハンプシャー州カンタベリーとメイン州サバスデイレイクを残すのみとなっていた二〇世紀後半までに、累積資産は何百万ドルにも達した。一部の信徒は潜在的改宗者の入信の動機に懸念を抱くようになり、その結果、一九五七年にはカンタベリーのシェーカー教徒が新しい信者の受け容れを拒むという前代未聞の措置を取るに至った。このことが、新たな信者を歓迎し続けている、サバスデイレイクとの間に不和を引き起こした。三〇年の間に、おそらくは二〇人の信徒がその村で一年間「試しに生活してみる」ことに挑戦したのであるが、結局、そこにとどまり続けたのは一九八六年に他界した、ブラザー・テッドとブラザー・アーノルドだけだった。

かつての共同体のいくつかが数十もの建物とともに残存している。建物も家具もすばらしい状態で残っている。しかし、これらの共同体のほとんどすべて（マサチューセッツ州ハンコック、ケンタッキー州のサウスユニオンとプレザントヒル、ニューヨーク州マウントレバノン、ニューハンプシャー州カンタベリー）は再来信仰者によって運営・維持されていない。それらは歴史協会によって維持されているのだ。

それでも、本章の冒頭でみたように、可能性はとてつもなく低いにもかかわらず、シェーカー教徒の一つの「ファミリー」がメイン州サバスデイレイク——他のどのシェーカー共同体からも北に最も遠く離れた所に位置し、長い間、最も貧しかった——に存在する。現在のサバスデイレイク共同体の特徴を述べるのは難しい。一方では、建物と敷地は素晴らしい状態である。新しい信者が「試しに生活してみる」ことを勧められている。外部の人間には、サバスデイレイクは繁栄している共同体には見えないかもしれない。しかし、およそ六〇人の忠実なボランティアと現代の再来信仰者の後援者たちから成るグループがあり、彼らがこの共同体に、エネルギーに満ちあふれているという感じを与えている。まったく異なるライフスタイルの一〇代後半から二〇代の若者たちがシェーカー教徒、ならびに、その後援者たちと交流するために、定期的にやって来ている。数百万人に達する「キリスト再来信仰者連合会」の行く末は寒々しいものかもしれないが、信徒が存在する可能性は、近い将来、大いにある。

他方、信徒数は——数字的に言って——不安定であることはかなり明白だ。一九五〇年代半ば以来、受け容れられた応募者はほんの一握りであり、しかも現在までとどまっている者はそのうちのごくわずかである。一九〇〇年には四一人のシェーカー教徒が残っていたが、一九八九年には九人となり、すでに触れたように、現在では三人しかいない。(36)

当然のことながら、将来、本当に何があるのかは誰にもわからない。二一世紀に入ってからも「キリスト再来信仰者連合会」が存続するかどうかは、その時が来てみないとわからないだろう。サバスデイレイクのシェーカー共同体とその一七〇〇エーカーもの土地は単に博物館、あるいは、復元された村としての役目を果たしているだけではない。むしろ、それは、「世間と、世間のさまざまな要求に対する、常に変化してゆく反応の特異な例」であるのだ(37)。しかし、信者自身は自分たちの存続にあまり疑念を抱いていないようである。彼らは、シェーカーイズムの展望は定義からして、明るいものだ、と信じている。二〇〇六年のサバスデイレイク共同体によると、シェーカーイズムは、マザー・アンによれば、一つの世代に一人の人間が救いとなる福音の内なる知識をもっていさえすれば、続いてゆくものなのである(38)。

【インターネット情報源】

http://www.passtheword.org/SHAKER-MANUSCRIPTS/
　初期のシェーカー教に関する多くの資料の写しを閲覧することができ、研究に役立つサイトである。

http://www.pbs.org/kenburns/shakers/
　一九八四年のケン・バーンズ（Ken Burns）によるシェーカー教徒の、ビデオクリップを含めたドキュメンタリーのホームページを参照のこと。

http://www.maineshakers.com/
　唯一残っているシェーカー共同体の所在地と公有地についての情報。

http://www.nps.gov/history/nr/travel/shaker/index.htm
　国立公園局（National Park Service）が提供する、シェーカー共同体の現在の所在地に関する情報。

【精選文献リスト】

Ald, Roy. *The Youth Communes*. New York: Tower Publications, 1971.

Andrews, Edward. *The People Called Shakers*. New York: Oxford University Press, 1953.

Brewer, Priscilla J. *Shaker Communities, Shaker Lives*. Hanover: University Press of New England, 1986.

Carr, Sister Frances A. *Growing Up Shaker*. Sabbathday Lake, ME: United Society of Shakers, 1995.

Desroche, Henri. *The American Shakers: From Neo-Christianity to Presocialism*. Amherst: University of Massachusetts Press, 1971.

Foster, Lawrence. *Religion and Sexuality: Three American Communal Experiments of the Nineteenth Century*. New York: Oxford University Press, 1981.

Gutek, Gerald and Patricia. *Visiting Utopian Communities: A Guide to the Shakers, Moravians and Others*. Columbia, SC: University of South Carolina Press, 1998.

Hayden, Delores. *Seven American Utopias: The Architecture of Communitarian Socialism, 1790–1975*. Cambridge, MA: MIT Press, 1976.

Hutton, Daniel Mac-Hir. *Old Shakertown and the Shakers*. Harrodsburg, KY: Harrodsburg Herald Press, 1936.

Kolken, Diana van. *Introducing the Shakers*. Bowling Green, OH: Gabriel's Horn Publishing Co., 1985.

Lauber, Jeannine. *Chosen Faith, Chosen Land. The Untold Story of America's 21st Century Shakers*. Rockport, ME: Down East, 2009.

Mac-Hir Hutton, Daniel. *Old Shakertown and the Shakers*. Rev. ed. Harrodsburg, KY: Harrodsburg Herald Press, 1987.

Matthaei, Julie A. *An Economic History of Women in America: Women's Work, the Sexual Division of Labor, and the Development of Capitalism*. New York: Schocken Books, 1982.

Melcher, Marguerite Fellows. *The Shaker Adventure*. Cleveland: Western Reserve Press, 1968.

Melton, J. Gordon. *The Encyclopedia of American Religions*. 2 vols. Wilmington, NC: Consortium Books, 1979.

Merton, Thomas. *Seeking Paradise: The Spirit of the Shakers*. Maryknoll, NY: Orbis Books, 2003.

Muncy, Raymond L. *Sex and Marriage in Utopian Communities*. Bloomington: Indiana University Press, 1973.

Murray, Stuart. *Shaker Heritage Guidebook*. Spencertown, NY: Gold Hill Press, 1994.

Neal, Julia. *The Kentucky Shakers*. Lexington: Kentucky University Press, 1977.

Newman, Cathy. "The Shakers' Brief Eternity." *National Geographic* (September 1989).

Nordhoff, Charles. *The Communistic Societies of the United States*. New York: Dover, 1966.

Patterson, Daniel W. *The Shaker Spiritual*. Princeton: Princeton University Press, 1979.

Pearson, Paul M., ed. *A Meeting of Angels*. Frankfort, KY: Broadstone Books, 2008.

Pike, Kermit J. *A Guide to Shaker Manuscripts in the Library of the Western Reserve Historical Society*. Cleveland: Western Reserve Historical Society, 1974.

Richmond, Mary L. *Shaker Literature: A Bibliography*. 2 vols. Hanover: University Press of New England, 1977.

Sanchez, Anita. *Mr. Lincoln's Chair: The Shakers and Their Quest for Peace*. Granville, OH: The McDonald & Woodward Publishing Co., 2009.

Scott, Donald, and Bernard, Wishy, eds. *America's Families: A Documentary History*. New York: Harper & Row, 1982.

Sprigga, June. *Simple Gifts: A Memoir of a Shaker Village*. New York: Alfred A. Knopf, 1998.

Stein, Stephen J. *The Shaker Experience in America: A History of the United Society of Believers*. New Haven, CT: Yale University Press, 1992.

Wagner, Jon, ed. *Sex Roles in Contemporary American Communes*. Bloomington: Indiana University Press, 1982.

Williams, Stephen Guion, and Gerard C. Wertkin. *A Place in Time: The Shakers at Sabbathday Lake, Maine*. Boston: A Pocket Paragon Book, 2006.

Whitworth, John. *God's Blueprints: A Sociological Study of Three Utopian Sects*. London and Boston: Routledge & Kegan Paul, 1975.

Zablocki, Benjamin. *The Joyful Community*. Baltimore: Penguin Books, 1971; Chicago: University of Chicago Press, 1980.

註

（1）以下の記述は、二〇〇九年七月に、著者のリチャード・シェーファー自身がシェーカー教徒の共同体の一つ、メイン州サバスデイレイク（Sabbathday Lake）を訪れた時のことを基にしている。ケンタッキー州にもある、シェーカー共同体、プレザントヒル（Pleasant Hill）とサウスユニオン（South Union）でのフィールドワークも、同じ年に完了した。

（2）シェーカー教の歴史とライフスタイルについては、Priscilla J. Brewer, *Shaker Communities, Shaker Lives*（Hanover: University Press of New England, 1986）、ならびに、Stephen J. Stein, *The Shaker Experience in America: A History of the United Society of Believers*（New Haven, CT: Yale University Press, 1992）を参照のこと。

（3）Brewer, *Shaker Communities, Shaker Lives*, footnote 26, p. 240. Anita Sanchez, *Mr. Lincoln's Chair: The Shakers and Their Quest for Peace*（Granville, OH: McDonald & Woodward Publishing Co., 2009）, p. 31.

（4）Robert K. Merton, *Social Theory and Social Structure*（New York: Free Press, 1968）.

（5）Raymond L. Muncy, *Sex and Marriage in Utopian Communities*（Bloomington: Indiana University Press, 1973）, p. 20.

（6）Brewer, *Shaker Communities, Shaker Lives*, p. 69.

（7）Eugene V. Gallagher and W. Michael Ashcraft (eds.), *Introduction to New and Alternative Religions*, vol. 2（Westport, CT: Greenwood Press, 2006）, pp. 1-18所収、Suzanne Thurman, "The Shakers"; Anita Sanchez, pp. 102-38.

（8）Brewer, *Shaker Communities, Shaker Lives*, p. 89.

（9）Brewer, *Shaker Communities, Shaker Lives*, p. 88.

（10）以下の文献を参照のこと。Charles Nordhoff, *The Communistic Societies of the United States*（New York: Dover, 1966）; Marguerite Fellows Melcher, *The Shaker Adventure*（Cleveland: Western Reserve Press, 1968）; Edward Andrews, *The People Called Shakers*（New York: Oxford University Press, 1953）. 信者数は概算であり、ウェスタン・リザーブ歴史協会（Western Reserve Historical Society）の記録に基づいている。この記録はAndrews, pp. 290-91において引用されており、

また、最新データは Cathy Newman, "The Shakers' Brief Eternity," *National Geographic*, September 1989, p. 310 からである。

（11） John Whitworth, *God's Blueprints: A Sociological Study of Three Utopian Sects* (London and Boston: Routledge & Kegan Paul, 1975), p. 37.

（12） サバスデイレイク・シェーカー・ミュージアム・アンド・ライブラリーの館長レナード・L・ブルックス（Leonard L. Brooks）からの書簡より。

（13） Whitworth, *God's Blueprints*, p. 37.

（14） Max Weber, *The Theory of Social and Economic Organizations*, translated by A. Henderson and Talcott Parsons (New York: Free Press, [1913-1922] 1947).

（15） Henri Desroche, *The American Shakers: From Neo-Christianity to Presocialism* (Amherst: University of Massachusetts Press, 1971), p. 228.

（16） Émile Durkheim, *Division of Labor in Society*（George Simpson 訳）, reprint (New York: Free Press, [1893] 1933).

（17） Brewer, *Shaker Communities, Shaker Lives*, p. 28. Lawrence Foster, "Women of Utopia: Life among the Shakers, Oneidans, and Mormons," *Communities: Journal of Cooperative Living*, Spring 1904 も参照のこと。

（18） Sylvia Minott Spencer, "My Memories of the Shakers," *The Shaker Quarterly* 10 (Winter 1970): pp. 126-33. June Sprigga, *By Shaker Hands* (New York: Knopf, 1975) も参照のこと。

（19） Frank Donegan, "Shaker Chic," *Americana* 16 (January/February 1989), p. 66.

（20） Thurman, "The Shakers."

（21） Desroche, *American Shakers*, pp. 215-16.

（22） Newman, "Shakers' Brief Eternity," p. 314.

（23） Brewer, *Shaker Communities, Shaker Lives*, p. 140;『ボストン・グローブ』掲載の記事、Stacey Chase, "The Last Standing" (June 23, 2006) 並びに "He Left the Shakers for Lover" (February 28, 2010).

（24） Rosabeth Moss Kanter, *Commitment and Community: Communes and Utopias in Sociological Perspective* (Cambridge,

MA: Harvard University Press, 1973), p. 39.

(25) Melcher, *Shaker Adventure*, pp. 156–57.

(26) Spencer, "My Memories of the Shakers," pp. 126–33. Roger Lee Hall, *Gentle Words: Shaker Music in the 20th Century* (Stoughton, MA: Pine Tree Press, 2009) も参照のこと。

(27) Desroche, *American Shakers*, pp. 118–19. ケン・バーンズ（Ken Burns）は、シェーカー教徒が賛美歌を歌う際、それと一緒に行うマーチングを部分的に修正した現代版を撮影している。本文の後に挙げられている【インターネット情報源】のpbs のウェブサイト上で公開されているビデオクリップを参照のこと。

(28) Thomas Brown, *An Account of the People called Shakers: Their Faith, Doctrines, and Practice* (Troy, NY: Parker & Bliss, 1812), pp. 322–23, 334–36. Lawrence Foster, *Religion and Sexuality: Three American Communal Experiments of the Nineteenth Century* (New York: Oxford University Press, 1981), pp. 42–43. に引用されている。

(29) Julia Neal, *The Kentucky Shakers* (Lexington: Kentucky University Press, 1977), p. 81.

(30) Sister Frances A. Carr, *Growing Up Shaker* (Sabbathday Lake, ME: United Society of Shakers, 1995). Thurman, "The Shakers," pp. 13–15.

(31) 前に述べたように、再来信仰者の中には医師、弁護士、聖職者が多少ともいた。しかしながら、こうした人々はその職業的地位を得た後で、再来信仰者に改宗した人たちだったのである。

(32) Robert K. Merton and Paul L. Lazarsfeld 編 *Continuities in Social Research: Studies in the Scope and Methods of the American Soldier* (New York: Free Press, 1950) 所収の Robert K. Merton and Alice S. Kitt, "Contributions to the Theory of Reference Group Behavior," pp. 40–105.

(33) Charles Nordhoff, *The Communistic Societies of the United States* (New York: Dover Publications, [1875] 1966), p. 132.

(34) Whitworth, *God's Blueprints*, p. 75. に引用されている。

(35) Daniel W. Patterson, *The Shaker Spiritual* (Princeton: Princeton University Press, 1979).

(36) Jeannine Lauber, "Chosen Faith, Chosen Land," *The Untold Story of America's 21st Century Shakers* (Rockport, ME: Down East, 2009). 一九〇〇年のデータは Brewer, *Shaker Communities, Shaker Lives*, p. 238. より。一九八九年のデータは、

一九八九年の夏に交わされたサバスデイレイク・シェーカー・ミュージアム・アンド・ライブラリー（Sabbathday Lake Shaker Museum and Library）館長レナード・L・ブルックス（Leonard L. Brooks）との往復書簡より。さらに、二〇〇九年のシェーファーのフィールドワークにも基づいている。

（37）この言葉はシスター・ミルドレッドによるもので、ジェラルド・C・ワートキン（Gerald C. Wertkin）が、*A Place in Time: The Shakers at Sabbathday Lake, Maine*（Boston: A Pocket Paragon Book, 2006）の「はしがき」で引用している。

（38）*A Collection of Essays by The Shaker Studies Class of 2006*（Sabbathday Lake, ME: Shaker Museum, 2006）, p. 3.

訳註

（＊1）シェーカー教団の正式名称。

（＊2）一九六〇年代後半から七〇年代前半にかけてヒッピーが唱えた愛と平和のスローガン。

（＊3）中国系アメリカ人のチェリスト。

（＊4）イスラエル生まれのヴァイオリニスト、指揮者。

（＊5）米国生まれのクラリネット奏者。

（＊6）ベネズエラ出身のピアニスト。

（＊7）女性がドレスやブラウスの上に着るベストや、バストからウエストにかけてひも締めにして着る胴着。

（＊8）ボンネットは、婦人用の帽子の一種で、頭頂から後ろにかぶり、あごの下でひもを結ぶ。

第4章　モルモン教徒

アメリカ合衆国にある、およそ一二〇〇ものさまざまな宗教の中で、モルモン教徒ほどに動乱の歴史をもつものはない。この点で、モルモン教徒は群を抜いているといっても過言ではないだろう。(1) 彼らは論争の最中に誕生し、一九世紀の大半を通じて中傷されたにもかかわらず、米国のみならず世界の多くの地域において、信じられないほどの活力に満ちた社会宗教的組織を確立するのに成功してきた。

1　「焼き尽くされた」地域

モルモン教の下地と基礎は一八二〇年代のニューヨーク州西部で計画された。その地域は「焼き尽くされた」地域（"burned-over" district）(＊1) として知られるようになった。すなわち、宗教的熱意によって、辺り一帯が焼き尽くされたのである。アメリカの歴史において、それほどまでの宗教的熱情が一つの地域に詰め込まれたことは一度もなかった。聖書、啓示、説教師、預言者が驚くべき速さでやって来た（そして、去っていった）。

ミラー派信奉者（Millerites）(＊2) は、世界が終末に近づいている、と公言した。アン・リー率いるシェーカー教徒 (＊3) は性交と結婚を断ち、近隣にセツルメント（定住地）を形成した。啓示によって支配するジェマイマ・ウィルキンソン（Jemima Wilkinson）[＊4]はエルサレムという名のコロニーを築いた。ジョン・ハンフリー・ノイズ（John Humphrey Noyes）[＊5]はオナイダ共同体《コミュニティ》（Oneida Community）を設立した。死者と交信した、と主張するフォックス姉妹（Fox sisters）[＊6]は現代の心霊主義運動を創始した。こういったことすべてがおおよそ一八二五年から一八五〇年の間に、ニューヨーク州西部で起こったのである。それより古くからある宗派——メソジスト派、バプテスト派、長老派——ですら、分裂や意見の相違によって引き裂かれていた。

　このような宗教的混乱の最中に登場したのがジョセフ・スミス・シニア（Joseph Smith Sr.）とその妻ルーシー（Lucy）だった。ルーシー・スミスはバプテスト、メソジスト、ローマ・カトリックといった、当時の公認されていた宗派の多くを意識的に疑い、長老派こそが支持すべき宗派だろう、と結論づけた。彼女の八人の子供のうち三人が彼女に加わったが、ジョセフ・ジュニアはもっと時間が必要だ、と述べた。彼自身の説明によれば、本当に途方に暮れた彼は聖書に救いを求め、ヤコブの手紙の第一章第五節の次のくだりに心を打たれた。「あなたがたの中で知恵の欠けている人がいれば、だれにでも惜しみなくとがめだてしないでお与えになる神に願いなさい、そうすれば、与えられます」[2]。

　したがって、ジョセフ・スミスは神にこの上なく重要な問いかけをするために、森に入った。そこで、父なる神とその子であるイエス・キリストの両方が彼に下ったので、まさにそこで、彼は最初の宗教的経験をしたのである。その時、特に、彼がいわれたのは、現存する宗派は「大間違い」なので、そのいずれにも加わってはならない、ということだった。スミスはその当時たった一五歳で、この降臨は永久に彼の心に刻み込まれた。

　スミスは、神とキリストが自分に下ったという事実を隠そうとはしなかった。ティーンエージャーなら、無理もない興奮した様子で彼はその出来事を明かしたが、誰も彼の話に耳を傾けなかった。「間もなく、わかったことは」と彼はいった、「私がその話をすると多くの偏見がかき立てられた、ということである……私はたった一五歳の無名の少年だったが、社会的地位の高い人々は私に対する世間の反感をかき立て、苛烈な迫害を引き起こすのに十分な関心を寄せるのだった(3)」。

その当時の彼には知りえなかったことであるが、ジョセフ・スミスへの迫害は、彼が生きている間はやむことがなかった。それどころか、迫害に拍車がかかるようになるのだった。しかし、たけり狂う荒波にもかかわらず、彼は自分の宗教的信条を撤回する、あるいは、それに関して迷うなどといったことは一度もなかった。彼が啓示や神の降臨だ、と主張したものは彼が亡くなる日まで続いたのである。

金板

次の降臨はその三年後（一八二三年）、スミスが一八歳の時に訪れた。これには天使モロナイ（Moroni）、並びに、金板の発見が伴ったために、それは彼のすべての宗教的経験の中で最も注目すべきものだった。これらの金板、もしくは、銘板はモルモン教の基礎そのものであるので、ジョセフ・スミス自身の説明を読むことにしよう。

夜、私が床に就いた後、空中に立っている――というのは、足が床に着いていなかったからだが――人の姿がベッドサイドに現われた。彼はゆったりとした純白のローブを着ていた。……

彼は私を名前で呼び、自分は神の御前からやって来た使者である、名はモロナイという、神はお前がなすべき務めを用意なさっている、といった。……

彼は私にいった、金板に書かれた書が置いてあり、永遠の福音のすべてがそこに含まれている、と。また、銀の環の中に二つの石が嵌め込まれていること――胸当てに留められた、これらの石はウリム

（Urim）とトンミム（Thummim）[＊7]と呼ばれるものであること、神はその書を翻訳させる目的でそれらの石を用意なさったことを告げた。[4]

結局、ジョセフ・スミスは（今では、「クモラ」Cumorah[＊8]として知られている）丘から金板を掘り出し、家に持ち帰った。板はそれぞれ八インチ四方の大きさで、枚数がたくさんあったので――積み重ねると厚さ六インチにもなった――総重量はかなりのものだったに違いない。だが、若いジョセフ・スミスは難なくそれらを運んだ、いや少なくともその事実には一切触れなかった。とはいえ、彼はそれらを邪悪な者の手中に落ちないようにするのに苦労した。「というのは、私がそれらを持っているということが知られるや否や、それらを私から奪う最も激しい努力が払われたからである。しかし、神の英知により、それらは、私が命令を遂行するまで無事に私の手中にあった[5]」。

金板は古代の言語で書かれていたが、ジョセフ・スミスは――ウリムとトンミムに助けられて――それらを比較的容易に翻訳した。彼が翻訳を終えると天使モロナイがやって来て、元の金板一式とウリム、および、トンミムの両方を取り戻した。もちろん、翻訳はこの世に残り、モルモン書（Book of Mormon）[＊9]として知られるようになった。

その書の主題やその書を取り巻く状況を考えると、モルモン書が論争の源となったのも不思議ではない。事実、それは最も激しい論争を巻き起こした書物の一つである。その作者、あるいは、翻訳者――当時、ほんの二三歳だった――は、アメリカの社会史において最も戸惑いを与える人物の一人である。

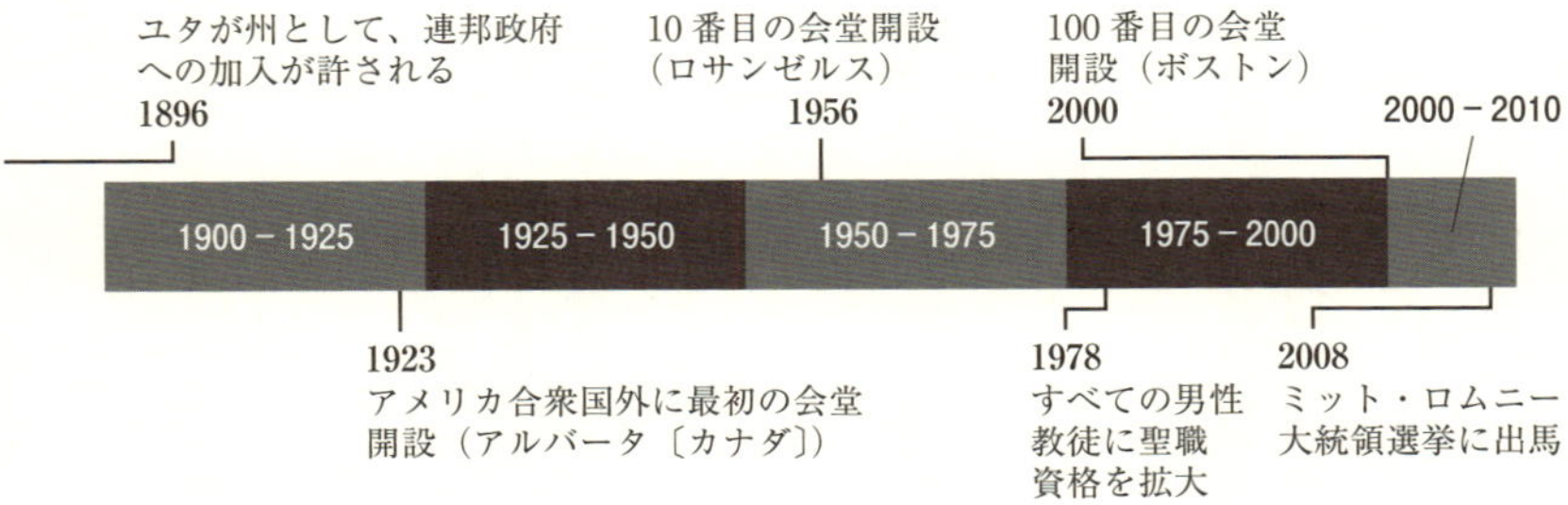

2　ジョセフ・スミス――論争を引き起こした男

ジョセフ・スミスは一八〇五年にヴァーモント州シャロンで、ニューイングランドの旧家に生まれた。彼の幼少期の行動のうち、他の出来事の前兆となるようなものがあったかどうかは、見解の問題である。彼の祖父は神を見たと主張し、実際にその経験を本という形で公にした。ジョセフ自身は隠れた宝物の場所を突き止めるのに、「ピープ・ストーン」（peep-stone）という、地元原産のクオーツまたは水晶の一種を好んで用いた。どんなに掘っても値打ちのあるものは一度も出てこなかったが、この少年は生き生きとした想像力と――きわめて重要なことに、――自分よりも年上の人々を率いる能力があることを示してみせた。ちなみに、ピープ・ストーンを用いることは、当時では、かなり一般的な慣行だった。

　スミス家は決して極貧というわけではなかったが、ジョセフの父は生計を立てるのにいくらか苦労した。ニューヨークに移り住んでも、一家の運命は好転しなかった――若いジョセフの宝探しの運もよくならなかった。彼は競争経済の中でどう生きていただろうか、ということは知る由もないだろう。というのは大部分の若者が年季奉公している年齢でジョセフ・スミスは金板を発見・翻訳していたからである。また、彼の幼少期の知り合

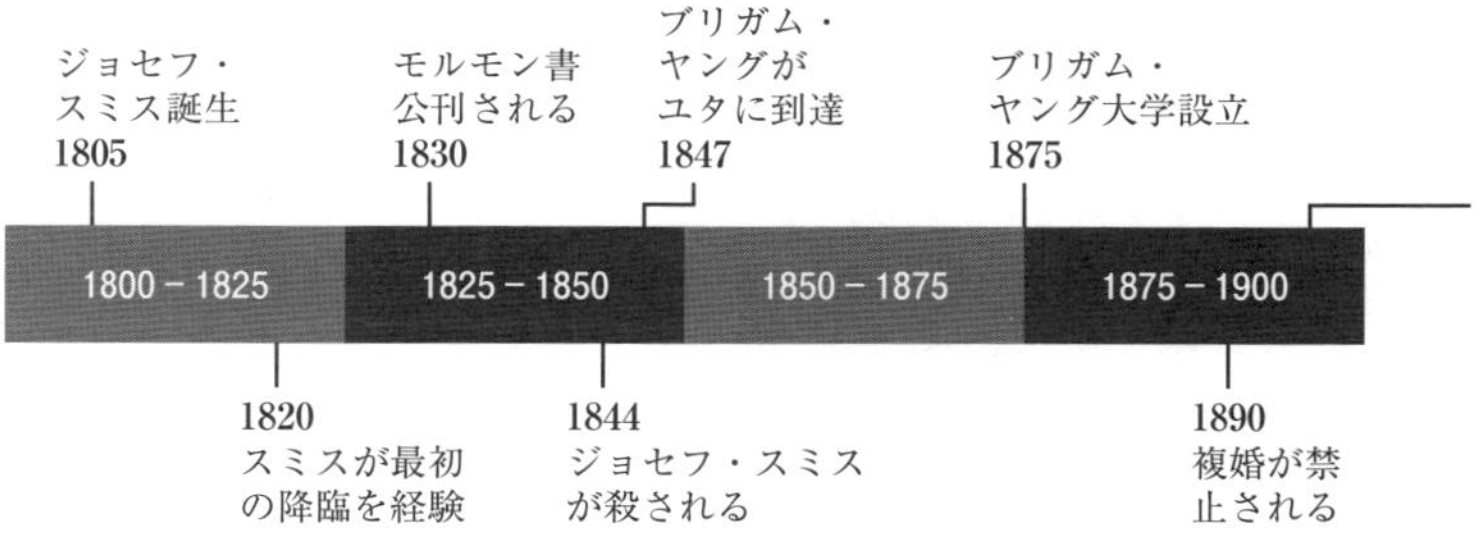

図4　モルモン教徒年表

いのほとんどが商売や農業を始めている年齢で、ジョセフは教会を設立していたのである。

モルモン書

ジョセフ・スミスによって翻訳されたモルモン書（the book of Mormon）は膨大で、かなり入り組んだ作品である。現在の版は二段組で五三一ページにも及び、一五編——ニーファイ（Nephi）書、ヤコブ（Jacob）書、エノス（Enos）書、ジェロム（Jarom）書、オムナイ（Omni）書など——に分かれている。各編はさらに章と節に分かれているために、様式の点では聖書に似ている。事実、旧約聖書や新約聖書に登場するくだりの多くがそっくりそのまま引用されている。

　モルモン書は紀元前六〇〇年頃にエルサレムを離れた家族の来歴を語るものである。父親のリーハイ（Lehi）はユダヤ人の預言者で、エルサレムは破壊される運命にあると神に告げられた。リーハイの指揮の下、家族は何人かの友人や隣人たちと一緒に小さな船を建造し、東方へ向かった。結局アメリカの西海岸に到達したことから、彼らはアラビア海、インド洋、南太平洋というルートで航海したのだろう。

　その小さな集団は約束の地である、この新世界に定住し、間もなくその規模を拡大し始め、また、その数を増やし始めた。リーハイが死んだ時、グループは二つの派閥に分裂し、そのうちの一つは四男のニーファイに、もう一つは長男のレーマン(Laman)に従っていた。ニーファイ人とレーマン人はついに敵対するようになり、戦争が起こった。モルモン書によると、彼らはアメリカ先住民の祖先だった。

要するに、ニーファイ人は発展したが、レーマン人は衰退し、両グループともにイスラエル出身ではあったが、ニーファイ人の中からイエスが現われたことは、さほど驚くべきことでもなかった。実際、彼はパレスチナで教えていたことと同じことを教え、ほぼ同じやり方で自分の教会を設立した。しかしながら、時がたつにつれてニーファイ人が成長し、繁栄していくと、彼らはキリストの教えに背きがちになった。モルモン——ニーファイ人の年代記をつけていた——のような預言者たちは彼らに行いを改めるよう説いたが、無駄だった。神はついにニーファイ人に我慢できなくなり、彼らの宿敵であるレーマン人が勝つことを許した。

最後の戦いは紀元四〇〇年頃にクモラという丘で起こり、ニーファイ人は民族としては滅ぼされた。ニーファイ人で最後まで生き残ったのはモルモンの息子モロナイ(Moroni)で、彼は年代記をつけるという父の仕事を引き受け、結末部分を書き、その記録全部を——金板という形で——クモラに埋めた。このモロナイは復活した人物として、ジョセフ・スミスに金板の隠し場所を明かしたモロナイと同一人物だった。

旧世界と新世界との精神的な架け橋という考えは特にその当時、アメリカ先住民の起源をめぐって多くの推測がされていたために、アメリカ合衆国の人々には当然、魅力あるものだった。ニーファイ人とレーマン人の記述はモルモン書のわずか一部分でしかないけれども、その中心的主題の一つ、すなわち、善と悪の循環を例示している。人間は神の掟に従うからこそ、成功し、繁栄する。だが、繁栄は驕りにつながり、驕りは利己心に、また、神のしきたりの拒絶につながる——それゆえに、人間は堕落する。再起するためには、人間は悔い改めて神の許しを請わなくてはならない。

善良さから繁栄へ、繁栄から驕りと利己心へ、驕りと利己心から転落へ、転落から改悟へ、という筋立ては、さまざまな文脈で、また、多くの諸民族に関して何度も繰り返されている。改悟は善良さにつながり、循環が再開する。モルモン書に曖昧な表現、もしくは、不明な点はほとんどない。善と悪はきわめて明瞭に描かれている。この明晰さがモルモン書の魅力を増していると指摘する解説者は一人にとどまらない。

疑う人と信じる人

前に触れたように、金板——および、そこに刻まれた物語——は雪崩《なだれ》のように多くの論争を引き起こした。学者が批判的な人々はそれらをインチキだと非難し、ジョセフ・スミスはほら吹きにすぎないと罵倒された。学者が象形文字を訳すのに手こずるのならば、一体、どうして教育を受けていない二三歳の若者がそれらを翻訳できたのだろうか？　さらに、モルモン書には多くの間違いが含まれている。ラバン（Laban）の鋼鉄の剣は、鋼鉄が発明される相当以前の紀元前六〇〇年には存在していたと伝えられている（ニーファイ第一書第四章第九節）。新世界で最初の牛は、実際にはコロンブスが二度目の航海の時に持ち込んだものなのに、鋼鉄の剣と同じ頃に新世界に牛がいたと伝えられている（ニーファイ第一書第一八章第二五節）。

批判者の中には、モルモン書をあまり巧妙ではない聖書の言い換えの試みとみなす人々もいる。彼らは名前のつけ方、および、言葉遣いの類似点に注意を喚起している。例えば、「……ということになった」（"And it came to pass"）という語句は二千回も登場する。(*10)

モルモン教の支持者はこれらの主張すべてをきっぱりと退けている。ジョセフ・スミスは神の真の預言者なのだから、金板を翻訳するのに正規の教育は必要なかったと彼らは信じている。全能の神の道具として、ウリムとトンミムだけが必要だった。

金板それ自体に関して、モルモン教会を擁護する人々は、一一人の証人が実際にその板を見たと——宣誓供述により——証言したと指摘している。こうした証人の多くが後に、モルモン教会を脱会して関係を完全に断ったのであるが、金板に関する自らの宣誓証言を否認した者はこれまで一人もいなかった。今日まで、どのモルモン書にもその一一人の署名と共に宣誓供述書の複製が含まれている。

考古学的証拠に関して、モルモン教会を擁護する人々は、それは不確かであり、当局自体がさまざまな解釈をしており、また、新たな発見が絶えずなされていると主張している。すべての証拠が出揃った時、金板に含まれる記述の正しさが確証されるだろうと考えられている。その他の批判——語の意味、文法、および、言い回しを含む——は、原稿が出版に向けて処理されるたびに生じる瑣末な点だとして一蹴されている。

信者の大部分は、モルモン書は時の試練に耐えてきた内的一貫性のある文書であると強く信じている。それは美しい文章で書かれ、永遠に教育上有益で、神の言葉を忠実に反映したものだと彼らは思っている。彼らはそれを——旧約聖書、並びに、新約聖書と共に——聖書として受け容れているのである。(6)

3　草創期

一八三〇年四月六日、六人の若い男性がクモラの丘からそう遠くない場所に集まった。(＊11)ジョセフ・スミス自身に加え、オリヴァー・カウドリ（Oliver Cowdery）(＊12)、ピーター・ホイットマー（Peter Whitmer）(＊13)、デーヴィッド・ホイットマー（David Whitmer）の他に、ジョセフの兄のハイラム（Hyrum Smith）と弟のサミュエル（Samuel Smith）(＊14)がいた。全員が金板を見ていた——そう証言していた——のであり、全員がそこに刻まれたメッセージに深く心を動かされていた。ニューヨーク州の法律は法人組織を設立するには、最低でも六人が必要と定めており、まさに六人揃っていた。会合が始まると、ジョセフ・スミスは、「さあ、お前たち皆で記録をつけなくてはならない。また、そこでは、汝を聖見者、翻訳者、預言者、イエス・キリストの使徒、神の意志による教会の長老と呼ぼう」という啓示を神から受け取ったと宣言した。

この啓示により、また、これら六人の原会員の満場一致の同意により、ジョセフ・スミスは神の預言者、ならびに、教会の紛れもない指導者であると承認された。今日でさえ、モルモン教徒は日常会話の中で、彼を預言者と呼んでいる。しかしながら、当初の目的は単にキリストの教会であったので、〈モルモン教会〉(Mormon Church) という語はまったく採用されなかった（外部の人々は信者を〈モルモン教徒〉や〈モルモン派〉と呼んだ)。数年後（一八三八年)、現在の名称——「末日聖徒イエス・キリスト教会」(Church of Jesus Christ of Latter-day Saints) ——が公式名称となった。(「末日」は、聖書に基づく歴史の初期とは反対のものとしての現代を指す)。

教会員はモルモン教徒と呼ばれるのを嫌がっているわけではない。彼らは自らその名称を使用している。とはいえ、彼らは〈聖徒〉、〈末日聖徒〉、〈ＬＤＳ〉(Latter-day saints) といった言葉を用いることの方が多いようだ。

教会は急速に成長した——会員は一年もたたないうちに一〇〇〇人となった。背景においても、神学においても、アメリカのものであるということもあってか、ＬＤＳは多くの人々を自然と惹きつけるものであることがたちまち明らかとなった。その上、この初期の時代には、教会は多くのきわめて有能で精力的な指導者にも恵まれた。真のカリスマ的指導者であるジョセフ・スミスに加えて、オリヴァー・カウドリ、シドニー・リグドン (Sidney Rigdon)(＊15)、パーリー・プラット (Parley Pratt)(＊16) がいた。ブリガム・ヤング (Brigham Young) という名の男もいた。

しかしながら、モルモン教会の成長には、長きにわたる悪意に満ちた迫害が伴った。ニューヨーク州では、ジョセフ・スミスは治安を乱したかどで何度か逮捕された。嫌がらせから逃れるために、預言者とその支持者らは西へ——オハイオ州、ミズーリ州、イリノイ州へ——移動したが、各州で本当の苦難に遭遇した。急襲、暴徒による襲撃、喧嘩騒ぎ——迫害の試練は果てしなく続くように思われた。ジョセフ・スミス自身、何度も襲われ、打たれ、投獄された。

モルモン教の四人の指導者が拘束されていた、イリノイ州カーシッジの刑務所を暴徒が襲撃した一八四四年六月二七日、こうした迫害に終止符が打たれた。(＊17) ウィラード・リチャーズ（Willard Richards）とジョン・テイラー（John Taylor）(＊18) はどうにか生きて脱出したが、ジョセフ・スミスとその兄ハイラムは容赦なく撃たれて、死亡した。

4　余波——そして、ブリガム・ヤング

モルモン教の指導者の死はイリノイ州の市民と国民一般の両方に衝撃を与えた。一般市民の中には、末日聖徒が表舞台に登場し、宗教界を支配するのではないかと思う人たちがいた。懐疑的な人々はそのようには考えず、忠実な信者たちがその預言者の死の後も果たして存続するのかどうか疑っていた。

多くの宗教組織もまたそうであるように、創始者の死は大きな危機を引き起こした。教会の十二使徒は後継者のことで祈り、ブリガム・ヤングが教会の第二代大管長となるべきだという啓示を神から受け取ったと宣言したが、ヤング自身は気乗りしない様子であった。教会内の別のグループが今では、「コミュニティ・オブ・クライスト」（Community of Christ）として知られている、「復元末日聖徒イエス・キリスト教会」

(Reorganized Church of Jesus Christ of Latter Day Saints) を創始した。この後者のグループの指導者はジョセフ・スミス三世 (Joseph Smith, III)(＊19) とエマ・スミス (Emma Smith――教会創始者の息子と妻) だった。ビッカートン派 (Bickertonites)、ストラング派 (Strangites)(＊20)、「キリストの教会」(Church of Christ, 別名テンプル・ロット [Temple Lot])(＊21) を含む、もっと小さな他の分派がこの頃に離脱したが、それらのうちのいくつかは今でも活動している。

「末日聖徒イエス・キリスト教会」は存続したばかりか、成長し、繁栄した。ジョセフ・スミスの死は指導者の不在という結果に終わらなかった。それどころか、LDS (末日聖徒) にはかなりたくさんの有能で熱心な人々がいたのである。もちろん、ブリガム・ヤングほどの人は彼一人だけであったが。

一八〇一年にヴァーモント州ホワイティンガムで生まれた、ブリガム・ヤングは伝えられるところによれば、町で最も貧しい家族の出だったという。学校に行く代わりに手仕事をした。熟練した大工、塗装工、ガラス工になり、また――その傍ら――読み書きを学んだ。もっともメソジストになる二二歳まで、格別の宗教的傾向を示したわけではなかった。メソジストになってから数年後、彼はモルモン書を読んでそれが信頼すべきものであることを確信した後、LDSに改宗した。

一八三二年にジョセフ・スミスに会い、二人は長時間にわたって話をした。その時から、ブリガム・ヤングはこの預言者の最も忠実な支持者の一人――また、モルモン社会の最も熱心な働き手の一人――であった。大工として会堂の建築を手伝い、都市計画立案者として都市全域を設計し、宣教師としてイギリスで目覚ましい記録を達成した。教会内での彼の出世は速く、一八四四年にジョセフ・スミスが亡くなってからは、三〇年以上もの間、LDSで最も有力な人物であった。彼の指揮がなければ、モルモン教はどのような形態をとっていたのか、想像するのは難しい。

モルモン教徒に対する迫害は、短い――そして、不安定な――中断の後、再び始まった。ジョセフ・スミス殺害の容疑者たちは裁判にかけられたが釈放され、その時から事態は一層悪化した。群衆がモルモン教徒の家族を襲った。ＬＤＳの建物には火がつけられた。襲撃と反撃は加速した。両方の陣営が銃を用いたこともある。一八四五年の終わりまでに、末日聖徒たちはイリノイ州を去らなくてはならないだろうということが明らかになってきた。

脱出は一八四六年二月四日の朝に始まったが、道は険しかった。聖徒たちが四〇〇マイル先のアイオワ州カウンシル・ブラフスにたどり着くのにほぼ五カ月かかった。だが、ロッキー山脈はさらに五〇〇マイル先にあった――そして、山脈の向こう側には、また別の土地が一〇〇〇マイルにわたって広がり、そのほとんどは人の住んでいない土地だった。

一八四七年春、ブリガム・ヤングとヒーバー・キンボール（Heber Kimball）(＊22) に率いられた、およそ一五〇人のモルモン教徒から成る先発グループは、新しい道を切り開こうと企てた。彼らの成功は驚くべきものだった。モルモン・トレイル（Mormon Trail）(＊23) として知られているその新しいルート伝いに、結局、ユニオン・パシフィック鉄道（Union Pacific Railroad）(＊24) とハイウェイ30号線が走ることとなった。

開拓者たちはロッキー山脈を越えて前進し、一八四七年七月二四日の朝、ブリガム・ヤングはグレート・ソルトレーク盆地を初めて目にした。彼は片手を上げていった、「十分遠くまで来た。ここは申し分のない場所だ」。彼に付き従ってきた人々は彼のいわんとしていることがわかっていた。その時から、モルモン教徒は七月二四日を最大の祝日である開拓者の日として祝うこととなった。今日では、その日はユタ州の公式の祝日であり、開拓者の遺産――必ずしもモルモン教の遺産とは限らないのだが――を祝う日とされている。例えば、開拓者の日は、今では、その地域の歴史の理解を広げるために、毎年行われるアメリカ・インディアンの部族間会議を含むものとなっている。

5 複　婚

ソルトレーク地方がいったん統合されると、モルモン教徒たちは着実で急速な成長を経験した。どんな組織もそうであるように、彼らも問題や対立を抱えていた。しかし、他のすべての問題を小さく見せてしまうような問題、組織をもう少しで倒すところだった問題が一つあった。それは「複婚」(polygamy)であり、モルモン教にとって危うく致命的となるところだった習慣そのものが、世間一般の人々の心の中ではモルモン教と限りなく結びつけられているらしいのは皮肉である。

厳密にいうと、複婚は配偶者——夫、ないし、妻——を複数持つことを指すのに対して、「一夫多妻」(polygyny)には妻を複数持つことだけが含まれる。しかしながら、当時のモルモン教徒について書いた人々は、彼らに言及する際、〈複婚〉という言葉を用いたのであり、どういうわけかその言葉が根強く残ってきた。したがって、本項では終始、〈複婚〉という語を用いることにする。

第一に、どのようにして末日聖徒たちは複婚を採用するようになったのか? 多くの説明がなされてきたが、その大部分は間違っている。過剰な女性教会員の面倒をみるために複婚が利用されたのではないかと示唆されてきた。しかしながら、国勢調査の数字が示すところによれば、ユタ地方では——西部の大部分がそうであるように——女性ではなく、男性が過剰だった。

複婚は男性の強い性的衝動を満たす都合のいい方法にすぎなかったともいわれてきたが、性への関心が何にもまして重要だったなどということは到底あり得なかった。男性は、妻をもう一人娶《めと》ることができるようになる前に、監督のみならず、最初の妻の許可を得なくてはならなかった。男性はそうすることによってのみ、LDSで認められた結婚をするのだと確信できた。

末日聖徒たちが複婚を採用したのは一つの理由、それもただ一つの理由からであった。その習慣は――預言者ジョセフ・スミスを通して啓示されたように――神によって定められたものだと彼らは確信していたのである。現代の学者の事実上、全員がこの点で、意見が一致している。

始まり

モルモン教の複婚の歴史には空白が数多く含まれているが、以下の情報は証拠によってかなり十分に裏づけられてきた。ジョセフ・スミスが神から複婚を命ずる啓示を受けた、と伝えたのである。啓示の日は明らかではない。とはいえ、一八四三年七月一二日だ、と記録された、というのは、その日に預言者ジョセフ・スミスが後に原理として知られるようになる長い啓示を自分の書記に入念に口述したからである。

当初、複婚はまったく公認されなかった。それどころか、その啓示自体が長年にわたりブリガム・ヤングの手文庫の中にしまわれていた。しかしながら、複数の妻を娶る教会の支配者層が増えるにつれ、次第に秘密の要素は失われていった。オーソン・プラット（Orson Pratt）(＊25)とブリガム・ヤングが――預言者のかつての啓示に基づき――一八五二年に公式声明を出した時には、〈原理〉はいくらか公然の秘密となっていた。

もちろん、この頃までにモルモン教徒は東部と中西部から「逃れて」いた。ロッキー山脈のかなり向こう側で、彼らは自分たちの領土に無事落ち着いた――あるいは、落ち着いたと思っていた。教会の指導者たちは、〈原理〉が問題視されないままで済むとは思わなかった。彼らはアメリカ合衆国政府による何らかの介入を予想していたが、法廷は――宗教の自由のために――LDSに味方してくれるだろう、と思っていた。だが、これは間違った評価だった。

それにもかかわらず、ほぼ五〇年間、末日聖徒は複婚を実践しただけでなく、かなりの成功を収めつつ実践したのである。このような複婚の実践はアメリカの社会史上、最も珍しい大規模な実験だったであろう。

複婚の実施

当時、モルモン教の複婚について多くの誤解があり、その一部はまだ残っている。東部のいくつかの新聞のぞっとするような記述によると、モルモン教徒の家長は——猥褻目的で——疑うことを知らない少女たちを大量にかっさらっているにすぎなかったという。そうした非難は明らかにナンセンスであったが、それらは世論を刺激するのに大いに役立った。(7)

「典型的なモルモン教徒の家長」は妻を一人だけ持つことに満足していた、というのは複婚を許すどの集団でも、大部分の信者は依然として単婚を実践しているからである。これは、結婚適齢期の男女の数がおおよそ同じであることによる。一方の性がもう一方の性より多い時でも、その差は大抵わずかであり、したがって、——一般的にいえば——おしなべて複数の配偶者を持つということは、誰か他の人が結婚の機会を奪われることを意味する。

実際に複婚を実践したモルモン教徒は何パーセントいたのだろうか？　正確な回答はつかみにくいままである。その数字は一八六〇年頃をピークとし、長年にわたり明らかに変化した。全般的な数字——〈原理〉を実践したことのあるモルモン教徒の男性の割合——はＬＤＳによって三パーセントと推計されている。モルモン教会に批判的な人々はその数字を二〇‐三〇パーセントという高い値だと判定した。学問的な推定の大部分を考慮に入れれば、適正な推定値は一〇‐一五パーセント近くであるだろう。どのような数字であれ、非常に重要な一つの事実がしばしば見落とされている。すなわち、複数の妻を娶ったらしいのは上層部にいる男性信者たち――とりわけ、教会の階層的序列《ヒエラルキー》の頂点にいる男性たち――だったという事実である。

一般的な複婚の習わしは、男性が何組かの姉妹と結婚するというものだったが、そうすることによって、家庭内の緊張が弱まるだろうという考えがあってのことだった。理由はどうあれ、ジョセフ・スミスは三組の姉妹と結婚したと伝えられている。ヒーバー・キンボールは四組の姉妹と結婚した。ジョン・D・リー（John D. Lee）（＊26）は三人姉妹と結婚したばかりか、なんと彼女らの母親とも結婚したのだ！　こうしたことが続いていった。

複婚の経済的側面はどうだったのだろうか？　何人もの妻（並びに、そうした妻たちとの間の何人もの子供）を持つことはプラスになったのか、それともマイナスになったのか？　多くの場合、それはマイナスになった。モルモン教徒の農場経営者にとって、妻と子供を余計に持つことは農場の働き手が増えることを意味していたというのは確かに本当だ。だが、末日聖徒の多くは農場経営者ではなく、農場経営者である聖徒たちの間でさえ、「収穫逓減」（diminishing returns）（＊27）の問題があった。一五人の妻と四五人の子供を持つ、モルモン教徒の農場経営者が家族全員を生産的に農業に従事させておくことは、到底望めなかった。

モルモン教会の複婚主義者たちの非常に多くが高い経済的階層の出だったことは、そう不思議なことではない。貧しい教会員にはそのようなことをする金銭的余裕などなかったのであり、それは関係者全員が十分理解している人生の現実だった。多妻結婚はモルモンの男性だけでなく女性にとっても、地位上の利点を有するものであった。複婚をした妻たちは最も影響力の強い男性との関係を通じて、また、他の会員の宗教的、および、社会的モデルとして役立とうという意識を通じて、より高い地位を占めていた。夫婦の両方が来世で「昇栄」（exaltation）（＊28）という最高位に到達することができるように、最初の妻が気乗りしない夫にもう一人の妻を娶る

よう積極的に勧めることは珍しいことではなかった。(8)

日の栄えの結婚

ジョセフ・スミスによって広められ、LDSによって実践された啓示に基づく教義の一つが、「日の栄えの結婚」(celestial marriage) である。この概念によれば、結婚にはまったく異なる二つのタイプがある、という。一つは、この世にいる間だけ結ばれる結婚、もう一つは、永遠に結ばれる結婚である。前者は、夫か、妻のどちらかが死んだ時に壊れる現世の結婚とみなされている。それに対して、日の栄えの結婚は男性と女性をこの世にいる間だけでなく、永久にずっと「結び固める」のに役立つ。そのような結婚はモルモン教の会堂で必ず式が挙げられ、非モルモン教徒には決して明かされないような儀式や典礼を含んでいる。他の種類の儀式——世俗のものであれ、宗教的なものであれ——は死ぬまでの間しか有効ではない、と考えられている(非モルモン教徒との結婚はLDSの方針に反するために、その儀式は会堂では行われない)。

肝心なのは、日の栄えの結婚は複婚とうまく調和していたということである。例えば、この世の、ならびに、永遠の結び固めを受けた男性がその妻に先立った場合、その妻は——自身が望むのであれば——この世にいる間だけ別の男性と結婚することができた。そうした女性たちの中には、ジョセフ・スミスとこの世の、ならびに、永遠の結婚をし、たとえ彼との間に子供をもうけたとしても、後に(預言者スミスの亡き後に)ブリガム・ヤングとこの世の結婚をした人々がいた。

この世の結婚ではなく、永遠の結婚をすることもできた。一度も結婚することなく、死んだ女性が——死後に——LDSの男性と永遠に結び固められるということが可能だった。複数の妻を持つことはまったく容認できることだったので、その男性にはすでに法律上の妻がいるかもしれない、という事実は重要ではなかった。

複婚家庭

生活の仕方は複婚家族の間で異なっていた。時には、妻たちが一つ屋根の下で夫と暮らしていることもあった。しかしながら、その中でもより大きな家族では、それぞれの妻とその子供に別々の住居があてがわれるのが通例だった。いずれにせよ、えこひいきをしないのが思いやりのある夫だ、と考えられていた。少なくとも仮説的には、夫がそれぞれの妻と一緒にいる時間（並びに、それぞれの妻に費やす金）は平等でなくてはならなかった。明らかに夫が「ローテーション」――それぞれの妻と順に一晩ずつ過ごす――を実践している場合もいくつかあった。

「異邦人」（Gentiles 非モルモン教徒）の間では愛の共有と呼ばれるこの行為が妻たちを性的欲求不満にさせたかどうかについて、尋ねられることが時々ある。厳密に事実という意味では、このようなデリケートな問題についての情報はほとんどない。妻たちがこうした方面での不満を一切口にしていなかったという事実は、その問題があまり重要ではなかったことを暗示している。

一九世紀の間、モルモン教徒であるとないとにかかわらず、アメリカでは女性の役目は子供を産むことだとみなされていた。産児制限は一般社会では決して容認されず、また、モルモン教会は今でもそれに難色を示している。肝心なのは、女性の大部分は性交を今日考えられているような快楽をもたらす活動とみなしていなかったということである。それどころか、それはいくらか公然と「妻の義務」と考えられていた。

複婚に関わる問題はセックスだけではなかった。嫉妬、経済的なことに関する口論、育児、姻戚との対立――これらも関係していたのである。例えば、単婚では、姻戚は通常四人おり、その結果生ずる問題は夫婦の不和の要因としてよく知られている。妻が二人、ないし、六人、ないし、一〇人いた場合、姻戚問題は実に手に負えないものだったに違いない。

嫉妬の例もかなりよくみられた。夫の注意を引こうと張り合うことは多少ともあった――夫が皆に公平に接するには、超人的な努力が必要だったであろう。中年の夫が追加の妻として若い女性を迎えた時には、軋轢が生じたようだ。

いくつかのゆゆしき問題が存在したのは明らかなので、複婚が――実際そうだったように――うまくいったということはすべてを考慮に入れると、注目すべきことである。不満に耳を傾けなくてはならなかったのは指導部だった。一八六〇年にブリガム・ヤングは、彼の言葉でいうと、「ニガヨモギの杯を飲んでいる」ような、この制度にちなんだ苦労話にたびたび耳を傾けなくてはならない、と語った。(9) この預言者の問題はさておき、モルモン教会の複婚主義の最もすぐれた報告の一つは、ブリガム・ヤングの孫キンボール・ヤング（Kimball Young）によるものである。新聞、雑誌、日記、自伝の調査のみならず、個人面接を通じて、ヤングは複婚のおよそ半分が大成功を収め、四分の一がまずまずの成功を収め、また、おそらく四分の一にかなりの、もしくは、深刻な不和が生じている、と推定した。

これらの数字を単婚のそれと比較する満足のいく方法はまったくないけれども、モルモン教会の複婚主義は結婚という船に容赦ない挑戦状を度々、突き付けたようである。キンボール・ヤングによると、「この文化はこうした不和を処理するための標準化された方法を提供していないので、本当の問題はそうした困難を容易に解決できないことだった。これらの信者の多くは原理に従って生きようと心から努力した。しかし、嫉妬心を抑えないというような、単婚から借用された規則を適用した時、彼らは本当の困難に陥った(10)」。

6　多妻結婚の終焉

モルモン教会の複婚主義者たちには、それぞれに相応の——もしかすると、いささか相応以上の——家庭不和があった。とはいえ、時間が与えられていたならば、複婚制度を機能させることはできたであろう。問題は克服できないものではなかったし、聖徒たちは献身的だった。関係者全員にとって不運なことに、実際の問題は内因的なものというよりもむしろ外因的なものだったので、時がたつにつれ、状況は悪化した。外部の社会に関する限り、複婚は癒すことができないほどの傷を作り出しているということがまもなく明白になった。(11)

異邦人（非モルモン教徒）の新聞に実際描かれていたように、モルモン教は——多くの悪い含蓄をもつ似非宗教だった。だが、最も攻撃の的となったのは複婚だった。何度も何度も、多妻結婚のトラウマが太字の大見出しで派手に飾り立てられた。事実に基づく記事も多少はあったが、記事の多くは——アメリカの新聞の性質を考えると——記者の想像の産物だった。

このような記事は明らかに世論をあおる傾向にあった。その上、そうしたことが起こると、政治的反動が必ず生ずるものである。一八六二年、リンカーン大統領はアメリカ合衆国の準州での複婚を違法とする法案に署名し、(＊29)南北戦争の後には、連邦政府のスパイが「ユタに群がり」始めた。しかし、問題は、スパイが教団の結婚記録をいつも利用できるとは限らないということだった。さらに、モルモン教会の複婚主義者たちは妻たちを分散させたり隠したりすることに、また、——必要ならば——自分の身を隠すことに熟達するようになった。

ブリガム・ヤングは一八七七年に亡くなり、自ら設計したクルミ材の棺に埋葬された。だが、その彼ですら、複婚の嫌疑で逮捕、並びに、投獄されていたので、法の力から逃れていなかった。しかしながら、彼が法的な意味では自分には一人の妻──最初の妻──しかいないことを判事に納得させることができると、彼は一晩の勾留の後、釈放された。

ブリガム・ヤングの死後、聖徒にとって事態は急速に悪化しているように思われた。一八七九年、最高裁判所は、「レイノルズ対合衆国」訴訟において、憲法修正第一条の宗教条項の自由な行使がLDSの多妻結婚の慣行を保護することにはならない、という判決を下した。一八八二年、新しい連邦法は「みだらな同居」をしているとわかった者を罰すると定めたので、モルモン教の指導者たちはいつのまにか大量に投獄されていた。[*30]一八八七年の一年間に、およそ二〇〇人の複婚主義者が投獄された。[12]

一八八七年という年は複婚の終焉の始まりを示していた。というのは、その年に〈エドモンズ－タッカー法〉が可決されたからである。この法案は法人としてのモルモン教会を解散し、また、教会の財産の没収を定めた。モルモン教会の損失額は一〇〇万ドルを超え、そのほぼ半分が現金だった。警察による手入れや投獄も続いていた。複婚での有罪判決は合計で五七三件に上った。

この時までに、多くのモルモン教徒は闘いに飽き飽きしていた。また、──最後まで決心が揺らぐことのなかった──LDSの指導者たちもユタが州になることを望んでおり、それは複婚が行われている限り、達成できない目標であることを彼らは悟ったのである。

一八九〇年に連邦最高裁判所は〈エドモンズ－タッカー法〉を合憲だとして支持し、その判決は多妻結婚を支持する方針が終わりに来ていることを示すものであった。判決が言いわたされた直後、当時の大管長ウィルフォード・ウッドラフ（Wilford Woodruff）[*31]はその後、公式の宣言（「大いなる適応」“The Great Accommodation”とも呼ばれている）として知られることとなる、次のような公式声明を出した。

> 多妻結婚を禁じる法律が連邦議会によって制定され、それらの法律が頼みの綱の法廷で合憲と宣告されたからには、これにより私はそれらの法律に従い、また、私が統轄している教会員たちにもそれに従わせるために、自らの影響力を行使するつもりであることを宣言する。……
>
> 私はここに、国の法律で禁じられているいかなる結婚の契約も結ばないように、末日聖徒たちに勧告することを公に宣言する。[13]

教会内部では公式の宣言に対する怒りの声がいくらかあがったが、モルモン教徒も非モルモン教徒も、ともに、長い闘いが終わったことをおおむね喜んだ。ウッドラフの声明は啓示として扱われた（また、今でも、そのように扱われている）。それについて尋ねられると、彼はこう答えるだけだった、「私は主の御前に行き、主が私に書き留めるようお命じになったことを書き留めたのです」。声明は、見た所、多妻結婚をめぐる長い闘いを終結させたらしい。

あるいは、本当に終結させたのだろうか？

ウッドラフの公式の宣言により多妻結婚は公然と行われなくなり、また、ベンジャミン・ハリソン（Benjamin Harrison）大統領は投獄されていた複婚主義者たち全員を赦免した。一八九六年、ユタは第四五番目の州として連邦への加入を許された。それにもかかわらず、公式の宣言の後の約一〇年間、複数の妻を娶り続けていたモルモン教指導者が数人いた。

一九〇二年、ＬＤＳの役員であるリード・スムート（Reed Smoot）が米国議会の上院議員に選ばれた。しかしながら、彼の議員就任に反対する声があがり、長い公聴会の間に「隠れ」複婚に関する事実が明るみに出た。モルモン教会は複婚を大目に見るようなことはしなかったとはいえ、それを続けている役員を罷免する措置を取らずにいた。

上院での最終投票で、スムートは僅差で議員就任を正式に認められ、公職に就くことを希望するモルモン教徒に対する政治的妨害は終わった。事実、時がたつにつれ、政府高官のかなり多くがモルモン教徒になってきている。声高に喧伝されたスムートの公聴会の後、ＬＤＳは複婚を実践していることがわかった信者を破門する方針を採用し、その方針は現在でも有効である。

興味深いことに、モルモン教徒はこの世ではもう複婚を実践していないとはいえ、複婚は来世ではふさわしい男性教会員の基準と考えられている。「現世で『敬虔な』モルモン教徒として生活すれば、その報酬の一部として、自分自身の広大な家父長的共同体の頭となるために、妻を一人以上娶る機会が来世で彼らを待ち受けていることだろう、という教えをモルモンの男性信者たちは受けている(14)」。

7　ＬＤＳの組織

モルモン教徒はアメリカで最も複雑な――そして、成功を収めている――聖職者組織の一つをもっている。どの「ふさわしい男性」も位階制の神権の中で、しかるべき位置を占めるように期待されている。今では、一〇〇万人以上のＬＤＳの聖職者がおり、これは全世界のローマ・カトリック教会の聖職者数をはるかに凌ぐ数字である。

ふさわしい男性は執事として、アロン位階に入ることを許される一二歳で聖職者の道を歩み始める。これは、通常はバプテスマを受けてから数年後には到達される、神権の中で最下位の階級である。執事の主な務めには、集会での手伝い、断食献金（fast offering）(＊32)の徴収、高位聖職者の補佐などが含まれる。

三年ほど執事として務めた後――もしすべてがうまくいけば――少年は教師の階級に昇進する。教師は時々説教をするとはいえ、その主な役目は上司を手伝うことなので、これは徒弟奉公のようなものである。一八歳かそこらに達すると、少年はアロン位階の最高位、祭司に昇進する。祭司の務めには説教、教授、バプテスマを施すこと、さらに、聖餐を執り行うことが含まれている。

青年がアロン位階において自らの務めを満足いくように果たしてきたとすれば、彼は同じく三つの階級――長老、七十人、大祭司――がある上級位階、メルキゼデク位階への準備ができている。長老は大抵、二〇代初めで聖任され、集会の管理をする、一定の祝福を授ける、大祭司が出席できない時に儀式を司宰するといった権限を付与される。

七十人は通例二年の任期で、巡回宣教師に選ばれた長老でなくてはならない。上昇してゆく位階制の最上段が大祭司階級である。一度この段階に達すると、末日聖徒が志すことのできるこれより上位の祭司階級はない。だが、――必要な資格を有していれば――就くことのできる行政職、並びに、管理職が多数ある。ＬＤＳは巨大な企業であり、その経営は多大な努力を要する。

ワードとステーク

末日聖徒イエス・キリスト教会には二つの行政形態があり、一つは水平的、もう一つは垂直的な形態である。この文脈では、水平的な行政形態はさまざまなワードやステークといった組織を指している一方、垂直的な形態は教会の階層的な行政組織全体を指している。

ＬＤＳの水平的、ないし、地理的な基本単位はワードで、おおよそプロテスタントの会衆、もしくは、カトリックの小教区に相当する。モルモン教会は成長しているので、ワードの数は常に増加しており、現在の数字は何万にも達している。

それぞれの「ワード」（ward）には神権の二つの位階の両方が――その階級すべてとともに――含まれているが、ワードそれ自体は監督によって運営されている。教会員にバプテスマと按手《あんしゅ》を施し、助言をし、寄付を受け取り、埋葬を行うなどするのは監督である。監督は大抵、莫大な時間を捧げるが、監督もその補佐たちも自分の仕事に対する給料は一切受け取らない。ちなみに、教会の指導的地位にいる者も含め、モルモン教徒は全員どこかのワードに属さなければならない。

「ステーク」（stake）――カトリックの教区に相当する――は五から、一〇のワードから構成されている。トップにいるのはステーク会長で、二名の副会長によって補佐される。会長はさまざまなワードの監督を任命し、大会を開催し、通例は自分の管轄下にあるワードの運営責任を負う。会長職も無給だが、ステーク会長は――ワードの監督のように――教会関連の活動に膨大な時間を費やす。

教会幹部

ＬＤＳの垂直的、ないし、階層的構造《ヒエラルキー》は水平的なものよりも複雑に入り組んでいる。モルモン教会の頂点にいるのは「預言者、聖見者、啓示者」としても知られている――ジョセフ・スミスの当初の称号だった(15)――大管長である。大管長は終身職である。

大管長の権威は預言者自身から受け継がれていると信じられているために、「啓示者」（revelator）という称号が意味するように、大管長は教会の中でただ一人、啓示を発する権限を与えられている。「大管長は、他の使徒たちからの十分な支持なしに自分の意見を強く押しつけるようなことはしない傾向にあるが、全モルモン教会を代表して霊感を授かる人である(16)」。神権政治的な体制がとられ、トップが権力を行使する。事実、ローマ・カトリック教の法王を含む他のどの教会指導者よりも、大管長は権力を握っている、と信じている評論家もいる。

大管長の二名の補佐役に加えて、同じく終身の十二使徒評議会がある。「〈十二使徒定員会〉（Quorum of Apostles）における地位は年功によるものである。一度、使徒として選ばれた人は序列の最下位に置かれる(17)」。使徒たちが死去すると、昇進が行われる。大管長が死去すると、先任使徒が大管長職を継ぐ。

参加型関与

少なくとも部外者には、モルモン教徒の教会への参加は驚くべきものである。ワード活動やステーク活動や会堂での儀式がある。教師や監督が定期的に家庭を訪問する。宣教師たちがひっきりなしに遠隔地へ赴き、改宗率も高い。使徒による年一回、ならびに、年二回の大会や訪問がある。この世の結び固めと永遠の結び固めがある。宗教に関する新しい小冊子や出版物が絶えず発行されている。週に一度の親睦行事やモルモン教の祝日の式典がある。レクリエーション活動や音楽活動、スポーツ行事がある。多数の補助組織――「女性の扶助協会」（women's relief society）、「若い男性の相互発達協会」（young men's mutual improvement association）、ならびに、「若い女性の相互発達協会」（young women's mutual improvement association）、「スカウト隊」（scout troop）、（church welfare plan）、「タバナクル合唱団」（Tabernacle Choir）など――がある。ＬＤＳには、特に研究所や神学校を運営する教育部門すらある。教会は一八七五年に設立されたブリガム・ヤング大学も後援している。

外から見ると、ＬＤＳは活動の巣のような様相を呈している――いや、実際にそうなのである（非常に多くのＬＤＳの建物の目立つ所に見える蜂の巣の絵柄がモルモン教の州であるユタ州のシンボルに選ばれた、ということはまったく偶然ではない）。逐語的にも比喩的にも、モルモン教徒は常に忙しい。実際、末日聖徒たち自身がモルモン教徒を「これから集会に行く人、集会に出席している人、集会から戻ってきた人」、と悪気もなく定義している。モルモン共同体の学者たちは、ＬＤＳの活動をしている信者たちは驚くべきことに、週に二〇時間も教会関連活動に捧げている、と算出している。このような参加型関与は大規模な宗教集団においては珍しいものであり、どちらかというとアーミッシュのような、より孤立した集団に特有のものである(18)。

集会に加えて、なすべき新しい仕事、行うべき新たな改宗、対処すべき新たな難問が常にある。求人は非常に多い――さまざまな組織に職員を置くには何十万人もの献身的な労働者が必要である――が、教会が信者獲得で苦労したことはこれまで一度もない。

8　家族の活力

モルモン教の社会組織の別の特徴は、家族関係の重視である。家族の一員は若かろうとも、中年であろうとも、高齢であろうとも、――たとえ亡くなっていようとも――親族構造において重要な位置を保証されている。逆にいえば、末日聖徒たちは家庭生活に有害だと感じるものには反対している。中絶、自慰、卑猥な言葉、不謹慎な行動、産児制限、離婚に加えて、婚前交渉や婚外交渉は認められていない。教会はこうした習慣を防止する特別なキャンペーンを始めているわけではないが、モルモン教徒の大部分はほぼ難なく規則に従っているようだ。

確かに、ふとした過ちはある。非モルモン教徒に比べれば発生率ははるかに低いとはいえ、若いモルモン教徒の中には婚前交渉を行う者がいる(19)。ＬＤＳの既婚者の中には産児制限を行う者がおり、事実、モルモン教徒の出生率はいくらか低下してきている。しかしながら、モルモン教徒の出生率は今もなお、社会全体の出生率の二倍である。モルモン教徒は、「増えよ、地に満ちよ」という聖書の命令をきわめて文字通りに、深刻に受けとめている。[20]予想されるように、末日聖徒たちの間では離婚は比較的少なく、ユタ州の中絶率は全州の中で最も低い。

ＬＤＳの家族主義的な志向は他のさまざまな仕方で現われている。アメリカ人の大多数は家庭では、各人が自分の関心や趣味や活動を追求することに慣れているが、モルモン教徒は家族で参加する傾向にある。彼らの社会生活は主に教会、および、家族と相関関係にある。ワードごとに開かれるダンスパーティー、パーティー、遠足、スポーツ行事のどれも家族ぐるみで参加し、また、それらはさまざまな年齢層の混交を促進するよう計画されている。

もう一つ例を挙げると、月曜日の夜は〈家庭の夕べ〉と呼ばれている。この時には、家族全員が家にいて歌を歌う、ゲームをする、楽器を演奏する、お芝居をする、といった家族で行うレクリエーションに専念する。複数の調査が示しているところによれば、ＬＤＳの家族の七割近くがその伝統を守っているという。[21]

血縁家族のネットワーク

家族が重視されていることを考慮すれば、なぜ、親族がモルモン教会の全体にわたってこのような重要な役目を果たしているのか理解できる。兄弟姉妹、伯母・叔母や伯父・叔父、姪や甥、祖父母、従兄弟・従姉妹、義父母——全員が活発で熱心な親族関係を維持している。血縁家族のネットワークでつながっている人々が再会する時——それは聖徒たちがお気に入りの夏の気晴らしの一つである——には、数百人もの人々が出席することも珍しくないのだ！　最初のモルモン教徒の家族の直系の子孫、とりわけ、ジョセフ・スミス、もしくは、ブリガム・ヤングと直接に接触していた先祖をもつ人々には、格別の配慮がなされる。とはいえ、彼らが家族や親族を重視していることは、モルモン社会を崩壊させていない。それどころか、モルモン社会一般に家族主義的な感情を拡大・適用するありとあらゆる努力がなされている。そこに関わっている親密さや友情を目にするには、ワード活動のどれかに参加しさえすればよいのだ。モルモン教会の社会構造全体が、「誰も除け者にされていると感じない」ようにつくられている。彼らの日常の交友には、これと同じタイプの内集団意識が明白にみられる。[22]

死者の調査

家族というテーマを離れる前に、最後に一言、述べておくのが適切である。それは、末日聖徒たちが自らの親族関係の範囲を亡くなって久しい人々にまで広げるのを殊のほか好んでいるということである。基本的問題は単純である。モルモン教徒は、自分たちは預言者ジョセフ・スミスに啓示された神の言葉に従っていると信じている。しかし、預言者の啓示を一度も聞くことなしに亡くなった人々はどうなのか？

この問いに対する答えも単純である。モルモン教が一八三〇年に創始される前に亡くなった祖先は代理人を通してバプテスマや結び固めを受けることができるかもしれない。すなわち、バプテスマや結び固めの儀式の間、生きている人が死者の代理人を務めるのである。儀式それ自体はモルモン教の会堂で行われ、死者には略式ではない儀式を行うことが許されている。

時間を遡った時に、（1）先祖の数が膨大となる、（2）先祖を徹底的に調べることが非常に難しくなる、という事実から問題が浮上する。しかしながら、ＬＤＳは中途半端なことをしないので、その結果として、先祖調査は教会の主な役目の一つとなってきている。

ＬＤＳの行政部門である、「モルモン系図協会」はソルトレーク・シティーの中心部にある。「追加家族歴史センター」（Additional Family History Center）がアメリカ合衆国の至る所で、また、海外でも運営されている。さまざまな支部で着手されている系図研究の量は驚くほど膨大である。人口動態統計、国勢調査資料、教会記録簿、選挙人名簿、ありとあらゆる種類の公式文書——このようなものがそれらを使用するモルモン教徒（並びに、非モルモン教徒）の研究者らによって、ひっきりなしにマイクロフィルムに撮られている。また、現在では、一九九九年五月にＬＤＳによって開設されたウェブサイト、"www.familysearch.org" がある。当初、このウェブサイトには、サーバーの処理能力を超えるアクセスが集中した。モルモン教徒だけでなく、非モルモン教徒にも開かれているこのサイトには、何百万件もの家名のリストがある。近い将来、その数をさらに数百万件増やす予定である。モルモン教徒は六億人を超える死者についての記録を保有しているのだ。[23]

先祖のバプテスマを誹謗中傷する非モルモン教徒がいないわけではない。抗議の後、ユダヤ教指導者たちは三八万人ものホロコーストの犠牲者の名前を系図協会のリストから取り除くこと、そして、ホロコースト犠牲者の代理バプテスマを直ちにやめること、の二点でＬＤＳと合意に達した。それから一〇年後、ユダヤ教界の代表者たちはその他の死去したユダヤ人たちに代理バプテスマを施す、というＬＤＳ側の努力に再び抗議したが、ＬＤＳは、それに対して、今後、それをやめるかどうかを保証するつもりはない、と応じた。こうした失策は今でも続いており、その過程を監視しているユダヤ人たちの怒りを買っている。二〇〇九年には、ユタ州プロボで、バラク・オバマの亡母の代理バプテスマが行われるという、これに関連した困った事態が起こった。ＬＤＳのスポークスマンは、教会信者が親族でもない人の名前をバプテスマのために提出することは教会の方針に反するものであると述べて、その行為を公然と非難した。[24]

「われわれにとって、今日は歴史上で最も重要な日である」。モルモン教のかつての指導者によって語られたこれらの言葉はＬＤＳの哲学の好例である。末日聖徒ほどに現在志向の集団は他にはほとんどない。だからといって、彼らが未来の重要性を軽視している、あるいは、取るに足りないものに見せようとしているということではない。彼らが系図、先祖のバプテスマ、この世と永遠の結び固めを重視していることは、彼らが来世を重視していることを示している。しかし、彼らが来世に備える方法は現世で宗教的に活発な活動を続けることなのである。

集団帰属意識

モルモン教徒は文化活動やレクリエーション活動にかなり重きを置いているが、どちらの場合にも、個人での参加よりもむしろ集団での参加が重視されている。チームスポーツ、組織的なレクリエーション、ダンスやバレエ、管弦楽、聖歌隊の仕事、演劇——こうした活動のすべてが集団帰属意識を高めるという意味で宗教的基盤をもつ、と思われている。ジプシーとアーミッシュを論じる際にみたように、内集団は、自分が属していると人々が感じる集団、または、カテゴリーと定義されている。簡単にいえば、それは「われわれ」とみなされる人は誰でも包含するのである。(＊33)

内集団は、一〇代の若者のクリークほどの狭いものもあれば、社会全体——例えば、二〇〇一年九月一一日直後のアメリカ合衆国——と同じくらいに広いものもあるだろう。内集団の存在それ自体が、「彼ら」とみなされる完全な外集団が存在していることを暗示している。前述の「外集団」は、自分が属していないと人々が感じる集団、または、カテゴリーである。したがって、ＬＤＳの信者の大多数は教会を内集団とみなし、その一方で、非信徒、すなわち、異邦人を外集団とみなしている。このことは、彼らが異邦人に敵意を抱いていることを必ずしも意味しているわけではなく、単に彼らが異邦人との間に大きな隔たりを感じていることを意味しているにすぎない。

敬虔なモルモン教徒は、自分がモルモン教徒であることを決して忘れない。自分は神の言葉を実行するのに役立っているという事実が「集団帰属意識」(group identification)(＊34)を強めるのだ。彼らの「個人的な」関与――バプテスマ、什分の一、祈禱、系図研究、会堂で行われる一定の叙任式――さえもが集団帰属意識を強化する要因として役立っている。

後者の中で比較的興味深いものの一つが特殊な下着の支給である。これらは「エンダウメント」(endowments) と呼ばれる会堂での儀式の一つに由来する。モルモン教徒はエンダウメントを受けると特殊な下着一式を支給され、彼らはこの下着を常に着用することになっている。本来、会堂の「ガーメント」(temple garments)――その下着はそう呼ばれていた――は、ユニオンスーツ(＊35)のような外観だった。それらはニット素材で出来ていて、足首から首まで体を覆うものだった。敬虔なモルモン教徒の男女は今でもそれらを着用しているが、下着それ自体の長さは短くなり、また、外見もいささか変わってきている。それらには今もなお、それを着た者に会堂での義務を思い出させるようなシンボルが刺繡されている。

知恵の言葉

モルモン教徒はモルモン教界の至る所で、「知恵の言葉」(Word of Wisdom) として知られているジョセフ・

スミスの啓示の一つに由来する禁制である、飲酒と喫煙の禁止を固く守っている、と一般にいわれている。この禁制に含まれているのはあらゆる形態の煙草、あらゆる種類のアルコール飲料（ぶどう酒やビールを含む）、お茶、コーヒーである。ＬＤＳは日曜日の聖餐でぶどう酒の代わりに水を用いることすらしてきた。(25)

モルモン教徒は、自らは禁酒、ならびに、禁煙するけれども、訪問者、ないし、部外者が飲酒、もしくは、喫煙することには反対していない。とはいえ、それと同時に、「知恵の言葉」はその他のアメリカ社会において社交の重要な機会として役立つようなカクテルパーティ、コーヒーブレーク、他のそうした集まりで、モルモン教徒を居心地悪くしている。(26)

ともあれ、末日聖徒は自分たちが正しいと確信しているのであり、また、アメリカ合衆国の公衆衛生局長官、並びに、イギリスの王立医師会が煙草は発癌物質だと断言する(＊36)随分前からＬＤＳは喫煙を禁じていた、という事実を指摘している。モルモン教徒はホットチョコレート、レモネード、フルーツジュース、その他のさまざまなノンアルコール飲料を飲むことは許されている。

しかし、教会員は「知恵の言葉」に従い、本当に禁酒禁煙をしているのだろうか？　答えはイエスであり、「すべての善良な」モルモン教徒は禁酒・禁煙をしている。事実、禁酒・禁煙は真の信者とジャック・モルモンを最も明確に分ける特徴の一つである。「ジャック・モルモン」(Jack Mormon) という言葉は聖徒たちによって、不活発な、あるいは、堕落したモルモン教徒を指すのに一般に用いられている。概して、ジャック・モルモンのような信者はＬＤＳの活動においては周縁的な役目を果たしているにすぎないが、ちゃんとした信者になる可能性も秘めている。教会に時間と金を捧げるのを怠ることも、ジャック・モルモンのレッテル、または、地位を得てしまうことにつながる。「知恵の言葉」は戒律とみなされているのだ。従わない者は善良なモルモン教徒とはみなされず、会堂に入ることを拒絶される――このことは、彼らが結び固め、死者のバプテスマ、エンダウメントなどを含む儀式に参加できないことを意味する。

道徳を法制化する

モルモン教徒は、自らは酒を飲まず、また、教会員ではない人々が酒を飲むことに厳しく反対しているわけではないとはいえ、他の人々の飲酒の習慣を規制しようと企てている。一〇〇〇軒を超えるアルコール飲料を出すバー、レストラン、クラブがユタ州にあり、年間一億二四〇〇万ドルの売上高を出している。ユタ州アルコール飲料規制委員会（Utah Alcoholic Beverage Control Commission）の五人の委員が絶対禁酒主義のモルモン教徒を代表している(27)。

ＬＤＳはユタ州での生活に影響力を及ぼしている、として度々批判されている。しかし、これは一つの宗教的視点が明らかに支配的な国内のどの地域での生活にも当てはまるのではないか？(*37)　例えば、南部の政策は明らかに南部バプテスト連盟（Southern Baptist Convention）の影響を反映している。モルモン教徒の精神性がユタ州のＬＤＳ信者ではない人々の宗教的熱意を取り戻すのに役立つかもしれないという証拠もある。社会学者のロドニー・スターク（Rodney Stark）とロジャー・フィンク（Roger Finke）は、ルター派や長老派やメソジストといったユタ州のプロテスタント信者たちがユタ州以外の信者たちよりも頻繁に教会に通い、また、より多くの金を自分の教会に寄付していることを発見した(28)。

什分の一

末日聖徒は「知恵の言葉」を固く守っているのに加えて、触れておかなければならない他の二つの慣習を有している。その一つが什分の一であり、もう一つが伝道活動である。それらを順番に取り上げると、什分の一

（tithing）は「十分の一」を意味する語“tithe”に由来している。「主の業を支えるため」の収入の一〇パーセント――最も簡単に言えば、これこそまさにＬＤＳが要求するものである。

一〇パーセントという数字は、通常の生活費が差し引かれた後に残る収入に基づいているのではなく、「総収入から」きっかり一〇パーセントということである。什分の一はワードの監督によって徴収され、すぐにソルトレーク・シティーの教会幹部に送られるのだが、この手続きも預言者ジョセフ・スミスの啓示の一つに由来している。

正確にはどれくらいのお金が集められているのか、あるいは、正確にはそれらのお金に何が起こるのかといったことを信者が尋ねることはない――また、教会幹部が明らかにすることもない。けれども、ブリガム・ヤング大学の支援を含む、伝道活動と教育の二つが主な支出先である。

すべてのモルモン教徒が什分の一を全額支払っているとは限らない、というのは本当である。時には、一〇パーセントより少ない額を支払っているにもかかわらず、納入済みとされたままなのを許されている教会員もいる。ほとんど、もしくは、一切支払わない人々――不活発なグループ――もいるかもしれない。とはいえ、典型的なモルモン教徒は一〇パーセントをかなり喜んで支払っているのである。善良な教会員であることによって、モルモン教徒はモルモン社会における自らの地位を維持し、自分自身、ならびに、自分の家族が会堂の特権のすべてを手にすることを確信し、預言者ジョセフ・スミスに啓示された主の言葉を実行することで得られる精神的安定を手に入れる。

伝道活動

ジョセフ・スミスはモルモン教には強力な海外拠点が必要だと常に考えており、早くも一八三七年にはイギリスにＬＤＳの伝道本部が設立されていた。その後まもなく、実際に改宗者たちがヨーロッパからアメリカに流入し始めたのだが、ブリガム・ヤングが大管長になるまで、モルモン教徒の移住は盛んには行われなかった。彼が大管長を務めていた三〇年間（一八四七年－七七年）、何万人もの改宗者たちがアメリカに到着し、そのほぼ全員が教会に忠実であり続けた。しばらくの間、伝道活動の焦点はアメリカ合衆国の外にいる人々をＬＤＳに改宗させることだったのだが、今では焦点が変化している。アメリカ合衆国の外にいる人々を改宗させることだけでなく、彼らにはその地に残ってもらい、彼ら自身のワードやステークも創設してもらうのである。(29)

モルモン教の伝道プログラムは教会の他の多くの側面と同様に、他の集団のそれとはかなり異なっている。他のグループの伝道プログラムよりも規模が大きく、精力的で、若々しく、組織的である――そして、成功を収めている。末日聖徒たちは宣教師であることを名誉とみなし、多くの若いモルモン教徒は宣教師に選ばれる時を楽しみに待っている。選出はワードの監督によって行われ、監督はソルトレーク・シティーの伝道委員会に詳細な申請書を送る。志願者は若くて（一九歳か、二〇歳）、すぐれた人格を備え、教会から見てふさわしい者でなくてはならない。ＬＤＳはフィールドワークの間にかかる費用を負担しないので、志願者（あるいは、その家族）はその費用をもつだけの経済力もなくてはならない。(30)

どちらの性別でも志願してよい、もっともほぼ四対一の差で女性より男性の方が多いが。志願者は委員会によって受け入れられると、「召し」、すなわち、担当区域の割り当てを記した手紙を受け取る。これは五〇州、もしくは、海外のどこかであるだろうが、どちらにしても若い宣教師は定められた期間、通例一年半、ないし、二年、そこに滞在するよう求められる。宣教師は自分の担当区域へ向けて出発する前に、四週間から一一週間をソルトレーク・シティーで養成講座に出席するなどして過ごす。

モルモン教の宣教師に接近されたことのある人は、こうした若い人たちがどのようにしてごく短期間でモルモン教についてかくも多くを学んだのか不思議に思ったかもしれない。だが、真相は、彼らは生まれてからずっとモルモン教の教育を受けてきたということである。ソルトレーク・シティーで過ごす短い知的な期間は活動に関わる細かい事柄を説明するためのものにすぎない。

それぞれに割り当てられた地域にいったん到着すると、若い使節たちは勧誘のために戸別訪問をしながら、懸命に働く。彼らが丸一週間、一日に八時間から一〇時間を仕事に費やすことは珍しいことでも何でもない。彼らは二人一組で仕事をし、生活するのも一緒、潜在的改宗者の家を訪問するのも一緒である。彼らには厳格な行動規則があり、また、彼らは伝道の任務に就いている間はデートをすることも許されず、自宅への電話も年におよそ二回に制限されている。

宣教師は潜在的改宗者とモルモン教について議論する際、真摯ではあるが、執拗ではない。彼らはＬＤＳ当局によって綿密に計画された手順に従い、自分たちの視点を忍耐強く体系的に説明する。彼らはパンフレットやその他の印刷物を置いていき、しばしば同じ家を再度訪問する。この仕事は時には宣教師を疲労させ、また、――戸別訪問を行う運動はどれもそうであるように――、宣教師を落胆させることがよくある。それにもかかわらず、ほとんどの宣教師は自分の任務に満足している。現場に出ている宣教師はいつでも六万人を超えており、伝道旅行が終わると、そこで経験したことの思い出が生涯、彼らの心に残ることは明らかだ。(31)

ハードワークはさておき、伝道活動は成功を収めているのだろうか？　もちろん、成功している。第一に、改宗率が途方もなく高い。毎年の改宗者数は三〇万人近くだ、と報告されている。これこそ、ＬＤＳの驚異的成長の多くを説明するものである。第二に、モルモン教の伝道活動が非常に成功を収めたので、世界の多くの地域で常設の伝道本部が設立されてきている――カナダ、メキシコ、ヨーロッパの一〇カ国、アフリカの三カ国、南米の一〇カ国、アジアの六カ国、オセアニアの六カ国、中米、並びに、カリブ海域諸島の六カ国である。

実際、一三八ものモルモン教の会堂が建設されたか、あるいは、建設中である。

一つには効果的な改宗活動を行っているために、末日聖徒イエス・キリスト教会は今では、「世界的な」教会である。それにもかかわらず、教会それ自体には巡礼プログラムはない。しかしながら、ユタ州全体がモルモン教への改宗者による州内の聖地巡礼から利益を得ていること――それは伝道活動のさらにもう一つのポジティブな潜在的機能である――は明らかだ。観光旅行の効果を示す証拠として、ハドマン（Hudman）とジャクソン（Jackson）は「二〇〇万人を超えるモルモン教徒が巡礼者の信心の要素と現代の娯楽としての観光旅行とを組み合わせた、テンプルスクエア訪問を毎年行っている」と書いている。(32)

社会学者のアンソン・シュープ（Anson Shupe）はモルモン教会の伝道活動の、さらにもう一つの興味深い潜在的機能に注目している。「連邦捜査局と中央情報局は共に、末日聖徒を熱心に採用している。海外伝道が多くの男性宣教師たちに、外国語での会話の体験や外国人との接触といった、貴重な経験をさせてきたからである」。(33) シュープは続けて、新しく入ったモルモン教徒の職員はその言語能力のほかに、その真面目さ、愛国心、権威への敬意ゆえに高く評価されている、と述べている。モルモン教徒の弁護士リード・スラック（Reed Slack）は、愛国心は教会の教義によって育まれる、と書いている。「現代の預言者、現代の聖典、ならびに、現代の啓示はアメリカ合衆国憲法は神の霊感によって導かれた、と宣言している。……アメリカ合衆国憲法が霊感によって導かれたのはなぜか、ということへの答えは、南北アメリカはニュー・エルサレムの地、シオンの地である、というモルモン教の信条にある。(*38) ……アメリカ合衆国憲法のための神の霊感は立案者たちの予任を通して、また、彼らに働きかけているキリストの光の影響を通して現れた」。(34)

10　現代の政治

二一世紀になると、モルモン教徒は政治の世界で大々的に脚光を浴びるようになった。前マサチューセッツ州知事ミット・ロムニー（Mitt Romney）は二〇〇八年の大統領選で共和党の指名を得るための選挙運動を行った。彼は最終的にジョン・マケイン（John McCain）に敗北したが、彼の一年間にわたる努力が社会問題についての彼の立場と同じくらいの注目を彼のモルモン教に集めた。

選挙運動中、コメンテーターたちはよくモルモン教を一般市民に説明しようと試みた――だが、驚くべきことに、彼らの半数が教会の名称に「イエス・キリスト」という言葉が含まれているのにもかかわらず、モルモン教徒はキリスト教徒ではない、と思っていた。当時の世論調査で、国民の四三パーセントがモルモン教徒には投票しない、と回答していたことはそう驚くに値しない。ＬＤＳ教会と多くのモルモン教徒が悪意に満ちた反モルモン感情に面食らっていたことは明らかだ。いくつかの点で、それは、ジョン・Ｆ・ケネディ（John F. Kennedy）が一九六〇年の選挙運動中に遭遇した反ローマ・カトリックの攻撃を彷彿とさせた[35]。

結局、ロムニーは、自らの価値観は「ユダヤ＝キリスト教の伝統」に根ざしていること、また、イエス・キリストは彼の「個人的な救世主」であることを述べて、おそらく彼が望んでいたよりも頻繁に本当の自分を発見した。この二つの宣言は共に、モルモン教会の信者らしくないものであり、福音主義的キリスト教徒になじみのある言葉を使いたいという願望を反映していたのだろう。ロムニーの敗北のすぐ後、多くのモルモン教徒は、末日聖徒が今では一般市民によりよく、より正確に理解されているというポジティブな見方をした[36]。

ロムニーは二〇〇八年には大統領候補者名簿には載らなかったかもしれないが、ＬＤＳ教会は活発に選挙運動を行っていた。カリフォルニア州民は「同性間の結婚を禁止する提案八号」（Proposition 8）を可決した。同性結婚に賛成する人々がこの敗北を理解しようと努めた時、彼らは即座に、この禁止令の可決を手助けするのにモルモン教会が果たした役割に焦点を当てた。教会は直接にはその努力に精力を捧げることはほとんどなかったが、信者に提案八号を可決させるよう活発に働きかけたり、その努力に数百万ドルを費やしたりするように明確に奨励した。おそらくきわめて重要なのは、ＬＤＳの指導部が各教会にいかに多くのボランティアを望んでいるかに言及した「各ワードに三〇人」や同性結婚を阻止するのに充てられる時間を予想した「週に五時間以上」といったキャンペーンに、忠実な信者を動員するよう求めたことである。この論争をあおることこそ、活発に同性愛関係を結んでいるゲイやレズビアンを歓迎していない、という教会の長年の立場である。異性愛を基盤とする家族を作ることがモルモンの信仰と実践の中心にあるのである。[37]

11　モルモン教の課題

大きな組織はどこも問題を抱えているものであり、ＬＤＳも例外ではない。実際、歴史的な意味で、モルモン教徒はそれ相応以上の問題を抱えてきたといえるだろう。彼らがそうした問題のほとんどを何とか解決してきたのは、神が自分たちと共にいるという――常にある――確信に加えて、上手な運営のおかげである。まだ残っている問題の多い分野のうち、特に注目に値するものは七つあるように思われる。

知識人

モルモン教の起源と性質を考慮すれば、教会は特に知的な要素に問題を抱えている。すなわち、知識人は定義上、挑戦者である、彼らは一般通念に挑戦し、いわゆる合理性をさまざまな問題に適用しようと試みる。その批判的洞察力を通じて、他のよりどころからは得られない概念——新しい物の見方——を提供することができる。

その一方で、モルモン教会は啓示に基づいている。それは黙想的であるというよりもむしろ活動的であり、長いこと大事にされてきた一連の信条を持ち続け、当然のことながら、モルモン書、ならびに、(正確に翻訳された)聖書は文字通り真実である、という見解に固執している。その結果、ＬＤＳと知的な教会員との間に意見の相違が時々、生ずる。

大学教員や女性たち、とりわけ、女性の大学教員らがモルモン共同体の内部で不満の炎をあおり立てている。時々、ブリガム・ヤング大学（ＢＹＵ）の教授が終身在職権を与えられなかったり、多くの人々が主張するように、教会の教えとの対立を含む理由で再雇用されなかったりすることがある。ＬＤＳが後援する大学以外の教員で、モルモン教徒でありながら教会にとって好ましくない研究を出版した者は懲罰措置を受けた。こうした懲罰措置は、「除名」されること——教会員でいることは許されるが、会堂に入ることはできない——から、破門されるという究極の制裁まで、さまざまである。

教会が変わるとしても、変化はゆっくりとしたものであるだろう。教会指導者のボイド・パッカー（Boyd Packer）は一九九一年にモルモン教の総会で、「フェミニストは同性愛者、ならびに、いわゆる知識人と学者に加えて、信仰の深刻な脅威である」と語った。(38)

女性の役割

ＬＤＳは女性教会員が労働力に加わることを禁じておらず、専門職を含むあらゆる分野の職業にモルモン教徒の女性を見つけることができる。それと同時に、教会指導者が「女性のいるべき場所は家庭である」と感じているることは——優先事項という観点からすれば——疑いない。ゴードン・ヒンクレー大管長は一九九六年一〇月にこう述べた。「フルタイムの主婦であると同時にフルタイムの従業員であることはほとんど不可能である。あなたがた［女性たち］には、最善を尽くしなさいと助言しよう。もしあなたがたがフルタイムの仕事をしているのならば、基本的必要を必ず満たすためにそうしているのであって、単に手の込んだ家や派手な車やその他の贅沢品への好みに耽るためではないことを私は望む(39)」と。

女性は、教会内に独自の組織を有してはいるが、ＬＤＳの階層的序列《ヒエラルキー》において出世することを許されていない。ワードの監督から大管長に至るモルモン教指導者らは皆、男性である——また、常にそうであった。モルモン教徒の女性の中には、自分たちが締め出されていることに憤り、不満を口にしてきた人たちもいる。数人が「誤った教義を説き、公の場で発言しているがために、教会指導部を弱体化させようとしている」かどで破門すらされた。

それゆえに、これが問題なのである。すなわち、モルモン教徒の女性たちの大多数は教会によって与えられた役割に満足しているが、明らかに不満を感じている女性が若干いる、ということである。女性解放運動がモルモン教徒の女性たちに多少とも影響を及ぼしてきたことは否定できず、また、それが教会に多少とも影響を及ぼしてきたことも同じく明らかである。一九九〇年に教会が珍しくもエンダウメントを改定した際、夫への服従を誓うよう女性に命じた文言を撤回した。今では、女性は男性と同様に、神への服従を誓わなくてはならないだけである(40)。とはいえ、女性解放運動がモルモン教徒の女性たちか、教会のどちらか一方に重大な影響を及ぼしてきたというのは言い過ぎだろう。

人種問題

モルモン教徒は控えめにいっても、有色人種の人々と種々雑多な歴史を有している。第一に、ユタの彼らの入植地はアメリカ先住民との激しい対決によって特徴づけられていた――北米の原住民の中からイエスがあらわれるという預言者ジョセフ・スミスの教えを考えると、これは皮肉である。

第二に、モルモン教会は一八五二年から黒人が聖職者になることを禁止した。ブリガム・ヤングの宣言は、神がカインの子孫に黒い肌を与えたので、彼らは永遠に迫害されるとする「カインの呪い」という彼自身の教えに由来する。モルモン書はいくつかの箇所で、白い肌は清らかで黒い肌は邪悪であるとほのめかしている。黒人が教会員になることは歓迎されたが、人種に基づいて聖職に就くことを禁止したこの禁止令をやめるには、神からの啓示が必要だった――と、一九七八年六月九日に、教会の大管長スペンサー・W・キンボールが報告した。その宣言は、アフリカ系ではない太平洋の黒人には聖職に就くことを認める過去の決定を利用して、教会の足並みを揃えることにもなった。

ＬＤＳの人種に関する方向転換は、ＬＤＳが人種的に多様な国民をもつブラジルに代表されるように、発展途上国で成功したことを考えれば、道理にかなっていた。二〇〇〇年までに、英語を話さない信者が世界的に多数派となった。

過去の排除の歴史は重くのしかかり、人種差別的な教義は、教会指導者たちが現在も使用しているモルモンの歴史的テキストの中に依然として散見され、そうしたテキストを公式に否定しようという努力は無視されてきた。アフリカ系アメリカ人の教会員の数は、現在、わずか一万人である。黒人とラテンアメリカ系は教会の上層部ではほとんど影響力を及ぼしていない。ＬＤＳの信者は今もなお、「デートや結婚をすることで、人種の境界線」を超えることを思いとどまるように仕向けられている、もっともこれは聖書の戒律ではなく、相性という理由からだ、と考えられているが。しかし、アメリカ合衆国の外では、ラテンアメリカ系と非白人がＬＤＳの中で非常に目につく存在になってきている。

現在にまで影響を及ぼしている人種差別的な遺産をもっているという点では、モルモン教徒はアメリカ合衆国のキリスト教諸宗派の中で唯一の存在であるというわけでは決してない。しかし、ＬＤＳが過去全体を否定できていないということは、それを主要なプロテスタント諸宗派から区別するのに役立っている。(41)

不変の継承プロセス

ＬＤＳの大管長は神によって選ばれていると信者の大部分は信じているので、それは終身職である。大管長が死亡すると、十二使徒定員会の先任使徒が次の大管長に就任する。十二使徒は引退することのできない唯一の会員である。このプロセスは長老政治、すなわち、長老による支配を保証する。教会に批判的な人々はこれらの指導者たちは役職に就く頃には高齢すぎて任務を果たすことができなくなっている、と主張している。

エズラ・タフト・ベンソン（Ezra Taft Benson）は一九八五年に八六歳で大管長職に就いた。彼は一九九四年五月三〇日に九六歳で亡くなった。ベンソンはアイゼンハワー政権の時に農務長官を務めた。生前、彼は多くの保守的な主義主張の先頭に立っていた。脳卒中を患うまでは精力的に活動していたベンソンだが、大管長の任期の半分以上を重度の無能力状態のまま、コミュニケーションもほとんどできないような状態で務めた。

ピューリッツァー賞を受賞した漫画家のスティーヴ・ベンソン（Steve Benson）はベンソンの孫である。彼が述べているところによれば、彼は一九九三年に祖父を訪問し、その訪問中に祖父は彼に対して、「事実上、何も」いわなかったという。彼はさらにこう述べている、自分と祖父は肉親であるにもかかわらず、「祖父はまるで私を尋問しているかのように、いぶかしげに私をじっと見つめたのです」と。

スティーヴ・ベンソンは、教会の幹部が自分の祖父は統治できるという誤ったイメージを打ち出しているように思えたために教会を辞めた。ベンソンの健康状態について問われた、当時の第一副管長ゴードン・ヒンクレーは、それに対して、教会には指導力の問題などまったくないこと、「使徒は皆、預言者、聖見者、ならびに、啓示者となる神権の力を備えているが、教会を代表して神からの啓示を受ける権限をもっているのは大管長だけである」ことを世間に保証した。彼は続けてこういった、「大管長が病気である、もしくは、十分に職務を果たすことができない場合には……二名の副管長を合わせて大管長会を構成する(42)」と。

エズラ・タフト・ベンソンが亡くなった翌日、ＬＤＳは五年間で初めて、生きている預言者の声を公の場で聞いた。先任使徒のハワード・ハンター（Howard Hunter）が大管長に任命されたのである。彼はフェミニストや学者に関して、はっきりと「モルモン教徒は一層の思いやり、一層の礼儀正しさ、一層の謙虚さや忍耐心や寛大さをもって互いを遇する」ように求めた(43)。彼は彼らを再び、仲間として迎え入れたかったのである。大管長に就任した時八八歳だったハンターは、自分の希望が実現するのを見ることができなかった。彼は大管長をたった九カ月間しか務めないまま、一九九五年三月三日に亡くなった。

それからほんの一週間後、ゴードン・ヒンクレーが末日聖徒イエス・キリスト教会の第一五代大管長になった。行政経験の豊富なヒンクレーは、それまで副管長として三人の大管長に仕えてきたのであり、これらの大管長がいない時には教会の代弁者としての役目を果たしてきた。ヒンクレーは二〇〇八年に九八歳で亡くなるまで、大管長を一二年間――教会の歴史においては最長期間である――務めた。ヒンクレーが亡くなった時、トーマス・スペンサー・モンソン（Thomas Spencer Monson）が八〇歳でその地位を引き受けた。モンソンは一九七三年以来、その地位を引き受けた最年少の人物であった。

背教者たち

長年にわたり、ＬＤＳも背教者たち——教会を去った人々——でそれなりに苦労してきた。一九世紀の間、反モルモン教会のプロパガンダの多くは不満を抱いたモルモン教徒に端を発するものであることがわかるだろう。背教者たちの一部は教会の特定の政策に不満を抱くようになっていた人々にすぎなかった。しかしながら、自分たちは教会の教義を受け容れることができないとわかり、自分たち自身の宗教的信条を追求するために集団で脱会した人々は、それよりもはるかに真剣だった。

そうした脱会の多くは一八五二年に複婚が公式に宣言された後に起こった。複婚の教義だけでなく、ブリガム・ヤングが指導者になることも認めなかった「ジョセフ派」(Josephites) の脱会は、その最も重要なものだった。ジョセフ派は教会指導者の地位は血統に沿ったものであるべきで、ジョセフ・スミス亡き後の正当な後継者は彼の息子のジョセフ・スミス三世である、と考えた。

一八五二年に組織されたジョセフ派は目覚ましくとまではいかなくとも着実に成長し、一八五〇年代末には、自らはジョセフ・スミス三世をリーダーとする復元末日聖徒イエス・キリスト教会だ、と宣言した。現在、「復元派」(Reorganites) はおよそ二五万人の会員を擁する大きな、活発な組織である。二〇〇一年には、教会は「コミュニティ・オブ・クライスト」(Community of Christ) という新しい名称を採用した。

ＬＤＳとコミュニティ・オブ・クライストの関係は甚だ友好的である。実際、この二つのグループはジョセフ・スミスを創始者としていることを含め、多くの共通点をもっている。ＬＤＳのように、コミュニティ・オブ・クライストの階層的序列《ヒエラルキー》には大管長、一二人の使徒、七十人定員会が含まれる。教会は、同様に、地方の会衆を指導するために長老や祭司の無償奉仕に頼っている。きわめて重要なのは、両者ともモルモン書を神の霊感によって書かれたものだ、と認めていることかもしれない。物議をかもした金板からジョセフ・スミスによって口述され、オリヴァー・カウドリによって普通の書き方で書かれた原稿は、コミュニティ・オブ・クライスト教会によって所有され、カンザスシティにある一定の温度・湿度で管理された銀行の金庫室に保管されている。

その一方で、ＬＤＳとコミュニティ・オブ・クライストが意見の相違を水に流し、合併する可能性はほとんどない。不一致があまりにも顕著なのだ。つい先ほど言及した誰が指導者かという要因に加えて、復元派はボランティア宣教師制度を支持していない。また、彼らにはどんな種類の秘密の会堂儀式も、エンダウメントも、特殊な下着も、結び固めも、日の栄えの結婚もない。会堂――ならびに、礼拝堂――は一般開放されている。近年では、彼らは女性が聖職者になることを許している。

知識人との対立、ジェンダー規則、アフリカ系アメリカ人の承認、高齢化する指導部、ジョセフ・スミスへの忠誠を宣言するが、教会の外にいる人々からの批判、といったものがＬＤＳの今なお続いている課題であり、悩みの種なのである。

12　原理派

複婚を公式に採用したことがモルモン教会内部に多くの分裂を引き起こしたのとちょうど同じように、多妻結婚の「終焉」を告げる公式宣言はそれと同じ結果をもたらした。いくつかの小規模なモルモン教徒の集団は、たとえ法律とＬＤＳの教義の両方に反しているとしても、多妻結婚を実践し続けた。こうした「原理派」(Fundamentalists)――彼らはそう呼ばれている――は、モルモン教といえば、複婚というような連想を長引かせる、不幸な結果をもたらしてきた。したがって、彼らがＬＤＳに非難されるのも不思議ではない。

公式宣言が発表された後、原理派の一部はメキシコに移住したが、その他の者はアメリカ合衆国――主にアリゾナ州、ユタ州、カリフォルニア州といった遠隔地――にとどまり、そこで複婚の慣行を続けてきた。

原理派が正確に何人くらいいるのかは知られていない、というのも彼らは大抵、地下で活動しているからである。二〇一〇年における多妻結婚の推計は三万八〇〇〇人を数え、上昇傾向だった。複婚主義者のグループで最大のものは、「原理派末日聖徒教会」（Fundamentalist Church of the Latter-Day Saints 略してFLDS）であり、信者数一万人を数える。この三万八〇〇〇人という推計は全体的にみて、さまざまな主流のモルモン教諸宗派に関わっている数百万人と比べればきわめて少ないといえるし、あるいは、違法行為に携わっている忠実な信者が絶対数において非常に多いともいえ、さまざまな見方が可能である。とにかく、ユタ州で多妻結婚が合法的に行われていた一二〇年前と比べると、今の方が多妻結婚をして暮らしている人の数はおそらく多いであろう。前に触れたように、「逸脱」（deviance）という言葉は、社会規範――社会の期待――に違反する行動を記述するのに用いられる。FLDSの共同体で育っている――外界に対して、比較的閉ざされている――人にとっては、複婚が正常と思われるのであり、それゆえにその共同体の若い男女にとっては、複数の妻を持つことは期待されることなのである。彼らにとって、複婚しないことこそ逸脱なのだ。しかし、大きな社会やより大きなモルモン共同体からすれば、これらの原理派は信心深いが道を誤っており、確かに逸脱しているのである。[44]

多くの評論家――もしかすると、LDS信者の大部分を含むかもしれない――が原理派を逸脱者とみなし、また、社会経済的地位が低いとみなしている。原理派自体は、自分たちはあらゆる階級の出身者から構成されている、といっている。彼らはさらに、自分たちは逸脱者ではなく、信心深いのだ、と主張している。実際のところ、彼らは信心深い逸脱者といえよう。

原理派が主張するには、ジョン・テイラー大管長（ブリガム・ヤングの後継者）は一八八七年に亡くなる直前に五人の弟子を呼び集め、複婚の習慣はどんなことがあっても続けなくてはならない、と彼らに話したという。彼のメッセージは次の二つの理由から、その五人の男たちに多大な影響を与えた——一つは、原理を守るために彼自身その晩年もっぱら隠遁生活に徹したからで、もう一つは、彼は当時の教会の大管長だったので、その五人の男たちは彼の勧告が啓示に基づいている、と感じたからである。

今日の複婚

どのような理由づけがなされているのであれ、複婚の火花が今なお、激しく散っていることは否定できない——複婚主義者たちは随分前からモルモン教会から締め出されてきたという事実にもかかわらず、である。原理派はあまり知られていないにせよ、秘密組織のようなものをもっているのかもしれない。彼らはパンフレットを時折、発行・配布しており、また、大衆紙は彼らの複婚を暴露する記事を度々載せている。しかし、信頼できる情報は手に入りにくい。

私たちの知識が足りない理由は二つある。第一に、原理派は原理についてはは意見が一致しているにもかかわらず、一つの団結した組織へと結束、ないし、組織されていないということである。彼らはいくつかの州とメキシコに点在しており、彼らの地理的領域は何千平方マイルをも包含している。多くのさまざまなセクトが関与しており、その大部分はかなり小規模である。実のところ、原理を固守する人々の多くは一個人としてそうしているのである。すなわち、彼らはいかなる集団、ないし、組織とも関係していないのである。

情報不足の第二の理由は、複婚が違法だということであり、関係者は当局による取締りがいつ行われるのかわからないという状況にある。訴追される可能性を避けるために、複婚主義者たちの大部分は法律上の妻を一人しか娶らない。その後の結婚——中には、一一人もの妻がいる複婚主義者たちがいる、と伝えられている——は司宰者のような人によって執り行われ、結婚許可書を伴わない。(45) ユタ州もまた、同居を——子供がいるというただそれだけで立証できる——重罪としてきた。

注目を集めているケース

センセーショナルな側面をもつ多妻結婚は、メディアや一般市民を魅了し続けている。全米のテレビ業界は「オプラ・ウィンフリー・ショー」(Oprah Winfrey Show)(＊39) から、「ジェリー・スプリンガー・ショー」(Jerry Springer Show)(＊40) まで、いくつもの番組をそれに充てている。ＬＤＳはそのような制度との関わりを一切否定していることを何度も言明しているが、それが教会の悩みの種であることは明白だ。最近では、複婚主義者としての自らの将来展望を宣言し、離反したモルモン教徒がエリザベス・スマート (Elizabeth Smart) という一五歳の少女をソルトレーク・シティーの彼女の自宅から誘拐した時、全米の注目がそこに集まった。モルモン教徒が最も望まないことは多妻結婚と結びつけられ続けることである。しかし、原理派が存在する限り、それは避けられないことのように思える。(46)

二〇〇八年四月、テキサス州エルドラドにある、ＦＬＤＳの囲い地 (compound) への大規模な襲撃が全世界の注目を集めた。州は虐待と幼児結婚が行われているという叫び声の中、四一六人の児童を一時的に強制保護した。テキサス州各地の裁判所の外で泣き叫ぶ古風な服装の母親たちを映し出したテレビ映像はフェミニストからの懸念の表明とともに、州は拙速に行動したという反撃を皮肉にももたらした。結局、性的虐待、扶養義務違反、一二歳、という幼い少女との「結婚」のケースは司法の判断を受けることとなった。(47)

エルドラドのケースの深刻さも、知名度においては、もっと些細な出来事とさして変わらなかった。二年前、米国のケーブルテレビネットワークの一つ、ＨＢＯは「ビッグ・ラブ」（"Big Love"）の放送を開始したが、それは二〇一〇年まで五シーズン放映された。このドラマは架空の原理派モルモン教グループ、「ユナイテッド・エフォート・ブラザーフッド」（United Effort Brotherhood）に属する男性、三人の妻、八人の子供たちから成る家族をたどっている。末日聖徒イエス・キリスト教会は、このシリーズの放送が開始されると直ちに、神聖なエンダウメントの儀式の描き方のみならず、複婚を支持していることを理由に、それを公然と批判した。(48)

13　今日のモルモン教

どの基準――会員総数、成長率、財産、信心深さ、教育、活力――を用いるかに関係なく、末日聖徒イエス・キリスト教会は驚異的な記録をもっている。さらに、そのさまざまな活動が範囲においても、テンポにおいても、縮小していることを示す証拠はまったくない。それどころか……。

ビジネスと財政上の利害

モルモン教会は裕福だ、ということは明らかに控えめな表現であろう。雑誌『タイム』（*Time*）を含む多くの評論家らは、一人当たりではＬＤＳが世界で最も金持ちである、と信じている。例えば、教会の名簿には何百人もの百万長者が記載されている。個人の財産の他に、教会は莫大な組織の財産を持っている。『タイム』は、モルモン教会は少なくとも三〇〇億ドルに値する帝国である、と見積もっている。教会の所有財産の中には、フロリダ州オーランド近郊にある面積三一万二〇〇〇エーカーのデゼレット・キャトルやシトラス・ランチがある。この不動産はアメリカ合衆国でも最高級の牛肉を生産する牧場として生み出す収入の他有している。教会は農業関連産業複合体の一部として、他に五〇カ所の農場も所有している。[49]

ＬＤＳが所有する不動産には、ソルトレーク・シティー中心部にある、教会本部の周辺の地所の多くが含まれている。「ポリネシア・カルチャー・センター」（Polynesian Cultural Center）は、ハワイでは観光客向け施設のナンバーワンである。ＬＤＳはユタ州プロボのブリガム・ヤング大学やより小規模ないくつかの教育施設を所有している。

次に、教会が所有するマスメディアがある。再び、『タイム』によると、教会は一六のラジオ局と一つのテレビ局を所有し、一九九六年には合わせて一億六二〇〇万ドルを生み出している。教会はユタ州に三〇店舗の系列販売店を持つ出版社デゼレット・ブックス（Deseret Books）を所有している。ＬＤＳの新聞『デゼレット・ニュース』（*Deseret News*）は二〇〇八年現在、七万一〇〇〇の発行部数を誇る。ＬＤＳはニューヨークとソルトレーク・シティーに高級ホテルや高級モーテル、デパート、保険会社、超高層ビルを所有している。このリストはもっと長くなるかもしれない。

モルモン教会は強力に成功を収めてきた。年に一度の財務報告書が公表されていないという事実にもかかわらず、こういっても間違いない。ＬＤＳの経済的繁栄は堅実なビジネスに加えて、寛大で熱烈な什分の一制度から生じているのだ、と。生み出された資金は教会の維持と継続的拡大のために使われている。

福祉

もちろん、すべてのモルモン教徒が金持ちであるとは限らない。彼らの大部分は広範な中産階級に属している。また、当然のことながら、経済的階層の末端に位置する者も多少はいる。しかしながら、ＬＤＳは困窮する会員の面倒をみており、そうした会員が公的救済に頼る必要はめったにない。使われている制度は教会の総収入に頼ることなく、困窮した人々を助けることを可能にしているために、最も効果的である。

このプログラムには二つの主な特色がある。第一に、ステークごとに独自の福祉事業がある。農場を所有するステークもあれば、果樹園を所有するステーク、缶詰工場、または、工場を所有するステーク、牛を飼育するステークなどがある。どの事業でも労働はＬＤＳ信者によって無料で行われる。ステークごとに割当てがあり、商品の交換は経営会議に基づいて行われる。

この割り当て制度を研究したターナーは、このプログラムがいかに広範囲に及んでいるかを明らかにしている。「ピーナッツバターはヒューストン産、ツナはサンディエゴ産、マカロニはユタ産、レーズンはフレズノ産、プルーンはカリフォルニア州サンタローザ産、スープはユタ産、ゼラチンはカンザスシティ産、歯磨き粉とシェービングクリームはシカゴ産、オレンジジュースはロサンゼルス産、グレープフルーツジュースはフェニックス産とメーサ産、砂糖はアイダホ産である(50)」。

福祉プログラムのもう半分には、ＬＤＳ信者によって寄付される「断食献金」が含まれている。毎月第一日曜日に、モルモン教徒の各家族は二食抜く。次にその抜いた食事の推定費用が福祉献金として提供され、その金の大半は衣服、かみそりの刃、電球などといった交換プログラムからは得ることのできない品物を購入するのに使用される。各家族から集められた断食献金は大して多くはないように思われるかもしれない――おそらく一カ月に一五ドルから、二〇ドル――が、ＬＤＳの福祉プログラムはこの方法で毎年数百万ドルを集めている。

生産されたり、購入されたりした支給品はすべて、モルモン社会の至る所に分散したさまざまな監督の倉庫に保管されている。倉庫――そのうちの約一五〇棟――は、金銭のやりとりがまったくないことを除けば、大規模なスーパーマーケットに似ている。困窮者はワードの監督から送られてきた注文書を提出するだけで、その後で必要な生活用品が分配される（お金が必要な場合には、監督の専用資金を利用することができる）。

公的救済を受けたことのあるモルモン教徒は一人もいないと一部の人々が主張しており、これはいくつかのワードでは当てはまるかもしれないが、すべてのワードに当てはまるとは限らないだろう。さらに、福祉プログラムの明らかな成功にもかかわらず、例えば、大不況の結果として生ずる貧困をＬＤＳが処理できるのかどうかは疑わしい。だが、それならば、他の集団の大部分もそのようなことはできないだろう。全般的にみて、モルモン教会の福祉プログラムはＬＤＳの比較的成功した事業の一つである。

教　育

何らかの理由で、世間はＬＤＳが教育を大変重視していることに気づいていないようである。しかし、実を言えば、モルモン教徒はユタ大学――ミシシッピ川以西で最古の大学――とブリガム・ヤング大学の両方を設立したのである。

末日聖徒の教育への取り組みには主に二つあり、そのうちの一つはセミナリー（seminary）とインスティテュート（institute）の制度である。セミナリーは高等学校の補足とみなされたプログラムであり、インスティテュートはモルモン教徒の大学生向けの社会宗教的センターである。アメリカ合衆国、および、海外には二〇〇〇を優に超える数のインスティテュートやセミナリーがあり、いつでも約一〇万人のモルモン教徒の若者が通っている。こうしたプログラムは、「若いモルモン教徒が、幼少期の盲信から道理に基づく教義の受容――彼らがそれに達することを教会は願っている――へと移行しなくてはならない人生の重要な時期の橋渡しをするために」利用されている。(51)

モルモン教会の教育プログラムの第二の主眼点は高等教育そのものにある。ユタ州は大学入学者の割合と大卒者の割合の両方で全国トップである。末日聖徒たちはこの功績、ならびに、自分たちは州外の多くのカレッジや総合大学の学長を輩出してきたという事実をもちろん、誇りに思っている（モルモン教徒である有名人の数――会社社長、科学者、エンジニア、州知事、上院議員、閣僚――はあまりに多すぎて、その一部を列挙することさえ試みることができない）。[52]

もちろん、ブリガム・ヤング大学（ＢＹＵ）はモルモン教会の教育への取り組みの極致である。建物とキャンパスは壮大で、また、――物的設備という点では――おそらくアメリカ合衆国のカレッジ、および、総合大学の頂点に、あるいは、頂点近くに位置するであろう。

ここ五〇年間に、入学者数はざっと五〇〇〇から三万五〇〇〇人を優に超えるようになってきており、前に触れたように、ブリガム・ヤング大学を全国最大の教会系列の大学にしている。ＢＹＵの授業料は安い――年間四二九〇ドルを少し超えるくらいである（ＬＤＳ信者ではない学生の場合、授業料は八五八〇ドルである）。大学は連邦政府の補助をまったく受けていないが、建築費やその他の費用は問題をほとんど引き起こしていない。モルモン社会の他の場合と同様に、什分の一は教育機構に燃料を供給しているのだ。

ＢＹＵは二六の分野で博士号を出しているとはいえ、主として学部学生のための機関である。全学生の大多数、およそ九八パーセントがモルモン教徒で、彼らは一二〇を超える諸外国から来ているだけでなく、全米五〇州すべてから来ている。

なぜ、教育に重点が置かれているのか？　その勢いは一八三三年のジョセフ・スミスの啓示に遡ることができる。「神の栄光は知性である、あるいは、別の言葉で言うと、光と真理である」。蜂の巣の絵を取り囲むこのモットーは大学の印刷物やレターヘッドにみられる。

ＢＹＵは、その語のあらゆる意味で主要な大学であるが、それでもなお、モルモン教の教育機関であることに変わりはない。キャンパスは、モルモン社会一般がそうであるように、ワードとステークに組織されている。また、学生の服装や行動は教会の教義と一致して保守的である。例えば、男性はあごひげを生やすことを許されておらず、女性については「ノーブラは認められない」。ＢＹＵのウェブサイトは、『プリンストン・レビュー』（*Princeton Review*）が大学をアメリカで最も「生真面目な」学校として評価していることに、自慢げに触れている。

14　グローバル宗教

第一次世界大戦中、ＬＤＳの信者数はほぼ五〇万人だった。第二次世界大戦の勃発時には、その数は約一〇〇万人に増加していた。現在、会員総数は一三〇〇万人を超える。教会員の数が増大しているだけでなく、加速しているのは明らかだ。ＬＤＳの信者の大多数は今は外国に居住しており、南米での改宗が最も増えている。(53)目を見張るようなこの増加率には何ら謎めいたところはない。モルモン教会は成長したいから成長するのだ。末日聖徒たちは出生率が高いだけでなく、死亡率が低い。平均して、彼らは他のアメリカ人より数年長生きしている（彼らはこれを、アルコール、カフェイン、並びに、煙草を禁止したおかげだとしている）。

非常に大きな成功を収めてきたので、現代の宗教学者らは次のように問いかけている――一八五〇年代には総数が数千人だったこの宗派は、今ではグローバル宗教として台頭してきているのだろうか？　明らかに、その信者の勢力範囲はグローバルである。しかし、それは本当にグローバル化した宗教なのか？　あるいは、海外の信者は基本的にソルトレーク・シティー統一体に属しているのか？

例えば、ローマ・カトリック教やイスラム教の世界中の実践者たちは、しばしば、現地の文化のさまざまな慣習を宗教的実践に採り入れるばかりか、崇拝儀礼にまで採り入れて、他の地域では見られない独特の儀礼を発達させている。このようなことは末日聖徒イエス・キリスト教会にはまだ起こっていない。例えば、モルモン教徒はナイジェリアで大きな成功を収めてきたが、たとえ踊りや現地の太鼓の曲のリズムを容易に適応させることができたとしても、ユタ州にいる時と同じようにやるだろう。

他の敬虔なキリスト教徒が冒瀆的ではないにしても、不可解だと思うようなモルモン教のいくつかの側面が一部の文化においては、非常に魅力的に見えることがある。改宗者たちは、神の啓示が遠い過去に現われただけでなく、神からのメッセージの流れが今でも続いているという教義に惹きつけられているのである。信者は、彼らの今は亡き先祖たちのために、バプテスマを行うかもしれない。忠実な信者は亡くなるとすぐ、永遠の命だけでなく、自分の配偶者とつながった永遠をも期待する。契約はアブラハムとともに始まったが、イエスのメッセージは歪曲され、結局、後の預言者（ムハンマドよりも、むしろジョセフ・スミス）によって結びつけられたというLDSの教えはイスラム文化では、聞き覚えのあるものである。(54)

モルモン教の宣教師は受け容れられているが、貧しい人々や友好的な現地の人々を信者にしようとする時、裕福な人々からの敵意に遭遇する。この敵意は、より無力な人たちの間で台頭してきた組織に対する裕福な人々の一般的な恐れに由来するものかもしれない。しかし、より一般的なレベルでは、何百万人もの信者を引き寄せているのにもかかわらず、モルモン教が真のグローバル宗教となるためには、多くの人々の目から見た狂信者たちのアウトサイダー宗教集団という烙印《スティグマ》を払い落とす必要があるだろう。(55)

末日聖徒たちはそれ相応以上の課題を抱えてきた。同化しようとしない、大きな社会に十分な関心を持っていない、といった理由で彼らは批判されてきた。背教者たちに悩まされ、複婚に苦しめられてきた。女性に関する立場ゆえに非難されてきた。そして、信者を盗んだという理由で他の宗派に糾弾されてきた。

もちろん、昔は迫害がはびこっていた。何度も、行く先々の州で、モルモン教徒の共同体はどれも逃げることを余儀なくされた。ＬＤＳの指導者たちは投獄され、相当量の教会財産が没収された。しかしながら、古いものも新しいものも含めた多くの問題があるにもかかわらず、彼らの運動の長期にわたる活力がアメリカ合衆国、そして、今では全世界で弱まることはなかった。むしろ、テンポが増してきたのだ。実は、モルモン教は宗教を超えるもの、あるいは、一連の神学的信条を超えるものなのである。ほとんどの信者にとって、それはライフスタイル全体なのである。

【インターネット情報源】

www.lds.org/

末日聖徒イエス・キリスト教会、聖典、雑誌、総大会の講演、神殿、イベント、ステークやワードの日程表に関する公式情報。

http://www.cofchrist.org

モルモン書に従う二番目に最大のグループが「コミュニティ・オブ・クライスト」(Community of Christ) で、その指導者は一世紀以上にわたって、創始者かつ信仰の預言者の直系の子孫であった。

http://www.nps.gov/mopi/index.htm

アメリカ合衆国国立公園局 (National Park Service) が管理するサイトで、初期のモルモン教徒がイリノイ州ノーヴーからユタ州ソルトレーク・シティーまで通ったトレイル沿いの史跡を確認することができる。

http://mormonconspiracy.com/cult.html

精力的に活動している、さまざまな風変わりな集団と同様に、インターネット上の誹謗中傷者は至る所に存在する。これはその一例にすぎない。

【精選文献リスト】

Alexander, Thomas, and Jessie Embry, eds. *After 150 Years*. Midvale, UT: Charles Redd Center for Western Studies, 1983.

Arrington, Leonard. *Brigham Young: American Moses*. New York: Knopf, 1985.

Barlow, Philip L. *Mormons and the Bible: The Place of the Latter-day Saints in American Religion*. New York: Oxford University Press, 1991.

Bushman, Richard L. *Joseph Smith and the Beginnings of Mormonism*. Urbana: University of Illinois Press, 1988.

Carmer, Carl. *The Farm Boy and the Angel*. Garden City, NY: Doubleday, 1970.

Clark, Annie Turner. *A Mormon Mother: An Autobiography*. Salt Lake City: University of Utah Press, 1969.

Coates, James. *In Mormon Circles: Gentiles, Jack Mormons, and Latter-day Saints*. Reading, MA: Addison-Wesley, 1990.

Cresswell, Stephen. *Mormons, Cowboys, Moonshiners and Klansmen: Federal Law Enforcement in the South and West, 1870–1893*. Tuscaloosa: University of Alabama Press, 1991.

Davies, Douglas J. *An Introduction to Mormonism*. New York: Cambridge University Press, 2003.

Decker, Ed. *What You Need to Know about Mormons: Conversations with Cults*. Eugene, OR: Harvest House, 1990.

Dew, Sheri L. *Go Forward with Faith*. Salt Lake City: Deseret Books, 1996.

Foster, Lawrence. *Religion and Sexuality: Three American Communal Experiments of the Nineteenth Century*. New York: Oxford University Press, 1981.

——. *Women, Family, and Utopia: Communal Experiments of the Shakers, the Oneida Community, and the Mormons.* Syracuse, NY: Syracuse University Press, 1991.

Gates, Susa Young. *The Life Story of Brigham Young.* New York: Macmillan, 1930.

Hardy, B. Carmon. *Solemn Covenant: The Mormon Polygamous Passage.* Urbana: University of Illinois Press, 1992.

Heinerman, John, and Anson Shupe. *The Mormon Corporate Empire.* Boston, MA: Beacon Press, 1985.

Ison, Jim. *Mormons in the Major Leagues: Career Histories of Forty-Four LDS Players.* Cincinnati, OH: Action Sports, 1991.

Krakauer, John. *Under the Banner of Heaven: A Study of Violent Faith.* New York: Doubleday, 2003.

Leone, Mark. *Roots of Modern Mormonism.* Cambridge, MA: Harvard University Press, 1979.

Madson, Susan Arrington. *Growing Up in Zion: True Stories of Young Pioneers Building the Kingdom.* Salt Lake City: Deseret Books, 1996.

Maus, Arnold L. *All Abraham's Children: Changing Mormon Conceptions of Race and Lineage.* Urbana: University of Illinois Press, 2003.

Merrill, Melissa. *Polygamist's Wife.* Salt Lake City: Olympus, 1975.

Morris, Carroll Hofeling. *"If the Gospel Is True, Why Do I Hurt So Much?": Help for Dysfunctional Latter-day Saint Families.* Salt Lake City: Deseret, 1992.

Mullen, Robert. *The Latter-day Saints: The Mormons Yesterday and Today.* Garden City, NY: Doubleday, 1966.

Nibley, Hugh. *Tinkling Cymbals and Sounding Brass.* Salt Lake City: Deseret, 1991.

Ostling, Richard N., and Joan K. Ostling. *Mormon America: The Power and the Promise.* San Francisco: Harper Collins, 2000.

Porter, Blaine. *Selected Readings in the Latter-day Saint Family.* Dubuque, IA: Brown, 1963.

Schow, Ron, Wayne Schow, and Marybeth Raynes, eds. *Peculiar People: Mormons and Same-Sex Orientation.* Salt Lake

City: Signature Books, 1991.
Shupe, Anson. *The Darker Side of Virtue*. Buffalo, NY: Prometheus Books, 1991.
Stark, Rodney. *The Rise of Mormonism*. Edited by Reid L. Neilson. New York: Columbia University Press, 2005.
Stegner, Wallace. *The Gathering of Zion*. New York: McGraw-Hill, 1964.
Tobler, Douglas F., and Nelson B. Wadsworth. *The History of the Mormons in Photographs and Text: 1830 to the Present*. New York: St. Martin's, 1989.
Turner, Wallace. *The Mormon Establishment*. Boston: Houghton Mifflin, 1966.
Turpin, John C. *The New Stress Reduction for Mormons*. Covenant, 1991.
West, Ray B., Jr. *Kingdom of the Saints*. New York: Viking, 1957.
Whalen, William. *The Latter-day Saints in the Modern-Day World*. New York: Day, 1964.
Whipple, Maurine. *This Is the Place: Utah*. New York: Knopf, 1945.
Young, Kimball. *Isn't One Wife Enough?* New York: Holt, 1954.

註

（1）モルモン教徒の経験に関する記述については、ＬＤＳの第一五代大管長ゴードン・ヒンクレー（Gordon Hinckley）の伝記、Sheri L. Dew, *Gordon B. Hinckley: Go Forward with Faith*（Salt Lake City: Deseret Books, 1996）を参照のこと。さらに、Susan Arrington Madson, *Growing Up in Zion: True Stories of Young Pioneers Building the Kingdom*（Salt Lake City: Deseret Books, 1996）. Jana Richman, Riding in the Shadows of Saints（New York: Crown, 2005）. Richard N. Ostling and Joan

K. Ostling, *Mormon America: The Power and the Promise* (San Francisco: Harper Collins, 2000) も参照のこと。楽しい読み物では、Robert Kirby, *Best Loved Humor of the LDS People* (Salt Lake City: Deseret Books, 1999) を試してみるとよい。

(2) James Coates, *In Mormon Circles: Gentiles, Jack Mormons, and Latter-day Saints* (Reading, MA: Addison-Wesley, 1990).

(3) Joseph Smith, *Pearl of Great Price* (Salt Lake City: Church of Jesus Christ of Latter-day Saints, 1974), p. 49.

(4) Smith, *Pearl*, pp. 50-51.

(5) Smith, *Pearl*, p. 54.

(6) Mark Leone, *Roots of Modern Mormonism* (Cambridge, MA: Harvard University Press, 1979), p. 171.

(7) Kendall White, Jr., and Daryl White, "Polygamy and Mormon Identity," *Journal of American Culture* 28 (June), pp. 165-77.

(8) Lawrence Foster, *Religion and Sexuality* (New York: Oxford University Press, 1981), pp. 211-12.

(9) B. Carmon Hardy, *Solemn Covenant: The Mormon Polygamous Passage* (Urbana: University of Illinois Press, 1992), p. 17.

(10) Kimball Young, *Isn't One Wife Enough?* (New York: Holt, 1954), p. 209.

(11) 一八七〇年まで、ユタ州には少数の非モルモン教徒がおり、彼らはモルモン教徒の活動について、連邦政府に苦情をいっていた。多妻結婚は最も喧伝された苦情だったが、非モルモン教徒の入植者たちは、「教会によるこの準州の経済的、ならびに、政治的支配」にも反対した、とクレスウェルは書いている。彼らはさらに、「どの宗派にも属さない公立学校がユタにはない。ユタにはモルモン教会と密接に結びついたモルモン教徒だけから成る市民軍がある。ユタ準州の経済生活はモルモン教会当局によって指導された、集産主義的なものである。選挙は教会のエリート層によってかなり徹底的に支配されていた。要するに、ユタは非アメリカ的な神政政治のようだ」と主張した。(Stephen Cresswell, *Mormons, Cowboys, Moonshiners and Klansmen* [Tuscaloosa: University of Alabama Press, 1991], p. 80)。

(12) Carl Carmer, *The Farm Boy and the Angel* (Garden City, NY: Doubleday, 1970), p. 181. Sarah Barringer Gordon, "The Mormon Question: Polygamy and Constitutional Conflict in Nineteenth-Century America," *Journal of Supreme Court History* 28 (March 2003): 14-29 も参照のこと。

(13) Joseph Smith, *Doctrine and Covenants* (Salt Lake City: Church of Jesus Christ of Latter-day Saints, 1974), 最終項。

(14) "The Persistence of Polygamy." *New York Times Magazine*, March 21, 1999, Sec 6, p. 14. 興味深いことに、スムート論争は二〇〇九年、以前、バラク・オバマ大統領が占めていた上院の議席を州知事らが売ろうと企てたイリノイ州のスキャンダルの直後に表面化した。アメリカ合衆国上院は、州知事からの指名を受けたローランド・バリス（Roland Burris）の承認を妨害したが、それは一〇〇年前にスムートの承認が妨害された件を思い起こさせた。

(15) ＬＤＳの初代大管長には二名の副管長がいる。両者とも "president" と呼ばれている。使徒たちは教会大管長によって選ばれ、審議されることはおろか、いかなる種類の投票も行われることなく告知される。

(16) Philip L. Barlow, *Mormons and the Bible: The Place of the Latter-day Saints in American Religion* (New York: Oxford University Press, 1991), p. xxviii.

(17) Barlow, *Mormons*, p. xxviii.

(18) Ostling and Ostling, *Mormon America*.

(19) Scott H. Beck, Judith A. Hammond, Bettie S. Cole ("Religious Heritage and Premarital Sex: Evidence from a National Sample of Young Adults," *Journal for the Scientific Study of Religion* 30 [2] [June 1991]: 173-80.) は調査を行い、「『制度化されたセクト』に分類される宗教的遺産を受け継いでいる、ヒスパニック以外の白人男女は他の要因で抑制しているとしても、婚前交渉を行う可能性はより低かった」と報告した。著者らはモルモン教徒とエホバの証人の両方を制度化されたセクトに分類されるものとして調査集団に含めた。

(20) Charles Mindel, Robert Habenstein, and Roosevelt Wright, Jr., eds., *Ethnic Families in America* (New York: Elsevier, 1988) 所収の、Bruce Campbell and Eugene Campbell, "The Mormon Family," p. 483. を参照のこと。

(21) Debbi Willgoren, "For Mormons, No Place Like Home: Monday Night Gatherings Are a Mainstay of Family Life," *Washington Post*, July 8, 1996, p. B1.

(22) Robert Mullen, *The Latter-day Saints: The Mormons Yesterday and Today* (Garden City, NY: Doubleday, 1966), pp. 27-28.

(23) Kristen Moulten, "Mormon Church Puts Its Genealogy Data Online," AP, Allentown Morning Call, Allentown, PA, May 24, 1999, Sec A, p. 1. を参照のこと。<www.familysearch.org>.

(24) "LDS Proxy Baptism of Jews Still's an Issue," *USA Today*, April 11, 2005, p. 7D. "The Issue of the Mormon Baptists of Jewish Holocaust Victims," http//www.jewishgen.org/infofile/ldsagree.html, 二〇〇九年一〇月一四日にアクセスした。

(25) Smith, *Doctrine and Covenants*, sec. 89, p. 5.

(26) Stephan Thernstrom, ed., *Harvard Encyclopedia of American Ethnic Groups* (Cambridge, MA: Harvard University Press, 1980) 所収の Dean L. May, "Mormons," p. 730.

(27) Drummond Ayres, Jr., "Sober Reality in the Utah: Mormons Fulfill Role," *New York Times*, July 22, 1998, Sec. A, p. 2.

(28) "Rights Group Challenges a Church's Restrictions," *New York Times*, May 7, 1999, Sec. A, p. 20. Michael B. Toney, Chalon Keller, and Lori M. Hunter, "Regional Cultures, Persistence and Change: A Case Study of the Mormon Culture Region," *Social Science Journal* 40 (2003): pp. 431-45. Rodney Stark and Roger Finke, "Religion in Context: The Response of Non-Mormon Faiths in Utah," *Review of Religious Research* 45 (2004, No. 3): pp. 293-98.

(29) Wallace, Turner, *The Mormon Establishment* (Boston: Houghton Mifflin, 1966), p. 69.

(30) Coates, *In Mormon Circles*, p. 138. Kirk Johnson, "Door to Door as Missionaries, Then as Salesman," *New York Times*, June 12, 2009, pp. A1, A16. Rick Phillips, "'De Facto Congregationalism' and Mormon Missionary Study: An Ethnographic Case Study," *Journal for the Scientific Study of Religion* 47 (No. 4, 2009). Rodney Stark, *The Rise of Mormonism* edited by Reid L. Neilson (New York, Columbia University Press, 2005).

(31) Coates, *In Mormon Circles*, p. 141.

(32) Lloyd E. Hudman and Richard Jackson, "Mormon Pilgrimage and Tourism," *Annals of Tourism and Research* 19 (1992): p. 120.

(33) Anson Shupe, *The Darker Side of Virtue* (Buffalo, NY: Prometheus Books, 1991), pp. 124-25.

(34) Reed D. Slack, "The Mormon Belief of an Inspired Constitution," *Journal of Church and State* 36 (1994), pp. 37, 39.

(35) 大統領選挙に立候補したモルモン教徒は他にも一九六八年に立候補したミット・ロムニーの父ジョージ、一九七六年に立候補したモリス・ユーダル（Morris Udall）、一九九九年に立候補したオリン・ハッチ（Orin Hatch）がいる。彼らの選挙運動はミット・ロムニーほどに勝利に近づくことはなかったために、モルモン教は二〇〇八年ほどには綿密な吟味の対象とはならなかったのであろう。

(36) Daniel E. Campbell and J. Quinn Moson, "The Religious Test," *USA Today*, January 22, 2002, p. 9A. Jonathan Dorman and Lisa Milla, "Mitt's Mission," *Newsweek*, October 8, 2007.

(37) Lisa Duggan, "What's Right With Utah," *The Nation*, July 13, 2009, ed. 22, pp. 16, 18, 20. David Von Biema, "The Storm Over the Mormons," *Time*, June 22, 2009, pp. 48-53.

(38) Dirk Johnson, "As Mormon Church Grows, So Does Dissent from Feminists and Scholars," *New York Times*, October 2, 1993, p. 1. Travis Reed, "Mormon scholar suspended from church," *Chicago Tribune* (December 13, 2004), p. 17.

(39) Vern Anderson, "Mormon President Says Moms Should Stay Home with Kids," *Associated Press*, October 7, 1996.

(40) エンダウメントの儀式はモルモン教では、最高レベルの天国で暮らすための必要条件である。それはスミスの啓示以来、ほぼ変わることなく残ってきた。その一九九〇年の改定では、ＬＤＳは世間ともう一つの興味深い妥協をした――他の宗教の聖職者が、その儀式でサタンの有給のスパイとして描かれることはもうないのである。

(41) Richard N. Ostling and Joan K. Ostling, *Mormon America: The Power and the Promise* (San Francisco: Harper Collins, 2000), pp. 99-112. Margaret Ramirez, "Mormons' New-Time Believers," *Chicago Tribune*, July 24, 2005, pp. 1, 17. Armand L. Mauss, *All Abraham's Children: Changing Mormon Conceptions of Race and Lineage* (Urbana: University of Illinois Press, 2003). Barry A. Kosmin and Ariela Keysar, *American Religious Identification Survey 2008, Summary Report*, March 2009 (www.americanreligionsurvey-aris.org で閲覧可能) によると、ＬＤＳの信者の九八パーセントがヒスパニック系ではない白人である。

(42) "Mormons' Inflexible Process of Succession Questioned," *Associated Press, Saturday Oklahoman and Times*, July 31, 1993, p. 12.

(43) "The Prophet's Mantle," *Economist* (June 11, 1994): A24.

(44) Melissa Merrill, *Polygamist's Wife* (Salt Lake City: Olympus, 1975), p. 116. Elise Soukup, "Polygamists, Unite!" *Newsweek*, March 20, 2006, p. 52. Scott Anderson, "Polygamy in America: One Man, Five Wives, 46 Children," *National Geographic* 34 (February 2010), pp. 34-59. Mirian Koktuedgard Zeitzen, *Polygamy: A Cross-Cultural Analysis* (Oxford, England: Berg,

2008), p. 89.

（45）James Brooke, "Utah Struggles with Revival of Polygamy," *New York Times*, August 23, 1998, Sec. 1, p. 107.

（46）White and White, "Polygamy and Mormon Identity." 法律の介入はあまりないが、複婚の問題は二つの興味深いグループ、「タペストリー・アゲインスト・ザ・ポリガミー」（Tapestry Against the Polygamy）<www.polygamy.org> と「女性の宗教的自由同盟」（The Women's Religious Liberty Union）が結成されるきっかけとなった。タペストリーは女性を複婚から解放することに努める自助グループだが、同盟の目的は女性の幸福を妨げるであろう人々に複婚を思いとどまらせることである。

（47）"Texas Department of Family and Protective Services," *Annual Report* 2008（Austin: State of Texas, 2008）, p. 9. Mary Zeiss Stange, "What Does Texas Church Raid Say about Us?" *USA Today*, May 12, 2008, p. 119.

（48）"Church Responds to Questions on HBO's Big Love"（http://newsroom.lds.org/ldsnewsroom/eng/commentary/church-responds-toquestions-on-hbo-s-big-love）, press release, The Church of Jesus Christ of Latter-day Saints, June 3, 2006; Jennifer Dobner, "HBO Vs. The Mormons In Battle Over Temple Ceremony"（http: //www. huffingtonpost.com/2009/03/10/hbo-vs-the-mormons-in-bat_n_173707.html）, *Huffington Post*, March 11, 2009.

（49）David Van Biema, "Kingdom Come," *Time*, August 4, 1999, vol. 150, no. 5, pp. 50–54.

（50）Turner, Mormon Establishment, p. 123.

（51）Turner, Mormon Establishment, p. 123.

（52）モルモン教徒の有名人には、ステファニー・メイヤー（Stephenie Meyer,『トワイライト』*Twilight* シリーズの作者）、FOXニューステレビジョンのホスト、グレン・ベック（Glenn Beck）、歌手のデイヴィッド・アーチュレッタ（David Archuleta, 二〇〇八年に「アメリカン・アイドル」*American Idol* で二位だった）、リチャード・ポール・エヴァンス（Richard Paul Evans,『クリスマス・ボックス』*The Christmas Box* の作者）、フットボールのクォーターバック、スティーヴ・ヤング（Steve Young）、プロゴルファーのジョニー・ミラー（Johnny Miller）がいる。

（53）他の宗教（本書で論じられている風変わりな集団の一部を含む）と同様に、信者数の推計はそうした集団によって発表された情報に基づいている（アーミッシュとファーザー・ディヴァインは発表すらしていない）。独立した全国調査によると、アメリカ合衆国では三一五万八〇〇〇人が二〇〇八年に末日聖徒の信者だと自己申告した――一九九〇年と同じ信者総数の割合である。これに比べて、ＬＤＳはアメリカ合衆国の信者数を五八〇万人と宣言した。Kosmin and Keysar, *American Religious Identification Survey 2008*. Ellen W. Lindner, ed., *Yearbook of American and Canadian Churches 2009* (Nashville: Abington Press, 2009) を参照のこと。

(54) Douglas J. Davies, *An Introduction to Mormonism* (New York: Cambridge University Press, 2003). “A Modern Prophet Goes Global,” *The Economist*, January 6, 2007, p. 37. Mary Jordan, “The New Face of Global Mormonism,” *Washington Post National Weekly Edition*, November 26, 2007, pp. 20–21. Seth Perry, “An Outside Look in Mormonism,” *Chronicle of Higher Education*, February 3, 2006, pp. B9–B11.

(55) Stark, *Rise of Mormonism*, p. 12.

訳註

(＊1)「近代リバイバル運動の父」と呼ばれている、アメリカの伝道者チャールズ・グランディソン・フィニー（Charles Grandison Finney）が、熱烈なリバイバル（信仰復興）運動が沸き起こっていた一九世紀初期のニューヨーク州西部を指すのに用いた言葉。末日聖徒イエス・キリスト教会の日本公式ウェブサイトで用いられている「焼き尽くされた地域」という訳語を採用した。

(＊2) 一八四三年にキリスト再臨がある、と説いた米国の宗教指導者ウィリアム・ミラー（William Miller）の信奉者。

(＊3) アン・リー（一七三六–八四）は、イギリスのマンチェスターで一七七二年にクエーカー派の分派として創始されたシェーカー派（the Shakers）の指導者。啓示を受けて渡米し、一七七四年八月六日にニューヨークに到着、一七七六年には信者らと共にオールバニー近郊の町に共同体《コミュニティ》を設立した。

(＊4) ジェマイマ・ウィルキンソン（一七五二–一八一九）は“Universal Friends”という一団を率いる米国のカリスマ派宗教指導者。自分はイエス・キリストの化身だと主張し、完全な性的禁欲を説いた。ロードアイランド、ペンシルヴァニア、マサチューセッツで伝道した後、ニューヨーク州のフィンガーレークス（Finger Lakes）の湖畔で信者たちと共同社会を形成した。

（＊5）ノイズについては本書の第5章を参照のこと。

（＊6）リア・フォックス（Leah Fox）（一八一四－九〇）、マーガレット・フォックス（Margaret Fox）（一八三六－九三）、キャサリン・フォックス（Catherine Fox）（一八四一－九二）の三姉妹のこと。マーガレットとキャサリンの二人は、ニューヨーク州の自宅でラップ音を耳にし、その音は霊によって発せられたものである、と主張した。彼女たちはその後も、数々の霊との交信を行い、アメリカの心霊主義を創始した。

（＊7）ウリムとトンミムは、旧約聖書の出エジプト記の第二八章に登場する。二つの縞瑪瑙《しまめのう》の石で、そこにはイスラエルの子の名前がそれぞれ六つ刻んである。祭司アロンはこれらの石を身に着けておくべきだ、とされている。

（＊8）クモラはニューヨーク州ウェイン郡パルミラに位置している。その丘がクモラと呼ばれるようになったのは一八二九年からである。

（＊9）*The Book of Mormon* は、例えば、高橋弘著『素顔のモルモン教――アメリカ西部の宗教――その成立と展開』（新教出版社、一九九六年）、森孝一著『宗教からよむ「アメリカ」』（講談社、一九九六年）ならびに、Jon Krakauer, *Under the Banner of Heaven* (New York: Doubleday, 2003) の邦訳『信仰が人を殺すとき』（佐宗鈴夫訳、河出書房新社、二〇〇五年）においては、「モルモン経《けい》」と訳出されている。一方、末日聖徒イエス・キリスト教会では、「モルモン書」という呼称が使われているようである（教会の日本公式ウェブサイト http://www.ldschurch.jp/ を参照のこと）。本書では、末日聖徒イエス・キリスト教会が使用している「モルモン書」を訳語として採用した。

（＊10）前掲書『信仰が人を殺すとき』によると、このように批判したのはアメリカの作家マーク・トウェイン（Mark Twain）だという（一〇九ページ）。

（＊11）オリヴァー・カウドリ（一八〇六－五〇）はヴァーモント州ウェルズ出身で、一八二九年にジョセフ・スミスと出会い、スミスの書記として金版の翻訳を手伝った。また、彼はデイヴィッド・ホイットマー、マーティン・ハリス（Martin Harris）と共に、金版を手にした天使を目撃したということで、「三人の証人」（Three Witnesses）と呼ばれている。彼は教会の指導的地位にあったが、スミスの教会運営の仕方や複婚の実践に異議を唱えたために、スミスとの間に確執が生じ、一八三八年に破門された。

（＊12）ピーター・ホイットマー（一八〇九 - 三六）はニューヨーク州ファイエット出身で、モルモン書の「八人の証人」（Eight Witnesses）の一人である。

（＊13）デーヴィッド・ホイットマー（一八〇五 - 八八）はペンシルヴァニア州ハリスバーグの生まれで、前出のピーター・ホイットマーの兄。「三人の証人」の一人。一八三四年にはスミスによって大管長に任命されたが、カウドリと同様にスミスと争ったために、破門された。一八七六年には「キリストの教会」（Church of Christ）を組織した。

（＊14）ハイラム・スミス（一八〇〇 - 四四）もサミュエル・スミス（一八〇八 - 四四）もヴァーモント州タンブリッジ出身で、「八人の証人」のメンバー。

（＊15）シドニー・リグドン（一七九三 - 一八七六）はバプテストの牧師、アレグザンダー・キャンベル（Alexander Campbell）らが率いる復古運動（キャンベル派）の宣教師を経て、モルモン教徒になった。彼はスミスの右腕として教会の拡大に努めたが、スミス亡き後の後継者争いでブリガム・ヤングに敗れ、リグドン派を形成した。

（＊16）パーリー・プラット（一八〇七 - 五七）はニューヨーク州バーリントン出身。前出のシドニー・リグドンの説教を通じてキャンベル派に加わり、キャンベル派の宣教師となったが、モルモン書を読んでそれに感銘を受け、モルモン教徒となった。

（＊17）ウィラード・リチャーズ（一八〇四 - 五四）はマサチューセッツ州ホプキントン生まれで、ブリガム・ヤングの従兄弟。ヤングを通じて一八三六年にモルモン教徒となった。

（＊18）ジョン・テイラー（一八〇八 - 八七）はイギリスのウェストモーランド出身で、一八三二年にカナダのトロントに渡った。一八三六年にパーリー・プラットと会ったことをきっかけにモルモン教徒となった。一八八〇年から、一八八七年まで教会の第三代大管長を務めた。

（＊19）ウィリアム・ビッカートン（William Bickerton）によって一八六二年に組織された。別名はイエス・キリスト教会（The Church of Jesus Christ）。このグループは、末日聖徒イエス・キリスト教会が信奉している教義の多く――その中には複婚、永遠の結婚、死者のためのバプテスマが含まれる――を認めていない。

（＊20）ジェイムズ・ストラング（James Strang）によって組織された。彼は一八五六年に暗殺され、その後、ストラング派のメンバーの大部分は復元派に加わった。

（＊21）グランドヴィル・ヘドリック（Grandville Hedrick）によって組織された。ミズーリ州インディペンデンスのテンプル・ロットを本拠地とする。

（＊22）ヒーバー・キンボール（一八〇一－六八）はヴァーモント州シェルドン生まれ。一八三二年にバプテスマを受けてモルモン教徒になった。一八四七年から六八年まで第一副管長を務めた。

（＊23）イリノイ州ノーヴー（Nauvoo）から、アイオワ州、ネブラスカ州、ワイオミング州を横断し、ユタ州のソルトレークヴァレーまでを結ぶ、全長一三〇〇マイルにも及ぶルート。

（＊24）ネブラスカ州オマハから、ユタ州プロモントリーまでを結ぶ鉄道。一八六九年五月一〇日、カリフォルニア州サクラメントから東に向かうセントラル・パシフィック鉄道（Central Pacific Railroad）とプロモントリーで連結したことにより、大陸横断鉄道が完成した。

（＊25）オーソン・プラット（一八一一－八一）はニューヨーク州ハートフォード生まれで、パーリー・プラットの弟。彼は一夫多妻制に反対したために、一八四二年に破門された（彼の妻セアラにジョセフ・スミスが求婚するという事件がその背景にあった）が、その数カ月後にはスミスと和解し、教会に復帰した。

（＊26）ジョン・D・リー（一八一二－七七）はイリノイ準州で生まれ、一八三八年にモルモン教徒になった。彼は一八五七年九月に起きた「マウンテン・メドウズの大虐殺」（Mountain Meadows Massacre）――アーカンソーから、カリフォルニアに向かっていた開拓者たちの幌馬車隊「ファンチャー・パーティー」（Fancher party）が、ユタ南部のマウンテン・メドウズでインディアンのパイユート族とモルモン教徒の襲撃を受け、幼い子供を除く全員が殺害され、金品が略奪された事件――に関与したかどで一八七四年に逮捕され、一八七六年に死刑判決を下され、一八七七年に処刑された。

（＊27）利益、生産高、便益などが一定水準を超えると、資本、労力、技能などを追加投入しても、追加努力の割には成果が伸びなくなること。

（＊28）末日聖徒イエス・キリスト教会発行『福音の原則』（教会の日本公式ウェブサイトで閲覧可能）によると、天国には三つの階級があり、それらは順に「日の栄えの王国」（celestial kingdom）、「月の栄えの王国」（terrestrial kingdom）、「星の栄えの王国」（telestial kingdom）と呼ばれている。また、日の栄えの王国にはさらに三つの階級がある。「昇栄」は日の栄えの王国における最高の階級であり、永遠の命を得て神々になることである。昇栄にあずかる条件は必要な儀式（バプテスマ、按手《あんしゅ》、エンダウメント、この世から永遠にわたる結婚）を受けること、律法に従うこと、預言者の言葉に従うこと、等である。

（＊29）「モリル法」（Morrill Act）のこと。クラカワーの『信仰が人を殺すとき』〔前掲、訳注（＊９）〕によれば、それは「合衆国準州における一夫多妻制の実践を処罰し、禁止するためと、また、ユタ準州の州議会のいくつかの法律を不認可とし、取り消すため」に立案されたものだったという（三〇一－三〇二ページ）。

（＊30）アメリカの上院議員ジョージ・F・エドモンズ（George F. Edmunds）が立案した「エドモンズ法」（Edmunds Act）を指している。

（＊31）ウィルフォード・ウッドラフ（一八〇七－九八）はコネティカット州で生まれ、一八三三年にモルモン教徒になった。一八八九年から、九八年まで教会の第四代大管長を務めた。

（＊32）断食を行って浮いた食費を経済的困窮者や災害援助のために献金すること、または、そのようにして寄付されたお金のこと。

（＊33）利害・思想・性格・趣味・出自などの同一、または、類似を契機に形成されるインフォーマル・グループを指す（濱嶋朗・竹内郁郎・石川晃弘編『社会学小辞典〔新版増補版〕』、有斐閣、二〇〇五年）。

（＊34）前掲『社会学小辞典』によると、「集団成員が自己の所属する集団と心理的に同一化する態度をいう。それは単に形のうえで集団に所属しているだけではなく、生活感情においても自己の集団を自分自身の生活根拠として感じ、特定の集団の一員であることを明確に意識している状態をいう」。

（＊35）シャツとズボン下が一続きになっている下着のこと。

（＊36）一九六二年三月七日に、ロンドン王立医師会は、喫煙が肺がんと気管支炎の原因だ、とする報告書を発表した。この報告書の発表直後、当時のアメリカ公衆衛生局長官ルーサー・レオニダス・テリー（Luther Leonidas Terry）は「喫煙と健康に関する公衆衛生局長官諮問委員会」（Surgeon General's Advisory Committee on Smoking and Health）を設置し、一九六四年一月一一日に、肺がんと慢性気管支炎は喫煙と因果関係がある、と結論づけた報告書「喫煙と健康——合衆国公衆衛生局長官諮問委員会報告」（*Smoking and Health: Report of the Advisory Committee to the Surgeon General of the United States*）を発表した。この報告書は、喫煙が肺気腫や心臓血管疾患、肺がん以外のさまざまながんの原因であることを示唆する証拠がある、ということも指摘している。

（＊37）　大宮有博著『アメリカのキリスト教がわかる――ピューリタンからブッシュまで』（キリスト新聞社、二〇〇六年）の八四ページによると、アメリカのバプテスト派は、奴隷所有者を宣教師として派遣すべきかどうかをめぐる、北部と南部との間の意見の相違から、一八四五年に南部のバプテスト教会が南部バプテスト連盟を組織したことをもって、分裂した。現在、南部バプテスト派はアメリカ最大のプロテスタント教派である。

（＊38）　末日聖徒イエス・キリスト教会発行『福音の原則』の巻末に掲載されている用語集の「予任」の項には、「天の御父が子供たちに与えられる召しであり、それぞれ固有の方法で御業を助けるために、地球に来る特定の時期と場所が指定される」（三六七ページ）とある。

（＊39）　一九八六年から、二〇一一年まで全米で放送されていたトーク番組。

（＊40）　一九九一年に放送が開始され、現在も放送中の視聴者参加型トークショー。

第5章　オナイダ共同体

個人の富、または、財産の概念さえもなく、真の経済共産主義社会で生活を共にし、精力的な指導者に従う数百人のキリスト教徒を想像してほしい。このことに加えて、あらゆる成人男性と女性は集合的婚姻関係にある。異性愛の経験は、いかなる意味においても、「パートナー」とは認識されなかった。フリー・ラブがロマンティック・ラブに取って代わった。子育ては完璧主義の子孫を残すために、選択的育成計画を支持する高齢メンバーから構成される委員会によって許可されたときのみ可能となる。一八〇〇年代半ば、ニューヨークの田園地帯に見られたこの集団は少し風変わりな「オナイダ共同体《コミュニティ》」（The Oneida Community）である。

読者の多くは、「文化」（culture）という言葉をよく耳にするであろう。文化とは、学習され、社会的に伝承された慣習、知識、有形物、行動の総体を意味する。アメリカ合衆国であろうとブルガリアであろうと、ある社会における人々は共通の文化を共有している。「下位文化」（subculture）という概念はおそらく文化よりも聞き慣れない概念であろう。下位文化はより大きな社会の型とは異なる道徳観、習俗、価値観を共有する社会の中のさらに小さな区分を指す。老人専用高級住宅地の住人、ストリートギャング、マーチングバンドのメンバーは、まさに下位文化の一例である。

本章では、われわれは少し風変わりな下位文化、オナイダ共同体を取り上げたい。オナイダ共同体は少々変わった宗教信条を共有し、並はずれた人間的魅力をもつ、ジョン・ハンフリー・ノイズに追従する人々である。彼は「**カリスマ的権威**」（charismatic authority）と称されるものを実行した。このことは指導者の非常にすぐれた人格、または、支持者への感情的魅力により、正当化する権力を意味する。カリスマ的権威は、しばしば指導者が社会的行為における劇的変化を唱道する結果になると、マックス・ウェーバー（Max Weber）は考えた。[1]

ノイズは既存の規則や伝統に頼ることなく、指導し、鼓舞することができた。彼は性格を鋭く判断し、誉める時、叱る時を適切に見分けて、超人的正確さで信徒の心を「読みとる」ことができた。ノイズは、いつ、誰に権力を委譲すべきかについて気にかけ、常に自らの共同体の雰囲気と性質を把握していた。オナイダ共同体は、「彼の複雑なパーソナリティと関心事を反映した、一人の超人的な人間の影であった[2]」。

一方で、後述するが、ノイズは独特の思想家であり、人間の性格について適切な判断をする人であり、きわめて優秀な才能に恵まれた人であった。他方、彼は気まぐれであり、意外な行動をする人であり、時々、判断を誤った。社会史家が「真の」ジョン・ハンフリー・ノイズを叙述するのに、とても苦悩したのはもっともである。

1　背　景

本書に登場する他の指導者たちとは異なり、ジョン・ハンフリー・ノイズは上流階級出身であった。彼の母親、ポリー・ヘイズ（Polly Hayes）は第一九代合衆国大統領ラザーフォード・B・ヘイズ（Rutherford B. Hayes）の従姉に当たる。彼の父親はヴァーモント州選出の連邦議会議員であり、成功した企業家でもあったジョン・ノイズ（John Noyes）である。

ジョン・ハンフリー・ノイズの少年時代については、ほとんど知られていない。彼は八人兄弟で、一八一一年、ヴァーモント州ブラットルボロに生まれた。一八二一年に家族で、一〇マイル北にある小さな街、パトニーへ移住した。赤毛でそばかすがあり、容姿に自意識過剰気味であり、少女たちの前では、特に恥ずかしがり屋であった。ところが、少年仲間の間では、強いリーダーシップを示した。当時、通常の大学入学年齢であった一五歳でダートマス大学に入学し、最終的に優等学生友愛会「ファイ・ベータ・カッパ」(＊1)に選出された。

卒業後、ノイズはニューハンプシャーにある法律事務所で修習生として働いた。しかし、すぐに彼は法律家に向いていないと考え、パトニーの実家へ戻った。その時まで、彼は「下位文化」（subculture）を創造するとは間違いなく考えておらず、おそらく「オナイダ」（oneida）と呼ばれる場所について一度も耳にしたことはなかったであろう。

一八三〇年代初め、熱狂的な信仰復興運動が各所で起きた。幸運なことに、一八三一年九月にパトニーで、四日間、信仰復興運動の集会が開催された。ノイズは出席し、説教を聞いて――そして、完全に虜《とりこ》になった。ノイズの昔からの知人は、彼が突然、信念や精神的啓蒙、永遠の真実の未来像に夢中になっていったようにみえた。それ以前、彼は宗教をそれほど重んじてはいなかったが、自らの天職を見つけたことは明らかであった。(＊2)以後、彼は神の言葉の普及に専念しようとした。数週間後、彼は神学校――まず、アンドーヴァー神学校、次に、イェール大学――へ入学した。

ノイズは、イェール大学で一八三三年に説教師の許可証を授与されたが、急進派として有名であったために、うまくいかなかった。例えば、神学部前で彼が異端と呼ばれていた件について、無実であることを主張した。彼は自己否定することを拒否し、その結果、説教師の許可証は無効とされた。

仕事もなく、赤貧であり、すでに宗教的奇人とみなされていたジョン・ハンフリー・ノイズは大して将来性があるようには思われなかったが、いくつかの点で彼に有利なことがあった。彼が弱冠二三歳の若者であったということと、彼には、消し得ぬ内に秘めた情熱があったことである。彼はすでに数人を改宗させており、たちまちその数は増えた。よく引き合いに出される言葉であるが、「私は、罪を許す免許証を放棄した。彼らは罪を犯し続けている。彼らは私の伝導資格を剝奪したが、私はどんなことがあっても説教し続けるだろう」。ノイズが認識していたよりも、その言葉はずっと預言的なものとなった。

2　パトニー集団

その後の数年間、彼はニューヨークやニューイングランド中を、細々と暮らしながら、「完全主義」(Perfectionism)の教義、すなわち、人は原罪なくして存在できる、という話を説いて回った。その概念は独自の発案ではないにせよ、ノイズの完全主義という考えは純粋に新しいものであった。年が過ぎ、彼は多くの改良を加えたが、基本的な神学原理は変わらなかった。すなわち、キリストはすでに紀元七〇年に現世に再臨しており、そのために罪の贖いと解放は既製事実であった。したがって、適切な環境を付与されれば、人は完全な、もしくは、罪なき人生を導くことができるであろう、と。

もちろん、これは急進的な考えであり、彼が完全主義の福音普及に励む間、既存教会は彼の教えを相手にしなかった。ノイズは一八三六年故郷に戻り、自らの経験によって覚醒した。彼はパトニーで、アメリカがそれまでに経験してきた、最も急進的な社会経験に完全主義を組み込み、その後の一二年間を過ごした。

滑り出しは順調であった。ノイズがパトニーで最初に転向させたのは、自分の家族であった。彼の姉妹に当たる、シャーロット、ハリエット、兄弟のジョージ、そして、母親のポリーである（父親のジョンは、彼の考え全体を拒否した）。その後、あちらこちらで、少しずつ転向する人が出てきた。一八三八年、彼はヴァーモント州副知事の孫娘に当たるハリエット・ホゥルトン（Harriet Holton）と結婚した。彼女は転向しただけではなく、生きている間、完全主義に忠誠を示し続けた。しかし、一八四四年の段階で、ニューイングランド地方に小規模な信徒集団が散在していたものの、成人メンバーはまだわずかに二四人くらいであった。

初期には、パトニーの完全主義者は「共同体的組織」（communal association）ではなかった。信者は個人の自宅に住み、各々が自分の仕事に就いていた。彼らは資金源をもっていた。事実、彼らは三万八〇〇〇ドルで法人化したのだが、その資金の大部分はノイズの父親の遺産であった。次第に、彼らは「コミューン」（commune）と呼ばれる社会組織を展開していった。第3章で論じたように、コミューンとは、共同体の資産を共有し、個人所有を認めない共同生活の一形態である。

コミューンは通常、世俗的所有物の平等共有と同様に、意思決定においても平等に組織されている。しかし、彼らが共同体的生活様式を採用する以前でさえ、以下の一点は明らかであった。「パトニー共同体」（Putneyites）は民主的ではなかった。ジョン・ハンフリー・ノイズは指導者と人々のまとめ役、双方の役割を果たしていた。そして、彼には一方的な宣言というよりも、議論と説得を通じて運営していたという印象が強いが、誰が規則を決めたのかという点については、誰の目にも——彼自身を含めて——明らかであった。

一八四四年、パトニーの完全主義者たちは「経済的共産主義」（economic communism）を導入した。彼らは労働、食料、居住区、資産を共有するようになった。子どもたちはコミューンの学校へ通学し始めた。そして、一日に一度、長時間にわたって聖書や信仰に関する議論のために集まり、宗教経験を共有した。

一八三八年、ハリエット・ホゥルトンと結婚し、ノイズは六年で五人の子供の父となった。不幸なことに一人を除いて全員が死産であり、このことはきわめて重要な意味をもつこととなる。完全主義者の指導者、ノイズは子供だけではなく、妻までも亡くし、深く悲しんだ。望むにせよ、望まないにせよ、毎年出産することが女性の運命であろうか。もっぱら傲慢な生理的欲求のためだけに、傷つくこと、悲しむこと、日々の活動から除外されること、これらが女性の運命であろうか。彼は否と考えたが、しかし、それに対して、一体、何がなされ得たのであろうか。

第3章でみたように、当時、もう一つの共同社会であったシェーカー教徒は、禁欲によって出産の問題を解決した。いや、少なくとも満足していた。ノイズは、どのような解決法にせよ、ある種の生殖コントロールは含まれるものと認識していたが、シェーカー教徒の徹底的な解決法を拒否した。彼は最終的に、保留性交、もしくは、彼が呼ぶところの「男性自制」（male continence）という新しい考えを思いついた。彼曰《いわ》く、男性が性行為中に射精に至る必要はなかった。ノイズは数回実行してみると、クライマックスに達することなく性的関係を楽しむことができ、その経験によって概念を生み出したという。

彼の言葉が広く引用されているパンフレット、『男性自制』（一八七二年）の中で、ノイズは以下のように述べる。

> この全体の過程が、まさに射精の瞬間まで随意であり、全体的に道徳能力の管理下にあり、どのポイントにおいても止めることができる、と今やわれわれは断言する。
>
> 言い換えれば、感情は意志によって支配されうるし、止めることもできる。そして、無意識、もしくは、抑制できないというのは、唯一、射精の最終的な危機である……もし、これが不可能だというのであれば、私は、それが可能であることを知っている――いや、むしろ簡単である、と答える（pp. 7-8.）。

後に判明した通り、少なくとも完全主義者に関する限り、ノイズの主張は妥当であった。保留性交は集団全体に適用され――そして、成功した。

一八四六年、オナイダ共同体は配偶者の共有を開始した。予想どおり、完全主義者が配偶者の共有を実行し始めるや否や、たちまちその話は広まった。実際のところ、――当時も、後にも――そのことを内密にしようとする努力はまったくなされなかった。ノイズは多くの外遊や演説において、自分たちの共同体は経済的な共有だけではなく、性的な共有をも含むと、よく言及していた。

とはいえ、パトニー市民の価値感からすると、婚外性交渉は邪悪であった。それは一八四〇年代のことであったので、結婚とは、一人の男性と一人の女性が神の前で結ばれ、法的に市役所の登記簿に記録することを意味する。ジョン・ハンフリー・ノイズの信徒団はきわめて明確に、ただ単に同棲するだけではなく、多少なりとも行為をひけらかすところもあった。

他にも問題が続々と起きた。ついには激高した市民が抗議して集まり、処罰を要求した。一八四七年一〇月――暴動のうわさが流れる中――、ジョン・ハンフリー・ノイズは姦淫の罪で大陪審に起訴された。彼は審理係争中に二〇〇〇ドルの保釈金を支払って保釈された。審理が続けられていれば、完全主義者の指導者はほぼ有罪は確定であったであろう。しかし、相当の自己分析と議論を重ねた後、――そして、弁護士の助言に基づいて――、ノイズはニューヨークへ逃亡した。後の釈明によると、ヴァーモントから彼が逃亡した理由は司法から逃れるためではなく、当時真に切迫していた暴動から彼の一団や他の者を守るためであった。当時の宗教指導者の中で（モルモン教の教祖ジョセフ・スミスを除いて）、ノイズは最も衝撃と憤慨を世間に引き起こした人物であるが、奇妙なことに、ノイズの不当な――そして、違法な――儀式を訴える裁判にかけられることは一

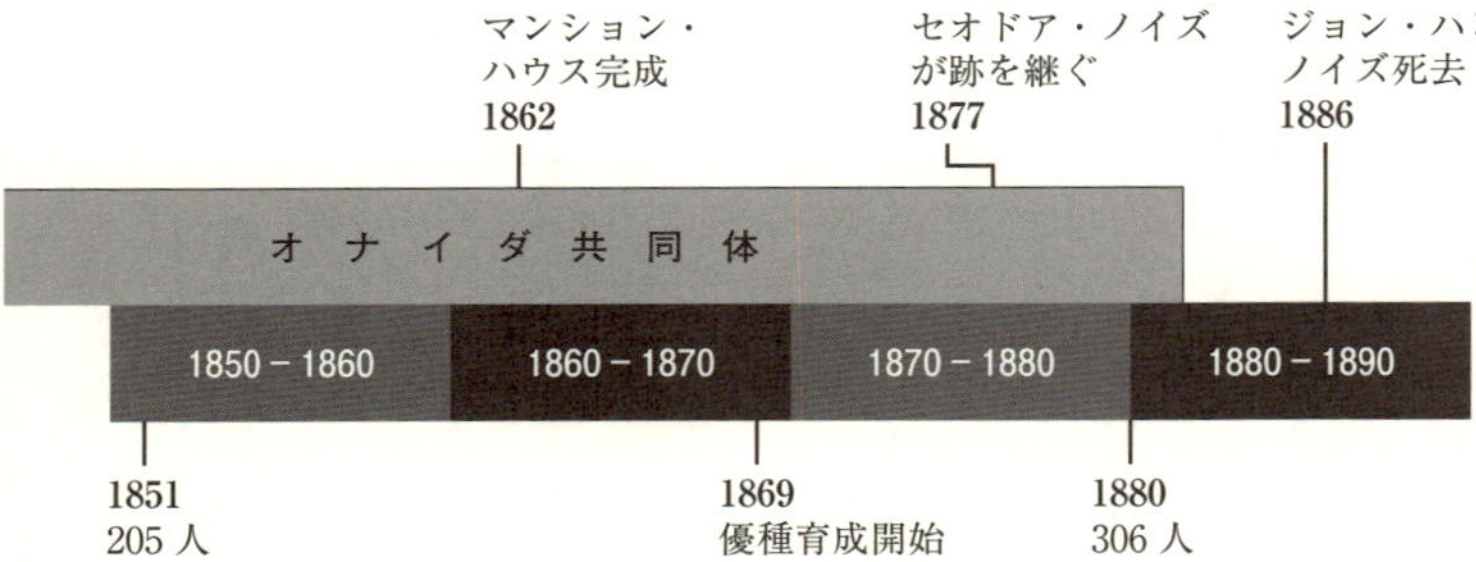

度もなかった。

3　オナイダ

ノイズはパトニーに滞在中、転向者を得るために内陸地へと進出した。彼は多様な出版物を発行し、自らの教えを広めた。一八四七年、完全主義者の性的システムが実行されると、大衆紙はジョン・ハンフリー・ノイズとその一団を大々的に報道した。それゆえに、ノイズはパトニーを離れた時、他の完全主義者のセンター――相当、ゆるく組織されていた――が利用可能であった。そうした場所はニューヨーク州のオナイダ・クリークに沿った相当大規模な地域であった（シラキュースから東へ約三五マイル）。新たに建設された彼らの「約束の地」は、カナダ国境にも近く、そのことは将来起こる迫害の際、好都合であることが明らかとなった。

以前から、オナイダ・インディアンに属する保留地で、今や製材所となっているこの土地はノイズの熱烈な支持者である、ジョナサン・バート（Jonathan Burt）の所有地であった。バートは、ノイズが困窮した時代に入信したメンバーであり、自ら進んで彼の所有地を完全主義者の財産へと名義変更した。ノイズはその場所に惹かれ、直ちにパトニーの小集団を再結集した。バートとその仲間はそこに残り、仲間の他の小規模グループも

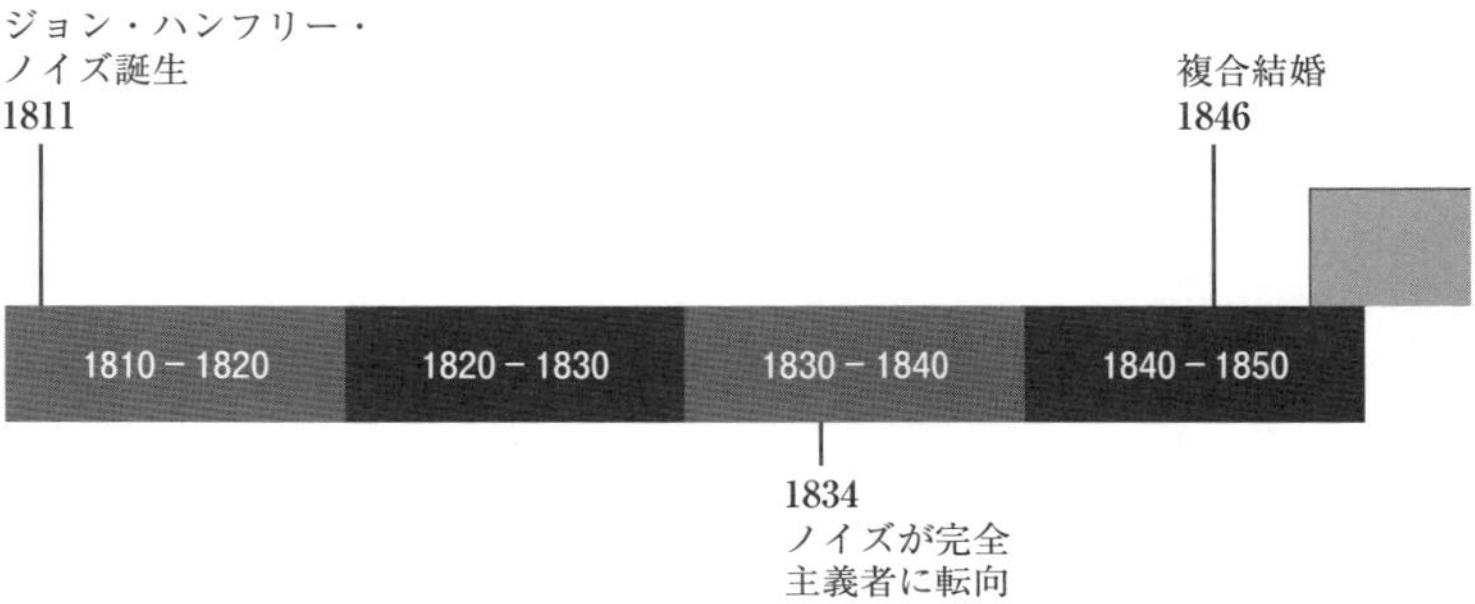

図5　オナイダ共同体年表

加わった。彼らは土地を整備し、道具や家具を作り、議論を行った。農夫として働きながら、彼らは隣接した土地を買収することができた。まもなく彼らのオナイダ所有地はおよそ六〇〇エーカーとなった。敵対的な条件にもかかわらず、成員は増加し続けた。一八四八年、初年度の終わりまでに、共同体には八七人が住み、一年後、成員の数は倍以上になっていた。

まさに初期から、集団の使命は極めて明白であった。ジョン・ハンフリー・ノイズという人間を通じて表現されている全能の神の助けの下に、彼らは地上に神の国を建設しようとしていた。実際、ノイズ曰《いわ》く、「神はこの混沌《カオス》の中に本筋を作るために、私を送り込んだ。そして、私は可能な限り早く石を集め、道をならしている」[3]。彼らのユートピアへの到達を疑う者はいなかった。彼らがどのようにしてそれを達成しようとしているのか、疑う者もいなかった。

マンション・ハウス

オナイダで過ごす最初の冬、完全主義者の小さな集団は既存の建物、ジョナサン・バートの家屋敷と廃屋となった先住民の小屋で過ごした。そこで最優先事項として、共同住宅の建設があげられた。ジョン・ハンフリー・ノイズは、日々の生活の中で、真の共産主義は成員すべてが一つ屋根の下で暮らすことによって達成されうる、と信じていた。これが完全主義者の生きる道であった。

一八四九年の夏、最初の共同住宅が完成した。その建物の名称が「マンション・ハウス」(Mansion House)となったいきさつは、誰も知らない。しかし、それは木造で、共同体全体で建設された。成員はたちまち増加し、一八六二年には、れんがの建物に代わった。翌年には、必要とされていた翼棟が増築された。ノイズは、原型と現在の建物の双方ともに、設計の仕事を手伝い、双方とも特別に熟慮されたものであった(4)。

成人には、小さいながらも個室が割り当てられたが、建物全体としては、個別というよりは連帯感を感じるように設計されている。そのために、共同の食堂や図書館、コンサートホール、レクリエーション区域、ピクニック・グラウンドなどの集団用施設がひときわ目立つ。定例の夜の集会が開催されているのも、マンション・ハウスの大ホールにおいてであった。ノイズの説教の大半はここで行われた。

長年にわたって、完全主義者たちは舞台芸術への関心を発展させた。そして、才能の大半は地方色豊かなものであったが、彼らは、交響曲のコンサート、合唱発表会、シェイクスピア演劇などの活動を組織することができた。時には、外部のアーティストがゲスト出演することもあったが、共同体の日々の基礎はホームからめったに離れることのない、多少なりとも閉鎖的な集団であった。

4　第一次集団の相互行為

われわれは皆、ある感情的欲求を持っている。話すこと、耳を傾けてもらうこと、社会化すること、経験を共有すること、冗談を言い合うこと、同情や理解を引き出すことなど。大半の人々にとって、こうした欲求は家族、排他的小集団、もしくは、友人仲間などの、小規模で顔を付き合わせる規模の集団の次元において、最も満たされるものである。それゆえに、社会学者はそれらの集団を「第一次集団」(primary group)と呼ぶ。対照的に、「第二次集団」(secondary group)――大規模な会社、企業、もしくは、政府組織など――は、アソシエーション(機能集団)の非個人性によって特徴づけられる。ほとんどの場合、成員は、お互いに感情を伴う意義深い関係をもとうとしない。

一つ屋根の下、数百人もの人間が生活を共にするオナイダの人々は人間関係において興味深い問題を抱えていた。それはすでに第二次集団規模に成長した組織において、どのようにして第一次集団的なアソシエーションの利益を享有するか、という問題である。当然、彼らはジョン・ハンフリー・ノイズと完全主義の教義との双方を信じている強みがあるが、しかし、こうした信念だけをもって、広範に普及した教会運営の順調さを説明することはまず、難しい。

彼らは人間関係を驚異的に有効にするシステムによって成功した。実際、完全主義者による実践のすべては、「私」を軽視して、「われわれ」に強調点が置かれるように構想されていた。メンバーは共同の食堂で食事をとり、共同の仕事で共に働き、気晴らしにさまざまなレクリエーションを共に行った。彼らは財産を共有し、性的パートナーを共有し、子供たちを共有した。

彼らは、日々の活動において、「反集団」になりかねないものを警戒していた。例えば、お茶、コーヒー、アルコール飲料などはタブーとされていた。食卓に、ベーコンやソーセージを含む豚肉製品が並ぶことはない。実際のところ、肉料理はめったに出てこない。完全主義者たちはコーヒーを飲み、肉を口にする傾向は習慣になるかもしれず、それゆえに混乱しかねないとその理由を説明している。同様に、ダンスは集団行為ゆえに奨励され、一方、喫煙はまさに個人主義的行為として禁止されている。

第三者の観点からすると、禁止事項は行き過ぎのように思われるものもある。例えば、あるインタヴュアーは全少女に関するエピソードを聞いた。共同体にある他の物資と同様に、数体の大きな人形が少女たちの間で共有されていた。一八五〇年頃、少女一人一人が自分自身の人形を持つ方が好ましいと数名が提案し、それが実現した。不運にも、そのことは、子供たちが自分の人形とあまりに多くの時間を過ごすことになり、家事仕事をあまり手伝わなくなってしまった。したがって、ある日、少女たちはストーブの周りに輪になり、全員が手をつなぎ、一人ずつ彼女たちの人形を火の中へ投げ入れさせられた。それ以降、人形を所有することは保育園では許されなかった。

オナイダ共同体の宗教儀式が第一次集団的なアソシエーションを強調するように実践されている事実はしばしば見落とされている点である。完全主義者は宗教の儀礼的側面を行わない。彼らは教会やチャペルを保有しないし、祈りの礼拝もなく、有給の聖職者もいない。洗礼式も、聖餐式も行わない。なぜならば、結婚がないので、結婚式も存在しないからである。死は軽視され、儀礼的な葬会もない。社会一般に合わせたわけではないが、クリスマスは仕事は休みとなるが、宗教的祝祭行事は行われない。

同時に、宗教はオナイダ共同体の日常生活の中心的部分であった。これは全体的なポイントであった。完全主義者たちは特別な宗教の祭典や特別な日に礼拝を行うよりも、毎日、宗教意識に関わるべきである、と信じていた。彼らは熱烈な聖書の読者であり、さまざまな比喩を議論するのが好きであった。彼らは、完全主義を信じていた。そして彼らは、ジョン・ハンフリー・ノイズに耳を傾けることによって――そして、彼の教えに追従することによって――神の声を聞いている、と信じていた。

大ホール

毎晩、オナイダ共同体の人々は聖なるものと俗なるものとを結合するために集合していた。女性は編み物と縫い物を持参し、小さい机の周りに三々五々、男性も女性も集った。古参者の一人がステージの前方からプログラムを進める。賛美歌が歌われ、聖書の一節が読まれ、そして、ノイズが参加する時には、持論の重要な演説をよく行った。演説自体は彼らの行為同様、完全主義者の神学論の世俗的応用を含むのだが、夜の部の目玉であった――もしノイズが旅に出ている時には、演説は他のものが代読するほどであった。また、夜の部には、聴衆であるメンバーによるニュースやお知らせ、講義、ダンス、コメントや助言、ビジネス報告なども含まれる。このように、夜のミーティングは集団の結束を促進するもう一つの手段と考えられる。一八六三年七月一七日、週刊『オナイダ・サーキュラー』（*Oneida Circular* 以下『サーキュラー』と略す）誌には、ミーティングは「日々の暮らしの中で、最も大切にしているもの」であったと記されている。

ちなみに、ノイズは上品ぶった人ではなかった。彼は余興やあらゆる活動を楽しみ、仲間たちにも同様に楽しむように勧めていた。しかし、この点においてさえ、彼は集団的な関わり合いを強く求めた。独奏ではなく合唱（グリークラブ）を、リサイタルよりはバンドやオーケストラ演奏を、そして、モノローグよりは芝居やオペラなどを、要求した(5)。

現代の基準からすると、そうした余興は相当退屈のように思われるかもしれないが、間違いなく、そのシステムは有効に機能していた。オナイダ共同体の人々は明らかに第二次集団の雰囲気よりも、第一次集団の雰囲気を打ち立てる努力をし、成功した。会話においても出版物においても、「家族」という言葉が常に用いられている。

オナイダ共同体についてよく語られる話の一つは、訪問者がマンション・ハウスを通る時に、決まって話された。「この家に漂っているのは、何という香りですか」と訪問者が尋ねた。すると、案内役は、「それは自己中心主義を打ち砕いた香りに間違いありません」と答えた。

5　意思決定

あらゆる組織には、権力構造と意思決定過程がある。オナイダ共同体もその例外ではなかった。しかしながら、完全主義者たちには彼ら固有の問題があった。なぜならば、（1）彼らは全員一つ屋根の下に居住しており、（2）彼らは社会的なものと経済的なものを結合しよう、と試みていたからである。彼らは民主的でありつつ、独裁的な方法の組合せを採用することで問題の解決を図った。

運営委員会

集団の団結に強調点を置くことによって、J・H・ノイズの一派は民主的基盤に基づき、決定に至ると想定されていたのかもしれない。そして、ある意味においては、議論する機会が豊富にあった。例えば、共同体の『ハンドブック』には、「すべての行為、方針を決定する際には、委員会や理事会、共同体によって、満場一致が常に求められる。全員は、自らを一つの仲間と考え、共に行動しようとするか、もしくは、一切をやめるか……もし提案された手法に重要な異議があれば、同意に至るまで決議されない。多数派が不平をもつ少数派を後ろに追いやったまま、前進することは決してない」とある。

完全に事実であるが、これらの文章が言及しているのは、日常の業務に関する決定であった。完全主義の教義や共同体の方針はもちろん、主要な決定も、ノイズの決定によるものである。

ロザベス・モス・カンター（Rosabeth Moss Kanter）——組織論の権威——によると、秩序はユートピア的共同体に共通して見られる特徴である。彼女は、「無秩序でまとまりがないと思われる大社会との対比において、ユートピア的共同体は意識的計画と協調によって特徴づけられる……行事は定例通り……ユートピアの住民はしばしば、意義と統制、秩序と目的を望む。そして、彼は共同体を通して、明確にそうした目的を探求した」と述べた。(6)

オナイダ共同体において、上級幹部の秩序はノイズが組織していた。そして、一般信者の秩序は委員会システムを中心として組織化されることがノイズの狙いであった。こういう事例は珍しい。

運営事項に関しては、実際、メンバーが夜のミーティングにおいて自由に発言することが奨励されていた。さらに、共同体の日々の運営について、全員が実際に発言できるように、十分な数の委員会と部門があった。この点において、問題は成員に十分な権力がなかったのではなく、彼らは多く持ちすぎたのであった。二一もの運営委員会と四八もの異なる部門があった。暖房、衣服、特許権、写真、散髪、果物貯蔵、家具、音楽、歯科医術、寝具、絵画、すべてが委員会、もしくは、部門に含まれていた。「雑費」という部門まであった！

委員は委員会の代表と会議をし、部門のメンバーは部門の代表と会議をし、理事会（business board）も会議を開いていた。共同体自体、毎晩、会議を開いていた。三〇日間与えられたとして、アメリカ合衆国の同規模のどの組織よりも、おそらくオナイダ共同体ほど運営会議を開いている組織はないであろう。

最終的に、完全主義者は些細なことを徹底的に議論し、無意味な変革に多くの時間を費やしすぎた。事実、変化は彼らにとってほぼ強迫観念となっている。彼らは仕事のスケジュール、出す食べ物と禁止する食べ物について延々と議論しながら、食事のスケジュールや一日の食事回数を変更した（その議論は、例えば、紅茶を提供するか否かで数年を費やした。最終的には、苺《いちご》の葉から抽出されるもののみ許可されることに決まった）。喫煙禁止もまた、数年かけて議論をした。完全主義者は自分の仕事や物事の手法の変更を好んだ。彼らは部屋を変える習慣さえもあった。

中央メンバー

ノイズは善意に基づいてはいたが、堅固であり、神のインスピレーションに基づく権力を基盤として支配した共同体の有名な指導者であった。彼の息子のピアポント・ノイズによると、「ノイズのインスピレーションは、彼のいう『輪と鎖』から下りてきた、と共同体は信じている。すなわち、神からキリストへ、キリストからポールへ、ポールからノイズへ、そして、彼によって共同体へと伝えられた、ということである(7)」。

完全主義者たちはその解釈にきわめて満足していた。彼らは、ノイズが地上における神の代わりであることを認めていた。その事実に関しては、メンバーの前提条件の一つとして承認されていた。

いうまでもなく、ノイズは留守にすることが多かったので、彼の留守中に、重要な決定を下さなければならなかった――二一の委員会、四八の部局以外の原理に基づいて。そこで、ノイズは「中央メンバー制」を採用した。多少なりとも、ノイズの代理として貢献していた男女一二人程度が指名された。彼らは皆、年長者で、メンバーに献身的であった。彼らの多くはパトニーの時代からJ・H・ノイズと一緒に過ごしてきたメンバーであった。

そして、これが統率の手順となった。すなわち、ノイズが中央メンバーと相談して主要な決定を下す。こうした決定は経済的方針、性的事項、外部との関係、入会の許可、妊娠出産と子育て、そして、もちろん完全主義の教義を含む。日々の運営事項の詳細は、委員会と部局が一般信者との協議の上で、処理した。

オナイダ共同体が有効に機能する組織の模範であったとは言い難い。しかし、完全主義のシステムも機能した。最後まで、共同体で大きな言い争いはほぼなかった。運営上の効率追求によって喪失したものは、第一次集団的アソシエーションや、相互の親密な関係から得ることができた。

6　女性の役割

多くの異なる力が作用していたために、女性の役割は完全主義者にとって何かしらの問題を提示していたに違いない。一方で、彼らは平等を信じている。特権と階級という概念は彼らにはなじみがなかった。というのも、彼らはコミューン主義者であったからである。他方、社会全体としてみれば、女性は明らかに不利な立場に置かれた。彼女たちは、一般的に高等教育や専門職、公職から排除された。女性は単純労働に就くことが多かった。オナイダ共同体が一八四八年の春に創設された時、妻には、自らの個人財産に対する法的管理権が与えられなかったし、投票権は七〇年以上も付与されなかった。事実、女性の権利を獲得する会議──ニューヨークのセネカ・フォールズにおいて──はまだ、開催されていなかった。

さらに悪いことに、J・H・ノイズは、──少なくとも、この点において──、時代遅れであった。というのも、彼も、男性は生来女性よりもすぐれていると考えていたからである。彼らは、本質的に、女性が男性と同等であると認めなかった。しかし、仕事の割り当てに関する限り、共同体は社会の先端を進んでいた。

実際、オナイダの女性は一般的な女性の仕事もするが、一般的な男性の仕事も担当する。女性は、料理、洗濯、裁縫、修理、看護といった仕事をこなし、子育ての責任を負う。しかし、彼女たちはさまざまなビジネスや産業部門でも働いている。図書館や共同体新聞などの職にも就いている。他にも多くの分野において、男性と並んで仕事をしている。そして、彼女たちは、中央メンバーを含めて、多様な委員会の代表を務めた。(8)

共同体には、多くの成人教育プログラムがあり、男性はもちろん、女性にも参加が奨励されていた。科目には、数学、科学、音楽、外国語が含まれていた。一時期、完全主義者は大学設立の計画を議論していたほどである。その計画は実現しなかったが、女性が男性と同じ課程を履修することは間違いなかった。このエピソードで重要なのは、これが当時——一八六六年——の話であり、アメリカ合衆国では、女性の入学を認めていたのはオーバリン大学だけであったからである。

しかし、ジェンダー役割の再構築に関心があったと完全主義者を解釈することは、間違いであろう。彼らの主要な焦点は、社会的・宗教的な献身への完全に新しい視点にあった。

新しい服装

オナイダ共同体の男性は一般社会の男性と似通った格好をしていたが、外部の第三者がオナイダ女性の服装を目にすると驚いた、といわれる。最初に、女性の典型的な衣服が非実用的であることを指摘したのは、「改良」の余地がある慣習を決して受け容れなかったノイズであった。「女性の衣服は欺瞞的である」と、彼は一八四八年、オナイダ共同体の初年度報告書に記している。「女性は二本足の動物ではなく、キャスターの上に乗った大型のミルク缶であると宣言しているようなものだ！」

彼は変化を要求し続けた。「子供の衣服——フロックとパンタレット——は恥によって堕落しておらず、自由に動けることから適切である」。これによって、三人の女性が大胆なデザインに着手した。ノイズの指示に沿って、彼女たちはスカートを膝丈に切り、切り落とした布を足首まで長さのある、流行のパンタレットに利用した。ある夜のミーティングの時、実演を行い、議論した後、新しい服装は直ちに採用された。それゆえに、これが共同体の女性が着用した唯一の衣装であった。

短いスカートやパンタレットに加えて、オナイダ共同体の女性は髪をボブカットにした。その理由は、長髪は整髪に時間がかかりすぎ、機能的ではないということであった。第三者の中には、その髪形を滑稽に思う者もいたが、女性たちはとても満足していた。奇妙なのは、オナイダ共同体の女性は一八四八年に初めてボブカットにしたのに、その習慣は（ダンサーのアイリーン・キャッスルによって）一九二二年まで外部社会へ紹介されることはなかった。インタビューのコメントによると、オナイダ女性の独特の外見は彼女たちの団結心を強化するもう一つ要因にもなった。

7　構成員と脱退

構成員数の問題に直面しない集団はない。アーミッシュやモルモン教など、驚くべき成長率を示す集団もある。その一方で、ファーザー・ディヴァイン運動など、存続が危ぶまれるほど急速に構成員が減少している場合もある。オナイダ共同体はこの二つの事例の中間にあった。一度は完全に確立されたが、次第にメンバーは確実に減少していった。一八八一年の解散は、構成員の減少とは関係なかった。事実、完全主義者は加入よりも、人々を脱退させる時に、はるかに多くの問題を起こしていた。

オナイダ共同体の全体の構成員とは何を指すのか。それは、「全体」という言葉が意味するものによる。利用可能な記録によると、どの時期をとってみてもおよそ三〇〇人の構成員がいた。死亡や脱退を考慮に入れると、常に全体の構成員はおよそ五〇〇人前後になると思われる。高齢者ともなると、いくらか女性の方が多いであろうが、大雑把にみて男女はほぼ同数であった。

時期は不明だが、七つの支部があり、すべてJ・H・ノイズの指揮の下にあった。オナイダの主要集団に加えて、小規模集団が以下の場所にあった。ニューヨーク州ウィロウ・プレイス、ヴァーモント州ケンブリッジ、ニュージャージー州ニューアーク、コネティカット州ウォーリングフォード、ニューヨーク市、ヴァーモント州パトニー（ノイズが離れて四年後に再開）。およそ四五人のメンバーがいた、コネティカット州ウォーリングフォードの支部は最後の最後まで生き延びた。

パトニー初期の時代を除いて、完全主義者は改宗を勧める活動をほとんどしなかった。しかし、彼らはメンバーをやすやすと魅了していった。数年間で、彼らは二〇〇人もの入会希望書を受け取った。何度も何度も繰り返し『オナイダ・デイリー・ジャーナル』（*Oneida Daily Journal*）は、メンバーシップ（明らかに、女性よりは男性）の要請を掲載している。しかし、多くの場合、申請書は断られた。

構成員の入会希望書が絶えることなく提出された理由は不明である。オナイダ共同体の人々は成功した集団であり、そして、彼らの成功はたちまち世に広まった。彼らの発行物は大衆紙並みに購読者数を伸ばしていた。ノイズ自身も広範囲にわたって、遊説し、講演した。そして、当然ながら、オナイダ共同体への訪問者は実態を目にして強烈な印象を受けた。訪問者の総数は驚異的であったに違いない。『サーキュラー』はある一日――一八六三年七月四日――には、一五〇〇から二〇〇〇人の人々が共同体を訪れた、と報告している。[9]

認められた入会希望者は厳密に審査され、一旦受理された者は約一年、仮のメンバーとして活動する。その方針は、新参者が共同体の生活に適応できるか否かという点だけではなく、必要とされる信心深さをもっているかどうかを判断するためであった。数年たち、大半の新人会員はとてもよく適応していた。教育的、レクリエーションのプログラムは豊富にあり、労働はそれほど多くはなかった。共同体内部の関係も、共同体と外部世界との関係も一般的には良好であった。

ファーザー・ディヴァイン運動とは異なり、オナイダ共同体への入会者は貧困層、もしくは、労働階級の出身ではない。技術を有する熟練工以上と、（特に、近年においては）専門職が多い。完全主義者たちが基盤を固めた後、要職には、法律家、歯科医、医師、教師、技師、会計士、聖職者、経営者が含まれるようになった。

また、共同体で産まれた子供たちの多くは、最終的に大学や専門職校へ進学した。

社交性

それほど多くの人々を魅了したオナイダ共同体の生活とは、どのようなものであったのか。オナイダ共同体の人々は、めったに一人になることはない。そこには、いたわりの雰囲気があり、辺りには心地よさがあふれている。多くの人々が共に座り、話している。労働の割当てでさえ、社交性が反映された。典型的な労働日には、メンバーは五時から七時半の間に起きて、食堂へ進む。朝食の後、聖書講読の時間が少しあり、その後、メンバーは割り当てられた罠工場、製造所、農場、もしくは、どこか振り分けられた仕事へと向かう。メンバーの名前を挟んだ洗濯ばさみ付きの四角い板が図書館の近くに置いてあり、一目でどの人がどの辺りにいるのか、わかるようになっている。食事の時間は年を経て変わっているが、オナイダ共同体の人々は一日二回の食事スケジュールを好むようになった。夕食は三時から四時の間に取る。夕食後、夕べの集いが始まるまで、フランス語、代数学、科学などの成人教育が開講された。九時か一〇時までには、共同体の大半は床に就いた。

完全主義者は労働に従事する間も社交的であった。一人の元メンバーは、インタビューで以下のように述べた。「子供の時、当時あったさまざまな部局へよく遊びに行った。洗濯、台所、果物貯蔵庫、パン焼き、搾乳場、仕立屋など。重要なことは、こうした作業場において小集団が集まって働くことにあり、そうすれば、作業をしながら、お互いに会話を交わすことができた。年々、こうしたことから、親族精神を高めることにつながった」。

脱退

オナイダ共同体の加入者の大半が自らの決定に満足していた一方で、そうでない人もいた。毎年、数名がさまざまな理由でオナイダを去っている。性的パートナーを共有することに馴染めなかった人もいた。また、彼らの経済哲学を不満に思い、去ったものもいた。さらに、完全主義というノイズの烙印に困惑した者もいた。

単発的な事例であるが、ある人たちは事実でない理由をもとに入会し、すぐに幻滅した。例えば、時々、ノイズは信条保護のために、伝統的な医療行為を拒絶した（身体障害者、かつ、盲目であった女性を癒やした、と彼は断言していた）。奇跡的治癒にあずかれなかった人々は、当然ながら脱会志願者となった。

一般的に、新しく加入した人から集団を離れる傾向にあった。古参メンバーはほとんど脱退していない。脱会者の実数は知られていないが、その数はおそらく少ない。脱会者は、彼らが持ってきた財産は何でも持って行くことが許されたし、手ぶらで来た者には、一〇〇ドルが与えられた。

オナイダの人々は所有権に基づく裁判に苦しむことはなかった。そして、モルモン教とは異なり、完全主義者たちが真実ではない話を広める転向者と争うこともめったになかった。彼らの経験した数十年すべての中で、わずか二人ほど、彼らを困惑させたことがあった。一人のメンバー、ウィリアム・ミルズ（William Mills）――理由は後述する――は脱会を求められたが、それを拒否したために、強制的に追放せざるを得なかった。もう一人はきわめて情緒不安定であった、チャールズ・ギトゥ（Charles Guiteau）である。彼はごく短期間滞在し、一八六七年に共同体を離れた。一四年後、そのチャールズ・ギトゥがジェームズ・ガーフィールド大統領を暗殺したことを知り、オナイダの人々はうろたえた（ギトゥ自身は直後に、首吊り自殺した）。

しかし、概して、離脱した人々が悪意ある行動を取ることはなかった。共同体に再加入した脱会者は少なくない。事実として、日々の暮らしに関しては、オナイダの人々は幸せな集団であった――この本で取り上げた

他の集団よりも、おそらく幸せであっただろう。事実、ノイズは「不幸なことは本当になかった」と話した。(10)

共同体の解散を支持した人々さえも、やさしい言葉と喜ばしい思い出をもっていた。インタビューの合間に、次のような言葉が発せられた。「私は、幼かったのであまり多くのことを思い出すことはできません。しかし、成長するにつれて、共同体の日々のことを親戚に尋ねました。すると、彼らの表情は明るくなりました。私の家族は『脱退者』でした。つまり、彼らは、共同体生活は十分に長く続いたし、集団を解散した時も、それほど残念ではなかった。しかし、彼らは『かつての日々』を嬉しそうに語り、かつての日々をどれほど懐かしんでいたことか。共同体の人々は素晴らしい人々であり、彼らは素晴らしい時間を過ごしたのです」。

8　相互批判

完全主義者による手法は、高い士気と脱会を抑制する結果を生み出した。「社会統制」は本書に登場する集団すべての成長の歴史において、重要な構成要素であった。しかし、オナイダの手法は独特のものである。その手法とは、「相互批判」(mutual criticism) であった。相互批判とは、委員会、または、共同体全体の前で、譴責対象のメンバー各々の行為が批判されるようにする習慣である。

相互批判は、ノイズの神学生時代の経験から生まれた。その時は、学生集団がお互いの欠点を評価するのに適していたのであろう。批判は友好的ではあるが、率直な手法で行われた。そして、参加者全員が――ノイズを含めて――、結果に満足していた。反応がきわめて良好であったために、パトニーにおいてもノイズは実践していた。オナイダにおいても継続され、オナイダ共同体の隅々まで、実際に広まっていた。

相互批判の手法は年を重ねるごとに変化した。時には、単に夕方のミーティングに参加した人が立ち上がされて、集団の各メンバーが批判するということもあった。しかし、人数が増加するにつれて、その方法は大規模集団には適さないことが明らかとなり、したがって、委員会において批判するようになった。ノイズがコメントを付け加えることもよくあった。しかし、その手法に関係なく、その目的は変わることはなかった。それは公平な証人の証言を通じて、自己改善を行うという目的である。

ご想像通り、あるメンバーにとっては、批判は精神的ショックを残すものとなった。繊細な人々にとって、公衆の面前で尋問され、欠点を指摘されることは苦痛を伴うものであった。事実、数人の完全主義者たちは理不尽に感じた批判には従わず、共同体を離れた。しかし、大多数のメンバーは、批判を個人的な攻撃ではなく、集団意見の非個人的表現であり、集団の士気の最大化を目的とした表現である、と考えていた。

当初、相互批判は精神的に弱っている人、もしくは、自己顕示欲の強い人を参加させていた。「治療」の後、彼らは何か改善した点を示すように求められた。完全主義者の一人、エストレイク（Estlake）はこのように述べる。「相互批判は、共同体にとって、船の底荷《バラスト》のようなものである[11]」。

しかし、時がたつにつれ、相互批判の手法は、メンバーが自己改善を望めば、いつでも採用されるようになった。この場合、記録は残されていないが、メンバーは自発的であったろうし、大半の会合が自発的に行われるまで相互批判の人気ははっきりと上昇した。しかし、自発的にしろ、そうでないにしろ、その手法は効果的であった。

完全主義者は幹部を含めて全員、相互批判にさらされた。唯一の例外は、ジョン・ハンフリー・ノイズであった。彼だけはオナイダ共同体に一度も批判されたことはない。しかし、時折、自己批判を行った。

おそらく、相互批判の最も奇異な特徴は、該当者が死んだとしても必ずしも批判は中止されなかったことである。日記や手紙が不適切とみなされた死者は、本人不在にもかかわらず、「激しい批判」にさらされていると感じたであろう。

このような過度の事例はさておき――これらは通例ではなく、例外であるが――、間違いなく、相互批判は有益であった。個人の士気と集団の団結を強めた。もちろん、批判のまさに本質であるが、大半の批判は否定的なものであった。というのも、それは人々の欠点を暴露することに狙いがあったからである。ノイズはこのことを認識しており、そのために、散発的に「賞賛的な批評」を試みたが、うまくいかなかった。

9 経済共同主義

オナイダ共同体の基本的な特徴の一つは、経済的共産主義を確固として支持した点である。徹頭徹尾、オナイダ共同体の人々は個人的富や私有財産に関するあらゆる形態を拒否した。彼らは経済的方針の修正について、一度も他の思想に惑わされることはなかった。

衣服や子供の玩具のようなものまで、すべてのものが共同で所有された。ピアポント・ノイズは以下のように記している。「幼少期から、無教養な外部社会が固執していた私的所有は、すべて未熟な人間の営みのように私は感じた。……例えば、私たちが大好きなそりに夢中になっていたとしても、私が他の少年を排除して、そりを独り占めしようなんて思いもしなかった。それは子供たち全員の所有物であった(12)」。

衣服に関して、ピアポント・ノイズは以下のように続ける。「成人の旅行用の服は、子供の場合と同様に共同所有であった。旅立ちを予定している人には、取っておいた一着のスーツが供給された(13)」と。

資本主義社会において共産主義的経済を運用するという観点において、オナイダ共同体の人々はどのように財政を運用していたのであろうか。その結果は、きわめて良好である。われわれが目にするように、実にうまくいっている。しかし、いくつかの条件はあった。

最初の一〇年ほどは、財政にとてつもなく苦悩した。彼らの挑戦はすべて失敗と思われた。彼らは農業を始めたが、農業経験者が多数いたにもかかわらず、なぜか、市場での商いは失敗した。彼らは次に、ちょっとした家具に挑戦したが、アウトドア家具、かごや履物、鞄のような製品は無益であった。その後、完全主義者たちは営利主義に目覚め、絹糸やピン、針などの行商を始めたり、果物や野菜の保存加工に着手したりした。しかし、またもや彼らは失敗し、資金を失った。

いくつかの商品ではわずかな利益が生じていたが、全体としては毎年利益よりも支出が上回っていた。一度、会員は損失補塡のために、自分の腕時計の売却を決めていた。事実、もし共同体への加入者が一〇万八〇〇〇ドルを寄付しなければ、オナイダ共同体は破産していたであろう。彼らは、一年に平均四〇〇〇ドルの赤字を出していた。

彼らが失敗したのはいくつかの理由による。経験不足の試みもいくつかあった。また、商品の在庫を火事で失うという不運もあった。しかし、失敗の主な理由は、彼らはあまりにも手広くやりすぎたことだ。四州に七つの異なる支部があった。したがって、ノイズは縮小を決断した。すべての支部はオナイダとウォーリングフォードを除いて、段階的に廃止された。経済の事業本部はオナイダに残された。後に判明するが、この判断は賢明であった。しかし、もっと賢明な転向は、すぐ目の前にあった。

罠

一八四八年、オナイダ共同体設立の直後、共同体はシュウエル・ニューハウス（Sewell Newhouse）の加入を認めた。北部の狩人で罠作りの名人であったニューハウスは、完全主義者に加入する以前から、伝説的な人物であった。多少、一匹狼風の彼はオナイダ湖周辺のあらゆる野生動物の動きを熟知していた。そして、彼は狩りや罠作りについても精通していた。オナイダの周辺では、デーヴィー・クロケット（Davy Crockett）（＊3）と同じくらい有名であった。

ニューハウスは並はずれた強靭さゆえに、鍛冶屋の炉、鉄敷《かなしき》、穿孔機を利用して、独自の仕掛け罠を作った。彼は素晴らしい製品を作り、地域の木こりに自分の罠を売った。しかし、彼はお金儲けや事業にする願望がまったくなく、仕掛け罠製造の指導中に、いつも決まって長期にわたって北部の森へ消えた。

ニューハウスの加入理由は謎であったが、彼が共同体に与えた影響は絶大なものであった。まず、誰も共同体の主要商品として、罠の製作を考えつかなかった。バネの加減具合が秘密の工程であり、彼はその工程の開示をかたくなに拒んだ。しかし、ノイズがねばり強く説得した結果、ニューハウスは、最後には態度を軟化させ、一八五〇年代後半までには、オナイダ共同体は数百単位で罠を生産するまでになっていた。

製品の需要は急速に伸びた。次々と舞い込む注文に合わせるために、オナイダ共同体の人々はやむなく流れ作業方法を取り入れた。実際、大量注文の納入期の時には、共同体全体——子供を含む——が協力した。しかし、総力体制でも人手が足らなかった。一八六〇年代までには、ニューハウスの罠はアメリカ合衆国やカナダだけではなく、世界中で使用されるようになった。多数の罠猟師は他ブランドの製品を使うことはなかった。

この時点において、完全主義者だけですべての注文を処理することは不可能であった。彼らは外部から労働者を雇用し始め、その数は最終的には数百人に達した。罠製造工場はマンション・ハウスの近くにあり、その時代の典型的な工場プラントへと発展した。一八六〇年代後半、共同体は年に三〇万個近い罠を生産していた。空前の繁忙期には、彼らは週に二万二〇〇〇個以上の罠を製造していた(14)。

きわめて興味深いことに、彼らは一度、罠ビジネスで「危機を脱する」と、副業である他の生産物——缶詰の野菜、保存果物、鞄、絹糸——も、利益を生み出すようになった。また、観光ビジネスも同様であった。完全主義者の評判が広まるにつれて、旅行者の数——入場料と共に——も増加した。

後に、一八七七年、共同体は銀製品の製造を始めた。多少の浮沈はあったけれども、この仕事もまた、成功を収めた。一八八一年、共同体が解散した時、産業部門はオナイダ有限会社という名のもとで存続させた。これらの銀細工師は増加し、繁栄した。今日でも、彼らの製品は広く使用されている。

よくいわれることだが、ジョン・ハンフリー・ノイズは完全主義者との関連でいえば、欠くことのできない人物であった。その見解は間違いなく正しい。もし彼がいなければ、おそらく共同体はなかったであろう。そして、事実、彼の死後、共同体は分解してしまった。しかし、一つ疑問が残る。もしあの不愛想で年老いた木こりのシュウエル・ニューハウスが入会しなければ、ノイズはどの程度、成功したであろうかと。(15)

自己満足とエスノセントリズム

一旦、罠の製品化によって、経済的基盤が確立されると、完全主義者が採用した共産主義体制は非常によく機能した。オナイダ共同体の人々は自らの家を建設し、同様に靴も含めて衣服を作り、自ら洗濯をし、自足用の食料を育て、自分自身のサービスを提供した。さらに、彼らはこうしたあらゆることを驚くほどの低コストでやっていた。(16)

オールド・オーダー・アーミッシュ同様に、オナイダ「家族」は一般社会から消えつつあった機能を遂行していた。彼らは自らのレクリエーションと宗教礼拝を提供していた。彼ら自身で学校を運営し——たとえ彼らが信仰療法とクリノパシー（身体的病に対する相互批判）を時折、行ったとしても——彼らの中に医師や歯科医もいた。完全主義者はまた、独自の「社会保障手当」制度を有しており、それには児童手当、完全雇用、高齢者支援などが含まれる。

機能的にも、経済的にも、そして、社会的にも、オナイダ共同体の完全主義者は自給自足の共同体に限りなく近い。自給自足は集団内部の団結を強化するだけではなく、さらに、エスノセントリックな感情をも高めることになった。社会学的に、「エスノセントリズム」（自民族中心主義）とは、所属する集団が有する価値、信念、信条、行動様式が他集団よりもすぐれているとする考えである。オナイダ共同体の人々は最高の罠を作り上げていた。収入もあった。訪問者は家の前に群がり、新たに加入を希望する人々は着実に増えていた。間違いなく、ジョン・ハンフリー・ノイズとその一派は、彼らの生活様式が外部社会で確立されたものよりもすぐれていると思っていた。会員の一人は以下のように述べている。「決して実験などと思ったことはなかった。われわれは、全世界が遅かれ早かれ、採用すると思われるようなシステムのもとで生きている、と信じていた」(17)。

労働――文化的テーマ

シェーカーズと同様、オナイダ共同体にとって労働は文化的テーマであった。彼らの作業は非効率的で有名だが、彼らは決して怠惰ではなく、何よりも交流を重視する。逆に、彼らは素晴らしい労働者である。彼らの労働には、厳格な規律やタイムレコーダー、ノルマなどがない。ロバートソン（Robertson）によれば、「最初から、共同体は勤勉さを信条としている。というのも、法的にではなく――すなわち、労働者に義務を課すのではなく――、彼ら曰《いわ》く『インスピレーションの下で』自由に選んだ労働に励む」からである。

やらなければならない仕事がある時、オナイダ共同体の人々は強制されてではなく、進んで仕事に取り組んだ。小規模事業に対して導入された最大の効果的な刷新は、「集い」として知られている共同体事業であった。

「集いは、共同体生活にとってまさにぴったり適合するしきたりであった。その内容は、夕食時や掲示板において告示されていた。例えば、台所でリンゴの皮むきをする集い、明朝五時に苺《いちご》を摘む集い、二階居間で鞄を縫う集い、など」(18)。

建設事業、訪問者の殺到、重要な工場の注文など、より大規模な仕事の場合、メンバーの大多数が集まった。もちろん、これらのことはすべて、日常的に割り当てられた仕事に加えての仕事であった。一般的には、完全主義者は経済効率モデルを必要としなかったが、彼らのシステムは機能していた。

当時、他にも共産主義を試みる六〇余りの共同体が存在したが、そのうち半分は経済危機のためにアメリカでは失敗に終わったために、オナイダ共同体の経済的特質は詳細に論じられている。ジョン・ハンフリー・ノイズの一派は成功した。物質的富の蓄財が彼らの主要な関心ではなかったにもかかわらず、オナイダ共同体は解散した時点で六〇万ドルの資産を有していた。一八八一年当時としては、かなりの資産であった。

生活レベル

日常の生活レベルでいえば、完全主義者は贅沢を堪能することもなく、スパルタ式の生活様式を奨励することもなかった。彼らは食物規制があったにもかかわらず、実によく食べた。アーミッシュと同様、派手な消費はなかったものの、オナイダの人々は衣服を数多く持っていた。もしスーツの欲しい人がいれば、共同体の仕立屋へ行き――割り当てられた予算内で――、新しいスーツを新調した。他の必需品も同様の手続きが行われた。

メンバーは希望すれば、外部へ旅行したり訪問したりできたが、ほとんどその機会を利用した人はいない。共同体にはあまりにも多くの魅力があった。ジョン・ハンフリー・ノイズによって精神的啓発が施されるのに加えて、レクリエーションや娯楽、成人教育、豊富な量の図書館、社会的・性的な特権、ミュージカルや舞台芸術での自己表現の機会、身体的慰安（マンション・ハウスは、トルコ式浴場まである）、これらすべてが用意されている。

労働の割当事案においてさえも、オナイダ共同体の人々はすべて配慮が施された。品位を貶《おとし》めるような仕事はなかった。メンバーは労働の内容それ自体ではなく、労働に取り組む精神が尊敬の対象であった。洗濯や修繕などの下働き的な仕事は普通、当番で担当していた。一方で、特殊技術や能力を必要とする仕事には、十分な報酬が与えられた。文才のある人は共同体発行の新聞部門に、子供好きの人々は育児部門に割り当てられた。

10　複合婚

ジョン・ハンフリー・ノイズの一派は彼らの社会的・経済的システムゆえに名を馳せたのではなく、複合婚の実践ゆえであった。正邪は別として、モルモン教という言葉が一夫多妻制を想起させるのと同様に、オナイダという言葉もまた、共同体における「進歩的」性的実践を思い起こさせる。「フリー・ラブ」というフレーズを創造したのも、ノイズ自身であった。批判的含意ゆえにその表現は使われなくなり、代わって、「複合婚」(complex marriage) となった。複合婚とは、あらゆる男性とあらゆる女性が婚姻関係にあることを指す。性交は可能だが、彼らはお互いに一対一の夫婦として、一人に執着できない。

ノイズによると、あらゆる男性があらゆる女性を愛することは、そして、あらゆる女性があらゆる男性を愛することは当然のことであった。この自明の理を侮辱するあらゆる社会制度は人間の精神にとって害を及ぼすものである、と彼は考えた。ロマンティック・ラブ、もしくは、オナイダ共同体の人々のいう「個別的な愛」

は、利己的行為ゆえに有害であった。一夫一妻制は、夫婦愛の共有から他人を排除するために有害であった。したがって、彼らが導き出した回答は集団結婚であり、彼らの生活全体を通じて、オナイダ共同体の人々全員が実践したものであった(19)。

何度も繰り返し、世俗的、かつ、宗教的観点において、ジョン・ハンフリー・ノイズは単婚制を批判し、集団婚にある「徳」を絶賛した。「人間の精神は、何度でもまた、何人でも愛することができる。これは、自然の法則である。そのことに欠点など見出せない。飲食と同様に、愛においても、美や有益性のように物事の本質は多様である……われわれが食料や衣服を求めるのと同様に愛を求めることは、神もご存じである。そして、もしわれわれがそれらのことについて神を信じるならば、なぜ、愛については信じないのでしょうか(20)」。

ノイズはそれほど多くの言葉で語りかけてはいないが、パートナーの共有によって、集団の団結を強化するという、さらに、もう一つの要素への貢献を望んでいた。彼の一派の大多数がピューリタンの経歴を持っているにもかかわらず、彼が成功したということは、彼の指導者としての能力を証明するものである。

複合婚のシステムはそれほど複雑なものではない。あらゆる男女はマンション・ハウスに居住しているため、性的関係は容易にお膳立て可能であった。もし男性がある女性との性交を望めば、彼はその女性に頼むだけである。もし彼女が同意すれば、彼は就寝時に彼女の部屋へ行き、一夜を共にする。時折、シングル・ルームが不足するために、こうした取り決めは実行できないこともあった。その場合、二人はそうした目的のために取っておいた「社交」部屋の一つを使用できた。

性的規制

性行動は、（少なくとも、人間にとっては）決して単純な事案ではない。そして、当初より、複合婚は禁止行為と規制事項が付帯していた。何年も経て、修正が重ねられた。一八六〇年代初期までには、相当複雑な規制が施行されており、その結果、外部の第三者が思う程、共同体の生活全般において、性的関係はほぼ「自由」でなく、包括的なものではなかった。

パトニーの初期の時代に、ノイズは性交を「妻としての義務」、すなわち、男性を満足させるために女性によって受け容れられるものと考えてはならない、と諭した。ノイズは自らの講話の中で、性的行為における「恋愛」（快楽のための性的行為）と、「繁殖」（生殖のための性的行為）機能との分離に強く苦悩するようになった。この二つが分離できた時にのみ、完全主義者の真の目標が達成され得る、と彼は述べた。実際、これは男性が射精をすることなく、性的行為の絶頂を感じることができた（女性は、もちろん、いつでも性的絶頂に達することができた）という意味である。

射精が許されるのは、例外的に以下の二つの場合のみである。（1）男性が閉経期の女性と性的行為をする時、（2）子供を所望する時。妊娠の認可は特別な手続きを必要とするので、この後節において議論する。しかし、男性は閉経した女性のみに射精が認められていたために、完全主義者は新しい避妊――ご存じの通り、効果的であるのだが――の方法を採用しなかっただけではなく、性的パートナーに高齢の女性をあてがうという独創的な手法を用いた。

その『ハンドブック』にはまた、求愛が望ましい行為として強調してあり、オナイダ共同体において、求愛が重要事項であったことは、疑いの余地はない。男性は女性のご機嫌取りに夢中で、そのために彼らは次第にそう行動するようになった。そして、女性は明らかに男性に求愛されるために、小綺麗にしようと努力していた。

一般社会と同様、少なくとも厳密な意味における性的含意において、明らかに男性が女性よりも情熱的であった。それゆえに、男性が女性に性的関係を依頼するという習慣はすぐに新しいシステムへ変更された。

仲介人の利用

新しいシステムの下、男性は幹部――通常は高齢の女性――にリクエストを通知し、彼女たちがそのリクエストに判断を下すようになった。実際のところ、仲介人の利用は多大な効果をもたらした。そのシステムは直接、拒否の返事や謝罪するばつの悪さから、女性――システムを提案したのは彼女たちである――を解放した。あるインタビューには次のような発言がある。「共同体の性的関係は常に自発的なものであった。強制的な雰囲気はまったくなかった。しかし、仲介者システムの導入以降、より利用しやすくなった」。

仲介者の採用はまた、性的システムに影響を及ぼす基準を共同体にもたらした。例えば、完全主義者は二人のメンバーが恋に落ちること――彼らは、特別な愛と呼ぶ――を、警戒していた。したがって、もし特定のカップルが頻繁に関係を持っているようであれば、仲介者は彼らの逢い引きを許可しなかった。出産という一大事においても、共同体は実父の確定が重要であった。そして、このことはいつも可能というわけではなかったが、仲介者がその確定に役立った。

オナイダ共同体の人々は性的行為を私事とみなした。関わった仲介者以外に、「誰が誰と関係を持つか」ということは秘密にされた。実際、性的行為の話題はタブーであった。愛情を公衆の面前で示すこと、あらゆる下品なこと、性的議論、もしくは、ほのめかし、慎みのない行為、すべてが禁止された。彼らが生活した何十年もの間、完全主義者はこの件に関して、唯一、不快な経験をした。

ウィリアム・ミルズは一八六〇年代に共同体に加わった。きわめて猥褻な人物であり、見るからに彼は不適切な人物と思われていた。女性たちは彼と関係を持とうとしなかった。その結果、彼は一〇代の少女たちと交友関係を持ち始めた。完全主義者のタブーを破り、ミルズは彼女たちの恋愛情事について尋ね、自分の自慢をするなど、彼女たちと公然と性的な話をしていた。たちまち容認できない状況となり、彼は退去するように要求された。しかし、彼はそれを断った。幹部は困惑した。時折、他にも退去を要請される人はいたが、断った人は誰もいなかった。議論を重ねた後、角をつかんで牛を押さえる——まさに文字通りの意味である——という決定が下された。ロバート・パーカー（Robert Parker）曰《いわ》く、「ミルズはある冬の夜、突然、開いた窓から雪の吹き溜まりへと——不名誉であるが、怪我をしないように——放り出された。これが、共同体の歴史の中で最初で最後の強制追放であった(21)」。

ノイズはミルズを激しく批判した。「彼は特別な信心深さという上辺だけの偽り以外、仲間と問題を起こすような態度を示しており、まぬけな上に厚顔無恥で力もなく、家族や社会の生命体の中に寄生する寄生虫種の代表である(22)」と。

総体的に、性に関する規制は集団全体の調和を危うくしない限り、個人の自由を最大限認めるように構想されていた。このことは、権利と責任の繊細なバランスを含むものであり、ノイズはこの点を強く意識していた。彼は、「度を超えないように」性的行為が保てるように努力をし、そして、過度な行き過ぎが生じると、必ず彼はそれらを修正しようとした。

一つの例を取ると、元々の手続きは、男性が女性の部屋へ行き、そして一晩中そこに残るというものであった。女性の中には、その行為があまりに「退屈である」とはっきりと不満を述べる人もいたので、ノイズはその状態を鑑みて変更した。以後、男性は一時間ほど部屋に滞在し、そして自らの部屋へ戻るようになった。共同体が存続したほとんどの期間、この手法が採られた。

こうした同様の方針に沿って、完全主義者のリーダーは常に、いわゆる性的行為の疲労面について抗議していた。例えば、唱道されている保留性交（すなわち、男性自制）の代わりに、膣外射精を推奨することもできたはずであった。両方ともに避妊の技術として同等の効果があるのだから。しかし、ノイズは、射精が男性を弱体化させると確信していた。それゆえに、彼はその危険性を説いていた。

彼はまた、膣外射精が聖書で非難されているために、再び、神学的見地からその行為に反対した。それは、オナンが死亡した兄の嫁と性交した際に、通常通り射精することを拒否した場面のことである。彼は「兄に子孫を与えないように、兄嫁のところに入る度に子種を地面に流した。彼のしたことは、主の意に反することであった」（「創世記」第三八章第九－一〇節）。

さらに、ノイズは総体的に避妊のあらゆる形態を否定した。彼自身が最もよくわかっている理由は、彼がそれらを「フランスの陰謀」とみなしているからであり、それらを考慮することさえも拒否した。受け容れられるために、避妊は（男性の）自己抑制という強力な要素を含まなければならなかった。

非常に興味深いのは、――相当、疑問の余地がある論理にもかかわらず――、ジョン・ハンフリー・ノイズの性や避妊に関する考えの有効性が明らかになったことであった。彼の目標は精神的基盤を共有して複合婚を提供することであり、彼は明らかに成功した。共同体全体の存続を通して考えてみても、脱走もなく、乱痴気騒ぎもなく、露出狂もなかった。同性愛やサディズム、加虐性愛、被虐性など、当時の基準からすれば忌むべきであると思われかねない性的行為もなかった。

仲間意識の高揚

複合婚は、ノイズに解決困難な問題を突き付けた。それは、若者世代に有利な条件下において、いかに共同体の高齢メンバーに配慮するか、ということであった。閉経後の女性とのみ、男性は射精することが許されていたのは事実であるが、この制限は問題に対する適切な回答とならなかった。真の回答は、「仲間意識の高揚」(ascending fellowship)――中央委員会と呼ばれる特別な集団の「信心家」であり、高齢の幹部男性の風習――という原則に則り提示された。彼らは、自らが精神的に責任を負うことのできる一四歳くらいの処女を選ぶことができた。

この原則に従って、メンバーは最低からほぼ完璧というランクづけをされた。したがって、自己改善を望む仲間たちは精神的基準において、より高い誰かと親交をもつように助言された（ノイズは、どのような方法であれ、より高度にランキングされている人が低度ランクの人と交流することによって低下することは決してない、と教えた）。高度な精神的ランクへと到達するために時間も経験も必要となるので、基準の上位に位置する人々は、ほぼ高齢でより熟年のメンバーであった。理想的なパートナーとして任を果たしたのは若い世代のメンバーではなく、こうした高齢の完全主義者であった。

こうした複雑な性的なシステムをどのように営んでいたのか。ノイズの息子、セオドアがしたためた一八九二年の手紙にそのヒントがある。

しかし、人々が親密になれば、難局が立ちはだかる。オナイダ共同体のような社会においては、若くて魅力的な女性に注目が集まる。ただ一人の調停者が信頼とこの魅力的な一団のある程度の服従とを維持しなければならない。さらに、彼は真の性的魅力によって権力を行使しなければならない。かなり高齢になるまで、父は完全にその条件を満たしていた。父は女性から見てきわめて魅力的な男性であり、若い女性が影響を受けやすい宗教的な信念に加えて、知能と社会的「磁力」によって、女性たちを虜にしていた。四〇歳から五〇歳の頃、彼が訓練した若い女性たちは、（一八七九 - 八一年、オナイダ共同体）が解散に向かうトラブルの際も、ほとんど彼に忠実な友人のままであった。
……父は歳を重ねるにつれて、当然ながら魅力の一部を失った。そして、数例であるが、彼は（若い女性に性交の手ほどきをする）役割をより若い男性に委任していた。しかし、ご存じの通り、この点が後継者問題において最も重要であり、そして、適切な後継者がいなかったために、彼は長期間、交流の中心にとどまり続けざるを得なかった。そうしなければ問題となっていたであろうし、より不満な状況を生む原因となっていたであろう。(23)

高齢者が共同体において、とても尊敬されていたことは間違いない。これがノイズの望んだ方法であって、実際にそうであった。さらに、若い男性が高齢の女性との性的関係を奨励されていたことは用いられた避妊の手法を強化することにつながった。

11　複合婚――答えなき問題

前節において、完全主義者が採用している性的なシステムの概略を述べたが、多数の疑問が残った。女性はどの程度まで性的要求を断ったのか。仲介者は本当に利用されたのか。もしくは、容易に回避する手法であったのか。女性は男性同様に性的関係を要求したのか。嫉妬の問題は発生しなかったのか。パートナーを固定しないで多数の人々の性的関係を調整するのは困難であったか。調査者はこうした疑問を明らかにしようと努力したが、ほとんど解明できていない。インタビューを担当した一人は以下のように、問題点を指摘した。「私は社会学的関心ゆえに、そうした質問を行うが、それは私の観点から見たものである。もし、誰かがあなたのところへ来て、あなたの両親や祖父母の性生活について尋ねるならば、あなたは回答するのにつらい時間を過ごすことになるであろう。われわれと同じである。古い共同体が破綻した時、性に関する議論を当然ながら嫌がった。古参メンバーは自らの性生活について議論することはなかったし、そして、当然ながら、彼らの子供や孫たちは詮索しなかった」。

共同体が存続した数十年の間、オナイダ共同体の人々の多くが、習慣として日記を付けていた。日記を付けることは今日よりも、一九世紀においては明らかに一般的であった。完全主義者の中には、個人的な手紙の束を収蔵していた人もいた。共同体が破綻した後に、そして、その数年後、メンバーが亡くなるにつれて、こうしたあらゆる書類の取り扱いに関して問題が生じた。

これらの書類の大半が個人的で性的なものであったために、そして、名前が明記されていたために、子供や孫が存命している限り、あらゆる古い日記、手紙、その他、個人的な書類はオナイダ有限会社の金庫に保管されることに決まった。オナイダ有限会社は、その書類がデリケートな問題を含むことから、一九四〇年代半ば、書類の破棄を決めた(24)。

焼却された資料によって、完全主義者の性的行動を解明できたはずであるが、会社の決定は理解できる。オナイダ有限会社は社会学的調査により一層協力することによって、利益を得るわけではない。どの程度、資料が社会科学的研究に寄与しうるかという点に関係なく、資料の内容は会社や直系の子孫を困惑させるものである可能性が常にあった。

日記を焼却処分した詳細なエピソードは前述した性的行為に関する疑問への回答がいかに困難であるか、を示している。ここに紹介したインタビューの内容は最終的な回答ではなく、一連の手がかりとして考えなければならない。

オナイダの女性はどの程度、性的要求を拒絶したか。焼却された資料のうちいくつかを調査した会社の幹部は、その中に拒絶がかなりの割合であったことを示すものはなかった、と報告した。他の男性回答者はある高齢メンバーから、自分は「拒絶されたことはない」といわれたことを述べた。インタビューを受けたある女性は、「事例によっては、拒絶は問題であった」と考えていた。しかし、大半のインタビューに応じた人は特別、言及しなかった。全体的な印象としては、時には拒絶することはあったかもしれないが、女性による拒絶はあまりなかったと思われる。

仲介者は本当に利用されたのか、もしくは、これは容易に回避する手法であったのか。インタビューの中で、直接的に言及したものはなかった。規則が破られたという事例は報告されていない、ということしかいえない。なぜならば、そのことはオナイダ共同体の人々自身によって決して話題になることはなかったし、そこに真の問題が含まれているかどうかは疑問の余地がある。もし宗教的志向とメンバーの団結心が固いものであるならば、規定された手続きに従ったと考えることがきわめて合理的である。

オナイダの女性は男性同様、性的要求を行ったのか。この疑問には、すべての回答者からおおよそ否定的な回答を得た。ある女性による媚態について知っていると答えた人は何人かいるが、それ以上のことがあったと聞いた人は誰もいなかった。ある女性がある男性のところ行き、男性の子供を望んだという一つの有名な事例があったと二人の高齢女性が回答を寄せた。しかし、この事例においても、その言葉の含意は明確ではない。なぜならば、完全主義者は性的行為における恋愛感情の側面と、生殖的側面とを、明確に分けて考えていたからである。全報告を考慮すると、オナイダの女性は一般社会の女性よりも、積極的なパートナーの役割を担う傾向にはなかったことが明らかとなった。

ノイズ自身、繰り返し男性の嫉妬の危険性を説いた。ある時には、「その男性がどれほどすぐれた人物であろうと、愛する女性が他の男性に愛されているのを見て、その女性を愛することができず、不幸に感じる者は、利己的な男性である。彼は土器の破片でも抱いていればよい」と述べた[25]。また、ある時には、特定の女性と恋愛関係になりつつあった男性に言及して、「あなたは彼女を愛していない。あなたは幸福感を愛しているにすぎない」と述べた[26]。

男性の嫉妬はわずかな問題であったようであるが、ある程度は警戒されていた。女性の嫉妬は明らかにまったく問題ではなかった。インタビューに応じた人すべてが言及しておらず、また、確定され得る限り、共同体が存続していた間、そのことは話題にならなかった。

多数の異なるパートナーと性的関係を調整することは困難であったのか。オナイダ共同体の人々は多様なパートナーと性的行為をもつよう推奨されていたが、誰であっても感情的に関係をもつことは想定されていなかった。回答者は、この問題に対して、ほぼ何も答えていない。この問題は興味深い問題なので、残念である。

12 優種育成計画

ジョン・ハンフリー・ノイズは俗生活に関して他にも多くの「進歩的」思想を抱いていたので、彼は子供の問題を見落とすことはなかったであろう。ノイズが子供を望まない女性を苦悩から守るために――どこでもそういう苦悩を抱えている人がいるように――、保留性交、もしくは、男性の禁欲を導入したことを思い出してほしい。妊娠出産が許可される以前、彼はまた、オナイダ共同体の人々は自己改善――財政的、かつ、社会的意味において――を追求する時間を欲しているとも考えていた。したがって、オナイダ共同体が創設された時、ノイズは次の告示まで子供の存在はありえないだろう、と宣言した。結局、「次の告示」は二〇年間（一八四八－六八）も先延ばしにされ、禁止は有効なままであった。

しかし、一八六〇年代までには、ジョン・ハンフリー・ノイズも一般会員も解禁するべきである、と考えていた。共同体内部において何度も議論が繰り返され、完全主義者はいつ告示がなされるのか、どういった形でなされるのか、と思っていた。ノイズに関していえば、彼はこの問題に大変な思慮を注いでいた。彼は出産の解禁に踏み切るつもりではあったが、外部社会に見られるような、管理されない出産システムを承認するつもりはなかった。

ジョン・ハンフリー・ノイズは幅広く妊娠に関する本を読破した。彼はフランシス・ゴルトン（Francis Galton）の遺伝改善に関する業績を研究した。また、チャールズ・ダーウィン（Charles Darwin）の『種の起源』（*On the Origin of Species*）も読んだ。彼はそのことを考えれば考えるほど、科学的生殖計画はオナイダ共同体の必要性に合致する、と確信するに至った。優生学という言葉——一八八三年にゴルトンが作り出した言葉——は知られていなかったが、優生思想は明らかにノイズの心の中にあった。一八六九年、完全主義者はその計画に着手し、人間の歴史においてはじめて優生学をシステム的に試みた。

「優生学」（eugenics）は、遺伝的特徴の改良方法に関する研究である。近年、優生学は遺伝子工学に焦点を当て、血友病などの遺伝病リスクを減らす努力をしている。しかしながら、遺伝子工学がこうした努力をしたとしても、望ましくない人間の特徴は何か、どのような段階が設定されるべきかという価値判断を含むために、果てしない論争が巻き起こる（例えば、胎児にそのような遺伝子特徴がある場合の妊娠中絶など）。

よく知られている優生学は支配民族を形成する恐ろしいナチスの経験である。オナイダ共同体における優生学の実践は大規模なものではないが、彼らの選択出産計画はノイズの信者によって実践された、きわめて論争的なライフスタイルの特徴であった。

ノイズは自分の計画を「優種育成」（stirpiculture）と呼び、（語源はラテン語の *stirps* であり、根、幹、血統を意味する言葉である）、当初より、間違いなく目的、手法、熱狂が含まれていた。目的は明快である。オナイダ共同体の生物学的改良であった。『サーキュラー』の中に、以下のような文章がある。「人間の身体の美しさや気高い優美さ、ならびに、内面的なものも外面的なものも含めた他のあらゆる望ましい性質を、羊や牛や馬で非常に望ましい結果を出しているのと同様の科学的な品種改良の原理を（人間にも）応用することによって、繁殖させたり、いまだかつてないほどに強めたりすることがなぜ、いけないのだろうか？」[27]。

手法もまた、明確であった。親になるには許可が必要であった。親の選抜はノイズの指名した「優良種育成委員会」によって行われた。委員会の決定は絶対的であった。反論はありえなかった。そして、共同体の大多数が親にはなれなかったのだが、会員から反対はなかった。逆に、完全主義者は計画のあらゆる面を是認した。

優生学的計画のはじめ、五三人の女性と三八人の男性が親（優良種）に選抜された。何年かの間、他にも加えられ、結果的には約一〇〇人がその試みに参加した。参加した人々の八〇パーセントが実際に親となった。一〇年かそこらの間、計画は有効であり、五八名の子供が産まれた。そのうち、死産が四件あった。

また、十数件偶発的な妊娠もあった。数人の「選抜されなかった」個人が誓いに反して、妊娠しようとした。そして、成功した者もいる。例えば、焼却処分された日記――特定の女性との性的行為に言及している――のうち一冊には以下のように記されている。「彼女は、私にコントロールさせないようにしていた」と。けれども、概して、許可されなかった男女は自分の運命を受け容れていたようである。

「優良種育成委員会」の選抜方法は、決して明らかにされなかった。委員会が存続していた間、委員会は主要幹部から構成されており、彼らはおそらく、身体的資質と精神的資質をもとに志願者を選別していたのだろう。大半の志願者はカップルで申し込んだが、委員会が組み合わせを勧めることも時折あった。

ジョン・ハンフリー・ノイズが優良種育成過程において、主要人物であったことは間違いない。概念は彼の概念であり、委員会の概念は彼の概念であり、主要な判断と方針決定を行ったのは彼であった。例えば、記録によると、父親は母親よりも相当年上であり、そのことは仲間意識高揚の原則に則っている。ノイズは、父親に必要とされる資質は年齢と経験を通じてのみ獲得され得る、と強く考えていた。これは間違った考えであったが、彼はラマルク説(＊4)の観点に執着していた。事実、優生種として選抜された多数の男性は六〇歳代であった。ノイズ自身、少なくとも一〇人の子供の父親であり、彼が望んで自らを選抜したのは明らかである。女性には閉経期が訪れるために、仲間意識高揚の原則は当然ながら、適用されなかった。

優良種育成計画はどのような結果であったのか。成功したのか。子孫は本当に優秀であったのか。大半の調査者は、そう考えていた。計画が十全に実行された間、精神的、もしくは、身体的に障害をもった子供たちは生まれなかったし、母親が出産時に亡くなることもなかった。外部社会の子供と比較して、オナイダ共同体の子供たちは特に、死亡率が低かった。そして、彼らの多くはビジネスや専門職において、卓越した成果を出した。著書を出した者もいる。彼らのほとんどが同様に共同体に属する子供をもった。この計画の成功はどの程度、遺伝的要因に基づいているのかは不明である。なぜならば、子供たちはおそらく健全な遺伝子だけではなく、望ましい環境の中にいたからだろう。

驚くほど、この優良種育成計画では、産まれた子供が少なかった。一般社会の高い出生率からすると、優種育成によって五八人の子供しか産まれなかったことは理解困難である。長年にわたって、オナイダ共同体の男性が実行していた保留性交が彼らの繁殖に不可解な効果をもたらしたのかもしれないが、この説明はおそらくこじつけであろう。

最も適切な説明は、ジョン・ハンフリー・ノイズが複数回の出産によって女性の健康に与える影響を懸念していたというものであろう。彼はオナイダ共同体を作る前に妻がいたのだが、四回の死産を経験しており、それゆえに、彼の人生観は彼女の経験によって形成されていた。例えば、優生種女性のほとんどはたった一人の子供を産むことが認められていた。二人出産した女性もわずかにいた、三人出産した女性はわずか二人であった。完全主義者の低出産率には他にも理由があるかもしれないが、解明されてはいない。

13　子育て

ノイズの教義に従って、成人は全員、すべての子供を愛するように期待されており、逆に、共同体の子育てに関する全体計画はこの哲学に基づいていた。子供と彼らの両親との間に、過度の愛がある場合、それは「執着」と呼ばれ、厳しく望ましくないものとされた。

実際、オナイダ共同体の子供たちは、軽視されるようなことだけはなかった。最初の一五カ月間、母親の保護のもとにおかれた。その後、子供たちは子供の家に連れて行かれ、共同で育てられる。そこで、彼らは共同体の成人はすべて自分自身の親であると教わり、正規の学校教育を受ける。また、そこでジョン・ハンフリー・ノイズの完全主義を指導された。

共同体の子育て計画については、かなり多数の出版物がある。それは、計画が明らかに成功したという証拠である。以下の問答集は――全体的に作られたものであるが――、実際の情報に基づいている。回答は一八七〇年代に共同体の広報が答えた、と思われるものである。

問　オナイダ共同体の子供たちは、どこで生活しているのですか？

答　子供の家です。もともと、別の建物でした。しかし、一八七〇年にマンション・ハウスに南棟が増築され、それ以来、子供たちはそこで生活しています。

問　子供たちは、自分用の設備があるのですか？

答　はい、南棟はその点を念頭において、設計されました。子供たちには、保育園、宿直室、教室、遊戯室などがあります。

問　誰が子供たちの責任を担っているのですか？

答　共同体全体といえると思います。しかし、誰が子供の家の責任を担っているか、という意味での質問であれば、常勤職員として多数の成人メンバーが子供たちの世話をしています。

問　その職員は、全員、女性ですか？

答　いいえ。大半は女性ですが、私たちは男性の影響力を示すべきだと考えていますから。

問　子供たちの教育についてはどうですか？

答　彼らは他の子供たちと同じ科目を習っています。しかし、彼らは多様な部門において、同等程度の実習もまた、受けています。私たちの集いの時は、子供たちも他の人と同様に手伝いをします。

問　外部から教師を採用しますか？

答　いいえ。共同体のメンバーを教師に採用しています。

問　子供たちは学校が好きですか？

答 どこの子供も同じでしょう。

問 子供たちの宗教指導はどのようになされるのですか？

答 彼らは一日に一時間集まり、祈り、聖書講読、完全主義について議論し、懺悔などを行います。

問 子供たちはそのような訓練を好みますか？ 効果はありますか？

答 彼らが唯一喜ぶのは、課業が終了した時です！ それでも、好む好まざるにかかわらず、私たちは効果を上げていると思います。

問 子供たち用の台所施設がありますか？

答 いいえ。できるだけ早期に、共同体生活に彼らがなじむよう考えています。二歳を過ぎたら、通常の台所で食事をとります。一〇歳を過ぎたら、彼らは大人と同じテーブルに座ることが許されます。

問 子供たちは自分の本当の両親を知っていますか？

答 もちろんです。

問 氏名は、誰の名前を継ぐのですか？

答 父親のものです。

問 彼らは自分の両親との親交は許されていますか？

答 ええ。彼らは毎週、両親と一緒に相当な時間を過ごします。しかし、私たちはオナイダ共同体の成人全員が彼らの両親である、と子供たちに認識してもらうように努めています。

問　これは子供たちにとって、つらいことではないですか？　個人的な愛情の絆を結びたいと願うのが、自然なことではないでしょうか？

答　おそらくそうでしょう。子供がどのような条件下に置かれているかによります。私たちのシステムのもとでは、若者は外部の子供たちよりも、より多くの愛を受け、理解されていると思います。

問　オナイダの子供たちが自分の両親を恋しがらない、というのは信じられません。

答　ええ、ある一人の少女がそうでした。彼女は母親のいる部屋の窓のところに立って、母親を呼んでいました。母親は応じないとわかっていてもです。しかし、それは例外的な事例です。

問　そうすると、あなたは完全主義者のシステムの下で、子供たちは幸せだと主張されるわけですか？

答　そうです。彼らに尋ねてみてください。

問　規律に何か問題はありますか？

答　もちろん、あります。成人も子供たちも長時間、その問題について議論しています。全体として――私たちは緊密に結合した集団であるため――、おそらく、外部社会と比較すると、規律の問題は少ないでしょう。

問　オナイダ共同体の子供たちは訪問者に恐怖心を抱いている、という報告がありますが……。

答　実際問題として、恐怖を感じる幼い子供もいます。通常、彼らはそこから成長していきますが、まだ改善する余地はあると思います。

問　共同体の成人は、自分の子供と引き離されて幸せでしょうか。

答　そうですね、彼らは規則を知った上で、入会しますから。しかし、完全に断絶されているわけではありません。一般社会では、大半の両親が苦悩する日々の過酷な負担なく、彼らは子供たちを愛し、仲間の喜びを大切にしています。

問　完全主義者は子育ての方法を今後、変えようとする風潮はありますか？

答　どのようなものであれ、ありません。私たちが知る限り、システム自体が機能していることを証明しています。今後も、さらに続くでしょう。(28)

14　道の終わり

すべての物は、必ず終焉を迎える。もしくは、少なくとも、一八七〇年代後半には、オナイダの人々についても、そのように思われていたに違いない。ジョン・ハンフリー・ノイズが完全主義の見解を解説して、ほぼ五〇年が経っていた。共同体生活——パトニーとオナイダの双方——は、四〇年以上もの間、うまく実践されていた。社会学的にいえば、完全主義者は間違いなく、真の下位文化を確立した。しかし、当時、彼らに向かい風が吹いていた。理由は単純ではない。その原因は大海原の泡のように、混ざり合っていた。それにもかかわらず、彼らの結束は厳然たるものであった。

外部圧力

概して、オナイダ周辺に居住している第三者はオナイダ共同体を好意的な目で見ていた。完全主義者は正直者で、勤勉で、遵法者である、と思われていた。さらに、時がたつに連れて、オナイダ共同体は雇用を提供する働き口として認識されていた。不幸にも、彼らが有名になると、彼らの「悪評」も高まった。フリー・ラブ、複合婚、科学的生殖――これらは一九世紀のアメリカで容認されるものではなかった。これらの批判は一八六〇年代、社説や説法に散発的にみられたものであったが、一八七〇年代には、集中砲火を浴びるまでにふくれあがった。批判の中でも、二つは、特に言及する価値がある。

自称、アメリカ道徳の監視者であるアントニー・カムストック（Anthony Comstock）は、特にオナイダ共同体を激しく批判した。ニューヨーク選出の議員であった彼は、不道徳な著作を禁止する総括的州法を提案した。彼はまた、悪徳撲滅のためのニューヨーク団体を組織した。中でも最も重要なのは、一八七三年、避妊を取り上げた、あらゆる文献の流布を禁じた連邦猥褻法案の制定を議会に勧告したことであった。建国以来の熱狂的改革者カムストックは悪徳と卑猥という刷毛で、完全主義者を黒く塗りつぶすことに成功した。彼の支持者は共同体を簡単に――彼らはむしろ無防備であった――ターゲットに仕立て上げた。

カムストックほどには知られていないが、より決定的であったのは、ハミルトン大学のジョン・ミアズ（John Mears）教授であった。カムストックが「猥褻」全般を対象としていた一方、ミアズはオナイダ共同体そのものを対象とした。毎週のように彼は新聞に投稿し、講演をし、日曜日の礼拝で説法した。すべて、ジョン・ハンフリー・ノイズとその一派が実践している「肉欲」に反対するものであった。[29]

メソジスト、長老派、バプテスト、会衆派、すべての宗派が抗議を始めた。委員会が設置され、会議が催され、法的対処が要求された。アントニー・カムストックに支援が要請された。中には公平中立な社説もあったが、オナイダ共同体を酷評する社説もあった。

内部圧力

一方で、共同体の裏側は万事順調ではなかった。意見の相違は単なるうわさにとどまらなかった。それは廊下に忍び寄り、部屋の中に侵入してきた。閉めたドアの後ろで、完全主義者の小集団は不満を話していた。外部圧力が共同体の解散に影響を与えたことは間違いないが、真に共同体を破壊したのは、内部不和であった。

まず、完全主義の性格が変化し始めていた。初期の、深遠な宗教志向は社会科学に強調点を置くようになった。聖書講読や説教は自己改善や社会工学に関する話し合いに取って代わった。『サーキュラー』において、これはもはや「厳密に宗教的な」新聞ではないと宣言しているように、ノイズ自身がその傾向の端緒であったように思われる(30)。共同体においてその変化に追従したものもいたが、一方で、特に、高齢者は人生の基盤全体を冒瀆されたと考えていた。

若い人々の間にも、問題は生じていた。特に言及しておきたいのは以下の三点である。（1）ジョン・ハンフリー・ノイズを最高権威とすることについて、特に、大学へ進学して、共同体へ戻ってきたメンバーは不満に思った。彼らが方針決定過程において、より大きな役割を要求したのは不自然ではない。（2）仲間意識の高揚の原則に疑問を感じ始めた。若い男女は年上のメンバーとの性的組み合わせに反対した。（3）優種育成計画の下、親としての資質がないと判断された人々はその決定に不快を感じた。

タウナー支持者

一八七四年四月二一日、夕方のミーティングで、ノイズは重要な発表をした（どれほど重要か、彼さえも認識していなかった)。一二人の新メンバー――廃止されたクリーヴランドの「フリー・ラブ・ソサエティ」(Free Love Society) のメンバー――がオナイダ共同体に加わることになった。彼らのリーダーは法律家から聖職者へ転職した、ジェームズ・W・タウナー (James W. Towner) であった。

タウナーは才能のある男で、直ちに不和を生じさせる勢力となった。不平をもつ人々――その人数は増加していたようであった――は、タウナーが自分たちの不満をきちんと聞き入れてくれる存在とみなした。大多数の完全主義者がジョン・ハンフリー・ノイズへの忠誠心をもち続けていたが、タウナーは少数派の勢力を味方につけることに成功した。振り返ってみると、彼は自らの目的のために、共同体の支配を得ようとした「抜け目ない経営者」であったのかもしれない。彼の試みは失敗したが、オナイダ共同体を二つの勢力、ノイズ支持者とタウナー支持者に分断することに成功した。

タウナー支持者はノイズがあまりに独裁的であると不満をもっており、対等に発言することを求めた。このいきさつ全体はここで触れるにはあまりにも長すぎるので、重要な部分である性的問題に焦点を当てよう[31]。

仲間意識の高揚の原則に従って、若い人々は最初の性的行為は共同体の年長者、しかも、より宗教的経験のある人と行うように要求された。ノイズは若い少女に手ほどきをする権利を公然と自分に指定した。ただ高齢時には、時々、中心幹部の一人に権限を委譲していたが。しかし、タウナー支持者は決定を下すノイズの権威に疑問を抱き、論争は激しくなった。

ノイズは、何年間も「最初の夫」としての権利を行使したが、それは初潮(最初の月経)の始まった少女とのみであった。人気があったのは、ごく早い年齢で初潮のはじまった少女たちであった――何例かは一〇歳の幼さであったし、一〇歳から一八歳の範囲で平均は一三歳であった[32]。完全主義者のリーダーが最初の夫の権利を行使したことは、つまり、タウナー支持者に強力な武器を与えることになった。もし法的追求が及べば、ノイズは法的強姦の罪で告発され得たであろう。事実、タウナーは完全主義者のリーダーの証拠を集めていたと、うわさされていた。タウナーはうわさを否定したが、論争は続いた。

リーダーシップの衰退

この時期、ジョン・ハンフリー・ノイズはいつもどこにいたのか。カムストックやミアズが攻撃を仕掛け、内部軋轢は加速し、タウナーが共同体を引き裂くことに成功した時、完全主義者のリーダーは何をしていたのか。信じられないかもしれないが、答は何もしていない、である。自分の信じているもののために人生すべてを賭けて戦った後、ジョン・ハンフリー・ノイズは――理由は知らされていない――、あきらめたようであった。彼は長期にわたり共同体を離れた。そして、共同体内にいる時でさえ、積極的なリーダーシップの立場から相当離れた場所にいた。わずかながら、中心幹部は運営と方針決定双方の権限が認められるようになっていた。不幸にも、彼らにはそれほどの才能はなかった。

完全主義者のリーダーは共同体生活から距離を置いただけではなく、彼が下した決定が破滅を招いた。彼がタウナーの加入を認めたことは、おそらく彼の人生のキャリアにおいて最悪の決定であろう。彼は聖なるものから世俗的なものへと、共同体の焦点を変えた。これがもう一つの誤判断である。そして、彼は指導者の後継者について、自分の息子、セオドアを推薦する以外は想定していなかった。これはさらに悪い決定であった。衰退したのはノイズの精神だけではなく、彼の判断もそうであった。

崩　壊

一八七七年、ノイズは身を引いた。彼にとって、最後の仕事の一つは彼の後を継ぐ委員会の選定であった。

セオドアをトップに据えたが、彼が共同体を指揮したのは、ほんのわずかであった。しかも、集団は誰にも救うことができないほどにバラバラとなっていた。セオドアであれば、なおさらであった。彼はハーヴァードを卒業し、熱心なダーウィンの進化論者であった。(33)

一八七九年六月二二日、ジョン・ハンフリー・ノイズはオナイダ共同体を離れ、二度と戻らなかった。彼は数人の親しい友人に協力を受け、真夜中に隠密に出発した。そして、彼は三二年前、パトニーを捨てた時と同様の理由で、つまり、法から逃れるために、共同体を去った。

ノイズは、ミアズとタウナー支持者が自分を法的強姦の罪で告訴しようとしていると思い、また、彼は傷つきやすい性格であったので、ニューヨーク州を離れる決心をした。本当に彼は用心深すぎたのかもしれない。タウナー支持者は同様の犯罪を犯していたために、告訴に持ち込むことはできなかった。そして、ミアズはほとんど共同体では知られていなかったために、必要な証拠を集めることができなかった。それにもかかわらず、ノイズはカナダに向けて出発し、――使者を通して――、オナイダと連絡を取っていた。

八月に、彼は複合婚の実践を中止するように、と共同体へ書簡を送った。その提言に、ノイズ支持者もタウナー支持者も満足し、何の異論もなく受け容れられた。直後、共同体において多数の単婚が発生した。可能であれば、母親は子供の父親と結婚した。若い女性の場合、ノイズが結婚の手配に関わった事例もあった。

しばらくの間、オナイダ共同体の人々は共同生活を送っていたが、内部者から見ても外部者から見ても、終焉は明らかであった。不和は広まっていた。年老いたノイズはカナダで孤立した状態に置かれていた。新しい指導者も誕生しなかった。一八八〇年、解散計画が議論され、承認された。一八八一年一月一日、オナイダ共同体は公的に終焉を迎えた。

しかし、中には一九三〇年代半ばまで、普通の家庭としてオナイダ周辺に住み続けた人もいた。その他の成人の約半分は外部の人と結婚した。しかし、ノイズの息子と孫娘（母親は異なる）との結婚は、オナイダ共同体の子孫たちを驚かせた。

余　波

共同体そのものは解散したが、生産活動を停止したわけではなかった。先述したように、激しい論争や軋轢はあったにもかかわらず、驚くほど良好な状態を維持していた。純資産額は六〇万ドルであった。解散時に、株式会社――オナイダ株式会社――が形成され、その株はメンバーに割り当てられた。

大半のビジネス組織と同様、オナイダ株式会社も波乱に富んでいた。しかし、全体としては、会社は成長し繁栄したといえる。最初の一五年くらいの間、ジョン・ハンフリー・ノイズの息子で、とても優秀なビジネスマンでもある、ピアポント・ノイズが企業の運営――全体的にも、部分的にも――を担当していた。罠の製造を次第に停止し、銀器に集中したのは、彼の指示によるものであった。

一九六〇年に、ピアポントの息子で、ジョン・ハンフリーからみると孫にあたる、P・T・ノイズが社長に就任した。そして、一九六七年には、会社は「オナイダ」というシンプルな商標で、ニューヨーク証券取引所への上場を果たした。一九七〇年代後半には、会社は多種生産に乗り出した。銅線や調理器具が銀器の生産ラインに加わった。今日、オナイダ株式会社は数千人規模の被雇用者を抱える世界規模の組織である。

二〇世紀、二一世紀初頭におけるグローバル・エコノミーの展開はオナイダ自体を刷新する結果となった。ガラス食器と装飾用クリスタルを含めて、ビジネスは多様化した。工場は海外へ移転し、アメリカ合衆国のオナイダで唯一の生産拠点だった場所も、二〇〇五年に閉鎖した。オナイダはアメリカ合衆国最後のステンレス食器製造会社であった。オナイダの管理事務所に約四〇〇人の従業員が残った。現在も、年に売り上げが四億

ドルあり、消費者の間では継続して評価が高いブランドである。(34)

崩壊の後、共同体生活の他の面はどうだったのであろうか。地域を完全に離れ、決して戻ってこなかったのは二、三人ほどである。わずかな高齢者は前指導者の近くにいられるという理由で、カナダへ行った。タウナーの影響力は極端に落ちた。崩壊の翌年、彼は二五人ほどの仲間を連れてカリフォルニアへ向かった。彼らは共同生活を送ろうとしなかったが、多くは成功した。タウナーは最終的に郡裁判所判事になった。

ジョン・ハンフリー・ノイズは数人の信者とともに、カナダに滞在していた。大半の時間は聖書を読み、――九割方――回想に耽っていた。一八八六年、七四歳で亡くなった。彼はオナイダにある共同体墓地に埋められ、彼の墓標は他の人と同じ質素なものであった。

大半の元完全主義者たちはオナイダ地域に残った。マンション・ハウスに住む者や個人所有のアパートメントに住む人もいれば、近隣の戸建てに住む人もいた。男性の多数はオナイダ株式会社に居場所を残し、役員になっている。このパターンは現在に至るまで続いている。何年も重ねて、マンション・ハウスはオナイダ共同体と彼らの子孫のために、社会的拠点として役割を果たした。社会的機能――時折行われる結婚式、葬儀、記念式典など――は、ごくごくわずかであるが、建物はまだ素晴らしい状態である。中にはアパートメントや台所、図書館、美術館、そして――もし見るべきところを知っている人ならば――魅惑的な記憶がある。(35)

15　現代的評価

オナイダ共同体は成功したのか、失敗だったのか。報いある冒険的企図であったのか、時間の無駄であったのか。ジョン・ハンフリー・ノイズは自己中心癖の天才であったのか、それとも、単に宗教的エキセントリックな人間であったのか。著述家は一〇〇年前に——まだ共同体が存在していた時——これらの疑問に直面し、そして、まだ統一的な見解はない。おそらく、これからもそうであろう。

社会学的意味において、完全主義者たちは失敗したとはいえない。彼らは数十年間、共に共同体として生活しただけではなく、数百万の富を生み出すほど強い経済基盤を発展させた。さらに、真に新たな全体像をもつ社会全体を提供することができた。

人類学者、社会学者の両方が使用するように、「文化相対主義」(cultural relativism) は、「相対的価値観や重要性の判断は異なる文化パターンについてなされうるものではない。なぜならば、各々それ自体はその成員に対して、全体性と正当性をもっているからである」という学説である。「また、その学説は文化内における異なる道徳規準に対しても、または、より大きな文化の下位文化に対しても適用される」。まさに下位文化として、オナイダ共同体は文化相対主義のもつ重要性を示すのに適例である。すなわち、共同体が絶頂期にあった時、大半のアメリカ人は完全主義の価値体系に同意しなかった。結局、ノイズの共同主義ブランドは魅力に欠けていた。同時に、アメリカ人のライフスタイル以外に、実行可能なライフスタイルがあることを強く認識させた。

この教訓は、今日でさえ色あせてはいない。たとえノイズの教えをなぜ数百人もの人たちが信じていたのか理解不能だとしても、オナイダ共同体の完全主義者について目を通した学生諸君はまったく異なる生活様式をより鋭く認識するであろう。われわれの大半は私有財産の放棄や夫婦愛の否定、子供に対する親という関係性の拒絶を積極的にしようとはしないであろう。確かに、オナイダ共同体は公然と性的関係が議論されうる時期を先取りし、「適切な」性的行為について議論されうる可能性を高めた。しかし、もしオナイダ共同体のことをきちんと考えてみれば、たとえ魅力的ではなくとも、彼らの生活様式について少なくとも理解はできるはずである。理解を通して寛容は生まれる。これが「文化相対主義」の偉大な教訓である。

【インターネット情報源】

www.oneidacommunity.org

　マンションハウスやオナイダ共同体を訪れる旅行客に向けた情報がある。

http://library.syr.edu/digital/guides/o/OneidaCommunityCollection/

　シラキュース大学には、オナイダ共同体コレクションが保管されている。一部、オンラインでアクセス可能である。

http://www.crjc.org/heritage/V04-l.htm

　ノイズ一家に関する膨大な文献と、パトニー・ヴィレッジ歴史地区の詳細な説明がある。

【精選文献リスト】

Burridge, Kenelm. *New Heaven, New Earth: A Study of Millenarian Activities*. New York: Schocken, 1969.

Carden, Maren Lockwood. *Oneida: Utopian Community to Modern Corporation*. Baltimore: Johns Hopkins University Press, 1969.

Cross, Whitney R. *The Burned-over District: The Social and Intellectual History of Enthusiastic Religion in Western New York 1800–1850*. Ithaca, NY: Cornell University Press, 1950.

Estlake, Allan. *The Oneida Community: A Record of an Attempt to Carry Out the Principles of Christian Unselfishness and Scientific Race-Improvement*. London: George Redway, 1990.

Fogarty, Robert. *Special Love/Special Sex: An Oneida Community Diary*. Syracuse, NY: Syracuse University Press, 1994.

Foster, Lawrence. *Religion and Sexuality: Three American Communal Experiments of the Nineteenth Century*. New York: Oxford University Press, 1981.

——. *Women, Family and Utopia: Communal Experiments of the Shakers, the Oneida Community, and the Mormons*. Syracuse, NY: Syracuse University Press, 1991.

——, ed. *Free Love in Utopia: John Humphrey Noyes and the Origin of the Oneida Community*. Compiled by George Wallingford Noyes. Urbana: University of Illinois Press, 2001.

Handbook of the Oneida Community. Oneida, NY: Office of the Oneida Circular, 1875.

Hayden, Dolores. *Seven American Utopias: The Architecture of Communitarian Socialism, 1790–1975*. Cambridge, MA: MIT Press, 1976.

Kephart, William M. "Experimental Family Organization: An Historico-Cultural Report on the Oneida Community." *Marriage and Family Living* 25 (August 1963): pp. 261–71.

——. *The Family, Society, and the Individual*. Boston: Houghton Mifflin, 1981.

Klaw, Spencer. *Without Sin: The Life and Death of the Oneida Community*. New York: Penguin, 1993.

Levine, Murray, and Barbara Benedict Bunker. *Mutual Criticism*. Syracuse, NY: Syracuse University Press, 1975.

Muncy, Raymond Lee. *Sex and Marriage in Utopian Communities*. Bloomington: Indiana University Press, 1973.

Nordhoff, Charles. *The Communistic Societies of The United States*. New York: Dover, 1966.

Noyes, Corinna Ackley. *Days of My Youth*. Oneida, NY: Oneida Ltd., 1960.

Noyes, George Wallingford. *John Humphrey Noyes: The Putney Community*. Syracuse, NY: Syracuse University Press, 1931.

Noyes, Hilda H., and George W. Noyes. *Male Continence*. Oneida, NY: Office of the Oneida Circular, 1872.

——. *Essay on Scientific Propagation*. Oneida, NY: Oneida Community, 1873.
——. "The Oneida Community Experiment in Stirpiculture." *Eugenics and the Family* 1 (1923): pp. 374-86.
Noyes, Pierrpont B. *A Goodly Heritage*. New York: Holt, Rinehart & Winston, 1958.
——. *My Father's House: An Oneida Boyhood*. Gloucester, MA: Peter Smith, 1966.
Parker, Robert. *A Yankee Saint: John Humphrey Noyes and the Oneida Community*. New York: Putnam, 1935.
Robertson, Constance Noyes. ed. *Oneida Community: An Autobiography, 1851-1876*. Syracuse, NY: Syracuse University Press, 1970.
——, *Oneida Community Profiles*. Syracuse, NY: Syracuse University Press, 1977.
Thomas, Robert. *The Man Who Would Be Perfect: John Humphrey Noyes and the Utopian Impulse*. Philadelphia: University of Pennsylvania Press, 1977.
Walters, Ronald G. *American Reformers, 1815-1860*. New York: Hill & Wang, 1978.

註

（1）　カリスマ的権威については、以下参照のこと。Max Weber, *The Theory of Social and Economic Organization*. Translated by A. Henderson and T. Parsons (New York: Free Press, 1947, originally published 1913-1922).

（2）　Lawrence Foster, *Women, Family and Utopia: Communal Experiments of the Shakers, the Oneida Community, and the Mormons* (Syracuse, NY: Syracuse University Press, 1991), p. 77.

（3）　Spencer Klaw, *Without Sin: The Life and Death of the Oneida Community* (New York: Penguin, 1993), p. 10.

（4）　一九九三年八月、ウィリアム・ゼルナーはオナイダ共同体のマンション・ハウスを訪れた。「規模は訪問前に想像していた物よりも大規模であった。一方、諸個人の部屋は想像よりもかなり狭く、その環境下では、潜水艦乗組員でも不快を感じるであろうと思われるほど小さかった。しかしながら、共同生活が重視されているため、大半の時間は仲間と過ごし、一人になることはあまりなかったために、それほど驚くことではなかった。建物や敷地はゴミ一つ落ちておらず、きれいな状態であった」。マンション・ハウスのバーチャル・ツアーについては、以下のサイトを参照のこと。<www.oneidacommunity.org>.

(5) ノイズは共同体のオーケストラ楽団でヴァイオリンを担当していたが、多くの聴衆はあまり上手ではなかった、と述べている。写真によると、楽団は男性によって構成され、クラリネットからヴィオラやスネア・ドラム（小太鼓）など、多種多様な楽器が揃えられていた。

(6) Rosabeth Moss Kanter, *Commitment and Community: Communes and Utopias in Sociological Perspective* (Cambridge, MA: Harvard University Press, 1973), p. 39.

(7) Pierrpont B. Noyes, *My Father's House: An Oneida Boyhood.* (Gloucester, MA: Peter Smith, 1966), pp. 132-33.

(8) Marlyn Klee-Hartzell, "Mingling the Sexes': The Gendered Organization of Work in the Oneida Community," *The Courier* 28 (Fall 1993); Lawrence Foster, *Religion and Sexuality: Three American Communal Experiments of the Nineteenth Century* (New York: Oxford University Press, 1981); Lawrence Foster, "Women and Utopia: Life among the Shakers, Oneidans, and Mormons," *Communities: Journal of Cooperative Living* (Spring 1994), pp. 53-56.

(9) Constance Noyes Robertson, ed., *Oneida Community: An Autobiography, 1851-1876* (Syracuse, NY: Syracuse University Press, 1970) p. 71.

(10) Klaw, *Without Sin*, p. 7.

(11) Allan Estlake, *The Oneida Community: A Record of an Attempt to Carry Out the Principles of Christian Unselfishness and Scientific Race-Improvement* (London: George Redway, 1990), p. 58.

(12) Noyes, *My Father's House*, pp. 126-27.

(13) Noyes, *My Father's House*, pp. 126-27.

(14) 一八六六年一一月五日付けの『オナイダ・コミュニティ・デイリー・ジャーナル』によると、もし機械の不具合がなければ、週に八万個の罠が製作可能であったかもしれない。

（15）「ニューハウス／オナイダ」の罠（11インチ×36インチ）は、一九八九年一〇月の『ショットガン・ニューズ』の広告には三五〇ドルと掲載されている。二〇〇五年二月、オークションサイトeBayでは、五九五ドルの値が付いていた。

（16）*Bible Communism: A Compilation from the Annual Reports of the Oneida Association* (Brooklyn, NY: Oneida Circular, 1853), p. 16.

（17）その証言はピアポイント・ノイズの義母によるものであり、以下の文献から引用されている。Noyes, *My Father's House*, pp. 17–18.

（18）Robertson, *Oneida Community*, p. 47, 103.

（19）ノイズ自身は初期信者の妻、メアリー・クラジン（Mary Cragin）に「個別的な愛」をもっていたのかもしれない。フォスターによると、クラジン夫人の存在によって、ノイズは複合婚のあり方についてヒントを得た。一八五一年、ボートの不慮の事故により彼女が亡くなると、「ノイズは、明らかに悲嘆にくれていた。一年以上、ノイズが発行する新聞のほぼ毎号に、彼女に対する賛辞が掲載されていた」（Foster, *Women, Family, and Utopia*, p. 112）。

（20）Robert Parker, *A Yankee Saint: John Humphrey Noyes and the Oneida Community* (New York: Putnam, 1935), pp. 182–83.

（21）Parker, *A Yankee Saint*, p. 223.

（22）Klaw, *Without Sin*, p. 13. ノイズは、単に陳腐とはいわないまでも、きわめて言葉巧みであった。クロゥは以下のような隠喩を例として引用する。「男性は性的行為を通じて女性を知るといわれているように、彼女の楽園を突き抜けて、彼女の心の星を探す望遠鏡について話そうではないか」と。*Without Sin*, p. 17。

（23）Lawrence Foster, "Free Love in Utopia: How Complex Marriage was Introduced in the Oneida Community," 2002 International Conference, Center for Studies on New Religions, "Minority Religions, Social Change, and Freedom of Conscience," Salt Lake City, June 2002.

（24）Lawrence Foster, *Free Love in Utopia* (Urbana: University Press, 2001), pp. x–xii.

（25）W. T. Hedden, "Communism in New York, 1848–1879," *American Scholar* 14 (Summer 1945), p. 287.

（26）Raymond Lee Muncy, *Sex and Marriage in Utopian Communities* (Bloomington: Indiana University Press, 1973), p. 176.

(27) Robertson, *Oneida Community*, p. 341. Martin Richards, "Perfecting People: Selective Breeding at the Oneida Community (1869-1879) and the Eugenics Movement," *New Genetics and Society* 23 (April 2004), pp. 47-71.

(28) William Kephart, *Extraordinary Groups*, 1st ed. (New York: St. Martin's Press, 1976). Susan M. Matarese and Paul G. Salmon, "Here's to the Promised Land: The Children of Oneida," *International Journal of Sociology of the Family* 13 (Autumn 1983), pp. 35-43.

(29) Parker, *A Yankee Saint*, p. 268.

(30) Parker, *A Yankee Saint*, p. 274.

(31) Robertson, *Oneida Community*, p. TK.

(32) Ely van de Warker, "A Gynecological Study of the Oneida Community," *American Journal of Obstetrics and Disease of Women and Children* 17 (August 1884), p. 795.

(33) Klaw, *Without Sin*, p. 225.

(34) Constance L. Hays, "Why The Keepers of Oneida Don't Care to Share The Table," June 20, 1999, Sec. 3, p. 1. また以下のサイトを参照のこと。<www.oneida.com>. 特に、以下の頁を参照のこと。"Q&A——Sherrill Factory Announcement" (二〇〇五年二月二四日アクセス)。Richards, "Perfecting People," pp. 60-61.

(35) Beth Quinn Barnard, "The Utopia of Sharing," *New York Times* (August 3, 2002), p. D1,D8.

訳註

(＊1) 「ファイ・ベータ・カッパ」とは、一七七六年、ウィイリアム・アンド・メリー大学で結成されたアメリカ初のフラタニティであり、成績優秀者のみを対象とする会員制クラブである。「フラタニティ」とは、共通の目的を有するアメリカ、カナダの学生によって自治運営されている結社・団体のこと。通常、名称にはギリシャ文字が用いられ、その団体の勧誘、承認を受けなければ、会員になることはできない。

(＊2) 第一次覚醒に参加した会衆派の神学者たちが創設した大学。

（＊3）　デーヴィー・クロケットはテネシーの片田舎に生まれ、狩猟の名手として名を馳せた人物。アメリカ先住民掃討作戦で活躍し、治安判事などを務めた後、一八二七年に下院議員となる。その後、クロケットをモデルにした戯曲『西部のライオン』や自伝が人気を呼び、アメリカンヒーローとして名を残した。

（＊4）　フランスの博物学者、ジャン゠バティスト・ピエール・アントワーヌ・ド・モネ、シュヴァリエ・ド・ラマルク（Jean-Baptiste Pierre Antoine de Monet, Chevalier de Lamarck, 1744-1829）の進化論。頻繁、かつ、持続的に使用される器官は次第に強壮になり、よく発達する。一方、使用されない器官は次第に衰えて、やがて機能を失う。このように生涯にわたって獲得された形質は子孫にも遺伝するとし、その結果、生物は単純な構造から、複雑な構造へ発達する傾向をもつとする説。「用不用説」ともいわれる。

第6章　エホバの証人

二一世紀のアメリカ人のほとんどは宗教的生活と世俗的生活とを分けており、競合する宗教的イデオロギーへの非難は比較的ほとんどない。しかし、常軌を逸していると何度もみなされている特定の宗教集団がある。そのような集団の一つが今では、六〇〇万人の信者を抱える「エホバの証人」(Society of Jehovah's Witnesses)である。アメリカ人はエホバの証人に対して、無関心から嘲笑、時折の敵意に至るさまざまな態度をみせている。だが、この集団は自然増だけでなく改宗によって、成長、ならびに、繁栄し続けている。なぜ、彼らはこれほどまでに成功してきたのか? この問いに答えるには、この集団の歴史を知り、彼らの信条体系を理解し、彼らを結束させている「信仰の支え」を検証する必要がある。(1)

1　千年王国運動

エホバの証人は千年王国運動の一例である。「千年王国運動」(millenarian movement)は、その後では、すべてが完璧になるような劇的な変化を期待する人々の集団である。明らかに、そのような信条には、完璧な未来を構成するものは一体、何であるのか、ということについて独自の先入観が伴う。

一般に、「千年王国運動」といえば、カリスマ的な人物によってしばしば伝えられる差し迫った変化についての予言を連想する。千年王国運動には、平原インディアン[*1]によって行われた、ゴースト・ダンス[*2]や南太平洋の積荷崇拝[*3]が含まれてきた。多くの宗教が未来のある漠然とした時期によりよい未来が到来するということについて語っているが、千年王国運動もまた、社会の再創造について述べているのかもしれず、この予言が実現する時期を非常にはっきりと特定することが可能である。新しい千年王国の到来を予期する特別な時間は大きな期待感を生み出し、また、その日が来た時には効果的な信者集めの手段としての役目も果たしている。しかし、その予言が実現しなかったならば、何が起こるのか？　エホバの証人にそのような事態が展開しているのをこれからみることにしよう。

2　チャールズ・ラッセル

エホバの証人の創始者である、チャールズ・ラッセル（Charles Russell）は一八五二年に、現在ではピッツバーグの一部となっているペンシルヴァニア州アレゲニーで生まれた。彼の両親、ジョセフ・L・ラッセル（Joseph L. Russell）とイライザ（Eliza）は共にスコティッシュ＝アイリッシュ系だった。ラッセル夫妻は信仰に篤く、長老派教会の会員だった。イライザはチャールズが九歳の時に亡くなったので、彼女が早熟な息子にどれほどの宗教的影響を与えたかを知ることは難しい。父と子に関しては、少なくとも宗教的な意味で、父親が息子に及ぼした影響よりも、息子が父親に及ぼした影響の方がより大きかったと思われる。

エホバの証人の文献に正確な日時は記されていないが、チャールズ青年は青年期のどこかで長老派教会をやめ、表向きは態度がよりリベラルだという理由で、会衆派教会に入った。

紳士用服飾品商であった、ジョセフ・ラッセルは五つの系列店を所有していた。チャールズは正規の教育を数年だけ受けた後、父親と共に商売を営んだ。昼はシャツを売り、夜は聖書を研究した。預言書、特に、ダニエル書に最も関心があった。一四歳までに、色つきチョークを持って街に出て、歩道に聖書を書くようになっていた。それにもかかわらず、一七歳の時に精神的危機に遭遇した。永遠の罰や予定論（predestination）(＊4)といった概念を、自分がもはや受け入れられないことに気づいたのである。正しく公正な神はきっとすべての人類に救いの計画を提供してくださるだろう、と彼は信じていた。また、愛情深い神は、神の子らの中で最も邪悪な者ですら永遠の罰に処するようなことはきっとなさらないであろう、と信じていた。しばらくの間、宗教を拒絶した。

ラッセルが若い頃、産業不況があった。革命が差し迫っていることを予見し、彼は「万物の古い秩序は終わるに違いない、そして、新しい秩序がそれに取って代わるであろう。……この変化は現在の秩序から利益を得ている人々によって、激しい抵抗を受けるだろう」(2)と断言した。彼はこう書いた。「その結果、古い秩序の最終的破壊と新しい秩序の導入、および、確立に帰結する、世界規模の革命が起こるだろう」(3)。彼の言葉は『共産党宣言』（*Communist Manifesto*）と同じ調子のものであるが、彼がマルクスを読んだという証拠はまったくない。

ラッセルは宗教を拒絶している間——それは一年ほど続いた——に、次のように述べた。「私は今まさにすべてを忘れ、商売に全注意を傾けるつもりだ。いくらか金を稼いだら、苦しんでいる人たちを助けるためにそれを使うことができる、たとえ精神的に彼らの役に立つ手助けはできないとしても」(4)。彼は三〇歳までに三〇万ドルを蓄えていたが、これは一八八〇年代には大金だった。この金が人々を世俗的な意味で助けるために使われたことを示すものはまったくない。とはいえ、ラッセルはまもなく、自分の宗教的信条の拡大ということになれば、自分の財産を喜んで使うことを証明してみせた。

ミラー派

ラッセルは一八二九年にウィリアム・ミラー（William Miller）によって創始された集団、「セカンド・アドベンティスト」（Second Adventists）、または、「ミラー派」（Millerites）と接触した結果、信仰に復帰した。ミラー派の会員の大部分はニューヨーク州、ニュージャージー州、ペンシルヴァニア州といった大西洋沿岸の三つの州に限られており、大半の信者は経済的に恵まれない境遇にあった。ミラーは一八四〇年代にキリストの再臨が起こるであろうと説き、こうして、千年王国運動を公に宣言した。当然のことながら、ラッセルがこの集団に出会う時までに、この予言が外れることはすでに明白だった。ミラー派は「神に召されて」いるが、メシア再来の日を間違えてしまったのだ、とラッセルは信じた。ミラー派はチャールズ・ラッセルが生涯非難しなかった唯一の宗教集団だった。

ミラーの死後、支持者らは計算をやり直し、キリストの再臨が一八七三年、ないし、一八七四年に起こるだろう、と決定した。一八七〇年に、ラッセルはピッツバーグで小さな研究グループを組織した。彼とそのグループ——会員は六人しかいなかった——は、再臨はそれより後に起こるだろう、また、キリストの再臨は目には見えないだろう、と決定した。記録を正すために、ラッセルは『主の帰還の目的とその方法』（*The Object and Manner of the Lord's Return*）というタイトルのブックレット五万部を自費で出版した。チャールズを感情的にも財政的にも支援した父ジョセフは早々に改宗してくれた。

ラッセルの支持者は増え始め、一八七九年に、彼は『シオンのものみの塔とキリストの臨在の告知者』（*Zion's Watch Tower and Herald of Christ's Presence*）と呼ばれる定期刊行物を発行し始めた。この新しい雑誌は衝撃を与えた。一八八〇年までに、およそ三〇の会衆が七つの州で創設された。また、一八八一年には、「シオンのものみの塔冊子協会」(Zion's Watchtower Tract Society)が非法人団体として、ピッツバーグで組織された。「冊子、パンフレット、論文、その他の宗教的文書によって、多様な言語で聖書の真理を広める」意図が組織の憲章で規定された。協会のパンフレットは五セント、書籍は二五セントで販売された。お金はないが、改宗する可能性がある人々には無料で印刷物が提供された。この慣行は現在まで変わることなく続いてきている。(5)

一九〇九年までに組織は非常に大きくなっていたので、本拠地をニューヨーク州ブルックリンに移すことが決定された。その用地に元々あった建物は、有名な奴隷制度廃止論者のヘンリー・ウォード・ビーチャー(Henry Ward Beecher)の牧師館だった。

個人的特徴

チャールズ・ラッセルは禁欲的な物腰の小柄な痩せた男だった。聞く人を魅了する話し手である彼は、魅力を備えており、人と会うのを楽しんでいるようだった。新聞記者や写真家を歓迎し、宗教活動に従事している彼の様子を写した大きな写真付きの記事が現存している。聖書を研究し、自分の信条を裏付けるために、すぐに聖書を引用した。晩年には、長く白いあごひげが彼を賢明な家長のように見せた。事実、正真正銘のカリスマ的な指導者だった。

ラッセルは仕事の虫だった。宗教活動を行っていた四〇年間に一〇〇万マイルを旅し、三万回説教をし、聖書の解説を一五万ページ以上書いた。こういった活動を行う傍ら、七〇〇人以上の講演者を雇う世界的な福音主義活動を運営した。

かすかな醜聞

エホバの証人はその形成期にいくつかの醜聞を乗り越えなくてはならなかったが、ラッセルの夫婦問題ほどに多大な影響を及ぼし、甚だしい分裂を引き起こすものはなかった。一八七九年にチャールズ・ラッセルはマリア・アクリー（Maria Ackley）と結婚した。この結婚では、子供が生まれなかった。結婚してから最初の数年間、マリアは野心的な夫の代わりに手紙の返事を書いたり、女性グループに説教を行ったりして、夫と一緒に仕事をした。ところが、一九〇九年までに夫婦関係は悪化し、彼女が他の不満の中でも特に、ラッセル牧師――彼はそう知られるようになっていた――は会衆の女性会員らと性的関係を持っている、と主張して離婚訴訟を起こすほどになっていた。ラッセルはこうした非難を決まって否定したが、離婚が認められた。

牧師の職に就いている間に、ラッセルが（「奇跡的な効能」を持つ小麦やがんの治療薬といった）いかがわしい商品を推薦したことが新聞で大きく取り上げられ、協会の会員を若干失うという事態を引き起こした。ラッセルは度々訴えられ、その仕返しにすぐ法廷を利用した。自分こそ正しいのであってそれを打ち負かすことはできない、という彼の信念は揺るぎないものだった。彼はあらゆる宗派のキリスト教徒をすぐ攻撃したので、非難された人々がしばしば彼を攻撃したがったのも驚くべきことではなかった。聖書を理解しているのはこの自分だけだという信念ゆえに、彼は当時の宗教家の大半から忌み嫌われた。一九一六年一〇月三一日、チャールズ・ラッセルの嵐のごとき人生は終わりを告げた。全国を回る講演旅行の最中、彼はテキサス州パンパ近くを走行していた一等寝台車《プルマンカー》の中で、心不全で不慮の死を遂げたのである。

人々の心を動かす精力的なエホバの証人の組織者、チャールズ・ラッセルは今では、組織の歴史における脚注にすぎない。今日、出版に力を入れているこの宗教は彼の著作の増刷すらしない。ある博識の長老はどのようにして一切が始まったのか、と尋ねられると、「聖書研究生たちのグループが『本当の真理』を学びたいと思った時、それはペンシルヴァニア州で始まったのです。彼らは今、私たちが聖書を研究しているのとちょうど同じように、聖書を研究したのです」と答えた。それから、後から思いついたかのように付け加えた、「その中の一人だった、チャールズ・ラッセルは他の人たちよりも少しばかり目立っていたのでしょう」と。

3　エホバの証人と連邦政府

ラッセルの死後まもなく、ジョセフ・ラザフォード（Joseph Rutherford）判事（一八六九－一九四二）がエホバの証人の会長に選ばれた。ラザフォードが会長に選ばれてから数カ月以内に、彼の信念が試された。第一次世界大戦が勃発した時、アメリカ合衆国では戦争を支持する気運が高まっていた。エホバの証人はどんな理由であれ戦争を認めない。さらに、世の中の通念がエホバの証人の世界観と対立する場合、彼らは沈黙を善しとしない。

一九一七年、ラザフォードとエホバの証人の他の指導者七人がスパイ法違反で起訴された。連邦裁判所でこれらの証人たちは「個人的勧誘、手紙、講演、さまざまな出版物をアメリカ合衆国全体に配布し、公に流通させることにより……不法、かつ、凶悪、かつ、計画的に不服従、不忠、義務の拒絶を軍内部に引き起こすという罪」(6)で告発された。証人たちは、自分たちはいかなる個人、旗、国家にも忠誠を尽くしていない、自分たちが忠誠を尽くすのはエホバのみである、と主張した。彼らは「別世界の人間」だった。

ラザフォードとその支持者らは有罪を宣告され、一人を除く全員がカンザス州レベンワースにある連邦刑務所で懲役二〇年の刑に処せられた。七人目の男は懲役一〇年の刑を受けた。証人たちは一九一八年六月から服

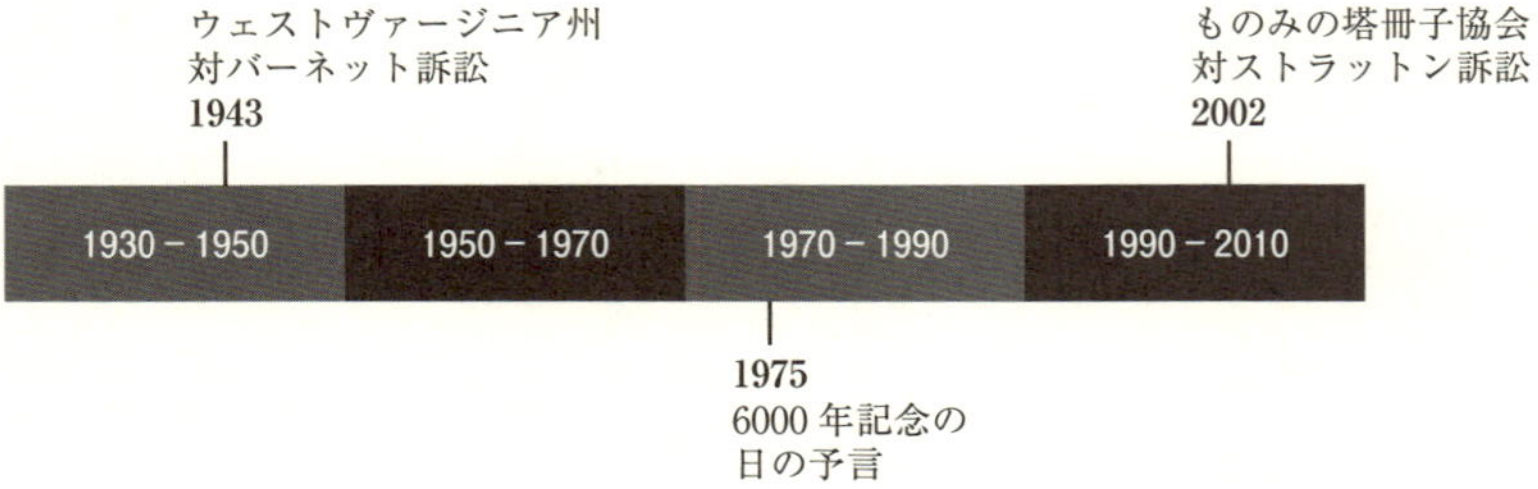

役した。再審を求める請願が正式に提出され、一九一九年三月、投獄されていた証人らは全員保釈された。この時までに戦争は終わり、政府はこの事件を再審しないことに決めた。人々の多くは証人たちの投獄を偽の正義とみなし、協会の会員数はその後一〇年間で急増した。

ラザフォードはラッセルのように多作だった。彼はグループの名称を今後は「エホバの証人」(Jehovah's Witness)とすると宣言し、神の個人名として「エホバ」(Jehovah)という名前を使用することを教義と信仰の核心とする、と高らかに述べた。

ミラーとラザフォードが果たした中心的役割にもかかわらず、エホバの証人は個性にあまり重点を置かず、「集団」の重要性を強調する。一九四二年にラザフォードが亡くなってからというもの、彼らの出版物のどれをとっても著者の署名がない。事情に詳しい証人に原著者について尋ねると、当の記事は聖書学者の委員会によって書かれたのだろうという返事が大抵、返ってくる。

ラザフォードの死後、ネイサン・ノア(Nathan Knorr, 一九〇五－一九七七)が協会の第三代会長に選ばれた。彼もまた、徴兵をものともせず、エホバの証人の平和主義的信条を擁護しなくてはならなかった。第一次世界大戦中、エホバの証人の指導者らは投獄されていた。第二次世界大戦中、政府は異なる政策を採った。少数の指導者を投獄する代わりに、四〇〇〇人以上の一般

図6　エホバの証人年表

信者が徴兵法に従わなかったかどで逮捕・投獄された。自分たちは「別世界の人間」である、と信者は主張し続けた。

エホバの証人たちに対する他の問題での嫌がらせも目に見えて明らかだった。戦時中、エホバの証人の子供たちは公立学校制度における嫌がらせの標的になった。元証人のバーバラ・グリズッティ・ハリソン（Barbara Grizzuti Harrison）は自著『栄光のヴィジョン』（*Visions of Glory*）の中で、小学校での経験をこう記している。「全校集会での国旗敬礼の間に……着席したままでいなくてはならないことは反抗的行為であり、私は内心それが嫌だった。……国旗に敬礼せず、校内で私一人だけ、赤十字に寄付せず、……また、戦争協力活動のために銀紙で作ったボールを持ってこなかったために、私は級友に好かれなかった。私は皆――先生、精神的監督、母――を喜ばせたかったのだが、もちろん、そんなことはできなかった[7]」と。

エホバの証人の子供たちの多くは体制の期待通りに行動しなかった、という理由で公立学校から放校され、エホバの証人はこうした放校に対して、訴訟を起こした。マイナーズヴィル対ゴビティス訴訟[＊5]の一九四〇年の連邦最高裁判決は、国旗に敬礼をしない子供は放校を免れないとした。一九四三年、この問題はウェストヴァージニア州対バーネット訴訟[＊6]で連邦最高裁に戻ってきた。最高裁は先の裁判では、「誤った判決が下された」のであり、子供に国旗敬礼を強制することは憲法修正第14条に違反する、という判決を下した。

一九七七年のノアの死去に続いて、フレデリック・フランズ（Frederick Franz）が会長に選ばれた。彼の在任中、エホバの証人と外界との間に衝突はほとんどなかった。とはいえ、彼が会長職に就いている間には徴兵は行われず、国旗敬礼事件を再び、裁判沙汰にする試みもなされなかった。彼らがこれらの問題について考えを改めたわけではない。

一九九二年一二月に九九歳で亡くなったフランズは、数年間、協会の日常業務に十分に参加することができなかった。だが、証人たちは、すべての重要な決定は委員会での審議を経たものであるべきだと考えており、また、指導委員会のすべてのメンバーが有能な聖書学者だとみなされているために、一人の委員――それがたとえ会長であっても――が仕事の量を減らす必要があるかどうかは大して重要ではない。

変形論

集団や組織の進歩は精神的基盤をもつものも含めて、大きな社会で起こっていることに影響される。社会学者たちは組織形態の動的で急速な変動や社会の影響に応じた集団や組織の活動を表すために、「変形論」（deformation thesis）を提唱した。「変形」（deformation）という言葉は工学から借用したもので、物体が物理的な力に応じて形を変える――すなわち、再形成されたり、変形したりする――ことを指している。同様に、組織は、他の人々がそれにどう反応するかによってその形が作り変えられる。

エホバの証人の場合、部外者による反応は大抵、批判的なものであり、この集団は自らを守るために資源――時間と金――をつぎこまなくてはならなかった。その一例が一九四〇年代のゴビティスとバーネットのア[＊7]メリカ合衆国国旗敬礼のケースである。こうした法廷闘争で負担した訴訟費用は防衛的な文化、または、被包囲心理、すなわち、自らの行動が組織の外にいる人々からの厳しい批判にさらされていると管理者や指導者が感じるような態度を組織の内部に生み出した。信者は自分たちの信仰に対する攻撃に備え、準備した。伝道者や牧師は市民権の速習講座を受講させられた。出来事を本部に報告するための手続きが作り出された。これと同様の備えのパターンは末日聖徒イエス・キリスト教会やサイエントロジー教会にもみられる。

変形論は、エホバの証人のような反世俗性を固く守る宗教集団が信者ではない人々にも教団の広報宣伝をしてもらわざるをえない時に、最終的に実現する。エホバの証人はその存在自体を正当化するよりも、むしろ同好の士と時を過ごしたり、改宗者の獲得に時間を費やしたりしたいのである。法廷での努力はいうまでもなく、広報宣伝活動をするのは他の人々を改宗させるためではなく、むしろ、すでに忠実な信者が自由に礼拝を行えるように、他の人々を説得するためなのである。(8)

ラッセルが指導者になってから数十年間は、マスコミにエホバの証人に関する出来事を報道することは奨励されていなかった。エホバの証人の立場はエホバの証人の立場であり、協会は世間のイメージに何の関心も見せなかった。しかし、ウィリアム・ゼルナーが出席したミネソタの地域大会では、記者室が設置され、聖書からの引用でエホバの証人の視点を裏付けることのできる長老たちがそこに配置されていた。プレスセンターの存在は、「別の世界」に対する感受性、過去には存在していなかった感受性を証明している点で、重要な意味をもっていたのかもしれない。

エホバの証人と外国政府

エホバの証人の信者は多くの国々で偏見と差別の犠牲者となってきた。第二次世界大戦前、並びに、大戦中、ナチスの絶滅政策の一部として、証人たちはジプシー（ロマ）、同性愛者、ユダヤ人と共に死の収容所へ送られた。およそ三二〇〇人の証人たちが信仰を捨てるという文書に署名するのを拒否したために、強制収容所へ送られた。

現在、ロシア、ならびに、隣接するグルジアでは、検察当局が、「憎悪や不寛容な行動を扇動していると認定された宗教団体の活動を禁止する権利を裁判所に付与する法律の下で」、エホバの証人が宗教活動を行うのを禁じようと試みている。(9) エホバの証人の出版物を検閲するために、その決定を委ねられた専門家委員会が設置された。

4　組　織

最初の数年間、協会の仕事は理事会によって行われた。協会に一〇ドルを寄付した人なら誰でも、理事会選挙で一票を投じる資格があった。寄付の最低限度額を超えてさらに一〇ドル寄付するごとに、投じることのできる票の数は一つずつ増えていった。ラッセルは生涯、協会の疑いなき指導者だったのであり、会長選は通り一遍のものだった。

一九四四年に協会の憲章が改正され、「統治体」(Governing Body　エホバの証人を監督する長老団) に参加する手段としての金銭の寄付が廃止された。世俗的、並びに、宗教的な決定の両方を下すために、現在は九人の男性から成る統治体が毎週ニューヨーク市ブルックリンで開かれている。

その次の段階が地域監督と巡回監督である。各会衆を年に二回訪問する責務を負うこれらの男性たち (女性の監督はいない) は、表向きは各地の証人の改宗方法を手助けするために、彼らの家庭訪問にしばしば同行する。これらの職に空きが出ると、バプテスマを受けた二〇歳以上のすべての男性証人に考慮される資格がある。

各地の会衆の頂点に立つのが長老の間から選ばれた主宰監督である。これは持ち回りの職で、任期も一年である。この職の任期の短さは地方レベルでは絶対必要な人はいないことを強調し、ニューヨーク協会の権威を強めている。

世界本部

ブルックリンにある、エホバの証人の世界本部はエホバの証人の他の支部事務所のように、「ベテル」（神の家）と呼ばれている。夫婦を含むベテルの居住者は一つの部屋に二人で住んでいる。風呂とトイレは共同である。ベテル居住者の必要の大部分は世界本部の敷地内で満たされており、世界本部には専用の理髪店、紳士服店、クリーニング店、パン屋が含まれ、食事と家事サービスが提供されている。部屋は快適で、食事はおいしい。協会の会長を含む職員たちは個人的な必要を満たすために、月給九〇ドルを受け取っている。エホバの証人を誹謗中傷する少数の人々は、世界本部の職員が各地を移動する際にファーストクラスを使用している、という事実を重視している。もっともエホバの証人の指導者たちは他の宗教団体の指導者に比べて、少しも豪奢に移動しているようにみえないだろうが。

協会は多くの農場も所有・運営しており、その中の一つがニューヨーク市ウォールキルの近くにある面積一六九八エーカーの農場で、世界本部で働く三五〇〇人以上の労働者が必要とする食料の大部分を提供している。信者でもある農場労働者は多くの野菜を生産したり、肉牛の群れを世話したり、ブロイラーや卵を産む雌鶏を育てたり、乳牛の乳を搾ったりしている。彼らは生産したものの加工処理も行っている。農場、加工処理施設、そして、農場にある二つの大きな印刷工場を運営するためには、八〇〇人の労働者が必要である。

ウォールキルの印刷工場は雑誌『ものみの塔』（*Watchtower*）と『目ざめよ！』（*Awake!*）を印刷している。エホバの証人が製造している印刷物の量が一体、どれくらいなのか、を知るのは難しい。二〇〇八年に『目ざめよ！』は平均発行部数三六〇〇万部を記録した。同様に、『ものみの塔』は一七四言語で平均発行部数三九〇〇万部を記録した。それぞれの雑誌は月二回出版されている。これらの雑誌を出版している、ウォールキルの印刷工場は書籍やパンフレットを製造し、一〇階建ての建物のうちの六つの階が文書の製造に充てられているベテルの印刷工場ほどには大きくない。

パターソン農場

一九八四年に、エホバの証人は教育センターを建設するために、ニューヨーク州パターソンにある面積六七〇エーカーの酪農場を購入した。キャンパスは教団の宣教師やスタッフのための主要な教育施設である。そこは一度に一六〇〇人に教育、食事、住居を提供できるよう整備されている。現在、キャンパスには約一三〇〇人がいる。

学校はエホバの証人流のやり方で建てられた。建設中、エンジニアから建築家、大工、製図工、コンクリート職人、配管工、電気工、肉体労働者に至るまで――すべてボランティア――、推計五〇〇人の労働者が仕事に精を出した。アメリカ合衆国各地から来ている、これらの労働者は世界本部の労働者と同じ月給九〇ドルを受け取っていた。

今では、総戸数六〇〇戸以上の二階建てから五階建てのアパート六棟、自動車八〇〇台を収容できる駐車場、客室数一四四室のモーテル、一度に一六〇〇人に食事を出せるほど大きな調理場がある。オフィスビル、教室のビル、数棟の業務用ビルもある。

エホバの証人のさまざまな所有地は非常に広大なために、忠実な信者にそれらの場所を見物してもらうためのツアービジネスが成長してきている。一一日間に及ぶバスツアーはニューヨーク市内の所有地、ウォールキル、パターソン農場、カナダ支部、そして、ドイツでのエホバの証人の悲劇的な歴史を反映して、ワシントンDCの「米国国立ホロコースト博物館」(U.S. Holocaust Memorial Museum)の見学が日程に組み込まれている。(10)

5 財　源

毎年、協会は『ものみの塔』に寄付を募る広告を掲載している。計画の策定を容易にするために、(11)広告は寄付者に寄付金の額と期日を指定するように求めている。王国会館で募金が行われることはなく、また、長老が説教壇から献金を求めることもない。どの王国会館にも募金箱があるが、ここからの寄付はきわめてまれなようだ。寄付の大部分は自発的な什分の一に由来している。

協会は慈善宗教団体に分類されているので、財務報告書の公表を求められていない。同様に財務報告書の公表を免れている宗派の多くは収入と資産を公表することにしており、エホバの証人がそうしないのは過去に起きた税務署員とのトラブルと関係しているのかもしれない。こうしたトラブルのうち最も注目すべきものは、宗教的な目的だけで使用されているわけではない財産への課税を許可する法律をニューヨーク州が制定した、一九七一年に起こった事件である。協会は異議を唱えながらも二〇〇万ドルをニューヨーク市に支払った。一九七四年七月一一日には、ニューヨーク州最高裁判所により、協会は再び、税金が免除された。裁判所の判決文は協会は法律の趣旨の範囲内で、もっぱら宗教的な目的で組織されている、と明記した。

エホバの証人は、パターソンの新しい施設ではよき隣人であろうと努めている。協会は自発的にパターソン・モーテルを納税者名簿に載せている。この地域には証人の住宅がおよそ二〇軒あり、その全部が納税者名簿に掲載されている。協会がパターソン・キャンパスに五階建ての建物を建築した際、高層建築物での火災を消火するための設備がないためにサービスを提供できない、と消防署は通告した。それに対して、エホバの証人は消防署に新しいトラックを購入することで応じた。(12)

慈善事業

他の宗派の信者、議員、および、一般市民は慈善事業に関するエホバの証人の立場を理解していない。エホバの証人の組織構造の内部には、慈善事業が一つもない。病院も、クリニックも、食糧計画もない。終末が間近に迫っているので、利用できる資金はすべて「真理の普及」——すなわち、エホバの言葉を広めること——に費やされなくてはならない、と協会は信じている。

慈善的であれ、という命令は協会の印刷物にあふれている。とはいえ、慈善行為は個人の責任であり、組織の責任とはみなされていない。援助には子供の世話、高齢者のために買い物をしたり、交通手段を提供したりすること、虚弱者に聖書を読んであげること、といったサービスが通常、含まれている。証人たちの「内集団」が内輪でどのようなことを行っているのかを知ることは難しいが、彼らは財政面でも互いに助け合っているのだろう。

建　設

新しい建物の建設はエホバの証人の会衆の大部分にとっては問題ではなく、彼らは自分自身の時間とエネルギーをそれに費やしても構わないと思っている。例えば、ミネソタ会衆には、ほぼ会員だけ——その多くが熟練労働者である——で建てられた新しい王国会館がある。お金を払って外部に援助を求めることは一切なかった。電気系統の設計、および、設置に手こずった際、近所の会衆に助けを求め、問題はすぐに解決した。新しい王国会館が開館した時には、支援した会衆の会員が表彰された。皆、この偉業を大いに誇りに感じていた。時間と労力を傾ける方が、お金を寄付することよりも満足感を味わえるようだ。

王国会館の建設資金の調達は比較的簡単な問題である。会衆は建築資材の費用を賄うための資金を調達するだけでよく、人件費は一切かからない。人件費が省かれることで、貸し手にとっては固有の公平性が生まれる。例えば、一〇万ドルの値が付けられた王国会館の場合、人件費を差し引けば、たった五万ドルの融資だけで済むかもしれない。貸し手にはリスクはほとんどない。母体である協会は王国会館に投資したがっている銀行家や機関投資家のリストを保存している。

エホバの証人の会衆は数々の方法で貯金している。例えば、彼らは管理人を雇わない。ほとんどの会衆では、管理やメンテナンスの仕事は聖書研究グループに交代制で割り当てられている。証人の大多数は熟練労働者か半熟練労働者なので、メンテナンスは彼らにとっては問題でも何でもなく、それゆえに王国会館は手入れが行き届いている。

6　証人たちが信じていること

最初の創造

地が創造される前には天があり、天に神（エホバ）がおり、神は一人であった。神が最初に創造したものは息子の大天使ミカエル（Michael）だった。ミカエルは「エホバによって、他の万物を創造するのに利用された」。ミカエルが最初に創造したものは、聖霊であるその他の神の息子たち、つまり、何百万人にも達する天使たちだった。これらの息子たちの中にいたのがルシファー（Lucifer）で、彼は後に「抵抗者」を意味する

「サタン」（Satan）の名で呼ばれることとなる。

地を創造した後、エホバはミカエルに「われわれに模《かたど》って人を造ろう」、と言った(13)。彼らの目的は完璧な男（アダム）と完璧な女（イブ）のために完璧な楽園（エデンの園）を創造することだった。同様にアダムとイブはエホバの掟に従って生き、エホバを賛美するような完璧な子供を産むように期待された。

堕罪

人間が周囲の環境と完璧に調和しながら生き、決して死なないことはエホバの意志だった。ルシファーはエデンの園の管理を任されていた。彼はエホバを妬み、自分を崇拝してくれる支持者がほしいと思った。これを成し遂げるために、彼はアダムとイブを神から引き離さなくてはならなかった。エホバが第七日の初めに休息している間（「創世記」第二章第二節）、ルシファーはアダムとイブに致命的な欠点を見つけた(14)。

エホバはアダムにたった一つのことを禁じていた。つまり、善悪を知る木の実を食べてはならない、さもないとお前は死んでしまうだろう、ということである。サタンは蛇を手段として利用し、その実を食べるようイブを説得した。彼女はそれからアダムを説得し、彼もその実を食べた。エホバの罰はアダムとイブの死、ならびに、これから生まれる全人類の死、というものだった。

証人たちは堕罪の原因を性的行為だと考えてはいない。興味深いことに、原罪は知的自由と結びつけられている。イブの行為は、禁断の木の実が食べられる前には存在していなかった選択の自由をもたらした。堕罪の前には、アダムは命じられるがままにエホバの掟に従っていたにすぎない。「その女は罪を犯した最初の人間だった。神の敵による彼女の誘惑は……肉欲に溺れやすい本性の不道徳性にあからさまに訴えることによってではなかった。それはむしろ、知的向上や知的自由と思われているものへの欲求に訴えたものとしてまかり通っていた。……彼［蛇］は、禁じられた木から実を採って食べた結果、生ずるのは死ではなく、啓蒙と、物事の善悪を自分で決める神のごとき能力であろう、と主張した(15)」。

贖《あがな》い

エホバはアダムが失敗したにもかかわらず彼を愛し、アダムの子供たちを死の罰から解放することを選んだ。協会によって神権政治的な法体系の頭とみなされているエホバでさえ、律法に従って行動しなくてはならない。人類は死の確実性を免れることができるが、律法に基づく贖《あがな》いを通じてのみそうすることができる。証人たちは「贖い」（ransom）を正確に一致する価格と定義している。アダムは完璧な人間だったゆえに、完璧な人間は人類を救うために犠牲とならなくてはならなかった。

証人たちは、「聖三位一体」――父、子、聖霊は一つである、という考え――を拒絶している。イエスは神の第一子、大天使ミカエルだ、と信じられている。アダムは人間だったためにミカエルが人間の姿となって地上に送られたのである。イエスとして、彼は罪を犯す可能性があったが、アダムの「贖い」を支払うために、罪のない人生を送らなくてはならなかった。復活の後、彼は霊的存在に戻った。

外れた予言

証人の年代記において、最も重要な年は一九一四年である。証人たちはその年の一〇月四日か、五日にキリストが天でサタンと戦い、その戦いに勝利し、それから、サタンとそれに仕える悪霊たちを地に投げ落とした、と信じている。ラッセルや初期の証人たちは、キリストはまさにその年に地上の王国を樹立するだろう、と考えた。キリストが目に見える形で現れなかった時には、キリストの再臨の年が計算し直されて、一九一八年になった。再計算とラッセルのカリスマ性にもかかわらず、その後の数年間は協会の会員数が若干減少した。

ラッセルの後継者であるラザフォード判事は聖書を研究し、協会は間違っていた、と結論づけた。キリストは一九一四年に「目に見えない天の王国」を樹立していたが、「一世代が終わった」後まで「地上の王国」を樹立しないだろう、という決定が下された。一世代は一九一四年に生きていた人で、その年の惨事を理解できるくらいの年齢だった人全員の寿命、と定義された。協会は第一次世界大戦の始まりを、その年に起こった他の大惨事と共に、天から追放されて怒ったサタンが憤怒をあらわにしている証拠として挙げた。

幼児は一九一四年の惨事を理解しなかっただろうが、三歳か、四歳の早熟な子供はひょっとすると理解していたのかもしれない、と証人たちは信じていた。予言がまた外れるとしても、一九一四年の出来事を理解している人全員が他界していることを証人たちが確信するまでは、外れるなどということはありえなかった。

一九一四年に生きていた世代が急速に姿を消しつつある一九九五年一一月、雑誌『ものみの塔』は、アルマゲドンが起こる時期を正確に示す予定表はどれも推論的であるにすぎない、と伝えた。イエスはいった、「日、または、時刻は誰にもわからない」、と。

ケニス・L・ウッドワード（Kenneth L. Woodward）とジョエル・P・エンガルディオ（Joel P. Engardio）はこう述べている。「一九一四年という年は、［証人たちにとっては］今でも終末の始まりである。しかし、アルマゲドンの戦いと地上における神の王国の樹立に立ち会いたいと思う人は待たなくてはならないだろう。今後、戦争やエイズのような疫病といった惨事を経験しているどの世代も、終末の目撃者となるかもしれない。要するに、次第に中産階級化しつつある証人たちは生命保険に加入した方がよいだろう(16)」。

「終末論」(eschatology)は、世界の終末の出来事を考察する神学の一部である。「世界の終末」の予言としばしば呼ばれる終末論は、実践された時には、新しい世界、新しい生活の到来を宣言する。キリスト教の終末論は、キリストの再臨、死者の復活、最後の審判、ならびに、人間の存在が歴史の完成に及ぼす影響に関するものである。

ラッセルの最後の「ディスペンセーション」(dispensation)(*8)である「来世」は、「千年期」で始まる。キリストとすでに天にいる人々は、「アルマゲドン」(Armageddon)の戦い――善と悪との間で繰り広げられる最後の決定的な戦い――が始まるのを待っている。宗教的な著作におけるアルマゲドンは、私たちが知っているような時間の終わりと結びついた叙事詩的な戦いを指す。サタンはその戦いで敗北し、千年間、深淵へと投げ入れられるだろう。

証人たちは天国でイエスと共に統治するために、「天への希望を抱いている」(『ヨハネの黙示録』第一四章第一節)人々はたった一四万四〇〇〇人だ、と信じている。エホバの証人に加えて、天国で奉仕する資格を持つのは、ダビデ、アブラハム、モーセ、ノアといった預言者たちである。奉仕する者は皆、すでに選ばれており、「残りの者」として知られている一握りの人々だけが地上に残る。

証人たちは火が燃え盛る地獄の存在を信じていない。アルマゲドンの戦いの前に死ぬ何十億人もの人々の大多数は塵に返るが、そこから復活するであろう。よみがえらない少数の人々は生前、「かたくなに邪悪」だった人々である。証人たちは「かたくなに邪悪」な人々を、エホバの意志を知っているが彼に反抗した人々とみなしている。誰が「かたくなに邪悪」だったかについて、エホバの証人の平信徒の間では意見の一致をみていないようだが、その数は少数だと考えられている。アダムとイブ、ユダ、ニムロデ(Nimrod)(*9)が塵のままでいることは確かである。それ以外の人は皆、塵から返り、エホバによって支配された地上の楽園で暮らすだろう。

一九一四年の予言が外れてから、エホバの証人の指導者たちは予言の失敗に巻き込まれるようになってきている。一九六六年に、統治体はアダムの創造で始まる人類の歴史をたどり、一九七五年には六〇〇〇年を記念する日がやって来るだろう、という大予言を発布した。この予言はさらに続けて、エホバ神がこの日を「ヨベル」(jubilee)とし、世界中で自由を宣言することが「いかにふさわしいか」を述べた。

明確に新たな予言を宣言したわけではないのだが、多くの証人がこの予言をこのように解釈し、二世代前の証人が一九一四年を扱ったのと同じような仕方で、一九七五年を扱い始めた。忠実な信者は、その年が近づくにつれ、財産を売ることから子供を作らないようにすることまで、ありとあらゆる手立てを講じている、と伝えられた。一九七五年が去った時、信者の数は著しく減少し、伝道の努力はほとんど実を結ばなかった。こうした出来事があってからというもの、エホバの証人の指導部はまた、別の予言と解釈されかねないような声明を避けるようになってきている(17)。

楽園

千年期の終わりまでに、人間は完璧な状態に達していることだろう、そして、悪徳、病気、堕落、死は地上から消えるだろう。しかし、千年期の終わりには、サタンが束縛から解放されるだろう。彼は悪霊たちを自分の周りに集め、一丸となって自分たちに従うよう人間を説得することに努めるだろう。彼らに従うものはほとんどいないだろう、と証人たちは確信している。楽園を経験した後に、どうして人間は不道徳で品格を下げるような生活を送りたいと思えるのか?　サタンの小さな軍勢は打ち負かされ、第二の裁きの日が後に続くだろう。

アダムのつまずきの後、エホバの最初の審判は全人類に対するものだった。サタンが滅ぼされた後に下される最後の審判は各個人へのものとなるだろう。ふさわしくないとみなされた者すべてが永遠に塵のままであることを余儀なくされるだろう。この曲がった集団ですら、責めさいなむ地獄の苦悶を経験する必要はないだろう。

千年期の後、キリストはエホバに完璧な地上を戻すだろう。エホバは自らの神権政治体制における活発な王となるだろう。最後の審判の後も生き続ける人たちは永遠に楽園で、彼らの創造主と仲良く暮らすことだろう。「来世」での生活がどのようなものになるのか、に関する考察はほとんどない。ほとんどの証人は、エホバが彼らのために用意してくれている善のすべてを理解することは人間には不可能だ、とひたすら信じている。

7　社会的特徴

投票行動

ほとんどのエホバの証人は投票しない。彼らの教義は自分の弟子たちについて、「わたしが世に属していないように、彼らも世に属していないからです」（「ヨハネによる福音書」第一七章第一四節）と述べているイエスを引合いに出して、反世俗的な立場（すなわち、非関与）を支持している。投票する人は通常、建築規制や税金や教育委員会選挙といった地方の問題に限って投票する。ミネソタ州で開かれたグループ集会で、ある長老は、自分たちの道徳的信念を最もよく代表しているかもしれない国政選挙の候補者に証人が投票することは協会のためになると思わないのか、と尋ねられた。彼の返事は、何も変わらないだろうから誰が選ばれても構わない、というものだった。エホバが地上に自らの王国を築くまで、サタンの邪悪な計画に従うことになるだろう。その会衆の主宰長老の妻はその会話の最後に、「あなたがフランス国民だとしたら、あなたはイギリスの選挙で投票するおつもりですか？」とインタビュアーに尋ねた。インタビュアーはそのつもりはないといった。「そうでしょう」と彼女は続けた、「私たちはエホバの王国の国民なのです。私たちは投票したいなどと思ってはならないだけではなく、実際に投票権をもっていないのです」[18]と。

一般に、証人が投票しないことはさして注目されない。しかし、二〇〇八年にウィンブルドンで、テニス選手セリーナ・ウィリアムズ（Serena Williams）が「私たちは政治には関与しないことにしている」という理由でバラク・オバマには投票しないといった時には、記者たちが彼女を取り囲んだ。時に、政治を避けることはもっと悲劇的な影響を及ぼすこともある――一九六八年に、『ものみの塔』は、アフリカのマラウイという国の何百人ものエホバの証人が法律によって義務づけられている政党カードを買うのを拒否したがゆえに、家を破壊されたと報告した。[19]

性的態度

証人たちは性交をアダムとイブの没落の原因だったとみなしていない。だが、このことは性に対する「解放的な」態度をもたらしてはいない。マスターベーションは自己愛とみなされ、エホバの証人の子供たちのほとんどは自慰の習慣を禁ずる聖句について、幼い頃からたびたび話を聞かされる。エホバの証人の子供たちは、自分の妻が性的行為から確実に快楽を得るようにすることが男の責任であると心に留めているので、マスターベーションが幸せな結婚生活を妨げることもある、と警告されている。結婚前にマスターベーションの習慣がつけば、自分のことしか考えなくなり、したがって、配偶者を満足させることが難しくなる。証人たちは、マスターベーションは同性愛につながるという立場を取っている。同性愛的行動は不自然な醜行とみなされており、「排斥」（disfellowship）の根拠となる。「排斥」はエホバの証人では破門に相当する言葉である。同性愛者は何らかの措置が取られる前に助言される。

ゼルナーは、ミネソタ州のいくつかの会衆を二年間研究している間に、二人の若い女性がそれぞれ姦淫の罪――共に男性の友人と未婚のまま同居していた――で会衆の一つから排斥されているのを知った。数回にわたり、「兄弟」たちが過ちを犯した「姉妹」たちを訪問し、助言した。その会衆の信者は皆、その姉妹たちは随分譴責されていると感じていたが、彼女たちは悔い改めるだろう、と皆は思っていた。協会の扉は悔い改めた罪人に対して開かれているのだ。

兄弟たちがこの二人の女性に助言した、ということに注意していただきたい。姉妹は弱き器とみなされており、協会内での彼女たちの立場は補佐の立場である。ミネソタ研究において、性格的にかなり安定した、意志が強そうに見える若い女性に、協会が女性に割り当てている従属的な役割に憤りを感じているのかどうか、つまずいている人々に公式に助言できないことや、協会の中で指導者の地位に就けないことを不当だと思わないのかどうか、尋ねてみた。すると、彼女は「いいえ、まったく！」と答え、やや当惑した表情でインタビュアーを見つめた。「女性はそうした類のことを扱えるほど感情的に強くはないのです」[20]。

風変わりな集団を誹謗中傷する人々は、特定の宗派が信者のライフスタイルを重要視していないことの例として、有名人の信者の不行跡と申し立てられているものを挙げている。エホバの証人のライフスタイルは、特に人前では、保守的な振る舞いと最大限の礼儀正しさを思い起こさせる。プロテニス選手のセリーナ・ウィリアムズとヴィーナス・ウィリアムズ（Venus Williams）のコートでの服装は挑発的になりがちだが、彼女たちは尋ねられると、王国会館での礼拝に出席する時にはもちろん、控えめな服装をすると強調する。同様に、二〇〇九年の全米オープンの試合でセリーナ・ウィリアムズが線審に暴言を吐いた事件がきっかけで、多くの人々が彼女の宗教的信念を批判するようになった。興味深いことに、主流の宗教集団の信者については、そのような比較がされることはめったにないのである（ローマ・カトリック教徒として教えを実践しているジョン・マッケンローを考えてみるとよい(21)）。

証人たちは、聖書にあるエホバの戒律が産めよ、増えよであること、を認めている。とはいえ、会員たちは産児制限を行うことを許されている。証人たちは妊娠中絶に反対しているので、受精後に受精卵を中絶するよう作用するという理由から、避妊リング（ＩＵＤ）の使用は産児制限に含まれてはならないことになっている。ピル、ペッサリー、コンドームといった方法は個人の裁量で利用してもよい。エホバの証人の家族の規模は典型的な家族よりも少し大きい傾向がある(22)。

独身――禁欲を守る独身――を結婚に代わる実行可能な選択肢とみなしてはどうか、と協会は若い証人たちに提案している。伝道者は結婚する前に、よく考えることを特に奨励されている。協会は結婚が職責をきちんと果たす彼らの能力を制限するかもしれない、と警告する。協会はさらに、アルマゲドンが間近に迫っているので子づくりを急ぐ必要はなく、完成された世の中になるのを待って、それから子供を産む方がいいのではないか、と主張する。

結婚と家族

理想的な形の証人の結婚は一九六〇年代の性革命以前のアメリカ合衆国に存在していた、と思われる類の結婚である。夫には家族の経済的必要を満たす責任があるのに対して、妻には家庭を守る責任がある。よき妻はあらゆる重要な事柄について夫に従う。しかしながら、『幸福、その見つけ方』（*Happiness, How to Find It*）のような証人の教本の多くは、夫は――結婚生活を一層幸福なものにするために――些細な事柄については妻に従ってもよいのではないか、と提案している。

実際、エホバの証人の家族主義的志向はモルモン教徒のそれと酷似している。家族は諸々のことを全員で行う、あるいは、他の証人の家族と一緒に行うことを奨励されている。会衆の行事には家族全員が出席しなくてはならず、また、家族は一緒に働き、一緒に遊び、一緒に礼拝することを奨励されている。協会内に分離主義的な団体は一つもない——男性だけのグループも、女性だけのグループもない。

とはいえ、あまりにも不釣合いな組み合わせのために、一緒に暮らすことが不可能な夫婦もいることを協会は認めている。チャールズ・ラッセルとマリア・ラッセルはそのような不釣合いな夫婦だった。そのような場合、別居は許されるが、離婚は聖書にある姦淫という理由でのみ許されている。

王国の外で生活する夫を持つ妻には、エホバの教えに矛盾すること以外のあらゆる事柄について夫に従うべきである、と協会は勧めている。妻が「やさしい性質」を見せ続ければ、夫はいつか成熟するかもしれない、と考えられている。

統合化された共同体

エホバの証人は明らかに人種差別を行っておらず、協会の印刷物は人種差別を明確に非難している。ある観察者は、ミネソタ研究の間に何度か、さまざまな人種が住む都市部で行われた集会（それらは決して礼拝と呼ばれていない）に出席した。会衆はより大きな共同体《コミュニティ》の構成を反映していた。異人種間の結婚は日常茶飯事で、白人の祖父母が黒人の孫のことで大騒ぎしているのを見ることは珍しくない。この会衆内の交流は、人種間の協調が規範であることを明確に示していた。アフリカ系アメリカ人の男性証人は組織の階層的序列《ヒエラルキー》における指導者的役割に就く資格があるばかりか、現にその役割に就いている。

全国的に、エホバの証人はアメリカで最も人種的に多様な宗教的伝統の一つである。二〇〇八年には、四八パーセントが白人、二二パーセントが黒人、二四パーセントがラテンアメリカ系だった。証人たちは外国生まれの方が多いようだ。[23]

医　学

聖書が命じている多くのこと、例えば「使徒言行録」の第一五章第二九節（キリスト教徒は偶像に献げられたもの、血と、絞め殺した動物の肉と、淫らな行いとを避けること）の独自の解釈に基づき、エホバの証人は医学的に必要と定められているかどうかに関係なく、輸血を認めない。

しかし、これは、彼らが医学を無条件に拒絶していることを意味しているのではない。協会は輸血を避けられるという条件で、医薬品の使用、予防接種、内科的治療、もしくは、必要な手術には反対していない。血の使用の禁止は「レビ記」の第一七章第一〇‐一一節に基づいている。「血を食べる者があるならば、わたしは血を食べる者にわたしの顔を向けて、民の中から必ず彼を断つ。生き物の命は血の中にあるからである」。この長いこと抱かれてきた信条が正しいことを証明するものとして、証人たちは昨今のエイズの流行を引き合いに出している。

二〇世紀中頃、証人たちは、赤血球、白血球、血小板、血漿などさまざまな血液成分の理解がより深まった時に、より強硬な輸血禁止を受け容れたようだった。異議を唱えられていたのは全血輸血だけではなかった。いかなる種類の輸血も禁止されたのである。それから二〇〇〇年には、聖書の記述の曖昧さを引き合いに出しているグループが血友病に関しては、さまざまな輸血治療を利用するかどうかは個人が自由に決定できる、と述べた。二〇〇四年には、一つの血液成分の分画は許可するよう輸血禁止が再び修正され、それによって敬虔な証人たちは、提供されたり、保存されたりした血液を使ったいろいろな種類の治療法を自由に受け容れられるようになった。ほぼ教団の外部から来るこの立場への批判は聖書を根拠とするいかなる裏付けも消え去っていること、さらには、『ものみの塔』におけるこうした「解明」が医療技術への無知をさらけ出し続けていることを指摘している。そうした批判的見解にもかかわらず、彼らの教えはいまだに輸血を避け、「無輸血手術」を求めている。(24)

一九四五年から輸血に関する声明が出されており、一九六一年から輸血を受け入れる信者は協会から追放処分を受けている。腎臓透析は血液が絶えず循環している限り許可され、血友病患者は特定の血液治療を許されている。

一部の病院はエホバの証人の立場を認め、二〇〇五年頃から、「アメリカ医学会」(American Medical Association) は通常であれば輸血が必要であっても、エホバの証人の信者を治療する時には、代替的な治療形態を考慮するように医療関係者に勧告した。それにもかかわらず、感情的な問題がケースバイケースで解決される一方で、折にふれて未成年の子供や胎児を危険にさらす恐れのある妊婦を巻き込んだ事例が法廷に持ち込まれている。(25)

信者は信仰療法師を信じていない。そうした類いの人々は完全な詐欺師とみなされている。キリスト以前には、選ばれた少数の人々がキリスト、および、十二使徒と同様に病気を治す能力を持っていたが、その才能は最後の使徒の死と共に失われたことを協会は認めている。

教育

ある地域大会で、エホバの証人の講演者が、大学教育はエホバの教えに反すると主張し、有能な若者たちに大学へは行かずに、職業学校に行くように勧めた。協会の印刷物は息子をもつ男性信者に、息子には手を使う訓練をするように指導している。父親が車を修理する時には、息子にその手伝いをさせるべきである。娘は母親に躾《しつけ》られるべきであり、裁縫、料理、家を綺麗にしておく方法を教わるべきである。ある聖書研究で、身なりのよい青年が発言の機会を得た。「この部屋で、人間の教育はあまり見つからないでしょう」と彼はいった。「学士号も修士号も見つからないでしょう。これは私たちが求めるものではないのです。私たちが教わるのは神の言葉なのです(26)」とも。

証人たちは自らの宗派の範囲を超える洞察をほとんど重視していない。聖書と協会の出版物を理解するのに十分な読む技能さえあればよいのである。かつて協会の監督を務め、今はエホバの証人の背教者である、デーヴィッド・リード（David Reed）はこう書いている。「ほとんどの部外者たちはそのような制約を知らないのであるが、エホバの証人は、自分たちが他の宗教団体の印刷物を読むのを禁じられていることをよく知っている。『エホバの証人が人を騙すために書かれている似非宗教の印刷物を受け容れ、それに接することは貴重な時間の浪費であるばかりか、無謀なことであるだろう』と彼らはいわれてきた。また、彼らは『背教者の出版物を読むこと』は『ポルノ文学を読むことと似ている』と教えられてきた(27)」と。

祝　日

キリストの死を想う「記念の晩餐」はエホバの証人の唯一の祝日（毎年、過越《すぎこし》の祭りの前夜に行われる）である。それはお祭り騒ぎをするような行事ではなく、種なしパンとぶどう酒のとてもおごそかな食事である。パンとぶどう酒はキリストの肉体と血の象徴であるとは考えられていない。自分は「残りの者」（最終的にキリストと共に天で統治することになる、まだ生きている人々）の一人だと確信している人々だけが実際に食事をするのであって、他の人々は全員パンと杯だけを回す。自分が「残りの者」の一人だとなぜ、わかるのか、信者たちに尋ねると、「ただそう感じるのです」という返事がきまって返ってくる。筆者が定期的に集会に出席したミネソタ州の王国会館では、二名の信者だけが自分は食事をしてもよい、と感じていた。

エホバの証人が他の祝日を祝わないのには理由がある、としている。復活祭のウサギは多産の異教的象徴であり、新年祝賀は放蕩であり、ハロウィーンはカトリック教の死者の祝賀と関係しており、労働の日や独立記念日やコロンブスデーのような非宗教的な祝日は人間を称えている。(28)

証人たちはクリスマスを祝うことも、それを自分たちの信仰に適応させることもしないが、その行事は認めている。その違いは何か？　適応は、クリスマスのいくつかの要素を組み込もうとすることを示唆する。例えば、ユダヤ教徒とキリスト教徒のカップルは「ハヌカー」(Chanukah)(＊10) とクリスマスの要素が共に家庭で祝われる「クリスマカー」(Christmaka) と呼ばれてきたものに参加する。エホバの証人はそのようなことをしない。信者の家庭にはクリスマスの装飾が一つもなく、贈り物のやりとりもない。しかし、イエスの生誕は信者たちの間では依然として認められている。例えば、『目ざめよ！』二〇〇九年一二月号は、「どのような種類の星が「東方の三博士」をイエスへと導いたのか？」というタイトルの記事とともに、子供たちによるキリスト降誕の野外劇の写真を特集した。しかし、その記事は、星が「東方の三博士」を導いたのかどうかに関する天文学者らの見解を主に扱っていた。選び抜かれた科学理論を取り上げながら、そのエホバの証人の出版物はもしこの「有名なクリスマスの話」が真実ならば、その星はイエス、または、東方の三博士をヘロデの手中に導こうとする「悪魔サタン」からのものであるだろう、と結論づけている。

証人たちは自分自身の誕生日を祝うこともしない。聖書の中で言及されている誕生日のお祝い（エジプトのファラオやローマの支配者ヘロデの誕生日のお祝い）は悲惨な結末に終わった、と彼らは主張する。キリストの誕生は喜ばしい出来事かもしれないが、私たちはその正確な日を知らないし、とにかく、クリスマスは世俗的なイメージの影響を受けてきたと証人たちは主張しているので、その祝祭には参加しないのである。

8　改宗者の獲得と信仰の維持

度々、非難されているグループに人々が加入して、会員でい続けるのはなぜか、それは興味深い問いである。それへの答えを見つけることは依然として難しい。信者自身が大抵、協力的とはいえない。今利用できる数少ない研究にも、人口統計学的データしか含まれていない。協会の信者は規則、定義、および、価値の点でいかにして合意に達するのか、というような重要な問題は扱われていない。

ミネソタ研究では、ゼルナーは人口統計学的データの収集の域を出て、その代わりに、日常の世界における証人たちの活動を観察することを選んだ。集会に出席したり、家庭聖書研究に参加したりした。また、質問は会話調で行い、後ほど記録した。そうした質問をするには及ばないこともしばしばあった。エホバの証人に改宗した人々は他の宗教的改宗者の大部分と同様に、かつての満たされないライフスタイルと大分よくなった新しい生活状態とを比較することを大層好む。以下に紹介するアンケートには、典型的な回答が含まれている。回答したのはケイト・ウィリアムズ（Kate Williams, 仮名）という四九歳の白人女性である。

問　結婚はしていますか？

答　未亡人です。

問　お子さんはいますか？

答　八人います。

問　お子さんはこのグループの信者ですか？

答　三人が正会員です。後の五人は今は、エホバの王国の外で暮らしています。サタンの世界で子供たちを育てるのは難しい。子供たちは学校に行かされ、エホバについて何も知らない、または、エホバを拒絶している教師から教育を受けます。さらに就職すると、子供たちの周囲には、エホバの御言葉を知らないか、受け容れないかのどちらかである人々がもっと多くなります。私の子供たち全員がいつかエホバの王国に入ることを私は心から願っています。

問　エホバの証人の信者になってどのくらいですか？

答　二六年です。

問　このグループに出会ったきっかけは？

答　カリフォルニアに住んでいた頃、彼らが家に来たのです。彼らが最初に来た時には、私は家にいなかったのですが、彼らが訪れたことに夫がとても興奮していたのを覚えています。私と夫の二人で、その時貰ったパンフレットを何時間もかけてじっくり読みました。

問　あなたは、あなたの人生で何らかの並々ならぬストレスを感じている時期にあったのですか？

答　カリフォルニアに住み始めて間もなかったので、そのライフスタイルに順応するのにやや苦労していました。周りにいるのは不信心な人たちばかりだ、と感じていました。

問　人生の手本は重要だと思いますか？
答　誰でも人生の指針をもつべきです。夫も私もそれが必要だ、と感じていました。
問　エホバの証人になってその必要は満たされましたか？
答　もちろんです。
問　エホバの証人に出会う前、神の存在を信じていましたか、それとも、まさかご自分を不可知論者、または、無神論者だと思っていたわけではないでしょうね？
答　夫も私も神を信じていました。カリフォルニアに引っ越す前、ルーテル教会に通っていました。
問　このグループ［エホバの証人］の正式な集会に出席する前、一人、もしくは、それ以上の数の証人たちと固い絆を結びましたか？
答　家に来た人たちには好感をもちました。それで、すぐに集会に出席し始めました。王国会館に行き、神の御意志に従って生きたいと思っている人々に会いました。私たちが前にカリフォルニアで経験していたこととはとても違いました。
問　組織活動に費やす時間は週に何時間ですか？
答　週に二二時間から二三時間です［これには集会への出席と改宗活動が含まれていた］。
問　このグループへの参加を口頭で同意してから、献身、定例集会への出席などに至るまで、どのくらいかかりましたか？

答　すぐに活動を始めました。

問　このグループの新しい信者の獲得に努めていますか？　また、その方法は？

答　当然です。私たちはエホバの御言葉を広めなくてはならないのです。話ができそうだと思える人が職場や近所にいたら、その人たちにエホバの話をします。また、有能な信者が皆そうしているように、各家庭を訪問して回ります。

問　エホバの証人の信念体系に全面的に賛成していますか、それとも多少の疑い、または、意見の相違点がありますか？

答　全面的に信じています。

問　このグループの一員であることを自分の生活の最も重要な側面だとお考えですか？

答　はい。私は少なくとも一〇人の人を「新しい体制」へと導いてきました。私の生活が十分に信仰に捧げられたものでなければ、そのようなことはできなかったでしょう。

ケイト・ウィリアムズは大変感じのよい女性で、一〇人を改宗させたという彼女の主張は大方正しいだろう。ほとんどの証人たちは献身的な活動にもかかわらず、このグループに新しい信者を連れてくるのに、彼女ほど成功しているわけではない。

世界中に七〇〇万人を超える証人たちがおり、自然増の過程により、そのさらなる増加が多少とも保証されている。しかしながら、証人たちはその種の成長だけで満足しているわけではない。彼らは終末が近いと信じているので、協会はアルマゲドンの前にできるだけ多くの人々を「新しい体制」へと導くことこそ自らの使命だ、と定義してきた。

三度にわたり、ゼルナーはエホバの証人と共に、改宗させることに半日を費やした。ゼルナーがそばについて回るという案に証人が賛成しているのかどうかは、定かではなかった。ゼルナーは家庭聖書研究を終えていなかったので、長老は、ゼルナーが受けた訓練ではその任務には不十分だ、と感じていた。親しみやすくするつもりだが、聖書の話は証人に任せようと思うと請け合って、ようやく長老は渋々ながらも、ゼルナーが同行することを許してくれた。

三回の訪問のうち、二回は労働者階級が住む地区、一回は中産階級から上層中産階級が住む地域への訪問だった。この二人にドアを開けてくれる家はほとんどなく、この二人がわずかばかりの成功を手にしたのは労働者階級の居住区においてであった。この訪問を行った証人は管理人サービス会社に雇われていた。彼は玄関ドアに片方の足を入れると、聖書についてだけではなく、自分の家族や仕事についても話した。彼は、自身が話しかけた労働者階級の人々の大部分と多くの共通点——共通の生い立ちや経験や問題——をもっていた。

改宗を説く精肉店店主が大学生を惹きつけることはない。むしろ、大工や配管工を引きつけやすい。労働者階級の主婦は銀行員よりも、学校の食堂で働いている未亡人との間に共感的な関係を育む可能性が高い。集団として、エホバの証人は類似した社会階級的背景をもち、それはこうした改宗プロセスの結果の一つである。[29]全国調査によると、エホバの証人は労働者階級が多い傾向がある。年収三万ドル以下の人の割合は一般人口では、三一パーセントであるのに比べて、エホバの証人では、およそ四二パーセントである。大学を出ていない人の割合は国全体の半分に比べると、エホバの証人では七割である。[30]

絆

グループの一人、または、それ以上の会員と「情緒的絆」（感情的関係）を結ぶことは、ほとんどの証人たちにとって改宗の要である。先の調査の質問、「グループの正式な集会に出席する前、一人か、それ以上の数の証人たちと固い絆を結びましたか？」に対するケイト・ウィリアムズの回答は典型的だった。インタビューした一八人の証人のうち一三人は、信者らが彼らの家庭を訪問した時に初めて協会に出会った。インタビューした証人全員が、グループの中で活発になる前に一人か、それ以上の数の信者たちと情緒的絆を結んでいた、と語った。

「絆」は教義よりも重要である。エホバの証人の教義と従来のキリスト教の教義との相違点は改宗プロセスでは強調されない。強調されているのは類似点である。次に引用するのは、ゼルナー自身が受けた家庭聖書研究プログラムに関する彼の見解である。(31)

> 私の先生がキリストは受肉した神ではないと明かしたのは、普通の状況であれば、情緒的な社会的つながりが結ばれていたはずの時期を大分過ぎた、数カ月後のことだった。そのわずかな情報に基づく強い相互作用的つながりを断ち切ることは非常に難しかったであろう。教義は細切れに教えられる。
>
> 嘘をつかれたことはなかったが、エホバの証人と規範的なプロテスタント諸宗派との間の教義上の相違点に関わる「難解な」問いを私が発しなければ、「真理」を教える準備ができたと先生が判断するまで、その相違点は明らかにしてもらえなかったはずだ。(32)

本腰を入れていない証人は一人もいない。適度に時間がたってからも信念体系に心から賛成しないことの代償は相互作用を失うかもしれないことと、情緒的絆が断ち切られることである。潜在的改宗者は協会の教えを受け容れるか、もしくは、「第一次集団関係」(primary-group relationship)(*11)という形での相互作用を失う危険を冒すか、のどちらかでなくてはならない。

意味のある絆はすぐに結ばれるようだ。ケイト・ウィリアムズは先の調査の質問「このグループへの参加を口頭で同意してから、献身、定例集会への出席などに至るまで、どのくらいかかりましたか?」に対して、自分と夫はすぐに集会に出席し始めたと答えた。これは珍しい回答ではなかった。インタビューした一八人の証人のうち、そのほとんどは数週間から数カ月の間に活発に参加するようになり、半年もかかったのは一人だけだった。

確信の必要性

「確信の必要性」はエホバの証人に改宗するための必要ではあるが、十分ではない条件である。一八人の改宗者全員がこのグループに出会う前には自分の生活に指針はなく、人生の手本は重要であり、改宗はこの必要を満たしてくれた、と感じていた。エホバの証人の信念体系は遵守を要求するものなのだ。

行動規定はどんな状況にも当てはまる。改宗者は家庭、もしくは、職場で彼らに何が求められているのか、また、信者ではない人々の前ではどう振る舞うべきか、まさにそういったことを教わる。協会はサタンの世界の苦しみや不公平に対処する方法を提供する。その計画は人間の確信の必要性を満たし、死の彼方に光を提供し、改宗者の〈存在理由〉となるのである。

アノミー

最初にエミール・デュルケムによって用いられ、今では、標準的な社会学用語の一部となっている「アノミー」(anomie)は、やがて疎外感を引き起こす無力感、ないし、無価値感を指している。アノミー的人間は社会の主流から外れたように感じ、この無規範状態ゆえに個人の生存が問題となる。少なくとも、デュルケムはこのように信じていた。

〈アノミー〉は、エホバの証人に入信する人たちに当てはめるには、強すぎる言葉かもしれない。とはいえ、一八人の改宗者のうち五人が家族のまったくいない、また、友人もほとんど、もしくは、まったくいない新しい地域に引っ越したばかりであったことに注意してもらいたい。四人はエホバの証人に出会う前ですら、家族との絆が弱かったり、まったく存在しなかったりした。大抵の場合、家族との絆は改宗後にさらなる緊張を孕む。第一次集団関係の必要性を感じている人々に、協会は同好の士とそうした関係を結ぶ機会を提供する。

改宗前から共有される価値観

改宗者は新しい宗教上の教義を受け容れなくてはならないが、その大部分は改宗前からよく似た社会的価値観を共有する。協会の印刷物は、ほとんどの改宗者が世界についてすでに信じていたことを裏づけ、精緻なものにするだけである。

また、ほとんどの改宗者は協会に出会う前から協会の社会的価値観の多くを共有する。例えば、協会は通常では選挙での投票を認めておらず、インタビューした信者のうち、協会に入信する前に投票したことのある人は二人だけだった。大部分が原理主義者で、聖書を文字通りに解するべきだ、と信じていた。全員が、男性は家族単位において支配的な地位を占めるべきだ、と信じていた。協会は、人々は手仕事をするべきだと力説し、また、高等教育を強く非難している。それに対して、改宗者全員が協会に入信する前から手仕事に従事していた。理由はどうあれ、伝統的な意味での十分な教育を受けていない人々を協会は支援している。協会に入信することによって、集団肯定とすでに選択されているライフスタイルの正当化が加わるのである。

9　宗教的な観点

社会学者は三つの主な問題解決的な観点——宗教的、心理学的、政治的——を認めている。大抵の人々は人生の諸問題を解決しようと努力する時に、この三つの観点のすべてを用いる。しかしながら、一つの観点だけに頼りがちな人々がいる。急進的な政党の党員は政治的な問題解決的イデオロギーを強調するが、スーパーマーケットの棚から自助の本を買う人々は心理学的観点を用いる傾向にある。信仰の篤い人々は人生の諸問題にほぼ宗教的説明だけで対応する。インタビューした一八人の信者のすべてが神を強く信じ、運動に加わる前から宗教的な問題解決的観点をもっていた。

家庭訪問

改宗主義的な宗教集団は無神論者、または、不可知論者を改宗させることはない。各家庭を訪問する電気掃除機のセールスマンなら、誰でもこの主張を理解することができるだろう。セールスマンがドアをノックすると、住人がドアを開けて「ああよかった！　ちょうどそれを探していたところだったのです！」と叫ぶ、ということはめったにない。セールスマンはたくさんのドアをノックしなくてはならないし、ドアが開いたら、まずは自分自身を、次に掃除機を、売り込まなくてはならない。電気掃除機のセールスマンがチャンスを手にするためには、潜在顧客が絨毯をもっていなくてはならない。改宗に携わるエホバの証人にとっては、顧客の絨毯は宗教的な問題解決的な観点でなくてはならない。

エホバの証人は信仰者である。そのことに何の疑いもない。ゼルナーは、信者らが戸別に回って改宗者を探し求めている時に遭遇する拒絶を、次のように論じている。「改宗に携わる証人と共に行った数少ない野外伝道を私は決して忘れないだろう。どの家もほとんど留守であり、丁重に無関心な態度をとられてもよい訪問といえるのではないかと私は思った。信者が自己紹介した後、住人は大抵、『私は長老派の信者です』、『私はカトリック教徒です』、『私はユダヤ教徒です』などといった。ドアは即座に閉められてしまった(33)」。潜在改宗者がいおうとしたのは、『私は新しい宗教的見解をすぐには受け容れない』ということであり、

改宗させること、ならびに迫害と解されるものは大切な「信仰の支え」である。エホバの証人は伝道活動の際に遭遇する拒絶を一様に迫害とみなしている。この共通の感情は内部の結束と強い「われわれ感情」（we-feeling）(＊12)をもたらす。この世は千年王国の寸前、サタンの力が増大している時期にある、と彼らは確信している。彼らは、自身が出会った貧しい霊的状態にある人々やサタンに欺かれている多くの善良な人々について、のべつまくなしに話すのである。

見ず知らずの人の家のドアをノックする前触れなしの訪問は、証人たちが法廷の場に出ることさえ余儀なくしてきた。9・11の大惨事の後、地域社会は戸別訪問に対して許可証を求めるようになった。しかし、二〇〇二年のものみの塔聖書冊子協会対ストラットン訴訟の連邦最高裁判決では、判事たちはエホバの証人が許可証なしで戸別訪問する権利を支持した(＊13)。彼らがそれを行う資格を制限することは憲法修正第一条に基づく彼らの諸権利の侵害である、という判決が下されたのである(34)。

過去の関係

エホバの証人の大部分は外界との関係を多かれ少なかれ、断ち切っている。有意義な関係は協会という小世界の中でのみ生ずる。前出のアンケートの質問「証人になったことで、あなたがたと親類との間に緊張が生じましたか?」に対して、程度はどうあれ、家族関係はそれまでと変わらない、と語ったのは一八人の改宗者のうち二人だけで、その二人でさえ、家族関係には改善の余地がある、と感じていた。多くが親類を改宗させようと試みたものの、断念していた。全員が、親類はいつか「真理」を理解するだろう、と思っていた。

質問「そのグループに入ったことで友人との間に緊張が生じましたか?」に対して、一八人の証人たち全員が協会に入信してから友人を変えたと述べ、会員になる前には友人はほとんど、あるいは、まったくいなかったと答えた人が数人いた。もちろん、その新しい友人はエホバの証人だった。

疎　外

一一人の改宗者が、いつだったか信仰を理由に職場で注意されたことがある、と報告した。証人たちは相互作用を通じて共通の「状況の定義づけ」(＊14)を共有しており、自分を苦しめる人々を皆、気の毒に思っていた。改宗者にとっては、宗教は決してジョークにしてはならない深刻に受け止められるべき問題である。証人たちが小世界の外の状況の大部分において疎外されていることは明らかだが、それは希望——自分たちはいつか適合するだろうという希望ではなく、いつか他の人々も自分たちに加わるだろうという希望——を胸に抱いた疎外である。

信者であること

前に触れたように、協会は第一次集団関係を効果的に促進する。日曜日の集会が終わっても、証人たちは自らの信仰を王国会館に置き去りにするようなことはしない。彼らは自らを「別世界の人間」とみなし、自分で創造した小世界にできるだけ多くの時間を費やす。彼らは多くの点で社会的孤立者である――大多数が家族から疎外されており、また、大多数が協会の外には友人はほとんどいない。いるのは同じ協会員であり、彼らは拡大家族のように触れ合っている。(*15)

隠　語

「隠語」(argot)はある集団特有の特殊な言語のことである。エホバの証人の小世界にはそれ独自の特殊な言語があり、それが「彼ら」と「私たち」は違うのだという望ましい感情を増大させている。この言語の深さや豊かさを示すには二、三の実例を挙げるだけでよいだろう。

証人たちは、民が神をその御名で呼ぶのを神御自身が望んでおられると信じて、常に神を「エホバ」と呼ぶ。「エホバ」――「神」ではなく――はヘブライ語で書かれた聖書の原典に六九六一回登場することに彼らは触れている。

「羊と山羊」(sheep and goats)はよく使われる隠語である。羊は改宗させにやって来た証人を受け容れる人のことであり、山羊はそうではない人のことである。聖書では、この用法の根拠は「マタイによる福音書」の第二五章第三二‐三三節にある。「(人の子は、)すべての国の民がその前に集められると、羊飼いが羊と山羊を分けるように、彼らをより分け、羊を右に、山羊を左に置く」。

「真理のうちに」(in the truth)はよく使われるもう一つの隠語である。これはエホバの計画を理解していること、それに従って生きる意志があることを意味する。バプテスト、もしくは、ペンテコステ派の信徒は「あなたは救われていますか?」と尋ねるかもしれない。証人は「あなたは真理のうちにいますか?」と尋ねるだろう。

キリストと共に天で仕えるであろう一四万四〇〇〇人は「奥義の級」(mystery class)、もしくは、「小さな群」(little flock) と呼ばれている。キリストが自分の使徒たちに、この集団は天の王国の「奥義」を「知る」であろうと語ったのである。(*16) より一般的には、一四万四〇〇〇人は「小さな群」と呼ばれており、その由来はキリストが「小さな群れよ、恐れるな。あなたがたの父は喜んで神の国をくださる」と述べた「ルカによる福音書」の第一二章第三二節である。

エホバの証人は、アルマゲドンの戦いが勃発した時に、万一にも生きていたならば、アルマゲドンの後も生きつづけるだろう、と信じている。彼らはこの生存者の級を「ヨナダブたち」(Jonadabs)、あるいは、「他の羊」(other sheep) と呼んでいる。この集団は塵から返った証人たちと共に、「新しい体制」(new system) における指導者、ならびに、教師となる、と考えられている。この「新しい体制」は、神権的な法の下にある地上のエホバの王国である、と定義されている。

10　集　会

一般に、エホバの証人たちは信者であることを生活の最も重要な側面とみなしている。ほとんどが組織活動にできるだけ多くの時間を費やしている。これらの集会の構成は各地の会衆に任されているわけではない。丸一年間に行われるべきことを略述している印刷物がニューヨークの協会から送られ、各地の会衆はその計画からそれてはならない。会衆ごとに違っていてよいのは、集会の時間だけである。

証人たちには毎週五つの正式な集会があり、各集会は信仰の大切な支えである。すべての証人ができるだけ多くの集会に出席するように求められている。病気や仕事は欠席の理由として受け容れられるが、欠席が多すぎる場合には、兄弟たちのグループが怠けている証人を訪問することがある。

毎週日曜日の集会の最初の一時間は「聖書教育講演」と呼ばれている。講演は「国際連合の悪行」の非難から、「家庭内で意思疎通する方法」にまで及んでいる。講演者である長老は演題を必ず聖書と関連させる。都市部では、同じ都市の別の会衆から来た巡回長老が講演者を務めることが時々ある。同様に、地方の会衆も講演者を交換し合うことが時々ある。

日曜日の集会の次の一時間は、『ものみの塔』の最新号を読むことに費やされる。朗読者が『ものみの塔』から一つの段落を読み上げた後、会衆はそのページの下部に印刷された質問に答えるように求められる。質問には番号がつけられ、それらの質問は『ものみの塔』の番号がつけられた段落に対応し、その段落に解答が含まれている。多くの手が挙がる。案内係は大抵一〇代でいつも男性なのだが、スタンドマイクを持っており、朗読者が会衆の一人に答えを求めると、案内係は回答者が先ほど読み上げられたばかりの段落を復唱することができるように通路づたいにそのマイクを差し出す。質問がかなり簡単だと思われる時には、朗読者はたまに会衆の中にいる子供たちの一人に回答を求める。その子供が正確に答えると、皆が満足げに頬笑むのである。

開拓者と伝道者

エホバの証人であることはこの集団に自分自身を任せることである。改宗させること――エホバに証しを立てること――が期待され、ほぼすべての証人がその活動に従事している。改宗させる人は四つのカテゴリー――特別開拓者、開拓者、補助開拓者、伝道者――に分けられている。

特別開拓者は最低でも毎月一五〇時間を活発な野外奉仕に充てる。このカテゴリーに属する人々はベテルの労働者と同じく、協会から月に九〇ドルを受け取っている。もちろん、これでは出費を賄えそうにない。特別開拓者は多くの場合、定年退職した人か、活動を経済的に支えることのできる勤労者の妻である。

ある会衆の開拓者たちは月に最低九〇時間を野外奉仕に充てていた。月に六〇時間奉仕する補助開拓者もいた。冬の間、補助開拓者は減少していたのだが、その会衆の主宰長老は補助開拓者の減少について尋ねられると、ウインクしてこう答えた、「寒くなると数はまた増えますよ。多くの証人たちは芝生や庭の手入れをしなくてはならないのです[35]」。夏の間は補助開拓者の職から降りていた証人たちも、当然のことながら、改宗活動をまったくやめてしまったわけではない。彼らは伝道者になったのである。

ミネソタ会衆のほとんどの信者が伝道者であり、月に一〇時間から一五時間、野外奉仕を行っていた。ほとんどの男性の証人たちが収入の低いブルーカラーの仕事に就いており、多くは妻も働いている。こうした人々がエホバの証人のすべての行事に出席し、野外での戸別訪問も行うことは難しかったが、彼らは非常によくやっていた。

11　結びの言葉

大人の証人たちは、自分の宗教だけが真の宗教であり、救いは協会によって啓示されるエホバの計画を通じてのみ可能である、と確信している。他の宗教はすべて偽りの宗教であり、彼らは自分の子供が不信者と交わるのを望まない。だが、彼らには選択の自由がない。協会は独自の学校を運営しているわけではなく、子供をもつ証人たちは法律により、子供を普通学校に行かせるよう義務づけられている。子供たちは年端も行かぬ時期に、小世界から出てサタンの世界に入ることを余儀なくされる。

証人たちは自分の子供を公教育の悪影響から隔離するために、できることはどんなことでもする。彼らの子供たちは国旗に敬礼すること、学校の選挙で投票すること、学級委員に立候補すること、もしくは、国家、あるいは、校歌を斉唱することを許されていない。祝日を祝うこと、課外活動に参加すること、デートをすること、学校主催のダンスパーティに出席すること、あるいは、学校のクラブに入ることも許されていない。協会は一九八三年に子供たちが学校でできることとできないことを説明した三二ページから成るブックレット『学校とエホバの証人』(*School and Jehovah's Witnesses*)を出版した。証人の子供たちはそのブックレットを教師にわたすように指示されている。

親たちが自分の子供を主流の活動から隔離させようと努力しているのにもかかわらず、子供たちが必ずしも両親と同じ宗教的熱意をもつとは限らない。しかし、協会は子供たちの何人かを失っているとはいえ、会員の減少はわずかであるようだ。エホバの証人の「社会化」過程は効果的で、中には横道にそれる子供もいるが、大抵、ほんの短い間にすぎない。緊密な社会集団の中で育てられた子供たちは多くの場合、その集団の外での生活は耐え難いことに気づくようになるのだ。

先に登場したケイト・ウィリアムズはアンケートの質問「お子さんはグループの信者ですか?」に、子供のことを心配している様子を見せたが、彼女は心配しすぎだったのかもしれない。八人の子供のうち五人が王国の外で暮らしていたが、これは彼らが他の宗教団体に入信したことを意味しているわけではなかった。「新しい体制」の正式な一員であることは、集会に定期的に出席しなくてはならないこと、ならびに、野外での献身的活動を行わなくてはならないことを意味する。若い人たちは時にこうした義務を果たすのを困難に思うことがある。彼女の子供たちはフルタイムのエホバの証人の活動にきっと戻るであろう。

協会は制度化されたセクトである。証人たちは「別世界の人間」であり、今後もそうあり続けるようだ。信者は非妥協的である。彼らは他の宗教団体の正当性を認めようとせず、自分の取った方向が救いへの唯一の道だ、と信じている。協会は成長し続けている、なぜならば、会員たちが「マタイによる福音書」の第二四章第一四節をいつも心に留めて、長時間、懸命に働いているからである。「そして、御国のこの福音はあらゆる民への証しとして、全世界に宣べ伝えられる。それから、終わりが来る」。

【インターネット情報源】

www.watchtower.org
　エホバの証人の出版部門である「ものみの塔協会」の公式ウェブサイト。
http://www.jw-media.org/
　広報の公式ウェブサイト。
www.ajwrb.org/
　Associated Jehovah's Witnesses for Reform on Blood は、輸血、並びに、それと関連する医学的処置についてのエホバの証人の立場に積極的に反論している。

【精選文献リスト】

Abrahams, Kyria. *I'm Perfect, You're Doomed: Tales from a Jehovah's Witness Upbringing.* New York: Touchstone,

2009.

Alfs, Matthew. *The Evocative Religion of Jehovah's Witnesses: An Analysis of a Present-Day Phenomenon*. Minneapolis: Old Theology Book House, 1991.

Beckford, James A. *Trumpet of Prophecy*. New York: Wiley, 1975.

Blackwell, Victor V. *O'er the Ramparts They Watched*. New York: Hearthstone, 1976.

Bowman, Robert M., Jr. *Understanding Jehovah's Witnesses: Why They Read the Bible the Way They Do*. Grand Rapids, MI: Baker Book House, 1991.

Franz, Raymond. *In Search of Christian Freedom*. Atlanta: Commentary Press, 1991.

Gaylin, Willard. *In the Service of Their Country: War Resisters in Prison*. New York: Viking, 1970.

Harrison, Barbara Grizzuti. *Visions of Glory*. New York: Simon & Schuster, 1978.

Hoekema, Anthony A. *Jehovah's Witnesses*. Grand Rapids, MI: Eerdmans, 1974.

Holden, Andrew. *Jehovah's Witnesses: Portrait of a Contemporary Religious Movement*. London: Routledge, 2002.

Insight on the Scriptures, vol. 1. New York: Watchtower Bible and Tract Society of New York, 1988.

Insight on the Scriptures, vol. 2. New York: Watchtower Bible and Tract Society of New York, 1988.

Manwaring, David R. *Render unto Caesar: The Flag Salute Controversy*. Chicago: University of Chicago Press, 1962.

Penton, M. James. *Apocalypse Delayed: The Story of Jehovah's Witnesses*. Toronto: University of Toronto Press, 1985.

Pike, Edgar Royston. *Jehovah's Witnesses: Who They Are, What They Teach, What They Do*. New York: Philosophical Press, 1954.

Reasoning from the Scriptures. New York: Watchtower Bible and Tract Society of New York, 1985.

Reed, David A., ed. *Index of Watchtower Errors*, comp. Steve Huntoon and John Cornell. Grand Rapids, MI: Baker Book House, 1990.

Rogerson, Alan. *Millions Now Living Will Never Die: A Study of Jehovah's Witnesses*. London: Constable, 1969.

Sterling, Chandler. *The Witnesses: One God, One Victory.* Chicago: Regency, 1975.
Stevens, Leonard A. *Salute! The Case of the Bible vs. the Flag.* New York: Coward, McCann & Geoghegan, 1973.
Stroup, Herbert Hewitt. *The Jehovah's Witnesses.* New York: Columbia University Press, 1945.
White, Timothy. *A People for His Name: A History of Jehovah's Witnesses and an Evaluation.* New York: Vantage Press, 1968.
Your Youth: Getting the Best Out of It. New York: Watchtower Bible and Tract Society of New York, 1976.

註

（1）エホバの証人のイデオロギーは多くの点で、主流派キリスト教のイデオロギーと対立しているために、エホバの王国に関する公平な記述を見つけるのは難しい。最近の文献も過去の文献に酷似している。エホバの証人に関心を抱いている著述家たちは聖書の解釈に焦点を当てる傾向にある。「ものみの塔聖書冊子協会」（the Watchtower Bible and Tract Society）の姿勢が正しいことを主張する人――その大部分は信徒である――もいれば、それとは正反対のことを主張する人――多くの場合、背教者である――もいる。信者数の概算の出典は、Eileen W. Linder, *Yearbook of American and Canadian Churches 2009* (Nashville: Abingdon Press, 2009), Table 2; "Membership and Publishing Statistics," (http://www.jw-media.org/people/statistics.htm にて二〇〇九年一〇月一六日に閲覧)。エホバの証人は信者の数を実際よりも少なく報告している宗教集団の興味深い例だといえるかもしれない。ある民間の全国調査によって報告されている信者数は一九〇万人だった――信者だと自ら認めている人の数だとエホバの証人が報告した人数のほぼ二倍である。Barry A. Kosmin and Ariela Keysar, *American Religious Identification Survey 2008, Summary Report* (March 2009) (www.americanreligionsurvey-aris.org で閲覧可能)、を参照のこと。

背教者の文献に含まれるものとしては、エホバの証人の理事会の元メンバーであり、協会の前会長であるフレデリック・

フランズ（Frederick Franz）の甥、レイモンド・フランズ（Raymond Franz）の *In Search of Christian Freedom*（Atlanta: Commentary Press, 1991）がある。また、David A. Reed, ed., *Index of Watchtower Errors*, comp. Steve Huntoon and John Cornell（Grand Rapids, MI: Baker Book House, 1990）も参照のこと。解説については、Matthew Alfs, *The Evocative Religion of Jehovah's Witnesses: An Analysis of a Present-Day Phenomenon*（Minneapolis, MN: Old Theology Book House, 1991）; Andrew Holden, *Jehovah's Witnesses: Portrait of a Contemporary Religious Movement*（London: Routledge, 2002）を参照のこと。

（2）Barbara Grizzuti Harrison, *Visions of Glory*（New York: Simon & Schuster, 1978）, p. 43. に引用されているものである。

（3）Harrison, *Visions of Glory*, p. 43.

（4）*Yearbook of Jehovah's Witnesses*（New York: Watchtower Bible and Tract Society of New York）.

（5）二〇〇〇年までエホバの証人は、ニューヨーク法人「ものみの塔聖書冊子協会」（Watchtower Bible and Tract Society of New York）、ペンシルヴァニア州の「ものみの塔聖書冊子協会」（Watchtower Bible and Tract Society of Pennsylvania）、ブルックリンの国際聖書研究生協会（International Bible Students Association）として正式に法人化されていた。現在、組織の業務は「エホバの証人のクリスチャン会衆」（Christian Congregation of Jehovah's Witness）（教育活動を監督する）、「エホバの証人宗教機構」（Religious Order of Jehovah's Witness）（全時間奉仕に携わる信者を管理する）、ならびに、「王国支援局」（Kingdom Support Services）（建物の建設と維持管理を行う）によって行われている。

（6）Alfs, *Evocative Religion of Jehovah's Witnesses*, p. 17.

（7）Harrison, *Visions of Glory*.

（8）Pauline Cote and James T. Richardson, "Disciplined Litigation, Vigilant Litigation and Deformation: Dramatic Organization Chase in Jehovah's Witnesses," *Journal for the Scientific Study of Religion* 40（March 2001）, pp. 11–25.

（9）Arin Gencer, "Jehovah Witness Tells L. A. Audience of Defying Nazis," *Los Angeles Times*, May 26, 2006, p. 133. Terence Neilan, "World Briefing," *New York Times*, June 29, 1999, Sec. A, p. 6. Michael Ochs, "Persecution of Jehovah's Witnesses in Georgia Today," *Religion, State and Society* 30（No. 3, 2002）, pp. 239–76. William Zellner, "Of Another World: The Jehovah's Witnesses"（Ph. D. diss., South Dakota State University, 1981）, pp. 60–61. Joel Engardo, "Russia's bans on Jehovah's

Witnesses," *Washington Post* (December 9, 2010).

(10) Harold Faber, "Jehovah's Witnesses Build Center on Dairy Farm," *New York Times*, April 4, 1991, p. 28. Mary McAleer Vizard, "Watchtower Project Grows in Patterson," *New York Times*, April 18, 1993, p. R9. Janis Harris Consulting <http://www.bethel-tours.com/>.

(11) 王国会館は教育と崇拝の場である。エホバの証人は〈教会〉(church) という言葉を使わない。信者集団は〈会衆〉(congregation) と呼ばれている。

(12) Vizard, "Watchtower Project Grows," p. R9.

(13) *Insight on the Scriptures*, vol. 1 (New York: Watchtower Bible and Tract Society of New York, 1988), p. 527.

(14) 本章での聖書への言及はすべて、*New World Translation of the Holy Scriptures* (New York: Watchtower Bible and Tract Society of New York, 1971) からのものである。

(15) *Insight on the Scriptures*, vol. 2 (New York: Watchtower Bible and Tract Society of New York, 1988), p. 963.

(16) Kenneth L. Woodward and Joel P. Engardio, "Apocalypse Later: Jehovah's Witnesses Decide the End Is Fluid," *Newsweek*, December 18, 1995, p. 59.

(17) Andrew Holden, *Jehovah's Witnesses: Portrait of a Contemporary Religious Movement* (London: Routledge, 2002), p. 98. Eugene V. Gallagher and W. Michael Ashcraft, eds., *Introductions to New and Alternative Religions in America*, Vol. 2 (Westport, CT: Greenwood Press, 2006) 所収の David L. Weddle, "Jehovah's Witnesses," pp. 69-70.

(18) Zellner, "Of Another World." この後の「ミネソタ研究」への言及はすべてこの論文からの抜粋である。

(19) Jacob Leibenluft, "Why Don't Jehovah Witnesses Vote?" *Slate* (June 26, 2008) (http://www.slate.com/id/2194321 で閲覧可能)。"The Malawi Incident," *Watchtower*, February 1, 1968, pp. 71-79 (http://www.jwfiles.com/malawi.htm で閲覧可能)。

(20) Zellner, "Of Another World," p. 62. Kyria Abrahams, *I'm Perfect, You're Doomed: Tales from a Jehovah's Witness Upbringing* (New York: Touchstone, 2009) も参照のこと。

(21) Juliet Lapidos, "Serena Williams Swears to God," *Slate* (October 16) (http://www.slate.com/id/2228410 で閲覧可能)。

(22) The Pew Forum on Religion and Public Life, *U. S. Religious Landscape Survey 2008* (Washington, DC: Pew Research

Center, 2008), p. 68.

(23) Pew Forum, *U. S. Religious Landscape*, pp. 44, 47.

(24) Richard N. Ostling, "Jehovah's Witnesses Get New Transfusion Directive," *Chicago Tribune*, February 3, 2006, p. 8. *Watchtower*, June 15, 2004; "Associated Jehovah's Witnesses for Reform on Blood" (http://www.ajwrb.org/index.shtml にて二〇〇九年一〇月一六日に閲覧)。

(25) Weddle, "Jehovah's Witnesses," pp. 79-80. M. B. Sutherland, "Balancing Patient Care and Religious Connections," *Chicago Tribune*, July 15, 2006, sect. 4, pp. 1, 5.

(26) Zellner, "Of Another World," p. 66.

(27) Reed, *Index of Watchtower Errors*. 著者は出典として『ものみの塔』一九八四年五月一日号三一ページと同誌一九八六年三月一五日号一四ページから引用している。

(28) Ron Rhodes, *Reasoning from the Scriptures* (New York: Watchtower Bible and Tract Society of New York, 1985), p. 179.

(29) 注目すべき例外もいくつかある。架空の探偵マイク・ハマー (Mike Hammer) の創造者である、作家ミッキー・スピレイン (Mickey Spillane) やドワイト・D・アイゼンハワー大統領 (Dwight D. Eisenhower) と同じく、ロックスターのマイケル・ジャクソン (Michael Jackson) はかつてエホバの証人だったし、活動の度合いはさまざまであれ、他の信者には、歌手のプリンス (Prince) や今は亡き歌手のセレナ (Selena)、俳優のテレンス・ハワード (Terence Howard) (代表作『クラッシュ』)、ウェイアンズ兄弟姉妹、スーパーモデルのナオミ・キャンベル (Naomi Campbell)、エヴェリン・マンデラ (Evelyn Mandella, ネルソン・マンデラの最初の妻) がいる。

(30) Pew Forum, *U. S. Religious Landscape*, pp. 56, 60.

(31) ゼルナーはエホバの証人の「参加観察法」(participant observation) (訳者注：調査者自身が調査対象となっている集団に融け込んで、その成員の一員として振る舞いながら観察する社会調査方法) を実施する間、ピンカートン探偵社の警備員として働いていた。自分が社会学者であることは信者には明かさなかった。

(32) Zellner, "Of Another World," pp. 101-2.

(33) Zellner, "Of Another World," p. 106.

(34)　Joel P. Engardio, "Opening the door for us all," *USA Today*, May 6, 2007, p. 13A.
(35)　Zellner, "Of Another World," pp. 103-4.

訳註

(＊1)　「平原インディアン」(Plains Indian) は北米大陸中部の平原地帯（グレート・プレーンズ）に住み、野牛を追って移動生活を送っていた先住民の総称である。コマンチ族、アラパホー族、クロー族、シャイアン族などが含まれる。

(＊2)　「ゴースト・ダンス」(Ghost Dance) は一九世紀後半に北米の先住民の間に広がった宗教運動で、踊ることによって死者が復活し、白人が追放されて伝統的な土地と生活様式を再び取り戻すことができる、と信じられた。

(＊3)　「積荷崇拝」(cargo cult) は一九二〇－三〇年代を中心に第二次世界大戦後までみられたメラネシアにおける宗教的・社会的運動である。今日ヨーロッパ人の手にある現代文明の産物は本来、島民のものであり、近い将来祖先の霊がそれらの「積荷」を船や飛行機に積んで戻り、その時には、島民は労働の必要がなくなって白人の支配から解放されるとする信仰である。

(＊4)　宇田進他編『新キリスト教辞典』(いのちのことば社、一九九一年) によれば、予定論は「神は永遠より、ある人間たちと御使いたちを永遠の生命に予定され、他の者たちを永遠の死に予定された」とする教義である。これは「二重予定論」とも呼ばれる。この教理を最初に打ち立てたのはアウグスティヌスであり、彼は二重予定論を主張した。ルター、ツヴィングリ、カルヴァンといった宗教改革者たちはこのアウグスティヌス主義的予定論者であった。

(＊5)　一九三五年一〇月、エホバの証人の信者で、ペンシルヴァニア州マイナーズヴィル (Minersville) の公立小学校に通っていた一〇歳のウィリアム・H・ゴビティス (William H. Gobitis) とその姉で一二歳のリリアン・ゴビティス (Lillian Gobitis) は、宗教上の理由から――一九三五年に、エホバの証人は国旗への敬礼を偶像崇拝の一種であるとして禁じる決定を下していた――国旗への敬礼と忠誠の誓いを行うことを拒否した。これに対して、マイナーズヴィルの教育委員会は二人を学校から追放する、と決定した。この決定に対して、エホバの証人は訴訟を起こした。一九三八年の連邦地方裁判所の判決、ならびに、一九三九年の連邦控訴裁判所の判決はゴビティス側を支持した。

（＊6）マイナーズヴィル対ゴビティス訴訟の最高裁判決が出た後、ウェストヴァージニア州の教育委員会は、州内の公立学校に国旗敬礼を毎日行うように指示した。国旗敬礼を行わない児童や生徒がいた場合、その児童や生徒は放校処分となり、従うまで再入学を認めない、と決定された。そのために、エホバの証人の子供たちは実際に放校処分を受けたり、従わなければ放校にすると脅されたりしていた。エホバの証人がこのような措置を不服として起こした訴訟がウェストヴァージニア州対バーネット訴訟である。

（＊7）「被包囲心理」（siege mentality）は、自分が常に攻撃や圧迫や敵意にさらされていると感じる精神状態のことを指す。

（＊8）前掲書『新キリスト教辞典』によると、「ディスペンセーション」とは、「神の特定の啓示に対する人間の従順が試される一つ一つの時代区分」であり、「各ディスペンセーション」は、「人間が神によって新しい特権と責任のもとに置かれることによって始まり、人間の挫折と神のさばきによって終っている」とのことである。アメリカ会衆派の牧師で一九〇九年に「ディスペンセーション主義」（dispensationalism）を採り入れた聖書を出版した、サイラス・インガスン・スコウフィールド（Cyrus Ingerson Scofield）によると、以下の七つの「ディスペンセーション」があるという。（1）無垢の時代――アダムとイブのエデンの園からの追放（創世記三：二四）まで、（2）良心の時代――洪水（創世記八：一九）まで、（3）人間による統治の時代――洪水後（創世記八：二〇）から、神が人類を地の全面に散らす（創世記一一：九）まで、（4）約束の時代――アブラハムの召し（創世記一二：一）から、モーセの律法が与えられたとき（出エジプト記一九：三）まで、（5）律法の時代――モーセの律法が与えられたときから、五旬節の日（使徒言行録第二章）まで、（6）恵みの時代――キリストの死と復活から、教会の背教（テモテへの第二の手紙三：一‐八）と艱難時代のさばきまで、（7）御国の時代――キリストの再臨から、千年王国を経て、人間が神に反逆するとき（ヨハネの黙示録二〇：七‐九）まで。ディスペンセーション主義を聖書解釈に採用した人物としては、他に、一八三〇年に「プリマス・ブレザレン」（Plymouth Brethrens）という教派を組織した神学者ジョン・ネルスン・ダービー（John Nelson Darby）が挙げられる。

（＊9）旧約聖書の創世記第一〇章第八‐一一節で、「主の前に力ある狩猟者」として言及されている支配者。シナルの地にあるバベル、エレク、アカデ、カルネを支配し、また、アッシリヤにニネベ、レホボテイリ、カラ、レセンを建てたとされている。『旧約聖書人名事典』（ジョアン・コメイ著、関谷定夫監訳、東洋書林、一九九六年）によると、「ミカ書」第五章第五節で、ニムロドの王国はベツレヘムから出るユダヤの王によって滅ぼされると、予言されている。

（＊10）「ハヌカー」（Hanukkahとも表記される）は冬季に行われるユダヤ教の祭りで、ユダ・マカビーが紀元前二世紀に、ヘレニズム同化政策をとったセレウコス朝シリアの王に勝利したことを祝う祭りである（ダン・コーン＝シャーポク著、熊野佳代訳『ユダヤ教』、春秋社、二〇〇五年）。

（＊11）『社会学小辞典〔新版増補版〕』（濵嶋朗・竹内郁郎・石川晃弘編、有斐閣、二〇〇五年）によれば、「第一次集団」（primary group）はアメリカの社会学者チャールズ・ホートン・クーリー（Charles Horton Cooley）が創出した集団概念で、その特徴として「①直接的接触による親密な結合、②メンバーのあいだに存在する連帯感と一体感、③成長後も持続される、幼年期の道徳意識を形成する社会的原型としての機能、④この集団外における社会関係を強化し、安定化させる機能」が挙げられている。

（＊12）「われわれ感情」、または、「われわれ意識」（we-consciousness）は、「たんに参加している成員が、共同利害関心をもっていることを意味するのみではなく、成員が自覚的に集団それ自体を一つの主体として意識するところに生じる共有の感覚」（『社会学小辞典〔新版増補版〕』）である。

（＊13）オハイオ州ストラットン（Stratton）では、一九七九年頃より、戸別訪問するエホバの証人と地元住民との間にトラブルが起きていた。一九九〇年代になって、ストラットン村は、「私有地での望まれない行商、ないし、勧誘行為に関する規制」という条例を制定し、戸別訪問を行うことを希望する人すべてに、村長から無料の許可証を得るよう求めるようになった。エホバの証人はその条例を、言論の自由、宗教の自由な実践、および、出版の自由を侵害するものとみなし、村が条例の施行を修正することを拒んだために、連邦裁判所に提訴した。一九九九年、オハイオ州の地方裁判所は村の許可条例の合憲性を支持、二〇〇一年には控訴裁判所もその条例の合憲性を確認した。ニューヨークの「ものみの塔聖書冊子協会」と地元のエホバの証人のウェルズビル会衆はその判決を不服とし、連邦最高裁判所に上訴していた。この事件の詳細については、「ものみの塔オンライン・ライブラリー」を参照のこと（http://wol.jw.org/ja/wol/d/r7/lp-j/102003001）。

（＊14）前掲書『社会学小辞典』によると、「状況の定義づけ」はアメリカの社会学者ウィリアム・アイザック・トマス（William Isaac Thomas）とポーランド生まれのアメリカの社会学者フロリアン・ヴィトルド・ズナニエツキ（Florian Witold Znaniecki）の『ヨーロッパとアメリカにおけるポーランド農民』（*The Polish Peasant in Europe and America*）（一九一八–二〇）において最初に用いられた言葉である。この用語には、「個人が自分自身の置かれた状況を知覚しその意味を解釈すること」を表す「行為者の状況の定義づけ」と、「社会的・文化的に共有され、社会化の過程で伝達され、行為者のパーソナリティに内在化されている状況の定義づけ」を表す「社会的あるいは文化的な状況の定義づけ」という二つの意味がある。後者の「社会的あるいは文化的な状況の定義づけ」は、「相互作用を通して行為者の定義づけの一部となり、また行為者の定義づけは社会的・文化的な定義づけに変化をもたらす」という。ゼルナーがここで用いている「状況の定義づけ」は、「社会的あるいは文化的な状況の定義づけ」を指していると思われる。

（＊15）前掲書『社会学小辞典』によると、「拡大家族」は、「子どもたちが結婚後も親と同居する大家族の形をとったもの」であり、「既婚の成人である子の核家族が、両親のそれに結びつけられることによって連なった、二個以上の核家族によって構成されており、核家族が世代的にタテに、そしてまた兄弟関係でヨコに接合した形態」である。

（＊16）「マタイによる福音書」の第一三章第一〇－一一節を参照のこと。

第7章　ファーザー・ディヴァイン運動

ピース・ミッション運動（Peace Mission movement）はさまざまな理由で風変わりである。その創始者、ならびに、精神的指導者は黒人のファーザー・ディヴァイン（Father Divine）であった。ミッションの信者たちはアメリカ人であることを非常に誇りに思い、民主政体の原則を推進したが、第二次世界大戦中でさえも戦争反対を貫いた。アメリカ合衆国都市部の彼の支持者たちは主にアフリカ系アメリカ人だったが、白人の信者もかなりいた。運動が成功の頂点にあった時、ファーザー・ディヴァインはアメリカ合衆国の他のどの宗教指導者よりも、支持者らに熱烈に褒め称えられ、尊敬された。信じていた人々には、彼は単なる高貴な人物を超える存在だった。要するに、神だったのである。

ファーザー・ディヴァインが亡くなってから今では四〇年たち、その間ずっと、ピース・ミッション運動の指導者はマザー・ディヴァイン（Mother Divine）が務めてきた。マザー・ディヴァインは、旧名がエドナ・ローズ・リッチングス（Edna Rose Ritchings）という白人女性であるが、彼女はファーザーの二番目の妻である。二人は、彼女がまだ二一歳だった一九四六年に結婚した。シェーファーは二〇〇五年にペンシルヴァニア州ウッドモントの屋敷に彼女を訪れた(1)。

1　マザー・ディヴァインに会う

一人のローズバッド（Rosebud）が教団の指導者と会う機会を設けるために、私を書斎に案内してくれた。ピース・ミッションのナショナリズム的な誇りを反映して、彼女は青いスカート、白いブラウス、大きなVの文字が刺繡されている赤いブレザーを身につけていた――七〇年以上もの間、変わらないユニフォームである。そのVは何を表しているのか彼女に尋ねると、「美徳」（virtue）、または、「勝利」（victory）だ、といった。しかし、その文字が元々は「処女」（virgin）を表していたことを私は知っている――というのは、この宗派の聖歌隊であり、聖餐の参列者でもある、ザ・ローズバッズ（the Rosebuds）は生涯独身の誓約をしているからである。

数分もたたないうちにマザー・ディヴァインに会ったのだが、彼女は八〇歳で、白いドレスに身を包み、人を惹きつけるとても機敏な物腰で話し、印象的で威厳のある風格を醸し出している。彼女は私の出身地を知りたがった。シカゴ出身だとわかると、彼女は、今では閉鎖されてから一世代たっているシカゴのピース・ミッションを率いた女性を思い出した。私がファーザー・ディヴァインの教えに詳しいことを知って彼女は喜び、『ニュー・デイ』（*New Day*）という出版物の発行はもうやめていて、今ではウェブサイトを通じてもっとたくさんの人々と接触している、といった。屋敷を去る前、ザ・ローズバッズの一人が、私がそのウェブサイトのアドレス（www.libertynet.org/fdipmm/）が書かれたカードを持っているかどうか確かめに来た。

ファーザー・ディヴァインの日の当たる書斎――一九六五年に彼がこの世を去ってからずっと、比較的元のままの状態を保っていた――で彼女と話していた時、彼女が大きなオークの机の隣にある彼の椅子に座っていることに気づいた――机の隣にある彼の椅子と食堂のテーブルの上座にある彼の椅子は、彼の霊魂が忠実な信者の元にとどまっているという理由から、それまで誰も座ったことがない。書斎の窓の外には、私が以前入ることを許された「命への聖堂」（Shrine to Life）が見えたが、そこは、契約の箱――キリスト教徒によると十戒が納められている箱――に似ているといわれている地下聖堂で、ファーザー・ディヴァインのこの世の亡骸が埋葬されている。

訪問者が皆、「永遠の命の門」と呼ばれる扉を通ってその聖堂の中に入れたわけではなく、ましてマザー・ディヴァインと話をすることなどできなかった。肩を出した格好の人やミニスカート、または、ショートパンツを身に着けた女性は、ローズバッドが親切にも大邸宅の近くまで付き添ってくれたが、ファーザー・ディヴァインとマザー・ディヴァインが描かれた一枚の大きな肖像画がある大広間の入口より先には行くことはできなかった。彼らは外から、それもおよそ一〇〇ヤード離れた所からしか「命への聖堂」を見ることができなかった。(2)

何人ものローズバッドがのどかな屋敷のあちこちを案内してくれた時、自分が一八九二年にさかのぼる三二もの部屋がある大邸宅の歴史的ツアーに没頭しているのではなく、ある宗教的宗派の本部にいるのだ、と思うことはなかなかできなかった。その場にいた五人ほどの支持者の間には宗教的な献身が明白に見られ、彼女たちがファーザー・ディヴァインに献身し続けていることは容易に感じ取れたが、過去にあったような何千人もの支持者のエネルギーが一度に集まるというようなことは、この二〇〇五年八月の暑い午後には、もはや思い出でしかなかった。

ピース・ミッション運動の信者がファーザー・ディヴァインの登場を待ち受けていた一九五〇年代、アメリカ合衆国の至る所にあった数多くのサークル・ミッション教会の一つでは、どのような状況だったのだろうか、想像してみよう。

2　聖餐の祝宴

U字型の祝宴用テーブルは、染み一つないリネンやきらめく銀食器、新鮮な花々で飾られている。各席に並べられた食器類には円錐型のナプキン、および、ゴブレットが含まれ、中央には小さな米国旗が直立している。上座の真上には〈ファーザー・ディヴァインの聖餐台〉というネオンサインがあり、このネオンサインの下には三つの大きな米国旗が掲げられている。左の壁には大きく均一な字で〈平和〉という言葉が刺繍されたフェルトの横断幕が飾られている。右の壁には次のような最高のメッセージが印刷された看板がかけられている。〈ファーザー・ディヴァインは全能の神である〉。全体として印象的な光景であり、集まった二五〇人の客——黒人と白人の両方がいる——はこの事実を十分承知しているように見える。

その部屋自体が興奮と期待で震えている。突然、テンポが速くなる。悲鳴や叫び声がちらほら上がる。どこからか、「ファーザーよ！　ファーザーがおいでになったわ！」という女性の声が響きわたる。大勢が入口へと押し寄せる、するとそこのカーテンが開く。それからすぐ、ファーザー・ディヴァイン——右側にマザー・ディヴァインを伴って——が確かな足取りで部屋に入ってくる。

彼は背が低く、なめらかな肌をもつアフリカ系アメリカ人である。頭は禿げ上がって光っており、今のところ彼の顔は何の感情も表してはいないが、その眼光は鋭い。彼は次のような宝石を身に着けている——ダイヤモンドの指輪、高価そうな腕時計、ベストにかかる金の鎖、ジャケットの襟に二つの記章。しかし、全体の印象は華やかというわけでもけばけばしいというわけでもない。ファーザー・ディヴァインのスーツはダークカラーで仕立てがよく、ネクタイは地味なストライプで、靴は黒い。

小柄であるにもかかわらず、彼が――少なくとも列座している人々には――堂々たる人物であることは明らかだ。軽快な足取りで歩いたり、身振り手振りをしたり、うなずいたりする度に、その姿を見た人々は歓喜のあまり息をのむ。女性たちの中には、空中高く飛び上がる者もいる。

ファーザー・ディヴァインははっきりとはわからないけれども、中年のように見えた。だが、マザー・ディヴァインは明らかに彼よりずっと若い。マザー・ディヴァインは汚れ一つないドレスに身を包んでいる。自分の夫よりほぼ頭一つ分背が高い彼女は時折、心から崇敬するまなざしで彼を見つめている。彼女が彼の妻であるだけでなく、彼の最も熱心な支持者の一人でもあることは明らかだ。

二人は一緒に、上座へと進む。多数の人々が彼らのすぐそばまで押し寄せるが、誰一人として神父に触れることすらしない。ファーザー・ディヴァインの方はといえば、追従を当然のこととみなしているようだ。もったいぶるわけでも威圧するわけでもなく、彼は温厚ではあるが、威厳ある抑制された態度で振る舞っている。彼がいつでもその場を統率していることは明らかだ。

ファーザー・ディヴァインとマザー・ディヴァインは席に着くが、ファーザーの足が床に届かないために、彼の足下にはクッション付きの足載せ台が置かれている。信者らは各自のテーブルに戻り、騒ぎは収まる。聖餐式の祝宴が始まろうとしている。

それにしても何と豪勢な宴だろう！　一〇種類あまりの野菜、ローストビーフ、フライドチキン、ハム、ローストした七面鳥やアヒル、ミートローフ、ステーキ、コールドカット、スペアリブ、レバーとベーコン、四種類のパン、選りすぐりのドレッシングをかけたミックスサラダ、セロリとオリーブ、コーヒー、紅茶、ミルク、そして、レイヤーケーキやパイ、プディング、新鮮な果物、山盛りのアイスクリームを含むさまざまなデザート。

ウェイトレスの一団──汚れ一つない白い服をまとっている──が、すぐに給仕ができるように待機している。それぞれの料理はまず、ファーザー・ディヴァインの前に置かれ、彼は料理が盛られた皿に触れる、または、料理を取り分けるためのフォーク、ないし、スプーンを添えることによって、それぞれの料理を聖別する。その後で、料理は客たちに回される。ウェイトレスたちは熱心にコーヒーを注ぎ、皿が空になるとそこにまた料理を載せ、料理が行きわたるように手伝い、さもなければ、ファーザー・ディヴァインが「あふれんばかりの豊かさ」と呼ぶものを楽しむよう食事中の客たちに勧める。

品数も食べ物も人も大変多いので、給仕と食事にかなりの時間が──正確には二時間半──かかる。とはいえ、退屈することは一時もない。それどころか、とても多くのハプニングが起こるので、それをすべてたどるのは難しい。

ずんぐりした体型の黒人女性が急に立ち上がり、両手を上の方に突き出す。「私は体が麻痺していました！」とその女性は声を震わせながら叫ぶ。「両脚がまったく動きませんでした──まったく。でも、ファーザー、あなたにお会いして、あなたが私を癒してくださったのです。私は永遠にあなたのものです、ファーザー、心からあなたに身を捧げます」。そう言って彼女は腰を下ろし、自分の両腕に頭をうずめる。

今度は中年の白人女性が立ち上がる。「私は本当にひどい結核にかかっていました。肺結核だったのです。昼も夜も咳が止まらず、治る見込みはないといわれていました。その後、あなたが私の人生に入ってきました、ファーザー、そして、一晩で私を再び、元気にしてくださったのです。愛しています、ファーザー、私は心からあなたを愛しています」。

次に、白髪まじりの痩せた黒人男性がゆっくりと立ち上がる。「二〇歳になる前、私は窃盗で二度刑務所に入りました。刑務所に入るたび、私は裁判官にもう二度とこのようなことはしませんといったのですが、心の中では、自分はまた罪を犯すとわかっていました。私は悪い子供でした、そして、成長して、悪い大人になりました。私は隣人の車に火をつけ、それを誰にも話しませんでした――そう、今まで。神がファーザー・ディヴァインのお姿で私の元へいらっしゃった時にようやく、私は意を決することができたのです。ファーザー、感謝しています」。

祝いの催し

ここで、ザ・ローズバッズが突然、歌い出す。彼女たちの年齢はおよそ一〇歳から三五歳までと幅広く、全員が赤いジャケットと濃紺のスカートを着用している。

その聖歌隊には四〇人ほどのローズバッドがおり、どの歌も高らかに歌う。不屈の、疲れを知らぬ精神の持ち主だ。ピアニストが伴奏するが、彼女たちは楽譜を手にしていない。全曲――何十曲――を暗記しているのだ。そうした歌の中には「ホワイト・クリスマス」("White Christmas")や「錨を上げて」("Anchors Aweigh")のような有名な曲もあるが、歌詞はオリジナルである。

歌の多くでは合唱が繰り返され、合唱部分になると手を叩《たた》き、足を踏み鳴らす。これが始まると聴衆も一緒になって歌う――この合唱がさらに何度か繰り返される。間違いなく、部屋は幸せそうに歌う人々で埋め尽くされている。心を動かされているように見えない唯一の人物はファーザー・ディヴァイン自身であり、彼はこの催しが自分の日課であるかのように振る舞っている（実際、そうなのである）。

ザ・ローズバッズの歌に続いて、ファーザー・ディヴァインに向かってさらに罪が告白されたり、感謝の念がいくらか表明されたりする。一人の女性が椅子の上に立って叫ぶ、「愛しています、ファーザー！　心から！」一斉に同意の声が沸き起こり、その後、部屋のあちこちから一人一人の証言が聞こえてくる。

「主は幸いなるかな！」

「すべてあなたのおかげです、ファーザー！　ありがとうございます、ファーザー！」

「彼の神々しいお体に恵みあらんことを！」

「ファーザー・ディヴァインは全能の神だ！」

ここで、ザ・リリーバッズ（the Lilybuds）が立ち上がり歌を歌う。白い縁飾りの付いた魅力的な緑色のジャケットを着た、ザ・リリーバッズはザ・ローズバッズの年長版である。メンバーはおそらく五〇人で、年齢は三五歳以上のようだ。彼女たちはザ・ローズバッズほどに快活ではないものの、熱狂的でないわけではない。また、彼女たちのファーザー・ディヴァインへの献身ぶりは明らかに類を見ないものである。彼女たちの歌には、この上なく誠実な響きがある。

ファーザーの愛を日々受けて、
私たちは真のリリーバッドでありたいのです。
貴きファーザーのお言葉に従い、実行し、
私たちは真のリリーバッドでありたいのです。

今、ここで初めて、人々は通路で踊り始める。踊りは練習されたものではなく、自発的で、一人一人違っている。一つとして似たステップはなく、また、互いに触れ合うこともない。最初は抑えられていた動きや身ぶりが、夜が更けるにつれて加速していく。

今度はザ・クルセイダーズ（the Crusaders）——男性のグループ——が歌う番である。ザ・クルセイダーズにはあらゆる年齢の男性たちが含まれているが、それはザ・ローズバッズやザ・リリーバッズよりもはるかに小さな集団である。実際、ユニフォームを着用している者もしていない者も含めて、祝宴に出席している人々の大多数が女性である。ザ・クルセイダーズのメンバーは一五人ほどで、彼らは淡いブルーのコートと白いシャツ、黒っぽいズボンといういでたちだ。彼らは力強い歌声で、また——前の二つのグループのように——忠誠心をあからさまに示して歌っている。

日が経つごとに少しずつ、もっと、
ファーザー、私はあなたを愛したいのです、
私がなすこと、いうことのすべてにおいて、
ファーザー、私はあなたを愛したいのです。
あなたが驚くべき業を行うから、
あなたが全能の神だと私は知っているから、
だから、私はこの心をあなたに捧げてきたのです！

歌の終わりにさしかかると、聴衆が突然、手を叩いたり、大声で歌ったりし始める。さらに、多くの証言と踊りが続き、より多くの女性が空中に飛び跳ねる。一人の老人が三脚の椅子の上に横たわり、抑えることので

きないほど泣きじゃくっている。しかし、このグループ自体はそうした振る舞いのすべてを当然のこととみなしているようだ。出来事には暗黙の順序があるようで、活動がより熱狂的なものになっていくとすれば、順序によって、プログラムがクライマックスに達しつつあると命じられているからである。案の定、上座で動きがみられる。ファーザー・ディヴァインが説教をするために立ち上がろうとしている。

説　教

ファーザー・ディヴァインが信者たちの目を覗き込むと、信者たちから「神よ！　神よ！　神よ！」、「ご機嫌よう、ファーザー！」、「本当にありがとう！」、「ハレルヤ！」、「愛しています、ファーザー！」、「全能の神よ！」、といった叫び声が上がる。しかしながら、彼が一度話し始めると、騒音がぴたりと止む。彼が話している間、聴衆は彼に一心に耳を傾けている。

彼が話している時、二五人の若い女性秘書らがノートを手に取り、ファーザーの言葉を速記で書き留めている。実をいえば、ファーザー・ディヴァインが述べることのすべて――説教、講演、演説、インタビュー、準備なしにいわれた言葉――は常時待機している秘書たちによって記録されているのだ。彼女たちの速記はそれからすぐに翻訳され、週二回発行されるこの運動の新聞『ニュー・デイ』に掲載されるのであり、このようにして、ファーザー・ディヴァインの言葉は後世の人々のために保存されるのである。

ファーザー・ディヴァインは朗々と響き渡る独特の声質で力強く話す。彼はゆっくりと――秩序立てて、といってもいいような仕方で――話し始めるが、聴衆は出だしの一言から魅了される。説教それ自体は実用性と深遠さ、難解さと不合理さを併せ持ったものであるが、彼の言葉遣いはその区別をしばしば難しくするような類いのものである。

私たちは経済的に限りない恩恵を手にしているが、また、私たち自身や他の何百万人もの人々は物質的な安楽や利便を手にしているが、そういったことすべての背後には、「光あれ。こうして光があった」（"Let there be light, and there was light."）(＊1) といわれたお方がいらっしゃるのです。

だが実際は、水の上にある間、いわば目に見えなかった時、私たちが今住まう陸を声をかけて出現させた、まさにそのお方がそういったことすべての背後にいらっしゃったのであり、これが世の中の物や経済的な事柄の始まりなのです！(3)

説教の間に度々、ファーザー・ディヴァインは何かを断言する時、「嬉しくはないかね？」という言葉を差し挟む。それがいわれる度、聴衆は響きわたる声で「ええ、とても嬉しいです！」とか、「とても嬉しいです、主よ！」と返答する。

説教が終わると、大変な拍手喝采と「おっしゃる通りです、ファーザー！」や「ありがとうございます、ファーザー！」「全能の神よ！」といった叫び声が沸き起こる。人々は飛び跳ねたり、回転したりし、多くが目に涙を浮かべている。ほぼ全員が感動していることは目に見えて明らかだ。ある女性は自分自身を抱き締め、「あなたを愛しています！」と叫んでいる。別の女性は身動きもせず床に横たわり、他の人々にもほとんど気づかれていない。初老の男性は自分の杖を手に取り、それをできる限り激しくテーブルに打ちつける。すると銀器が震えて喧騒が増す。

狂喜乱舞の最中、ザ・ローズバッズが立ち上がり、その比類なき持ち歌の一つを歌うと、足を踏み鳴らす音や手を叩く音がさらに大きくなる。さらなる証言と告白がその後に続く——神父へのさらに多くのお世辞も述べられる。それから、ザ・リリーバッズが起立し歌う。その次には、ザ・クルセイダーズ。正真正銘の恍惚状態。本物の歓喜。それについては疑いない。ファーザー・ディヴァインだけがそういったことすべてをうまく冷静に処理している。数分後、彼とマザー・ディヴァインが秘書やその他の側近と共に退出し、また、別の「天国」を訪れ、これと同様の光景を繰り広げるのである。

「肉体を持つ神」

フィクションのように読めるかもしれないが、ファーザー・ディヴァインのこうした聖餐の祝宴の記述は事実に基づいている。前述の場面は実際に起きたことをいくつか合成して叙述したものである。ファーザー・ディヴァインは一九六五年に亡くなり、運動は今も続いているが、その「熱狂」は必然的に弱まってきている。それにもかかわらず、彼は存命中、驚くべき成功を収めた指導者であった。

この男、この超人、この「肉体を持つ神」は何者だったのか？　彼はいつ、どこで生まれたのか？　彼の青年時代はどのようなものだったのか？　彼が神になろうと最初に志したのはいつだったのか？　彼はどこから財政的支援を受けているのか？　彼の運動はどのようにして世界的規模のものになったのだろうか？「神」がもはや地上にいない今となっては、運動は存続することができるのだろうか？

これらの問いには、答えることができるものと——少なくとも現時点では——答えることのできないものとがある。第一次世界大戦から現在まで、ファーザー・ディヴァインの来歴をたどることができる。それは到底完璧ではないが、大まかな概略は知られている。第一次世界大戦の前の時期は難題である。ここでは描写が曖昧でじれったいものとなってしまい、これは残念なことである。というのは、人間としてのファーザー・ディヴァインの本当の素性と生い立ちを知っていれば、宗教指導者としての役目を果たしているファーザー・ディヴァインを一層よく理解できるからだ。

３　ジョージ・ベイカー物語

ファーザー・ディヴァインについての本は比較的少なく、それらのほとんどは時代遅れとなっている。[4] その上、これらのさまざまな記述はジャーナリズム的性格をもっており、報告には甚だしい食い違いがいくつか存在している。運良く、近年では、学者がこのテーマにいくらか関心をもつようになってきており、一九八〇年代と一九九〇年代には真実を明らかにする著作が何冊か登場した。[5]

ファーザー・ディヴァインの若い頃についての私たちの知識に不確かな部分があることは明らかであるが、かつてジョージ・ベイカー（George Baker）という名の男がいたようである。彼が誕生した年は一八六〇年と八〇年の間のどこかだと伝えられていて、報告者によってまちまちである。こうした記述のうち最新のものによると、彼は一八七八年にメリーランド州ロックヴィルの北のはずれにある黒人のゲットー、モンキー・ランで生まれた。

彼の両親は元奴隷のナンシー・ベイカー（Nancy Baker）とジョージ・ベイカー・シニア（George Baker Sr.）だった。共に働き者であった。事実、ナンシーは家事使用人として昼も夜も働くことを要求されていた。あいにく、その過酷なスケジュールは彼女の体重増加を防いではくれず、結局は、「肥満のために、彼女は働くことができなくなった[6]」。

このエピソードは息子のジョージ・ベイカーのその後の行動に影響を及ぼしたようなので、いくらか詳細に触れられている。ワッツ（Watts）は次のように書いている。「母親の死後まもないある日、ジョージ・ベイカーはロックヴィルから消えた。彼は自分の失踪に困惑する親類や友人たちを後に残し、モンキー・ランの貧困と苦悩から逃げたのだ。彼は、死ぬまで自分をモンキー・ランに閉じ込めるおそれのある赤貧、肥満した母親、生活苦と闘う家族、白人の人種差別を拒絶したのである(7)」。

ピース・ミッションは、ファーザー・ディヴァインの霊的ミッションにはほとんど関係ないこととして、彼の若い頃の生活について情報をあまり提供していない。彼の名前がジョージ・ベイカーだったことは強く否定し、その代わり、彼のフルネームはメジャー・ジェラス・ディヴァイン（Major Jealous Divine）だと発表している。

その後の二年か、三年の間、ファーザー・ディヴァインとなる男がどこで何をしていたのかは依然として知られていない。彼が黒人専用の学校に通うのを拒んだとか、路面電車の白人専用座席に座ったとか、日曜学校の校長をしていたとか、刑務所で六カ月を過ごしていたというようなバラバラの報告が散見されるが、そうした話のどれも証明されていない――あるいは、反証されていない。さまざまな伝記的説明が収束の方向に向かうのは一九〇〇年頃である。

その年までに、ジョージ・ベイカーはボルティモアに落ち着き、昼間は庭師、夜間と日曜日には副牧師として働いていた。彼は、聖職以外の仕事にも就くことを余儀なくされていた当時の他の黒人牧師たちと同じくらいの成功を収めていた――一九〇七年のある日曜日の朝、サミュエル・モリス（Samuel Morris）の姿で運命が介入してくるまでは。

この二人の男性がどのようにして出会ったのかということについて報告はまちまちであるが、その出会い自体がジョージ・ベイカーに深甚で永続的な影響を与えていた。サミュエル・モリスは通常行われているような地獄の火と永遠の断罪を強調した救済へのアプローチを拒み、その代わりに、神はあらゆる人間の心の中に宿

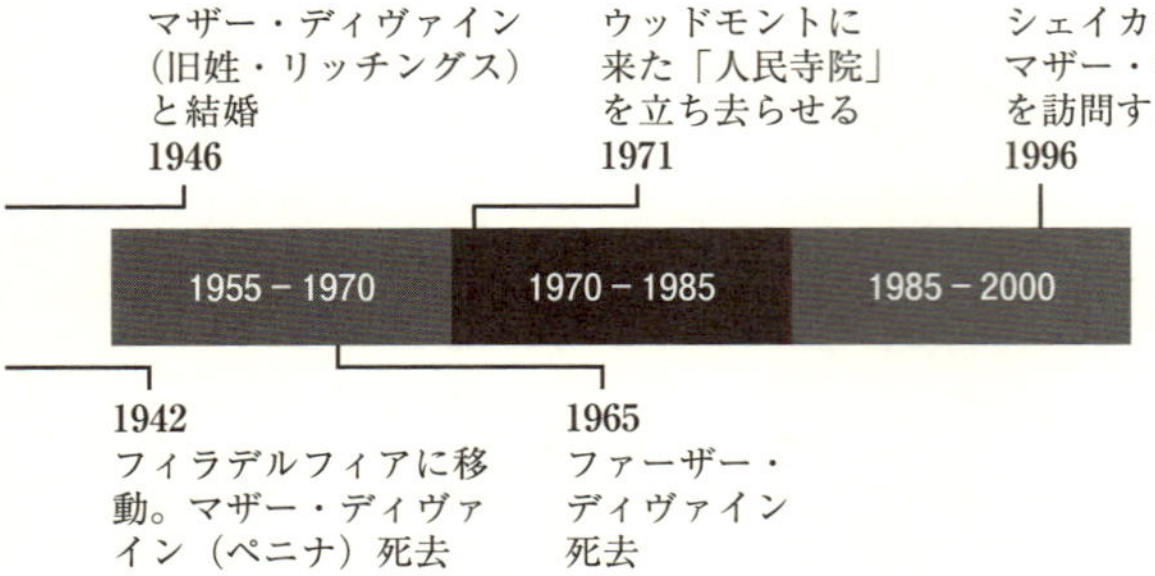

っている、と教えた。一説によれば、モリスは自らを神だと公言し、説教をしていた教会から追い出された直後にベイカーと友人になったという。別の説は、このエピソードにはまったく触れていないが、ベイカーがモリスの宗教哲学に引きつけられて、彼の説教を聴きに「何度も何度も」戻ってきた、ということだけ述べられている。

とにかく、ジョージ・ベイカーが神になろうと思いついたのはこの頃だったかもしれない。モリスと親交を結ぶ前には、彼の説教は神になろうという野心を微塵もほのめかしていなかったが、一九〇七年までに、彼は神と――見たところでは永遠に――絡み合うようになったようである。

この時の詳細は明らかではないけれども、サミュエル・モリスとジョージ・ベイカーが協定を考案し、それによって神格を分かち合ったことは明白である。また、この時期に、二人とも名前を変えた（もしくは、「生まれ変わった」）ことも明らかとなっている。サミュエル・モリスはそれ以後、ファーザー・ジェホヴィア（Father Jehovia）として知られ、ジョージ・ベイカーはメッセンジャー（Messenger）として知られるようになった。

一九〇八年には、印象的な声の持ち主である長身のアフリカ系アメリカ人牧師、ジョン・ヒッカーソン（John Hickerson）が彼らに加わった。ヒッカーソン師も仲間に負けないようにするために、セント・ジョン・ザ・ヴァイン（St. John the Vine）というより神聖な名前を選んだ。ファーザ

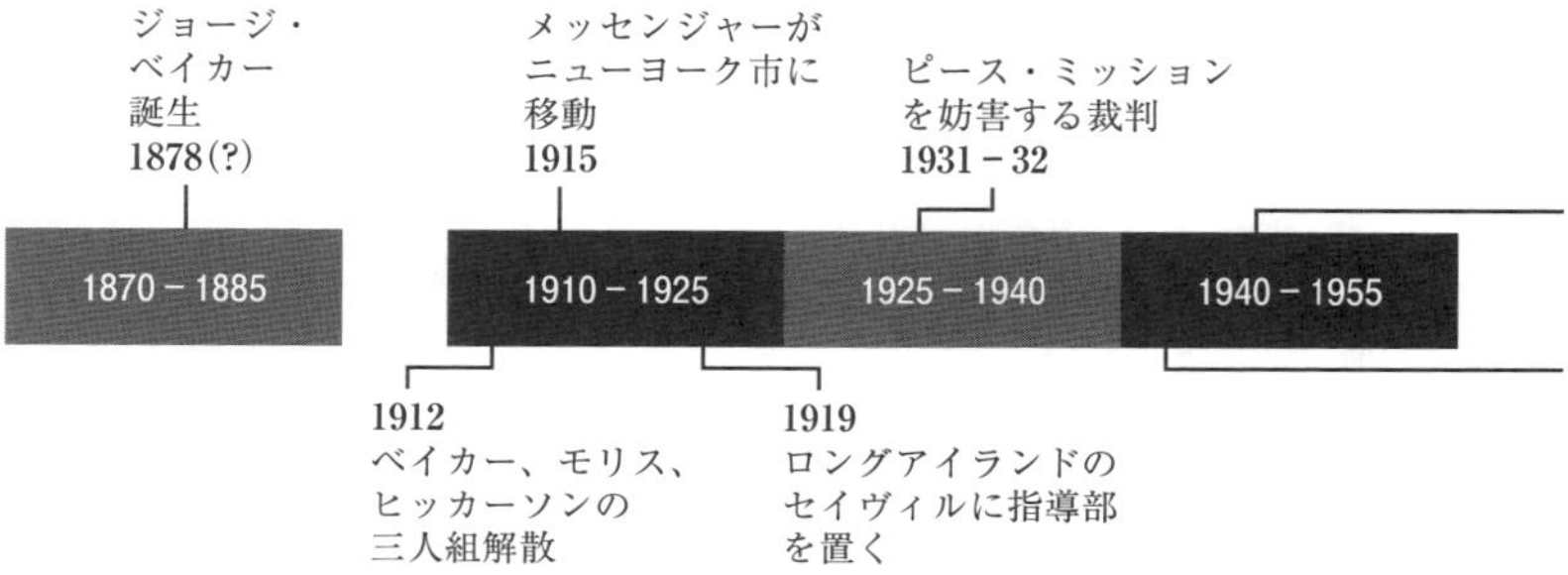

図7　ファーザー・ディヴァイン運動年表

ー・ジェホヴィア（サミュエル・モリス）がナンバー・ワンだったようであるが、三人ともどういうわけか、神格を分かち合うことができたのであり、彼らはそれから数年にわたり、地域でそれまでみられたこともないような華々しい伝道者団であった。

メッセンジャー

一九一二年に三人組は解散した。思うに、彼らは神の権威をもう分かち合いたくなかったのだろう、とにかく、彼らは別々の道を歩んだ。セント・ジョン・ザ・ヴァインであるヒッカーソンはニューヨーク市へ行き、そこで自分の教会を設立した。ファーザー・ジェホヴィアも関与をやめ、事実上、それから二度と彼の消息が聞かれることはなかった。メッセンジャー（ジョージ・ベイカー）は南部へ向かい、数人の改宗者を得た後――彼の伝記作家たちのいうことを信用できるとすれば――数多くのトラブルに見舞われた。

一九一三年にジョージア州ヴァルドスタで、メッセンジャーは彼独自の仕方で福音を述べ伝えていた。住民は感きわまり、神を自称する男の説教を聴くために大挙して集まった。さまざまな記録が残っているが、聴衆の中には彼の説教に心を動かされなかった者が一部にいた。懐疑的な人々の中には地元の牧師が数多くおり、彼らはメッセンジャーを逮捕させ、裁判にかけさせた。罪状——自らを神だと宣言する者は、誰であれ、そうであるに違いないように、被告は精神異常である。

陪審は、彼ら自身に最もよく知られているいくつかの理由でその告発を支持し、メッセンジャーは精神異常と断言された。しかしながら、法廷は彼を精神科病院に入院させる代わりに、即刻、ジョージア州から退去するように彼に命じた。彼はその命令に従ってジョージア州を去り、私たちが知る限りでは、二度とそこに戻ることはなかった。

南部で遭遇した抵抗と嫌がらせにもかかわらず、メッセンジャーは改宗者の獲得に成功した。改宗者は確かにごくわずかだった——せいぜい一二人くらいだったろう——が、彼らは熱心な信者で、メッセンジャーがやがて結成する宗教組織の核となるのであった。特に触れておくに値する人物が一人いる。ペニナ（Peninah）、または、シスター・ペニー（Sister Penny）と呼ばれている、肉付きのよいアフリカ系アメリカ人の女性である。このグループが南部を去る前、シスター・ペニーはメッセンジャーに仕える最高位の天使であった、と伝えられている。

4　ニューヨーク市時代

一九一五年にメッセンジャーとその弟子たちは、幾多のトラブルにくじけることなく、また、見たところでは、疲れ果てているわけでもなく、ニューヨーク市に到着した。その小集団はマンハッタンにしばらく滞在した後、ブルックリンに定着した。彼らは下宿屋でスタートし、いつか世界的規模の宗教組織となるような原型を発展させ始めた。

彼らが大都市で何とか生き残ろうともがいていた頃、メッセンジャー自身は旧友であり、仲間の神であるセント・ジョン・ザ・ヴァイン・ヒッカーソンと接触していた。ヒッカーソン自身の教会——〈生ける神の教会〉（the Church of the Living God）——はかなりの成功を収めていた。メッセンジャーはヒッカーソンの礼拝に出席し、彼の手法を確かめ、質問をし、さもなければ、セント・ジョン・ザ・ヴァインのレパートリーを借用した。

とはいえ、ヒッカーソンはほどほどの成功に加えて、ある難題も抱えていた。師であるファーザー・ジェホヴィア（サミュエル・モリス）のように、セント・ジョン・ザ・ヴァインは、神は天にいるのではなくすべての人の心の中に存在する、と教えていた。このことは、ヒッカーソンは神にはなれるが、予備の神はいくらでもいる、ということを意味していた——これはまさに起こっていたことであった。これらの神々は、「金」や「銀」の王冠とロイヤル・パープルのローブを身に着けて、ヒッカーソンの教会への道を邪魔していた。

まもなく、セント・ジョン・ザ・ヴァインの教会はそれ自身が抱える神々の重みで倒れた。ジョン・ヒッカーソンはサミュエル・モリスのように忘れられることはなかったものの、比較的無名の人物になってしまった。第一次世界大戦後には、彼の消息はますます聞かれなくなった。

メッセンジャー自身はジョン・ヒッカーソンとの関係をことごとく断ち、公の場では二度と彼に言及することはなかった。その間、ブルックリンの小集団はもちこたえていた——ことによると、少し成長すらしていたかもしれない。当初のメンバーのうちの数人がやめていたが、新しいメンバーが加入し続けていた。メッセンジャーは説得力のある話し方をし、支持者たちは心から彼を尊敬していた。しかしながら、彼はその集団を軍艦なみに統制のとれたものにし、セント・ジョン・ザ・ヴァインと違って神をただ一人——つまり、彼自身——しか許さなかったのである。彼はすべての規則を作り、いかなる干渉も許さず、生涯を通じてその慣行に従った。

生活の準備に関しては、グループが共同で活動していた。メッセンジャー自身は教会の外に仕事をもたなかった――また、二度ともつつもりもなかった。その代わり、彼は職業紹介所を運営し、実直で信頼できる使用人を探している人々に召使や奉公人を供給した。しかし、メッセンジャーの支持者らは彼の職業紹介所を通じて仕事を得たにせよ、そうでないにせよ、賃金を彼に譲渡していた。彼はその後で家賃を払い、食料品を購入し、支払わなければならない勘定を引き受けていた。

ペニナが実際の家事――買い物や食料品の用意を含む――を切り盛りし、皆の話では彼女は疲れを知らない働き者だったという。事実、メッセンジャーが彼女と結婚した時期をこれよりもずっと前だとする観察者たちがいる一方で、二人の結婚はこの頃だったと信じている者もいる。しかし、時期がいつであれ、その結婚は精神的な性格のものであった。また、それは合法的なものであったかもしれない――もっとも、結婚許可書はこれまでのところ、まったく発見されていない――が、性的なものではなかった。

メッセンジャーは運動のかなり初めの頃から、性的行為は不潔であり、堕落の証しなので禁ずる、と宣言していた。彼も支持者らもその命令に背かなかったことが知られている。この性的禁欲の問題については、この章の後ほどまた、戻ってくることにしよう。

ニューヨーク時代、興味深い出来事がもう一つ起こった。メッセンジャーがさらなる改名を経たのである。理由はすっかり明らかであるというわけではないが、おそらく彼はもっとふさわしい称号の必要性を感じていたのだろう。とにかく、ジョージ・ベイカーがメッセンジャーに発展したのとちょうど同じように、メッセンジャーはメジャー・ジェラス・ディヴァインに進化し、それがやがて、M・J・ディヴァインに短縮され、ついに――何年もかかって――M・J・ディヴァインがファーザー・ディヴァインになった。こうした後になってからの変更は漸次的なものではあるが、記録の問題であり、実際には論争の的となってはいない。論争が巻き起こっているのは、それよりも前に行われた一連の変更についてである。つまり、ジョージ・ベイカーからメッセンジャーへの移行と、メッセンジャーからメジャー・ジェラス・ディヴァインへの移行である。こうした名前の変更は、ファーザー・ディヴァインが自分の生まれつきの境遇を頑として認めようとしなかったことと共に、彼の死後何年も経つまで解明されなかった、正真正銘の謎を生み出したのである。彼はいつ生まれたのかと聞かれる度に、「私は生まれたのではない。私は燃やし尽くされたのだ」と答えたのかもしれない。彼は自分の出生についての質問に、「アブラハムが生まれる前から、『わたしはある』」("Before Abraham was, I am."(*2))という聖書の言葉で答えることもあった。

5　セイヴィル——転機

一九一九年に、ファーザー・ディヴァインとせいぜい二四人ほどから成る、小さなグループはブルックリンからロングアイランドのセイヴィルに移った。彼らが移り住んだ家——メイコン・ストリート七二番地の一二部屋もある魅力的な住宅——は今も、そこに建っている。まさにここで、運動が国内的にも国際的にも初めて認められるようになったので、そこは信者らによって一種の聖堂として利用されている。

万事がすこぶる平穏に始まった。白人社会は、自分たちが生活している所で黒人が何かを始めるという展望にあまり熱狂的ではなかったにせよ、公然たる反発は最初はみられなかった。それどころか、数年にわたってセイヴィルとその周辺地域はファーザー・ディヴァインの地域奉仕活動を十分利用したのである。ファーザー・ディヴァインは——ブルックリンにいた頃と同じように——職業紹介所を運営していたので、近隣の屋敷の多くに信頼できる家事使用人を供給することができた。

誰に聞いても、ファーザー・ディヴァインはよき隣人であった。彼はメイコン・ストリート七二番地をちり一つ落ちていないままに保った。彼は庭仕事をした。彼はすぐに微笑み返すような、礼儀正しくフレンドリーな人であった。一部の人々が恐れていたように、彼の支持者が近所に押し寄せるということはなかった。グループの人数はどうにか増えていた――が、ゆっくりとであった。彼らは大声を上げることも、手に負えない振る舞いをすることもなかった。飲酒は一切なかった。そして、性にまつわる問題もまったくなかった。

幸福な一〇年もの間、万事はこのように運んでいった。

ファーザー・ディヴァインは自らの地位を強固にしつつあるようにみえた。実際には、彼はビジネスマンの役割と、神の役割とを、両立させる方法を習得しているところであった。彼はその両方で成功を収めた。ビジネスマンとしては、彼は地域社会の信頼と尊敬を勝ち得ていた――異なる人種が共存しているという全般的状況にもかかわらず、である。そして、神としての役目においては、彼は飛び抜けてすぐれていた。

一九二〇年代のアフリカ系アメリカ人は恵まれていなかった。彼らは社会的差別と経済的差別の両方に直面し、多くの場合、向上心に欠けると共に――しばしば――絶望感を抱いていた。ファーザー・ディヴァインは自分の支持者らに希望と目的意識を吹き込むことに成功したのである。

宿や食料や雇用という形での経済的安定を彼らに与えた。仕事の源の一つは、靴屋や食料品店や金物店を含むピース・ミッションが運営する店舗であった。彼は、日給と引き換えに雇い主のために、一日真面目に働いているのだ、と主張することによって、自尊心の発達を彼らに促した。彼は、信者がチップを受け取ることを禁じた。喫煙や飲酒、暴言、「不謹慎な行動」を禁ずることによって、自制という観念を彼らに植えつけた。そして――他の何にもまして――彼は信者らに精神的安定を与えた。というのは、もし彼、つまり、ファーザー・ディヴァインが全能の神であるならば、彼の支持者は永遠の命を確信したからだ。

彼の支持者が一定の犠牲を払わなくてはならなかったことは確かだ。彼らは性的行為と結婚を絶たなくてはならなかった。ファーザー・ディヴァインは悪習に逆戻りした人を許さなかったので、彼らはファーザー・ディヴァインが定めた規則や規定に従わなくてはならなかった。そして、改めて繰り返すが、おそらく彼ら全員が自分の賃金を彼に譲渡していただろうと思われる。だが、こうした犠牲はそれに伴う経済的、ならびに、精神的恩恵に比べれば小さなものであった。

ゆっくりとではあるが確実に、ファーザー・ディヴァインの名声は拡大した。一九二〇年代が過ぎ行くにつれ、会員数は着実に増加していった。毎週日曜日には、神の姿を見、神の言葉を聴き、大量の食事——毎週三〇皿から四〇皿の料理が出され、しかも、全部が無料である！——のお相伴にあずかるために、バス何台分もの訪問者がメイコン・ストリート七二番地に到着するのだった。献金皿が回されることはそれまで一度もなかったし、寄付が求められることもなかった。「これらの食事すべての代金を支払うためのお金はどこから出ているのですか？」と——いつも——尋ねられると、答えは決まって次のようなものであった。「神から出ているのです」と。

一九三〇年には、日曜日のバスでの来訪に自家用車——最初は数十台、その後には、数百台——が加わった。地元住民には、車の隊列が果てしなく続くようにみえた。宴会も規模と勢いを増していった。証言が述べられ、病気が奇跡的に治癒したという報告が次第に増えていった。その次に歌や拍手。次に説教。次にハレルヤという叫び声。その他いろいろである。少なくともセイヴィルの市民には、手に負えない状況になりつつあるように思われた。何らかの措置が講じられるべき時だった。

最初は警察による嫌がらせがあった。交通違反や駐車違反の切符が大量に切られた。この戦術が失敗すると、地区検事は女性の覆面捜査官をメイコン・ストリート七二番地に配置した。捜査官は貧しいアフリカ系アメリカ人の労働者階級の女性の格好をして、ファーザー・ディヴァインと女性信者との間には性的関係があるという噂を立証しようと努めた。これにも失敗すると、その女性捜査官はファーザー・ディヴァインを誘惑しようとしたが、しかし、——彼女自身の説明によれば——彼は彼女を無視したのである。彼女が報告できたのは、全員が彼女に対して思いやりをもって親切に扱ったということだけだった。

次にタウンミーティングが開かれ、怒った住民グループがファーザー・ディヴァインの追放を要求した。メイコン・ストリート七二番地を訪れ、自分たちの要求を知らせるために、主だった住民から成る委員会が選ばれた。彼はこの一団を迎え入れ、彼らが自分たちの見解を説明している間、忍耐強く耳を傾けた。それから、彼は自分の見解を説明した。私と私の信者は善良な市民である。私たちは法律を破ったことがない。私自身、雇用サービスを提供し、地元の商店主から食品や生活用品を大量に購入することによって、セイヴィルを経済的に助けてきた。さらに、ファーザーはこう指摘した。「アメリカ合衆国憲法は宗教の自由を保障している。だから、私はセイヴィルを離れるつもりはない。それどころか、活動を広げるかもしれない」と。

ファーザーは礼儀正しく、穏やかな口調で話した。だが彼の物腰にはこれ以上話し合っても無駄だ、ということを委員会に悟らせるようなものがあったので、彼らは退出した。その後まもなく——ある日曜日の礼拝の最中に——警察がメイコン・ストリート七二番地に侵入し、治安を乱したかどで、ファーザー・ディヴァインと支持者八〇人を逮捕した。その日曜日は一九三一年一一月一五日で、ファーザー・ディヴァイン運動の真の始まりといえるかもしれない日だった。逮捕それ自体はかなり平穏に行われたが、このエピソード全体はアフリカ系アメリカ人社会の至る所で聞こえていた銃声の一つであった。

ルイス・J・スミス判事

申し立ての根拠が薄弱であるにもかかわらず、ファーザー・ディヴァインは大陪審に起訴され、（保釈金一五〇〇ドルで）裁判のために勾留された。黒人向けの新聞——と、それに加えて、白人向けの新聞の大部分——は人種差別だという世間の声を取り上げ、闘いが始まった。この事件に関する記事が新聞の第一面を飾り、知名度はうなぎ登りに上がった。数週間経たないうちに、ファーザー・ディヴァインは時の人となっていた。彼自身、目に見えて動揺している様子ではなかったが、裁判を闘い抜くこと——そして、必要ならば、不寛容と頑迷固陋の力に屈するくらいならば、「刑務所で朽ち果てる」こと——を誓った。

アメリカ合衆国検事補だった、アフリカ系アメリカ人の弁護士ジョン・C・トーマス（John C. Thomas）がファーザー・ディヴァインのために尽力することを申し出て、ファーザーはそれを受け容れた。この訴訟の裁判長は白人のルイス・J・スミス（Lewis J. Smith）で、彼は——記録によって明らかにされているように——被告人に対してあからさまに敵対的な態度をとっていた。裁判長が最初に行ったことの一つは、ファーザー・ディヴァインの保釈を取り消し、審理が行われている間は彼を拘置所に再留置することだった。法律上の専門的事項に基づくこの行動が裁判全体の傾向を決定した。

実際の訴訟はかなり明快であった。検察側は、ファーザー・ディヴァインとその信者らは近隣住民に迷惑をかけ、治安を乱し、交通を妨げ、公的不法妨害の当事者であった、と主張した。弁護側は当然、こうした陳述を否認した。証人のほとんどは近隣住民（検察側）か、ファーザー・ディヴァインの支持者（弁護側）の、どちらかであった。公判中で本当に注目に値することは、スミス裁判長が弁護側証人の何人かに向けた敵意だけであった。彼がどちらに共感しているかは一目瞭然だった。

陪審への説明においてすら、裁判長は不公平ぶりをみせた。彼は、「ファーザー・ディヴァインは地域に悪影響を及ぼす人物だ。彼の本名はファーザー・ディヴァインではなく、ジョージ・ベイカーだ。マザー・ディヴァイン（ペニナ）は彼の合法的な妻ではない。彼は任命された牧師ではない。彼は他人を諭してその賃金を自分に譲渡させることができる」などと述べた。

しばらく協議した後、陪審は――予想通り――有罪の評決を答申した。しかしながら、陪審は情状酌量するように勧告した。スミス裁判長は量刑を考える数日間、休廷した。その間、被告人は拘置所にとどまっていた。

世間の反応はさまざまであった。中には、ファーザー・ディヴァインは告発通り、実際に有罪だと感じている人々もいた。しかし、多くの公正な人々は、彼は無罪であり、純然たる人種的偏見の被害者である、という結論に達していた。

怯《ひる》むことなく、スミス裁判長は裁判を再び招集し、法律で許される最も厳しい刑――懲役一年と罰金五〇〇ドル――を課したのである。同じく怯《ひる》むことなく、ファーザー・ディヴァインはいぶかしげな表情で刑務所に入った。

だが、その三日後、スミス裁判長が亡くなったのである！

まだ五〇歳で、見たところ健康そうであった彼は心臓発作で亡くなった、と伝えられている。

ファーザー・ディヴァインはスミス裁判長の死去について、何かいうことはあるかと――独房で――尋ねられた時、やや悲しげにこう答えたという、「私はそんなことをしたくなかったのだが(8)」。

その後、上訴裁判所はファーザー・ディヴァインの有罪判決を覆したが、（今は亡き）第一審裁判官が「偏見を抱かせるようなコメント」を述べたということがこの決定の根拠であった。ファーザー・ディヴァインと共同被告人たちに課せられていた罰金も取り消された。

6　入信の理由

スミス裁判長の死はアフリカ系アメリカ人社会の幅広い層に圧倒的な影響を及ぼした。白人向けの新聞のほとんどはその話をありきたりに伝えたが、黒人向けの新聞は全段抜き大見出しを用いた。いくつかの近隣地域ではアフリカ系アメリカ人がパレードや集会を開催した。例えば、一九三二年六月二六日――ファーザー・ディヴァインが釈放された翌日――に、「われらが主に大いなる栄光あれ」集会がハーレムのロックランド・パレスで開かれた。ファーザー・ディヴァインは正午まで登場しない予定だったのに、午前五時には行列ができ始めた。七〇〇〇人以上がこの公会堂に詰めかけ、さらに何千人もの人々が入場を断られた。

ファーザー・ディヴァインは信者らの期待を裏切らなかった。彼はいつもの比喩的表現を努めて避け、生涯で最も明断な演説の一つを行った。その中で、特に、彼はこういった。

あなたがたは数週間、私の姿を目にしなかったかもしれないが、それでもやはり、私はあなたがたと共にあったのです。私は体に影響を及ぼすのとまさに同じように、心にも影響を及ぼすのです。私がどこかに行ってしまったと思う人々がたくさんおりましたが、嬉しいことにどこにも行っていませんでした。あの刑務所にいる間ずっと、そこの鍵を持っていました、そして、あなた方が集まる度、私はあなた方と共にあったのです。世間が私を起訴したり、迫害したりすることはできる、いや電気椅子へ送ることすらできる、しかし、あなた方から遠ざけておくこと、私が善を行うのを妨げることはできないのです！(9)

ファーザー・ディヴァインが演説を終えると、ロックランド・パレスの屋根を突き破らんばかりの歓声が聴衆から沸き起こった。「ハレルヤ！」「いとしい救世主よ！」「ファーザー・ディヴァインは全能の神だ！」といった感情の爆発が公会堂を揺さぶった。人々は飛び跳ねたり、金切り声を出したり、叫んだり、体を振ったり、くるくると回ったりした。ほとんどは狂喜乱舞していたが、中には圧倒されて泣いている者もいた。ハーレムで、いまだかつてこのようなことが起きたことはなかった。

歓呼の波が過ぎ去ると、証言が次々と聞こえてきた。ある女性はファーザーの介入によりがんを治してもらった、という。また別の女性は、関節炎を治してもらったと言う。ある人は足の不自由が治り、松葉杖を捨てたという。こういったことが延々と続き、奇跡の数々が滝のように自然とほとばしり出たのであった。

それから観客の口調が変わり、人々は体の悩みではなく、社会からの圧迫を訴え始めた。私たちは貧しく、飢えている。私たちは不衛生な暮らしを送っており、職にも就けない。私たちには希望も未来もない。私たちは助けを必要とし、それも今すぐ必要としている――神からの助けを！　少しずつ、次第に大きな声で、シュプレヒコールが沸き起こった。「あなたが必要なのです、ファーザー！　あなたが必要なのです！　あなたが必要なのです！　あなたが必要なのです！」(10)

このように集団でファーザー・ディヴァインに魅了されることの社会学的要因にはどのようなものがあるのだろうか？　この問いに一般的見地から答えることは容易である。ふさわしい人が、ふさわしい時期に、ふさわしい場所に――ふさわしい人々と共に――いるということだ。より具体的な答えには多くの項目が伴うだろう。

顕在的機能と潜在的機能

シェーカー教徒について論じた時に述べたように、社会学者のロバート・マートンはまず、「顕在的」機能と「潜在的」機能という対極的な概念を提唱した。(11) マートンによれば、社会過程や社会制度の多くは二つの機能をもつ。一つは意識的、意図的、あるいは、「顕在的」な機能であり、もう一つは無意識的な、実現されていない、もしくは、「潜在的」な機能である。そして、ファーザー・ディヴァイン運動の場合もそうであった。多くの男女が入信したのは、顕在的には、彼らがその集団の宗教的志向を信じたからであるが、潜在的な意味では、ディヴァイン運動がそれに加わらなければ獲得できなかったと思われる報酬を彼らに与えたからである。

国は大恐慌に支配されており、経済的に下層に位置していたアフリカ系アメリカ人は最も打撃を受けていた。多くのアフリカ系アメリカ人居住区では住居が劣悪だった。荒廃した建物、人口過密、ネズミやゴキブリ、三家族、四家族が一つのトイレを共有している、熱湯が出ない、冬には暖房が不十分——こういったことが毎年毎年続くのだった。失業や家族の遺棄、薬物中毒、絶望と同様に、病気や不健康、不十分な医療施設、悪い衛生状態、高い死亡率が根強く続いていた。アフリカ系アメリカ人——特に、下層階級の——は本当に誰かを必要としていた。そして、よりふさわしい候補者がいなかったので、その誰かこそがファーザー・ディヴァインであるかのように見えたのだ。

特に関連しているのは、食料という要因である。社会保障、失業補償、メディケア（Medicare）(＊4)とメディケイド（Medicaid）(＊3)、児童扶養世帯補助（Aid to Families with Dependent Children, 略称ＡＦＤＣ）(＊6)、ユナイテッド・ウェイ（United Way）(＊5)、高齢者扶助（old-age assistance）——そうしたプログラムが登場するのはまだ何年も先のことであった。したがって、失業者に立ちはだかる最初の問題の一つは飢えであった。なぜ、ファーザー・ディヴァイン——彼の毎日の礼拝には莫大な量の無料の食事が含まれていた——があのようにすぐに人々の心を動かしたかは、一目瞭然だった。「それにしても、そうした食べ物すべてはどこから来ているのですか——

誰がその代金を支払うのですか？」と質問される度に、答えは決まって次のようなものだった。「神から来ているのです、それに神はお金を必要としないのです」。ピース・ミッションの食料品店は運動のメンバーに雇用を、そして、運動の支持者たちにリーズナブルな価格の食料を、提供したのである。

事実、ほとんどの人々が運動に加わった顕在的理由は神の側近グループに入ることだった。多くの人々にとって、潜在的機能は赤貧からの脱出であったのだ。

人種のステレオタイプ

大恐慌はアフリカ系アメリカ人の経済的窮境の唯一の原因ではなかった。アフリカ系アメリカ人に対する偏見と差別がきわめて広範囲に及んでいたために、働き口がある時でさえ、彼らは締め出される恐れがあった。一九三〇年代には、事務職や半熟練職に就く機会ですら、黒人応募者には大抵、閉ざされていた。商店で黒人の店員を、会社で黒人の秘書を、目にすることはなかった。黒人のバス運転手や機械工、商人もいなかった。

実をいえば、人種のステレオタイプ化は当時の風潮であった。当初は「頭の中の絵」と定義された「ステレオタイプ」(stereotype) は、集団内の個別の差異を認めない、集団のすべての成員に関する信頼できない一般化、と表現するのが最適であろう。したがって、黒人は怠惰であるとか、黒人は劣っているといった白人の信念は、人種のステレオタイプである。社会学者らは、ステレオタイプ化が依然として行われていることを十分承知しているが、おそらくそれは二世代か、三世代前ほどには広く行われてはいないだろう。確かに、一九三〇年代、黒人に偏見を抱く白人たちにより、黒人はやる気がなく、頼りにならず、成り行き任せで、その大部分は仕事を長続きさせることができない、と一般に信じられていた。

ファーザー・ディヴァインのプログラムの大部分は人種のステレオタイプ化と就職差別を取り除くことを狙

いとしていたので、なぜ、彼がアフリカ系アメリカ人社会にあれほどまでの影響を及ぼしていたかは明白である。人口過密や失業や差別がはびこっていた地域——ブルックリン、マンハッタン、ニューアーク、ジャージーシティ、フィラデルフィア——で彼の人気が絶大だったことは偶然ではない。

疎　外

一九三〇年代、事態はアフリカ系アメリカ人にとってきわめてひどいものだったので、疎外感がしばしばはびこった。「疎外」（alienation）は、社会学者がその言葉を用いる時には、周囲の社会から疎遠になっていたり、切り離されていたりしている状態のことである。疎外された人たちは、権力の座に就いている人々が自分たちを顧みてこなかったとか、それに関して自分たちができることは何もない、と感じている。自分で自分の運命をほとんど、いやまったくコントロールできないとか、自分たちは——事実上——いなくてもいい存在になってきているのだ、と信じている。

同時代の他のどの指導者よりも、疎外の蔓延と闘ったのはファーザー・ディヴァインであり、彼はすぐれた実践者であった。彼は大衆を理解した。彼は大衆に話しかけることができた。彼は自尊心を生み出させることができ、また、神の役目を果たすことができた。最も重要なことは、彼が二つの基本的なもの——食料と仕事——を決して忘れなかったことである。これらは基礎であった。ファーザー・ディヴァインが舵を取っている限り、信者はあり余るほどの食料をほんのわずかな費用で、あるいは、無料で手に入れられる。さらに、彼の雇用サービスを通じて、もしくは、彼自身の経済的体制の中では——彼らは職も得ることができる。

食料、仕事、人種差別や疎外との楽しい闘い——大勢のアフリカ系アメリカ人がファーザー・ディヴァインの旗印に群がったのも不思議ではない。これらに彼の個人的魅力、自分は神であるという主張や確かな聖書の知識、よく通る声や寓意的な話し方、彼がもつとされている病気を治癒させる力、自然で生気にあふれた物腰、善良、かつ、公平であろうとする彼の猛烈な努力を付け加えてみるがよい——支持者にとって、その結果は神を意味したのである。

7　経済構造

何年もの間、ファーザー・ディヴァインの経済活動に関してかなりの誤解があった。彼の信者は、彼は神だから必要なお金をすべて「形にする」ことができると信じる傾向にあり、ファーザーはその考えを一掃するための処置をまったく取らなかった。彼の神格化について、心から疑いの念を多少とももっていた国税庁は、なぜ、彼は所得税を一度も払ったことがないのか、不思議に思った。結局、高価なスーツやダイヤモンドの指輪を身に着け、キャデラックのリムジンに乗って贅沢な食事をする男——そういう男はたくさんの収入も得ているに違いない、と国税庁は推測した。ファーザー・ディヴァインはそのような非難を否定し、教会と国家の一連の決定的対決においては国家が負けたのである。

ファーザー・ディヴァインはその長い生涯、所得税を一銭も支払ったことがなかった。彼を批判する人々は、彼は主の衣鉢の下、自分自身の天国を金で満たすために働き手である信者の給料を利用している、と主張した。彼の信者は、ファーザー・ディヴァインはその生涯において誰かにお金を求めたことは一度もなかったし、彼自身の教会にすら献金皿のようなものはない、と主張して反撃した。

実際、ファーザー・ディヴァインの経済活動は、彼を批判する人々が主張するほどには複雑——もしくは、秘密裡——ではなかった。日々の手順の多くは決して公に知られるようにならなかったが、筋の通った記述を可能にするだけのことは知られている。経済の基本原則は著しく単純だった。一〇人に共同の食事と住居を与えるのにかかる費用は、特にその一〇人が財政上の細かな事柄の処理を快く主に任せる場合には、たった一人に食事と住居を与えるのにかかる費用の一〇倍にもならなかったのである。これは（メッセンジャーとしての）ファーザー・ディヴァインが第一次世界大戦期にブルックリンで従っていた原則で、彼は全生涯を通じてそれを固く守った。

ホテル業

ファーザー・ディヴァインの庇護を受けた経済事業すべて――それは数多くある――のうち、ホテル業ほどに成功を収めたものはなく、運動はこの構造的ネットワークを中心に展開した。例えば、この組織は教会、もしくは、布教所を多数持っているが、多くの会合や集会、先述したような聖餐式の祝宴の儀式はホテルで開かれた。

労働力に関していえば、問題は最小限で済んだ。組合賃金を要求する従業員を置く代わりに、ホテルは賃金を一銭も受け取らずに働くファーザー・ディヴァインの支持者を雇うのだった。彼らは賃金の代わりに部屋と食事、そして、彼らが特権として定期的に仕えることを許されていた愛情深き神の永遠の加護を受け取った。また、当然のことながら、彼らは外部の人間にも奉仕したためにホテルは儲かった。このことは今度、運動が何千人もの貧窮した人々に事実上、無料で食事を提供することを可能にした。さらにもう一点、触れておかなければならない。ファーザー・ディヴァインとその信者たちはホテルを自分たちで建設したのではなく、買ったのである。大抵の場合、荒れ果てた状態だったホテルは――信者の助けで――改装され、それから開業したのだった。ファーザー・ディヴァインは不動産の価値を見極めるすぐれた目をもっており、彼の成功の多くは掘り出し物を探し出す彼の超人的な能力に由来していた。彼が自分の意向をいったん知らせれば、必要な後援者を見つけることは難しくなかった。ディヴァイン・トレイシー（フィラデルフィア）やディヴァイン・ホテル・リヴィエラ（ニューアーク）、ディヴァイン・フェアマウント（ジャージーシティ）、ディヴァイン・ロレイン（フィラデルフィア）といった都会の大型ホテルはすべてこのようにして獲得され、当初はこれらのホテルすべての経営はうまくいったが、現在では一つも営業していない。

ファーザー・ディヴァインは人種統合を固く信じていたのであり、それらのホテルは自分が説いたことを実践する機会を彼に与えた。黒人と白人は一緒に協力して働くばかりか——方針の問題として——同じ部屋を当てがわれた。ホテルは彼にとって「民主主義を実行に移したもの」だとファーザー・ディヴァインは述べた。

雇用サービス

ファーザー・ディヴァインはニューヨーク時代（一九一五年－一九年）、まず、雇用サービスを始めた。彼は家事使用人を配置する才覚を明らかにもっていたのであり、おそらくホテルを除けば、生涯を通じて雇用サービスが彼の最も成功した事業であった。

ファーザー・ディヴァインの成功の理由は、前にも触れたように、彼が一日分の給料で一日真面目に働くことを力説したことである。何年か経つうちに、彼が派遣した労働者の評判——実直である、頼りになる、敬虔である、といったこと——は上昇していった。実際、ニューヨーク－ニュージャージー－フィラデルフィア一帯の多くの主婦が証言できるように、家事使用人の需要は供給よりも大きかった。ファーザー・ディヴァインはチップや贈り物を受け取ることを労働者たちに禁じた。以下に紹介する告知は、『ニュー・デイ』に何百回も掲載された。

関係各位

私の忠実なる信者は贈り物やプレゼント、または、クリスマス、ないし、祝日を祝うための、その種のものは何であれ、欲することも望むこともせず、そのようなものを福音書の教えに合致せず、規約に違反し、聖書に従っていないものとみなしている。……私の忠実なる信者は自らの労働に対する正当な報酬を受け取っている限り、チップ、贈り物、もしくは、プレゼントを受け取ってはならない。

これにより、私は精神と肉体と知性において、また、あらゆる臓器、筋肉、腱、関節、手足、血管、骨において、さらには私の体内のあらゆる原子、繊維、細胞においてさえも、丈夫で、健康で、喜びに満ちあふれ、平穏で、活力に満ち、愛情深く、成功し、繁栄し、幸福なままでいられるのである。

敬　具

（ファーザー・ディヴァインとして、より知られている）

M・J・ディヴァイン師

結びの言葉は、ファーザー・ディヴァインが公式声明文書において用いていた言葉である。この手紙の本文で伝えられているメッセージは説明を要しないものであり、彼が——望めば——非常に明瞭になれるということのもう一つの例である。

ファーザー・ディヴァインの支持者は運動の内部か、外部で働くことができた。内部で——ホテルやレストラン、大型商業施設で——働く場合には、彼らは主の元で無給でせっせと働いた。外で——例えば、家事使用人として——働く場合、受け取った給料をどうするかは彼ら次第であった。おそらく彼らの多くが給料を運動に寄付したと思われるが、そうするよう強制されていたわけではなかった。

8　社会組織と名称

本書で論じられているどの集団も、アメリカ人の生活の主流からいろいろな点で外れている。そうした集団のそれぞれは、大きな社会への適応に役立てるために、内的連帯を強化することを目的とした一定のテクニックを用いてきた。ファーザー・ディヴァイン運動は宗教的な方法と世俗的な方法とを組み合わせたものを用いてきた。例えば、彼らの教会は崇拝の場として役立つのみならず、人々に住居と食事を提供できるよう設計されている。

以前は「天国」として知られていた教会やその支部は公式には「王国、エクステンション、ならびに、コネクション」と呼ばれ、支持者の多くがこれらの建物に住んでいる。ただ、すべての信者が住んでいるわけではないことは確かだ。というのは、自宅に住むことが許されているからだ。しかし、献身的な支持者——時に、ファーザー・ディヴァインの「側近グループ」、ないし、「聖家族」と呼ばれた——は王国内に住んでいる（ザ・ローズバッズ、ザ・リリーバッズ、ザ・クルセイダーズ、秘書らは伝統的にこのグループ出身だった）。

実際には、王国、エクステンション、ならびに、コネクションは、ホテル、アパート、下宿屋、信者によって多目的宿舎として利用されるその他の建物以上でも——また、それ以下でも——ない。部外者も王国に住めるかもしれないが、敷地内では彼らは支持者と同じ厳格な生活上の規則に従わなくてはならない。運動がピークに達した時——それは、私たちが今、論じている歴史的現在であるが——には王国、エクステンション、ならびに、コネクションが合わせて一七五以上あった。

王国の一つに住んでいる支持者は固く団結しており、そのために――第5章で論じられているオナイダ共同体《コミュニティ》のように――正真正銘の第一次集団を構成する。ケネス・バーナム（Kenneth Burnham）は、ファーザー・ディヴァインとマザー・ディヴァインの登場を待っている支持者の集まりを次のように記述している。「運動の一般信者らの第一次集団的性格を経験することができるのは、まさにここにおいてであった。彼らは五年から四〇年もの間、知り合いであった。彼らは共に働き、教会の車で共に旅し、共同所有する建物で共に暮らし、仲間の信者らによって給仕された聖餐式や、「兄弟」や「姉妹」が所有したり、従業員として働いたりしているレストランで共に食事をしてきたのである(12)」。

献身的な支持者は共に生活したり、働いたりするのとは違う仕方で団結している。彼らは信仰も共にしている。ファーザー・ディヴァインは神であり、彼が述べることは、どれも文字通り本当である、と彼らは確信している。彼らは聖書を信じているが、心の指針を得るために、ファーザー・ディヴァインの説教を繰り返し伝える教団の会報をよく参照する。

9　性的行為禁止 ― 結婚禁止 ― 家族禁止

社会学者は、社会によって維持されている確立された行動基準を表すのに、「規範」（norm）という言葉を用いている。ファーザー・ディヴァイン運動では、独身が結婚より好ましいという規範が組織全体に浸透している。忠実な信者は性的行為、結婚、または、家族の価値を信じていない。夫婦は入信できるが、王国の一つに住む場合には別居しなくてはならない（通常の手続きでは、男性と女性はそれぞれ別の階に住むことになっている)。子供がいる場合には、子供も男女別々に育てられなくてはならない。

家庭生活に関しては、献身的な支持者はファーザー・ディヴァインとマザー・ディヴァインを両親、自らをその子供とみなしており、この種の関係の方が普通の家族構成よりも満足のゆくもの――また、高尚なもの――だ、と信じている。ザ・クルセイダーズの「神に関する宣言」の第七項目は彼らの思いの強さを示している。

ファーザー・ディヴァインは私の本当の父、マザー・ディヴァインは私の本当の母、私には他に親などいなかった、私はそう信じているのです。

忠実な支持者は性的関係もことごとく控えている。実際、男性と女性は互いにほとんど関わりをもたない。聖餐の祝宴の前後に男性たちだけ、女性たちだけで話をしているのは非常によく見られる。互いに敵意を抱いているとか、反目しあっているということは一切なく、やんわりと避けているにすぎない。

ファーザー・ディヴァインによって考案された「節度ある行動に関する国際規約」は献身的な支持者全員によって利用されている行動指針である。この規約は――その全体、もしくは、一部分が――さまざまな王国、エクステンション、ならびに、コネクションの目立つところに掲示されている。それは、『ニュー・デイ』の毎号に以下のように繰り返し掲載されている。

節度ある行動に関する国際規約

ファーザー・ディヴァイン制定

禁煙　禁酒　猥褻行為禁止
無作法禁止　冒瀆禁止
過度の男女交際禁止
贈り物、プレゼント、チップ、賄賂の受領禁止

忠実な支持者はほとんど第二の天性に基づいて、この規約に文字通り従う。しかし、彼らは「過度の男女交際禁止」という項目にとりわけ留意し、信用している。独身、処女性、純潔、貞操、貞節――どんな言葉によろうと、支持者は性的禁欲という考えをほぼ誇示している、といってもいいようにみえる。

シェーカー教徒とディヴァイン派

ファーザー・ディヴァイン運動とシェーカー教徒は独身主義を実践している。ファーザー・ディヴァインの成長は、シェーカー教徒の数が一九世紀の歴史的絶頂から減少した時に訪れた。演説の中で、ファーザー・ディヴァインはシェーカー教徒の組織について肯定的に語ったが、自分の方がより高い水準の道徳に従っているのだ、と感じていた。マザー・アン・リーは「性的放縦」に屈してしまっていたので（すなわち、彼女は結婚し、妊娠していた）、永遠の生命を手にできなかった、と彼は述べた。彼がシェーカー教徒に会ったことがあるのかどうかは確証がまったくないのだが、彼の死後、この二つの集団の間に何らかの相互作用はあった。

一九九〇年代中頃、ウッドモントからのディヴァイン派の代表者団がメイン州サバスデイレイクのシェーカー共同体に行った。性的禁欲に関するコメントは具体的に記録されてはいないのだが、ファーザー・ディヴァ

インの支持者は「私たちとシェーカー教徒がいかに近いか」について、また、両者は「美徳の生活」を分かち合っているとコメントした。シェーカーの代表者団は少なくとも二度、フィラデルフィアを訪れた。そのうちの一回は、一九九六年のマザー・ディヴァインとファーザー・ディヴァインの五〇回目の結婚記念日を祝う式典だった――もっとも、ファーザー・ディヴァインは三〇年以上も前に他界してしまっていたのだが。誰の話を聞いても、こうした会合は心から行われたという。[13]

シェーカー教のシスターたちが胸に慎みを表すハンカチを着用し続けるのとちょうど同じように、ザ・ローズバッズは白いＶの字が刺繍されたジャケットを着用し、また、彼女たちの「十戒」の第六条は「私たちの行いのどれもが処女性を表すものとなるよう努力する」とある。ザ・リリーバッズの「努力」には、彼女たちは「清らかに、敬虔に、貞淑に、清潔に生きる」こととある。また、ザ・クルセイダーズは「信仰、純潔、……克己に捧げられた、正しく、有益で、神聖な生活を送る」と誓っている。

10　報　酬

ファーザー・ディヴァインの支持者はあらゆる点で犠牲的な生活を送っているというわけではない。むしろその反対である。彼らは普通の夫婦関係や家族関係を絶ち、利益追求欲を捨てることを誓わなくてはならないが、報酬――彼らの視点から見た――は犠牲よりもはるかに大きい。

献身的な支持者が決して裕福にならないであろうということは明白だが、そうであっても、彼らは富など必要としていない。彼らの出費はゼロに近い。彼らには養うべき家族や面倒をみるべき両親がいない。家賃を払うこともないし、抵当、もしくは、家に関連した他の出費もまったくない。レクリエーションや旅行にかかる費用は最低限である。食費も一切かからない。こういった信者が富をどれだけ必要とするだろうか？　運動は、彼らが生きている間に必要とする物品を世話するだろう。そして、今度は彼らが運動に、生涯にわたる献身的な奉仕を提供するだろう。

　無形のものの領域では、献身的な支持者が受け取る報酬はさらに大きい。彼らは自分たちの神に仕え、そのそばにいるという満足感を日々得ている。目的を同じくする人々と共に生活し、働くという安心感を得ている。家庭生活上の心配事から解放されている。財政上の苦労もない。部外者がしばしばうらやむような心の平安と精神的幸福感を得ているのだ。

　この最後の点は最も重要かもしれない。というのは、この集団の精神観に関心を抱かなければ、誰もそう長くこの集団の周辺にはいられないからだ。彼らは、理解しているからこそ、精神的安心感という印象を与えるのだ。神――ファーザー・ディヴァイン――に対する彼らの愛は非常に大きいので、それによって、彼らは自分自身と外の世界の両方を理解してきた。

　献身的な支持者は永遠の命を手にしているために、ファーザー・ディヴァインの教えのどこにも来世への準備は見当たらない。ファーザー・ディヴァインはこの点について、象徴的にではなく、文字通りに語っている。自分の教えに忠実に従うならば、完全な健康と永遠の命を得るだろう、と彼は自分の支持者に繰り返し約束した。こうした宣言に基づき、支持者はいかなる種類の保険に入ることも拒んでいる。

　万人に対する善意、人種統合、公正な政治、国際的な節度ある行動――こうしたことすべては、来世ではなく、現世で今、望まれている。運動の計画や方針、活動はまさにこの前提に基づいている。また、忠実な信者に持続的な満足感を与えているのは、この「現世」の哲学である。彼らはファーザーに対する自分の愛を隠さず表現したり、彼の教えを実践したり、組織が機能していることを示したりすることができれば、人類の救済の日は近い、と感じている。

しかし、ファーザー・ディヴァインの支持者が病気にならないとか、死なないというのは果たして本当なのだろうか？　もちろん、そんなことはない。彼らの罹病率と死亡率は一般市民のそれと同じであるようだ。しかしながら、支持者が死ぬと、それは、彼らがファーザーによって述べられた原則に従って生きることが、どういうわけかできなかった、という事実に起因するものとみなされる。そうした原則に従っていたならば、彼らは死ななくて済んだであろうに。

現代の支持者はこの点では現実的である。彼らは、同胞が死ぬことを十分よく理解している。しかしながら、ファーザー・ディヴァインの教えは目標を表しているのであって、その目標は難しいが不可能ではない、と彼らは主張する。成功しようがしまいが、その目標に到達することに自分の人生を捧げるのが忠実な支持者というものである。マザー・ディヴァインはこの問題についてこう書いている。

> ピース・ミッション運動では葬儀を行いません。ファーザー・ディヴァインの支持者は、生きている人に花をあげることを信条としています。……
>
> 支持者が信仰を抱いて死んだら、遺体は非常に簡単で、合法的で、目立たない方法で処理されます。肉体はその元となっている塵に戻り、霊魂はそれをお与えになった神へと戻る、と支持者は信じています。神はそれをその御心にかなう別の肉体にお与えになるでしょう。
>
> 自らの肉体を、イエス・キリストに勝利を与えた命の御霊の法則に完全に従属させる忠実な支持者は、死ぬことはないでしょう。完全というこの目標は切に願うべき崇高なものでありますが、それにもかかわらず、それはイエスのご命令なのです。「だから、あなたがたの天の父が完全であられるように、あなた

がたも完全な者となりなさい」（「マタイによる福音書」第五章第四八節）[14]。

11　敵と離反者

その宗教的指導者としての目を見張るような成功にもかかわらず、ファーザー・ディヴァインはかなりの抵抗を経験し、彼が創始した運動もそうであった。アフリカ系アメリカ人社会のさまざまな階層の人々は、自分たちの仲間の一人が図々しくも神のように振る舞っているという事実を嘲笑してきた。大衆紙は運動を度々笑いものにし、真面目な学者たちは――若干を例外として――おおむね距離を置いたままであった。

初めの頃は、抵抗の多くは外部の聖職者たちからのものだった。当然、セント・ジョン・ザ・ヴァイン・ヒッカーソンは、「神」はボルティモアからやって来た小柄なジョージ・ベイカーに他ならない、と主張した。ダディ・グレイス（Daddy Grace）は比較的手ごわい相手だった。色とりどりの衣装を身に着け、ファーザー・ディヴァインを偽の神だと非難した彼は、東海岸沿いに「祈りの家」を建設し、何千人もの熱狂的な信者らに対して――一人一ドルで――特別な洗礼式を執り行った。しかしながら、彼は自分の所得税の申告をするよりも洗礼を施す方に長けていたようで、国税庁と衝突した後、キューバに逃亡した。(＊7)

次の反対者はロバート・C・ローソン監督（Bishop Robert C. Lawson）だった。その他の人々の非常に多くと違い、ローソンは外国人指導者でもカルトの指導者でもなく、正統な――また、かなり有名な――アフリカ系アメリカ人の牧師だった。彼は新聞やラジオでファーザー・ディヴァインを破廉恥なペテン師と呼んで非難した。彼は毎月毎月、毎週毎週、罵倒し続けた。だが、結局のところ、結果はダディ・グレイスの時と同じであった。彼は忘れられ、ファーザー・ディヴァインの信者は何千人も増えた。

ファーザー・ディヴァインの競争相手すべてに関してそうであった。彼らは何十年にもわたって出撃し、結局は「火の柱」(Pillar of Fire)(＊8)を前にした追跡者たちのように踵を返したのである。振り返ってみると、ファーザー・ディヴァインの外部の敵対者で彼に多大な心配の種を与えた者は一人もいなかった。彼の本当の悲しみは運動の内部の人々に起因していた。しかしながら、全会衆のうち、おそらくヴェリンダ・ブラウン(Verinda Brown)はファーザーの他の「問題児」全員を合わせたものよりも多くの面倒を彼にかけたであろう。

背教者

あらゆる宗教が「背教者」(apostates)——自らの信仰と忠誠を捨てた人々——に対処しなくてはならない。ファーザー・ディヴァインのピース・ミッションのような宗派にとって背教者は特別な課題である。というのは、部外者は長老派やローマ・カトリックのようなより主流の宗派に比べて、周縁的だと一般にみなされている宗派の背教者の主張の方を信じる可能性が高いからである。ヴェリンダ・ブラウンは社会的地位の高い家庭で生まれ育った。彼女は非行に走ったことがなく、前科もなく、病気で体が衰弱したこともなかった。実のところ、ファーザー・ディヴァインに初めて会った頃の彼女は幸せな既婚女性だった。彼女と夫のトマスはニューヨークの裕福な家族の家事使用人として働いていた。夫婦はかなり稼いだので、彼らがファーザー・ディヴァインの禁欲的な世界に加わることなど誰も予想しなかったであろう。しかし、彼らは加わったのである。どういうわけか、——彼らはその理由を一度も説明できなかった——彼らはファーザーに惹かれ、聖餐式の祝宴に何度か参加した後、彼を神と認める用意ができたのである。肉欲の誘惑を忘れるために、トマスはそれまでの職を捨て、王国の一つで就職した。ヴェリンダは家事使用人として外で働き続けた。しばらくして、彼らは新しい名前を名のった。トマス・ブラウンはオンワード・ユニヴァース(Onward

Universe）に、ヴェリンダ・ブラウンはレベッカ・グレイス（Rebecca Grace）になった。彼らは運動への忠誠を示すために、保険、貯蓄貸付組合のローンで購入した不動産、ならびに、所有地を現金化した。その現金のいくらかをすぐさまファーザーに寄付した。残りの金でファーザーに贈り物を買った。彼らがいうには、少なくともそれだけのことはしたという。

その後、ファーザー・ディヴァインは夫妻を冷遇し始めた。彼は、夫妻が欲深い考えを心の中からすっかり追い払ったことを確信していないようだった。ヴェリンダがまず傷つき、それから憤慨し、それから恨みを抱いた。事態を熟慮した後、彼女は運動を離れることを決意し、しばらくして夫もその後に続いた。

しかし、ヴェリンダはそれで終わらなかった。彼女はファーザー・ディヴァインに五〇〇〇ドル近くを事実上、寄付していた――それを彼女は取り戻したいと思ったのだ。彼女は弁護士を雇い、裁判沙汰にした。ファーザーはその主張を否定し、多数の信者を出廷させ、信者らはファーザーがいかなる方法、形、あるいは、形式であれ、金銭を受け取ったことは一度もない、と断言した。裁判長はヴェリンダに有利な判決を下し、ファーザー・ディヴァインは全額プラス裁判費用を支払うように命じられた。ファーザーはこれを不服とし、直ちに上訴したが、無駄であった。上訴裁判所は最初の評決を支持し、その判決は今日まで有効である。

すなわち、その判決は法的に有効だということである。道徳的に有効だというわけではない。ファーザー・ディヴァインは支払いを拒んだ――ビタ一文も払わなかった――のだから。その代わり、彼はただニューヨークを去り、一九四二年七月に本拠地をフィラデルフィアに移し、現在に至っている。彼がニューヨークに戻ったのは、州法によると、被告召喚令状を送達できない日曜日だけであった。

ファーザー・ディヴァインが裁判所命令に従うことを拒んだのは厳密にいって、主義の問題だった。彼は何度も次のように公言した。「告発は間違っていた。判決は不当だった。一セントでも払うくらいなら刑務所で朽ち果てる方がましだ」。弁護士たちですら、彼にその考えを変えさせることはできなかった。五〇〇〇ドルは生活妨害の請求額も同然で、それを支払う方が移転に伴う負担より望ましい、というのが弁護士らの見解だった。しかし、ファーザーは立場を決して変えなかった。

しかしながら、ファーザー・ディヴァインが裁判所の判決に――多くの点で――傷ついたことは疑いない。一つは、特に宗教運動の場合には、敵意に満ちた宣伝によって傷つけられるということがある。もう一つは、判決が下された後にフィラデルフィアに移ったことが信者の数の著しい減少をもたらし、他の要因も絡んでいるとはいえ、移転それ自体がそのきっかけになったであろう[15]。幹部の多くは指導者と共にフィラデルフィアへ移った。多くの王国、エクステンション、ならびに、コネクションが閉鎖され、今ではニューヨークには一握りしか残っていない（ファーザー・ディヴァインの弁護士らが請求額を支払うよう彼に勧めたのは、まさにこうした現実的な理由からであった）。

だが、この話には別の側面がある。というのは、ファーザー・ディヴァインが傷ついたとすれば、ニューヨークは一層傷ついたのではなかったか？　結局、ワイスブロット（Weisbrot）が指摘しているように、「独立、実直、自己修養の重視は、ピース・ミッションが新たに定着した地域なら、どこでも犯罪率が劇的に低下したことの一助となった[16]」。多くの裁判官や警察官がこの事実を証言した。

同じように、忠実な支持者たちはその実直さと頼もしさゆえに、労働者として需要が多かった。それに加えて、ファーザー・ディヴァインは毎年ニューヨークの何十万人もの失業者に事実上、無料で食事を提供していた。また、当然のことながら、生活保護やどんな種類であれ、救済を受けることを許可された信者は一人もいなかった。要するに、彼はニューヨークの納税者に、多少とも定期的に相当額のお金を節約させていたことになるわけである。それゆえに、皮肉にも、ニューヨークが損した分、フィラデルフィアが得したかのように見えるのだ！

トミー・ガルシア物語

トミー・ガルシア（Tommy Garcia）は一五歳の時に、実の父親を見つけるために、ファーザー・ディヴァインの王国から逃亡した。ウッドモントでファーザー・ディヴァインとマザー・ディヴァインによって育てられたガルシアは、自分はピース・ミッション運動の指導者となるべく教育されていたのだ、と信じている。ファーザーが一九六五年に亡くなった時、教団内に権力闘争が起こり、トミーは寄宿学校に送られた。現在、ガルシアはネヴァダ州ラスヴェガスで妻のローリーと共に設備リース業を営んでいる。以下に紹介するのは、一九九九年一〇月にウィリアム・ゼルナーによって行われた電話インタビューからの抜粋である。(17)

ゼルナー　どのような経緯でファーザー・ディヴァインの家族の一員となったのですか？

ガルシア　私は一九五四年にロサンゼルスで生まれました。私の生みの母親、ジョージア・ガルシア（Georgia Garcia）はかなりすぐれた写真家でした。私の父、トマス・ガルシア（Tomas Garcia）は合法的なメキシコ移民でした。父さんは昼間はレコード店で働き、テレビ技術を学ぶ夜間の学校に通っていました。私には一九五九年に生まれた妹、スーザンがいました。

ゼルナー　フィラデルフィアはロサンゼルスからは遠いですよね。

ガルシア　ええ。一九六二年、母がロサンゼルスのとある礼拝堂で私の写真を撮っていた時のことです。ルイーズ・シェル（Louise Schell）という女性が母さんに近づいてきて、ディヴァインのサテライト組織である、ジェファーソン・ミッション（Jefferson Mission）での集会に出てみないかと聞いてきました。

ゼルナー　あなたは行ったのですか？

ガルシア　はい。私はとても幼かったのですが、最初の時のことをよく覚えています。そこでは、一方の側に男性、もう一方の側に女性がいて、黒人と白人が交互に座っていました。人々は録音されたファーザー・ディヴァインの声に熱心に耳を傾けていました。話しているのは誰？　と私が尋ねると、神さま――ファーザー・ディヴァイン――だ、といわれました。その時には、それは私にとって大して重要ではありませんでした。私は六歳の時に堅信の秘跡を受けたカトリック教徒でしたから、テープレコーダーの隣に置いてあった絵の中の黒人男性は、私が想像していた神さまとは似ても似つかぬように見えたのでした。

ゼルナー　どのようにして、ジェファーソン・ミッションからウッドモントへ行ったのですか？

ガルシア　母さんが私とスージーを連れてニューハンプシャー州にある自分の実家に行きたい、と父さんに話したのです（ところで、彼女を母さんと呼ぶのは私にとってとても難しいことなのです。彼女は運動を支持するあまり、私を自分の息子ではない、といってきましたから）。父さんは私たちに旅行用の車と現金をくれました。ルイーズも私たちに同行しました。フィラデルフィアに到着すると、私たちはまっすぐディヴァイン・ロレイン・ホテルに向かいました。スージーと私はそこで別れました。私は上の階の部屋に連れて行かれ、一晩中そこに一人でいました。翌朝、私はウッドモントにあるファーザー・ディヴァインの書斎へ連れて行かれました。今日まで私に付きまとって離れない言葉を彼からいわれたのはそこでだったのです。

ゼルナー　何といわれたのですか、トミー？

ガルシア　彼はこういったのです、「トミー、誰も君を必要としていないことがわかったんだ。私は君が欲しい。君のことが心配なんだ。君が承諾してくれるなら、君はここで私と一緒に暮らすんだ。私が一生、君の面倒をみよう」、と。

ゼルナー　その時どう思いましたか？

ガルシア　私はひどくおかしなことが起こっていると思いました。私は「イースト・サイド・キッズ」（*East Side Kids*）というテレビ番組に出てくる孤児院を想像しました。私はそのような所に行くことになるのではないかと恐れたのです。私は部屋にあるすべてのもの、部屋にいたすべての人を見回しました。それからファーザー・ディヴァインに向き直り、はいと答えました。彼は約束を守りました。その時から死ぬまで、彼は私を自分の息子として扱いました。

ゼルナー　では、スージーは？

ガルシア　彼女について何度も尋ねたのですが、決まって彼女は別の場所に連れて行かれた、といわれました。私が彼女に再会したのは二年後のことでした。

　スージーはあの環境に置かれた時、まだ三歳でした。小さな子供が必要とするような類いの養育を彼女は受けていなかったと思います。彼女は、私が「事務的な世話」と呼ぶものを受けていました。彼女は混乱し、傷つきました、だから、一九九三年の彼女の悲劇的な死は彼女に唯一の平穏をもたらしたのかもしれません。

ゼルナー　彼女はどのようにして亡くなったのですか？

ガルシア　彼女は麻薬を常用するようになり、一六歳の時にエクステンションから追い出されました。彼女はロサンゼルスに戻ったのですが、そこで、小難を逃れて大難に陥ったのです。彼女は麻薬を常用し続け、一九九三年にコンビニエンスストアに行く途中、レイプされた後に殺されたのです。

ゼルナー　確かに悲劇的な話ですね。

ガルシア　彼女の死は、私が自分の生い立ちを話さなくてはならないと感じる理由の一つなのです。多くの子供たちが両親に事実上、捨てられ、結局はピース・ミッション運動に入る破目になったのです。このようなことが今ではどれだけ行われているかはわかりませんが、今でも行われていると聞いています。それが行われているのならば、それは社会に後押しされた誘拐です。運動が経営するレストランやホテル、その他の商業施設をひいきにする人たちは、犯罪行為やマザー・ディヴァインの私腹を肥やすことに貢献しているのです。

ゼルナー　祝宴であなたはどのような役目を果たしていたのですか？

ガルシア　私は証しをするように度々、求められました。私はたくさんの贈り物をもらい、自分は特別だと思わされました。ごく最近の贈り物についてはマザーとファーザーにただただ感謝するばかりでした。例えば、私は自分専用のテレビを持っていました。今では、子供が自分の部屋にテレビを持つことはよくありますが、一九六〇年代には本当に珍しかったのです。ゴーカートやトラクターすら持っていました。

　私が自分を特別だと思うのも、もっともでした。ファーザー・ディヴァインとマザー・ディヴァイン以外で運転手兼お側係兼ボディガードが付いていたのは私だけでしたから。

ゼルナー　特別扱いされていた理由は何だと思いますか？

ガルシア　ファーザー・ディヴァインは大変な先見の明を持っていたと思います。上層部の一部が独自路線を歩もうとしていると考えたのです。信者の多くがマザー・ディヴァインを女神とみなしていないことに彼は気づいていました。

彼は、運動の外部にいる人に後継者になってもらう必要があることをわかっていました。ファーザー・ディヴァインがマザー・ディヴァインを選んだのとちょうど同じように、彼は私を選んだのです。ですから、今でも、呼ばれれば、私は職務を果たすつもりです。

確かに、ディヴァイン運動の中で育てられていた子供たちはたくさんいたが、ウッドモントで育てられたのは彼ただ一人であった。彼が贈り物をもらい、愛されていたというのも本当だった。しかし、マザー・ディヴァインは、彼は指導者の役割に就くべく教育されていたわけではないと主張し、次のように述べた――「そのような目的で教育される子供は一人もいませんでした。私たちは皆、内部からキリストを育てようと努めているのです。もし誰かが権威ある地位を占めなくてはならないとすれば、その時にはその人が選ばれることでしょう(18)」。彼女はさらに続けてこういった。「彼は決心したことは何でもすることができるでしょう。彼が指導者だということを、人々は早くに認めていたのです。彼には指導者としての役目を果たす機会がもっと必要だと私は思います。もっとも、それがどのようなものになるかは、私にはわかりませんが(19)」。

12　運動の範囲と運営

ファーザー・ディヴァインの支持者のほとんどは彼を崇拝していたのであり、彼に近ければ近いほどその崇敬の念は大きかった。実際、ヴェリンダ・ブラウンのような信者がほとんどいなかったのは、彼の指導力の証しである。しかし、この組織はとりわけ、どのように運営されていたのか？　皆、どのような経緯で参加し始めたのか？　ファーザーはたった一人で経営していたのか、それとも、代理や補佐の役目をする人々がいたのか？　会員数はどれくらいだったのか？　何カ国に及んでいたのか？

これらの質問のうち、答えられるものと、そうでないものとがある。最も難しい質問は人数に関する質問である——というのは、会員名簿が作られたことは一度もなく、ファーザー・ディヴァインとマザー・ディヴァインはたとえ何百回尋ねられても、数字を挙げたことはなかったからだ。統計データの公表禁止は財務報告書や月例銀行口座通知書、所得税申告書、その他の会計記録にまで及んでいる。

ファーザー・ディヴァインの組織に加入するための実際の手続きは、きわめて非公式なものだったに違いない。数年前、運動がそのピークに近かった頃、ある支持者はどのような経緯で運動に加わるようになったのか尋ねられた。すると、その男性はこう答えた、「集会や礼拝に来て、自分が本当に関心をもっているのだということを彼らに見せるのです。人々に会い続けて、まあ何というか、品定めの機会を彼らに与えるのです。そうしてから、自分が望むのであればしばらくの間とどまって試してみることができます。万事うまくいくでしょう。ふさわしくない人は長続きしませんから」。

実際、会員には二種類ある。運動の内部で生活したり、働いたりしている忠実な、すなわち、献身的な支持者と、自宅で生活している信者とがいる。後者のグループの運動への関与や忠誠の度合いはいつでもさまざまであり、人数の推計を困難にしてきたのはこのグループである。

ファーザー・ディヴァイン運動の規模はおそらく誇張されてきただろう。全盛期に、かなりの人数が参加したというのは本当である。ファーザーが講演を行った所では、ほぼどこでも立見席にも収まらないほど満員の聴衆が目につき、消防法に違反している恐れがちょくちょくあった。ファーザーの時間も随分とられたので、スケジュールについていくことは到底できなかった。

しかし、騒がしさには別の側面があった。立見席に収まらないほど満員の聴衆の多くには、準会員、または、「神」がどんな風なのか見たくてたまらない単なる野次馬が含まれていた。バス何台分ものファーザーの信者が彼の行く所ならどこへでもついていくことは何度もあったので、至る所に信者がいるという印象を強めた。

それにもかかわらず、第二次世界大戦までに、組織の多くが短命だったとはいえ、およそ二五の州で運動の痕跡を見つけることができた。ファーザー・ディヴァイン自身は組織の国際的な趣をよく強調していたが、海外の会員数は数の上ではそう多くはならなかった。参加した国の数は限られていた――オーストラリア、英領西インド諸島、カナダ、スイス、イギリス、ドイツ、パナマといった国々だけだった。現在、海外支部は消滅している。運動の中心は常にニューヨーク、ニュージャージー、フィラデルフィアだった。

ファーザー・ディヴァイン運動のピークの時期は一九三〇年代と一九四〇年代に来た。会員数が最多に達し、運動の範囲が全国ばかりか全世界に及び、ファーザー・ディヴァインが有名な宗教指導者となったのはこの時期であった。勢いは明らかに衰えているとはいえ、組織は一九五〇年代と六〇年代初期にはほどほどに強大であった。しかしながら、一九六五年――ファーザーが亡くなった年――以降、運動はかなり急に下り坂となったようである。現在、組織は存続しているが、数においても勢力においても弱まっている。

ピークの時期には会員数はどれくらいだったのだろうか？　はっきりとはわからない。会員数は、ファーザー・ディヴァインが繰り返し主張した二二〇〇万人、あるいは、新聞で何度も大々的に報じられた「何百万人」には決して届かなかった。取り巻きや野次馬を除けば、会員数が何十万人に達したかどうかでさえ疑わしいのだ。おそらく会員数は何万人単位だろうが、それも運動が最盛期だった頃の話にすぎない。今では、支持者の数はかなり少なく、献身的な信者は数百人、ひょっとするともっと少ないかもしれない。

シェーファーが二〇〇五年にウッドモントの屋敷を訪れ、居合わせたザ・ローズバッズに、この不規則に広がった複合体を維持するのにどれくらいの人数が必要か尋ねた時でさえ、彼女たちは「私たちは恵みを数えたりなどしないのです」と答えたものだった。推定値は豊富にあるが、五〇年前であれ、現在であれ、ファーザー・ディヴァイン運動の実際の信頼できる推定値はこれまでまったくなかった。

運動には白人よりも黒人の方が常に多かった。ピークの時期、黒人と白人の比率はおよそ九対一、もしくは、八対二だった。また、女性の数は常に男性の数より多く、おそらく四対一、ないし五対一、の割合だった。さらに、――予測できることではあるが――運動は若者よりも中高年の人々を惹きつけてきた。

指導部

指導部というテーマについて語るのに語りすぎるということはない。アーサー・H・フォーセット（Arthur H. Fauset）は運動がピークに達していた頃、「ファーザー・ディヴァイン運動では、ファーザー・ディヴァインが組織である。副リーダーも、重役も、副会長も、副議長も、長老もいない。実行される命令はどれもファーザー・ディヴァインによって発せられたとみなされている」と主張している。[20]

その主張はおおむね正しい。方針を策定し、講演を行い、不動産を購入し、（彼の名義ではないにしても）商業施設を創業し、信者に助言を与え、一般社会に対処し、重要な決定を下し、運動の運命を左右するなどしたのは――他の誰でもなく――ファーザー・ディヴァインだった。本書で論じられている、その他の宗教指導者の誰も、ファーザー・ディヴァインに与えられた権威のようなものはもっていなかった。ファーザー・ディヴァインはやることなすことすべてにおいて活力に満ちあふれていて、大変な自信家だった。話をすることと集会を指揮することは彼の得意分野だった。

演説者の場合には、声の力と言葉の力の二つが必要不可欠な要素である。ファーザー・ディヴァインの演説を聞いたことのある人なら、誰にとっても、彼がその両方を持っていたことは明らかだった。彼は力強い声の持ち主で、あの小さな体から発せられているがゆえに、一層、人を惹きつけてやまないようだった。言葉ということになると、彼はまさに魔術師だった。

今まで聞いたこともないような表現が高性能の印刷機から出てくる偽札のように、ファーザー・ディヴァインの口からよどみなく出てくるのだった。「不可視化する」(invisibilate)、「展開」(unfoldment)、「伝染した」(contagionized)、「確信」(convincement)、「超越的能力の」(transnipotent)、「身体化する」(physicalate)、「有罪を証明できる」(convictable)、「あまねく光り輝く」(omnilucent)、「触知可能になった」(tangibilated)、といった言葉が彼の文章と演説の両方を生き生きとしたものにした。そして、新しい表現を触知可能にしていない時は、ホショー(Hoshor)がいうように、「同じ文の中で、それまで一度も使われたことのない言葉を口からほとばしらせて」いた。(21)

ザ・ローズバッズ、ザ・リリーバッズ、ザ・クルセイダーズ、秘書らは大抵、運動の側近グループから選び出されたので、彼らは——ファーザー・ディヴァインとマザー・ディヴァインを助けるという観点からすれば——なすべきことはどんなことでも実行すると期待できた。秘書たち(その数は最多の時のおよそ二五人から、今では、ほんの一握りにまで次第に減少してきた)は運動の中で決まって高い地位を占めていた。彼女たちの義務には、面会の約束の処理、訪問してきたお偉方の出迎え、書簡や他の文書業務の管理、そして、当然のことながら、ファーザー・ディヴァイン(ならびに、今では、マザー・ディヴァイン)によるさまざまな講話の記録や筆記が含まれる。

そういうわけで、これが運動の指導部の構造である。一方では、ファーザー・ディヴァインが大いに必要とされた助けをいくらか受けていたことは明らかで、結局のところ、彼が何千万人もの組織を運営していたのである。他方、運動がピークに達していた時、前もってファーザーから承認を受けることなく、重要な措置を講ずることのできる人は組織内にほとんどいなかった。これは彼が望むやり方であり、また、彼の支持者が望むやり方だった。

現在の運動の指導者はマザー・ディヴァインで、彼女が非凡な女性であることがわかってきている。彼女は指導部の構造の中で常に特別な地位を占めてきたことから、彼女の社会史的役割と現在の役割の両方を検討することにしよう。

13　マザー・ディヴァイン

数々の苦難に見舞われたのにもかかわらず、運動は一九三〇年代の間ずっと成長し、繁栄し続けた。ファーザー・ディヴァインは無視できない人物として浮上し、さまざまな政界の著名人たち――ニューヨーク市長を含む――が彼の知遇を得ようとした。しかし、ファーザーの最初の妻であるシスター・ペニーはどうしたのだろうか？　彼のそばにいる彼女の姿が見られることはますます少なくなっていった。ついには、彼女が公の場に現れることはまったくなくなり、一九四〇年以降は消息も聞かれなくなった。

再　婚

しかしながら、一九四六年八月に、ようやくファーザー・ディヴァインは信者らに悲しい知らせを告げた。ペニナは六年前に亡くなっていたのである。彼女は長い間病気を患い、年を取って肉体的衰弱が激しくなり、そのため――彼女の願いに応じて――ファーザー・ディヴァインは彼女に「他界する」ことを許したのだった。彼はそうしたくなかった。彼は、その悲しい知らせを信者に伝えるのも嫌だったので、そうすべき時機が来るまで待っていたという。だが、知らせるべき時がやって来た、そして彼は、四月二九日に新しい花嫁を娶った。彼の若い白人の秘書たちの一人、スイート・エンジェル（Sweet Angel）である。前述したように、ファーザー・ディヴァインの支持者は結婚が許されていなかった。ファーザーは結婚しても、夫婦間の性的交渉を一切断つことができるほど十分に意志が強いのは自分だけである、と思っていた。

予想されたかもしれないように、ファーザー・ディヴァインの再婚の発表は、世間と運動の内部の人々の両方にとってちょっとした衝撃だった。一九四〇年代には、ほとんどのアメリカ人は異人種間結婚を許容しなかった。社会学用語では、そのような結婚は当時の「モーレス」（mores）、すなわち、大多数の人々が強い感情的な思い入れを持っている慣習や信念に反していたのである。

実際、その当時には異人種間結婚は三〇もの州で違法だった（最高裁が異人種間結婚を禁ずる法律を違憲と宣言したのは、一九六七年のことであった）。とにかく、世間はファーザー・ディヴァインの行動にショックを受け、腹を立てた。一部の信者にすら、ペニナの死と再婚の公表はとても耐えられなかった。彼らは運動から離れるしかなかった。

しかしながら、最初の衝撃の波が過ぎ去ると、新たな結婚は著しくうまくいき始めた。世間は夫婦一緒の姿を見ることに慣れていき、忠実な信者はまもなくスイート・エンジェルを喜んで受け容れ、スイート・エンジェル自身、ファーザーですら予見していたよりも助けになるということを認めたのだ。

二人の結婚は非常にうまくいったので、一年目の終わりに盛大な結婚記念式典が開かれた。誰に聞いてもそれは見ものだった。事実、もしかすると、それはアメリカ合衆国で催された祝宴の中で最も贅沢なものだったかもしれない。六〇種類のさまざまな肉、五四種類の野菜、二〇種類の前菜、四二種類のオードブル、二一種類のパン、一八種類の飲み物、二三種類のサラダ、三八種類の各種デザートが供されたのである。締めて約三五〇種類のさまざまな食べ物が出され、長時間に及ぶ食事は丸々七時間も続いた。その時以来、結婚記念式典は全国から支持者が出席する運動の最も重要な年間行事の一つとなってきた。

公式には、マザー・ディヴァインはカナダのバンクーバーでエドナ・ローズ・リッチングスとして生まれた。彼女の父は老舗の花屋で、エドナ・ローズを大学に行かせようと思えば、行かせることができただろう。だが、どちらかというと、彼女の関心は宗教、とりわけ、ファーザー・ディヴァインのような類いの宗教にあった。彼女はカナダでファーザー・ディヴァイン運動を知るようになり、二一歳の時にフィラデルフィアにあるファーザーの本拠地へとやって来た。数週間後、彼女は秘書の一人にされた。結婚した時、スイート・エンジェルは二二回目の誕生日もまだ迎えていなかった。彼女にはいつか重い責任が伴うことになるのだった。[22]

ファーザー・ディヴァインの発表によれば、マザー・ディヴァインは彼の最初の妻である、シスター・ペニーの生まれ変わりだった——これは現在、忠実な支持者全員の見解である。しかし、生まれ変わりであろうとなかろうと、かつてエドナ・ローズ・リッチングス、かつてスイート・エンジェルだった、マザー・ディヴァインは実にうまくやっている。ファーザー・ディヴァインが存命中で元気だった頃、彼女は事実上、すべての聖餐の祝宴、集会、インタビューで彼のそばにいた。彼の晩年——おおよそ一九六一年から六五年——には、彼女と秘書たちが運動の経営に関わる職務をますます引き継ぐようになった。

ジム・ジョーンズ

マザー・ディヴァインは、自分が引き継いだ運動の世話人以上の存在である。一九七一年に、人民寺院

(People's Temple)[＊9] のアメリカ人指導者ジム・ジョーンズ (Jim Jones) が二〇〇人の支持者を引き連れてウッドモント屋敷にやって来た。ジョーンズは、自分はファーザー・ディヴァインにインスピレーションを受け、一九五七年にウッドモントで実際に彼に会ったことがある、と宣言していた[23]。彼が本部にいるピース・ミッション運動の支持者全員の忠誠をわがものとし、彼らの資産を乗っ取り始めることすらもくろんでいることは明白だった。結局、数日後に敷地を去ったジョーンズはファーザー・ディヴァインの支持者に連絡を取り、自分が率いる人民寺院に来るように彼らを説得しようと試みた。

その時去った信者は一人の女性だけだったと文書に記録されており、ジョーンズをファーザー・ディヴァインの生まれ変わりとして認めてほしい、という彼女のマザー・ディヴァインへの訴えは退けられた。一般市民は一九七一年のこうした出来事にほとんど注目しなかったが、ジョーンズがガイアナで何百人もの支持者を集団自殺させた一九七八年に、世界は人々に対する彼の影響力に気づくようになった。

ピース・ミッション運動が下り坂であることは疑いなく、その傾向は今では逆転させることはできないようだ。しかし、マザー・ディヴァイン指揮の下、ウッドモント屋敷は、彼女が歴史保存賞を受賞した二〇〇三年に認められたように、その美しさを保ちながら保存され続けている[24]。マザー・ディヴァインと、彼女と緊密に協力して働く支持者たちの小さな集団の努力がなかったならば、組織全体がすでに消滅していただろう。

14　運動——短所と長所

短所

運動の基本的な短所は、それがワンマン体制として発展したことだった。オナイダ共同体のように——しかし、エホバの証人やモルモン教徒と違い――運動は後継問題に事実上、まったく備えていなかった。ファーザー・ディヴァインが永久に統治し続けるだろう、と想定されていた。現在の支持者は否定するかもしれないが、彼の病気と死は運動の大部分を破壊してしまったようである。忠実な支持者は病気になったり、死んだりすることはない、とファーザー自身が教えていた――それゆえに、彼が亡くなった後、多数の支持者が運動から離反した。

後継問題への準備がなされていたとしても、ファーザー・ディヴァインの死は問題を引き起こしていただろう。だが、その問題を解決することはできただろう。他のグループは同様の障害に直面し、それを克服してきたのだから。とはいえ、奇妙なことに、マザー・ディヴァインの場合には運動は間違いに輪をかけているようである。というのは、彼女の死は熟慮されず、後継者が指名されてこなかったからだ。支持者の一人が後継者問題を提起したとしても、返ってくる答えは間違いなく明らかだった――「でも、ファーザー・ディヴァインが常に私たちと共にあるように、マザーも常に私たちと共にあるのですから……」。

独身主義についての運動の立場は彼らの不滅信仰と関係している。すなわち、献身的な支持者が永遠に生き続けるならば、子孫を作る必要はない。もちろん、彼らが死ぬという事実は、運動が成長の有効な手段をもっていないことを意味する。

なぜ、ファーザー・ディヴァインが「独身主義」という規則に訴えたのかは明らかではない。著述家の中には、運動は人種混合的だったために、また――その当時は――雑婚に対しては明白に否定的な態度がとられていたため、ファーザーは性的行為と結婚の両方を禁止することにより、そうした問題を巧みに解決したのだと感じている人々がいる。この説明はややこじつけのようにみえる。ファーザー・ディヴァインは、自分が正しいと思ったら、世論によって思いとどまるようなことはしなかっただろう。よりもっともらしい説明は、彼は自分の支持者がキリストの生活を送ることを望んでいたというただそれだけのことであり、これは運動の真髄そのものを表していた——そして、今でも表している——立場である。

理由にかかわりなく、独身主義は組織の短所の一つとして挙げられなくてはならない。どの集団も人間の自然増、および／あるいは、改宗によって成長するからである。モルモン教徒は両方の方法を用いてきたために、急速に成長してきている。アーミッシュはいかなる種類の産児制限も拒んできたために、彼らもまた急速な成長を見せている。シェーカー教徒は独身主義を信奉し、後年には改宗の試みもほとんどしなかった——そのために、彼らは今では全滅に近い。これと同じ運命がファーザー・ディヴァイン運動を待ち受けていると誰もが思うかもしれない。

長　所

運動はすでに幾らかの積極的な貢献をしてきている。大恐慌期にはさまざまな支部がただ同然、もしくは、ただで何千人もの困窮した人々に食事を提供した。ホームレスの人々には一週間一ドルか、二ドルで、清潔な部屋が提供された。売春婦、物乞い、泥棒——皆、運動に迎え入れられ、ちゃんとした仕事を与えられた。

支持者らはいったん入信すると実直さと勤労の価値、ならびに、自尊心を築くことの重要性を教えられた。彼らは贈り物、もしくは、チップを受け取ることを禁じられ、また、節度のある服装をし、下品な言動を慎み、他人に思いやりをもって接するように忠告された。

人種間関係では、ファーザー・ディヴァインは明らかに一世代分だけ時代を先取りしていた。一九三〇年代と一九四〇年代の運動は改革を強く求め、それらは一九六〇年代と一九七〇年代になって法制化された——学校や公共の場での人種隔離を禁じる法律、公平な雇用慣行を確立する法律、個人調書や公式文書での「人種、ないし、肌の色」指定欄をなくす法律、「住宅の制限的約款」(restrictive covenant)(＊10)を非合法化する法律などである。

政治の分野でも、ファーザー・ディヴァインに先見の明があることがわかった、というのは、彼の「正しい政府」(righteous government)の綱領の項目の多くが第二次世界大戦後の数十年間に実現したからである。(＊11)その実現した項目とは、「アファーマティヴ・アクション・プログラム」(affirmative action program)、福祉政策の変更、関税表の変更、公務員法の適用範囲の拡大などである。

ファーザー・ディヴァインの支援があろうとなかろうと、さまざまな改革が行われていただろう、というのは本当かもしれない。しかし、他の多くの人々が沈黙していた時に、彼がはっきりと意見を述べた、ということも同様に本当なのである。ファーザー・ディヴァイン運動の勢いがなければ、これらの改革の実現にもっと時間がかかったかもしれない。

運動のもう一つの特徴にも触れておかなければなるまい――「平和の重視」ということである。おそらくファーザー・ディヴァインは他の誰よりも熱烈に平和を望んでいただろう。その平和とは、国家間の平和、人種間の平和、民族間の平和、人々の間の平和、自分自身との平和である。これこそ彼が支持したものであり、これこそ彼が説き勧めたものである。彼は自分の組織をピース・ミッション運動と呼んだが、その名前は今日でもなお知られている。

15　現　状

ピース・ミッション運動は数多くのアメリカの黒人に、白人社会の憂鬱な現実から逃れる手段を提供した。

それは彼らに肉体的、および、精神的な幸福感を与えた。また、それは自尊心を発達させようと努めた。社会的レベルでは、運動は公民権や国際平和といった未知の領域に切り込む矛先の役目を果たした。そのことはまた、政治家でなくても、正しい政府の原則を採択できることを思い出させるものとして役立った。

だが現在、ピース・ミッション運動は苦境に陥っている。時代が変化し、一九三〇年代は一九九〇年代と似ても似つかない。社会の環境が変化し、新しい一連の社会問題が浮上してきている。しかし、運動は変わらなかった。その目的、組織、運営方法は今でも七〇年前とほとんど同じである。

一九三〇年代には都会の庶民——黒人も白人も——は食料を必要とし、ファーザーはそれを彼らに与えた。アメリカ合衆国では、最近数十年間、飢餓、もしくは、住宅不足で苦しむ人はより少なくなり、ファーザー・ディヴァインの組織の奉仕活動を求める人も多くはなかった。

八〇年前には、アフリカ系アメリカ人、殊に下層階級のアフリカ系アメリカ人は白人社会に立ち向かい、何らかの成果を上げることのできるような、自分たちを鼓舞してくれる指導者を必要とした。そして、ファーザー・ディヴァインがその役目を果たした。現在、ピース・ミッション運動の指導者は白人である。今日のアフリカ系アメリカ人は一般に認められている多くの黒人指導者、それこそアメリカ合衆国大統領さえも簡単に励みにできるような状況にある。

セイヴィル、ルイス・スミス判事、応報の日々は遠い昔である。ファーザー自身、もう肉体的に存在しないので、会員を刺激することも組織を拡大することもない。集団としては、支持者は老いてきている。多くがすでに亡くなっており、また、運動を去った人々もいる。「ピース・ミッション・プログラム」を生み出した社会的風土は、抜本的に変化した。要するに、組織の存続と伝統的な儀式の継続——会報の発行、聖餐の祝宴の招集、祭日の遵守といった——を除けば、組織がすべきことはあまりないようだ。

ある点では、運動はいまだ続いている。ファーザー・ディヴァインのヴィジョンのおかげで、組織は財政的に恵まれており、価値のある不動産を多く所有している。忠実な支持者は今でも集会で活発なパフォーマンスを見せることができる。彼らはマザー・ディヴァインとファーザー・ディヴァイン、ならびに、運動それ自体にすっかり身を捧げている。しかしながら、独身主義が成長の大動脈を容赦なく封鎖し続けている。新たな改宗者を獲得しにくいために、会員数は――数字の上では――史上最低のようだ。ウッドモント本部の他には、教会も、店も、伝道施設もない。

もっとも、運動は信者が少ないことにほとんど懸念を示していない。一九八〇年代ですら、グループが千人以下にまで減少したと思われる時でも、マザー・ディヴァインは運動をシェーカー教徒にたとえて、重要なのは支持者の数ではなく、質だ、と主張した。[25]

したがって、これが運動の現状である。それは、全会員が少数の精神的エリート集団から構成されるような段階に――すでに達しているわけではないにしろ――急速に達しつつある。

客観的な観察者には、世俗的、もしくは、宗教的な地平に復活を暗示させるものはまったく現れてこない。ローズバッドたちが案内するウッドモントの見学ツアーは今も行われているが、マザー・ディヴァインの後継者、もしくは、何らかの学識豊かな評議会が現われる準備ができているとしても、彼らに最も遠い外部の観察者にはこのことはわからない。ファーザー・ディヴァインは、二〇世紀の宗教思想史において忘れることのできない人物の一人であり続けるだろう。彼は――もしかすると、ブリガム・ヤングを除いて――本書で論じられている指導者全員の中で最も注目すべき人物であったかもしれない。また、彼は計り知れないほど善良な人でもあったのである。

【インターネット情報源】

http://peacemission.info/www.libertynet.org/fdipmm/html
ピース・ミッション運動のウェブサイト。

http://www.meta-religion.com/New_religious_groups/Groups/Christian/peace_mission_movement.htm
メタリリジョン（Metareligion）は、ファーザー・ディヴァインのピース・ミッション運動を含む、おびただしい数の宗教集団の簡潔な要約を提供している。

http://www.taylorstreststudio.com/divine/
ファーザー・ディヴァイン・プロジェクトには、ファーザー・ディヴァイン、一九九六年のマザー・ディヴァインとファーザー・ディヴァインの五〇回目の結婚記念日の祝賀行事、マザー・ディヴァインとのインタビューのカラー映像のビデオクリップなどが含まれている。

【精選文献リスト】

Braden, Charles. *These Also Believe: A Study of Modern American Cults and Minority Religious Movements*. New York: Macmillan, 1949.

Burnham, Kenneth E. *God Comes to America: Father Divine and the Peace Mission Movement*. Boston: Lambeth, 1979.

Calverton, V. F. *Where Angels Feared to Tread*. New York: Bobbs-Merrill, 1941.

Fauset, Arthur H. *Black Gods of the Metropolis*. Philadelphia: University of Pennsylvania Press, 1944.

Galanter, Marc. *Cults: Faith, Healing, and Coercion*. New York: Oxford University Press, 1989.

Harris, Sarah. *Father Divine: Holy Husband*. 1953. reprint. New York: Macmillan, 1971.

Higginbotham, A. Leon. *In the Matter of Color*. New York: Oxford University Press, 1980.

Hoshor, John. *God in a Rolls Royce: The Rise of Father Divine*. 1936. Reprint. Freeport, NY: Books for Libraries Press, 1971.

Hostetler, John. *Communitarian Societies*. New York: Holt, Rinehart and Winston, 1974.

Kephart, William M. *The Family, Society, and the Individual*. Boston: Houghton Mifflin, 1981.

Mabee, Carleton. *Promised Land: Father Divine's Interracial Communities in Ulster County, New York*. Fleischmanns, NY: Purple Mountain Press, 2008.

Moseley, J. R. *Manifest Victory*. New York: Harper & Row, 1941.

Mother Divine. *The Peace Mission Movement*. Philadelphia: Imperial Press, 1982.

Ottley, Roi. *New World A-Coming: Inside Black America*. Boston: Houghton Mifflin, 1943.

Parker, Robert Allerton. *The Incredible Messiah*. Boston: Little, Brown, 1937.

Staples, Robert, ed. *The Black Family: Essays and Studies*. Belmont, CA: Wadsworth, 1978.

Stinnett, Nick, and C. W. Birdsong. *The Family and Alternative Life Styles*. Chicago: Nelson-Hall, 1978.

Washington, Joseph R. *Black Sects and Cults: The Power Axis in an Ethnic Ethic*. New York: Doubleday, 1973.

Watts, Jill. *God, Harlem U. S. A.: The Father Divine Story*. Berkeley: University of California Press, 1992.

Weisbrot, Robert. *Father Divine and the Struggle for Racial Equality*. Urbana: University of Illinois Press, 1983.

（1）この記述は、二〇〇五年八月一四日の、リチャード・シェーファーの二度にわたるマザー・ディヴァインとの会見、ならびに、ペンシルヴァニア州グラッドウィンにある、ピース・ミッション運動のウッドモント屋敷の訪問に基づいている。

（2）「命への聖堂」に関する記述と限られた数の内部の写真は、D. Roger Howlett, *The Sculptures of Donald De Lue: Gods, Prophets, and Heroes* (Boston: David R. Godine, 1990), pp. 159-65. にある。

（3）このような説教の全文は一九九二年に出版事業が終了するまで、『ニュー・デイ』に定期的に転載された。二〇〇五年八月一四日のインタビューで、マザー・ディヴァインがシェーファーに誇らしげに語ったように、ディヴァイン派（Divinites）にはウェブサイトがある。

（4）Robert Allerton Parker, *The Incredible Messiah* (Boston: Little, Brown, 1937). John Hoshor, *God in a Rolls Royce: The Rise of Father Divine* (1936; reprint, Freeport, NY: Books for Libraries Press, 1971). Sarah Harris, *Father Divine: Holy Husband* (1953; reprint, New York: Macmillan, 1971) を参照のこと。また、St. Clair McKelway と A. J. Liebling による *New Yorker* の連載記事 "Who Is This King of Glory?" (June 13, 1936, pp. 21ff.; June 20, 1936, pp. 22ff.; June 27, 1936, pp. 22ff.) も参照のこと。『タイム』（*Time*）や『ニューズウィーク』（*The Newsweek*）、『ニューヨークタイムズ』（*New York Times*）といった定期刊行物に、数百ものファーザー・ディヴァインに関する記事が掲載されてきた。

（5）Stephen Zwick, "The Father Divine Peace Mission Movement" (Senior Thesis: Princeton University, 1971). Roma Barnes, "Blessings Flowing Free: The Father Divine Peace Mission Movement in Harlem, New York City, 1932–1941" (Ph. D. diss., University of York, England, 1979). Kenneth E. Burnham, *God Comes to America: Father Divine and the Peace Mission Movement* (Boston: Lambeth, 1979). Jill Watts, *God, Harlem U. S. A.: The Father Divine Story* (Berkeley: University of California Press, 1992). Robert Weisbrot, *Father Divine and the Struggle for Racial Equality* (Urbana: University of Illinois Press, 1983).

（6）Watts, *God, Harlem U. S. A.*, p. 6.

（7）Watts, *God, Harlem U. S. A.*, p. 6.

（8）この発言はさまざまな研究者によって数え切れないほど報告されてきた、もっともそれを最初に伝えたのは Hoshor だったかもしれないが（*God in a Rolls Royce*）。Watts は、より最近の記述では、ファーザー・ディヴァインが果たして「スミスの死に直接の責任があると主張した」のかどうか疑問視している（*God, Harlem U. S. A.*; footnote 6, p. 211. を参照のこと）。

（9） Harris, *Father Divine*, pp. 42-44.

（10） Harris, *Father Divine*, pp. 42-44.

（11） Robert K. Merton, *Social Theory and Social Structure* (New York: Free Press, 1968).

（12） Burnham, *God Comes to America*, pp. 81-82.

（13） Frances Carr, "Home Notes," *The Shaker Quarterly* 24 (Nos. 1-4, 1996), pp. 153-62. "Father Divine Follower of Sabbathday Lake Shakers Experience" <http://fdipmm.libertynet.org/word2/94shaker.html> 二〇〇九年一〇月一五日に閲覧）。Watts, *God, Harlem U. S. A.*, p. 218, fn. 45.

（14） Mother Divine, *The Peace Mission Movement* (Philadelphia: Imperial Press, 1982), p. 51.（傍点は筆者によるものである）。

（15） Weisbrot, *Father Divine*, p. 211.

（16） Weisbrot, *Father Divine*, p. 94.

（17） ガルシア家はウェブサイトを開設している <http://www.tommygarcia.com>

（18） Suzanne Gordon, "Life After Heaven," *Philadelphia Inquirer*, December 18, 1989.

（19） Gordon, "Life After Heaven." ガルシアは二〇〇九年五月一五日、カリフォルニア州パームスプリングスのテレビ局（ＫＥＳＱ）に対して、国際ピース・ミッション運動の資金が慈善の目的で使われるようにするために、この運動を「再スタートする」ための法的措置を取るつもりだ、と公表した。<http://www.youtube.com/watch?v=1BqaxB87R2U>、または、<http://www.kesq.com/Global/story.asp?s=10371157> のニュース動画を参照のこと。フィラデルフィアの地元のテレビ局は彼の主張を再放送し、ピース・ミッション運動は直接返答はしなかったが、公式発表において、自分たちを利用する「売名家」は今後も出続けるだろう、と述べた。

（20） Arthur H. Fauset, *Black Gods of the Metropolis* (Philadelphia: University of Pennsylvania Press, 1944), p. 56.

（21） Hoshor, *God in a Rolls Royce*, p. 50.

（22） プロポーズそれ自体が興味深い。ワッツ（*God, Harlem U. S. A.*, p. 168）はこう書いている。「スイート・エンジェルがファーザーと仕事をしていたある日、彼女は大胆にも彼に近づき、『あなたが神だと知っているので、私はあなたと結婚したい』と宣言したのである。驚くべきことに、スイート・エンジェルのプロポーズは彼の気分を害さなかった。彼は彼女の働きぶりを観察し、運動への彼女の献身ぶりに感心していた。一九四六年四月二九日、彼はスイート・エンジェルをワシントンＤＣへさっと連れて行き、ひそかに結婚式を挙げた」。

（23）Watts, *God, Harlem U. S. A.*, pp. 174-75. この会見の様子は一九八〇年のテレビのミニシリーズ「ガイアナの悲劇：ジム・ジョーンズ物語」（*Guyana Tragedy: The Story of Jim Jones*）で描かれ、ジェームズ・アール・ジョーンズ（James Earl Jones）がファーザー・ディヴァイン役を演じた。この番組はオンラインで視聴可能 <http://video.google.com/videoplay?docid=-2162288600433153789#>。

（24）"Mrs. M. J. Divine Wins Magazine Award." June 2003. <http://www.preservationalliance.com/news/news-motherdivine.php>

（25）Watts, *God, Harlem U. S. A.*, p. 176.

訳註

（＊1）「創世記」第一章第三節。

（＊2）「ヨハネによる福音書」第八章第五八節。

（＊3）アメリカの医療保険制度の通称。一九六五年の社会保障法改正により登場した健康保険制度のことで、六五歳以上の高齢者、身体障害者などを対象にした医療保険のこと。こうした保険に入れない低所得者用の健康保険がメディケイドである。医療機関に払う費用は連邦政府と州政府が折半する。

（＊4）児童扶養世帯扶助は、米国各州が被扶養児童のいる困窮家庭に対して現金支給の形で行う生活援助のこと。『現代英米情報辞典』によると、この制度は一九九六年七月の福祉改革法によって廃止され、それに代わって「貧困世帯一時救援プログラム」（the Temporary Assistance for Needy Families: 略称ＴＡＮＦ）が発足した。

（＊5）ユナイテッド・ウェイはアメリカの代表的な慈善福祉団体である。個人の寄付金を各地の支部で集め、それを慈善計画、並びに、YMCAや赤十字といった団体に配付する。

（＊6）藤田伍一・塩野谷祐一編『先進諸国の社会保障 7 アメリカ』（東京大学出版会、二〇〇〇年）の一五三ページによると、高齢者扶助は一九三五年に成立した連邦社会保障法に盛り込まれている現金扶助政策である。これは一般歳入を財源として、連邦政府が直接に管轄する政策である。

（＊7）一九一九年に、Church of Our Lord Jesus Christ of the Apostolic Faith を創始した。

（＊8）旧約聖書の「出エジプト記」によると、イスラエル人がエジプトを脱出する際、主は昼には雲の柱によって、夜には火の柱によって彼らを先導した。エジプトの王パロが民を率いて戦車でイスラエル人の後を追うと、主は雲の柱を彼らの後ろ、すなわち、彼らとエジプト人の間に移動させ、イスラエル人がエジプト人に追いつかれないようにした。さらに、主はエジプト人の軍勢を乱し、戦車の車輪をきしませた。主がイスラエル人の味方についていることを悟ったエジプト人は、イスラエル人を追うのをやめて引き返そうとした。「出エジプト記」第一三章、および、第一四章を参照のこと。

（＊9）人民寺院は、一九五五年にジム・ジョーンズによってインディアナ州インディアナポリスで設立されたキリスト教系新宗教である。一九七三年に南米ガイアナに「ジョーンズタウン」と呼ばれる共同体《コミュニティ》を作り、ジョーンズと信者らはそこで共同生活を始めたが、ジョーンズらによる信者への暴力行為や強制労働などが問題となった。そこで、一九七八年にレオ・ライアン下院議員率いる視察団がジョーンズタウンを訪れ、アメリカへの帰国を希望する一部の信者を連れて帰ることで合意した。ところが、視察を終えて帰国しようとする視察団を信者たちが襲撃し、この襲撃によりライアン議員を含む五人が死亡、一一人が重軽傷を負った。信者らはジョーンズタウンに戻ると、シアン化合物で集団自殺した。教祖のジョーンズも銃で自殺し、この教団は事実上、消滅した。

（＊10）「不作為約款」とも呼ばれる。不動産の売買契約時に取り交わされる捺印証書において、土地の購入者がしてはいけないことなどを定めた、売主が購入者に課した制約のこと。このような制限的約款は土地に随伴することがしばしばである。そうした約款の具体例としては、商売を営んではならない、土地の一定部分に建物を建築してはならない、

（＊11）「アファーマティヴ・アクション」とは、「積極的差別是正措置」のことで、「連邦政府から財政的援助を受けている政府機関、自治体、学校、企業（建設会社など）、その他の公共施設において人種、性別、年齢などに基づく差別を撤廃する」政策のことである（『現代英米情報辞典』）。一九六四年の「公民権法」の制定の際に含まれた法的な事項の一つである。女

性や少数民族の優遇を奨励するこの政策に対しては、優遇を受けられない者に対する逆差別だとの批判も寄せられている。その証拠に、一九九六年にはカリフォルニア州の住民投票で「アファーマティヴ・アクション・プログラム」の撤廃が決まり、また、一九九八年にはカリフォルニア州立諸大学の入学選考における少数民族優先も廃止された。

第8章　ネイション・オブ・イスラム

一九六五年、「ネイション・オブ・イスラム」（Nation of Islam　略してＮＯＩ）の指導者、イライジャ・ムハンマド（Elijah Muhammad）が、「俗にいう、ニグロ」についてアフリカ系アメリカ人支持者に対して行った演説を考察しよう。

今、皆さんは奴隷主、奴隷主の子供たちに何を懇願しているか？　仕事を乞うているであろう。完全に平等な対象として認識してもらえるように、乞うているであろう。正直になろう。歴史を鑑みると、奴隷自らが対等であると主張しない限り、奴隷主が奴隷を同等の関係と認めることはない。

私は、皆さんと共に成功する。しかし、そのためには、私たちは自らに課せられた重しを外さなければならない。私たちは、自らの欠点を白人の責任にしてはならない。彼自らの教えによると、われわれは自由と考えられている。われわれはおおよそ一万年前に、彼から自由になったとされている。それでは、われわれはその自由を謳歌してきたか？　われわれは自由を十分謳歌しているとは決していえない。彼が口にする自由を、われわれが存分に謳歌していないのならば、なぜ、われわれは自分の処遇について彼のことを一生懸命考えるべきなのか。もう堪え忍ぶことは難しいかもしれない。(1)

この人は誰か。そして、どのようにして、人々は彼の主張を信仰するようになっていったのか。最初に、ネイション・オブ・イスラムの影響を理解するために、ある男性――おそらくアメリカ合衆国で最も有名なイスラム教徒――の転向を考察してみよう。

1　転向事例――クレイから、アリへ

モハメド・アリ（Muhammad Ali）は、長きにわたって、最も世界中に知られた人物の一人であった。一九四二年、ケンタッキー州北西部のルイビルにて、カシアス・クレイ（Cassius Clay）という名前で生を享けた。アリは一二歳の時に、親身になってくれた警察官の薦めでボクシングを始めた。一九五九年、全米ゴールデングローブミドル級で優勝し、その後、一九六〇年のローマ・オリンピックで金メダルを獲得した。彼のプロでの成功は続いた。一九六四年には、ヘビーウェイト級王座を勝ち取り、ＷＢＡヘビーウェイト級の世界チャンピオンになった。

クレイは王座に就いた直後、「アラーを信じ平穏を重んじ、もはやキリスト教徒ではない」こと、そして、ネイション・オブ・イスラムを信仰していることを告白し、スポーツ界と世論に衝撃を与えた。彼はまた、生誕時の名前を拒否し、カシアス・クレイという名前を捨てて、預言者たるイライジャ・ムハンマドから命名された名前、アリ（イスラム教、初期指導者の一人の名前）を名乗った。(2)なぜ、彼はイスラム教に傾倒していったのか。

彼のイスラム教への転向は多くの事例と同様、簡単なことであった。彼は喫煙も飲酒もしなかった。彼の父

親は初期のブラック・ナショナリズム指導者、マーカス・ガーヴェィ（Marcus Garvey）の支持者であった。彼が指導した「世界黒人開発協会」（United Negro Improvement Association）は一九二〇年代、黒人居住地区で活発に活動していた。

クレイが最初にネイション・オブ・イスラムに出会ったのは一九五九年、ゴールデングローブのトーナメントでシカゴへ行った一七歳の時であった。彼はイライジャ・ムハンマド（当時のネイション・オブ・イスラムの指導者、後に詳述する）による講話のレコードアルバムを持ち帰った。当時高校生だった彼は学校の期末レポートのテーマにブラック・ムスリムを取り上げたかったが、教師は許可しなかった。彼は黒人に対して、自尊心をもつように訴えるメッセージに魅了された。一九六一年、マイアミに移住した後、クレイは町のネイション・オブ・イスラムの牧師と共に活動を始め、信仰をますます深め、ネイション・オブ・イスラムの機関誌『ムハンマド・スピークス』（*Muhammad Speaks*）の購読を始めた。その年のうちに、豚肉の食事禁止など、イスラム教の食事規制を生活に取り入れた。記者たちがネイション・オブ・イスラムの行事で彼を見かけるようになったが、明言を避けた。(3)

クレイはイライジャ・ムハンマドに畏敬の念を抱き始めたが、多くの改宗者同様、彼の長い演説と彼のムスリムの世界観を理解することは難しかった。しかしながら、ネイション・オブ・イスラムの唱道者マルコムXは一九六二年、ボクシング界のスターであったクレイに初めて会って、すぐに意気投合した。クレイはマイアミの家に、マルコムXの家族全員を招待した。クレイがネイション・オブ・イスラムの一員である、というジャーナリズムの噂を認めたのはその直後のことであった。

キリスト教徒として成育したことをないがしろにした点を取り上げ、プロボクシング界は、「ボクシングの精神を中傷する行為」ゆえに——スポーツ史に付与されたイメージをこじつけて——、クレイのタイトルを剝奪すると脅した。一九六五年、アリは前王者フロイド・パターソン（Floyd Patterson）に勝利した。パターソンはアリという名前で呼ぶことを拒否し、カシアス・クレイと呼んだ。アリはこのことを、イスラムと人間としての自分とに対する侮辱であると感じた。アリが世界チャンピオンとしての輝かしい成功（一九六四-六七、一九七〇-七九）を収めていた時、彼は人種やヴェトナム戦争に対する全米の不満を象徴していた。大半のアメリカ人はネイション・オブ・イスラムや黒人の自尊心運動を理解し、学ぼうとしなかったのだが、彼に対する敵意はイスラム教に対してというよりは、NOIを心から信奉する態度に対するものであった[4]。

一九六七年、ヴェトナム戦争への加担に明確に反対する運動が全国化する以前、アリは徴兵命令を拒否し、懲役五年の刑を宣告された。彼は服役することはなかったが、ボクシングのライセンスは一時無効となり、ヘビーウェイト級王座を剝奪された。最高裁への控訴後、一九七一年、アリの態度は良心的兵役拒否として認められた。アリがイライジャ・ムハンマドの教えに基づいて、自ら進んでムスリムの兵士になろうとしており、「聖なる戦い」、または、「ムスリムの戦い」に身を投じようとしている、と政府は考えていた。しかし、弁護士は、そのような戦いは善悪の大決戦であり、エホバの証人と同様の戦いである、とうまく弁護した[5]。

当時、アリがヘビーウェイト級王者として有名であったこと、決して闘争を容認しなかったことは、きちんと明確にされるべきである。彼は、軍が企画したボクシングのエキシビション・マッチや軍隊の士気向上につながる仕事に尽力した。しかしながら、彼は決して自分の主張を曲げなかった。

アリがムスリムの教えを受け容れたことは、最初の離婚につながった。最初の妻は女性らしい慎ましやかな服装を拒否し、自らの目的のために夫を利用するネイション・オブ・イスラムに疑心暗鬼であった。素晴らしいことに、たとえ保証宣伝、記事掲載、メディアとの契約に、彼が数百万ドル使おうと、イスラムとの結びつきが弱まることはなかった。

アリは組織への支援を続けたが、伝統的なムスリムの教えにより関心を強く持ち、ネイション・オブ・イスラムの分離主義者のレトリックや、時に、反白人のレトリックに幻滅した。一九七五年、イライジャ・ムハンマドの死後、アリは現在も支持し続けている、より伝統的なイスラム教の教えを信奉するようになった。(6)

2　ブラック・ムスリム――宗教ではなく、レッテル貼り

ネイション・オブ・イスラムはアメリカ独自のもので、堂々と黒人の経験を誇るイスラム教への最も歴史ある機能的アプローチである。ネイション・オブ・イスラムは「ブラック・ムスリム」とも呼ばれている。「ブラック・ムスリム」（Black Muslim）とは、アメリカ合衆国の黒人であるという特殊な文脈においてのみイスラム教の多くの教えを受け容れたアフリカ系アメリカ人を意味するが、ブラック・ムスリムは特殊な集団を形成しているのではなく、ましてや組織的宗教集団でもない。むしろ、ブラック・ムスリムはアメリカ人による独特のイスラム教解釈を伴うアフリカ系アメリカ人が率いる集団を指す際、第三者がよく使用するレッテルである。

そう称される集団は、「ブラック・ムスリム」というレッテルを嫌がり、そこから距離を取ろうとした。マルコムXは、二年間で「『ブラック・ムスリム』をつぶそうとした」と自叙伝で述べている。われわれは黒人であるが、「私たちの宗教はイスラム教である。すなわち、われわれは正しく『ムスリム』と呼ばれるべきである！」と。(7)

「ブラック・ムスリム」と呼ばれていた集団は世界中のイスラム教の中でも部分的なものであるが、後述する通り、彼らの教えはアフリカやアジアのイスラム教とは明らかに異なるものである。この状態はユダヤ教の一

部を宗教的実践として行うハシッドと、改革派ユダヤ教の実践とがきわめて異なっていることと同様である。それらの違いは、ハシッドはその違いを喜々として捉えているのに対して、ブラック・ムスリムは歴史的にその違いを最小化しようとしてきた(8)。

アフリカ系アメリカ人独特のイスラム教解釈を説明する前に、まず、ニュースではよく耳にするが、いまだにあまりよく知られていないイスラム教の概観から説明しよう。そして、アメリカ合衆国におけるイスラム教の長い歴史を考えてみたい。

3　イスラム教——概観

ネイション・オブ・イスラムやブラック・ムスリム運動を理解するために、その根本にあるイスラム教の教義を理解する必要がある。イスラム教は、世界の大規模な宗教団体の中でキリスト教に次ぐ規模で、世界中におよそ一三億人の信者がいる。

イスラム教と、ユダヤ教、キリスト教との伝統の共通点

ニュースで流れる事件は、キリスト教徒、ユダヤ教徒、イスラム教徒間における内在的な軋轢を示唆しているが、信条は多くの点において似ている。

イスラム教、キリスト教、ユダヤ教の共通点は、単なる偶然ではなく、ムスリムにとって重要である。イスラム教はその伝承の構成部分として、旧約聖書と新約聖書の双方を畏敬する。ムスリムは旧約聖書、新約聖書の預言者、ヨハネの黙示録——モーセ（トーラ）とイエス（ゴスペル福音）——を認めている。ムーサ（モー

セ）、イーサー（イエス）、マルヤム（マリア）は、ムスリムでは、よく耳にする名前である。事実、現在、ネイション・オブ・イスラムの本部はシカゴのモスク・マルヤムにあり、イエスの母マリアの名を取って付けられた。同様に、キリスト教徒やユダヤ教徒がノアの箱船、モーセの十戒、ダビデとソロモンなどのような旧約聖書、新約聖書に登場する多くの話に精通していることをムスリムは知っている。

三宗教は一神論であり（すなわち、一つの神を基礎として成立しているという意味において）、事実上、同じ神を崇めている。イスラム教を実践している人々が使う「アッラー」とはアラビア語であり、モーセ、イエス、ムハンマドを意味する。キリスト教とイスラム教は預言者、来世、最後の審判を信じる。事実、イスラム教は神の息子としてではないが、預言者としてのイエスを認めている。三宗教とも、原理主義者に対する厳格な禁止事項から、リベラルな信者に対する比較的緩やかな指針まで多様ではあるが、信者に道徳規範を課している。

イスラム教独自の信条

イスラム教はクルアーン（または、コーラン）の教えに導かれている。ムスリムが信じているクルアーンは七世紀に預言者ムハンマドに啓示された。クルアーンには、ムハンマドの言葉を集めた物（ハディース）や、行いをまとめた物（スンナ）、預言者の慣例、が含まれている。ムハンマドは孤児から立派な実業家になり、生涯、多神論を拒否し、キリスト教徒、ユダヤ教徒と同様、唯一の神（アッラー）に帰依した。イスラム教では、天使ガブリエルが彼を訪れて、アッラーの言葉を朗唱した、とされている。それがクルアーンである。ムスリムはムハンマドについて、アブラハム、モーセ、イエスの後に続いた人物、つまり、最後の預言者とみなしている。

イスラム教は生活のあらゆる点を含む、共同社会的な信条を実践している。したがって、ムスリムが主流を占める国においては、政教分離は必要と考えられることもなく、望ましいことでさえない。事実、ムスリムの諸国の政府においては、法の下にイスラム教の実践を強制することがよくある。ムスリムは伝統の解釈を変更する場合もあるが、中でも女性にヴェール、または、「ヒジャブ」(hijab)の着用を強制する伝統などは論争を呼んでいる。

他の宗教体系と同様、儀式はイスラム教の特徴である「知恵の柱」と関連がある。クルアーンが預言者ムハンマドに啓示されたラマダンの時期に、ムスリムは断食をする。彼らは「メッカ」(ムハンマドの生地であり、イスラム教にとって最も聖なる場所である)に向かい、一日五回アッラーに祈りを捧げる。彼らは惜しみなく施しを行い、可能な時には、金曜日の午後、仲間と共に祈りを捧げる。メッカへの巡礼である「ハッジ」(hajj)を生涯において少なくとも一度は行う。現在のサウジアラビアにあるメッカという街には、カアバと呼ばれるアッラーの聖殿があり、イブラヒームと息子のイスマーイールによって建立された。ムスリムはクルアーンに則り、そして、スンナにおける預言者ムハンマドによって規定されている作法に基づいて、ハッジを実施する。

イスラム教世界の多様性

イスラム教の信者は多様な教義とセクトに分かれている。こうした分離はキリスト教の宗派間に宗教的対立があるのと同様——例えば、北アイルランドのローマ・カトリックとプロテスタントのように——信者間に敵対的感情をもたらす。アメリカ合衆国におけるムスリムの最大派閥(世界的に見ても八五パーセントを占める)はスンニ派である。文字通り、スンナに従う人々である。他のムスリムと比較しても、彼らは宗教的伝統において穏健主義の人々である。次に大きいグループがシーア派(主に、イラク、イラン、レバノン南部出身)である。スンニ派とシーア派はムハンマドの死後、歴史的に誰がカリフ(教主)になるべきか、という点で意見が合わなかった。この論争が信義や実践において異なる解釈をもたらし、スンニ派とシーア派はお互いに別々に礼拝するようになった。

スンニ派とシーア派以外にも、多数の教派がある。さらにスンニ派とシーア派の中にも、分派がある。スンニ派とシーア派をムスリムとして語ることは、カトリックやバプテスト内部で鋭く対立する分派だけではなく、他の多くの教派を無視し、ローマ・カトリック、もしくは、バプテストをキリスト教として同列に論じることと同じである。

クルアーンはムスリムに「ジハード」(jihad) という宗教的義務、または、アッラーの敵対勢力との闘いを果たすように定めている。例によって、ムスリムは信者間の純粋な信仰を求めるために、ジハードを使う。しかしながら、現在、ムスリムのごく少数派はイスラエルやアメリカ合衆国においてそうであるように、ジハードの定めを、パレスチナの敵対勢力への武力闘争の要求とみなしている。こうした解釈はたとえごく少数派の動きだとしても、見過ごされるべきではない。なぜならば、イスラム教は固定された権力層をもたない信条であり、一つの真の解釈を発する教祖や権力をもつ象徴もなく、破門に対する規定もない。したがって、そのような解釈はイスラムを代表する考えではなく、それらの宣言が唯一の容認された考え方でもない。個々のイマーム、導師、もしくは、モスクの礼拝を先導する人は案内や教養を授けることはできるが、イスラム教の権威は教典であり、預言者の教えにある(9)。

4　アメリカ合衆国におけるイスラム教

アメリカ合衆国におけるイスラム教の歴史は、ムスリムが奴隷としてアメリカの植民地に強制連行された一七世紀に始まる。時と共に、イスラム教はアフリカに拡散していた。おそらくアフリカから連行された奴隷の一割がムスリムであったと推計される。奴隷主は、信仰も含めて、文化的にアフリカと関連したものはすべて奴隷に認めなかった。さらに、南部では奴隷を教化する使命と称して、奴隷をキリスト教徒にすることもよく行われた。植民地やその他の地において、奴隷にされたムスリムは、主たる集団の信仰への同化圧力にしばしば抵抗し、イスラム教への信仰を続けた(10)。

集合的ムスリム社会が奴隷として生きながらえることは、きわめて困難であった。現在、アメリカ合衆国のムスリムは、アフリカ系アメリカ人であろうとなかろうと、比喩的にいえば、こうした初期のムスリムの系譜ではない。現在のムスリム人口は、二〇世紀にアフリカ系アメリカ人の間に広まったイスラム教の思想と、この一〇〇年の間に海外から移住してきたムスリムから成っている。したがって、一つの信条やセクトが支配するムスリムの民族とは異なり、アメリカ合衆国のムスリムは多様性をもつ信条と実践が存在している。

最も最新の研究では、アメリカ合衆国内には少なくとも一三〇万人から、多くて三〇〇万人のイスラム教徒がいるとされている。そのおよそ三分の二はアメリカ合衆国で生まれたアメリカ市民である。エスニシティや人種背景という点からすると、より信頼に足る推定は幅広く多様である。推定の範囲は以下の通りである。

二〇 - 四二パーセント　アフリカ系アメリカ人
二四 - 三三パーセント　南アジア（アフガン、バングラデシュ、インド、パキスタン）
一二 - 三二パーセント　アラブ諸国
一五 - 二二パーセント　その他（ボスニア、イラン、トルコ、白人やヒスパニックの改宗者）

アメリカ合衆国のムスリムの人口は移民と改宗者によって、急激に増加したことは確かである。アメリカ合衆国において、自らがムスリムであると認める成人の数は一九九〇年から二〇〇八年の間で、ほぼ三倍になった。(11)

アメリカ合衆国におけるモスクの数も、一七〇〇カ所以上に増えている。モスク（より正しくは、「マスジド」と称する）は教会とは異なり、信者の役割を明確にすることを維持しない。研究者はモスクやイマームが今日、信徒団としての様相を帯びつつあると考えている。納税免除のために、モスクは役員と内規を制定しなければならない。アメリカ合衆国のイマームは移民の適応支援やより大規模な社会に関係する他の非営利団体に対して、ムスリム社会代表として主張するなど、非宗教的機能に関連した役割を引き受ける傾向にある。

5　ブラック・ナショナリズム

われわれが考察しようとしているネイション・オブ・イスラムという概念は、ブラック・ナショナリズムの宗教的表出として考えることができる。「ブラック・ナショナリズム」(Black Nationalism) とは、アフリカ系アメリカ人について、彼らの集合的経験や伝統が祝福されるべき団結した集団としてみなす意識を意味する。自立、尊厳、独立独歩がブラック・ナショナリズムの重要な教義である。歴史的に考えると、ブラック・ナショナリズムは世界中の黒人に訴えかける構成内容であり、特にアメリカ合衆国の黒人とアフリカ大陸の黒人との利害を結びつけようとする構成となっている。このことは公民権運動を通じて、アフリカ系アメリカ人にアフリカにおいてブラック・パワーの表出を再定住させようと促す努力、そして、黒人経営の企業を促進する努力から明確である。

必ずしもすべてではないが、おおよそブラック・ナショナリスト思想の構成要素はアメリカ合衆国とアフリカの豊かな文化的伝統における黒人文化的表現を橋渡しすることにある。一九六四年、マルコムXはハーヴァード・ロースクールの聴衆に、以下のように述べた。

黒人が演奏している音楽をあなたが耳にした時、ジャズでもバッハでもよいのだが、それはすなわち、アフリカの音楽を聴いていることになる。アフリカの魂はなお、黒人によって音楽に反映されている。われわれの行為すべてにおいて、色、感情、すべてにおいて、われわれはまだアフリカ人であり、好き嫌いにかかわらず、ずっとそうあり続けるであろう。(12)

ブラック・ナショナリズムの宗教的表出はネイション・オブ・イスラムに限られたことではなく、その先行者や分派集団も関連していた。圧倒的にアフリカ系アメリカ人が参加している、多数のキリスト教分派は聖書の教えに沿って、「黒人は有益である」というメッセージを示している。これらの教会において、イエス・キリストは黒人と似たような色であった、といわれている。彼らの福祉活動はその地域の黒人社会に権力を与えようとするものであり、そして、スラム街の教区民に多くみられることだが、中産階級のメンバーが挑戦をやめないように応援することである。(13)

世界黒人地位改善協会

宗教的組織ではないが、二〇世紀初期の最も著名なブラック・ナショナリスト集団の一つは、「世界黒人地位改善協会」（Universal Negro Improvement Association 以下、ＵＮＩＡと略す）であった。ジャマイカ生まれのマーカス・ガーヴェイ（Marcus Garvey）は一九一四年に設立したＵＮＩＡを通じて、人種の誇りと国際的な連携を促進した。彼は一九一七年、アメリカ合衆国にもＵＮＩＡの組織を作り、全米でアフリカ系アメリカ人のための、黒人が代表を務める数少ない組織の一つとなった。

一九二〇年代、白人主流のアメリカでは、黒人にまとまった支援や激励を期待できる社会環境ではなかった。ファーザー・ディヴァイン運動のように、ガーヴェイは政府から厳しい監視を受けることになった。

ガーヴェイは、「全米黒人地位向上協会」（National Association for the Advancement of Colored People 略してＮＡＡＣＰ）のような他の支援団体とは異なり、アフリカ系アメリカ人の経済的自立を主張し、人種的な分離を促進した。分離はイデオロギーのレベルを超えていた。アフリカの人々との自然な結びつきを主張し、アフリカと南北アメリカ諸国との間の貿易を促進するために設立したブラック・スター・ラインに黒人を乗せて、アフリカ大陸へ移住することを推奨した。ガーヴェイは、「アフリカへの回帰」、「アフリカ人のためのアフリカ」などのスローガンで人気を博した移住の提案を、ユダヤ人のパレスチナ回帰になぞらえた。

ＵＮＩＡへの批判はあらゆるところから向けられた。特に、Ｗ・Ｅ・Ｂ・デュボイス（W. E. B. DuBois）のように著名な黒人指導者、黒人や白人双方の人種的差別待遇撤廃論者への、連邦政府による大規模な調査が始まった。ガーヴェイは一九二五年郵便詐欺罪で告発され、一九二七年にジャマイカへ強制送還された。その後、一九四〇年に死亡するまでアメリカ合衆国に戻ってくることはなかった。[14]

ガーヴェイ亡き後、組織は存続していたが、対抗する分派集団「ガーヴェイ・クラブ」の活動が活発化した。独立独歩、向上心というガーヴェイのメッセージに賛同する諸集団をまとめる創始者が不在となり、ニューヨークのマディソンスクエア・ガーデンを埋め尽くしていた組織の会合もなくなった。しかし、この数十年で、モハメド・アリの父親のガーヴェイへの傾倒がアリの回顧録から明らかにされたように、ＵＮＩＡのメッセージ、ガーヴェイの主張は消え去ってはいなかった。

二重意識

後に議論することであるが、たとえ国政選挙で多数票を得て支持されている人でさえも、白人主流のアメリカにおいて、黒人として生きることは難題である。一〇〇年前、著名な社会学者のW・E・B・デュボイスは、アメリカ人であることと、アフリカ人であること、という二重の意識を明らかにするために、「二重意識」(double consciousness) という概念を創出した。アフリカ人の子孫は二重性を持ち続け、矛盾するアイデンティティと苦闘していた。デュボイスによると、黒人であることと、アメリカ人であることの二重性は二つの魂をもつことであり、二つのアイデンティティは完全に調和するようには存在し得ない。これは、アフリカ系アメリカ人が生きている間、何かしら経験することである。

マルコムXは明確にはデュボイスの教えに言及していないが、アフリカ系アメリカ人に対して、進むべき険しい道を後押しする時でも、イスラム教の世界観を主張することについて苦渋を感じていた。[15] それは、私たちがブラック・ムスリム運動を最も適切に理解しうる、二重意識、イスラム教の長き伝統、ブラック・ナショナリズムを背景にしている。

6　ムーリッシュ・サイエンス・テンプル

アフリカ系アメリカ人がイスラム教の教義に接近した最も初期に社会に登場したのは、「ムーリッシュ・サイエンス・テンプル」(Moorish Science Temple 略してMST) である。一九一三年、自称預言者のノーブル・

ドリュー・アリ（Nobel Drew Ali）によって設立され、シカゴやその他、中西部、東部の都市で支持を得た。ノーブル・ドリュー・アリの背景を示す文書はほとんど残っていない。彼は青年時、おそらくエジプトで教育を受けたのであろう。彼は明らかにアジア哲学に影響を受けており、アフリカ系アメリカ人に「ムーア」、もしくは、「ムーリッシュ・アメリカ人」という言葉を使って、「アジア的」であるようにと求めた。支持者は「民族主義者」の色――男性は赤、もしくは、黒のトルコ帽、女性はターバン――を身につけることによって、アジア的であることを示した。支持者は最高で二万人に達した。

ムーリッシュ・サイエンス・テンプルは、自らをムスリムとみなす一方で、イエスを重んじ、キリスト教の賛美歌を歌うなど、キリスト教的要素も排除しなかった。しかし、イスラム的伝統を保持しながら、信者は性別によって分離され、メッカに向けての礼拝、洗礼や聖餐などの儀礼は行われない。ノーブル・ドリュー・アリの書物やムーリッシュ・サイエンス・テンプルの儀式本において、例えば、メイソンやシュライナーのような当時の友愛組織の特徴と深い関係がある。特に、新約聖書には記載されていないが、ムーリッシュ・サイエンス・テンプルによるイエスの説明には、エジプト、インド、チベットの神秘主義、観念論の要素もある。

ムーリッシュ・サイエンス・テンプルの神聖な書の基礎にあるのは、六〇頁ほどの『ムーリッシュ・サイエンス・テンプルの聖なるコーラン』（The Holy Koran of The Moorish Science Temple）である。聖なる物とみなされているこのテキストは一九二七年に、ノーブル・ドリュー・アリによって書かれた物である。その本には、クルアーン、聖書、フリーメイソンの儀式、その他の資料などの要素が含まれている。彼は意識的に「コーラン」という用語を用いているにもかかわらず、文書には「クルアーン」を引用してはいない。事実、昔の非ムスリム系の出版物から大半は引用されている。

『ムーリッシュ・サイエンス・テンプルの聖なるコーラン』において、アフリカ系アメリカ人は黒人人種という表現ではなく、アジア的人種であり、イスラム教を信奉するムーリッシュ民族の一員とみなされている。アリの教えによると、ムー、もしくは、アジア人は人類の進化や歴史のまさに中核を担っている。アリはアフリカ系アメリカ人をムーリッシュ系アメリカ人と考えていた。きわめて重要なことに、『ムーリッシュ・サイエンス・テンプルの聖なるコーラン』では、黒人の伝統はとても高貴な物であり、アフリカ人のステレオタイプ的な野蛮なイメージを取り除いた物であった。[16]

ムーリッシュ・サイエンス・テンプルにとって最も重要なことは、そして、大半の伝統的なムスリムにとって異議があるのは、聖なるコーランにおいて、イエス、モハメドに続いて、アッラー（つまり、神）の導きによって、ノーブル・ドリュー・アリを最後の預言者にしている点である。

一九二九年、後継者を定めないまま、四三歳でアリが突然亡くなると、多種多様な分派へと分裂した。一九三〇年代にはすでに、警察とＦＢＩがムーリッシュ・サイエンス・テンプルの活動を破壊するキャンペーンを組織的に行っていたのは明らかであった（これは、一九〇〇年代を通して黒人ムスリム運動における歴史の一側面であり、[17]後に議論する）。それにもかかわらず、ムーリッシュ・サイエンス・テンプルの寺院は現在、まだ存在している。

ムーリッシュ・サイエンス・テンプルはアメリカ合衆国におけるイスラム教の歴史において、最初の大規模な宗教運動と考えられている。ムーリッシュ・サイエンス・テンプルから分派した組織の一つが、ムーリッシュ・サイエンス・テンプルの初期創設メンバーである、ウォーレス・Ｄ・ファード・ムハンマドによって結成されたネイション・オブ・イスラムであった。彼の後継者イライジャ・ムハンマドもまた、ムーリッシュ・サイエンス・テンプルの一員であった、といわれている。[18]

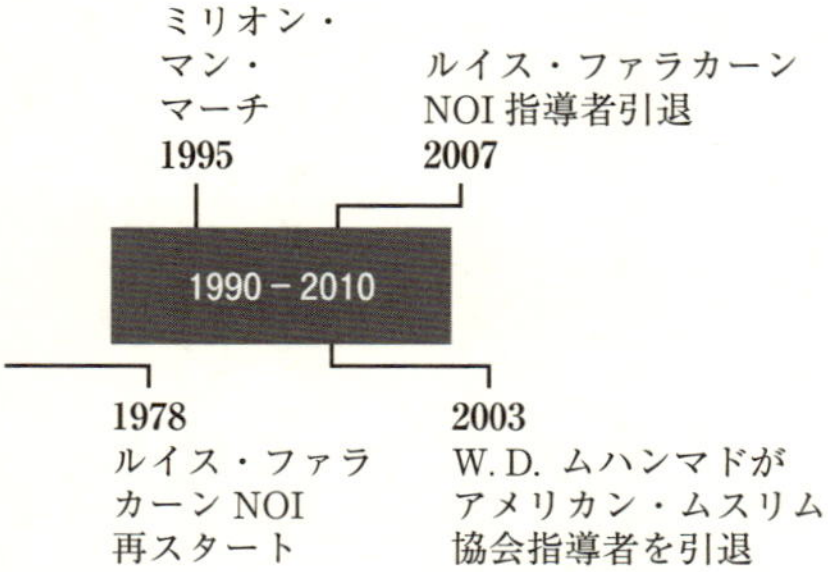

7　ネイション・オブ・イスラム――初期

ファーザー・ディヴァイン運動の議論で学んだように、大恐慌は黒人の生活を急速に悪化させた。一九二七年のマーカス・ガーヴェイの衝撃的な国外追放、一九二九年のノーブル・ドリュー・アリの死に伴い、ブラック・ナショナリズムの精神面を語る力強い指導者がいなくなった。W・D・ファード（W. D. Fard）はその空隙を埋めた。

本書で取り上げている諸集団の初期指導者たちと同様に、最も有名なブラック・ムスリム組織の創始者については比較的知られていない。W・D・ファードはデトロイトで、絹やアジア、アフリカの服を各家に売り歩く行商人だった。後々の説明では、メッカで生まれたことになっているが、おそらくパキスタンで生まれ、アラブ人であるという人も中にはいる。彼は商品を売り歩きながら、黒人の祖国の話をして人々を魅了した。

周知の通り、彼はムーリッシュ・サイエンス・テンプルの一員であり、アリの生まれ変わりである、と主張した。一九三〇年代、ムーリッシュ・サイエンス・テンプルが崩壊した時、何人かはファードに追従し、彼を新たな宗教組織、「ネイション・オブ・イスラム」（ＮＯＩ）の指導者とした。一九三〇年、ファードはＮＯＩを設立し、ミシガン州デトロイトに最初の

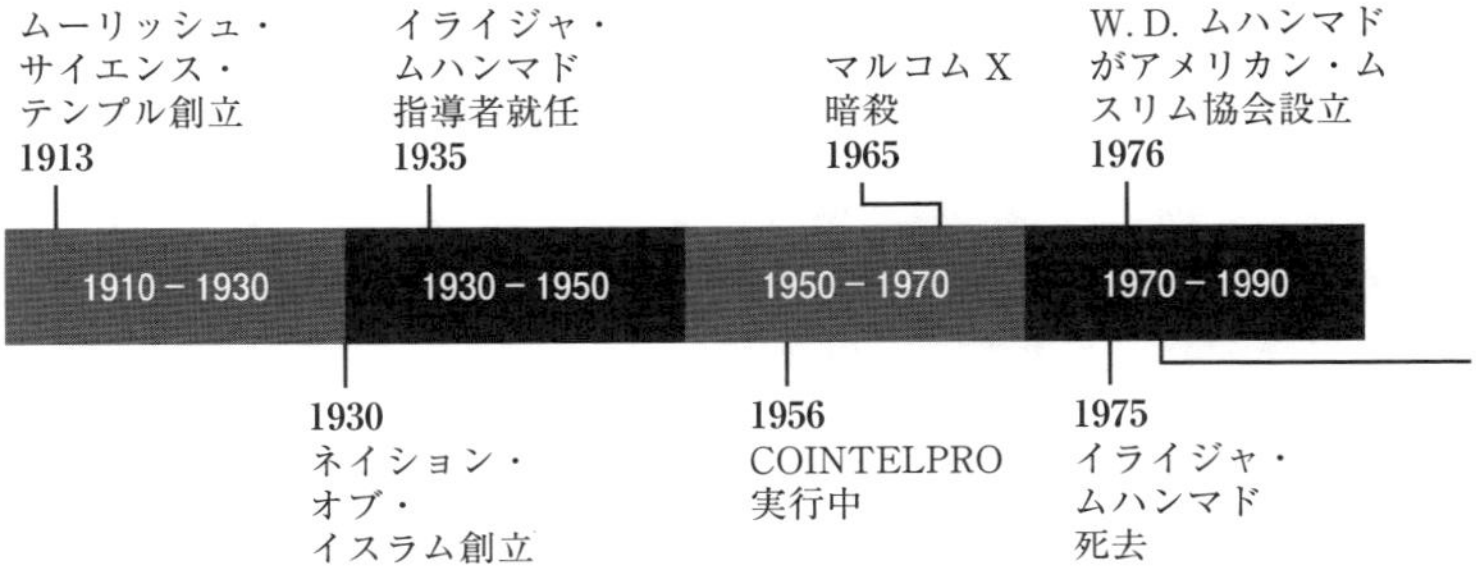

図8　ネイション・オブ・イスラム年表

寺院を開いた。

ファードは二重意識について言及することなく、黒人が葛藤を抱えているに違いないという考えにはまったく取り合わず、黒人はアメリカ人ではなく、アジア人的である、と挑戦的に言明した。さらに、黒人はずっとキリスト教徒——過去の奴隷主であろうと現在の政治家であろうと——によって害されてきた、と彼は強調した。

一九三一年、ファードの支持者はおよそ八〇〇〇人ほどで、その一人がイライジャ・ロバート・ポール（Elijah Robert Poole）であった。当時、三四歳のポールは熱狂的支持者であった。ジョージアから移住し、ポール、妻、八人の子供たちは、北部工業地帯で好機をつかもうとする幾万もの南部黒人に埋もれていた。初期ノーブル・ドリュー・アリがまさにそうしたように、北部の工業地帯で希望を実現できず、幻滅した多数の移住者の琴線にファードは訴えかけた。ファードがポールや同様に幻滅していた黒人と共有した人種的メッセージは、「隠された真実」、もしくは、「秘められた知恵」と一般的にいわれるものである。ここ一〇〇年の間、例えば、モハメド・アリのように、ＮＯＩへの多数の転向は耳にしたこの知恵が人生を変えるほどの出来事であった、といわれている。では、この真実とは何か？

黒人と白人は同じ神から生まれたのではない。白人は邪悪であったのに対して、黒人は「公正で神聖」な存在となる運命であった。黒人は元々、数兆年前、聖なるメッカに住んでいた。白人は邪悪で狂気に満ちたマッド・ヤクーブ（Mad Yacub）という黒人科学者の遺伝実験の結果、そのかなり後に現れたにすぎない。白人は常に肉を食べ、ヨーロッパの洞窟で暮らしていたが、黒人の文明世界の高貴な指導者から暴力的に権力を取り上げてしまった。この物語は人種主義思想を推進するものだが、「エスニック・セラピー」という見方も存在する。すなわち、昔から存在していた恥ずべきアイデンティティとは異なり、アフリカ系アメリカ人に新しいアイデンティティを、そして、最も重要なことは誉れ高きアイデンティティを、提示したということである。「秘められた知恵」によると、アフリカ人に対する野蛮なイメージは、白人が自らの利益のために押しつけたものである。[19]このことにより、北欧ゲルマン人が人種的に優秀であると考えられ、アフリカ人が、もしくは――ノーブル・ドリュー・アリの言葉によると――ムーア人やアジア人が、アメリカ大陸において、長年にわたって奴隷とされた。一九三〇年代、デトロイトの信者たちがこのメッセージを耳にした時、[20]デトロイトはクー・クラックス・クランの白人メンバーが圧倒的な勢力地域であったことを思い出してほしい。

そもそも、ＮＯＩの人種的メッセージと、白人至上主義者たちのメッセージとは、異なるものであった。確かに、ＮＯＩは非黒人とも関連があったが、彼らの主張する人種的優位性の立場は、白人の暴力を伴う人種主義に対する防御的反応であった。

イライジャ・ポールがＮＯＩの信者になった直後、ファードは彼の高い威信に気づき、イライジャ・ムハンマドの名前を授けた。ファードの組織は成長し、若い女性の教育クラスを設けた。彼は家計のやりくりなど、若い女性によき母、よき妻となるべく指導を行った。また、信者以外とのトラブルや警官に適切に対応するために、「フルーツ・オブ・イスラム」（Fruit of Islam　略してＦＯＩ）という男性によって編成された自衛組織を設立した。双方の組織とも、二一世紀に入った今も機能している。

8　イライジャ・ムハンマド——預言者の登場

不可解なことに、ファードは——ここでは、簡単に預言者、もしくは、指導者として言及するにとどめる——、一九三四年六月に姿が見えなくなった。当時、そして、その後もずっと継続して捜査が行われたが、彼の失踪について何も明らかになっていない。現在のNOIのメンバーでさえ、この事件について、単なる師の「出発」と呼んでいる。[21] 当時から存在していた分派集団は師の存在がないことで、勢力を強めている。イライジャ・ムハンマドとその支持者集団は一九三二年にシカゴでテンプル№2という集団を設立し、結束と預言者への忠誠を保っている。

時が経つにつれて、イライジャ・ムハンマドの教えは多くの人によって、感情的にも知性に則った形でも、否定されるようになった。しかしながら、ジョセフ・スミス、ジョン・ハンフリー・ノイエ（John Humphrey Noyes）、L・ロン・ハバードの教えと同じように、少し風変わりな集団の背後にあるテーゼが人々からの支持を失うと、信条にさらに強制力が強まるという結果になる。

ムハンマドの教えは、（1）一般的に、とりわけ、アメリカ合衆国においては、白人の描写が効果的であったこと、（2）イスラムの伝統から距離をおいたこと、以上、二つの方法において広まった。[22]

伝道師としてのイライジャ・ムハンマドは預言者をアッラーとして神格化し、イスラム教の特徴とキリスト教の教義を調和させた。ムハンマドは、ファードがアッラーであると宣言することによって、神が黒人であると明言し、聴衆を引きつけていた。こうした定着への過程は、八世紀初頭、アラブのムスリムが北アフリカ、西アフリカにおいて行った地方の精神的・文化的宗教に組み込んでいく布教とは異なっていた。

ムハンマドが指導者の地位についてしばらくの間は、困難に満ちていた。ムハンマドの主張に異を唱える敵手が彼の信用性に疑問を抱き、脅かす存在となった。生命の危機を感じたムハンマドはシカゴを去り、東海岸に沿って、NOI運動の教義を説いて回った。アメリカ合衆国の共産党と親日集団はNOI、もしくは、その他の分派集団への潜入を試みた。ムハンマドは共産主義者や親日分子と直接の関係はなかったが、連邦政府は監視を強めた。ついに一九四二年、ムハンマドは兵役登録を拒否し、周囲にも兵役拒否を勧めたとして逮捕された。イライジャが刑務所に収監されている間、彼の妻クララ・ムハンマド（Clara Muhammad）がNOIの実質的な指導者となった。

イライジャ・ムハンマドは一九四六年に出所し、彼の地位をめぐって争っていた多くのライバルたちはもはや深刻な脅威ではなかった。使者であり、師であるムハンマドは今までで最も強い立場になり、殉教者となった。一九五〇年代、NOIは都市部に勢力を拡大した。彼が、寺院やアリーナに登場すると、興奮、畏敬、誇り、敬虔が入り交じり迎え入れられた。演説の間、終始、群衆からの「その通り！　その通り！」と喝采が発せられた。この時、彼は、団結したムスリム指導者の幹部たちを頼りにしていた。一九五四年、彼はこの幹部たちの一人、マルコムX・シャバズ（Malcolm X Shabbazz）に、当時最も高位だったニューヨークの寺院№7の主任牧師の職位を授けた。(23)

イライジャ・ムハンマドはNOIの指導者として四〇年以上にわたり、設立された多数の寺院、膨大な食料品店、パン屋、その他、小規模事業を管理した。ムスリムであろうとなかろうと、すべての人種的背景をもつ人々に開かれていたが、こうした起業は一時的にはやりながら、どの地域においても数年間しか続かないのが常であった。いくつかの点において、NOIのビジネスはファーザー・ディヴァイン運動の経済モデルと類似している。しかし、彼らは同じ困難にぶつかっていた。それは小規模事業のオーナーは経済的にきわめて弱かったことと、ＮＯＩの事業は特に低所得者の地域社会《コミュニティ》に提供されていたことであった。

イライジャ・ムハンマドとイスラム教

ＮＯＩの教えは、イスラム教なのだろうか。「イスラム」という名前を含みながら、ムスリムとは違うと考えられていることを第三者は不思議に思うかもしれない。しかし、多くのキリスト教徒は、クリスチャン・サイエンティストやモルモン教の信者を、キリスト教徒とみなしていない。

ＮＯＩは正統派ムスリムの教義を会得した、とイライジャ・ムハンマドは主張した。すでに述べたように、イスラム教には異なるセクトや分派が昔から存在していたために、イスラム教に関する単一で規範となる普遍的定義は存在しないし、その境界線について信者の間にも集合的合意さえ存在しない。しかし、この点を考慮したとしても、ＮＯＩはイスラム教の多数勢力であるスンニ派、もしくは、シーア派の思想とは、相当距離が離れている、と結論せざるを得ない。ＮＯＩはムーリッシュ・サイエンス・テンプルと、他のブラック・ナショナリズムの思想から誕生したと考えることが妥当である。また、ＮＯＩの誕生は、イスラム教が優勢なアジア、アフリカ諸国から、アメリカ合衆国へと大量の移民が流入する以前のことである。それゆえに、地域的に――つまり、アメリカ合衆国において――、ＮＯＩが刺激を受けるほど、可視的に、もしくは、広範囲にわたってイスラム教の勢力は存在し得なかった。

ＮＯＩの直接的なクルアーンへの言及は限定的であり、しばしば誤りもあった。例えば、マルコムＸは一九六二年に、イライジャ・ムハンマドの唱道者を務めていた時、白人が邪悪な存在であることを示すためにイスラム教典を引用しようとした。彼は、クルアーンの「われわれは青い目をした罪人を集めよう」という箇所を引用し、「青い目をした」人を白人とみなした。注釈者は直ちにその間違いを指摘し、「青い目をした」人とは、白人を意味するものではないとした(24)。

イライジャ・ムハンマドはユダヤ教とキリスト教を基盤とするアメリカ合衆国において、イスラム教の普及に決定的な役割を果たしたが、彼が存命の間に、ムハンマドのムスリムの教えはもはやイスラム教とは異なるものとして評価されていた(25)。

9　マルコムX――ブラック・ムスリムの唱道者

マルコムXは、ブラック・ナショナリズム運動とネイション・オブ・イスラムの中で、最も強力で賢明な代弁者の一人であった。彼は、同調者にとって仲間を代表する真のヒーローであった。彼個人の支持者に加えて、国際的にも支持を受けて、今なお預言者にふさわしい人物とされている。二〇世紀の宗教指導者の中で、マルコムXほど人生を詳述された人はそういない。マルコムXの死の直後、アレックス・ヘイリー著『マルコムX――自伝』はベストセラーとなり、一九九二年、スパイク・リー監督によって映画化された『マルコムX』は若い世代にブラック・ムスリムを再び知らしめた。

一九二五年、ネブラスカ州オマハでマルコム・リトル（マルコムXの出生名）は生まれ、その後、数回の転居を繰り返して一九二九年デトロイトに落ち着いた。こうした転居は近隣の白人からの敵対的関係から繰り返されたものであり、やむにやまれぬ事情があった。マルコムが五歳の時、ミシガン州ランシングで白人（おそらくクー・クラックス・クランのメンバー）によって、家を焼き払われた。翌年、マルコムの父は路面電車の事故で亡くなり、数年後には母も精神病を患った。マルコムは一〇代前半には、数カ所へ里子に出された。

一九四六年、マルコムは窃盗罪と拳銃所持罪で逮捕され、有罪となった。彼はボストンの刑務所で服役している時、イライジャ・ムハンマドの教えに触れた。マルコムXが刑務所の中でNOIへ転向したことには重要な意味がある。NOIは刑務所における布教に成功した。なぜならば、服役者を非難するのではなく、服役者を魂の喪失者であり、現代の白人主流の社会における犠牲者とみなしたからである。

獄中でマルコムはデトロイトに住む兄のフィルバートから手紙を受け取った。その手紙には、兄が出会った「聖なる」文面に満ちていた。フィルバートはマルコムに祈りを捧げていると手紙に綴った。最初、こうした兄の申し出に取り合わなかったが、時が経つにつれて、兄の「アッラーに対する祈り」の勧め、他にも豚肉の食事禁止、禁酒、禁煙という教えに魅了されていった。最終的に、マルコムは兄や家族の勧めに従い、イライジャ・ムハンマドに手紙を書いた。マルコムは貪欲に読書に耽《ふけ》り、知識を得て、他の収監者たちにムハンマドの教えを紹介した。彼は自伝において、黒人の仲間と過去の黒人文明の栄光と、現在の白人の不実さについて喜々として話し合った、と情熱的に語っている。

一九五二年、仮釈放となったマルコムはそのカリスマ性を活かして、NOI新メンバーの勧誘に没頭した。すでに述べたが、一九五四年には、大規模寺院として、ハーレムにある寺院№7の牧師に就任した。彼はNOIの勢力拡大のために、『ムハンマド・スピークス』（*Muhammad Speaks*）という新聞を発行し、黒人男性が街角で販売した。NOIの会員はおよそ五〇万人まで急激に拡大した。預言者イライジャ・ムハンマドの承認を得て、マルコムXはNOIの顔であり、スポークスマンとなった。

当時、NOIはアメリカ人の間でほぼ知れわたる存在となった。ただし必ずしも、理解はされていなかったが。一九五九年、著名なニュース解説者のマイク・ウォレス（Mike Wallace）が特集で、NOIに関する「憎悪が生み出す憎悪」を取り上げた。NOIの支持者たちがキリスト教や白人全般に言及している場面が映し出され、世論に衝撃を与えた[26]。当然、NOIに対する批判も巻き起こった。マーティン・ルーサー・キングJr.は、一九六三年の有名な「バーミンガム刑務所からの手紙」(a letter from a Birmingham jail) において、南部の不平等な人種隔離を是正しようとせず、傍観していた結果生じた主要な危険な例として、NOIを引き合いに出した。キング牧師によると、怒りに満ちた黒人分離主義運動は白人と黒人の対話を絶ち、「人種隔離の継続」を推進することになったという[27]。

しかしながら、マルコムXの見解は異なっていた。彼は自伝において、人種隔離とNOIの分離主義とは異なると述べた。

隔離 (segregation) とは、あなたの人生が他人によって管理され、支配されることを指す。隔離することとは、支配することを意味する。隔離は、優秀な者が劣等な者に強制的に行うことである。しかし、分離 (separation) とは、両者の利益のために、平等な二者によって自発的に行われることを指す[28]。

マルコムXとイライジャ・ムハンマドとの関係の終焉

マルコムXのように、最終的にはより伝統的なイスラム教の教義に転じたNOIのメンバーの中には、白人を創り出したマッド・ヤクーブのような物語について、全員が必ずしも擁護していたわけではなかった。マルコムXの発言通り、あらゆる誤解の決定的な要因は西部での真のイスラム教布教に失敗した、東部ムスリムにあった。それゆえに、「宗教詐欺師」(つまり、イライジャ・ムハンマド) の成功を許してしまった。

イライジャ・ムハンマドは挑発的な演説を行うにもかかわらず、隆起しつつある市民権運動を含めて、日々の出来事について話すことを避けていた。一九六三年一一月、ジョン・F・ケネディ大統領が暗殺された時、

「ケネディは、臆病な鶏がローストされるために、すぐに鶏小屋へ帰ってしまうことを今まで知らなかったのか」と、マルコムXが発言したことは有名である。ムハンマドはこの発言をあからさまな抵抗とみなし、以後、政治に関するいかなる発言も禁止した。NOIの指導者二人の関係は修復できないほどに悪化した。

一九六四年、マルコムXはイライジャ・ムハンマドと深刻な対立関係に陥り始めた。その原因は、（1）隆起する市民権運動に関わらないでおこうとするムハンマドの立場、（2）クルアーンの教義を厳密に信奉する、より伝統的なムスリム集団から、一貫して距離を置いていること、（3）不倫などイライジャ・ムハンマドの個人的な道徳性に対するマルコムXの不信感、にあった。こうした軋轢が大きくなり、マルコムXはメッカへの巡礼へと向かった。この時、彼は、「エル・ハジ・マリク・エル・シャバーズ」（el-Hajj Malik el-Shabazz）というムスリム名を名乗った。彼は、ムスリムの主流派、特にスンニ派信者によって否定されていたファードの神性やNOIの他の教義を否認するようになった。

マルコムXは中東を巡礼した際、ムスリムの人種的多様性に衝撃を受けた。そして、そのことはしばしば言及してきた「悪魔の白人」について考え直すきっかけとなった。一九六四年のイスラム教の聖なる地、メッカへの巡礼の旅の間、彼は自伝の協力者であるアレックス・ヘイリーに、「目が青く、ブロンドの髪をした、白い肌のムスリムの仲間たちと同じ皿から食事をとった」と手紙を書いた。マルコムXはグローバルなイスラム教に惹かれ始めた。(29)

興味深いことに、イライジャ・ムハンマドは一九六〇年に巡礼の旅をすでに終えていた。明らかに、彼はメッカにおいて伝統的なイスラム教に触れていたが、マルコムXのように人種分離の教えについて再考することはなかった。彼は、巡礼の後も、アメリカ合衆国におけるイスラム教の最高権威者としての地位を保ち続けた。(30)

10　対破壊者情報活動

ＮＯＩはその歴史上、正体不明の排他的第三者から攻撃を受けていた。これは本書で取り上げている他の集団にも、よくあることであった。しかし、第三者との関係が限られているＮＯＩにとっては、道理にかなった理由があった。

ＮＯＩは集団の弱体化を目的とする、隠密に実施される体系的な政府調査の対象であった。一九五六年から七一年まで、ＦＢＩ（米国政府の連邦捜査局）は国家の安全を守るために、「対破壊者情報活動」(COINTELPRO) を開始した。対破壊者情報活動は、多くのアメリカ人や連邦政府関係者が「非アメリカ的」とみなされる反体制派集団に疑いを感じていた当時、頻繁に実行された。その手段はさまざまな政府機関が危険分子とみなした集団に潜入し、社会的に隔離、もしくは、壊滅させるために利用された。このように標的になったものの中には、共産党がある。他にも、市民権運動の諸集団、マーティン・ルーサー・キングJr.のような個人も対象となった。

標的となった集団の一つのカテゴリーは、ネイション・オブ・イスラムやブラック・パンサーなどのブラック・ナショナリスト集団であった。ＮＯＩの指導者たちは政府の秘密活動に疑いを抱いていたが、一九七一年にＦＢＩ事務所に窃盗が入り、秘密にされてきたＦＢＩファイルが公開されるまで、対破壊者情報活動の対象は知ることはできなかった。特に、イライジャ・ムハンマドとマルコムXとの「対立」をお膳立てし、それを利用しようとしていたことは有名である。ＮＯＩはアフリカ系アメリカ人の共同体《コミュニティ》内で、信用を失うことになった。さらに、対破壊者情報活動は一九六〇年、内務省に命じて、アフリカ、アラブ、ムスリム圏の国々の大使へ、「アフリカ系アメリカ人のイスラム運動に強い関心を示している外国の人々［原文ママ］と……イライジャ・ムハンマドとが連絡を取らないように……」「慎重に」通知した。そうした努力をする際、「アメリカ政府がイスラム教か黒人のどちらかに、何らかの偏見を抱いていたという印象は避けなければならない［原文ママ］」(31)。

対破壊者情報活動の大半はいまだ機密情報であるために、この秘密活動がどの程度、ＮＯＩ信者の活動に影響があったかはわからない。しかし、十中八九その歴史に影響があった。

11　動乱期——一九六五年－一九七五年

動乱期の一一年の間、イライジャ・ムハンマドが指導者であった初期と比べて、ＮＯＩは信者のまとまりがなくなり、悲劇と紛争を経験した。マルコムＸは次第にＮＯＩから距離を置いたが、なおアフリカ系アメリカ人の間では熱狂的な支持があった。「ムスリム・モスク」(Muslim Mosque)、「アフリカ系アメリカ人統一機構」(Organization of Afro-American Unity) という組織を創立し、より正統な宗教体系を模索していたアフリカ系アメリカ人のムスリムを導こうとしていた。しかし、その努力は道半ばにして、一九六五年二月二一日、マルコムＸは暗殺された。警察の護衛が不適切だった、という指摘もあった。

マルコムＸの暗殺

マルコムＸが彼の妻や子供を含む、およそ四〇〇人の群衆の目前で銃弾に倒れたニュースは、全米だけではなく、世界中に、特に、ムスリムの諸国に衝撃を与えた。マルコムＸが次第に非暴力の立場を取るようになり、ブラック・ナショナリストのレトリックを拒絶するようになった時、彼はよく自分への襲撃の恐れについて警戒していたが、普段は暴力から身を守る手段をとらなかった。

ＮＯＩの昔からのスポークスマンを殺害したのは誰か？　一〇カ所の銃創と二つのショットガンによる傷から見て、少なくとも三丁の銃器が使用されていた。一人はその場で逮捕され、残りの二人も群衆が特定した。三人とも黒人で、ＮＯＩのメンバーといわれている。一人は自白し、三人とも裁判にかけられて有罪となった。

彼らの動機、そして、誰が犯行を命じたのかという点については、いまだに推測の域を出ない。マルコムＸがハーレムから麻薬、犯罪、アルコール、売春を排除しようと絶え間なく尽力していたことから、組織犯罪も疑われている。

加えて、ブラック・ムスリム集団に不和を起こさせる対破壊者情報活動の役割が次第に注目を浴びるようになり、そのことによって、マルコムＸの殺害はやむを得ない、という雰囲気を連邦政府が醸し出したという議論もある。

千年王国運動

エホバの証人と同様、ネイション・オブ・イスラムは千年王国説の立場を取っていた。前に、白人は数千年前にマッド・ヤクーブという黒人科学者の遺伝実験から誕生した、というイライジャ・ムハンマドの教えを紹介した。ファードの予言を基に、ムハンマドはまた、白人による支配が「アメリカの落日」という大変革の戦争で終焉を迎える、と主張した。黙示録にも同様のことが記されている。ムハンマドの書物や演説に関する研究者によると、勝利の啓示は一九六〇年代後半に記された。このことによって、ＮＯＩは完全なる時代をもたらす、劇的変革を期待する「千年王国運動」であった、といってよいであろう。

一九六〇年代半ば以降、マルコムXがNOIを脱退し暗殺されるに至る期間は、明らかに変革の時であった。例えば、ルイス・ファラカーン牧師のような指導者の中には、NOIにとって好機である、と考える者もいた。エホバの証人とは異なり、千年王国への期待は、イライジャ・ムハンマドの支持者にとっては、宗教体系の主要な部分ではなかった。それどころか、おそらく多くの信者は予言されていたアメリカの落日、そして、黒人の偉大さの復権にとって好機である、という認識さえもなかった。一九七〇年代初め、アメリカ合衆国が大変動の過程にあったかどうか、そして、イライジャ・ムハンマドの支持者が何か特別な役割を果したかどうかについて、言及している演説や刊行物はほとんどない(32)。

イライジャ・ムハンマドの死

一九七五年、イライジャ・ムハンマドが亡くなり、埋めがたい大きな穴がぽっかりと空いたように部外者には思われたが、そうではなかった。次期代表はすぐに、イライジャ・ムハンマドの息子、W・D・ムハンマド(Warith Dean Muhammad)に決まった(W・D・ムハンマド、時に、ワレス・ディーン・ムハンマドとして知られている)。W・D・ムハンマドはイスラム教の中でもよりスンニ派に近い立場であったために、父の死の直前、NOIの幹部に就任したり、退任したり、不安定な立場にあった。

12　アメリカン・イスラム協会の誕生

W・D・ムハンマドが指導者となり、ムハンマドは大胆にもブラック・ナショナリズムの伝統的遺産から続く人種分離をきっぱりと拒絶した。彼は、自衛組織「フルーツ・オブ・イスラム」を解散し、白人に参加を呼びかけ、伝統的なイスラム教の教えを強調した。この変革を明確にするために、彼は、宗教組織の名前を「西部におけるイスラムの世界共同体」(World Community of Islam in the West)と改名した。この名前は最終的には、「アメリカン・ムスリム協会」(American Society of Muslims)となった。アメリカン・ムスリム協会は、アメリカのイスラム教の統合的役割を果たそうとしており、もはや信者の人種を強調することはなかった。W・D・ムハンマドはアフリカ系アメリカ人やムスリム共同体の移民に対して、最も影響力のあるスポークスマンとなった。彼の大胆な決断とは裏腹に、ムハンマドはカリスマであった父よりもやさしく語りかけた。父、イライジャ・ムハンマドが高尚な「伝道師」「預言者」という称号を使ったのに対して、W・D・ムハンマドは通常、一つの寺院の指導者に使われる称号でより控えめな意味をもつ「イマーム」(imam)という称号を選択した。

W・D・ムハンマドがアフリカ系アメリカ人に対して、より伝統的なムスリムの実践を望んだことは成功しているようである。二〇〇七年の国勢調査では、アメリカ生まれのアフリカ系アメリカ人のムスリムの約半分(四八パーセント)がスンニ派とされている。残りの三分の一(三四パーセント)が単にムスリムと答えている。そして、一五パーセントはシーア派、NOIを含めたその他となっている。(33)

W・D・ムハンマドが指導者として行った決定的な改革には、父親が指導者であった時に存在した権力を非集中化したことであった。彼は地域のコミュニティ、寺院、モスクに彼ら自身の方針を立てるように勧めた。こうして自律性は高まっていったが、イライジャ・ムハンマドによる人種分離の指導を拒絶するように導かれたこと以外、W・D・ムハンマドの支持者が信奉していることを一般化することは次第に困難となった。彼は、アフリカ系アメリカ人のムスリムはより伝統的なイスラム教を信奉するべきである、と表明した。(34)

W・D・ムハンマドはブラック・ナショナリズムの要素を排除する一方で、アメリカ合衆国において黒人であり、ムスリムであることはそれでもなお、社会的意義がある、と考えていた。この点について、彼は死の直前のインタビューで、以下のように説明した。

主に、それは歴史である。すなわち、われわれがたどった少し変わった道程、心の中にある感情、あらゆるものに対する見解を含めて、どのようにしてムスリムになったのか、ということである。私はそのことを否定的に捉えているのではない。肯定的に考えている。このことは、われわれに独自の考え方をもつように導いてくれた。もしわれわれが独立した人間になることができるならば、アメリカにおいてイスラム教に貢献できる。(35)

W・D・ムハンマドはアフリカ系アメリカ人のムスリム社会において、アラビア語やクルアーンの習得に熱心でない点も含めて、伝統的なイスラム教を十分に取り入れない他のイマームや指導者を批判し、二〇〇三年、アメリカン・ムスリム協会の宗教的指導者の地位を退いた。彼の辞任によって、大規模な派閥争いが広まり、そのことは、黒人社会の独特のモスクや寺院がより一層、自律性を高めた時期を表していた。(36)

W・D・ムハンマドは二〇〇八年に亡くなった。彼の信者は統一された組織として、もしくは、集合的に容認された名称さえも、維持できなかった。しかしながら、信者たちは彼の過去の演説を学び、多くはスンニ派と団結した。

13　ネイション・オブ・イスラムの持続

NOIの信者全員がW・D・ムハンマドの決定に満足していたわけではない。最も顕著だったのはボストン寺院の指導者ルイス・ファラカーン師であり、一九七八年ムハンマドのグループを脱退し、再び、「ネイション・オブ・イスラム」へ合流した。ファラカーンはファードの神性や、「悪魔の白人」というブラック・ナショナリズムの思想を信奉した。全米を代表する指導者とみなされていた一方で、黒人ムスリム・モスクは、ファラカーン牧師へ敬意を捧げる現在でさえも、それぞれ別々に開かれている。

ファラカーン（元の名前はルイス・ウォルコット）は一九三三年生まれ、マルコムXに誘われて一九五五年にNOIに加入した。彼は出世し、最終的にマルコムXがかつて務めたニューヨークの寺院№7の責任者となった。多くの第三者は、ファラカーンといえば、マルコムXを思い起こすようである。アフリカ系アメリカ人の大半が伝統的なスンニ派の教義へ転じたとしても、信者の心情に火をつけ、批評家を扇動していた熱狂的な演説者のファラカーンは、間違いなくアフリカ系アメリカ人の間で、新たなイスラム教の有名人となった。

ファードの謎めいた死、イライジャ・ムハンマドの死、W・D・ムハンマドがスンニ派の信者だったことによって、以前、何度もあったように、二〇〇七年、再び、ネイション・オブ・イスラムは後継者問題に直面した。ファラカーンは、自らが高齢であること、がん手術からの回復を考慮し、NOIで中心的役割を果たしていたイライジャ・ムハンマドの息子、イシュマエル・ムハンマド師（Ishmael Muhammad）を中心とする実行委員会にNOIの支配を委譲した。

しかし、今日、ファラカーンのNOI本部への影響は、絶大なものである。例えば、二〇〇八年、シカゴにあるマルヤム・モスクの修復のような大規模イベントには、彼は登場して演説を続けている。彼はまた、同年、W・D・ムハンマドの葬儀にも参列した(37)。

後で、ファラカーン師によって呼びかけられたミリオン・マン・マーチについて触れるが、これは一般的に世論に好意的に受け止められた。しかしながら、ファラカーンに関するニュースはＮＯＩに対して好意的なものばかりではない。二〇〇九年、ルイス・ファラカーンは国連での演説のために訪米したリビアの最高指導者、ムアンマル・アル＝カダフィ（Mu'ammar al-Gadhafi）を歓迎したが、このことは世論から批判を浴びた。これは、カダフィ自らが、二七〇人の死者を出したパンアメリカン航空１０３便爆破事件で有罪を宣告された男性を、ヒーローとしてリビアに呼び戻した直後のことであった。それにもかかわらず、全米に巻き起こる抗議の中で、反アメリカのテロリズムの主唱者と言われているカダフィは、なぜ、アメリカ合衆国への入国を認められるべきなのか、ファラカーンはその理由を以下のように説明した。

私たちがなぜ、彼を特別に歓迎するのか、その理由を聞きたいであろう。それは、なぜならば、私たちが彼と知り合って以来、彼は世界中の黒人が解放を求める闘争に協力を惜しまない友人だからである。カダフィ氏の訪米時には多くの抗議があるかもしれないし、すべてのアメリカ市民にそうする権利はある……しかし、カダフィ氏の訪米は、数年にわたり、黒人解放、集団闘争に絶え間なく尽力するカザフィー氏を誇りに思い、尊敬する私たちの仲間にとっても、喜ばしいことであろうと期待している。

個人的なことになるが、数年前、アフリカの革命家たちに話した。私は革命を強く志しているが、私が関わっている革命は世俗的手段によっては促進されていない。私が当時関わっていた革命、そして、現在関わっている革命は、聖書と聖なるクルアーンに見いだされた神の光によって促進されている。私たちが以前の植民地支配国や奴隷主から押し付けられた精神的奴隷化を完全に消さない限り、真の革命はない。私たちは新たな存在にならなければならないが、そうするためには、無知のヴェールを取り去り、新たな思考や展望を育む知識を身につけるしか方法はない。このような革命がアフリカと世界を変えていくであろう。(38)

特に、9・11後、世界に発せられた時には、強く影響を与えた。

14　ネイション・オブ・イスラムとユダヤ系アメリカ人

ムーリッシュ・サイエンス・テンプルから始まり、アフリカ系アメリカ人の間で独特の存在感を示すイスラム教は、アメリカ合衆国で継承されてきたユダヤ教とキリスト教の伝統から区別しようとしてきた。さらに、それはしばしばキリスト教徒、中でもキリスト教を信仰している黒人をさげすんでいる。ノーブル・ドリュー・アリは、「アッラーは神である、白人は悪魔であり、いわゆるニグロはアジアの黒人であり、地球で最も高位な存在である」と宣言した。(39)

白人は、NOIのレトリックの焦点がユダヤ系アメリカ人にある、という。これはなぜか。ユダヤ人は昔から反奴隷を支持し、NAACPを創設し、後には市民権運動にも貢献した。しかしながら、日々の生活において、多くの都市部の黒人が出会ったユダヤ人は家主であり、スラム街の商人であった。そのために、ブラック・ムスリム指導者たちは反白人感情をかき立てるために、すでに社会に存在する反ユダヤ感情を利用しようとした。

反ユダヤ主義的言説は何人かの指導者から和解の呼びかけがあったにもかかわらず、NOIのレトリックや印刷物に時折、登場している。例えば、一九九一年に刊行されたNOIの『黒人とユダヤ人との秘密の関係』(*The Secret Relationship Between Blacks and Jews*)という刊行物には、西半球の奴隷はユダヤ人の船主と商人によって導入されたものであり、現代の世界においてもアフリカ系アメリカ人の支配を模索し続けているという議論が記されている。こうした主張には賛同者がいないが、このような本はユダヤ人とNOIとの関係を扇動するためだけに存在する。他にも、ユダヤ人組織がアメリカ連邦準備銀行〔訳註：中央銀行のこと〕を支配しているとも、NOIは主張している。

NOIはこのような立場を取っていたために、NOI、特にルイス・ファラカーンは俗人であろうと修道士であろうと、ユダヤ人に対して偏見をもち、差別的行為をする「反ユダヤ主義者」(anti-Semitic)と呼ばれるようになった。

NOIは反ユダヤ主義だと批判される度に、批判する組織の言説は無意味で、反ユダヤ主義に関する引用は文脈と関係なく引用されている、と反論した。例えば、マルコムXは宗教学者のC・エリック・リンカーン(C. Eric Lincoln)とのインタビューで、「私たちは、すべて白人という意味において、ユダヤ人と非ユダヤ人との間に区別をしていない」と述べた。言い換えれば、反ユダヤ人感情は反白人感情の一部に過ぎない(40)。

ユダヤ系アメリカ人はそのような説明に納得せず、NOIの多くのレトリックがホロコーストを軽視し、市民権という目的のために、ユダヤ人とユダヤ系組織の支持を見て見ぬふりをし、ユダヤ人の典型的なイメージに訴えるものであることに注意を喚起した。NOIがイスラエルの生存権をめぐって、パレスチナとアラブ諸国との関係を親密にしたことは、NOIとユダヤ系アメリカ人との間にさまざまな軋轢をさらに生み出した。

事実上、反ユダヤ主義とみなされる言説は一世代前の話ではない。二〇〇九年、マイケル・ジャクソンの死に際して、ファラカーンは「マイケル・ジャクソンとすべての責任ある黒人指導者の死」という演説を三時間にわたって行った。演説のある箇所で、彼はジャクソンやマーティン・ルーサー・キングのように影響力のあるアフリカ系アメリカ人を死に追いやった主要な罪人として、シオニズムを信奉するユダヤ人を挙げた。彼はまた、ジャクソンの歌から反ユダヤ的な歌詞が排除されていたこと、そして、その後、スティーヴン・スピルバーグのようなユダヤ系の映画監督と一緒に仕事をしようとしなかったことを詳細に述べた。過去も現在も、ファラカーンの大半の演説には、反ユダヤ主義に関する言及があるわけではなく、すべてに手を差し伸べる必要性を信者に説くが、彼の言葉は指導者としてふさわしくない(41)。

15　家族生活とジェンダー

大半の人々と同様に、ＮＯＩの信者にとって、家族は中心的な役割を果たす。実際、ＮＯＩが主張している家族の重要性、道徳重視、謙遜は多くの人を引きつけている。多くの改宗者が混沌とした生活からの避難場所を自分のライフスタイルに見出している。

伝統的に世界中のイスラム教は、「一夫多妻制」――最大で四人まで――を容認している。クルアーンはムスリムの男性に、妻に対して、経済的感情的に公正であるように命じており、もしそれができないのであれば、一人の妻しか娶ることができない。非イスラム教の国において、この多妻制を合法とする国もあるが、合法でない国においてムスリムの世帯はほとんどない。アメリカ合衆国におけるイスラム教を信奉する他の集団同様、ＮＯＩの支持者は一夫多妻制を決して容認していない。

ＮＯＩは社会問題について、一般的には保守的見解をもっている。ＮＯＩのメンバーは結婚生活が成功するように努力しなければならない。離婚は認められているが、難色を示される。不倫は厳しく罰せられ、同性愛は難色を示される[42]。

ＮＯＩの指導者はお互いアフリカ系アメリカ人のムスリムと結婚するようにメンバーに勧めている。異人種同士の結婚は禁止である。ＮＯＩは大家族を重要視する。イライジャ・ムハンマドは産児制限について、「白人に対してではなく、いわゆるニグロに向けられた」陰謀であり、「女性を通して、われわれの人種を破壊しようと画策している」と考えていた[43]。

イスラム教では、女性は保護されるべき存在であり、女性は一般大衆の中では、慎ましやかに振る舞うべきだと明白に規定されている。この規制は、ムスリムが主流派の諸国において、きわめて異なった形で運用されている。そして、ＮＯＩのメンバーだけではなく、アメリカ合衆国におけるイスラム教信者の中でも、多様化している。

六世紀、預言者ムハンマド師がスンニ派の人々に、女性は顔、手、足以外は覆われていなければならないと定めた。それゆえに、伝統的なムスリムの女性は頭に被り物を着けなければならない。「ヒジャブ」(hijab)とは、質素な服装の指針に沿い、女性が身に着けている覆いの一種を指す。ヒジャブの着用はＮＯＩの女性信者には当然と思われている。ヒジャブは頭の覆い、もしくは、顔を覆うヴェールも含まれており、実際に顔を覆うものというよりは、頭に巻くスカーフのような形をしていてもよい。後者は、イスラム教の指示ではなく、文化的伝統によって指示されたものであろう。アメリカのムスリムはムスリム諸国の伝統的婦人服衣装から選んでいる。こうした婦人服には、スカーフや顔のヴェールに加えて、長くてゆったりと仕立てられたコート、もしくは、ゆったりとした黒いオーバーガーメントが含まれる。アメリカ合衆国のムスリム女性は長いスカート、もしくは、ゆったりとしたパンツ、オーバーブラウスを着る傾向にあり、こうした衣服はどの地域の小売り店でも購入することができる[44]。

正確なデータは存在しないが、アフリカ系アメリカ人はアジア系、もしくは、アラブ系の人々よりもイスラム教への改宗者が多いようである。二〇〇一年のモスクの全米調査によると、年に約二万人のイスラム教への改宗者がおり、そのうち七〇パーセントがアフリカ系アメリカ人であった。このことから、われわれはおおよそアフリカ系アメリカ人がイスラム教を信奉するようになった時期を結論づけた。そして、とりわけ、ＮＯＩの家族は必ずしも自分の両親、もしくは、配偶者の両親によって与えられた宗教に追随していない。大規模な姻戚関係の結束を維持しようとする際、このことはアフリカ系アメリカ人のムスリム家族に必然的に緊張をもたらした[45]。

16　教　育

学校における正規の教育であろうと、日々の社会的相互作用を通じての非正規教育であろうと、若者の教育は本書に登場する風変わりな集団にとって共通のテーマである。ＮＯＩもその例外ではない。ＮＯＩの信者は正規の指導を重視し、信者によって多くの私学が創設された。最初は少なかったが、現在では数百の小学校・中学校があり、大多数はモスク付属の学校である。それは他の宗教では、「教区学校」と呼ばれている。これらの中には、ブラック・ムスリム集団と提携しているものもある。公立学校では困難であるけれども、自らの慣習への愛着を子供にもってほしいために、もしくは、子供たちが経験するであろうと思われる偏見への心配のためか、ムスリムメンバーの増加によって、自宅学習へ変わっていった。

公立学校へ通う子供たちは社会の主流派とは異なる宗教の人々によって経験する適応と衝突する。公立学校は宗教とは距離を置いているが、自分の家族とは文化的伝統が異なるクリスマスやイースター、食文化という多くの適応問題に直面する。ムスリムの子供たちが多く通う公立学校区においては、次第に宗教的多様性を認めつつある。中には、全生徒に対して正式な休校日として、「イードアルフィトル」（断食明けのお祭り）や「ラマダン」（断食月）の終わりの日を許可する学校もあった。

アラブ人は、子供の教育も、成人教育も重要視している。NOIメンバーはお互いに、「アッ・サラーム　アライクム」（あなたがたの上に平安がありますように）、「ワ　アライクムッ・サラーム」（あなたがたの上にも平安がありますように）と順に挨拶をする。祈りの始まりはアラビア語で話されるが、NOIの大半の信者は儀式で使用する以外にアラビア語をほとんど知らない。

イライジャ・ムハンマドの妻の名前にちなんで名付けられた、クララ・ムハンマド学校は一九三二年にNOIが創設した学校のネットワークである。もともと、「イスラム大学」（University of Islam）と呼ばれており、これらの学校は現在でも、小学校・中学校と同レベルの学校である。現在、二〇一〇年の初めであるが、少なくとも九つの州とワシントンDC、バミューダに三二校が存在する。(46) 現在、各学校は共通のカリキュラムに則っているが、管理・運営は独立して行われている。

幼稚園入園前のプレスクールから中学校まで（八年生まで）、クルアーンやアラビア語の勉強が含まれており、そして、白人主流社会において、黒人であることが社会的・経済的不利にならないように軽減する対策も行われる。学校は黒人の若者に制限されているわけではないが、ほぼアフリカ系アメリカ人が占めている。より厳しい規則に魅力を感じて、両親とも非ムスリムであっても、子供をクララ・ムハンマド学校に入学させることもある。

一九七五年、NOIとW・D・ムハンマドが決裂して以来、学校は「ブラック・ナショナリストの組織」から、「グローバルでマルチ・エスニック、多言語、多文化、普遍的イスラム教哲学」へと変遷を遂げている(47)。この拡大路線にもかかわらず、利用可能な時でさえも、ムスリムの移民家庭がクララ・ムハンマド学校を利用することはほとんどない。移住してきたムスリムやその子孫はムスリムのセクトや民族グループに沿ってプログラムされた学校へ通うことが多い。

17　ミリオン・マン・マーチ

華やかさ、そして、概して好反応という二点から、ＮＯＩの最近の歴史において注目すべき点は、一九九五年に「ミリオン・マン・マーチ」（Million Man March 略してＭＭＭ）を主催したことである。レトリック上は(＊1)宗教的なこと、ましてやブラック・ナショナリストとは関係なく、ファラカーン師がワシントンＤＣのモールに、黒人男性に集合するように呼びかけたことは世界的に注目された。彼は、「まじめで、きちんと規律を守り、献身的で、ひたむきで、情熱をもつ一〇〇万人の黒人男性が贖罪の日にワシントンＤＣで集合しよう」と呼びかけた。ＭＭＭの演説で、ファラカーン師はクルアーンと聖書を交互に引用した。ＮＯＩに対する賛同とは関係なく、彼は犯罪、妻子への虐待、薬物乱用に反対する誓いを含む、ＭＭＭの誓約を作ろうと人々に呼びかけた(48)。

一九九五年一〇月一六日、大人数が集合することは称賛を浴びたが、中には批判する者もいた。批判する人たちは、一つの場所に黒人男性が大量に集合することにステレオタイプ的な恐怖感を抱いていた。批判者は、例えば、ビリー・グラハム（Billy Graham）のように巡回牧師による同様の集合を指示する口調ではなく、ファラカーンのアフリカ系アメリカ人に対して道徳的行動を要求する呼びかけをあざわらった。多くの論争は、ファラカーンと彼のより論争的な立場とをめぐる議論の継続であった。

興味深いことに、その結果、最大の話題は集会の規模をめぐる論争であった。批判者は、規模は一〇〇万人に達しておらず、NOI指導者の失敗を意味する、と批判した。間違いなく、MMMを呼びかけていた数カ月、ファラカーンはきわめて明確に、最低でも一〇〇万人と目標を口にしていた。「国立公園局公園警察」(United States Park Police)の公式発表によると、集まったのは推計四〇万人であった。その人数は、一九七九年の「ペイパル・マス」(*2)、または、一九六三年のワシントン大行進(「私には夢がある」)以上の人数であった。当日の警察発表では、ファラカーンが宣言していた宣言や目標には達しなかったが、その後の検証により、一〇〇万人前後の規模であったことが明らかになった。人数をめぐる大騒動に、議会は公園警察に対して、今後デモの推計人数を発表することを禁じた(49)。

それにもかかわらず、こうしたイベントは計り知れないほど大きな遺産となった。集合した大衆への訴えが、新たな数千もの投票者を導いたことは明白な事実である。おそらく最も明確な遺産は、自らの共同体《コミュニティ》に身を捧げる新たな黒人男性の組織ができたことである。指導者の努力によって、年月を経た後も、連邦議会議事堂前の大集会は継続している(50)。

18 オバマランドにおけるブラック・ナショナリズム

アメリカでは、ブラック・ナショナリストの思想が大多数の白人の抱く敵意と向き合っていたということは、バラク・オバマの大統領選挙を鑑みると、もはや時代遅れのように思われる。しかし、オバマのような正統派の政治家でさえも、ブラック・ナショナリズムとイスラム教の双方の関係性ゆえに、多くの有権者の恐怖心に火をつけた。二〇〇八年の大統領選挙戦の間、オバマがアメリカを代表する結果になるであろうと、有権者はそう確信せざるを得なかった。このことはアメリカ合衆国において、黒人であることを誇りに思う教会ともともとオバマ自身が親密であったことから、有権者の敵対的反応を大きく増幅する結果となった。実際、彼はそのために、アメリカ人がもつ品格と懐の深さを固く信じていると宣言した「より完璧な連邦を！」という演説を行った(51)。

彼は自叙伝において、初めてブラック・ナショナリズムについて耳にした時、多くの人が感じるアンビヴァレンス（両面価値性）のことを書いている。「私は双糸のもつれを解こうとした」。彼は、「団結、独立独歩、規律、公共に対する責任」というメッセージは受け容れたが、「白人嫌悪」に同調することは拒否した(52)。

オバマの宗教背景は彼の立候補に関する論争に火をつけた。父親はケニア人でムスリムではあったが、信仰実践を行っておらず、オバマはキリスト教徒として育てられた。彼は成人すると、白人が主流を占めるキリスト合同教会のメンバーとなった。長い間、オバマが出席し、結婚し、子供たちに洗礼を受けさせたシカゴの「キリスト合同教会」(United Church of Christ) の牧師は、ジェレマイア・A・ライト師 (Jeremiah A. Wright, Jr.) であり、現代のアフリカ系アメリカ人プロテスタント教会にいくぶんか、ブラック・ナショナリストの伝統を反映させた人物である。ライトは、「人種差別主義がいかにこの国を建国し、いかにこの国を支配しているか！」と宣言した。ライトは元海兵隊員であり、シカゴ大学の高等神学部で博士号を取得したにもかかわらず、彼の説教の論争的部分がインターネットに掲載され、オバマの牧師は人種差別主義者である、というイメージが付いた。ライトは公然とブラック・ナショナリストの伝統を支持する黒人であったが、そのことは反白人であることを意味するものではなかった(53)。

ライト師はブラック・ナショナリスト思想を大声で主張するキリスト教運動の仲間と思われているかもしれ

ない。黒人解放神学は一九六〇年代半ばにさかのぼる。当時、アフリカ系アメリカ人の牧師たちは、人種差別主義を克服するために、キリスト教の教義を積極的に用いるように主張していた。この神学は市民権運動を促進する手段としても展開され、そしてまた、キリスト教は白人の宗教である、というＮＯＩの批判への対応でもあった。ライト師のような牧師と信徒団はキリスト教をアフリカ系アメリカ人に対する正義を要求するための手段にしようとした(54)。

オバマのキリスト教信仰だけではなく、彼の父親のムスリム信仰も疑わしい。何名かのアメリカ人ムスリムにとって、オバマのイスラム教信者でないという演説は反逆罪に匹敵するものであった。一方、オバマは公然とキリスト教を信仰していたが、非ムスリムの人々はオバマをキリスト教徒の「異物」であり、彼はムスリムである、と信じている。大統領就任後、二〇〇九年三月、世論調査によると、オバマがムスリムであると一二パーセントの人が信じていた(55)。

19 結　語

アフリカ系アメリカ人の間で信仰されているイスラム教は多様である。ＮＯＩはブラック・ムスリムの一部分であり、特に二一世紀においては、ブラック・ムスリムは決してアフリカ系アメリカ人のムスリムたちの典型である、と考えられるべきではない。

しかしながら、多様なブラック・ムスリムの信義と実践は異なっているかもしれないが、一つの共有事項がある。アフリカ系アメリカ人とイスラム教研究者によると、「すべての共同体は、イスラム教が黒人にとって〝真の〟宗教であり、世界、特にアメリカにおいて、人間として自らを確立する唯一の手段と考えていた(56)」。

ブラック・ムスリムの遺産は多くのアフリカ系アメリカ人、特にスラム街から抜け出せず、自己嫌悪、混乱、劣等感に悩む人々に、自己決定とエスニック・プライド（民族としての誇り）、尊厳を獲得したいという情熱を抱く積極的な影響をもたらしたことであり、そして、それは成功した。(57)

奇妙なことに、NOIやその中心人物——イライジャ・ムハンマド、マルコムX、ルイス・ファラカーン——にありとあらゆる敵意が向けられたが、現在、大半のアメリカ人が国内国外を問わず、より伝統的なイスラム教信奉集団に対して、ムスリムへの恐怖心を向けている。アフリカ系アメリカ人はこの関心を共有している。9・11後の世界において、ムスリムのアメリカ人はテロリストとして烙印を押され、政府のテロ対策によって特別扱いされていることを心配している。二〇〇七年の世論調査によると、アフリカ系アメリカ人ムスリム（七二パーセント）、そして、黒人以外でアメリカ生まれのムスリム（七四パーセント）がこうした見解を抱いている。

いうまでもなく、アフリカ系アメリカ人ムスリムに対する反ムスリム感情が人種差別によって混同されている。もちろん、イスラム教を信奉するアフリカ系アメリカ人は人種的不寛容と宗教的不寛容の両方に直面していることを認識している。先に述べた二〇〇七年の世論調査において、過去一二カ月の間に差別的経験を受けた人がアフリカ系アメリカ人の全ムスリム人口の半数を占め、同様の質問に対して、白人のムスリムが二八パーセント、アジア系移民のムスリムが二三パーセントと答えている。(58)

イライジャ・ムハンマドの立場をめぐっては論争があるが、彼の教えはアフリカ系アメリカ人にイスラム教を広めたという点において間違いないであろう。彼は教義から距離を置くか、信奉するかという基準を示した。彼の影響が継続していることは一〇〇年前ではなく、まるで二一世紀の初めに彼が登場したかのようである。

【インターネット情報源】

www.noi.org

「ネイション・オブ・イスラム」の公式サイト。代表スポークスマンはルイス・ファラカーン師である。

www.finalcall.com

http://www.muslimjournal.net/mj_home.htm

ＮＯＩの思想をたどることのできる新聞、『ムハンマド・スピークス』（イライジャ・ムハンマドとＷ・Ｄ・ムハンマドの指導下のもの）を見ることができる。

http://wdmministry.com

モスク・ケアはイライジャ・ムハンマド師の息子、Ｗ・Ｄ・ムハンマドによって創設された慈善団体で、彼が亡くなる二〇〇八年まで続いた。

【精選文献リスト】

Austin, Algernon. *Achieving Blackness: Race, Black Nationalism, and Afrocentrism in the Twentieth Century*. New York: New York University Press, 2006.

Bukhari, Zahid H., Sulayman S. Nyana, Mumtaz Ahmad, and John L. Esposito. *Muslim's Place in the American Public Square: Hope, Fears and Aspirations*. Walnut Creek, CA: AltaMira Press, 2004.

Curtis IV, Edward E. *Black Muslim Religions in the Nation of Islam, 1960-1975*. Chapel Hill: University of North Carolina Press, 2006.

Farrakhan, Louis . *A Torchlight for America*. Chicago: FCN Publishing, 1993.

Gardell, Mattias. *In the Name of Elijah Muhammad and the Nation of Islam*. Durham, NC: Duke University Press, 1996.

Haddard, Yvonne Yazbeck, and John L. Esposito, eds. *Muslims on the Americanization Path?* Oxford: Oxford University Press, 2000.

Jackson, Sherman A. *Islam and the Black American: Looking Toward the Third Resurrection*. Oxford: Oxford University Press, 2005.

Jenkins, Robert L. *The Malcolm X Encyclopedia*. Westport, CT: Greenwood Press, 2002.

Lee, Martha F. *The Nation of Islam: An American Millenarian Movement*, revised ed. Syracuse, NY: Syracuse University Press, 1996.

Lincoln, C. Eric. *The Black Muslims in America*, 3rd ed. Grand Rapids, MI: William B. Erdmands Publishing Company, 1994.

Marsh, Clifton E. *From Black Muslim to Muslims: The Resurrection, Transformation and Change of the Lost-Found Nation of Islam in America, 1930–1995*, 2nd. ed. Lanham, MD: Scarecrow Press, 1991.

McCloud, Aminah Beverly. 1995. *African American Islam*. New York: Routledge, 2004. *Transnational Muslims in American Society*. Gainesville: University Press of Florida, 2006.

Turner, Richard Brent. *Islam in the African-American Experience*. 2nd. ed. Bloomington: Indiana University Press, 2003.

Walker, Dennis. *Islam and the Search for African-American Nationhood*. Atlanta, GA: Clarity Press, 2005.

X, Malcolm. *The Autobiography of Malcolm X* (written by Alex Haley). New York: Ballantine Books, 1964 (revised with Epilogue by Alex Haley and Afterward by Ossie Davis. New York: One World, Ballantine Books, 1999).

註

(1)「いわゆるニグロは、自分自身のために自力で何かをしなければならない」という演説は一九六五年、イライジャ・ムハンマドがアフリカ系アメリカ人向けて発したメッセージであり、以下のウェブページにある。*The Final Call*, October 27, 2009. <http: //www. finalcall. com/artman/publish/Columns_4/What_The_So_Called_Negro_Must_Do_For_Himself_by_the_2579.shtml>（二〇〇九年一一月一〇日アクセス）。

(2) David Remnick, *King of the World: Muhammad Ali, and the Rise of an American Hero* (New York: Random House, 1998), p. 207.

(3) Ibid, pp. 125–43.

(4) Jeffrey T. Sammons, *Beyond the Ring: The Role of Boxing in American Society* (Urbana: University of Illinois Press, 1988).

(5) Bob Woodward and Scott Armstrong, *The Brethren* (New York: Avon Books, 1979), pp. 159–60.

(6) Remnick, *King of the World*, pp. 239–40.

(7) Malcolm X, *The Autobiography of Malcolm X*, written by Alex Haley (New York: Ballantine Books), 1964 (revised with Epilogue by Alex Haley and Afterword by Ossie Davis. New York: One World, Ballantine Books, 1999), p. 247.

(8) Richard Brent Turner, *Islam in the African American Experience*, 2nd ed. (Bloomington: Indiana University Press, 2003), pp. 199–200. Algernon Austin, *Achieving Blackness: Race, Black Nationalism, and Afrocentrism in the Twentieth Century* (New York: New York University Press, 2006), pp. 27–28.

(9) Don Belt, "The World of Islam," *National Geographic* (January 2002), pp. 76–85. アラビア語から翻字するために、イスラムに関する言葉について、複数の綴りが存在することに注意されたい。六世紀の預言者ムハンマドは、「Mohammed」「Muhammad」と、シーア派は「Shi'i」「Shia」「Shi'a」などと表記されることがある。

(10) Iluas Ba-Yunus and Kassim Kone, "Muslim Americans: A Demographic Report," in *Muslims' Place in the American Public Square*, Zahid H. Bukhari et al., eds. (Walnut Creek, GA: AltaMira. Press, 2004) pp. 299–322. Karen Isaksen Leonard, *Muslims in the United States: The State of Research* (New York: Russell Sage Foundation, 2003). Aminah Beverly McCloud,

African American Islam (New York: Routledge, 2004).

(11) Cathy Lynn Grossman, "Muslim Census a Difficult Court," *USA Today* (August 6, 2008). Barry A. Kosmin and Ariela Keysar, *American Religious Identification Survey* (Hartford, CT: Trinity College, 2009), <http://livinginliminality.files.wordpress.com/2009/03/aris_report_2008.pdf>. "Pew Forum on Religion and Public Life," *U. S. Religious Landscape Survey* (Washington, D. C.: Pew Forum), 2008a. Online at religions.pewforum.org/pdf/report2-religious-landscape-study-full.pdf.

(12) Cited on p. 238 in Edward D. Curtis IV, "Why Malcolm X Never Developed an Islamic Approach to Civil Rights," *Religion* 32 (2002), pp. 227–42.

(13) Alphonso Pinkney, *Red, Black and Green: Black Nationalism in the United States* (New York: Cambridge University Press, 1976).

(14) William Van Deburg, *Black Nationalism: From Marcus Garvey to Louis Farrakhan* (New York: New York University Press, 1997).

(15) W. E. B. DuBois, *The Souls of Black Folk: Essays and Sketches*, 1903, reprint (New York: Façade Publications, 1961; and Curtis, "Why Malcolm X Never Developed an Islamic Approach to Civil Rights," *Religion* 32 (2002): pp. 227–42.

(16) Noble Drew Ali, "The Holy Koran of the Moorish Science Temple," in Edward E. Curtis IV, ed., *The Columbia Sourcebook of Muslims in the United States* (New York: Columbia University Press, 2008), pp. 59–64. Susan Nance, "Mystery of the Moorish Science Temple: Southern Blacks and American Alternative to Spirituality in the 1920s Chicago," *Religion and American Culture: A Journal of Interpretation* 12 (No. 2, 2002), pp. 123–66.

(17) ＦＢＩによるムーリッシュ・サイエンス・テンプルへの潜入捜査については、以下の文献に詳しい。Turner, *Islam in the African-American Experience*, pp. 104–108.

(18) C. Eric Lincoln, *The Black Muslims in America*, 3rd ed . (Grand Rapids, MI: William B. Erdmands Publishing Company, 1994), pp. 48–52. Tasneed Paghdiwala, "The Aging of the Moors," *Chicago Reader* (November 15, 2007), <http://www.chicagoreader.com/chicago/the-aging-of-the-moors/content?oid=999633> (二〇〇九年一〇月二八日アクセス), Turner, *Islam in the African-American Experience*, pp. 71–108.

(19) Abubaker Y. Al-Shingiety, "The Muslim as the 'Other': Representation and Self-Image of Muslims in North America," in Yvonne Haddad, ed., *The Muslims of Amenca* (New York: Oxford University Press, 1991), p. 55.

(20) Turner, *Islam in the African-American Experience*, p. 158.

(21) "A Brief History on the Origin of The Nation of Islam in America A Nation of Peace and Beauty," <http://www.noi.org/history_of_noi.htm>（二〇〇九年一一月六日アクセス）。

(22) Lincoln, *The Black Muslims*, p. xvii.

(23) Ibid., p. 185.

(24) Curtis, "Why Malcom X Never Developed an Islamic Approach to Civil Rights," p. 228.

(25) Lincoln, *The Black Muslims*. Wesley Williams, "Black Muslim Theology and the Classical Islamic Tradition: Possibilities of a Rapprochement," *American Journal of Islamic Social Science* 25 (No. 4, 2008), pp. 61-89.

(26) この二時間のテレビ番組は、グーグル・ビデオで視聴可能である。<http://video.google.com/videoplay?docid=6140647821635049109#'>

(27) "Letter from a Birmingham Jail," April 16, 1963, <http://www.africa.upenn.edu/Articles_Gen/Letter_Birmingham.html>

(28) Malcolm X, *Autobiography*, p. 268.（強調点は著者が付与した）。

(29) David Gallen, *Malcolm X: As They Know Him* (New York: Carroll and Graf, 1992), p. 71. マルコムXは「白人の悪魔」という表現を何度も使用した。全国放送のテレビでも、彼は黒人ジャーナリスト、ルイス・ロマックス（Louis Lomax）とのインタビューで批判した。トランスクリプトについては、以下参照のこと。<http://teachingamericanhistory.org/library lindex.asp?document=539>（二〇〇九年一一月九日アクセス）。

(30) Turner, *Islam in the African American Experience*, pp. 194-95.

(31) 一九六〇年二月一五日付、内務省の指示書類は二〇〇五年一〇月二七日に機密書類から外され、以下のサイトで参照可能である。<http://www.adl.org/main_Nation_of_Islam/what_is_the_nation_of_islam.htm>. The 1976 Church Committee was officially called the Select Committee to Study Government Operations with respect to Intelligence Activities, United States Senate.

(32)　NOIにおける千年王国説の重要性については、以下の文献を参照のこと。Martha F. Lee, *The Nation of Islam: An American Millenarian Movement* (Syracuse, NY; Syracuse University Press, 1996). しかし、この重要性を肯定しない立場の文献については、以下参照のこと。Lawrence Mamiya in his review of the book that appeared in the *American Journal of Sociology* (January 1997), pp. 1224–25.

(33)　Pew Forum on Religion and Public Life, 2008a, *U. S. Religious Landscape Survey*, p. 22.

(34)　Michael Vicente Perez and Fatima Bahloul, "Wareeth Muhammad's last interview," September 14, 2008, <http://mafatihulhikmah.blogsport.com/2008/09/wareeth-muhammads-last-interview.html>（二〇〇九年一一月八日アクセス）。

(35)　Perez and Bahloul, "Wareeth Muhammad's last interview."

(36)　Monique Parsons, "The Most Important Muslim You've Never Heard Of," September 2003, <http://www.beliefnet.com/faiths/islam/2003/09/the-most-important-muslim-youve-never-heard-of.aspx?print=true>（二〇〇九年一一月八日アクセス）。

(37)　Neil MacFarquhar, "Nation of Islam at a Crossroad as Leader Exists," *New York Times* (January 26, 2007), pp. A1, A16. Ashahed M. Muhammad, "Life and Ministry of Imam W. Deen Mohammad Remembered," *The Final Call* (September 21, 2008), <http: //www. finalcall. com/artman/publish/National_news_2/life_and_ministry_of_imam_w_deen_mohammad_remember_5222.shtml.>

(38)　Address entitled "The Nation of Islam Welcomes Muammar Gadhafi," reproduced in *The Final Call* (September 22, 2009), <http://www.finalcall.com/Artman/publish/featuredFarrakhanArticle/article_6445.shtml (p. 29)>（二〇〇九年一一月一〇日アクセス）。

(39)　ユダヤ人文化教育促進協会の「名誉毀損反対団体」は特に、NOI内部での反ユダヤ人発言、地位を確認することに慎重であった。
<http://www.icdc.com/~paulwolf/cointelpro/islamic%20Negro%20Groups%20in%20the%20US%Feb%2015%201960.htm>.

(40)　Lincoln, *Black Muslims*, p. 161.

(41)　Anti-Defamation League, "Farrakhan's Michael Jackson Speech Marked by AntiSemitism" (July 20, 2009), <http://www.

adl.org/main_Nation_of_Islam/farrakhan_michael_jackson_speech.htm.>（二〇〇九年一〇月二八日アクセス）。

(42) Louis Farrakhan, *A Torchlight for America* (Chicago: FCN Publishing, 1993), pp. 104–05; and "Pew Forum on Religion and Public Life," 2008a, *U. S. Religious Landscape Survey*, pp. 45–46.

(43) Cited on p. 31 of Lee, *Nation of Islam*.

(44) Shaykh Fadhilalla Haeri, *The Thoughtful Guide to Islam* (Alresford, UK: O Books, 2004).

(45) Ihan Bagby, Paul M. Perl, and Bryan T. Froehle, *The Mosque in America; A National Portrait* (Washington, DC: Council on American-Islamic Relations, 2001).

(46) Austin, *Achieving Blackness*, p. 31; Oscar Avila, "Muslim Holiday Testing Schools," *Chicago Tribune* (November 24, 2003), 1, 16; Yvonne Y. Haddad, Farid Senzai, and Jane I. Smith, eds., *Educating the Muslims of America* (Oxford: Oxford University Press, 2009); Michael S. Merry, *Culture, Identity, and Islamic Schooling* (New York: Palgrave Macmillan, 2007).

(47) Clara Muhammad Schools, "About Us," <http://www.claramuhammadschools.org>（二〇〇九年一一月一日アクセス）。

(48) Charles Bierbauer, "Its Goal More Widely Accepted than Its Leader," CNN News (October 17, 1995), <http://www.cnn.com/us/9510/megamarch/10-17/notebook/index. html>. Frances Murphy, "The MMM Pledge," <http: //www. afro.com/history/million/pledge.html>.

(49) Clark McPhail and John McCarthy, "Who Counts and How: Estimating the Size of the Protests," *Contexts* 3 (Summer 2004), pp. 12–18.

(50) "A movement or just a moment?" *USA Today* (October 10, 1996), <http://www.usatoday.com/news/index/nman001.htm>. "Big Brothers Big Sisters, Essence Magazine," <http: //www. bbbs. org/site/c. dijkkpljvh/b. 1539813l/apps/s/content.asp?ct=7227917（二〇〇九年一〇月二九日アクセス）。

(51) Barack Obama, "A More Perfect Union," Constitution Center, Philadelphia, Pennsylvania, March 18, 2008, in T. Denean Sharpley-Whiting, ed., *The Speech: Race and Barack Obama's 'A More Perfect Union* (New York: Bloomsbury, 2009), p. 237. また、以下のサイトでも確認できる。<http://www.huffingtonpost.com/2008/03/18/obama-race-speech-read-th_n_92077.html>.

(52) Barack Obama, *Dreams from My Father: A Story of Race and Inheritance* (New York: Three Rivers Press, 1995), p. 197.

(53) Derrick Z. Jackson, "Wright Stuff, Wrong Time," T. Denean Sharpley-Whiting ed. *The Speech*, pp. 19–24.

(54) James H. Cone, *Risks of Faith: The Emergence of Black Theology of Liberation, 1968–1998* (Boston, MA: Beacon Press, 1999).

(55) Pew Research Center, "No Decline in Belief that Obama is a Muslim," national survey, March 9–12, 2009, <http://pewresearch.org/pubs/1176/obama-muslim-opinion-not-changed>（二〇〇九年四月二日アクセス）。

(56) Pages 18–19 in Aminah Beverly McCloud, "African Americans and Islam," in Gary Laderman and Luis León, eds., *Religion and American Cultures* (Santa Barbara, CA: ABC, 2003), pp . 17–19.

(57) Williams, *Black Muslim Theology*, pp. 75–76.

(58) "Pew Forum on Religion and Public Life," 2008a, *U. S. Religious Landscape Survey*, pp. 37–38.

訳註

（＊1）　ワシントンＤＣにある連邦議会議事堂からワシントン記念塔までの大緑地帯のこと。

（＊2）　ローマ・カトリック教会のローマ法王によって祝福される厳粛な司教の盛式ミサのこと。

第9章　サイエントロジー教会

あらゆる現代宗教には、それぞれ独特の特徴があるが、「サイエントロジー教会」（The Church of Scientology）は群を抜いている。そのルーツは、ＳＦ作家が展開した自助セラピーである。サイエントロジー教会は、歴史的にもイデオロギー的にも、他の組織的宗教集団とほとんど関係ない。実際のところ、われわれが目にするように、多くの評論家が宗教と呼ぶことさえも疑問に感じている。中には、「宗教カルト」とレッテルを貼るものもいるが、その方がより正確であろう。

世界中に一〇〇万人はいないとしても、数十万人の熱心な信者がいるにもかかわらず、サイエントロジー教会は厳しい批判を受け、そして、愚弄、ユーモア、嘲笑の対象であり続けている。他の宗教とは異なるサイエントロジー教会のもう一つの特徴は、サイエントロジー教会の人気が信者であるハリウッドの有名人、もしくは、創設者の名前に主として基づいていることにある。まず、創始者である、Ｌ・ロン・ハバードの注目すべき人生の考察から始めよう。(1)

1　L・ロン・ハバード

ラファイエット・ロバート・ハバード（Lafayette Robert Hubbard）は一九一一年、ネブラスカ州のティルデンに生まれた。人口一〇〇〇人ほどの町で、カウボーイ・トレイルの場所であることに誇りをもっているが、宗教創設者生誕の地であることは世間には伝えていない。事実、ハバードの一六年後に生まれたMLBフィラデルフィア・フィリーズの元選手、リッチー・アシュバーン（Richie Ashburn）は球場に名前が付けられており、そして、小さい博物館もあることで知られているが、同様に有名なハバードに関する構想は認識されていない。

一九九七年、サイエントロジストの一団が、ハバードの名誉として球場建設費用五万ドルをティルデンに寄付した。球場の計画がより壮大なものになったので、サイエントロジストはあと八〇万ドルの寄付を確約していた。市議会はこの申し出を歓迎したが、サイエントロジー教会に対する世論の動向を受けて、寄付は返却され、球場も建設されなかった。ティルデンとの関係はサイエントロジー教会の歴史家以外には忘れられている(2)。

幼少期

ハバードの成育にとって、ティルデンという町は大して意味をもたなかった。ハバードの父親は海軍士官であったために、家族は頻繁に転居を繰り返しており、ハバードが幼い頃、ティルデンを離れた。確認できる限りでは、彼はティルデンに戻っていない。幼少期は転々と過ごしており、一〇代の時には、父親に会いに赴任先のグアムへ二度旅行で訪れた。

宗教の創設者に関する説明について、信奉者も批判者もハバードの人生の概略は一致するが、詳細をめぐっては大きく意見が分かれている。サイエントロジー教会がハバードの公式な自叙伝をまだ出版していない——きわめて奇妙なことに、サイエントロジー教会からの資金提供によって、大量の出版物があるにもかかわらず——ために、事態は一層複雑になった。彼の死後、公表された文書には、ハバード自身、そして、サイエントロジー教会にとって、青年時のアジア旅行にきわめて重要な意味があった、と記されている。中国人の手品師や通常、外国人には公開されない仏教僧との出会いが登場する。この東洋の宗教や神秘主義との出会いが人の内なるものへの新たな探索の方法について、若いハバードの思想にひらめきを与えた、と言われている。しかしながら、信者が信じている文書によると、ハバードがアジアで過ごしたのはごくわずかな期間であったと批判的論者は指摘する。さらに、これらの批判者は、ハバードが特に中国人についてきわめてさげすんだ話をしていたノートを発見した、と主張している。(3)

ハバードについて一致しているのは、ワシントンDC近くにある、ウッドワード少年学校(Woodward School for Boys)を卒業したということである。それから、彼はジョージ・ワシントン大学へ入学し、同時に海兵隊予備軍へ短期間入隊した。サイエントロジー教会の記録によると、彼は「中尉」に任命され、オーストラリアにおける諜報活動に従事していたとされているが、客観的な証拠はない。大学において、彼は成績が振るわず、二年間で退学した。それにもかかわらず、サイエントロジー教会の出版物には、彼が土木技師であるという表現が時々出てくる。そうした出版物は、ハバードが形式的な教育に満足せず、かつて「フィリピンの小人族」「ボルネオのシャーマン」から得たハバードの科学的経験と理解を学者や科学者が評価できなかった、と常に主張している。(4)

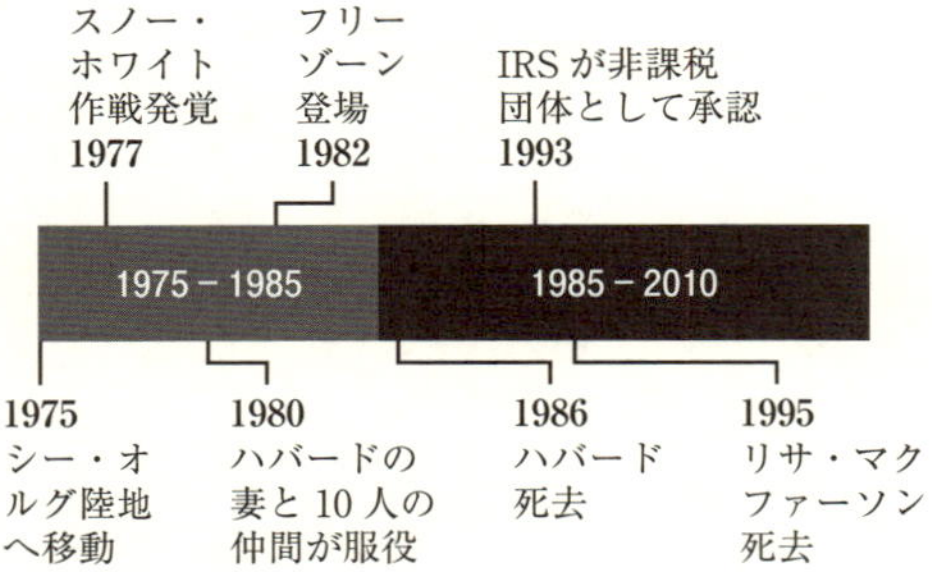

作家としての経歴

一九三〇年代、戦禍と病気がはびこる未来のヨーロッパを描いた「最後の暗転」や心理的恐怖を描いた「怖れ」など、ハバードの作品が小説雑誌に登場し始めた。[5] これら以外にも、他の小説も大変な人気となり、ハバードの作品を心待ちにする読者も現れた。

一九三三年、ハバードは二二歳の時にワシントン州でマーガレット・"ポリー"・グラブ（Margaret "Polly" Grubb）と結婚した。すぐに、二人の子供が生まれた（一九三四年にL・ロン・ジュニア、一九三六年にキャサリン・メイ）。後に、ハバードは他にも二人の女性と結婚したようである。三番目の妻、メアリー・スー・ハバード（Mary Sue Hubbard）は、一九五二年の結婚直後から、サイエントロジー教会のファースト・レディーとして重要な役割を果たした。

第二次世界大戦にアメリカ合衆国が巻き込まれていく中、一九四一年六月、ハバードは海軍に入隊し、一九四五年まで任務に就いていた。青年時代、アジアに滞在していた時と同じように、兵役については類似しているが、異なる説明があるようだ。ハバードは上司との口論のために、配置換えが絶えなかったとする話がある一方で、サイエントロジー教会の説明によると、海軍病院で回復の遅い「精神的ブロック」（一時的な記憶、思考の遮断）を過去に受けた反応の鈍い患者の支援というきわめて重要な役割を

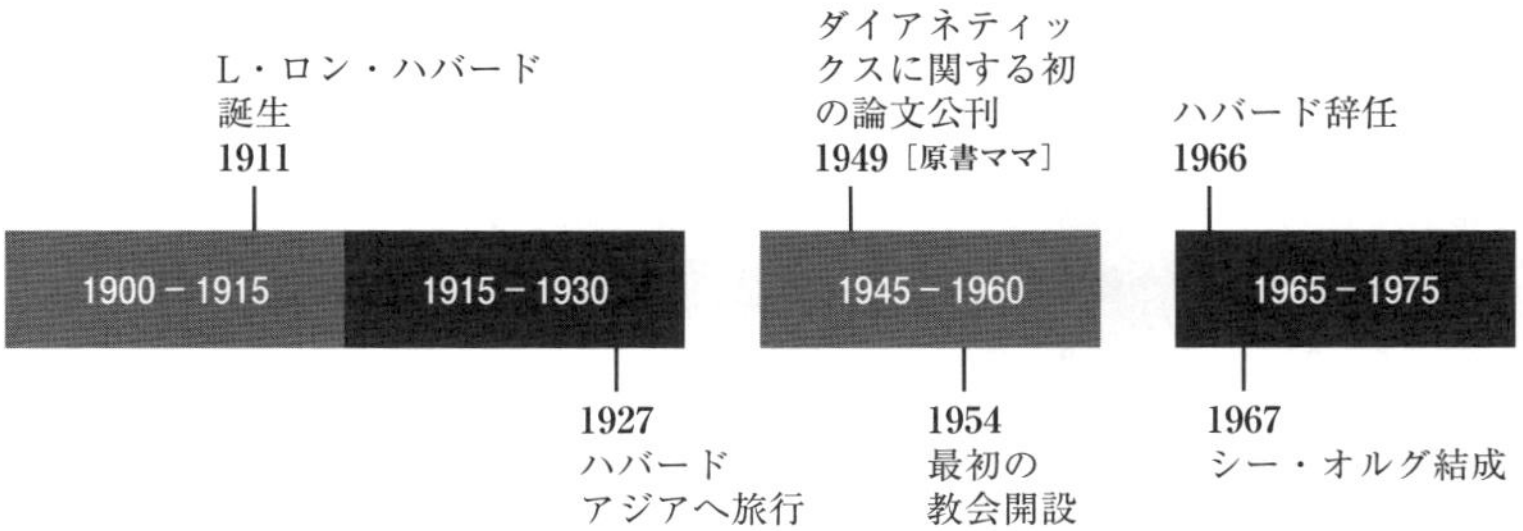

図9　サイエントロジー教会年表

果たした[6]。

一九四九年、ハバードは「アメリカ心理学会」(American Psychological Association) へ、自分の麻酔療法 (*narcosynthesis*) という処置について文書を送った、といわれている。この処置は麻酔を使用することによって、抑圧された記憶、感情的なトラウマの想起を伴う。この論争的な手法はハバード、もしくは、サイエントロジー教会の独自性を強く示した。一九五〇年、この手法に反対していた人々をものともせず、ハバードは当時三九歳だったが、人気の雑誌『アスタウンディング・サイエンス・フィクション』(*Astounding Science-Fiction*) にこの手法を公表した。麻酔療法に加えて、その記事には、「ダイアネティックス」(本章後半で詳述する思考体系のこと) も紹介された。翌年、ハバードはサイエントロジー教会の基礎となるテキスト『ダイアネティックス――心の健康のための現代科学』(*Dianetics: The Modern Science of Mental Health*) を出版した[7]。

多くの人々が精神衛生を自ら改善するために、さらに学びたいと思い、ハバードの講義は人気を博した。あらゆる人の話によると、モルモン教創設者のジョセフ・スミスやファーザー・ディヴァイン運動と同様に、彼はカリスマ性をもっており、彼のメッセージは人々を魅了した[8]。

一般的な既存の心理学、特に精神療法とは対照的に、ダイアネティックスは、ハバードによると、普通の人々にとってより利用しやすく身近な存在であった。実際、ハバードはダイアネティックスの利用者は次は癒しの専門家となり、他人を助けることが可能になる、と聴衆に語った。

一九五四年まで、ハバードはサイエントロジー教会にとって、最初の教会を設立すべく尽力していた。サイエントロジー教会創設について重要なことは、一九五五年、ワシントンＤＣにサイエントロジー教会が完成し、ハバードはダイアネティックスについて、もはや俗的な自助セラピーではなく、宗教を基礎としたカウンセリングである、と明言していたことである。

Ｌ・ロン・ハバードは一九八六年一月二四日に亡くなった。南カリフォルニアの田舎で隠遁者として過ごしていた晩年の一〇年間と同様、彼の死は謎に満ちている。ハバードはカリフォルニア州では義務づけられていた検視を宗教を理由として拒否する書類に署名をしていた。そのために、彼が七四歳で亡くなった時、保安官が身元確認のために、彼の身体を写真に撮り、指紋を採取したのみであった。その後、サイエントロジー教会によって、彼の遺骨は「海に散骨された」[9]のである。

ハバードは自らを神として崇めるよう人々に要求しておらず、現在、サイエントロジー教会でも、彼をそのような存在として考えてはいない[10]。彼は継承者のいない少し風変わりな人、と信者からみなされている。将来の予言的説明を何ら期待するわけではなく、むしろサイエントロジー信者が理解とインスピレーションを体得し続けているのは、ハバードの大量の著作からである。

ハバードの死後、教会の長に指名されたのは二六歳のデーヴィッド・ミスキャヴィッジ（David Miscavige）であった。彼は二〇一〇年現在も、その職を務めている。

2　デーヴィッド・ミスキャヴィッジ

L・ロン・ハバードはサイエントロジーの創始者であり、代表であり、イデオローグであったが、デーヴィッド・ミスキャヴィッジは過去二〇年間、サイエントロジー教会を背後で支えてきた。教会がミスキャヴィッジは公的なスポークスマンではないと言明しているが、彼は特別な場合には教団の代表となる。サイエントロジー教会について、公開インタビューに答えるのは決まって彼である。ミスキャヴィッジの伝記と演説はハバードの次に、サイエントロジーのウェブサイトの多くを占めている。(11)

ミスキャヴィッジの正式な肩書きは、サイエントロジーの維持と発展を目的とした非営利団体、「宗教技術センター委員会」の委員長である。彼はハバードの宗教理論を標準的、そして、純粋に適用することに関しては、最高位の聖職者として認識されている。(12)

ミスキャヴィッジはニュージャージーのローマ・カトリック教徒として育ったが、父親の勧めに従い、サイエントロジーに入信した。兄のミスキャヴィッジは喘息で苦しんでいたが、その症状が改善したのは信仰のおかげだと考えている。父親の改宗の直後、家族はイングランドにあるサイエントロジー教会の隠れ家へと転居した。一二歳の頃には、ミスキャヴィッジは、オーディティング（本章後半で詳しく述べる）と呼ばれるカウンセリングを行い、他人にサイエントロジーを紹介していた。

一九七六年、ミスキャヴィッジは一六歳で高校を中退し、サイエントロジーのエリート支部、シー・オルグ（本章の後半で詳述する）に加わった。彼は当時六六歳だったハバードの助手となった。若いミスキャヴィッジは友人から「ミスク」（Misc）（発音は“Misk”）と呼ばれ、サイエントロジーの活動を撮影する有能なカメラマンとして、すぐに有名になった。ミスキャヴィッジは法的問題、財政的問題、社会問題に取り組みながら、組織内での地位を固めていった。[13] 現在も継続されているが、彼はハバードの文学作品を除く大量の著作について、著作権を取得しようと努力した。一九七〇年代半ばには、ハバードと彼の妻を除いて、サイエントロジーでは最も重要な人物となった。

一九七〇年代後半、サイエントロジーの教義をめぐる論争や政府の調査に反論するために教会は尽力したが、ハバードを隠遁生活に追いやり、彼の妻メアリーを刑務所で服役させる結果になった。この時、サイエントロジー教会の窮迫した事態の中、ミスキャヴィッジは組織の拠り所となった。[14]

3　ダイアネティックス——概観

サイエントロジー教会はL・ロン・ハバードの文書を原理としている。ある推計によると、彼は四〇〇〇万字を書き、三〇〇〇以上の文書化された講演がある。さらに、五六〇〇もの長編、短編小説を書いた。サイエントロジーの教えは他の宗教体系への信奉を明確に排除しているわけではないが、サイエントロジストは、自らがサイエントロジストであり、同時にルター派、または、仏教徒であっても、まず、そのことを認めない。[15]

サイエントロジーは超越した存在を肯定しているが、神性をもつものを表現しない、もしくは、人間とのその関係性について特定しない。それゆえに、他の宗教の基礎的要素の構築によって、サイエントロジーを理解することは不可能である。実に、独特の教義である。

ダイアネティックスは、個々人が状態を高めて、前向きになるように努力する。ダイアネティックス(Dianetics)という言葉は、「魂」を「通して」という意味のギリシャ語が語源である。それは望ましくない感情、理性を失う恐怖、心身の病気を軽減する手段とみなされている。

サイエントロジーという言葉は、当初、L・ロン・ハバードがダイアネティックスを発表した時には登場しなかった。ダイアネティックスは人生をコントロールする手段として、ハバードによって最初に唱道された。ダイアネティックスはサイエントロジー教会の背後にある方法と哲学の概略を示すものだが、ハバードは一九五二年までは、その言葉を公に使用しておらず、その数年後、サイエントロジーを宗教として考えるようになった。当時、そして、現在も、彼を批判する人々は、宗教としてのサイエントロジー教会の主張が集金の手段と納税から逃れるための手段にすぎない、と主張する。(16) 教会は、文字通り「真理の追究」を意味するサイエントロジーという言葉を掲げる。その言葉には、科学的な道具や戦略を用いて、哲学的、または、個人的な問題を解決しようとするハバードの意図が表われている。

オーディティング

ダイアネティックスにとって重要なことは、「オーディティング」(auditing)という過程である。これは、通常、サイエントロジストになるために最初に受ける段階である。それは、オーディター（通常、教会のメンバー）が、ハバードによって開発された機械、エレクトロサイコメーター、もしくは、Eメーターを使い、形式としては、個人の精神状態を測る個人カウンセリングである。サイエントロジーが進化し、宗教としての存在感が増すと、Eメーターは「宗教的人工物」として、そして、オーディティングは「告白のカウンセリング」、または、「精神的カウンセリング」としてみなされた。(17)

Eメーターは低電圧を使い、肌の伝導率（または、衝撃的反応）を記録することにより、その人の感情状態を測る。針の付いたダイアルが感情の変化について「上昇」と「下降」を記録し、オーディターが思考能力を高めることを支援するのに役立つ、といわれている。このカウンセリングの患者は「クリアー」(Clear)に至る途中のために、「プリクリアー」(Preclear)と呼ばれている。[18]

サイエントロジー教会においてきわめて望ましいとされる状態、つまり、「クリアー」とは、彼／彼女の心の中に悪い影響がなくなることを意味する。「プリクリアー」はオーディティングを通じて、この理想とされる状態に達しようとする試みである。一連のオーディティングの目標は、プリクリアーが「エングラム」(engram)を認識するようになり、それを削除することである。エングラムとは、通常、有害で痛ましい、または、トラウマ的経験によってもたらされる、心に溜め込まれた精神的イメージ、または、記憶の特殊な型を意味する。クリアーはエングラムのない状態である。サイエントロジーの用語は、大半がハバードの作品から来ているのだが、第三者にはかなり奇異に感じられる。改宗者はゆっくりと引き込まれていく。他の風変わりな集団と同様に、関係者だけに通じるサイエントロジーの隠語は、共有された連帯感の感覚をもたらす。少なくとも、サイエントロジストによって通常、使用されているこの種の用語や頭字語は、一〇〇語程度ある。[19]

オーディティングの状況は精神分析と似ているように思われるが、オーディターはプリクリアーの発言を評価しない、とサイエントロジー教会は定めている。彼らの反応はどのような文脈であっても考慮されないで、プリクリアーは導かれる。例えば、幼少期の成育過程、夢、性的空想がもたらす影響は考慮されない。オーディティングは心理学と関係なく、サイエントロジー教会は承認薬の使用、不使用にかかわらず、精神療法や処置に批判的である。さらに、誰でもオーディターになることができる。いうまでもなく、この点は、長期間の修養を必要とする精神療法士とは対照的である。

サイエントロジーが示す精神医学への敵対心は二〇〇五年、熱心な信奉者であるトム・クルーズ(Tom Cruise)が全米放送のテレビにおいて、精神医学が「偽科学」であると主張したことにより、全米の注目を浴びた。女優のブルック・シールズ（Brook Shields）が二〇〇三年に娘を出産した後、産後鬱治療のために抗鬱剤のパキシルを服用している、とクルーズは批判した。彼は化学薬品の不均衡などそもそも存在しないことであり、薬はより根深い問題を隠すものであるから、シールズはビタミンを取り、運動をして、そして、「さまざまなこと」をすればよい、と主張した。(20)

オーディティングは伝統的に受容されてきた治療方法とは異なる、という理由だけで批判されているのではなく、個人の経済的費用負担もその理由に挙げられている。サイエントロジー教会は大体、オーディティングの過程に、たとえ数千ドルではないにせよ、数百ドルもの費用を請求する。オーディターのほとんどはサイエントロジー教会に正規雇用された人であり、彼らが料金を徴収する。プリクリアーが貧困者である場合、何らかの支援も用意されるが、大半の人はオーディティングの度に支払う。

研究者の中には、オーディティングをアムウェイやハーバライフのようなマルチ商法組織になぞらえる者もいる。プリクリアーはオーディティングに費用を払うが、時には自らが実践士になることもでき、教会から雇用されることもある。

メディアの報道によると、オーディットの期間、支払いを続けるために、全財産を抵当に入れた人々もいる。しかしながら、こうした主張は誇張されたもの、もしくは、完全なる間違いであると、サイエントロジー教会の信者たちは言う。(21)

訓　練

オーディティングに加えて、人間がクリアーになるために完全な訓練を受けなければならない。オーディティングを通じて得ることができる自由を維持するために、ハバードによって記された生命の法則（laws of life）

の学習も訓練に含まれる。訓練とオーディティングの過程については、サイエントロジーの図表『完全なる自由への橋――分類と等級表』に表記されている。この図表は、サイエントロジストがクリアーの段階に到達するために踏む段階について説明したものであり、一九六五年にハバードが記して以来、改良が続いている。[22]

セイタン

サイエントロジー教会によると、一九五〇年までには説明した手法を用いた集団がすでに七五〇存在した。ハバードは以前の生活、もしくは、前世を書いたプリクリアーの報告書を読んだ。これらの報告書に基づいて、彼は「セイタン」の発見に邁進した。

「セイタン」(Thetan)とは、人間の不滅の精神的存在であり、魂と同等と考えてよいかもしれない。セイタンは人の身体とは区別される存在である。しかし、一般的な魂という概念とは異なり、セイタンは一〇〇〇年にもわたって、一人以上の身体と共に結合され得る。セイタンと一つになることによって、サイエントロジーは、人間が大きな割れ目を飛び越えて、より明るく、より幸せな世界へと移動することができる、と信じている。

クリアーの段階に到達すると、人はオペレイティング・セイタン(OT)レベルに達し、そのことは文字通り、あなたは実行できるということを意味する。OTになることは、神になることを意味しない。すなわち、サイエントロジストにとって、完全に自分自身になることを意味する。OTになることは、サイエントロジストにとって重要な段階であり、お祝いに値する。そして、サイエントロジー教会はOTブレスレットを身に着けて、その段階への到達表明を許可する。

メスト

サイエントロジー教会によると、セイタンの存在――精神の本質――は、数兆年前にさかのぼる。この集合的セイタンの魂は物質世界を招いた。「物質」(matter)、「エネルギー」(energy)、「空間」(space)、「時間」(time)、通常、サイエントロジストはこれらの頭文字をとって、「メスト」(ＭＥＳＴ)と呼ぶ。

セイタンは一人の人生以上に長く存在するので、人は自分の人生だけではなく、セイタンの前世における抑圧の痕跡にも向き合う必要がある。セイタンは何度も何度も人の身体に取り付く。それは輪廻とよく言われる考え方である。しかしながら、サイエントロジストは輪廻を信じている人と同義のこの用語の使用を避ける。すなわち、セイタンは人間以外のあらゆる動物には付かない、とサイエントロジストは信じている。

それでは、私たち自身が私たちの人生において、未経験の何かによって影響を受けうると、どうして信じているのであろうか。

サイエントロジストはこのことを「ピンチ・テスト」(pinch test)で説明する。オーディティング過程の冒頭で、実践士はプリクリアーに軽い苦痛を与える。Eメーターはこの反応を記録し、サイエントロジストはその苦痛による痕跡を計測している、と解釈する。その後、もしくは、他の時期にさえも、癒しの専門家はプリクリアーに苦痛を覚えているかどうか訪ねるであろう。この時、たとえプリクリアーが傷ついていないとしても、苦痛を感じた時と同様の反応をEメーターは引き出す。

ハバードによると、軽い苦痛ではなく、ひどいトラウマになる過去の出来事によってできた痕跡は腎臓病、一般的な風邪、高血圧、生殖器官の発育不全だけではなく、関節炎からはしか、結核まで多様な病気の根源になりうる。ダイアネティックスの核となる概念は、痕跡が自らの前世にあったかもしれないという点にあり、そして、オーディティングがその痕跡に対して、効果的に対処する意識を高揚させることである[23]。

一度、サイエントロジストが苦痛の痕跡を認識すると、その出来事がもはや否定的な衝撃をもたらすことはない。記憶という伝統的な見解において記憶されるであろうが、この痕跡は浄化されることになる。

オーディティングは痕跡を浄化するために、生涯進行中の過程である。いくつかの点において、人が自分自身のオーディットのコントロールを習得した、と感じる。人間がクリアーのレベルに達したと評価されるのは、この時である。この状態は、キリスト教徒の「生まれ変わり」と同様に、教会に報告される。「浄化」（クリアー）は、喜びを表し、未来の悟りを期待するものである。

サイエントロジー教会の教えによると、クリアーに到達したサイエントロジストはより自己決定が可能となり、痕跡に一層強くなるという。一九九五年までには、教会は五万人の実践信者がクリアーの状態に達した、と報告している。その時、サイエントロジー教会は、より多くの人がこの状態に達すれば、公害や薬物、犯罪、戦争などのグローバルな問題が解決する、と信じている。サイエントロジーは、個人にとっても、全体にとっても、よりよい生活への架け橋を表している。

4　サイエントロジーへの改宗

信者はどこから来るのか。サイエントロジー教会は刊行物の配布と情報を提供するウェブサイトの維持を効果的に利用している。受け取る情報が肯定的なものであろうと、否定的なものであろうと、一般大衆の目にさらされていることになる。

サイエントロジーはまだ新しい宗教なので、根っからの信者というのはあまりいない。教会のデータによると、およそ四〇パーセントがパーソナリティ・テスト——教会の広めているオックスフォード能力分析

(Oxford Capacity Analysis) ——あるいは、ハバードの本を通じてサイエントロジーに入門している。[24]
サイエントロジーを知らない人にとって、インターネットが普及の鍵となっているが、それはまた、反サイエントロジー派にとって、反論する源となっている。サイエントロジー教会は、「サイバー・テロリスト」と称する集団から扇動的な攻撃を受けている。時々、ハッカーはサイエントロジー教会のウェブサイトをサーバーダウンさせて閲覧不能の状態にする。匿名批判は目新しいことではないが、ウェブがもたらす情報伝達の速さによって、サイエントロジーにとっては、改宗の可能性のある人々への接触が可能となり、そして批判する人々にとっては、サイエントロジーのキャンペーンについて即座に反応し、討論することが可能になった。[25]インターネットは、サイエントロジー教会にとってきわめて重要な場となりつつある。

他の多くの宗教組織同様、サイエントロジー教会は特に薬物濫用、非識字、人権を目的とした社会奉仕活動に乗り出している。[26]サイエントロジー教会に関する多くのことと同様に、この問題についてもまったく論争がないわけではない。サイエントロジー教会は、薬物中毒者を薬物から解放する支援をしている、と自負している。しかし、一九六六年に設立された、ナルコノン・プログラムは元コカイン常用者の女優カースティ・アレイ (Kirstie Alley) のような有名人から支持する声明があるにもかかわらず、より確実な外部による効能の検証を主張する人々から批判されてきた。[27]

サイエントロジーの「ボランティア・ミニスター」は、世界中の災害地でよく見かける。例えば、サイエントロジーの会員がニューヨーク市において、9・11のテロ攻撃以後、復興を支援する役割を果たした、と声高に主張している。しかし、彼らの支援は常に歓迎されたわけではない。特に、文化的に新宗教に疑いをもつ地域では、その傾向がある。ボランティア・ミニスターは二〇〇五年のスマトラ島沖地震津波以後、南アジアにいたが、彼らの生存者へのカウンセリング技法があまりにも宗教的であるとみなされ、退去を要請された。[28]

批判を受けながらも、サイエントロジー教会は非宗教活動を通じて関心や好奇心を集めて、最終的には教義への信心へとつなげていく。また、大半の宗教と同様に、家族や友人が重要な改宗のターゲットとなる。サイエントロジー教会によると、家族や友人の紹介は新しい信者の半分にものぼる。教会のデータによると、一九九〇年代初期、信者の五六パーセントが二一－三〇歳の時に教会に入門した。それゆえに、多くの既存宗教よりもより若いイメージがある(29)。

前述した通り、サイエントロジーの信者数を挙げることは困難である。その理由として、以下の三点を理解しておくべきである。第一に、宗教の「メンバー」の中には、組織や他のメンバーとさえも何ら関係性をもたない人がいること。第二に、信者数は常に変動していること。第三に、最もこれが重要であるが、国勢調査において外部調査が行われていない場合、「公式人数」を提供するのはその組織自体である。

サイエントロジー教会の場合、教会は構成員の総数について、公式発表をしていない。客観的な全米調査では会員は五万人以下であり、サイエントロジー教会反対派でさえ、多くの人々がメディアによる激しい批判ゆえに、自らをサイエントロジー教会の信者である、と調査者にさえもなかなか述べないことを認めている。調査の推計によると、会員は三〇〇万人から九〇〇万人の間と思われる。

後に詳論するが、国によっては、政府がサイエントロジー教会を批判するほど深刻な国もあり、世界中の信者の推計となると一層困難である。世界の信者は五六〇万人から一〇〇〇万人の間と推計される。

サイエントロジー教会最大の信者がいるのはアメリカ合衆国であり、北アメリカと世界において、急速に信者が増加しているという状況にはおそらく間違いないだろう(30)。

サイエントロジーに対する敵意があふれているにもかかわらず、何気なくメンバーになる可能性もあることに留意されたい。例えば、アーミッシュ社会のメンバーが遭遇するような敵意に多くの人は直面することなく、

流動的な境界線を行ったり、来たりしている。(31)

5　組織、本部、分派集団

シー・オルグ

一九六七年、ハバードがサイエントロジー教会に関する日々の運営から離れた直後、彼は「シー・オーガニゼーション」(Sea Organization)、もしくは、略して、「シー・オルグ」(Sea Org) というサイエントロジー教会員のエリート部門を設立した。この部門は、全時間を教会のために捧げると誓約した前衛メンバー、献身的メンバーによって構成されている。(32) シー・オーガニゼーションという名称は、この部門が当初、三艘の外洋航行船にあったことから名付けられた。そのうち一艘において、ハバードが短期間ではあったが生活していた。一九七五年、シー・オルグは上陸しフロリダ州クリアウォーターへ場所を移した。

現在、シー・オルグは献身的サイエントロジストの共同体《コミュニティ》として、世界中に複雑に存在する教会の本部に残っている。シー・オルグの一員となるサイエントロジストは、「一〇億年の誓い」として有名な誓約書に署名する。シー・オルグは、「次の一〇億年のために」、すべての時間を教会の仕事に捧げること、そして、シー・オルグに必要とされる場所へ行くことに同意する。

シー・オルグのメンバーは修道士や修道女の社会と似ている。生活は宗教を中心として回っていく。結婚した夫婦もいるが、子供がいる場合は、まず、組織外のスタッフとして貢献することを勧められる。子供の年齢が六歳に達し、サイエントロジー教会のカデット・スクールに入校させたならば、シー・オルグに戻ることが可能となる。(33)

リハビリテーション・プロジェクト・フォース

いかなる宗教であれ、人々の信仰心は時に衰えるものである。彼らは一時的には、信仰から解き放たれるかもしれないが、後に、さらに強固な信念をもって戻ってくるかもしれない。あらゆる宗教に当てはまることだが、決まってこのパターンは内々にひっそりと行われる。シー・オルグのメンバーにとって、宗教からの解放はまったく異なる様相をみせる。

一九七四年、サイエントロジー教会は不満を抱いているシー・オルグのメンバーに対して、「リハビリテーション・プロジェクト・フォース」（ＲＰＦ）というプログラムを開始した。まさに、このプログラムが意味する内容とは、そしてメンバーに対するＲＰＦとは、サイエントロジーの懐疑論者と信者による激しい討論が目的である。教会内部における窃盗や虚言は懲罰の対象になりうるが、ＲＰＦ対象の問題は不倫や甚だしい義務不履行などの違反もまた含まれうることに異論はない。教会はＲＰＦを精神的回復の手段として公式に認めている。日々の激しいカウンセリングと他人からの孤立はシー・オルグの間で、「燃え尽き」（burn out）と呼ばれるＲＰＦの技術である。

ＲＰＦの方法が強制労働にもなること、ＲＰＦの対象となった人々を被収容者と呼ぶことについて、批判が向けられている。(34) 中にはＲＰＦを経験して、シー・オルグを離れる人、または、完全に教義から離れることを選択する人もいる。

フロリダ州クリアウォーター

クリアウォーターがサイエントロジー教会のメッカではないにせよ、中心地であることは間違いない。事実、クリアウォーターは明らかに本部組織として、そして、「サイエントロジー教会の精神的本部」と称される。[35]

理由は不確かであり、特に精神的に重要視されていなかったからかもしれないが、L・ロン・ハバードはタンパ湾地区に魅了された。一九七五年、サイエントロジー組織（シー・オルグ）の陸上の基盤がここに移り、教会運営の大半が陸上に移ると、サイエントロジー教会施設の増加で、クリアウォーターのさびれた古いダウンタウン地区は人口が爆発的に増加した。現在、サイエントロジー教会の関係部局が多数のビルを占めている。クリアウォーターにおいては、サイエントロジストが所有する店、レストラン、サービス業、小売店がおよそ二〇〇も存在する。二〇一〇年、市の選挙で議員候補者たちがダウンタウン地区の空き店舗を理由に、サイエントロジーを批判すると、都市計画に参加できなくなった。

ある信者が、「ソルトレーク市とモルモン教徒を分離できないように、クリアウォーターとサイエントロジーを分離することはできない」と宣言した。事実、クリアウォーターが、教義における「精神的本部」であると現在、サイエントロジー教会は公的に宣言している。教会の雇用者は少なくとも一二〇〇人、一〇万人都市のクリアウォーターの信者数はおよそ七〇〇〇から、一万二〇〇〇人で推移している。世界中でも、これほどサイエントロジストの割合が高い市はない。

クリアウォーターはサイエントロジー教会から経済的に恩恵も受けている。しかしながら、ハバードの出生地ネブラスカ州ティルデンと同様に、クリアウォーターもサイエントロジー教会との関係を公にはしていない。実際のところ、市の公文書を注意深く読めば、一九八三年にフーターズ・レストランの発祥の地という答えが返って来るであろうが、サイエントロジー教会幹部にとって巡礼の最終地である、という返事はないであろう。[36]

分派集団

比較的まだ新しい組織にもかかわらず、教会から独立し、Eメーターを元に徹底的なダイアネティックスの実施を要求するセクトを含めて、すでにサイエントロジー教会は分派集団を公然と非難せざるを得なくなっている。このセクトのメンバーは「フリー・ゾーン」(Free Zone)と名乗っている。このセクトは一九八二年、ディヴィッド・ミスキャヴィッジが責任者を務めるサイエントロジー教会の一部門、宗教技術センターの運営をめぐって、意見の異なる人々が集まって結成された。

かつて、人々はダイアネティックスに魅了されて集まってきた。もちろん、中には伝統的宗教へと戻っていく人も、独立する人もいた。後者で最も有名なのは、ワーナー・エアハード(Werner Erhard)であった。彼は一九六〇年代、サイエントロジストであったが、その後、一九七一年に「エスト」(Erhard Seminars Training)を創設した。エスト自体は準宗教と思われている。

こうした分派集団はハバードの著作や世界観を信奉している一方で、独自の規律を展開している。特に、フリー・ゾーンにおいて重要なことは、一九八三年にシー・オルグとサイエントロジー教会の階層的序列《ヒエラルキー》から抜け出した、ウィリアム・〝キャプテン・ビル〟・ロバートソンの思想である。とりわけ、一九九一年のロバートソンの死去以後、分派集団の規模についての査定は困難であるが、フリー・ゾーンはヨーロッパ、特に、ドイツにおいて最も活発であり、北米では勢力が弱い。

分離した組織の存在こそ、サイエントロジーがより成熟した段階に突入しているということを表している。[37]

6　宗教としてのサイエントロジー

最初に、われわれは多くの第三者がサイエントロジーを宗教とみなしていない点について指摘した。後で、サイエントロジーの公式の宗教的立場に関して、サイエントロジー教会と各国政府間の法的論争を考察することにしている。しかし、まず、われわれは研究者の間では、宗教としてみなされている点から考察を始めたい。サイエントロジー教会は自らを、二〇世紀に「誕生した、唯一、注目に値する新しい宗教」であり[38]、ユダヤ教とキリスト教、そして、東洋の宗教、中でも仏教とは、それほど変わらない、と主張している。

しかしながら、教会自身がその見解を主張しているために、宗教であると認められてはいない。研究者の中には中立の立場を取り、サイエントロジー教会を「準宗教」（quasi-religion）に分類する人もいる。その準宗教という分類には、自らを宗教と規定しながらも、第三者からすると「宗教のようなもの」と思われている組織を含む。ニュー・エイジ運動や一九五八年に導入され、マハリシ・マヘーシュ・ヨーギー（Maharishi Mahesh Yogi）によって普及した「超越瞑想」（Transcendental Meditation　略してTM）は、この分類に含まれる[39]。公平な見解を追究する学術研究者にとって、教会の閉鎖性が乗り越えがたい壁となっている。サイエントロジー教会は公開を謳《うた》うが、他の論争的集団――「統一教会」（Unification Church）、または、「ファミリー・インターナショナル」（Family International）――が昔から受け容れられている体系的調査を現在まで、許可していない[40]。

サイエントロジー教会に関する学術的見解は、限定的であるが、サイエントロジー教会を宗教として容認する方向へ動きつつある。だからといって、サイエントロジーが厳正な世界観を示していると研究者が考えているわけでもなく、宗教学者がこのような多様な教義を「厳正」で、「最後の言葉」としての、米国聖公会、または、ヒンズー教の教義と同様にみなしているわけでは決してない。多くの宗教学者が、サイエントロジー教会の資金調達方法に問題がある、と考えている。ほとんどの宗教は教義を第一とし、その次に、ボランティアとしての貢献、サービスに対する支払い（例えば、子供の教育計画、青年活動）を求める。サイエントロジー教会においては、教義は「互恵関係」を示唆しており、オーディティングや訓練を通じて受けた精神的恩恵に対する支払いを期待している。

サイエントロジーは『ダイアネティックス』において信条体系を示し、人間に対する世界観や目的を提供し、そして救済や死後の問題を扱う点から、宗教とみなされることもあり得る。(41)

より伝統的宗教組織とどの程度、類似しているのか、していないのか、を明確にするために、サイエントロジーの特徴を考えてみよう。

教　義

救済ということは、宗教の共通したテーマである。しかし、他の宗教と比較すると、サイエントロジーにおける救済は、オーディティングを通じて進められる、より身近なものである。(42)

さらに、他の宗教と対照的なことは、サイエントロジー内部において、ハバードの教えについて新しい解釈を示す一般会員がいない。むしろ彼のメッセージは受容されており、その一般的な解釈が単一であるために、自らの存在に教義を適用できる。

礼　拝

多くの宗教の信者は礼拝するために一緒に集まる。サイエントロジストは集まるのだろうか。サイエントロジーは、神との特別な関係を求めない、と主張する。共同で祈りを捧げる人々が他人に対して、論理的でありうる一方、サイエントロジストではそのようなことはない。

「オーディティングと訓練は、サイエントロジー教会の代表的な二つの宗教的サービスである」(43)。聖職者による説法に慣れている人にとって、この見解は、不可解に思われるかもしれない。サイエントロジストは決まった日に大規模な集会を開かない。

しかし、すべてのサイエントロジー・センターでは、一語一語発せられたハバードの説法を聞くことができる。その部屋はこの目的のためだけにあるのではなく、多目的に利用され、平日は他のことに利用される場合もある。決まって中央部にテーブル、聖書台、目を引くハバードの像（多くは半身像）、サイエントロジーの十字架――二本の短い対角線、もしくは、垂直と水平線の交差から発する光線がある十字架――がある。サイエントロジストはこの十字架をよく身につけており、それがトレードマークである(44)。

生誕式、結婚式、葬式はサイエントロジーにおいて行われるが、中心となる式典はオーディティングと訓練である。サイエントロジー教会においても、日曜日の礼拝は行われるが、サイエントロジストとしての自己同定に重要ではない。礼拝の際、サイエントロジーにとって主要なことは、L・ロン・ハバードによる講義が音声として流れることである。出席者は質問をしてもよいし、議論に参加してもよい。

サイエントロジー教会には、バプテスト派と類似した命名式もあり、主流のプロテスタント派とさほど変わらない葬式もある。しかし、当然ながら、聖書に言及することはない。むしろ、サイエントロジー教会の命名式は、新たな身体にセイタンを合わせる手段と考えられている。サイエントロジーの教えを受け入れることにより、改宗者のセイタンは認識を得て行くと考えられているために多くの宗教と異なり、儀式は改宗した成人に対して行われない(45)。

セイタンは一〇〇億年生きると考えられているために、人生ははかないものとされている。それゆえに、葬式は死者のために比較的簡易なものである。サイエントロジー教会は通夜の時に見守るかどうか、土葬にするか、火葬にするか、さらに、墓の作り方を強要しない。前にも述べた通り、ハバードは自ら望んで、火葬され、海に遺灰を散骨した。葬式には、よくハバードの著書の朗読があるために、信者でない人は出席を歓迎される。また、組織やダイアネティックスの信条に関する知識の試験に合格したサイエントロジー教会の牧師の叙任式もある。

祝日

サイエントロジー教会のカレンダーであることを証明するポイントは、サイエントロジーの祝日である。これには、L・ロン・ハバードの誕生日である三月一三日、九月第二日曜日に行われる式典、オーディター・デイが含まれる。各地域の教会の執行司祭が、ロサンゼルス、または、クリアウォーターなど、サイエントロジー教会のメインセンターで録音されたもの、または、生放送を許可することもある。ハバードの誕生日は、信者が創始者に進貢する機会であり、通常は教会の将来について前向きな言葉が語られる[46]。二つ目の祝日、オーディター・デイは大勢のオーディターの献身に感謝する日である。サイエントロジー教会に反対している人々はこの日にサイエントロジー教会の建物の周りで抗議活動を行う。

絶縁

サイエントロジー教会独自の慣行ではないが、サイエントロジー教会は中傷者から距離を置くようにメンバーに要求し、そのことについて随分と批判されてきた。「絶縁」(disconnection)とは、脅威に感じる人がいるほど、親交、もしくは、連絡さえも中断するメンバーの慣行である。「マイドゥンク」(Meidung)という慣行のあるオールド・オーダー・アーミッシュは例外として、絶縁は家族さえも破壊しかねないために、大半の宗教においてはまれな慣行である。

慣行はそれまで何となく流布していたが、二〇〇八年、サイエントロジストである、トム・クルーズに関する本が世に出て、人々の関心を集めた。その本には、自ら自由意思を有するサイエントロジストがサイエントロジストではない愛する人、そして、特にサイエントロジーの信条を軽視する人々と絶縁する手紙について記されている。そのことは絶縁への圧力が重大であることを含意するが、そうしたやり方は公認されているわけではない。

教会は絶縁に関する慣行を否定し、サイエントロジーはさまざまな宗教を超えて説得を主張する公式見解を出している。しかし、論争はそこで終わらなかった。サイエントロジーの指導者、デーヴィッド・ミスキャヴィッジの姪、ジェンナ・ミスキャヴィッジ・ヒル（Jenna Miscavige Hill）は一六歳の時、以前、シー・オルグの指導者であった両親を含む家族から絶縁された、と主張し、論争になった。家族は二〇〇〇年に教会を去った。ジェンナは二〇〇五年にサイエントロジー教会を去った後、結局、両親と復縁した。二〇〇九年、論争の火に油を注いだのは、『クラッシュ』（Crash）や『ミリオン・ダラー・ベイビー』（Million Dollar Baby）の映画監督のポール・ハギス（Paul Haggis）であった。ハギスは三五年間、教会のメンバーであったが、サンディエゴ支部がカリフォルニア州の同性愛婚を禁じる条例を正式に支持したことを理由に脱会した。この時、ハギスはどのように彼の妻が数年前に両親から絶縁を命じられたかについて、公に詳しく述べた(47)。

7　社会問題に関する見解

サイエントロジー教会の社会問題に関する見解は一貫して保守的でもなく、リベラルでもない。あらゆる神聖な宗教と同様に、信者は容認された実践に従ったり、逸脱したりする。しかし、いくつかの問題に関して、サイエントロジー教会の公式見解を考察したい。

同性婚と同性愛

まず、サイエントロジー教会は同性愛を性的サディズムと同じ「性的倒錯」と同じカテゴリーとして考えている。しかしながら、ハバードは、同性愛者を罰することは受容と同様に悪いことである、と警告している。同性愛は克服するべき病気と考えられていた。そのために、サイエントロジー教会は同性愛志向のある人々には、ダイアネティックスを通じたセラピーが必要である、と指導した。

ハバードのかつての見解は、精神医学の専門家がまだ同性愛を病気と考えていた頃にさかのぼる。新しい研究や結論が出て以後、ハバードは立派なことだが、かつての見解を否定した。一九六七年、彼は人々の私生活を規制する意図はなく、したがって、「サイエントロジストの性的行為に関する、以前のあらゆる規則、規制、方針は撤回する」と言明した。しかし、前述した通り、サイエントロジー教会サンディエゴ支部はカリフォルニア州の同性愛結婚禁止に賛成した。ポール・ハギスは全米のサイエントロジー指導者へこの問題を訴えたが、彼が憎悪の扇動者と呼ぶ者に対しては何もなされなかった。(48)

中　絶

『ダイアネティックス』に書いてある通り、中絶、そして、中絶を試みることは、身体的にも精神的にも、母親と胎児にトラウマを残しかねない。胎児の身体には、すでに精神的存在がある、と、サイエントロジストは信じている。ハバードは、中絶された子供は「殺人」によって「生命」を運命づけられた、と記している。しかし、母胎の健康上の理由、もしくは、その他の個人的な理由のために場合によっては中絶を選択する余地もあるのかもしれない。

避　妊

出産は、八つある存在のダイナミックスの一つと考えられている。(*1) 夫婦は、自由に家族の規模を決めることができるが、すべてのダイナミックスを踏まえた最善の決定に基づいて行われる。あらゆる宗教と同様に、個人的・社会的環境、職業、収入も、決定の要因である。

来　世

セイタン（魂）は死後も次の人生で生き続ける、とサイエントロジストは信じている。来世では、個々人は現世で創造の責任を負った文明を経験する。このように考えると、明日をさらによきものにするためにより強い責任感が生じる。(49)

8　サイエントロジーの最大の敵――政府

第6章で強調したように、宗教は中央政府と敵対関係によく陥る。例えば、アメリカ合衆国において、組織化された宗教は公の場で、キリスト降誕のような聖なる象徴の展示をめぐって争いが生じる。こうした典型的な非宗教―宗教間の緊張という意味において、サイエントロジー教会が短い歴史の中で、政府と多くの軋轢を生じたというのは現代においては前例がない。

攻撃にさらされる癒し

一九五八年、「米国食品医薬品局」（Food and Drug Administration 略してＦＤＡ）は、サイエントロジー教会の癒しの実践活動について調査を開始した。ＦＤＡは多量のジアゼン錠を押収した。それは、放射線病の予防と治療の手段として、サイエントロジー教会が売買していたものであった。ＦＤＡは、Ｅメーターを身体の病気治療名目で使用している、として押収した。

サイエントロジー教会は押収に抗議後、これらの品目を宗教的実践のみに使用し、身体的病気の予防と治療には、何の効果もない旨の説明書きを添付することに同意した。(50)

スノー・ホワイト作戦

サイエントロジー教会とアメリカ連邦政府間の敵対的関係はスノー・ホワイト作戦として有名になったエピソードにも象徴されている。

サイエントロジストが教会にとって不都合な報告を探索し、削除する目的で、連邦機関に侵入した疑いがあり、一九七七年、ＦＢＩはサイエントロジーの事務所を一斉に検挙した。とりわけ、世界中の政府機関から受ける反教会活動を監視するために、一九六六年に創設されたガーディアン事務所は徹底的に捜索された。その結果、サイエントロジストの「スノー・ホワイト」（Snow White）と呼ばれる入念なスパイ行為が明らかとなった。ハバード自身は不起訴の共犯者と呼ばれた。その秘密の計画について、彼がどの程度把握していたのか、立証不可能だったからである。

しかしながら、ハバードの妻、メアリー・スー・ハバードも含めて多数の上級幹部がアメリカ合衆国連邦政府に対する陰謀の罪で起訴され、実刑を受けた。

いうまでもなく、このことはサイエントロジー教会の歴史において、きわめて困惑させる事件であった。こういう事態の際に、幹部は普通、政府やサイエントロジー教会を潰そうとしている人々に仕組まれた、と主張することが多い。しかし、投獄された指導者たちはサイエントロジー教会の名簿から事実上、削除された。かつてサイエントロジー教会のファースト・レディーであった、メアリー・スー・ハバードは夫がまだ生存中でありながら、教会の役職から追放された。彼女が追放された時、彼らは絶縁した。最終的に、彼女がL・ロン・ハバードと一緒に執筆した出版物の共著者名からも、彼女の名前は削除された。(51)

アメリカ合衆国の画期的出来事――認定

サイエントロジー教会はアメリカ合衆国において禁止されたことは一度もないが、納税に関する問題、慈善団体としての公的配慮という問題になると、数十年にわたって政府は教会の宗教団体としての法的立場に疑問を抱いている。「国税局」(Internal Revenue Service 略してIRS)は、一九五七年に非課税の慈善団体と認定したが、一九六七年、少なくともカリフォルニア州において、この認定は取り消された。

多くの訴訟を経て、一九九三年、IRSはサイエントロジー教会をもっぱら宗教的、慈善事業目的のために組織され、運営されていると認め、宗教団体としての地位を完全に付与した。この認定条件として、サイエントロジー教会は、支払給与税、所得税、遺産税をめぐる論争の和解条件として、IRSに一二五〇万ドル支払うことに合意した。これは莫大な金額であったが、それでもサイエントロジー教会にとっては喜ばしい結果であった。デーヴィッド・ミスキャヴィッジはロサンゼルス・スポーツ・アリーナで二時間半の演説を行い、「戦争は終わった」と述べた。(52) サイエントロジー教会は少なくとも、アメリカ合衆国においては、公的に納税免除された教会であった。

世界の宗教

政府との論争は、アメリカ合衆国に限ったことではない。アメリカ合衆国以外の国々も、サイエントロジー教会に渋々、法的立場を付与している。教会幹部は、きわめて長期化が予想される法的闘争に持ち込まざるを得ず、現在も、まだ継続中のものもある。

実際、オーストラリアで活動を禁止された後、教会は一九八二年に宗教団体としての地位を付与された。南アフリカ、スウェーデン、最近では、二〇〇〇年にイタリア、二〇〇二年にニュージーランド、二〇〇三年に台湾を含めて他の国でも、宗教的地位を付与された。サイエントロジー教会はカナダでは、まだ正式に認定されておらず、イギリスでは、慈善団体としての申請書を拒絶され続けている。ベルギーとオーストリアでは、疑わしい宗教団体のリストにサイエントロジー教会が含まれている。

最も激しく反対されているのは、フランスとドイツである。二〇〇一年以降、フランスは公的にサイエントロジー教会を「攻撃的カルト」と指摘している。二〇〇九年にフランスの裁判所はオーディティングに対する費用を理由に、サイエントロジー教会を詐欺罪で有罪とした。その詐欺行為に対して、裁判所は罰金約九〇万ドルを課した。

一九九〇年代前半、ドイツの数州において、サイエントロジー教会は国家を脅かすものである、と分類された。ある期間、サイエントロジストは公選職への立候補、政府契約に関わることを禁じられた。

最近では、ドイツ政府が反サイエントロジー教会方針を軟化していた間に、トム・クルーズはその問題に躍起になっていた。二〇〇七年、『ワルキューレ』（Valkyrie）という映画において、一九四四年にアドルフ・ヒットラーを殺害しようとした後、死刑になった英雄コロネル・クラウス・フォン・シュタウフェンベルク大佐の役を演じる俳優の配役をめぐって抗議が巻き起こった。その役にドイツ人以外が配役されたことでも十分問題視されたが、トム・クルーズは撮影場所で撮影班のために、サイエントロジーの広報（をもてなすため）のテントを設営した。

政府の敵意に直面すると、サイエントロジストは自らの地位保全のために、思想、良心、信条の自由を保障する、国連憲章の人権宣言一八条を引用する。彼らは、組織を縮小させようとすることはかつて、そして、現在においても、共産国家の宗教に対する敵意と変わらない、と主張する。二〇〇三年初め、欧州連合の主要機関があるベルギーのブリュッセルに、対外的なコミュニケーション活動と人権に関するインターナショナル・ヨーロピアン事務所を開所した。サイエントロジーの指導者は宗教の自由というより広範な社会問題について、次第に活動の場を広げつつある。例えば、彼らはムスリムと同様に、いくつかのヨーロッパ諸国において経験している宗教迫害を指摘する。(53)

サイエントロジーが世界中に普及することは、政府との敵対関係に関係なく、ある意味では、難しいかもしれない。モルモン教が世界宗教となるかどうかを議論した際に指摘した通り、宗教が文化を越える時には、異文化に適応しなければならない。現在まで、サイエントロジーは適応していない。例えば、サイエントロジーのストレス・テスト、パーソナリティ・テストは世界中で翻訳されているとしても、間違いなくアメリカの文化的意味合いと同じ様式で行われている。ハバードとその後継者は、サイエントロジーの実践がアメリカ特有の文化的意味をもっており、エングラムとセイタンには国境がない、という考えを拒絶している。おそらく、アメリカ合衆国外に広く普及させたいならば、いずれそのメッセージにサイエントロジー教会が適応しなければならないであろう。(54)

9　批判者への批判

今まで見てきた通り、サイエントロジーを批判する人々は政府から、報道機関、元メンバーにまでわたる。サイエントロジー教会は決まって批判を無視するのではなく、真正面から向き合う。例えば、イギリスの記者アンドリュー・モートン（Andrew Morton）がトム・クルーズの伝記を許可なく出版した際、サイエントロジー教会はその本の長々とした宗教に対する非難に反論するために、複数のニュース・リリースを発行した。(55)

サイエントロジー教会の手法は異例であり、社会学者のグレシャム・サイクス（Gresham Sykes）とデーヴィッド・マッツァ（David Matza）が「**中和の技術**」（technique of neutralization）と呼ぶものがその例である。一九五七年に出版された彼らの著作、『中和の技術――少年非行の理論』（*The Techniques of Neutralization: A Theory of Juvenile Delinquency.*）において、非行少年が自らの反社会的行動をどのように正当化するのか――すなわち、彼らは批判的な主流派の見方をどのように中和するのか――、について、彼らは調査した。同様に、サイエントロジストは自らの奇異な行動について、見方をそらそうとする。中和の技術には、友人や社会的義務など、「**より高い忠誠心の訴え**」（appeal to higher loyalties）というやり方もある。サイエントロジストが第三者から嘲笑された行動を正当化する時、ハバードの指導、または、教会の推奨によって、この技術を用いる。

他の中和の技術には、**批判者への批判**（condemnation of the condemners）、または、拒絶する人を拒絶するという技術がある。規則を犯した人は、自らの行為ではなく、非行を批判する人の動機と行為に焦点を向ける。サイエントロジストは批判する人々を無知で罪深い人とみなし、サイエントロジー教会が公平な公聴会を与えられたならば、批判している人々は味方に付くであろう、と考える。対立している宗派を導く批判者やメディ

アの注目を浴びようとする批判者は利己主義とみなされている。(56)

サイエントロジストはサイエントロジーの活動を過小評価し、妨害しようとする人々を「抑圧的な人物」(suppressive person　略してSP)と呼ぶ。ハバードによると、抑圧的な人物は、反社会的パーソナリティをもち、基本的に「よりよき人生」を過ごす人を傷つけようとする。こうした攻撃者の挑戦があまりに激しいので、教会内の会話においては、通常、「SP」という略号が使われる。SPの目的は肯定的なことを成し遂げるのではなく、よい行為をするあらゆる人々を妨害し、悪い知らせを流布させることである、とサイエントロジストは信じている。SPはしばしば絶縁の対象となり、サイエントロジストは彼らと完全に連絡を絶つように求められる。(57)

10　リサ・マクファーソンの死

スノー・ホワイト作戦やフランス政府からカルトとして分類されていることを考慮すると、二〇世紀において、サイエントロジー教会にとって最も困難な論争が交通事故を中心に展開していることは驚くべき出来事かもしれない。

フォート・ハリソン・ホテル

バプテストとして育てられ、その後、サイエントロジーに改宗したリサ・マクファーソン(Lisa McPherson)は、一九九五年一一月一八日、三六歳の時、比較的小さな交通事故に巻き込まれた。事故現場において、リサ・マクファーソンが衣服を自らすべて脱ぐなど、医療補助者が彼女の精神病の兆候を確認した。

彼らは精神医の検査を受けさせるために、近くの精神科病院へ彼女を運んだ。

教会関係者は、サイエントロジー教会の本部がある、クリアウォーターのフォート・ハリソン・ホテルへ、直ちにマクファーソンを病院から連れ出した。その間、彼女の身体の怪我は悪化し、事故から一七日後に死亡した。この間、彼女は一度も正式な医師の診察を受けておらず、伝えられるところによると、彼女はビタミン剤、薬草のレメディ、鎮痛剤を一方的に与えられていた、という。正式な死因は、「重度の脱水」と「安静」から進行した血餅であった。当時、サイエントロジー教会は彼女の死の「状況」を「不運」と呼び、教会はメンバーを「傷つける意図」はなかった、と主張した。(58)

教会は許可されていない医療行為を行ったこと、犯罪的無視をしたことから非難された。二年後、マクファーソンの遺族は不法死亡訴訟に加わった。約一〇年間、海外においても、国内においても、特に、フロリダ州クリアウォーターにおいて、サイエントロジーはリサ・マクファーソンに関わる刑事裁判、民事裁判によって、メディアで大きく取り上げられるようになった。

問題があまりにも長期化したために、マクファーソンの死はあたかもデモンストレーションの様相を帯び始めた。彼女の死を悼み、徹夜の祈りが行われた。サイエントロジーを批判する人々はフォート・ハリソン・ホテルの周りを囲み、「サイエントロジーは殺人者である」と看板を掲げた。あるクリアウォーターの市長選で、訴訟を支持する現職市長がサイエントロジストが支援する候補者を破って勝利した。

法的解決

こうした情勢の中、リサ・マクファーソンの悲劇的な死はどのように解決したのか。最終的に刑事裁判の結果はあっけないものであった。この事件を担当した郡の監察医の記録が信頼できるものではなく、起訴は取り下げざるを得なかった。

結局、二〇〇四年、サイエントロジー教会は民事裁判の和解金として、マクファーソンの遺族に二万ドルを提示した。遺族は八〇〇〇万ドルを要求して争った。その訴訟は当事者の双方の合意の上で、金額は明らかにされないまま、和解した(59)。

マクファーソンの死は一般的に、近年のサイエントロジーの歴史において、暗黒史としてみなされているが、そのことはまた、より正統派の宗教とのつながりをも表している。サイエントロジストにとって、病気の信者との関わりは正統な医学的治療への補足、もしくは、代替行為としての祈りと同じである。教会と正統な医療との関係は治療に精神的手段をより好んで用いるクリスチャン・サイエンティストと医療の関係に似ている。すでに議論したように、サイエントロジストはオーディティング過程を精神的治療だけではなく、身体的治療の手段として考えている。

正統派医学はよくサイエントロジーの実践を軽蔑するが、もしダイアネティックスという言葉が教義に、また、オーディティングという言葉が祈りに替われば、正統派医学が他の宗教に対して考えているように、同様の良心的懐疑論を受けるであろう、と教会は主張する。現在まで、身体的健康への影響に関する科学的研究の成果は錯綜しており、客観的研究者が健康に関するサイエントロジーの実践に関する所見を——身体的にも、精神的にも——公刊したものはない(60)。

11　ハリウッドとの親交

サイエントロジーは有名人との親交があり、一見華やかである。こうした有名人との関係は予想されたものではなかったが、ハバードは芸術的表出に情熱をもつ創造性豊かな人であった。ロサンゼルスの大規模な支持者、既存宗教からの分離はありふれた世界に疎外感を感じる人々にとって、魅力的であった。サイエントロジーの熱心な信者である数名の有名人は教会への支持を非常に喜んで表明した。熱心な信者の中には、カースティ・アレイ、ジョン・トラボルタ（John Travolta）、ケリー・プレストン（Kelly Preston）がいる。彼らは全員、教会に後援者として名前を貸している。[61]

また、熱心な支持者には、作曲家・ミュージシャンの、アイザック・ヘイズ（Isaac Hayes）がいた。ケーブルテレビ・チャンネルのコメディ・セントラルで放送されていた成人向け人気アニメ、「サウス・パーク」で、シェフという役の声優を九年間務めていたが、二〇〇六年、彼は公然と苦々しい思いで、出演を取りやめた。彼は二〇〇五年一一月一六日、「クローゼット騒動」（Trapped in the Closet）の回では、サイエントロジーの教義を風刺し、トム・クルーズやジョン・トラボルタ、その他の信者を嫌味で攻撃したことから降板した。彼の行動を支持する人もいたが、番組内でイエス・キリスト、ムスリム、モルモン教、ローマ・カトリック、ユダヤ教、ゲイを嘲笑した時は、彼は何も問題視していないようだった、と指摘する人もいた。[62]

セレブリティ・センター

L・ロン・ハバード自身は、サイエントロジーとは関係なく、有名人であり、創造への情熱を理解していた。それゆえに、一九六九年、彼は創造的な人々のために、一連のダイアネティックスとサイエントロジーを有効利用する目的で、「サイエントロジー教会セレブリティ・センター」を設立した。

その他に、ハリウッドと交流があったサイエントロジー教会は二〇〇〇年、ワーナー・ブラザーズを製作会社として、『バトルフィールド・アース』（Battlefield Earth）を制作した。L・ロン・ハバードの一九八二年の同タイトルの著作が原作であり、時代は三〇〇〇年、奴隷となった地球人を圧制者サイクロ人から解放するという、ジョン・トラボルタ主演のＳＦアクション映画である。映画の予定案には、サイエントロジーの教義は含まれていないが、反サイエントロジストたちはすぐにその類似点に気づいた。とにかく、このハバードの著作の映画化は映画批評、興行成績の両方で失敗に終わった。(63)

サイエントロジーの結婚式

結婚式は重要なイベントであり、二人の信仰書の朗読や誓いの言葉を述べて、大半の宗教が結婚式を厳粛に執り行う。しかしながら、よくあることだが、サイエントロジーの信者であるトム・クルーズがケイティ・ホームズ（Katie Holmes）と結婚した時、世界中から好奇の目で見られた。芸能報道において、トムとケイティ夫婦を指す「TomKat」に言及する前に、サイエントロジーにおける結婚式の役割を考えてみよう。

サイエントロジーの結婚式は任命されたサイエントロジーの牧師が執り行う。結婚は出産や育児と同様に、サイエントロジストの人生にとって重要なものとみなされている。

サイエントロジーの結婚式は他の宗教同様、その様式はさまざまである。結婚、そして、結婚式はサイエントロジー教会にとって大事なことであるが、教会は結婚相手が非信者であったとしても改宗を求めない。サイエントロジー教会の結婚式には、指輪の交換、誓いの言葉など、伝統的な儀式も含まれており、教会は結婚式で他の宗教の儀式を禁じていない。(64)要するに、誰でも「サイエントロジーの結婚式」に出席でき、Ｌ・ロン・ハバードの教義からの影響について気にしなくてもよい。

クルーズとホームズ

最も有名なサイエントロジーの結婚式は二〇〇六年一一月一八日、トム・クルーズとケイティ・ホームズがイタリアで挙げた結婚式であった。サイエントロジーの特殊性を考慮すると、こうした式に注目するのは浅はかだと思われるかもしれないが、この結婚式によって世界の多くで、サイエントロジーは一面記事になった。二回の離婚歴のあるクルーズと、ローマ・カトリックのケイティ・ホームズの間に、二〇〇五年四月、長女スリ・クルーズ（Suri Cruise）が誕生し、二〇〇五年六月、婚約を発表した。L・ロン・ハバードの死後、サイエントロジー教会の責任者であったデーヴィッド・ミスキャヴィッジが新郎の介添人をしたことから、トム・クルーズにとっていかにサイエントロジーが重要であるか、という点が強調されることになった（ホームズの花嫁介添人は彼女の姉が務めた）。

結婚式で、トム・クルーズはハバードの詩を引用して、ホームズに誓いの言葉を述べた。しかしながら、おそらく細かいところまで注視しなければ、大半のサイエントロジーの結婚式は戸外で行われる。その他の宗派の結婚式とは区別できないであろう(65)。

サイエントロジー教会の牧師がイタリアの結婚式で司会を務めた。これはイタリアでは合法であったのだろうか。報じられているところでは、二人はイタリアへ出発する前に、ロサンゼルスにおいて人前式で正式結婚していたために、この問題は議論の余地がある(66)。

ジェット・トラボルタの死

一九九五年のリサ・マクファーソンの死はサイエントロジーの指導者と直接的な関係があったが、二〇〇九年のジェット・トラボルタ（Jett Travolta）の死は今の世代にとても大きな反響を呼んだ。ジョン・トラボルタとケリー・プレストンの一六歳の息子がバハマの別荘で亡くなったのである。

検視官によると、死因は「発作」であった。翌週、息子は自閉症であった、とトラボルタ家の代理人が発表した。家族が初期の段階で医療の介入を拒絶したために、そして、その代わりにサイエントロジーによって推薦されている治療に依存していたために、ジェットの健康状態は危険になったのかもしれない、との疑いが生じた。サイエントロジー教会は、彼が自閉症であったことを明確に否定した。そして、ＡＤＨＤ（注意欠如多動性障害）、統合失調症、双極性障害に関係して、薬での解決を図ろうとする人々に警告を発した。

サイエントロジー教会を批判している人々、元メンバーたちは、トラボルタの息子が自閉症であったこと、そして、息子の死にサイエントロジーの教えが積極的に関係していたことを認識すれば、トラボルタがサイエントロジーをやめるか、もしくは、長い間信仰していた宗教を非難することになるであろう、と期待している。現在まで、どちらの希望も実現していない。(67)

12　結びの言葉

サイエントロジーは成功したように見えるし、メンバーも増えているが、人気がない。おそらく、世論のサイエントロジーの教義への低評価よりも、サイエントロジストを苦悩させているのは、嘲笑され、風刺され続けていることである。二〇〇六年一〇月、トム・クルーズを演じる俳優がケイティ・ホームズを描いた靴下人形を手にはめた芝居、「ア・ベリー・メリー・アンオーソライズド・チルドレンズ・サイエントロジー・ペイジェント」（A Very Merry Unauthorized Children's Scientology Pageant）がフランスの劇団によってオフ・ブロードウェイで上演された。サイエントロジー教会はどう贔屓目《ひいきめ》に見ても喜んではいなかった。(68)

あらゆる宗教は批判やユーモアの対象となる。しかし、サイエントロジー教会が異なるのはあらゆる人気メディアの扱いが批判的である、という点にある。こうした社会風潮にもかかわらず、サイエントロジー教会は個人に提供すべきことと、そして、その信者が集まることで社会に貢献できること、を揺るぎなく確信している。

L・ロン・ハバードの大量の著作から、結婚式の時によく朗読される彼の言葉で締めくくりたい。「幸福と強さは、憎しみのない状態でのみ続く。憎しみは破壊の道を進むだけである。愛することが強さにつながる。何があっても愛することが偉大さの秘訣である。そして、おそらく、これがこの宇宙における最も偉大な秘訣であろう(69)」と。

【インターネット情報源】

www.scientology.org

サイエントロジー教会公式サイト。

www.religioustolerance.org/scientol1.htm

www.cesnur.org/testi/se_scientology.htm

サイエントロジー教会の信条、シンボル、歴史、信義、実践について比較的客観的なサイト。

www.xenutv.com

教義、ダイアネティックス、ハバードに関して、幅広くニュース記事、分析、批評を載せた、有名な反サイエントロジー教会のサイト。

www.lisamcpherson.org
www.lisamcpherson.com

リサ・マクファーソンの死に関連して、サイエントロジー教会への厳しい批判を掲載しているサイト。

【精選文献リスト】

Burroughs, William S. *Ali's Smil, Naked Scientology*. Bonn, Germany: Expanded Media, 1985.

Cooper, Paulette. *The Scandal of Scientology*. New York: Tower Publications, 1971.

Cowan, Douglas E., and David G. Bromley. *Cults and New Religions: A Brief History*. Maiden, MA: Blackwell, 2008.

Hubbard, L. Ron . *Dianetics*. Hollywood, CA: Bridge Publications, 1950. 〔原書ママ〕

——. *Scientology: The Fundamentals of Thought*. Hollywood, CA: Bridge Publica tions, 1997.

——. *What Is Scientology?* Hollywood, CA: Bridge Publications, 1998.

——. *The Modern Science of Mental Health*, 1995.

——. *Scientology: A New Slant on Life*. Hollywood, CA: Bridge Publications, 1997.

Kin, L. *Scientology-More Than a Cult*. Wiesbaden, Germany: Edition Scien Terra, 1991.

Lewis, James R., ed. *Scientology*. Oxford, England: Oxford University Press, 2009.

Melton, J. Gordon. *The Church of Scientology*. Torino, Italy: Signature Books, Center for Studies on New Religions, 2000.

Miller, Russell. *Bare-Faced Messiah: The True Story of L. Ron Hubbard*. Toronto: Key Porter Books, 1987.

Wallis, Roy. *The Road to Total Freedom: A Sociological Analysis of Scientology*. New York: Columbia University Press, 1977.

Whitehead, Harriet. *Renunciation and Reformation: A Study of Conversion in an American Sect*. Ithaca, NY: Cornell University Press, 1987.

註

（1）サイエントロジー教会の核となる書物は、ハバードの『ダイアネティックス』である。L. Ron Hubbard, *Dianetics* (Los Angeles: Bridge Publications, 1991). 本書には、「心の健康のための現代科学」、そして、「ダイアネティックスの手続きに関するハンドブック」という副題が付いている。ハバードの同様の書物に、以下のものがある。*What Is Scientology?* (Los Angeles: Bridge, 1998). 後者の本には、ハバードの名前が著者として公式に掲載されており、ハバードの作品に基づくものであるとあるが、ハバードの死や死後のサイエントロジー教会の組織展開についても論じてあり、明らかに共著書である。比較していえば、サイエントロジー教会に関して、最も客観的な書物は以下のものである。社会学者のJ・ゴードン・メルトンの著書、J. Gordon Melton, *The Church of Scientology* (Torino, Italy: Signature Books, 2000). しかしながら、多くのサイエントロジー教会の批判者はメルトンを擁護者と考えており、より批判的な分析を好んでいる。バランスの取れた学術書は、James R. Lewis (ed.), *Scientology* (London: Oxford University Press, 2009). 雑誌『ペントハウス』（一九八三年一月）でのハバードの長兄とのインタビューから、『タイム』（一九九一年五月六日）の巻頭記事まで、特に鋭い批判はない。『タイム』巻頭記事 p. 12. の「訂正」によって明らかなように、どんな批判にも教会は鋭く反論する（サイエントロジー教会による「事実 vs 作り話――サイエントロジー教会インターナショナル」を参照のこと。http://www.solitary-trees.net/pubs/facvsfic.htm）。有名な作家のウィリアム・S・バロウズやジョン・アタックなど、元サイエントロジストによる批判は、以下の著書を参照のこと。William S. Burroughs, *Ali's Smile: Naked Scientology* (Bonn, Germany: Expanded Media Editions, 1991), Jon Atack, *A Piece of Blue Sky: Scientology, Dianetics and L. Ron Hubbard Exposed*, (New York: Lyle Stuart, 1990). 二〇〇四年、テキサス州ウェーコで開催された新宗教研究センターの年次大会（Annual Conference of the Center for Studies on New Religions）に提出されたダグラス・E・コーウァンによる報告文書の主題はこの重要な精神思想の運動について、真剣な対処が全般的に欠けている点にある、とする。以下参照のこと。Douglas E. Cowan,

"Researching Scientology: Academic Premises, Promises and Problematics". マッシモ・イントロヴィニェによると、サイエントロジー教会はインターネット上で最も悪魔化されたカルトである、といわれている。一九九九年八月五日、シカゴで開催された宗教社会学会の年次大会の報告文書を参照のこと。Massimo Introvigne, "So Many Evil Things" (paper presented at the Annual Meeting of the Association for Sociology of Religion, Chicago, August 5, 1999).

(2) Mike Wilson, "Tilden, Nebraska: Scientology Crooks Thrown Out of Town," *St. Petersburg Times*, May 11, 1997.

(3) Atack, *A Piece of Blue Sky*, Chapter Two, "Hubbard in the East". Douglas E. Cowan and David G. Bromley, *Cults and New Religions: A Brief History* (Maiden, MA: Blackwell, 2008), p. 28.

(4) L. Ron Hubbard, *What Is Scientology?*; Cowan and Bromley, *Cults and New Religions*, p. 29.

(5) L. Ron Hubbard, *Final Blackout* (Hollywood: Galaxy Books, 2005 [1940]). *Fear* (Los Angeles: Bridge, 1991).

(6) Atack, *A Piece of Blue Sky*; Hubbard, *Handbook of Scientology*; Melton, *The Church of Scientology*, p. 2.

(7) 一九四八年、ハバードは、*The Original Thesis* を私家版として出版し、このダイアネティックスに関するアイディアを展開したものが、探検家クラブの限定会員に公開された。*The Explorers Club Journal* ("Terra Incognita: The Mind," Winter/Spring 1948: NY). したがって、街頭の新聞売場に登場した以下の論文がダイアネティックスの初公開と考えられている。"Dianetics: The Evolution of a Science," *Astounding Science-Fiction* 45 (No. 3), 1950, pp. 43-87. ダイアネティックスとハバードによる多くの著作は次々と刊行され、現在では、サイエントロジー教会の出版部門である、ブリッジ・パブリケーション（Bridge Publications: LA）によって管理されている。

(8) Simon Locke, "Charisma and the Iron Cage: Rationalization, Science and Scientology," *Social Compass* 51 (No. 1): pp. 111-31, 2004.

(9) Associated Press, "L. Ron Hubbard, 74, Founder of Scientology Church Dies," *New York Times*, January 28, 1986. Robert Lindsey, "L. Ron Hubbard Dies of Stroke; Founder of Church of Scientology," *New York Times*, January 29, 1986.

(10) Douglas E. Cowan and David G. Bromley, "The Church of Scientology," in Eugene V. Gallagher and W. Michael Ashcraft, eds., *Introduction to New and Alternative Religions in America*, vol. 5 (Westport, CT: Greenwood Press, 2006), p. 172.

(11) 一九八二年から現在まで、サイエントロジー教会インターナショナルの代表者はヒーバー・イェンチュ（Heber C.

Jentzsch）である。ヒーバーはユタ州に生まれ育ち、モルモン教徒として育った。イェンチュはスノー・ホワイト作戦で逮捕され、実刑を受けたが、代表者であり続けた。以下参照のこと。"Heber C. Jentzsch," <http://www.scientology.org/news-media/biographies/jentzsch.html>（二〇〇九年一〇月二五日アクセス）。CNN, "Larry King Live: Guest, the Reverend Heber Jentzsch," December 20,1993.

（12）Church of Scientology, "David Miscavige," <www.scientology.org/scnnews/miscavige.htm>（二〇〇七年一月一一日アクセス）。

（13）小説はサイエントロジー教会セレブリティ・センターから、数ブロック離れた場所にある、ギャラクシー・プレス（Galaxy Press: Hollywood）が取り扱っている。

（14）Thomas Tobin, "The Man behind Scientology," *St. Petersburg Times*, October 25,1998.

（15）The presentation of Dianetics is based on Hubbard, *Dianetics* and Hubbard, *What Is Scientology?* 数頁で教義の全体を要約することは不可能のために、教義の詳細については省略する。

（16）Stephen A. Kent, "Scientology: Is This a Religion?" *Marburg Journal of Religion* 4 (July 1999). <uni-marburg.de/religionswissenschaft/Journal/mjr/frenschkowski.html>（二〇〇七年二月一一日アクセス）。

（17）Cowen and Bromley, *Cults and New Religions*, pp. 32-33; and Gail M. Harley and John Kieffer, "The Developmental Reality of Auditing," in James R. Lewis, ed., *Scientology* (Oxford, England: Oxford University Press, 2009), pp. 183-205.

（18）「クリアー」「プリクリアー」「セイタン」など用語の大文字表記は、サイエントロジーの書物の中でも一貫していない。読者に、サイエントロジー教会の特殊な使用法と定義に注意を換起するために、本章の中では大文字となっている。

（19）サイエントロジー教会はオンライン上に用語解説を設けている。<http://www.scientology.org/gloss.htm>.

（20）NBC Television, "Today Show," June 24, 2005. American Psychiatric Association, "APA Responds to Tom Cruise's Today Show Interview," News Release, June 27, 2005. Brooke Shields, "War of Words," *New York Times*, July 1, 2005. クルーズはミミ・ロジャーズ（Mimi Rogers）と婚姻関係にあった時（一九八七－九〇）、サイエントロジー教会を紹介され、ダイアネティックスによって自らの読書障害を克服した、と信じている。

（21）Richard Behar, "The Thriving Cult of Green and Power," *Time* 171 (May 6, 1991); and Cristina Gutiérrez, "Religious

Aspects of Multilevel Sales Organizations," paper presented at the Annual Conference of the Center for Studies on New Religions, London, 2001.

(22) "The Bridge to Total Freedom" は以下のウェブページから、参照可能である。<http://www.whatisscientology.org/html/Part02/Chp06/pg0181_1.html>.

(23) Hubbard, *Dianetics*, pp. 123-47.

(24) 残念ながら、サイエントロジー教会は二〇〇二年以降、収集されたと思われる自らの統計について情報を公開していない。以下の "Statistics" を参照のこと。<http://www.scientology.org/news-media/stats/index.html>.

(25) David Sarno, "Web Awash in Critics of Scientology" (*Los Angeles Times*, March 3, 2008), pp. El, E8. Douglas E. Cowan, "Researching Scientology: Perceptions, Premises, Promises, and Problematics," in James R. Lewis, ed., *Scientology* (Oxford, England: Oxford University Press, 2009), pp. 53-79.

(26) Melton, *The Church of Scientology*, pp. 44-46. Church of Scientology, "This Is Scientology," DVD, Golden Era Productions for the Church of Scientology, 2004. Religious Tolerance, "About the Church of Scientology," <www.religioustolerance.org/scientol2.htm>.（二〇〇七年一月七日アクセス）。

(27) Joel Sappell and Robert W. Welkos, "The Courting of Celebrities," *Los Angeles Times*, June 25, 1990, p. A18.

(28) Peter S. Goodman, "For Tsunami Survivors, a Touch of Scientology," *Washington Post*, January 28, 2005.

(29) David G. Bromley and Mitchell L. Bracey, Jr., "The Church of Scientology: A Quasi-Religion," in Wllliam W. Zellner and Marc Petrowsky, eds. *Sects, Cults, and Spiritual Communities:A Sociological Analysis*, (Westport, CT: Praeger, 1968), pp. 151-52.

(30) 信頼できる客観的なインターネット情報サイトから判断している。Adherents.com; Religious Tolerance, "Religious Affiliations: Comparing the U. S. and the World," <www.religioustolerance.org/compuswrld.htm>.（二〇〇八年八月一〇日投稿、二〇〇九年一〇月二六日アクセス）。

(31) James R. Lewis, ed., *Scientology* (Oxford, England: Oxford University Press, 2009), p. 135.

(32) J. Gordon Melton, "A Contemporary Ordered Religious Community: The Sea Organization," paper presented at the

Annual Conference for the Center for Studies on New Religions, London, 2001.

(33) 私立校報告書によると、カデット・スクールには三－一二学年の間で一六九人の生徒がいる。<http://schools.privateschoolsreport.com>.（二〇〇九年一一月二日アクセス）。

(34) Cowan and Bromley, "The Church of Scientology"; Kent, "Scientology—Is This a Religion?". "What Is the Rehabilitation Task Force?", <www.scientology.org>.（二〇〇七年一月一三日アクセス）。

(35) "Scientology in Clearwater," <http://scientology.fso.org>.（二〇〇九年一〇月二六日アクセス）。

(36) "Scientology in Clearwater," <http://Scientology.fso.org>（二〇〇七年一月七日アクセス）; Robert Forley, "Scientology's Town," *St. Petersburg Times*, July 18, 2004. Mike Brassfield, "Stances define Clearwater City Council candidates," *St. Petersburg Times*, February 21, 2010.

(37) "Free Zone Association," <www.freezone.org>（二〇〇七年一月一四日アクセス）; "Ron's Org," <www.ronsorg.org>（二〇〇七年一月一四日アクセス）; and "Larry King Live," December 20, 1993.

(38) Hubbard, *What Is Scientology?*, p. 561.

(39) A Greil and D. Rudy, "On the Margins of the Sacred," in T. Robbins and D. Anthony, eds., *In Gods We Trust* (New Brunswick, NJ: Transaction, 1990), p. 221. David C. Bromley, "Making Sense of Scientology: Prophetic, Contractual Religion," in James R. Lewis, ed., *Scientology* (Oxford, England: Oxford University Press, 2009), pp. 83–101.

(40) Cowan and Bromley, *Cults and New Religions*, p. 46.

(41) Bromley and Bracey, Jr., "Church of Scientology," p. 142. Melton, *Church of Scientology*.

(42) Hubbard, *What Is Scientology?*, p. 562.

(43) Ibid., p. 563.

(44) Cowan and Bromley, *Cults and New Religions*, p. 39. "Religions and Technology Center," <http://www.rtc.org/guarant/pg006.html>.（二〇〇九年一〇月二六日アクセス）。

(45) Regis Deriquebourg, "How Should We Regard the Religious Ceremonies of the Church of Scientology?" in James R. Lewis, ed., *Scientology* (Oxford, England: Oxford University Press, 2009), pp. 116–82.

(46) 例えば、以下を参照のこと。David Miscavige, "Opening Address in Honor of L. Rom Hubbard's Birthday," March 2002. <www.lronhubbard.org>.

(47) Andrew Morton, *Tom Cruise: An Unauthorized Biography* (New York: St. Martin's Press, 2008), p. 206; "Scientology Disconnection," <http://www.scientologydisconnection.com> (二〇〇九年一一月一〇日アクセス); "Paul Haggis," <http://markrathbun.wordpress.com/2009/10/26/paul-haggis> (二〇〇九年一一月一〇日アクセス); Laurie Goldstein, "Breaking with Scientology: Defectors Say Church Hides Its Abuse of Staff Members," *New York Times* (March 7, 2010), pp. 1, 24.

(48) Hubbard, *Dianetics*; "About Scientology," *St. Petersburg Times*, July 18, 2004. Religious Tolerance "The Church of Scientology and Homosexuality," <www.religioustolerance.org>. (二〇〇六年一二月投稿、二〇〇七年一月七日アクセス). "Paul Haggis," <http://markrathbun.wordpress.com/2009/10/26/paul-haggis>. (二〇〇九年一一月一〇日アクセス)。

(49) "About Scientology," *St. Petersburg Times*, July 18, 2004.

(50) 現在、サイエントロジー教会の公式刊行物では、ダイアネティックスの精神的治療技術については、否認されている。「それは著者（ハバード）の主張を示すものとしてではなく、人間の心や精神状態の観察と調査の記録として、読者に紹介されている」。ダイアネティックス技術の便益と目的は読者への献身的努力によってのみ達成されうる。Eメーターには、効能を否定した紙が付いている。「Eメーター自体は、何もしない。それは、健康、または、いかなる身体機能の診断、治療、または、予防を意味するものでもなく、効果があるものでもない」と。(L. Ron Hubbard, *Dianetics*, p. vi.)。

(51) Cowan and Bromley, "The Church of Scientology," pp. 185–86. Melton, *The Church of Scientology*, pp. 19–20.

(52) Derek H. Davis, "The Church of Scientology: In Pursuit of Legal Recognition," paper presented at Center for Studies on New Religions, Waco, TX, 2004; Douglas Frantz, "The Shadowy Story Behind Scientology's Tax-Exempt Status," *New York Times*, March 9, 1997.

(53) Davis, "The Church of Scientology". John Lichfield, "Churches in France Oppose AntiCult Law," *The Independent* (London), June 25, 2000. Robert A Seiple, "Discrimination on the Basis of Religion and Belief in Western Europe," testimony before the House International Relations Committee, U. S. House of Representatives, June 14, 2000. Andrew Gumbel, "Scientology Faces a Week of the Wrong Kind of Revelation," *The Guardian Weekly* (June 11, 2009), p. 6. James T.

Richardson, "Scientology in Court: A Look at Some Major Cases from Various Nations," in James R. Lewis, ed., *Scientology* (Oxford England: Oxford University Press, 2009), pp. 283-94. Susan J. Palmer, "The Church of Scientology in France: Legal and Activist Counter attacks in the War of Sectes'," Lewis, *Scientology*, pp. 295-322.

(54) Bernadette Rigal-Cellard, "Scientology Missions International (SMI): An Immutable Model of Technological Missionary Acting," in James R. Lewis, ed., *Scientology* (Oxford, England: Oxford University Press, 2009), pp. 325-34.

(55) Andrew Morton, *Tom Cruise* and "Church of Scientology Statement," <http://www.msnbc.msn.com/id/22658115/print/1/displaymode/1098/>.（二〇〇八年一月一五日アクセス）。

(56) Gresham M. Sykes and David Matza, "Techniques of Neutralization: A Theory of Delinquency" (*American Sociological Review*, December 1957), pp. 664-70.

(57) "What does 'Suppressive person' mean?", <http://www.scientology.org/common/questions/pg77.htm>.（二〇〇九年一〇月二五日アクセス）。

(58) Richard Leiby, "The Life and Death of a Scientologist," *Washington Post*, December 6, 1998, p. F1.

(59) Douglas Frantz, "Distrust in Clearwater," *New York Times*, December 1, 1997. Richard Leiby, "The Life and Death of a Scientologist," *Washington Post*, December 6, 1998, p. F1. "Scientologists Settle Lawsuit," *New York Times*, May 30, 2004, p. 25. Thomas C. Tobin and Joes Childs, "Death in Slow Motion," *St. Petersburg Times* (June 21, 2009). 反サイエントロジー教会ウェブページは、以下を参照のこと。<www.lisamcpherson.org>.

(60) "Prayer as a supplement to, or a replacement for medical treatment," <www.religioustolerance.org/medical.htm>.（二〇〇七年一月七日アクセス）。

(61) その他有名なサイエントロジストには、バート・シンプソンの声優、ナンシー・カートライト（Nancy Cartwright）、歌手のチャカ・カーン（Chaka Khan）、ジャズ演奏家チック・コリア（Chick Corea）、スケートボーダーのジェイソン・リー（Jason Lee）、女優ミミ・ロジャーズ（Mimi Rogers）、歌手リサ・マリー・プレスリー（Lisa Marie Presley）、女優プリシラ・プレスリー（Priscilla Presley）、ＦＯＸテレビのパーソナリティである、グレタ・ヴァン・サスタン（Greta Van Sustern）、歌手で議員のソニー・ボノ（Sonny Bono）がいる。

(62) Ben Sisario, "Citing Religion, Isaac Hayes is Leaving South Park," *New York Times*, March 14, 2006.

(63) Rick Lyman, "'Battlefield Earth': Film Doggedly Links to Scientology Founder," *New York Times*, May 11, 2000.

(64) Nadine Brozan, "For Mrs. Cruise, Perhaps a Cat," *New York Times*, November 12, 2006.

(65) Cusack, Carole M., "Celebrity, the Popular Media, and Scientology: Making Familiar the Unfamiliar" in James R. Lewis, ed., *Scientology* (Oxford, England: Oxford University Press, 2009), pp. 389–409.

(66) "Tom Cruise and Katie Holmes Marry," People.com, (二〇〇六年一一月一九日投稿)

(67) Kim Masters, "Travolta's Scientology Turning Point?" *The Daily Beast* (September 27, 2009), <http: //www.thedailybeast.com/blogs-and-stories/2009-09-27/travoltas-scientology-turning-point/> (二〇〇九年八月三〇日アクセス)。

(68) Ben Brantley, "A Guided Tour of Hell, With an Appearance by Satan," *New York Times*, October 14, 2006. "A Very Merry Unauthorized Children's Scientology Pageant," *New York Times*, December 15, 2006.

(69) Religious Tolerance, "Interesting Quotes: On Topics from Justice to Morality," <www.religioustolerance.org/quotes1.htm>. (二〇〇七年一月一七日アクセス)。

訳註

(＊1) 八つのダイナミックスとは、以下のものを指す。1「自己」、2「創造」、3「グループの生存」、4「種」、5「生命体」、6「物質宇宙」、7「精神のダイナミック」、8「無限」<http: //www. scientology. jp/what-is-scientology/basic-principles-of-scientology/eight-dynamics.html>.

第10章　ウイッカ

パトリック・スチュアート軍曹（Sgt. Patrick Stewart）は二〇〇五年、アフガニスタンでロケット推進式擲弾によって撃ち殺された時、チヌークヘリコプター（＊1）の機内にいた。米軍は彼に航空勲章（＊2）、青銅星章（＊3）、紫心章（＊4）、戦闘活動記章（＊5）を授与した。彼の未亡人はアメリカ合衆国退役軍人省に、退役軍人に無償で提供される墓石を設置するよう求めた。しかし、それは許可されなかった。なぜか？　スチュアートの未亡人は墓石にキリスト教のクロスやダビデの星、あるいは、イスラム教のシンボルである三日月と星ではなく、宗教的な紋章を刻むように要求していたのだ。スチュアート軍曹の信仰を反映して、彼らは「ウイッカ」（Wicca）と魔女のシンボルである、五芒星形を要求した。「とんでもない」と連邦政府は言い放った。

「**五芒星形**」（pentacle）は輪、または、円の中に（ペンタグラムと呼ばれる）五角星形があるものだ。五つの角はウイッカとウィッチクラフトの五大元素、すなわち、火、風、水、土、魂を表している。

当時、戦死した兵士の墓石に許された宗教的シンボルは、バハーイ教（＊6）の九角星形と無神論者のシンボルである原子に似たものを含めて、三六種以上あった。他の公認されたシンボルにはスーフィズム（＊7）、生長の家（＊8）、モラヴィア教会（＊9）のものなども含まれていたが、五芒星形は含まれていなかった。家族は抗議したが、政府は譲歩しようとはしなかった。

二〇〇六年に、ネヴァダ州が、パトリック・スチュアートが埋葬されている、「北ネヴァダ退役軍人追悼共同墓地」（Northern Nevada Veterans Memorial Cemetery）に対して権限があることを主張し、ウイッカのシンボルを刻んだ銘板を墓標に取り付けるように命じた。それは感謝祭の直前に取り付けられた。その間、アメリカ合衆国退役軍人省に対する訴訟の手続きが進められていた。二〇〇七年、退役軍人省はようやく五芒星形を公認されたシンボルのリストに加えた。二〇〇九年までに、国立共同墓地内の一二を超える軍人の墓に五芒星形が刻まれるようになっていた(1)。

1　ウィッチクラフト——序論

ウイッカについて詳しく論ずる前に、それを実践する人々の間で一般的に受容されている専門用語を理解しておくことが有益であろう。とはいえ、ウイッカの多くの側面は必ずしもそうだと断言はできないものの、空想的で想像的な活動と関係しているようなので、これはそう簡単にできることではない。

比較すると、一つめは、あなたはキリスト教についての表面的な知識すらもっていないけれども、ノアの箱舟、紅海を二つに分けるチャールトン・ヘストン（というよりも、モーセ）、処女懐胎、バスケットに入れてウサギが届ける色とりどりのイースター・エッグ、地獄の業火、といったことについては聞いたことがあると仮定しよう。二つめに、博識のキリスト教徒が、自分はこれらの出来事のすべてを退けることはできないが、その中から選んだいくつかの要素を説明し、場合によっては、熱烈に受け容れることができる、とあなたにいったとする。三つめに、この人が、あなたが人生において出会った、いやそれどころか、話をした唯一のキリスト教徒だった、とする。あなたはその瞬間、キリスト教信仰の正当性、いや、その魅力にさえも戸惑いを覚えるかもしれない。この架空のシナリオは、人々がウイッカについて知ろうとする時、また、ウイッカ教というものについて他の人々に教えようとする時に遭遇する困難のいくつかを反映している。ウィッチクラフト（witchcraft）の歴史を掘り下げる前に、まずは、一般的にウイッカと結びつけられた広く知られている概念のいくつかを概説することにしよう。

ペイガンなのか？――そう、ペイガンである

ペイガン崇拝、または、ペイガニズム（paganism）は、ユダヤ教やキリスト教やイスラム教の神とは、別の神を崇拝する人々を意味するようになってきている。「ペイガン」（pagan）という語の文字通りの意味は、「炉辺、あるいは、家に住む人」であるので、ペイガニズムは田舎の人々、すなわち、組織化された教会と直接に接触しそうもなかった人々と結びつけられるようになった。正確にいうと、ペイガニズムはヒンズー教や儒教や仏教やアメリカ先住民の伝統を含む、多神教（すなわち、二人以上の神への信仰を組み込んでいる宗教）ならどんなものでも含んでいたのだった。時々、「ネオ＝ペイガン」（neo-pagan）という言葉に遭遇することがあるが、これは一般にペイガンと同義である。もっとも、執筆者の中には、「ネオ＝ペイガニズム」（neo-paganism）という言葉を、ペイガニズムでも現代のものだけを指すために取っておく人もいるが。

ペイガン崇拝者の中にはウィッチクラフトを行う者がおり、そのことは「呪術」（magic あるいは、より正確にいうと magick――これについては、後ほど詳しくみていく）に頼っていることを意味する。ウィッチクラフトは一神教に先立つものであることを強調するために、「クラフト」（Craft）や「旧宗教」（Old Religion）とも呼ばれている。ペイガニズムにはウィッチクラフトの実践も含まれるが、それは他の実践も含む幅広いカテゴリーである。ウィッチクラフトの実践の中には、ブードゥー教やシャーマニズムのような数多くの形態や表現が

存在する。

本章の焦点はウイッカである。ウイッカはクラフトの実践の現代的な（すなわち、ここ一〇〇年の）形態である。ウイッカという語は、「ウィッチ」（witch）や「ウィザード」（wizard）のような語のアングロサクソン語の語源である。ウイッカの信者、ならびに、実践者はすべて、男性も女性も、「ウィッチ」（Witch）と呼ばれている（本章の最初から最後まで、ウイッカの信者を指す時には頭文字を大文字にした"Witch"を用いることにする。〔訳註：本書では〈 〉でくくる〕）。しかしながら、すべての〈ウィッチ〉が必ずしもウイッカの実践者であるとは限らず、また、ブードゥー教のようなウィッチクラフトの他の形態の実践者が必ずしもウィッチであるとは限らない。

悪魔主義者か？——いや、そうではない

ウイッカ、または、さらにいえば、ウィッチクラフトを「悪魔主義」（Satanism）と混同してはならない。クラフトには、サタンや反キリストを含む悪魔的存在の崇拝が入り込む余地はまったくない。さらに、「黒ミサ」（Black Mass）やキリスト教、ないし、そのシンボルの冒瀆もない。それどころか、実際には、悪魔と地獄はキリスト教神学の一部であり、ウイッカには存在しない。さまざまな時代のキリスト教徒がキリスト教の普及と世界の救済を阻止するためにサタンによってクラフトは考え出された、と主張してきたが、クラフトそれ自体は悪魔の存在を認めていない。

悪魔主義である、との非難は度々なされている。二〇〇四年、トマス・ジョーンズ（Thomas Jones）とタミー・ブリストル（Tammie Bristol）はインディアナ州で離婚することを許可された。インディアナ州では、夫妻の九歳の子供がローマ・カトリック系の学校に通っているが、ジョーンズとブリストルは共に教えを実践しているウイッカ信者である、と報告した。裁判の間、ケイル・J・ブラッドフォード（Cale J. Bradford）判事は夫妻の儀礼や信仰について尋ねた。夫妻の返答を聞くとすぐ、彼は「あなたがたがサタンを崇拝していると人々は思うかもしれない」と断言し、彼らの信仰から子供を守るように夫妻に命じた。ところが、二〇〇五年八月、ジョーンズとブリストルはインディアナ州控訴裁判所に控訴した後、その命令を覆させることに成功したのである。(2)

オカルティストか？——おそらくそうであろう

ウイッカというと、よく連想される概念で最後に論じるのはオカルトである。オカルティズムはウィッチクラフト、ならびに、ウイッカと重複する要素をいくつかもつ幅広いカテゴリーである。一般的にいうと、オカルティズムは超自然的なもの、あるいは、いわゆる隠された知恵の信仰を指す。オカルティズムには、ウイッカの信者である、「ウイッカン」（Wiccan）が信奉している呪術の要素がいくらか含まれている。しかし、そこには、占星術、数秘学、心霊主義（死者との交信）、超感覚的知覚（extra-sensory perception 略してＥＳＰ）も含まれている。こうしたオカルトの実践のいくつかをウイッカンは信奉しているかもしれないが、それらは教えを実践している、ウイッカンとしての自己認識に必要不可欠というわけではない。

そうなると、現代のウイッカの実践活動と何世紀にもわたってウィッチクラフトとみなされてきたものとの間には、どのような結びつきがあるのだろうか？　この問いに対して、単純な、あるいは、少なくとも満場一致の答えはない。確かに、自分たちが今、実践していることと、過去にウィッチクラフトとして知られていたこととの間には何の関係もない、と考えるウイッカンもいる。そうかと思えば、自分たちの信仰以上に大切な現世との精神的な結びつきについて深く考え、昔の人々が神聖だとみなしたもの——それが山であれ、ストーンヘンジのような人間によって作られた遺跡であれ――と自分たちは結びついていると感じるウイッカンもいる。古代から、あるいは、キリスト教初期に異教的というレッテルを貼られたものから、現代のウイッカに至るまで、一貫した連続的な伝統がある、と考える者は、今日ウイッカに携わる者の中には事実上、一人もいない。

2　反ウィッチクラフト運動

本書では、最初から最後まで、風変わりな集団が偏見や差別、時には国の政府からの迫害にまでさらされているのを度々、目にしてきた。この点では、ウィッチクラフトは単独のカテゴリーに属する。

一五四二年から、ヘンリー八世治世下のイギリスでは、ウィッチクラフトを死刑によって罰せられる罪とみなすようになった。イギリスの法は、ウィッチクラフトを行っているとされている人が聖書の一節を読むことができれば死刑は免除される、と定めていた。国王と議会が立て続けに制定した法律は二〇世紀に入るまで、数々の反ウィッチクラフト法を創設、維持し続けた。一九五一年、最後のウィッチクラフト法がイングランドで廃止された。この法律は、顧客から金をだまし取った霊媒（すなわち、死者の霊と交信する人）を告発することを目的とするものだった。

ピューリタン

ウィッチクラフトに対する社会の反応に関する最も有名で評価の高い研究は、社会学者のカイ・エリクソン（Kai Erikson）の『強情なピューリタン』（*Wayward Puritans*）で、このテーマについての彼の研究は一九五〇年代末に始まった。エリクソンの研究は、一七世紀のマサチューセッツベイ植民地のピューリタンがどのようにして人を魔女とみなし、相応に罰するようになったのか、に焦点を当てていた。「ピューリタン」（Puritan）という言葉自体が議論の的となるようなものであるが、ここで使われている「ピューリタン」は、一般に、宗教的規律をきわめて厳格に実践している人を指している。

この古典的名著の副題は「逸脱の社会学の研究」（"a study in the sociology of deviance"）である。第2章で定義したように、「逸脱」は集団、または、社会の期待、もしくは、規範に反しているとみなされる行動のことである。社会学者らは、逸脱は、時と場所によって変化することを強調している。例えば、一部の公共の場での喫煙が禁止されるようになったのはごく最近のことである。そのために、喫煙は容認された社会的慣行から、ある文脈においては明確に逸脱したものへと移行したのである。社会内部の権力動学もまた、何を逸脱とみなすのかに影響を及ぼしており、それは、特権階級は権力をもたない人々に比べて、何を不適切とみなすのかを、より容易に操作することができるからである。例えば、貧困層に対する援助はしばしば汚名が着せられるが、大学の学費ローンや住宅購入保証を通じた特権階級に対する援助は保護されている。

『強情なピューリタン』において、エリクソンは、人々が自らの共同体《コミュニティ》の範囲を明確に定める社会的境界を作り出す様子を記述している。イングランドでピューリタン——一六三〇年からそう呼ばれるようになったのだが——の宗教的信念に対する抑圧が増してくると、総数二万人にものぼるピューリタンの集団がニューイングランドに移住した。マサチューセッツ・ベイ植民地政府は最初、土地を管理するというビジネス志向モデルに基づいた政府として登場した。しかし、すぐさま、日々噴出する多くの社会問題が聖書の中にみられるがごとき勢いでもって、イングランドの「コモンロー」（慣習法）に頼るようになった。とはいえ、この地のピューリタンは厳格な神の言葉を守る気にはなれなかった。例えば、ピューリタンはアメリカ先住民の女性と床を共にしているのを発見された入植者に対して、姦通を禁止する法律を押しつけるようなことはしなかった(3)。

ピューリタンは、万民と同様に、逸脱の共通理解を発展させるようになった。マサチューセッツに英国国教会を設立しようとする英国王の努力と、クエーカー教徒のような他の宗教共同体との摩擦は逸脱とみなされるものと、みなされないものについての、ピューリタンの合意を脅かすものだった。一六〇〇年代末のアメリカでは、ピューリタンの未来はいまだかつてないほどに脆弱であるように思われた。

一六九二年、セーレムの数人の少女たちがある牧師の家の台所で一人の奴隷の少女と午後を過ごしたことがあった。たちまち、近隣の人々はおよそ九人、ないし、二〇人の少女たちと呪術を身につけているとうわさされていたバルバドス生まれの奴隷との集まりについて推測し始めた。すぐさま、セーレムの住民たちは、その少女たちが奇妙な行動をしている――わけもなく叫び声を上げる、痙攣を起こす、犬みたいに吠える――のを見たと報告した。彼女たちは物静かなピューリタンの少女になりそうには到底みえなかった、と。さらに悪いことに、彼女たちの行動は伝染するようにみえた。

魔女術の取り締まり

現代と同様に、住民たちはその「問題」を解決するために、まず、医学に頼った。だが、少女たちの治療に当たった一人の町医者はすぐに治療法が尽きてしまい、その結果、問題は医学では解決できない、と考えられるようになった。その共同体にしてみれば、悪魔がセーレムにやって来たのは明白であるらしかった。牧師たちはすぐに難局にうまく対処し、苦しむ少女たちに、彼女たちを苦しめているのは誰かと尋ねた。三人が少女たちの行動の原因と特定され、ウィッチクラフトを行ったかどで告発された――奴隷の少女、育児放棄しているパイプを吸う女性、婚前交渉をしたと知られている女性、などだ。これらの告発された人が皆、女性であることに注意していただきたい。その当時は女性であるというだけで、非難などのターゲットになりやすかったのだ。

迅速な裁判となるはずだったのが、被疑者たちが植民地内で「悪魔の陰謀」に関わった者は他にも大勢いるといって、そうした人々を名指し始めると、ヒステリーが拡大した。マサチューセッツ・ベイのピューリタンたちは増大してゆくヒステリーとそれと同時期にこの植民地にやって来た非ピューリタン、この二つによって自分たちの共同体意識が脅かされていると感じていた。中には、奥地に機会を求めて、マサチューセッツを去るピューリタンも現れた。他のピューリタン共同体は、自分たちが脆弱なのを恐れて、実際にその被疑者らに、魔女を特定する手助けをするように頼んだ。被疑者たちはその頼みを喜んで引き受け、数十人の名を挙げた。最終的に、一九人と二頭の犬が絞首刑に処せられ、さらに、七人が有罪の判決を受け、一人の男性が裁判での証言を拒んだという理由で岩石の柱の下敷きになって圧死した。二人が獄中で死亡し、死者の数は二二名となった。一度法廷で正式に魔女という逸脱者のレッテルを貼られてしまうと、誰も無罪放免にはならなかった。

すぐに、もっともそれほどすぐというわけではなかったが、ピューリタンたちはこのヒステリーについてじっくりと考え始めた。衝撃的な死者の数が自制を促したのだ。ウィッチクラフトを行ったという嫌疑は著しく常軌を逸しているとみなす人々もいた――高潔な牧師やハーヴァード大学総長までもが告発されていたのだ。そうなると、誰がこの社会において逸脱していたのか？　有名なピューリタン思想家のコットン・マザー(Cotton Mather)はこの問題をじっくり考えたところ、魔女が執り行っていた多くの儀礼は洗礼を含むベイ植民地において容認されていた信仰に特徴的なものであることに気がついたのである。

魔女裁判は終息し、アメリカにおけるピューリタンの実験も終わった。ピューリタンはもはや凝集性のある共同体意識、ないし、公的運動の一員であるという感覚を抱いていなかった。一部の住民が西部に移住し、また、ピューリタンではない人々がやって来た時、共有された宗教に基づく共有された合意は消滅していたのである。

セーレム魔女裁判や同様の活動を非合法化しようとする当局のその他の努力の結果、ウィッチクラフトに似ている活動までもが逸脱した活動と一般的にみなされるようになった。このレッテルは二〇世紀に入り、大分経ってからも続いた。ウィッチクラフトは代替的な宗教体系とみなされることを許されなかった。公開処刑はいうまでもなく、裁判を実施することによって、この共同体は宗教的表現の限界を設けたのである。

比較的最近では、過去数十年の間に、ウイッカやその他の活動が攻撃されると、過去に魔女が次々に処刑されたことに関して、「燃えさかる炎の時代が二度と戻ってきてはならない」というウイッカを擁護する声が上がった。興味深いことに、ウイッカらを犠牲者にするこの感情的な叫びは、セーレムの魔女たちは火あぶりの刑で殺されたわけではなかったという事実を覆い隠してしまう。現代のウイッカは次第に目に見える存在になってきているが、主流の宗教に魔女だと申し立てられた人々が脆弱なピューリタン社会に対して与えたような脅威を与えてはいない。ともかく、現代のウイッカンたちは、自分たちの精神性は穏やかで、平和なものだと思っており、（身体的な、もしくは、言葉の）いかなる暴力も理解しがたいものだ、と考えている。[4]

3　ジェラルド・ガードナー

近代ウィッチクラフトの背後にいる中心的人物は一八八四年にイングランドのリバプール近郊で誕生したイギリス人、ジェラルド・ブロッソー・ガードナー（Gerald Brosseau Gardner）である。ガードナーはヤコブ・

アンマン、ジョゼフ・スミス、あるいは、L・ロン・ハバードがそれぞれの驚異的で、活気あふれる信念体系の創始者であったのと同じように、ウイッカの創始者であったというわけではなかった。ウィッチクラフトの諸側面やより一般的なオカルトは明らかに、ガードナーが現れる前から存在している。しかし、ガードナーは過去の儀礼を参考にすると共に、新しい儀礼を説明して活字にし、公表した。例えば、ガードナーが明確に表した教えの一つは、「空を纏《まと》って」(skyclad)、「業《わざ》を行う」(working) ことの重要性であった。「空を纏って」は文字通り、「空に包まれて」を意味する。ここで使われている、「業を行う」は、(後ほど、もっと詳しく論ずるが) ウィッチが集まって円陣を作った時に行う、ウィッチクラフトを指している。そういうわけで、ガードナーは、ウィッチは裸で集まった、と主張したのだ。ガードナーは裸であることに対しては、断固たる厳しい態度をとってはいたが、それは肉欲をかきたてることを意図したものだとする見解に対しては、その慣習を擁護した。ガードナーは、空を纏っている状態は人が自らの内面を見つめるのに役立つと信じ、そう論じた。当時も今も、すべてのウィッチが「空を纏って」儀礼に参加しているというわけではなく、裸でウィッチクラフトを行う人々であっても、それを特別な機会にのみ取っておくのかもしれない。

「空を纏って業を行う」数々の理由にもかかわらず、この慣行は一部のウイッカの儀礼における「五度のキス」(fivefold kiss) の要求とともに、クラフトに官能的魅力を付与するのに寄与している。「五度のキス」は、人の両足 (右足が常に最初である)、両膝、子宮か、ペニス (「それなしでは私たちは存在しないであろう」)、乳房、そして、最後に唇にキスをすることだ、と記述されている。「五度のキス」は祝福としての役目を果たしており、ウィッチによって定期的に使われるか、あるいは、特別な儀礼に限定されているのだろう。(5)

クラフトの登場

幼い頃、重症の喘息を患っていたガードナーと彼の乳母は、冬の数カ月間をセイロン（現在のスリランカ）で過ごした。後に、その独学の青年は放浪を続け、現在のマレーシアに落ち着いた。こうした旅の間、彼は南アジアの文化と歴史、特に、民間伝承に魅せられるようになった。結局、彼は一九三六年に退職してイングランドに戻るまで、現地の英国政府で働いた。英国に戻った時、ガードナーは、私たちがウイッカとみなすようになってきているものについて、記述し始めた。彼は一九六四年にこの世を去るまで、ウイッカの信条や儀礼を記述し、実践し、発展させ続けた。彼の生涯にわたる民間伝承への関心から、彼は隠遁生活を送っていたイングランドのニューフォレスト地区での魔女の活動を地域の人々がどのように報告しているのか、ということに関心をもつようになった。オカルトやスピリチュアルをテーマにした素人劇をよく上演していた地元の演劇集団に参加することさえあった。

ガードナーとオカルトの関係はすぐに、舞台の上にとどまることなく、その先へと発展していった。一九三九年に、先祖の代からのウィッチであると主張する口承伝統として代々伝えられてきた宗教を実践している集団に入った、と述べた。結局、彼は『高等呪術手引書』（*High Magic's Aid*）という小説の形でその集団の儀礼を書き留めることを許された。彼らの教えを受け容れたのに、なぜ、フィクションという形で彼らの儀礼について書いたのだろうか？　当時、ウィッチクラフトはイングランドでは違法だったので、ガードナーが自らの信念を論ずる唯一の許される方法といえば、フィクションとして売ることだった。『高等呪術手引書』を書くことは、たとえフィクションとして発表されたとしても、当時としては非常に大胆な方法だったのである。(*10)

ガードナー自身が説明、あるいは、実際に目撃した儀礼を「伝統的な」イニシエーションだと完全に想像していたのかどうかは、議論され続けている。同様に、そこで記述されている慣行が何十年、または、何世紀も前から続いているものなのかどうか、が論争の的となっている。しかし、きわめて重要なことかもしれないが、ガードナー派ウイッカ、あるいは、関連する諸集団の支持者たちは、そのようなことに関心をもっていないようである。彼らがウイッカ的だと理解しているものへの彼らの献身は、二〇世紀前半のイングランドで起こったこと、あるいは、起こらなかったことについての歴史家らの議論とは遠くかけ離れている。実際、一部のウイッカンは、「正確な」歴史や物語を創造することに余念のない人々を「ウイッカ原理主義者」(Wiccan fundamentalists)と侮蔑的に呼んできた(6)。

ジェラルド・ガードナーは、人々が自分の信念や儀礼を公にすることができるようにし、魔法をかけるという概念を社会に普及させ、信念を同じくする人々の間に帰属意識を作り出したことから、当然のことながら非公式に「近代ウィッチクラフトの父」(father of modern witchcraft)という称号をもっている。非常に重要なのは、ガードナーが社会に脅威を与えたり、また、英国議会が反ウィッチクラフト法を再制定するというような敵対的な行動を引き起こしたりしないようなやり方で、クラフトを公にすることに成功した、ということである。

マン島

イングランドで最後の反ウィッチクラフト法が廃止された一九五一年、セシル・ウィリアムソン(Cecil Williamson)がイギリス海峡に浮かぶ島、マン島にミュージアム・オブ・マジック・アンド・ウィッチクラフト(Museum of Magic and Witchcraft)を開館した。ウィリアムソンは、それ以前には、英領植民地だったアフリカで煙草農園を営んでいたのであり、呪術に関連する物を数多く収集していた。

ガードナーがやって来てウィリアムソンの博物館の館長となり、彼は「常駐魔術師」(Resident Witch)として知られた。博物館は財政困難に陥ったので、ガードナーが博物館を買い上げ、それまでの展示品を自身のコレクションと取り替えた。博物館は「フォークロア・センター・オブ・スーパースティッション・アンド・ウィッチクラフト」(Folklore Centre of Superstition and Witchcraft) と呼ばれるようになり、レストランが一軒併設された。博物館は珍しい工芸品を集めているとは言い難かった。それは、工場で製造されたユニコーンを完備した「魔女の大学」について観光客が期待するかもしれないようなものに似ていた。

ガードナーは文書化されたウイッカの儀礼の中心にい続け、その伝統をアメリカに紹介するために力を尽くした。亡くなる際、ガードナーは、自らが所有する工芸品や自身の出版物の著作権のすべてを彼の臨終の時に大祭司だった、モニーク・ウィルソン (Monique Wilson) に遺贈した。彼女は後ほど解説するカヴン (coven) と博物館を短い間、維持しただけで、結局、すべてのものをリプリーズ・ビリーブ・イット・オア・ノット・カンパニー (Ripley's Believe It or Not Company) に売却した。カンパニーは買い取った資料を自社が所有する多くの博物館に分散させ、工芸品の一部を個人収集家に売った。ガードナーがウイッカの思想を直接主導したことは、モニーク・ウィルソンがしたことに対する激しい憤りをウイッカ共同体の中に沸き起こらせるという形で終わった。

ガードナーの一九五四年の著書『今日のウィッチクラフト』(*Witchcraft Today*) は、クラフトが中世から絶えることなく存続してきたものと推定される、と断言した。レイモンド・バックランド (Raymond Buckland) はガードナーの伝統をアメリカに持ち込んだと一般に信じられている。ジプシーを父にもつ彼はオカルトの諸相を学んでいたのであるが、『今日のウィッチクラフト』を読んだ後で、ガードナーに魅せられた。彼はガードナーと共に学び、イギリスの航空会社に勤めていた彼が異動になった一九六三年に、ニューヨーク州ロングアイランドにカヴンを創設した。

ガードナーの伝統からは離れていったが、今もなお、彼の儀礼を数多く取り入れていた人々だけでなく、ガードナー、ならびに、彼の直接の支持者たちの意義をも忘れてはならない。ガードナーの伝統はそれまで何百年もの間続いてきたウィッチに対する見方を変えた。ガードナー以前には、ウィッチは反社会的で悪事を行う可能性が高いとみなされ、その言葉は女性を指すためだけに使われた。現代のウイッカより前には、ウィッチは近隣に危害を加えようとしているとみなされていた。確かに、よいウィッチもいたことはいたが、（一九〇〇年出版のL・フランク・ボームの『オズの魔法使い』でもそうであるように）彼らはおおよそ文学的創作であり、ウィッチクラフトの実践者である、と信じられていなかった。

影の書

ガードナーは個々の〈ウィッチ〉、あるいは、カヴンが用いるべき儀礼を集めたものを「影の書」（Book of Shadows 略してＢｏＳ）に記録した。今日では、これが「欽定英訳聖書」だと明確に指し示すことができるのと同じように、これがガードナー版「影の書」だ、と自信を持って指し示すことはできない。

一冊のガードナー版「影の書」のようなものは存在しない。オンライン書店でＢｏＳを注文し、公共図書館から一冊借り、それから、その二冊をオンラインで広く複製されている断片と比較してみれば、原本が本当に存在したのかどうか疑問に思うであろう。ガードナー版は非常に限られた数の初版から進化した。支持者らは何とかして手に入れることができた初版本を筆写し、改訂し、増補したのだった。実のところ、ガードナーは一度もＢｏＳを出版しなかった。その抜粋が『今日のウィッチクラフト』に含まれていたのだが、完全版と称されているＢｏＳが登場したのは彼が亡くなった後だった。今日、「影の書」のさまざまな版の写しが〈ウィッチ〉から〈ウィッチ〉へと受け継がれている。〈ウィッチ〉たちは、一般的に、彼らが書き写したＢｏＳに新機軸を付け加えてそれを改変している。

一般に、ＢｏＳは、旧宗教との結びつきや常に用心深くする必要性について、間接的に言及している。例えば、ウイッカンに、「昔、私たちの多くが笑ったり、歌ったりしながら火あぶりにされたのだから、私たちも再び、そうなるかもしれない」ことを思い出させている。(7)

ジェラルド・ガードナーの「影の書」の特異性は、時折、訓練マニュアルのように見えることである。「チヨーク、ペンキ、その他でマジック・サークルを描きなさい……絆を示すために家具を置いてもよい」。女神の位置は組んだ腕と向き合うようにすること。「エコエコアザラクエコ……サマハクアタファファモラス」と唱えるか歌いなさい。いかなる手の込んだ正当化はもちろんのこと、説明もＢｏＳにはないのである（だが、聖書やクルアーンにもない）。

ガードナー派ウイッカの支持者は自分自身の手でＢｏＳを書くように、また、決してそれを自分の目の届かない所に置いたりしないように教えられた、というよりも警告されていたのである。他の人々は手書きのＢｏＳしか見ることができなかった。危険が――それが何を意味するのであれ――差し迫っているのであれば、〈ウィッチ〉は手書きのＢｏＳを破棄する準備をしておく必要があった。(8)

ＢｏＳには、ガードナー派ウイッカの伝統の一員ではない人々にさえ一般に認められているサバトの儀礼が略述されている。「サバト」（Sabbat）は四季と結びつけられている祝祭――春分、夏至、秋分、冬至――を指す。さらに、これらの分点や至点の間の四つの中間点もよく祝っている。それらの行事はケルトの農業歳時記に大体基づいており、ウイッカンは世界中に散らばっているので、それぞれの地方の気候や時期に適合するように変更が加えられている。

サバトに加えて、ウイッカンの一年間の儀礼を構成するもう一つのものが太陰暦、または、月の満ち欠けに合わせて行われる「エスバト」（Esbat）である。ウイッカの伝統の中には、月から発せられるエネルギーを重

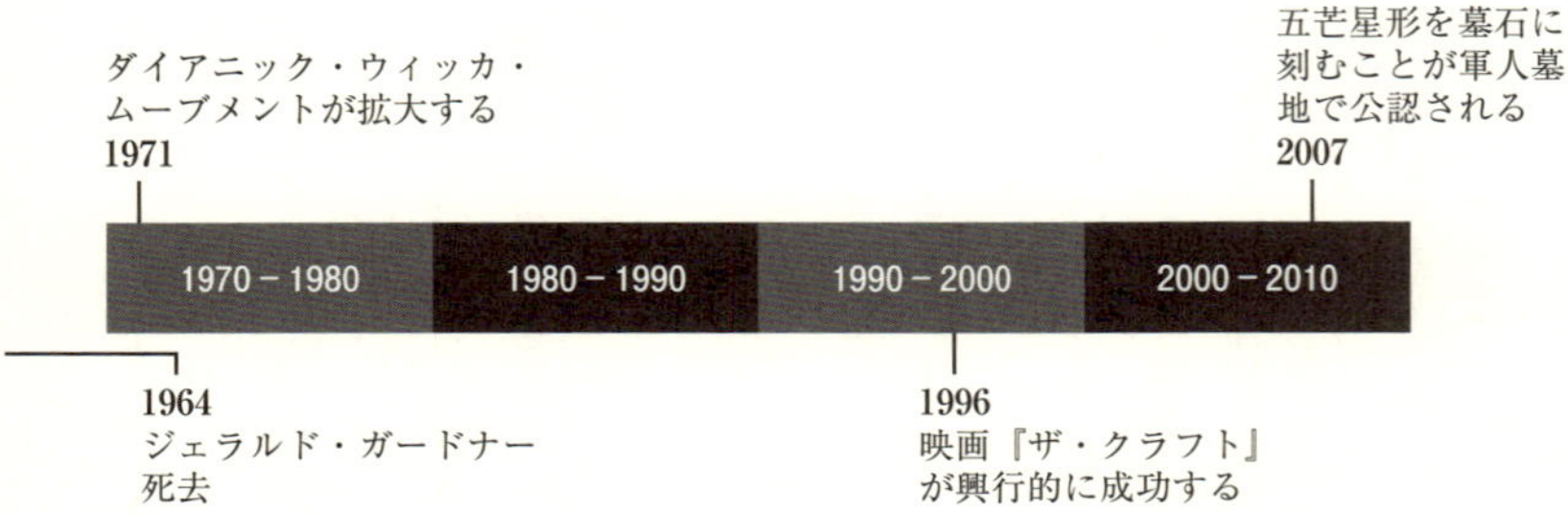
ダイアニック・ウィッカ・
ムーブメントが拡大する
1971
五芒星形を墓石に
刻むことが軍人墓
地で公認される
2007
1970－1980
1980－1990
1990－2000
2000－2010
1964
ジェラルド・ガードナー
死去
1996
映画『ザ・クラフト』
が興行的に成功する

視するものもある。満月は瞑想を通じてビジョンや知恵を求めるのに最適な時期だ、と考えられている。

　現代のウイッカンは皆、ガードナーの重要性を認めてはいるが、必ずしも全員が彼の伝統に倣っているとは限らない。例えば、アレックス・サンダース（Alex Sanders 一九二六－八八）はガードナーに偶然出会い、彼自身のＢｏＳを発展させたのだが、後に彼はそれを自分の祖母のＢｏＳだ、と主張し、彼のウィッチクラフトが祖母から受け継がれたものであることをほのめかした。サンダースは自ら進んで、自分自身と自分の支持者が「空を纏って」いる姿を撮影させたように、一九六〇年代末から七〇年代初めにかけての「対抗文化」の時代にメディアの寵児となった。バイセクシュアルであることを公言していたサンダースはクラフトにゲイやレズビアンを歓迎した。それとは対照的に、ガードナーはウイッカにおける男と女の二極性を強調し、そのために同性間の関係を快く受け入れない傾向にあった。ガードナーほどの人気はなかったが、アレックス・サンダースの教え――アレックス派の伝統と呼ばれている――は広く支持されている。(9)

　ウイッカの儀礼はすべての〈ウィッチ〉によって共有される教義というわけではない。高校生の時から教えを実践しているウイッカンだった宗教研究を専門とするある教授が要約しているように、「ウイッカの儀礼は、目がくらむほど多様な形を取る」。初歩的であるかと思えば、非常に精密

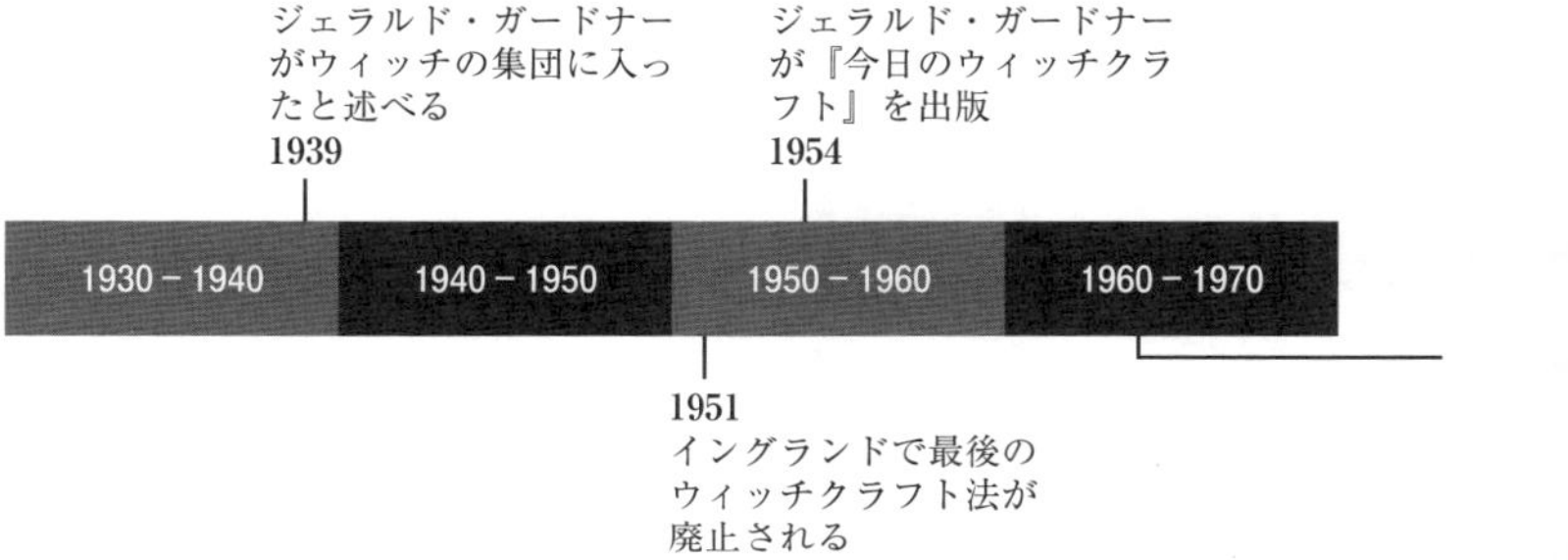
ジェラルド・ガードナーがウィッチの集団に入ったと述べる
1939
ジェラルド・ガードナーが『今日のウィッチクラフト』を出版
1954
1930－1940
1940－1950
1950－1960
1960－1970
1951
イングランドで最後のウィッチクラフト法が廃止される

図10　ウィッカ年表

で洗練されていたりもする。ウイッカの儀礼やマジック・サークルや集会は、たった一度の心からの祈りだけの場合もあれば、非常に複雑で時間がかかる場合もある[10]。

信者ではない者の中には、ウイッカには中心性も教義もないことを「教会なき宗教」だとして公然と非難する者もいるが、このように開放的なところは多くの人々には非常に魅力的である。二〇〇三年にニューヨークで、「ナッソー・コミュニティ・カレッジ・ウイッカ・ペイガン協会」（Nassau Community College's Wicca/Pagan Society）を設立したクリスティーナ・ロンバーディ（Christina Lombardi）が断言したように、「ウイッカは自由を象徴しており、私と神との間に仲介者を必要としていない[11]」のである。

ガードナーはドリーン・ヴァリアンテ（Doreen Valiente）に、自身のマン島のカヴンに加わるよう勧めた。ヴァリアンテはガードナーの「影の書」の編集において中心的な役割を果たしていた。ガードナーのＢｏＳがウイッカの基盤となるような新しい儀礼体系へと進化していったのは、ヴァリアンテの助けがあったからであった。ヴァリアンテは女神崇拝も重視した。ガードナーの成功と名声が高まるにつれ、マン島のカヴン内に分裂が生じるようになった。最も重大な分裂は、「古代の」ウィッチクラフトは女神よりも男神を優先した、というガードナーの主張に反発して、ヴァリアンテが彼のカヴンを去ったことである。

リード

ウィッチの間にはいくつかの共通の、ほぼ普遍的といってもよい儀礼がある。ウイッカの儀礼の中で、「ウイッカン・リード」(Wiccan Rede) というものによく言及されているのだが、この「ウイッカン・リード」とは、事実上、ウイッカの忠告を意味する。リードは長い韻文や詩で表現されることが多く、信条、あるいは、信仰声明としての役目を果たしている。今日のウィッチは、単独であれ、カヴンに参加しているのであれ、それを暗記したものをよく朗唱している。リードはいかに朗唱されようとも、日々の人間関係において短期的な苦痛は残念なことではあるが、避けることはできないということを一般的に表現している。とはいえ、永続的、あるいは、長期的なダメージはできる限り避けなくてはならない。

実際、時にリードはここまで短くされることもある――「誰も傷つけないのであれば、あなたのやりたいようになさい」。さまざまな型の起源ははっきりとはしておらず、いくつかの文学的伝統や口承伝統に根づいていると考えられる。ドリーン・ヴァリアンテ (Doreen Valiente) は、今日一般的に使われているリードを一九六四年に普及させた。とにかく、「ウイッカン・リード」は、二六篇の韻文で表現されているのであれ、先に記したようなほんの一文で表現されているのであれ、新約聖書の「ルカによる福音書」に出てくる黄金律(「人にしてもらいたいと思うことを、人にもしなさい」)[*11]に似ている。「ウイッカン・リード」は二一世紀の〈ウィッチ〉たちに、自らの行動が他人や環境に影響を及ぼすということをよく考えるように求めている。[12]

4　ウイッカの組織

これから手短に考察するように、ウイッカの内部にはいくつかの組織があるが、中心的な権威はまったく存在しない。間近にいる考えを同じくする友人以外を除けば、ウィッチたちは一般的に独自の道を歩み、その大半が自分が選んだ伝統や儀礼に従っている。

程度はさまざまであるが、本書で論じられている、その他の風変わりな集団のすべてが何らかの組織の階層的序列《ヒエラルキー》、もしくは、少なくとも他の信者と活動を共有するための、何らかの中央調整機関、ないし、中央情報機関を有している。交わりにあずかる者と、信者だと主張するかもしれないが排除されている他の人々との間に境界線を設けているということでもある。この境界線の維持がウィッチたちの間にはないのである。だからといって、〈ウィッチ〉たちが〈ウィッチ〉を自称する者なら誰でも受け容れるということではない。〈ウィッチ〉が、一部の人々を本当の〈ウィッチ〉ではない、あるいは、少なくとも誤り導かれている、とみなすのは自由だということである。一人一人の経験と表現こそウイッカの基本なのである。

中心的権威が存在しないことの当然の結果として、中心的な典礼も、合意によって定められた知恵もない。聖書も、クルアーンも、賛美歌集もない。行動と思考の自律性が例外というよりも、むしろ〈ウィッチ〉たちの間の慣習なのである。

ウイッカンたちの間の共通性は信念と慣行の詳細な体系ではなく、むしろ「態度、見解、視点の一致」という感覚にある。ウイッカの詳細な信念や慣行は確かに存在するが、これらの詳細は共通に保持されているわけではない。宗教としてのウイッカはいくぶん、それが真実だと主張するものとしてではなく、むしろ、広く信奉されている宗教的教義の拒絶として存在している、という議論さえあった。中心的な権威や典礼の存在は多くの場合、宗教の出発点であるので、ウイッカが果たして宗教なのかどうかを後ほど論じる際に、ウイッカの経験の変幻自在性に立ち戻るつもりである。

5　カヴン対ソリテア

ウィッチにとって最も重要な区別の一つは、ソリテアとして単独で実践しているのか、それとも、カヴンという同じような考え方のウィッチたちの集団の中で実践しているのか、ということである。

カヴン

「カヴン」（coven）は共通の儀礼にあずかる〈ウィッチ〉たちから構成されている信者集団である。一つのカヴンに属する〈ウィッチ〉の人数は三、四人から三〇人までと幅広く、教会や寺院とちょうど同じように、人々が参加したり脱退したりしている。カヴンでの生活はその他の風変わりな集団の特徴としてもみられる、内集団への支援を提供する。シェーカー教徒はシェーカー共同体を共有する。エホバの証人は明らかに自分たちの集会所にいる時にくつろいでいる。同様に、カヴンの一員であることは信念を強化しうるのである。その一方で、カヴンの構造そのものが特定のカヴンの要求に適合しないかもしれないような個人の信念体系や儀礼を発展させた〈ウィッチ〉にとって、窮屈なものとなる場合もある。

カヴンは通常、男女混合であるのだが、カヴンによっては女性だけに限定されているものや、数はわずかではあるが、男性だけに限定されているものもある。〈ウィッチ〉たちの集会は一般的に大祭司（High Priest）か、女大祭司（High Priestess）によって取り仕切られており、男女混合のカヴンでは、祭司か女祭司のどちらか一方、もしくは、その両方がいることが多い。祭司（priest）、ならびに、女祭司（priestess）という言葉はカヴンの内部では、他の組織化された信念体系においてそれらの語がもつのと同じ意味をもっているわけではない。ウイッカにおいては、見習い期間が終わると、カヴンがその〈ウィッチ〉に女祭司、または、祭司としてのイニシエーションを授けるのである。さらに研鑽を積み、時間がたち、他の〈ウィッチ〉たちに受け容れられるようになれば、大祭司、または、大女祭司としてのイニシエーションを受けることが許されるかもしれないが、カヴンの中には、そのような階層的序列《ヒエラルキー》のような言葉を避ける所もある。したがって、ウイッカ共同体は自らを信者＝祭司集団とみなしている。ウイッカの祭司や女祭司は、儀礼の指揮を独占する聖職者ではないのである。リーダーシップが共有されているのだ。(13)

ソリテア

「ソリテア」(solitaire) は、カヴンのメンバーにはない自由を有している。面と向かってのサポートが得られないということは、今日では、一世代前ほどには問題ではない。自らをウイッカンと認める人々を対象にした二〇〇五年から、二〇〇六年にかけてのインターネット調査によると、二対一の割合でソリテアの人数がカヴンのメンバーにまさっている。(14)

ソリテアはインターネットを通じて他のウイッカンとの接触を試みている。こうしたことはオカルト、あるいは、スピリチュアリズムを専門的に扱う書店での懇親会や朗読会を通じて行われる。定期市や祭りで実施された研究によれば、ソリテアとしてのみ実践してきた〈ウィッチ〉、あるいは、小さなカヴンのメンバーでさえもが八〇人から、二〇〇人の〈ウィッチ〉が出席する儀礼に参加している時には圧倒されるという。こうした状況では、ソリテアは典型的なお決まりの手順であっても「力強く並はずれた」「恐ろしい」「奇妙な」といった言葉で表現する。ソリテアには、他の〈ウィッチ〉と集まりたいのだが、「自分に合ったグループに出会っておらず」、他の〈ウィッチ〉と接触するのを楽しみにしている〈ウィッチ〉も含まれる。(15)

確かなデータはないのだが、ソリテアが他の〈ウィッチ〉と交流できるような祝祭やウィッチ・キャンプが次第に増えてきていることを示す逸話的な証拠はある。異教宗教団体によって時々、組織されるウイッカの活動、あるいは、情報ブースがスピリチュアリズムの集会や女性をターゲットにした音楽祭に登場することもある。(16)

単独の信仰実践者の存在と誰でもそうなれるという認識がウイッカとそれに類する信条を集合的な崇拝と集会に時々、参加することを要求するような、または、少なくとも期待するような、他の多くの宗教形態から区別している。それにもかかわらず、ソリテアは正式な手続きを経て入会したわけではないために、ウイッカの実践においては時折、二流とみなされている。さらに、彼らの知識や活動への献身は外的な証拠によって、まだ実証されていない。

6　呪術

ほとんどのウイッカンは決まって「魔術」(magic) ではなく、「呪術」(magick) という。魔術という言葉は、ショービジネスを連想させる手品やイリュージョンを指す。呪術はウィッチクラフトの中核である。呪術は変化を引き起こす他者のみならず、自分自身をも変容させる術、ならびに、科学のことである。舞台のマジシャンは自分のトリックから自らを引き離し、そのようなことをしても個人的には何の変化も受けない。一方で、〈ウィッチ〉は呪術を自分を変化させる力のあるものとみなしている。

そうすると、呪術には呪文や薬や秘密の呪いといったものがあるのだろうか？　近代の呪術は誰でも研究と実践を積み重ねれば世界に影響を及ぼすことができる、という理想主義的原理に基づいている。それは「自分自身を知る」というこれまでずっと続いてきた規律なのである。呪術を完成させている最中のウイッカンが心理療法、または、自助プログラムの型通りで世俗的な側面に頼るのは珍しいことではない。

しかしながら、「たった五週間であなたは今よりもっとよくなる」というようなプログラムとは違って、呪術はさまざまな道具の幅広い使用を支持している。こうした道具はろうそくやお香のようなウイッカンではない普通の多くの家庭によくあるものから、もっと珍しいものまで多岐にわたる。呪術の中には、「パペット」(poppet)――人間を表した小さな布の人形――を使うものもある。ポピュラー・カルチャーでは、パペットを使う〈ウィッチ〉といえば、怒りや悪意に満ちた呪術が連想されている。しかし、実際のウイッカの実践においては、パペットは祝福を授ける時や癒しを与える時にも使用されている。ウイッカンは、マスメディアにおいて描かれ、よく悪意を持って利用されているお決まりの「ヴードゥー人形」と自分自身を結びつけたりなどしていない。

「スペルワーク」(spellwork)という言葉は、物質界をコントロールしたり、霊的存在に懇願したりするために、言葉を用いることを指す。呪術の前提は部分的、あるいは、全面的に変化させることなので、スペルワークがよく用いられる。スペルワークを構成する、祝福や癒しや呪いの言葉をまとめた一つの体系や本のようなものはまったくない。呪文と共に、ろうそくやお香や薬草を使ったり、彩色された布やコードやロープを入念に配置したりすることもある。使われる言葉は口承伝統にある無数の民間伝承的な呪文やウィッチクラフトに携わる一つのカヴンやソリテア(＊12)やその他を含む、多様な源泉から得られたものである。

呪文は時に、アミュレットをネックレスのように身に着けることと結びつけられている。アミュレットはそれを身につけた〈ウィッチ〉のために特定のエネルギーを帯びると考えられていることから、ローマ・カトリック教徒が安全な旅を願って身に着けた聖クリストファーのメダルと似ていなくもない。

時が経つにつれて、スペルワークは目的によって系統立てられるようになり、それには次のようなものが含まれる。

祝福――恩恵を授ける
束縛――人、思考、あるいは、別の存在を善かれ悪しかれ、コントロールする
呪い――不幸をもたらす
癒し――健全な状態や健康をもたらす
保護――人や場所を守る
呪詛――邪悪な呪文の一般的名称であるが、話し言葉ではなく、シンボルの使用を含むこともある。

このリストはあらましとだけみなされなくてはならない。スペルワークを行うウィッチ一人一人は、こうした類型のうちのいくつかだけを使い、必ずしもそのすべてを使わない、もしくは、認識すらしていないかもしれない。特に、ウイッカンはネガティブな呪文を支持していないので、呪いや呪詛や悪い目的での束縛は認めないであろう。それに加えて、善かれ悪しかれ、人を束縛することはウイッカ共同体内部では、一般的に顰蹙《ひんしゅく》を買うのである。(17)

ウイッカンは呪術を座興や取るに足らない目的で使うことから距離を置こうとしているのだが、多くの人々は呪術から期待される可能性に魅せられてクラフトに近づく。アトランタ・カヴンのケーススタディでは、調査研究者たちは呪術のおかげで大学キャンパスに駐車スペースができたとか、不思議な力でペンダントを空中で揺らすことができた、などと自信満々に宣言する新会員を何人か目にした。呪術は自然を操作したり、害し

たりすることではなく、自然と調和しながら活動することで、有益な結果をもたらすことを目的としたものであるということをより経験豊富な信者が忍耐強く教えようとするのだった。

スペルワークを説明するために、一部のウイッカンは一人、ないし、それ以上の人々が一つの焦点にエネルギーを注げば、望んだ目的が達成されるというキリスト教徒の間の「熱烈な祈り」(fervent prayer) のたとえを使っている。ちょうど、心からの祈りの場合と同じように、このたとえをさらに推し進めるために、ウイッカンは、〈ウィッチ〉は何かを望むことはあるかもしれないが、それを成し遂げられると本気で信じたり、当然視したりしていないかもしれないということを認めている。もしそうならば、呪術は失敗するであろう。

呪術は薬草の魔力やろうそく、杖（ハリー・ポッターの杖のような）に助けられることはあるのだろうか？経験豊富なウィッチはそのような付属品を使わないものだが、そうした要素を使用することは駆け出しの実践者を勇気づけたり、助けたりしてくれることは認めている。こうした道具はエネルギーを一点に集中させたり、彼らが成し遂げようとしていることの視覚化を可能にするのに役立つ。(18)

一部のウイッカの儀礼では、アサメが用いられている。「アサメ」(athame) は一般的に、両刃のナイフ、もしくは、柄のついた刀である。多くの用途があるが、実際に物体を切るのに使われることはない。男神、ないし、女神に呼びかける時や四元素に呼びかける習わしでよく使われる。アメリカ合衆国のウイッカンに関するきわめて重要な裁判事例において、このアサメが果たした役割については、後ほど見ていく。(19)

7　ライフサイクル

ウイッカンは、より一般に容認されている宗教の信者と同様に、ライフサイクルと関連した多くの儀礼に従っている。

ウイッカニング

子供は「ウイッカニング」(Wiccaning)で両親に命名されるのであるが、この儀式には女神、および、男神への献身が含まれる。それは、ユダヤ教徒の命名式やキリスト教徒の洗礼と機能的には同等なものである、とみなすことができる。人々は成人するとウイッカに正式に入会するので、ウイッカニングは子供を伝統に縛りつけるものではないし、また、子供たちは自らその手順を始めるまでは〈ウィッチ〉とはみなされない。ウイッカニングを行う両親は自分の子供のために宗教的な献身をしているわけではないので、これは幼児期の洗礼とはかなり異なっている。

ウイッカニングには大抵、三つの要素がある。一つめは、親、もしくは、大祭司か、女大祭司かのどちらかによって命名された子供が男神と女神に紹介されることである。二つめは、子供は「四元素」(quarters)のそれぞれに紹介される――すなわち、子供が空、火、風、土、それぞれの精霊を認識し、また、それらの精霊にその存在を知ってもらうために、子供の体が北、南、東、西の方角に向けられる。三つめに、子供は共同体に紹介されるのであるが、その際に子供を実際に信者から信者へと手渡し、その子を抱いた信者がそれぞれ祝福の言葉を述べるという場合もある。

世間はウィッチクラフトを「邪悪な行い」と結びつけているのにもかかわらず、ウイッカには「原罪」という考え方はないために、同様に清めの儀式である洗礼と違って、ウイッカニングに参加したことのない〈ウィッチ〉の子供は十分清められていないとか、罪を背負っているとか、などとみなされることはない。(20)

ハンドファスティング

現代のウイッカ信者は一般的には大祭司と女大祭司の両方、もしくは、大祭司か、女大祭司のどちらか一方によって執り行われる「ハンドファスティング」（handfasting）という結婚式のような儀式に参加する。大祭司、または、女大祭司に婚礼を法的拘束力のあるものにする市民としての（すなわち、法的に認められる）権限を有していなければ、それとは別の合法的な結婚式がハンドファスティングの前、あるいは、後に行われる。ハンドファスティングという言葉は、夫婦の誓いが立てられ二人が性的に夫婦関係を完成させるまで——もっとも、後者の要素は必ずしも忠実に守る必要はないのだが——夫婦の手をラバーズノットという結び方で結ぶ慣習に由来する。多くの場合、夫婦は儀式の一環としてほうきを飛び越えることを求められる——これは旧宗教を認めていることになる。

信者の同意が得られているカヴンでは、男性同士、あるいは、女性同士のハンドファスティングが行われるかもしれない。同性のカップルが存在すれば、それを容認するというこのような姿勢がウイッカの実践をゲイやレズビアンの人たちにとって非常に魅力的なものにすることもありうる。

ハンドファスティングは夫婦が互いに愛し合っている限りは二人を結びつけるものであり、それゆえに、パートナーシップの終わりを象徴する「ハンドパーティング」（handparting）が時々、行われている。この儀式では、聖杯を割る、あるいは、ラバーズノットをほどく、といったことが行われるだろう。[21]

カヴン率いるウイッカニングやハンドファスティングは、信者以外の者が列席する可能性があることを意味する「**オープン・サークル**」（open circle）で開かれることもある。だが、一般的には、カヴンはそのカヴンに正式に入会した者だけが出席する「**クローズド・サークル**」（closed circle）で集まり、他のウィッチを含む他の人々はそこに入ることを許されていない。

来世

人が死んだ時に何が起こるのか、ということについてウイッカンの間で意見がぴたりと一致しているわけではない。人の霊魂はよく「サマーランド」(Summerland) と呼ばれている場所で永遠に生き続けている、と考えるウイッカンもいる。この来世は天国でも、地獄でもなく、これまで生きてきた生と霊魂を待ち受ける未来とについて熟考するための時間なのである。サマーランドでは、霊魂は女神や男神と共存している。「転生」(reincarnation) という概念は、それぞれの魂は自分が誰になるのか、また、自分がこれから生きる生を自分で選んでもよい、ということを信じるウイッカの共通の要素である。一般的には、転生した魂はその前に自分が地上で営んでいた生活を記憶していない。霊魂の中には、生まれ変わることをせず、霊魂の指導者となることを選ぶ者もいる。

多くの人々の心の中では、ウィッチクラフトとよく結びつけられている墓地は一般には、〈ウィッチ〉にとってはさほど重要ではないとみなされている。埋葬された亡骸は霊魂を象徴しないからである。それにもかかわらず、〈ウィッチ〉の中には墓地が死者を思い出す象徴的な手段であるとみなす人たちもいる。

ライフサイクルの全般にわたる儀礼を通じて、ウイッカは人々をクラフトに喜んで迎え入れるという点で包括的である、と誇らしげに主張している。それでもやはり、死に際しては特定の儀礼を遵守すべきであるということについて、数々の議論がなされている。だが、一般的にいって、人種、年齢、国籍といった問題は〈ウィッチ〉にとっては、文字通り問題ではないのである。

このようなオープンな態度に関して、興味深いことに、ウイッカの教師たちは何らかの身体的損傷や障害をもつ信者とも活動していることを度々明言している。儀礼はカヴンにおいてであれ、ソリテアとしてであれ、多くの場合、ウイッカンに立つか、ひざまずくか、のいずれかを要求する。ろうそくの明かりや月明かりの中で命令に従わなくてはならない場合もあり、その場合は読唇術が困難となるかもしれない。ウイッカンはそうした状況を率直に認めた上で、障害をもつ人々のための方法を準備すること、また、最終的には障害をもつ人と男神、ならびに、女神との間でも、究極的な関係が結ばれることを明白に規定している。(22)

8　ブルーム・クローゼットから出る

自分自身が風変わりな集団の信者であることを信者ではない人々に対して、公にすることは常に困難である。ウイッカンが強力だが、伝統的な宗教的つながりをもつ他の人々に対して、自らの信念を公にすることは特に、難しいかもしれない。ウイッカンの間では、このような経験は「ブルーム・クローゼットから出る」（coming out of the broom closet）と呼ばれてきた。(23)

ウイッカンの多くが若いことを考えると、その多くが自分の両親に対して、「ブルーム・クローゼットから出」なくてはならない。それに対する反応は、〈ウィッチ〉であるわが子との接触を断つという極端なものから、自分の息子や娘がクラフトと共に歩む道についてもっと知りたいと心から思うものまで、さまざまである。多くの親はそれをわが子の心の旅における一つの「段階」として扱い、子供が、あるいは、その子がもう一〇代の若者であっても、いつか家族の精神的ルーツに戻ってきてくれる時を（希望をもって）期待するであろう。

クラフトは、私たちは自分の子供の決断すべてを気に入ったり、同意したりしなくてもよい、と説明することによって、ウィッチになることに興味のある子供たちの親に忍耐強くアドバイスすることを奨励している。親がウイッカ、もしくは、ペイガンの組織の指導者と会うことが提案されている。クラフトについてもっと知

りたいという好意的な親戚や友人のためだけでなく、ウイッカン自身のために、さまざまな出版物が刊行されている。(24)

カヴンは未成年者の場合は親の同意が求められるが、一般的には、一六歳以上であれば、入会を許可している。外部の人間には、これはきわめて単純すぎるようにみえ、グリークラブに入るという一〇代の若者の決断に反応するようなものである。しかし、ウイッカを実践するという決断は多くの親たちの心を動かさないであろう。

ウイッカンではない〈ウィッチ〉の親へのアドバイスが増えているように、自分の子供を〈ウィッチ〉にすべく育てているウイッカンのための文献も増えている。現代におけるクラフトの実践が始まったのが、いかに最近のことであるかを考えれば、ウィッチを育てることは大した伝統ではない。子供が自分自身を知ることに重点が置かれているが、価値観をそれとなく伝えることが子供の発達には付きものである。親たちは子守唄には詠唱歌を、ダンスにはペイガンの音楽を、用いている。ろうそくはレゴと同じくらいありふれたものになっている。カヴンの中には、潜在的な未来の〈ウィッチ〉である信者の子供たちをドラゴンのイメージで楽しませる所もある――それは、キリスト教徒がサンタクロースやイースター・バニーに頼るのと似ている。子供は成長するにつれ、四季を経験し、自然への深い尊敬の念を教えられる。一〇代になると、「影の書」に親しむようになり、儀礼に全面的に参加するようになる。いくつかのカヴンは月に一度開かれるらしい「サン・デー・スクール」(Sun Day School) や「ムーン・スクール」(Moon School) と呼ばれるところで、クラフトの伝承を制度化することに成功すらしている。(25)

9 女 神

ウイッカは、女性を重要視しているという点では、ほとんどの宗教の中でも際立っている。当然ではあるが、現在、すべてのフェミニストがウイッカであるとは限らないし、また、すべてのウイッカンがフェミニストであるわけではないのだが、ウイッカの信念は女性の姿を他の「心の旅」——シェーカー教徒の間で信じられている「男－女」という神の二元性がこれに最も近いのかもしれないが、それでも女神崇拝には及ばない——には見られないようなレベルにまで引き上げている。

女性の姿に神的なものを見出すことの起源は至高の存在を男として描くことと同じくらい古い。男の神を戴くキリスト教やイスラム教やユダヤ教の思想が支配的であることを考えれば、女神という概念は信仰をもたない人々にさえ耳障りなものかもしれない。

女神崇拝運動を一神教への回帰であるとか、あるいは、ウィッチクラフトの多神教的起源からの離脱とか、と解釈するべきではない。女神の精神性は依然として、神的なるものは多様な形で現れるという考え方に端を発しているのである。

ウイッカンは女神を生命を与えてくれる者とみなすとともに、すべての生きとし生けるものの神聖さに関連したものとみなしている。「母なる自然」(Mother Nature)は婉曲語法であるだけでなく、男性と女性が深刻な傷を負わせてきた大地への挨拶でもあるのだ。環境主義が普及するようになる前は、ウイッカ共同体が保護するに値する大地の清らかさに対して、単なる口先だけではない称賛を与えていた。ウイッカンは、自分たちがウイッカへの道をたどる、随分前から自然と大地の神性を認識していた、としばしば詳しく語っている。

ウイッカは男神と女神は対等であり、共に存在していると主張する――すなわち、神は両性具有ではなく、また、男か、女のどちらかでもなく、男神と女神の両方がいる神なのである。クラフトに男神と女神の側面があるためなのかどうかはわからないが、自らをウイッカンであるとみなしている人々を調査した、二〇〇六年の全国調査では、その七四パーセントが女性であることが判明した。(26)

歴史上の魔女狩りは実のところ、女性に対する攻撃だったのだろうか？　特に、ウイッカ共同体に属する人々やより一般的にウィッチクラフトを実践している人々は度々この問題を提起してきた。マサチューセッツ州セーレムで行われたウィッチクラフトは、男女が逆転した権力モデルだった――女が男の行動を決定していたのである。このことが魔女だと申し立てられた女性たちの振る舞いを一層容認できないような、逸脱したものにしたのである。(27)

この見解にみられる考え方は女の神、すなわち、女神の信仰と呪術を行う魔女の普及を通じて、女に権限を与えることの方が組織化された宗教としてのウイッカの存在よりも、男にとっては一層脅威となるというものである。何世紀にもわたって、「魔女」のレッテルを貼られた女たちを脅かしているように思われた制度が男性によって支配された制度であることは明らかである。ポピュラー・カルチャーにおいては、ウィッチクラフトや現代のウイッカでさえもが、言葉遣いにおいても、また、一部の人たちが想像する魔女やカヴンの姿を芸術的に表現したものにおいても、しばしばポルノグラフィーに近い描き方をされていることを示すさらなる証拠がある。

男神と女神の二元性は、現代のウイッカンの大多数にとって重要である。しかしながら、一部のウイッカンにとっては、女神がいくらかの中心的な役割を帯びてきた。例えば、女神だけに言及し、信者もしばしば女性だけに限定されている「ダイアニック派ウイッカ」（Dianic Wicca）というものがさまざまな伝統から出現した。

実際、ダイアニック派ウイッカは、時に「ジェンダーの専門家」と呼ばれている。この側面を強調するために、ダイアニック・アプローチの信者の中には、"wimmin"や"womyn"という語だけを口にする――つまり、"women"から"men"という語を取り去ってしまう――信者もいる。ダイアニック・アプローチはハンガリーからの移民Z（Zusannを表す）・ブダペストによって、一九七一年にロサンゼルスで広められた。彼女はウイッカと当時のフェミニズム政治とを融合させたのである。彼女は「スーザン・B・アンソニー・カヴン・ナンバー・ワン」（Susan B. Anthony Coven Number 1）を設立し、今では全米に信者がいる。

Z・ブダペストは芸術家であり、霊媒師でもあった自分の母親から、八〇〇年にも及ぶハンガリーのウィッチクラフトの血筋を受け継いだ、と主張した。彼女は自分自身のフェミニズム的なウイッカの考え方を前面に押し出し、「女性の宗教に手を触れるな！」と宣言した。一九七五年には、覆面警官にタロット占いをして占術禁止法に違反したために、ロサンゼルスで逮捕された。彼女は、それは自分の宗教に特有の科学であるという理由で、この告発と戦おうとしたが失敗に終わった。さらに興味深いのは、ブダペストのフェミニズム政治に比べると彼女のクラフト信奉は影が薄いと考えて、ウイッカやそれよりも大きなペイガン社会から彼女の弁護に駆けつける人はあまり多くはなかったことだ。

スターホーク（Starhawk　本名ミリアム・シモス　Miriam Simos）が小規模だったダイアニック・ムーブメントを拡大してきた。彼女はガードナーの解釈から選んだいくつかの要素とフェミニズム的ウィッチクラフトとを融合させつつも、それを男性にも開放する（だけでなく、歓迎する）ことによって、クラフトを「救済する」ことに努めてきた。自らの信念に基づいて行動するスターホークは、活動的なエコフェミニストである。(28)

10　宗教としてのウイッカ

サイエントロジーの場合と同様に、信者以外の人々の大半はウイッカを宗教とみなすことを拒んでいる。規模の大小を問わず、ある集団が自らを宗教とみなしているという。ただそれだけで、それが宗教となるわけではないのは明らかだ。

宗教学者の大半はウイッカを「準宗教」(quasi-religion)のカテゴリーに位置づけている。このカテゴリーは、それ自身は自らを宗教的だとみなすかもしれないが、他の人々からは「宗教的といえなくもない」とみなされているような組織を含めるために作り出されたものである。この分類体系には、ニュー・エイジ運動(New Age Movement)やマハリシ・マヘーシュ・ヨーギー(Maharishi Mahesh Yogi)によって提唱され、一九五八年に紹介された超越瞑想が含まれている。(29) 今までのところ、ウイッカに関する学問的研究はかなり限られていて、そのルーツを歴史的観点から扱ったものを考慮に入れなければ、それは皆無に等しい。

政府の承認

アメリカ合衆国はウィッチクラフト、もしくは、ウイッカを正式に宗教だと認めている、とよくいわれている。これは真実だろうか？　いや、真実ではない、しかし、特に、アメリカ合衆国以外で出版された出版物においてなぜ、このようなことが何度も繰り返し述べられているのか、理解するのは難しいことではない。本書で前にみてきたように、連邦政府は宗教団体のリストを所有したり、保持したりしていない。(＊13) 課税目的で非営利組織は規定しており、そこには、「ローマ・カトリック教会」や「救世軍」(Salvation Army)だけでなく、

「アメリカがん協会」(American Cancer Society)や「シエラ・クラブ」(Sierra Club)(*14)も含まれている。

したがって、アメリカ政府によって認められている、このウィッチクラフトという概念はどこから来たのか？　本章の冒頭で、アメリカ退役軍人省は結局、戦死した兵士の墓標に五芒星形を使用することを承認した、と述べた。

多くの人々の心の中では、刑務所と精神性は普通結びつかないが、収容者には沈思黙考する時間があり、その際、宗教に新たな道を探ることに考えが向けられるということはよくあり得る。ネイション・オブ・イスラムについて論じた時に、刑務所内でのこのような精神性の探求をみてきた。ハーバート・デットマー(Herbert Dettmer)はヴァージニア州の刑務所に収容され、ウイッカンを自認していた。デットマーは信仰を実践している時に、アサメを含む数々の道具を調達するように要求した。刑務所当局は彼の要求を拒んだが、それは、デットマーがナイフを所持した場合の刑務所内の安全を確保するためというよりも、ウイッカが宗教ではないためであった。

デットマーはヴァージニア州矯正省(Virginia Department of Corrections)長官、ロバート・ランドン(Robert Landon)を訴えることにした。一九八五年の「デットマー対ランドン」訴訟で、ヴァージニア州東部地区連邦地方裁判所は、ウイッカは宗教であるという評決を下し、デットマーに有利な判決を下した。ヴァージニア州はその判決を不服とし、第四巡回区控訴裁判所に上訴した。

一九八六年四月、連邦控訴審裁判所で事件が審理された。ヴァージニア州は、ウイッカは宗教というよりも「信仰療法(*15)、自己催眠、タロットカード占い、魔法といった、そのどれ一つとして他に並ぶもののない宗教的実践とはみなされないであろうような、オカルトのさまざまな側面」の「集合体」である、と主張した。

控訴審裁判所はこうした主張を棄却し、地方裁判所の判決を支持した。裁判所は、デットマーの信仰は宗教的であり、したがって、彼は憲法修正第1条の完全な保護を受ける資格がある、との評決を下した。しかし、裁判所は、「デットマーが自ら要求した物を所有するのを禁じる決定は、彼の信仰が異例であるがゆえに、彼に対する差別とはならない」という理由で、デットマーにはアサメを使用する資格がない、という判決を下した。この判決はウイッカの歴史においてきわめて重大だった。初めて、ウイッカは裁判所によって、宗教と認められたのである。[(*16)] [(30)]

ペイガニズムは大きな社会の多くの人々にとって問題であるのとちょうど同じように、軍隊においても問題となっている。米軍の従軍聖職者団は一九七八年からウイッカを「非伝統的信仰」と認めてきた。それでも、軋轢は根強い。[(31)] 例えば、二〇〇六年、ペンテコステ派キリスト教軍（Pentecostal Christian Army）の従軍聖職者ドン・ラーセン（Don Larsen）はテキサス州のセイクリッド・ウェル・ウイッカン・コングリゲーション（Sacred Well Wiccan Congregation）の信者になった後、ウイッカの従軍聖職者として再検討してもらうべく、応募した。セイクリッド・ウェルは全国に九五〇人以上ものクラフトに携わる信者を誇る組織的なカヴンである。ラーセンの要求は、当初は、彼には宗教団体からの有効な推薦がない（彼が所属するペンテコステ派教会は推薦を取り消した）という理由から却下されたのであるが、その後、ウイッカの集団であるセイクリッド・ウェル・コングリゲーションからの推薦を得ると、軍にはウイッカンがほとんどいないので、彼が正規の従軍聖職者になることは認められない、と主張してその要求を拒んだのである。

二〇〇七年の米軍の推計によれば、ウイッカンである兵士の数はたった三二〇〇人だった。しかし、国防総省独自の数字によると、米軍に少数の信者がいるいくつかの宗派から、たった一人ではなく、数名の従軍聖職者が輩出されている。[(*17)] 例えば、米軍には四〇三八人のユダヤ教徒に対して二二人のラビ、三三八六人のイスラム教徒に対して一一人のイマーム、六三六人のクリスチャン・サイエンティストに対して六人の教師、四五四[(*18)] [(*19)]

六人の仏教徒に対して一人の僧侶、がいる。同じように、あるペイガンのウェブサイトは、空軍では、ウイッカンはユダヤ教と仏教に次いで三番目に大きな非キリスト教系集団である、と主張した。[32]

米軍のウイッカンは史上初の大祭司、または、女大祭司でもある兵士が従軍聖職者として正式に認定されることを待ち望んでいるが、彼らは「ミリタリー・ペイガン・ネットワーク」（Military Pagan Network）からの支援を受けられるかもしれない。ミリタリー・ペイガン・ネットワークは、少なくとも一九九二年から活動している。その使命は、米軍に所属するペイガンをさまざまな方法で——米軍におけるペイガン組織《コミュニティ》内で仲間を見つける方法を提供することから、より包括的な方針にするために、どのような変更を加えることができるのかについて、米軍の各部局と連絡を取ることまで——全般的に擁護することである。そういうわけで、「米国ペイガン退役軍人会」（Pagan Veterans of the USA）というオンライン組織が結成されていること、また、ウイッカンがアメリカ合衆国退役軍人省に承認を求め続けていることはさほど驚くべきことではない。[33]

政府との交わりを示すもう一つの例は、これもまたいくらか論議を巻き起こしているのだが、いくつかのペイガンの団体が連邦政府からの援助を受け入れるために、一歩踏み出したことである。ジョージ・W・ブッシュ（George W. Bush）政権の最初の数年間に、ホワイトハウスは宗教的な結びつきが明白な団体を含む近隣集団[＊20]とのパートナーシップを創造するために、「信仰に基づく、及び、地域社会《コミュニティ》によるイニシアティブ局」（Office of Faith-Based and Community Initiatives）を創設した。局長のジェームズ・トーウェイ（James Towey）は二〇〇三年にペイガンは参加できるのかどうか尋ねられた時、慈善事業を行うペイガンの団体についてはまったく知らない、と答えた。そのほぼ直後に、自然保護、ホームレス支援、食料支援活動、親から虐待を受けた若者の支援、夫や恋人から暴力を受ける女性のためのカウンセリングを行ったり、食料や衣服の配給所を運営したりした、二九のさまざまなペイガンの団体が申し出た。そうしたペイガンの団体のうち支援を受けた団

体があったのかどうかは、明らかではない。(34)

ウィッチクラフトに関係することならどんなことにでも関心が向けられ続けているという状況は、なぜ、『ハリー・ポッター』(*Harry Potter*) シリーズが「アメリカ図書館協会」(American Library Association) の「一九九〇年代に最も禁止された、あるいは、問題視された本」のリストで四八位に位置しているのかを説明するのに役立つ。(35) 最初の『ハリー・ポッター』が英国内のイングランド地域では、一九九七年まで発売されなかったことがわかると、これは実に驚くべきことである。

11　メディア

本書では、驚異的な集団に関する存在する誤った情報について、繰り返し述べてきた。正当な批評をしようと思えばできるのに、そうした集団はしばしば間違った非難に圧倒されている。ウイッカについて知ろうとしているならば、マスメディアは出発点としてはふさわしくないだろう。例えば、メディアがウィッチクラフトと結びつけたさまざまなイメージ──『ブレア・ウィッチ・プロジェクト』(*The Blair Witch Project*)(＊21) から『チャームド──魔女三姉妹』(*Charmed*)(＊22)、『サブリナ』(*Sabrina*)(＊23)、『ローズマリーの赤ちゃん』(*Rosemary's Baby*)(＊24)、ミュージカル『ウィキッド』(Wicked)(＊25) まで──を考えてみるとよい。そこには共通の特徴がほとんどないことは明らかだ。ウイッカンたちは「魔法使いみたいな」視覚メディアを見たことがあると即座に認めるが、大衆化された魔法使いは彼らが本物だとみなすものを表しているわけではないことを渋々認めている。

明らかに、ハリウッドや他のメディアの情報発信源はウィッチクラフト──ウィッチクラフト一般であれ、特に、ウイッカンが行うものであれ──に関して、人々に情報を与えるというよりも、むしろ人々を楽しませようとしている。あるライターが述べているように、「ハリー・ポッターとウイッカの関係は、イースター・バニーとキリスト教の関係と同じようなものである」[36]。

それにもかかわらず、ウイッカに反対する人々は、メディアによって肯定的に描かれた〈ウィッチ〉像はそれを鵜呑みにする人々をウィッチクラフトについてもっと知りたいという気にさせる役目を果たしている、と主張している。例えば、福音伝道者のデーヴィッド・ベノア（David Benoit）[*26]は、『オズの魔法使い』（*The Wizard of Oz*）のようなメディアの描写は、「女呪術師を生かしておいてはならない」（「出エジプト記」第二二章第一七節）という聖書の命令にもかかわらず、人々をだましてウィッチクラフトを受け入れさせてしまう、と主張している[37]。

訓練を受けるウィッチ

マスメディアにおけるウイッカ、または、ウィッチクラフトに関する多くのものについて、当然のことながら私たちは否定的であるが、その一方で、マスメディアは、〈ウィッチ〉がクラフトについて知ることのできる主な情報源としての役目を果たしている。二〇一〇年半ば現在、ユーチューブにはウイッカに関する動画が二万九〇〇〇件以上、魔法使いに関する動画が一五万件以上投稿されていた。もちろん、多くが取るに足らないものであるが、そうした動画の多くは教育的なものである。

一九九六年の映画『ザ・クラフト』（The Craft）は、中世的な邪術（sorcery）を描写してみせるというよりも現代のウイッカを描いているという点で、現代の映画の中では傑出している。この映画を通じて、好奇心旺盛な一〇代の少女たちはそこに登場する考え、儀礼、道具に惹きつけられた。この映画は第一にエンターテイメント作品であり、かつ、センセーショナルに描かれたウィッチクラフトであったのだが、この映画のプロデユーサーらは、カリフォルニア州を拠点とする「女神の盟約」（Covenant of the Goddess）に所属する〈ウィッチ〉を実際にコンサルタントとして使った[38]。

アメリカ、オーストラリア、イギリスの一七歳から二三歳までの九〇人の〈ウィッチ〉を調査したところ、ウィッチクラフトに関する映画やテレビ番組は、彼らがその宗教を理解する際の重要な要因となっている、という結果が出た。クラフトに興味をもつきっかけをつくったのはメディアである、と答える人はほとんどいなかったが、クラフトのことを知るのにメディアが役立っている、と彼らは感じていた。さらに、この調査でわかったことは、多くがメディアによるウィッチクラフトの描写の中には〈ウィッチ〉にとって重要な価値観を反映しているものもある、と信じていることだった。メディアによるウィッチクラフトの扱いについては、回答者の意見がウイッカを宗教として標準化するのに役立っているとするものと、逆にウイッカをさらなる非難にさらしているとするものとに、二分されていた[39]。

インターネット

今日では、インターネットを考慮に入れることなしに、メディアやいかなる宗教についても語ることはできない。クラフトは生きており、オンラインで十分に見つけることができるが、それを誹謗中傷する人たちもまた、そうである。ウイッカのさまざまな表現が存在するが、他の人々が男神と女神を崇拝することを決めると腹を立てる人たちも存在する。

インターネットは二つの重要な方法でウイッカンに影響を与えている。まず、思い思いのペイガンの道にいつのまにか引き寄せられている人たちの多くは孤立しているために、オンラインでのネットワーキングは事実上、すべての他の宗教の信者が当然のこととみなしている関係性を与えてくれる。次に、〈ウィッチ〉であることに結びつけられているスティグマゆえに、自らが〈ウィッチ〉であることを公に宣言できそうにない。一見して同じ考えをもつ人々のオンラインのグループがあることは、ウイッカンが自らの宗教的アイデンティティを表現することを可能にするために、きわめて重要である。[40]

マスメディアのおかげで、一般大衆はたとえ「ウイッカ」という名称、まして、信条や儀礼についてはよく知らなくても、ウイッカの信者のことは次第に知るようになってきている。このようによく知られるようになるにつれて、寛容さの度合いも増してくるかもしれない。二〇〇九年の全国調査では、五人に一人が山や木や水晶に「霊的エネルギー」を見出していることがわかった。占星術や転生を信じる人も同じくらいいる。この調査によると、女性の方がこうしたことをいくらか信じやすいようだ。[41]

フラッフィー・バニー

日常生活のほとんどの側面を報道するというマスメディアの一面は、以前は経済的見地からみられていなかった財やサービスに経済的価値をつけることと定義される、「商品化」(commodification)と研究者たちが呼ぶものに寄与している。アドバイスを受けること、友達をつくること、人生のパートナーを見つけることでさえも、人々がこうしたサービスにお金を払うことができるために、すべて商品化されてきたのである。

「フラッフィー・バニー」(Fluffy Bunny)は、ウィッチクラフトへの、本物とはいえない傾倒を指す簡潔な表現として、ウイッカンの間で使われている言葉である。ウイッカンはこの本物ではない傾倒を、『ハリー・ポッター』であれ、『チャームド』であれ、『バッフィ——ザ・バンパイア・キラー』(*Buffy the Vampire Slayer*)[*28]であれ、メディアによって推進されたとみなしている。この言葉は初心者を表すのではなく、浅はかな信者やクラフトの教育を受けないことを選んだ「見せかけの信者」を表すのに用いられている。商品化がフラッフィー・バニー症候群を強めているのである。

多くのウイッカンが自分たちの信仰の不必要な商品化に対して、懸念を表明してきた。ウイッカにまつわる議論に興味があったり、重要なウイッカの文献を共有したりしている人々はウイッカ関連商品の顧客としてよくターゲットにされている。オンラインや小売店で、また、お祭りの時に販売される商品が、互いに理解し合うことの探求以上になる時、ウイッカにおける商品化が確立される。衣服、文献、道具、工芸品への穏当な関心が水晶やジュエリー、さらには、タロットカードや杖のような、ウイッカとは何の関係もない商品までも扱う企業家や販売業者に取って代わられるのである。ここ数十年にわたって、ウィッチ、または、クラフトに関心のある人々は、「ハウツー」本や養成講座や儀礼の道具やその他の「必要な」付属品の購入を通じて、市場での交換に次第に関与するようになってきている。中心的権威や合意された文献すらないために、ウイッカの信者がソリテアであれ、カヴンのメンバーであれ、無防備なターゲットであることは明らかだ。ある商品が儀礼に必要だとオンラインの情報源が主張すれば、その主張の背後に販売術があることを認めるのはいささか難しくなってきている。

明らかに、コンシューマリズムがクラフトから離れて独り歩きしている。例えば、あるオーストラリアの〈ウィッチ〉は、自分のウェブサイトで「惚れ薬の女神」を宣伝する際に、その薬には「何千年にもわたって謎に包まれて」きた「魔法の力」がある、と購入者に断言している。あるいは、「水晶」（透き通った石英）、簡単に組み立てられるプラスチック製の祭壇、黄色い星や三日月の模様がちりばめられている紫色の巾着袋、塩一袋、五芒星形のペンダント、金色の紐が揃った「ティーン・ウィッチ・キット」を五〇ドルで手に入れることができる、というように。

もっぱら呪文に焦点を当てた書籍に現れている、ウィッチクラフトの人気それ自体は、教えを実践しているペイガンに関するものである。二〇〇一年の全国調査では、このようにウィッチクラフトが社会に普及することを問題だとみなす人はかなりの少数派――全体の三分の一――であることがわかった。そうした人たちは、一般社会が描くこうしたウィッチクラフト像が宗教としてのウイッカに良い影響を及ぼさないのではないか、また、異宗派間協議会や司法制度の中での自分たちのイメージをさらに悪くするのではないか、と恐れている。[42]

それに関連して、多くのウイッカンはクラフトを教えるのに金を請求する人や無料で講義を行うけれども、出席者に商品の購入を求める人の数が増えてきていることも心配している。これは、サイエントロジーの周辺で渦巻いている数々の問題を非常に思い出させる。第9章で考察したように、オーディティングのようなサイエントロジーの慣行やその教え（または、知識）の一部は、かなりの高値でしか手に入れることはできないのである。[43]

12　現代のパターン

自らを〈ウィッチ〉とみなす人々の増加だけでなく、ウイッカへの関心の増加は、多くの宗教の道が次第に容認されるようになってきている、というアメリカにおける大きなパターンの一部である。アメリカ人は宗教に対して、まるでビュッフェのようなアプローチをし始めている――つまり、自分に最も合う組み合わせを見つけるために、さまざまな宗教から気に入ったものを選ぶのである。このような雰囲気の中では、クラフトを研究することは一世代前よりも受け容れられることになってきているようだ。

ウイッカの忠実な信者の規模を推計することが難しいことは疑いない。もちろん、情報を収集したり、会員証を発行したりする中央本部のようなものは一切なく、人々がウイッカに関心を示したり、嘲笑したりしたからといって、ウイッカンが「ブルーム・クローゼット」から出ようという気になるわけではない。それにもかかわらず、若干のデータが存在する。

人々に自分の宗教的アイデンティティを明らかにさせる全国調査では、ウイッカンが一九九〇年には八〇〇〇人、二〇〇一年には一三万四〇〇〇人、二〇〇八年には三四万二〇〇〇人いることがわかった。これらは推計であるが、進んで自らをウイッカンだと認める人が増えてきているか、もしくは、忠実な信者が絶対的に増えてきている傾向がそこには示されている。(44)

現代宗教の研究者の一部は意図的であれ、偶然であれ、ウイッカは他の多くの宗教よりも包括的であり、そのために、新会員にとっては潜在的に他の宗教よりも魅力的である、という見解を述べている。女性の神――男神、ならびに、女神――は、ジェラルド・ガードナーの初期の出版物にも存在していたが、ウイッカの女性化は明らかに、二〇世紀後半のフェミニズム運動を基にしたものだった。ウイッカの共同体内でゲイやレズビアンが次第に受け容れられるようになっていることは多くの人々にとって魅力的であり、数多くのウイッカの実践者を主流宗教から区別するのに役立っている。同様に、大地を信奉し、私たちを取り巻く森羅万象に精神的な意義を見出すことは一九七〇年の最初の「地球の日」以来、高まりつつある環境主義への関心を見事に補完している。(45)

アメリカ国内には、自らをウイッカンだと認める人が最も数多くいるようだ。いかに比例していようとも、英国、オーストラリア、カナダ、ニュージーランドのような国々ではその数は似たようなものかもしれない。こうした国々では、政府の国勢調査は、人々に自身が信仰する宗教を明確にするよう求めており、これらの国々ではウイッカン、ペイガン、ならびに、「大地を基盤とする」「自然」宗教が増加してきている。実際、オーストラリアでは、サイエントロジーの信者の四倍もの人々が自らをウイッカンだ、と認めている。同様に英国では、サイエントロジーの信者が一七八一人であるのに比べて、ウイッカの信者を自認する人々がおよそ七二二七人もいる。(46)

ウイッカは確かに、米国のビッグ・スリー――キリスト教、イスラム教、ユダヤ教――の殿堂入りを果たすところまでは行っていないが、米国での主流になりつつあるという証拠がある。ウイッカが成熟していることを示す別の兆候はウイッカンの間の意見の相違を認識するのが難しいことである。クラフトが自律すること、自分自身の方向は自分で見つけること、の二点を強調していることを考えると、これは明らかに皮肉である。それでも、利用するのが退役軍人省であれ、メディアであれ、ウイッカンは一般市民や政策立案者に彼らの宗教に関心を持ってもらい、会衆と共にカヴンのための居場所を見つけようと努めている。

したがって、ウイッカにとって未来はどのようなものであるのだろうか？　国内に一つか、二つの集合体が発展し、多数のカヴンの助けとなったり、ソリテアを組織するようにまでなるのだろうか？　ウイッカはある程度、主流として受け入れられるようになるのだろうか？　これまでたった六〇年間に展開してきたことすべてを考えれば、今後二〇年間に何が起こるのかを予測するのは難しい。「影の書」に書かれているイニシエーションで用いられる訓戒の言葉で締めくくるのがふさわしいかもしれない――「われわれの心を励ましなさい、汝《なんじ》の光をわれわれの血の中で結晶にしなさい、われわれのために復活を成し遂げなさい、なぜなら、われわれの一部はすべて神々のものだから(47)だ」と。

【インターネット情報源】

www.witchvox.com

　一九九七年から、このサイトはウイッカン、ならびに、ペイガンの日常的な慣行について、批判的ではない幅広い情報を提供している。

www.cog.org

　カリフォルニア州北部を拠点とする「女神の盟約」（Covenant of the Goddess）が幅広い情報を提供している。

www.geraldgardner.com

　ジェラルド・ガードナーの支持者たちからみた、ウイッカの伝統への洞察。

【精選文献リスト】

Alder, Margot. *Drawing Down the Moon: Witches, Druids, Goddess-Worshippers, and Other Pagans in America Today*. Completely revised and updated. New York: Penguin, 2006.

Bado-Fralick, Nikki. *Coming to the Edge of the Circle: A Wiccan Initiation Ritual*. New York: Oxford University Press, 2005.

Berger, Helen A., Evan A. Leach, and Leigh S. Shaffer. *Voices from the Pagan Census: A National Survey of Witches and Neo-Pagans in the United States*. Columbia, SC: The University of South Carolina Press, 2003.

Blain, Jenny, Douglas Ezzy, and Graham Harry. *Researching Programs*. Walnut Creek, CA: AltaMira Press, 2004.

Cantrell, Gary. *Wiccan Beliefs and Practices*. St. Paul, MN: Llewellyn Publications, 2002.

Clifton, Chas S. *Her Hidden Children: The Rise of Wicca and Paganism in America*. Lanham, MD: Alta Mira Press, 2006.

Coleman, Kristy S. *Re-writing Woman: Dianic Wicca and the Feminine Divine*. Walnut Creek, CA: Alta Mira Press,

2009.

Cowan, Douglas E. *Cyberhenge: Modern Pagans in the Internet*. New York: Routledge, 2005.

Erikson, Kai T. *Wayward Puritans: A Study in the Sociology of Deviance*. New York: John Wiley and Sons, 1996.

Gardner, Gerald. *The Gardnerian Book of Shadows*. La Verge, TN: Bibliobazaar, 2008 [c. 1949-1961].

Heselton, Philip. *Gerald Gardner and the Cauldron of Inspiration*. Milverton, Somerset: Capall Bann Publishing, 2003.

Howard, Michael. *Modern Wicca: A History from Gerald Gardner to the Present*. St. Paul, MN: Llewellyn Books, 2009.

Johnston, Hannah E., and Peg Aloi. *The New Generation Witches: Teenage Witchcraft in Contemporary Culture*. Aldershot, England: Ashgate, 2007.

McColman, Carl. *When Someone You Love is Wiccan*. Franklin Lakes, NJ: New Page Books, 2003.

O'Gaea, Ashleen. *Raising Witches: Teaching the Wiccan Faith to Children*. Franklin Lakes, NJ: New Page Books, 2002.

Parker, John. *At the Heart of Darkness: Witchcraft, Black Magic and Satanism Today*. New York: Citadel Press, 1993.

Rabinovitch, Shelley, and James Lewis, eds. *The Encyclopedia of Modern Witchcraft and Neo-Paganism*. New York: Citadel Press, 2002.

Russell, Jeffrey B., and Books Alexander. *A History of Witchcraft: Sorcerers, Heretics and Pagans*, 2nd ed. New York: Thames and Hudson, 2007.

Scarboro, Allen, Nancy Campbell, and Shirley Stave. *Living Witchcraft: A Contemporary American Coven*. Westport, CT: Praeger, 1994.

Starhawk. *The Spiral Dance: A Rebirth of the ancient Tradition of the Goddess*. 20th Anniversary Edition. San Francisco: Harper San Francisco, 1999.

Trelevan, Amethyst. *Seeker's Guide to Learning Wicca: Training First Degree in the Northern Hemisphere*. Hull Street, Australia: Oak and Mistletoe, 2008.

Wise, Constance. *Hidden Circles in the Web: Feminist Wicca, Occult Knowledge, and Process Thought*. Walnut Creek,

CA: AltaMira Press, 2008.

註

（1）Samuel G. Freedman, “Paganism, Slowly, Triumphs Over Stereotypes,” *New York Times* (October 31, 2009), p. A13. Jeremy Leaming, “Pentacle Quest.” December 2006. 二〇〇九年一二月二日に <http://www.au.org/media/church-and-state/archives/2006/12/pentacle-quest.html> を閲覧のこと。公認シンボルはアメリカ合衆国退役軍人省のホームページ、“Available Emblems of Belief for Placement on Government Headstones and Markers” (http://www.cem.va.gov/hm/hmemb.asp) で見ることができる。

（2）Americans United for Separation of Church and State, “Discriminatory Divorce Decree Overturned Indiana,” August 18, 2005. 二〇〇九年一二月二日に <http://blog.au.org/2005/08/18/discriminatory_/> を閲覧。

（3）Kai T. Erikson, *Wayward Puritans: A Study in the Sociology of Deviance*（著者による新しい「前書き」と「あと書き」がついている）(Boston: Allyn and Bacon, 2005).

（4）Ibid., pp. 21–22. Robert Detweiler, “Shifting Perspectives on the Salem Witches,” *The History Teacher* 8 (August 1975), pp. 596–610.

（5）Gerald Gardner, *The Gardnerian Book of Shadows* (c. 1949–1961, La Verge, TN: Bibliobazaar, 2008), pp. 9, 24. この書籍は、代々譲り渡されてきたものであるので、権威ある版は一つもない。入手しやすい版は、<www.sacred-texts.com/pag/index.htm> にある。

（6）Charlotte Allen, “The Scholars and the Goddess,” *The Atlantic* (January 2001).

（7）Gardner, *The Gardnerian Book of Shadows*, p. 31.

（8）Ibid., pp. 24, 36.

（9） Douglas E. Cowan and David G. Bromley, *Cults and New Religions: A Brief History*, pp. 197–98. Jeffrey B. Russell and Brooks Alexander, *A History of Witchcraft*, 2nd ed.（New York: Thames and Hudson, 2007）, pp. 167–71. ガードナーの伝記的記述は、Philip Heselton, *Gerald Gardner and the Cauldron of Inspiration: An Investigation into the Sources of Gardnerian Witchcraft*（Milverton, Somerset: Capall Bann Publishing, 2003）に基づいている。Shelly Rabinovich and James Lewis, eds., *The Encyclopedia of Modern Witchcraft and Neo-Paganism*（New York: Kensington Publishing Corp., 2002）. Julia Phillips, "History of Wicca in England: 1939 to the Present Day," Revised 2004. 一九九一年にキャンベラで開催されたオーストラリア・ウイッカ会議（Australian Wiccan Conference）に基づいている。<www.geraldgardner.com/history_of_Wicca_Revised.pdf>で閲覧できる。

（10） Nikki Bada-Frialick, *Coming to the Edge of the Circle: A Wiccan Initiation Ritual*（Oxford: Oxford University Press, 2005）.

（11） Mary Reinholz, "An Alternative Rite of Spring," *New York Times*（May 9, 2004）.

（12） Rabinovich and Lewis, eds., *The Encyclopedia of Modern Witchcraft and Neo-Paganism*, pp. 278–279, 289. Amethyst Treleven, *Seeker's Guide to Learning Wicca*（South Australia, Australia: Oak and Mistletoe, 2008）, pp. 8–9.

（13） Graham Harvey, "The Authority of Intimacy in Paganism and Goddess Spirituality," *Diskus* 4（No. 1, 1996）, pp. 34–48.

（14） Covenant of the Goddess, "The 2005–2006 Wiccan/Pagan Poll Results." <http://www.cog.org/05poll/poll_results.html>を二〇〇九年一一月四日に閲覧。

（15） Marian Bowman, "Nature, The Natural and Pagan Identity," Diskus 6（2000）. Chas S. Clifton, *Her Hidden Children: The Rise of Wicca and Paganism in America*（Lanham, MD: Rowman and Littlefield, 2006）, pp. 11–12.

（16） Eugene V. Gallagher and W. Michael Ashcroft, eds., *Introduction to New and Alternative Religions in America*（Westport, CT: Greenwood Press, 2006）所収の Helen A. Berger, "Learning about Paganism," pp. 200–215.

（17） Rabinovich and Lewis, *Encyclopedia of Modern Witchcraft and Neo-Paganism*, pp. 6–7, 212, 252–258.

（18） Allan Scarboro, Nancy Campbell, and Shirley Stane, *Living Witchcraft: A Contemporary American Coven*（Westport, CT: Praeger, 1994）, pp. 51–54.

（19） Gardner, *The Gardnerian Book of Shadows*, p. 21.

(20) Rabinovich and Lewis, *Encyclopedia of Modern Witchcraft and Neo-Paganism*, p. 288.
(21) Ibid., p. 123.
(22) Gary Cantrell, *Wiccan: Beliefs and Practices* (St. Paul, MN: Llewellyn Publications, 2002), pp. 199–209.
(23) 「ブルーム・クローゼットから」(out of the broom closet) という口語的表現は、ウイッカや研究者の間でよく用いられている。例えば、Gary F. Sensen and Ashley Thompson, "Out of the Broom Closet: The Social Ecology of American Wicca." *Journal for the Scientific Study of Religion* 47 (No. 4, 2008), pp. 753-66. を参照のこと。
(24) Carl McColman, *When Someone You Love is Wiccan.* (Franklin Lakes, NJ: New Page Books), 並びに Pagan Parents (http://www.paganparenting.com/index.html) (二〇〇九年一二月四日に閲覧)。
(25) Ashleen O'Gaea, *Raising Witches: Teaching the Wiccan Faith to Children* (Franklin Lakes, NJ: New Page Books, 2002).
(26) Covenant of the Goddess, "The 2005-2006 Wiccan/Pagan Poll Results" (http://www.cog.org/05poll/poll_results.html) (二〇〇九年一二月四日に閲覧)。
(27) Russell and Alexander, *A History of Witchcraft.* Isaac Reed, "Why Salem Made Sense: Culture, Gender, and the Puritan Persecution of Witchcraft," *Cultural Sociology* (No. 2, 2007), pp. 209–234.
(28) ダイアニック派ウイッカについてのさらなる情報は、<www.zbudapest.com> で、スターホークについては、<www.starhawk.org> で見ることができる。また、Clifton, *Her Hidden Children*, pp. 120–121 や Constance Wise, *Hidden Circles in the Web: Feminist Wicca, Occult Knowledge, and Process Thought* (Lanham, MD: AltaMira Press, 2008) も参照のこと。
(29) T. Robbins and D. Anthony, eds., *In Gods We Trust* (New Brunswick, NJ: Transaction, 1990) 所収の A. Greil and D. Rudy, "On the Margins of the Sacred," p. 221. を参照のこと。
(30) Herbert Daniel Dettmer, Appellee, v. Robert Landon, Director of Corrections, Appellant. Unites States Court of Appeals, Fourth Circuit. —799 F. 2d 929. <http://cases.justia.com/us-court-of-appeals/F2/799/929/117777/> で閲覧可能。
(31) The Religious Requirements and Practices at Certain Selected Groups の一九九〇年版から、ウイッカに関する抜粋より。A Handbook for Chaplains は <http://www.religioustolerance.org/wic_usbk.htm> で閲覧可能。
(32) Alan Cooperman, "For Gods and Country: The Army," *Washington Post* (February 19, 2007); Bob Smietand, "Buddhist

"Chaplain is Army First," *The* (*Nashville*) *Tennessean*, 二〇〇九年九月八日投稿。"The Army Chaplain Who Wanted to Switch to Wicca? Transfer Denied." *USA Today*. <www. usatoday. com/news/military/2009-09-08-buddhist-chaplain_n.htm> を二〇〇九年一一月四日に閲覧。Military Pagan Network, Inc., "Statistics and Facts about Military Pagans." <http://www.milpagan.org/media/statistics.html> を二〇〇九年一一月四日に閲覧。

(33) ミリタリー・ペイガン・ネットワークには、<http://www.milpagan.org/> からアクセスできる。ヤフーのグループサイト <http://groups.yahoo.com/group/Pagan-Veterans-USA/> も参照のこと。

(34) Circle Sanctuary, "Pagan Groups Doing Charity Work." <http://www.religionlink.com/tip_091020.php> を二〇〇九年一一月四日に閲覧。

(35) Rita Delfiner, "Is Harry Potter Too Wicca for Kiddies to Read?" *New York Post* (September 26, 2000). <http://www.cesnur.org/recens/potter_061.htm> で閲覧できる。

(36) Jan Glidewell, "Wiccans are not all that wild about Harry Potter," *St. Petersberg Times* (November 26, 2001). Helen A. Berger and Douglas Ezzy, "Mass Media and Religious Identity: A Case Study of Young Witches," *Journal for the Scientific Study of Religion* 48 (No. 3, 2009), pp. 501–514.

(37) David Benoit, "Witches and Satanists Use the Media to Recruit." <http://heaven77.50webs.com/wizardoz03.html> を二〇〇九年一一月二四日に閲覧。Ruth La Ferla, "Like Magic Witchcraft Charms Teenagers," *New York Times* (February 13, 2000).

(38) Russell and Alexander, *A History of Witchcraft*, p. 182. <http://www.cog.org/nextgen/thecraft.html> に掲載されている、コンサルタントを務めたウィッチ、パット・デヴィン (Pat Devin) とのインタビューも参照のこと。

(39) Berger and Ezzy, "Mass Media and Religious Identity: A Case Study of Young Witches". Hannah Johnston and Peg Aloi, *The New Generation Witches: Teenage Witchcraft in Contemporary Culture* (Hampshire, England: Ashgate, 2007) 所収の Peg Aloi, "A Charming Spell: The International and Unintentional Influence of Popular Media Upon Teenage Witchcraft in America," pp. 113–27.

(40) Douglas E. Cowan, *Cyberhenge: Modern Pagans on the Internet* (New York: Routledge, 2005). Eugene V. Gallagher and W.

Michael Ashcraft, eds., *Introduction to New and Alternative Religions in America* (Westport, CT: Greenwood Press, 2006) 所収の Cowan, "Wicca, Witchcraft, and Modern Paganism," pp. 176–99.

（41） Pew Research Center, "Many Americans Mix Multiple Faiths" (Washington, DC: The Pew Forum on Religion and Public Life), 2009.

（42） Helen A. Berger, Evan A. Leach, and Leigh S. Shaffer, *Voices from the Pagan Census: A National Survey from Witches and Neo-Pagans in the United States* (Columbia, SC: The University of South Carolina Press, 2003).

（43） Douglas Ezzy, "The Commodification of Witchcraft," *Australian Religion Studies Review* 14 (No. 1, 2001), pp. 31–44. Angela Coco and Ian Woodward, "Discourses of Authenticity Within a Pagan Community: The Emergence of the 'Fluffy Bunny' Sanction," *Journal of Contemporary Ethnography* (October 2007), pp. 479–504; 多作の作家で、特に一〇代をターゲットにした人気のあるウェブサイトを主宰しているシルヴァー・レイヴンウルフ（Silver RavenWolf）（www.silverravenwolf.com）。Hannah Johnston and Peg Aloi, *The New Generation Witches: Teenage Witchcraft in Contemporary Culture* (Hampshire, England: Ashgate, 2007) 所収の Stephanie Martin, "Teen Witchcraft and Silver RavenWolf: The Internet and Its Impact on Community Opinion," pp. 129–38. を参照のこと。シルヴァーは議論の的となっている前述した「ティーン・ウィッチ・キット」を製作した人物である。

（44） Samuel G. Freedman, "Paganism, Slowly, Triumphs Over Stereotypes," *New York Times* (October 31, 2009), p. A13. Barry A. Kosmin からの著者宛の手紙（二〇〇九年一一月二日付）; Kosmin and Ariela Keysar, *American Religious Identification Survey* [ARIS 2008] (Hartford, CT: Trinity College).

（45） Lil Abdo, "The Baha'i Faith and Wicca—A Comparison of Relevance in Two Emerging Religions," *Pomegranate: The International Journal of Pagan Studies* 11 (No. 1, 2009).

（46） James R. Lewis, "New Religion Adherents: An Overview of Anglophone Census and Survey Data," *Marbury Journal of Religion* 9 (September 2004). Hannah Johnston and Peg Aloi, *The New Generation Witches: Teenage Witchcraft in Contemporary Culture* (Hampshire, England: Ashgate, 2007) 所収の Lewis, "The Pagan Explosion: An Overview of Select Census and Survey Data," pp. 13–23. を参照のこと。

（47）Gardner, *The Gardnerian Book of Shadows*, p. 21.

訳註

（＊1）「チヌークヘリコプター」（Chinook helicopter）は、米国ボーイング社製の全天候双ローター大型輸送ヘリコプターCH-47の愛称。一九六一年に初飛行し、六五年よりヴェトナムに投入され、米陸軍と南ヴェトナム軍が多用した。

（＊2）航空戦で功績を遺した軍人に与えられる米軍の勲章。

（＊3）飛行・空中戦を除く軍事作戦における英雄的活動に対して贈られる米軍の勲章。

（＊4）戦闘中、または、敵の攻撃の直接の結果として受けた名誉の負傷に対して与えられるハート形の勲章。

（＊5）二〇〇一年九月一八日以降、陸海空問わず、積極的に戦闘に従事した兵士に与えられる米軍の記章。

（＊6）「バハーイ教」（Bahaism）はイスラム教シーア派の一分派である、バーブ教（Babism）の一分派。イスラエルのハイファを拠点とする。

（＊7）「スーフィズム」（Sufism）はイスラム神秘主義で、清貧と禁欲などの修行を通して神との神秘的合一の境地を目指す。

（＊8）「生長の家」は、谷口雅春が一九三〇年に始めた日本の新宗教。

（＊9）「モラヴィア教会」（United Moravian Church）はキリスト教プロテスタントの一派。一五世紀にボヘミアに設立されたジョン・フス（John Huss）率いる宗教団体に由来する。モラヴィア兄弟団（Moravian Brethren）とも呼ばれている。

（＊10）「イニシエーション」（initiation）とは、広義には、ある状態や地位から別のそれへ移行したり、参入することを指し、狭義には、その際に行われる儀礼を指す（濱嶋朗・竹内郁郎・石川晃弘編『社会学小辞典〔新版増補版〕』、有斐閣、二〇〇五年）。

（＊11）ルカによる福音書第六章第三一節。

（＊12）「アミュレット」とは、不運や災い、病気などから、それを身につけている人を守る呪文などが彫り込まれた装身具である。

（＊13）救世軍は一八六五年にロンドンで、メソジスト派の牧師ウィリアム・ブース（William Booth）によって設立されたプロテスタントの国際的キリスト教団体。軍隊を模した組織編制で、軍服を着た会員が貧民の救済や福音伝道に従事する。

(＊14) シエラ・クラブは一八九二年に創設された米国の環境保護団体。初代会長はアメリカの博物学者で、ヨセミテ国立公園の設立に尽力したジョン・ミューア（John Muir）。サンフランシスコに本部を置く。

(＊15) 「信仰療法」（faith healing）は医学的治療ではなく、宗教的信仰と祈りを通じて病気を治療しようとするもの。

(＊16) 憲法修正第1条（the First Amendment）は、権利章典の一部として一七九一年に批准されたもので、国民の信教、言論、または、出版、集会、請願の自由が連邦議会によって制限されることを禁止した条項。

(＊17) 「ラビ」（rabbi）はユダヤ教の律法を学び、それについて教える資格を与えられた、ユダヤ教の宗教的指導者のことである。

(＊18) 「イマーム」（imam）はアラビア語で「指導者」を意味し、モスクでの集団礼拝を先導する指導者を指す。

(＊19) クリスチャン・サイエンス（Christian Science）は、米国のメアリー・ベイカー・エディ（Mary Baker Eddy）が一九世紀後半に創始したキリスト教団体。正式名称は「科学者キリスト教会」（The Church of Christ, Scientist）。神と精神のみが実在すると説き、罪や病は祈りと信仰によって癒すことができる、という信仰療法を特徴とする。

(＊20) 「近隣集団」（neighborhood group）とは、「相互に隣接居住する範囲、つまり近隣の範囲で隣接居住を契機としてできている集団」を指す（『社会学小辞典』）。

(＊21) 一九九九年公開のアメリカ映画。魔女伝説を題材としたドキュメンタリー映画を撮影するために森に入った学生が行方不明となる、というストーリー。

(＊22) 一九九八年から二〇〇六年までアメリカで放送されたテレビドラマ。自分が魔女であることを知った三姉妹が魔女として悪魔などと戦いながら、日常生活を営んでゆく様子を描いた作品。日本ではNHK衛星放送第2で二〇〇一年から〇四年まで放映された。

(＊23) 一九九六年から、二〇〇三年までアメリカで放送されたテレビドラマ。魔法使いサブリナの日常を描いたコメディー・ドラマ。日本ではNHK教育テレビで一九九六年から二〇〇三年まで放映された。

(＊24) 一九六八年公開のアメリカ映画。女性が知らないうちに悪魔の子を身ごもるというホラー映画。

(＊25) 二〇〇三年にブロードウェイで初演された。『オズの魔法使い』の裏話として語られており、西の悪い魔女エルファバと南の善い魔女グリンダの友情を描いている。

（＊26）　米国のキリスト教団体 Glory Ministries の創設者。ロックミュージックやオカルト、ニューエイジ・ムーブメントが社会に多大な悪影響を及ぼす、と主張した。

（＊27）「スティグマ」（stigma）は対人的状況において、正常からは逸脱したとみなされ、他人の蔑視と不信を招くような欠点やハンディキャップなどの属性のことで、差別と偏見の理由として人々の間で正当化されるものを指す。（『社会学小辞典』）。

（＊28）　一九九二年に公開されたアメリカ映画。平凡な女子高生がバンパイアと戦う姿を描く。

用語解説

アサメ（athame）――両刃のナイフ、もしくは、柄のついた刀〔ウイッカの儀礼で用いる〕。

アノミー（anomie）――やがて疎外感を引き起こす無力感、もしくは、無価値感。

アルマゲドン（Armageddon）――善と悪との間の最後の決定的な戦い。

逸脱（deviance）――集団、もしくは、社会の行動基準や期待に背く行動。

一夫多妻（polygyny）――複数の妻を娶る慣行。

異邦人（Gentiles）――モルモン教徒によって定義される非モルモン教徒。

イングリッシュ（English）／**イングリッシャーズ**（Englishers）――アーミッシュによって定義される非アーミッシュのこと。

隠語（argot）――ある集団に特有の特殊な言語。

ヴィツァ（*vitsa*）――多数のファミリアから構成されるロムのアイデンティティの単位、または、親族集団。

ウイッカニング（Wiccaning）――子供を女神、および、男神に献ずることを含む、ウイッカの命名の儀式。

エスノセントリズム（ethnocentrism）――自民族中心主義のこと。自らの文化や生活様式が規準である、もしくは、他集団のものよりもすぐれていると考える傾向。

エスバト（Esbat）――太陰暦、または、月の満ち欠けに合わせて行われるウイッカの儀礼。

エングラム（engram）――ダイアネティックスによって表される精神的イメージの特殊な型。

オーディティング（auditing）――サイエントロジストになるために、最初に受ける段階である、個人カウンセリングの一形態。

オープン・サークル（open circle）――カヴンのメンバーではない人々が出席できるウイッカの集会。

外集団（out-group）――人々が自分は所属していないと考える集団。

下位文化（subculture）――より大きな社会の型とは異なる道徳観、習俗、価値観を共有する社会の中のさらに小さな区分。

カヴン（coven）――共通の儀礼にあずかる、ウィッチたちから構成されている信者集団。

カウンター・カルチャー（counterculture）――対抗文化のこと。一般的に広まっている文化に対抗して登場する集団的行動パターン。

ガジェ（*gadje*）――非ジプシーを表すロマーニ語。

価値（value）――文化において、何を善、望ましい、適切と考えるか（もしくは、何を悪、望ましくない、不適切と考えるか）という集合概念。

カリスマ的権威（charismatic authority）――支持者に対する、指導者の非常にすぐれた人格的、ないし、感情的魅力によって正当化された権力。

完全主義（perfectionism）――適切な環境を与えられれば、人は完璧な、あるいは、罪のない生活を送ることができるという教義。

犠牲者非難（blaming the victim）――社会の責任を認めるのではなく、人種集団、エスニック集団、ならびに、その他の集団の問題を彼らの欠陥として表現する行為のこと。

規範（norm）――社会によって維持されている確立された行動基準。

クリアー（Clear）――サイエントロジー教会において、きわめて望ましいとされる状態。

クリス（*kris*）――ロムの法と正義のシステム。

クローズド・サークル（closed circle）――閉鎖的な組織のこと。正式の儀礼を経てカヴンに入会した者だけが出席を許され、他のウィッチを含む他の人々は参加を許されないようなウイッカの集会。

顕在的機能（manifest function）――社会的な制度、あるいは、プロセスの意識的で意図的な機能。

公式的な社会統制（formal social control）――例えば、警察官、裁判官、教育行政関係者、雇用主など、権力を保有しているエージェント（行為主体）によって実行される社会統制。

誇示的消費（conspicuous consumption）――所有する富を公然と見せびらかすことによって、人々の関心を集めようとする性向。

五芒星形（pentacle）――（ペンタグラムと呼ばれる）五角星形を囲んでいる輪、または、円。

コミューン（commune）――共同体《コミュニティ》の資産が共有され、個人の所有が認められない共同生活の一形態。

再洗礼派（Anabaptist）――ローマ・カトリックと初期プロテスタントによって行われている幼児洗礼を拒否した人々に適用された一般的用語。

サバト（Sabbat）――春分、夏至、秋分、冬至と結びつけられているウイッカの祝祭。

差別（discrimination）――偏見、または、他の恣意的な理由ゆえに、個々人と集団に対して、平等の権利と機会を否定すること。

サマーランド（Summerland）――これまで生きてきた生と霊魂をまだ待ち受ける未来とについて熟考するための時間としての、ウイッカの来世の概念。

サンクション（sanctions）――制裁のことで、集団の成員の立場として望ましい行為をもたらすように、集団によって採用された報いと罰。

ジェンダー役割（gender roles）――性別役割のこと。社会が期待する男性として、女性としての適切な行動、態度、活動。

ジハード（jihad）――クルアーンに定められているアッラーの敵対勢力との闘い。

社会的距離（social distance）――集団から離れる傾向。

社会統制（social control）――社会において、人が逸脱した行動をするのを防ぐための手法や戦略のこと。

ジャック・モルモン（Jack Mormon）――信徒たちが不活発な、あるいは、堕落したモルモン教徒を指すのに一般に用いている名称。

什分の一（tithing）――信者が「主の業を支えるために」自分の収入の一〇分の一を毎年寄付するLDSの慣行。

終末論（eschatology）――世界の終末の出来事を指す、神学思想の一部の考え方のこと。

呪術（magick）――変化を引き起こし、他人だけでなく、自分自身をも変容させる術や学問のこと。

準拠集団（reference group）――人々が行動や適切な振る舞いの基準として参照する集団のことで、承認を与えたり保留したりすることのできる集団。

準宗教（quasi-religion）――それ自身は自らを宗教的だとみなすかもしれないが、他の人々からは「宗教的といえなくもない」とみなされている組織を含めるために宗教学者がつくり出したカテゴリー。

状況の定義づけ（definition of the situation）――社会的状況は参加者の定義次第でどのようなものにもなる、という考えを指す概念。

商品化（commodification）――以前は経済的見地からみられることのなかった財やサービスに経済的価値を付加すること。

心霊主義（spiritualism）――生きている人間が死者と交信できるというシェーカー教徒の信条。

ステーク（stake）――五〜一〇のワードから構成されるLDSの地理的単位。

ステレオタイプ（stereotype）――集団内部の個別の差異を認めない、その集団のすべての成員に関する信頼できない一般化のこと。

スペルワーク（spellwork）――物質界をコントロールしたり、霊的存在に懇願したりするために言葉を用いること。

セイタン（Thetan）――不滅の精神的存在、もしくは、魂を表すサイエントロジーの用語。

絶縁（disconnection）――脅威だとみなされた人とは親交、もしくは、連絡さえも中断する、というサイエントロジーのメンバーの慣行。

潜在的機能（latent function）――社会的な制度、もしくは、プロセスの無意識的で、実現されていない機能。

千年王国運動（Millenarian Movement）――完璧な未来をもたらす劇的な変化を期待する人々で構成される運動。

相互批判（mutual criticism）――委員会、もしくは、時には共同体《コミュニティ》全体の前で、譴責対象のメンバーがその行為を批判されるような、オナイダ共同体《コミュニティ》独特の習慣。

相対的剥奪（relative deprivation）――人々は絶対的な意味において剥奪されたことにゆえに、不満を抱くのではなく、自らの準拠集団との関連において剥奪されたことに不満を抱く、という考え方。

疎外（alienation）――周囲の社会から疎遠になっていたり、切り離されていたりしている状態。

族外婚（exogamy）――自分が属する集団以外のメンバーと結婚すること。

族内婚（endogamy）――同じ集団の中から結婚相手を選択する制限。

空を纏《まと》って（skyclad）――裸で礼拝するウイッカの慣行。

ソリテア（solitaire）――単独で自分の信条を実践しているウイッカン。

第一次集団（primary group）――家族のような、親密で、対面的な付き合いや協力を特徴とする集団。

第二次集団（secondary group）――大企業のような、社会的親密さや相互理解がほとんどない形式的で、非個人的な集団。

対破壊者情報活動（COunter INTELligence PROgram 略してCOINTELPRO）――一九五〇年代に、国家の安全を守る目的で、FBI（連邦捜査局）によって実行されたプログラム。

ダロ（*daro*）――ロムの間で伝統的に行われている結婚準備において、新郎の家族が新婦の家族に支払う金。

男性自制（male continence）――男性が自発的に射精を控えるというオナイダ共同体《コミュニティ》の信者たちによって実践されている避妊法。

中和の技術（technique of neutralization）――社会学者のグレシャム・サイクス（Gresham Sykes）とデーヴィッド・

マッツァ（David Matza）によって記述された批判的な主流派の見方を中和することによって、個人が自らの行動を正当化する行動。サイエントロジストが、自分が奇異な行動をとっているという見方をそらすために、しばしば用いた技術のこと。

同化（assimilation）――異文化に仲間入りをするために、自らの文化的伝統を捨てる過程。

内集団（in-group）――人々が自らの所属していると考える集団やカテゴリーのこと。

仲間意識の高揚（ascending fellowship）――中央委員会と呼ばれる特別な集団の信心家であり、高齢の幹部男性が自らが精神的に責任を負うことのできる、一四歳くらいの処女を選ぶことができる、というオナイダ共同体《コミュニティ》の風習。

二重意識（double consciousness）――著名な社会学者のW・E・B・デュボイスによって創出されたアメリカ人であることとアフリカ人であることの二重の意識を指す言葉。

背教者（apostates）――ある宗教への信仰や忠誠を捨てた人。

排斥（disfellowship）――破門を表すエホバの証人の用語。

ハッジ（hajj）――生涯において少なくとも一度、メッカに巡礼するイスラム教徒の習慣。

パペット（poppet）――人間を表す小さな布の人形。

ハンドパーティング（handparting）――結婚やパートナーシップの終わりを象徴するために執り行われるウイッカの儀式。

ハンドファスティング（handfasting）――大祭司、ならびに／あるいは、女大祭司によって執り行われる、ウイッカンにとっての結婚式のような儀式。

反ユダヤ主義者（anti-Semitic）――俗人であろうと、厳格な信者であるとにかかわらず、ユダヤ教徒に対する偏見と差別。

非公式的な社会統制（informal social control）――嘲笑、笑顔、儀礼のような手段を通じて、一般市民によって何気なく実行されている社会統制。

ヒジャブ（hijab）――イスラム教徒の女性が質素な服装の指針を守ることができるようにするさまざまな覆い。
日の栄えの結婚（celestial marriage）――男性と女性をこの世にいる間だけでなく、ずっと永遠に「結び固める」役目を果たすモルモン教の結婚の儀式。
批判者への批判（condemnation of the condemners）――規則を犯した人は自らの行為ではなく、非行を批判する人の動機と行為に焦点を向けるというサイエントロジーの中和の技術。
ファミリア（*familia*）――ロムの社会組織の本質的中核を成す機能的な拡大家族。
ファミリイ（*familiyi*）――ファミリア（*familia*）の複数形。
複合婚（complex marriage）――あらゆる男性とあらゆる女性が婚姻関係にある共同体《コミュニティ》の状況。性交は可能だが、彼らはお互い一対一の夫婦として一人に執着することはできない。
複婚（polygamy）――複数の配偶者を娶る慣行。モルモン教の伝統では、複数の妻を娶る慣行。
ブラック・ナショナリズム（Black Nationalism）――アフリカ系アメリカ人について、彼らの集合的経験や伝統が祝福されるべき団結した集団としてみなす意識。
ブラック・ムスリム（Black Muslims）――アメリカ合衆国の黒人であるという特殊な文脈においてのみ、イスラム教の多くの教えを受け容れているアフリカ系アメリカ人。
プリクリアー（Preclear）――オーディット（個人カウンセリング）を受けたが、クリアーな（望ましい）状態に達していないサイエントロジーの信者。
文化（culture）――学習され、社会的に伝承された慣習、知識、有形物、行動の総体。
文化相対主義（cultural relativism）――自分自身の文化の視点から他の人々の行動を見ようとする傾向。
分業（division of labor）――職務が遂行される方法に基づく社会内部の分割。
ペイガン（pagan）――ユダヤ教、キリスト教、もしくは、イスラム教の神とは別の神を崇拝する人。
変形論（deformation thesis）――組織形態の動的で、急速な変動や社会の影響に応じた集団や組織の活動を表すのに社会学者が用いる言葉。

偏見（prejudice）――あるカテゴリーの人々全体に対する否定的な態度。

ボリ（*bori*）――ロムの文化における夫の家族と一緒に生活し、義母の管理下に入る新妻。

マイドゥンク（*meidung*）――アーミッシュ共同体《コミュニティ》における教会から破門されたメンバーの追放、あるいは、忌避。

マリメ（*marimé*）――目的と概念の両方に用いられる不潔、もしくは、堕落を意味するロマーニ語。

メラロ（*melalo*）――汚染された、を意味する「マリメ」（*marimé*）とは異なる意味の「汚い」を表すロマーニ語。

モーレス（mores）――大多数の人々が強い感情的な思い入れをもっている慣習や信念のこと。

優種育成（stirpiculture）――オナイダ共同体《コミュニティ》の生物学的改良に利用される選択的な繁殖方法。

優生学（eugenics）――人間の遺伝学や遺伝的特徴の改良方法に関する研究。

抑圧的な人物（suppressive person; SP）――サイエントロジーの活動を過小評価し、妨害しようとする人々を表すサイエントロジストの用語。

より高い忠誠心の訴え（appeal to higher loyalties）――第三者から嘲笑された行動を、L・ロン・ハバード（L. Ron Hubbard）の教え、または、教会の指導部からの推奨によって要求された行動だと正当化するために、友人やその他の社会的義務といった忠誠心に訴えるサイエントロジーの中和の技法。

四元素（quarters）――空、火、風、土を認識するウイッカの儀式の一部。

ラム・スプリンガ（*rum springa*）――アーミッシュの若者が自らの下位文化の境界線をしばしば試す、真実を探る期間。この言葉は文字通り「走り回る」を意味する。

理念型（ideal type）――社会学者が現実の状況を概念化された理想と比較できるようにする、特定の型を評価するためのモデル。

ローマニア（*romaniya*）――道徳規準や伝統、慣習、儀礼、行動の規則を含む、ジプシーの生活様式や世界観。

ワード（ward）――おおよそプロテスタントの会衆、もしくは、カトリックの小教区に相当する、ＬＤＳの水平的、ないし、地理的な基本単位。

監訳者あとがき

一般に、戦争の勃発や自然災害の発生などの社会の急激な変動期には、人間の精神状態が現状・将来に対して、きわめて不安定になる。そうした人間の不安定状態に巧妙に入り込んでくるのが宗教である。「不安は神を信心することで救われる」というのが宗教勧誘の常套句である。既存の宗教で、経済的不安・身体的不安・人間関係的不安などの現実の不安が解消されないと、どうしても人間は多少のうさんくささがあっても、新興宗教へと引っ張られていくのである。こうした新興宗教はカリスマ的リーダーがその集団を牽引していることが大半である。貧困・差別・不安などを誘因として、新興宗教へ勧誘するのが戦略的勧誘法であり、その際、寄附・献金などの経済的献身を求めるのがこの種のリーダーの常套手段である。したがって、カリスマ的リーダーがいなくなると、そうした宗教集団は自然と消滅していくことになる。

アメリカで、カトリックやプロテスタントなどの既存の宗教集団の宗派から分かれて、新しい宗教集団が誕生したのは、「一八世紀半ばから一九世紀前半にかけて、アメリカ国内には様々なユートピア共同体が生まれ、規律正しい共同生活と富の分配を試みた」時代だといわれている（長友雅美、研究ノート「アメリカ合衆国におけるドイツ系移民によるユートピア共同体」東北大学大学院国際文化研究科論集第一三号、一〇五頁、二〇〇五年)。本書で取り上げられている新興宗教集団の創始者をみると、オールド・オーダー・アーミッシュの創始者ヤコブ・アンマンが一六五六年生まれなのは例外として、シェーカー教(創始者アン・リーは一七三六年生まれ)、オナイダ共同体(創始者ジョン・ハンフリー・ノイズは一八一一年生まれ)、エホバの証人(創始者チャールズ・ラッセルは一八五二年生まれ)などにみられるように、一八世紀から一九世紀にかけてのアメリカの勃興期に新興宗教集団の創始者が誕生し活動したということは、急激な産業社会の到来がアメリカ社会に政治的・経済的・文化的な混乱を生じさせたのに乗じて、一般大衆の「魂や精神の癒しを意図した宗教活動をしてきた」ことを示しているといえるだろう。

これは、アメリカ創成期の背景要因であるが、高度産業社会になった今日でも、アメリカは依然として、富裕層と貧困層の経済的格差は日本と比べてはるかに大きい。こうした現実社会への不安が人々を「精神の癒しや救済」としての宗教に依存させるのである。こうした要因に加えて、既存宗教組織の官僚主義化や腐敗が人々に反感を抱かせ、新たなカリスマ的リーダーが率いる、新興宗教集団へ入信させる契機をつくってきたのである。例えば、二〇一二年の大統領選挙で共和党の候補者となったミット・ロムニーはモルモン教に、女子テニス界の強豪として有名なウィリアムズ姉妹(姉のヴィーナス・ウィリアムズ、妹のセリーナ・ウィリアムズ)はエホバの証人に、ハリウッドの有名な俳優のトム・クルーズ、ジョン・トラボルタはサイエントロジー教会に、モハメド・アリはネイション・オブ・イスラムに、といったように、誰でも知っている有名人もこうした新興宗教集団に入信し、精神的な不安解消の拠り所としているのである。

アメリカでは、産業社会が高度化しつつあった一九六〇年代から、公害問題・環境問題、人種差別問題、貧困問題などの社会問題が激化し、その解決を求める人々が社会運動を展開してきた。その背景には、(1)階層・人種間の「格差」（所得・医療など）の拡大、（2）物質主義から、脱物質主義への第二の展開（イングルハート型の精神的な豊かさではなく、経済的貧困による精神的荒廃からの救済）、などがあげられている。他方、こうした社会運動に参加できない現状に不満や不安をもつ人々も精神の救済を求めていたが、そうした不満は、（1）貧困層の物質的・精神的不安から、宗教的救済へ、（2）富裕層の精神的不安から、宗教的救済へ、といった形で集約される。カトリック、プロテスタント、といった既存のキリスト教、イスラム教、ユダヤ教はこうした不安に応えることができたのだろうか。応えられないと感じる人々が、新しい宗教集団が掲げる「ユートピア」（理想国家）にひかれたのではないかと思われる。具体的には、（1）信仰による精神的な規律と解放感、（2）現実社会の差別からの逃避、（3）物欲から解放され、信仰を通じた精神的な充足の獲得、などである。今では、こうした新しい宗教集団は、一説によると五〇〇〇以上あるといわれている。

本書『脱文明のユートピアを求めて』は、原題 *Extraordinary Groups: An Examination of Unconventional Lifestyles*, 9th ed., Richard T. Schaefer and William W. Zellner, Worth Publishers, 2011. の全訳である。（ただし、編集上の都合から、原著にある写真は邦訳には掲載していないことをご理解いただきたい）。

原著は、一九七六年の初版刊行以来、今日まで9版を重ね、全米の学生が多民族国家の国民として、知るべき内容をテキストとしてまとめたもので、アメリカの典型的な新興宗教集団を社会学的に分析したものである。著者の一人、R・T・シェーファー教授はデポール大学の社会学担当教授として教鞭を執り、現在は名誉教授である。社会学、マイノリティ集団、新興宗教集団に関する著作を刊行してきている。もう一人の著者である故W・W・ゼルナー教授はイースト・セントラル大学で長年、社会学担当の教授を務め、初版の著者である故W・M・ケファート（W. M. Kephart）ペンシルヴェニア大学教授と共に第7版までを刊行してきた功労者であるが、二〇〇三年に逝去された。このように、本書はアメリカでは一九七六年以来、六〇〇以上の大学・短大でのテキストとして採用されてきた、新興宗教集団に関する基礎的なテキストである。

多民族国家アメリカにおける人々の価値観を探っていく際に、既存の宗教集団から異端とされた新興宗教集団が形成された歴史的背景とその要因を解明し、アメリカ文明の病理の「救済者」としての新興宗教集団を社会学的な観点から分析し、アメリカの「逸脱した文明の顔」ともいうべきそれらの集団がアメリカ社会一般とどのように対応してきたかを詳細に記述している、すぐれた研究書なのである。ケファート教授の手になる第1版刊行以後も、さまざまな共著者と共同研究をしながら、これまで版を重ね続け、多くの読者に読まれてきたわけだが、初版から9版までの流れについては、左記（監訳者：松野作成）を参照していただきたい。

第1版で分析対象となった新興宗教集団は、①オールド・オーダー・アーミッシュ、②オナイダ共同体、③ファーザー・ディヴァイン運動、④シェーカー教徒、⑤モルモン教、⑥ハットライト、⑦モダン・コミューン（ヒッピーなど）であるが、①から⑤までは、その後の版でも基礎的な新興宗教集団として取り上げ続けられている。本書においては、これらの集団の他に、「ジプシー」、そして典型的な新興宗教集団である「エホバの証人」とともに、新たに社会的注目を浴びてきた新興宗教集団として、「ネイション・オブ・イスラム」「サイエントロジー教会」「ウイッカ」が追加されている。

今日の地域紛争、民族紛争の要因の一つとして、排他的価値観の存在が指摘されているが、その根底には、民族固有の価値観、あるいは、宗教的価値観に基づく、ある種のローカリズム、あるいは、原理主義が内在している。その意味で、高度な資本主義国家、あるいは、産業文明国家であるアメリカで、既存宗教から「異端」、あるいは、「分派」集団として切り捨てられながらも、社会から隔絶した生活を営み、独自の脱文明的なユートピアを追求してきた、あるいは、追求している、一〇の「風変わりな宗教集団」（Extraordinary

1976〔第 1 版〕 *Extraordinary Groups: the Sociology of Unconventional Lifestyles*, by W. M. Kephart, St. Martin's Press.

1982〔第 2 版〕 *Extraordinary Groups: the Sociology of Unconventional Lifestyles*, by W. M. Kephart, St. Martin's Press.

1987〔第 3 版〕 *Extraordinary Groups: An Examination of Unconventional Lifestyles*, by W. M. Kephart, St. Martin's Press.

1991〔第 4 版〕 *Extraordinary Groups: An Examination of Unconventional Lifestyles*, by W. M. Kephart and W. W. Zellner, St. Martin's Press.

1994〔第 5 版〕 *Extraordinary Groups: An Examination of Unconventional Lifestyles*, by W. M. Kephart and W. W. Zellner, St. Martin's Press.

1998〔第 6 版〕 *Extraordinary Groups: An Examination of Unconventional Lifestyles*, by W. M. Kephart and W. W. Zellner, St. Martin's Press.

2001〔第 7 版〕 *Extraordinary Groups: An Examination of Unconventional Lifestyles*, by W. W. Zellner, Worth Publishers.

2007〔第 8 版〕 *Extraordinary Groups: An Examination of Unconventional Lifestyles*, by R. T. Schaefer and W. W. Zellner, Worth Publishers.

2011〔第 9 版〕 *Extraordinary Groups: An Examination of Unconventional Lifestyles*, by R. T. Schaefer and W. W. Zellner, Worth Publishers.

Groups）を取り上げ、その価値観、ライフスタイルと生き方、追求すべき理想社会（ユートピア）を分析している本書は、宗教的価値観の差異というものが現代社会にどのような影響をもたらしているか、を知る重要な手がかりとなる著作である。

さらに、彼らの社会生活が現代文明社会から拒絶されるような、独自の精神文明、あるいは、ライフスタイルを確立していることは高度産業社会、高度消費社会に慣れきっているわれわれ、文明社会人に対するアンチ・テーゼを示しているものであり、なおかつ、高度産業社会そのものに深く潜む人間の病理に対する、自己反省的な視点とこれからの社会倫理性の高い理想的な社会のあり方を示唆してくれるものである。

日本では、アメリカにおける新興宗教集団について体系的、かつ、実践的視点から分析した著作は皆無といってよいだろう。米国のサブ・カルチャー（下位文化）としての新興宗教集団の役割と課題について知ることは、日本が今後、グローバルな国際社会の中で生きていくための、異文化理解への基本的視座を与えてくれることになるだろう。

大部の本書が、アメリカ史・エスニシティ研究を専門としておられる徳永真紀氏、比較文明論・比較文化論がご専門の松野亜希子氏（明治大学講師）によって翻訳され、無事、刊行に至ったことに対して、お二方に心より御礼申し上げたい。監訳者としては、大幅な修正なしに、翻訳作業を終えたことは久々である。

なお、本書の訳者の担当は以下のとおりである。「日本語版への序文」「著者紹介」「序文」（監訳者：松野）、第1・2章（徳永）、第3・4章（松野）、第5章（徳永）、第6・7章（松野）、第8・9章（徳永）、第10章・用語集（松野）、索引（筑摩書房編集部）である。

本書の意義を理解して下さり、このような大部の著作の刊行に尽力された、筑摩書房前代表取締役（相談役）熊沢敏之氏、現代表取締役山野浩一氏、具体的な刊行作業を進めていただいた編集局編集情報室部長渡辺英明氏に心より感謝申し上げたい。

この本が、世界の政治的・経済的・文化的なリーダーとしてのアメリカ国家、ならびに、その国民としてのアメリカ人の精神構造の変容過程と現実を理解する上で、読者の皆様にお役に立てれば幸いである。

二〇一五年六月二五日

監訳者　松野　弘

索　引

太字（ゴチック体）の項目は，「用語解説」にあることを示す。

A－Z

AIDS（Auto-immune deficiency disorder）→エイズ
American Gypsy（映画） 74（註 40）
BoS（Book of Shadows）→影の書
BYU（Brigham Young University）→ブリガム・ヤング大学
COINTELPRO（COunter INTELligence PROgram）→対破壊者情報活動，コインテルプロ
E-Meter（Electropsychometer）→E メーター，エレクトロサイコメーター
FDA（Food and Drug Administration）→米国食品医薬品局
FLDS（Fundamentalist Church of the Latter-Day Saints）→原理派末日聖徒教会
FOI（Fruit of Islam）→「フルーツ・オブ・イスラム」
IRS（Internal Revenue Service）→国税局
LDS（Latter-day saints）→モルモン教徒
MEST（matter, energy, space, time）（物質，エネルギー，空間，時間）→メスト（MEST）
MMM（Million Man March）→ミリオン・マン・マーチ
MST（Moorish Science Temple of America）→ムーリッシュ・サイエンス・テンプル
NAACP（National Association for the Advancement of Colored People）→全米黒人地位向上協会
NOI（Nation of Islam）→ネイション・オブ・イスラム
O Baro Porrajmos→「壊滅」
OT（Operating Thetan）→オペレイティング・セイタン
RPF（Rehabilitation Project Force）→リハビリテーション・プロジェクト・フォース
SP（Suppressive person）→抑圧的な人物
TM（Transcendental Meditation）→超越瞑想
UNIA（Uiversal Negro Improvement Association）→世界黒人地位改善協会
What Is Scientology? 562（註 1）

ア

アーミッシュ
　【インターネット情報源】 134, 135
　──学校 121-123
　──の家 95, 96
　『アウスブント』 104
　「歌う会」 99, 112
　エイズと── 91
　オールド・オーダー 83, 138（註 4）
　音楽（歌） 104, 112
　概観 80
　家族 114-119
　家族の機能 118, 119
　価値 123, 124
　「仮初の訪問者」としての── 107, 108
　観光事業と── 127-129
　求愛 111, 112
　教育と社会化 120-124
　行政の介入と── 129, 130
　近代化の脅威と── 126, 127
　薬，健康 88-91
　経済発展と── 93, 94
　結婚 113, 114
　子育て 116, 117
　サンクション 108-110
　自動車の禁止 14, 100-102
　社会化 99, 100, 120-124, 140（註 22）
　宗教的慣習 103-108
　宗派名の起源 80, 138（註 1）
　祝休日に関して 98, 99
　肖像画／写真撮影に関して 87, 139（註 8）
　将来 131-133

初期　81-84
女性の役割　115, 116
人口統計値　82, 83
政治と――　130
聖職者　104-108
聖職者の選抜　106, 107
躁鬱状態（双極性障害）と――　90
葬儀　91
相対的剝奪と――　102, 103
直面している問題　124-131
納屋の建設技術　88
ニュー・オーダー　127
農業　92, 93
農場　92-98
農地不足　130, 131
ビーチィ　101, 127
「……風変わりな人々」としての――　84-92
風貌と服装　85, 86, 138（註 6）, 139（註 7）
平和主義　129, 130
ヘックス・サインと――　96, 140（註 18）, 142（訳註＊1）
変化のペースと――　97, 98
ホームズ・モートン・クリニックと――　88, 89
マイドゥンク　80, 81, 109, 110
目鼻などのない人形　123
ライフスタイル　87, 88
ラム・スプリンガと――　125, 126
レジャーとレクリエーション　98-103
ローラーブレードと――　97
愛 →「ビッグ・ラブ」
L・ロン・ハバードにとっての――　560
「個別的な――」　307, 338（註 19）
『アウスブント』（アーミッシュの賛美歌本）　104
悪徳撲滅のためのニューヨーク団体　326
悪魔主義者　573, 574
アクリー，マリア → ラッセル，マリア
アサメ　595
「新しい体制」　384
アノミー　378, 379
アフリカ系アメリカ人
――のステレオタイプ化　426, 427
――の疎外　427
大恐慌と――　425, 426
アメリカ合衆国退役軍人省　571
アメリカン・ムスリム協会　498, 499
アリ，ノーブル・ドリュー　482-484, 486, 502
アリ，モハメド
――の伝統的なイスラム教信奉　472
カシアス・クレイとしての誕生　469
転向事例　469-472
ネイション・オブ・イスラム（NOI）との最初の出会い　470
マルコム X と――　470
良心的兵役拒否者としての――　471
アルゼンティーナ（アルゼンチンやブラジルから来たジプシー）　31
アルマゲドン　361
アレイ，カースティ　535, 556
アント，アダム　45
アンマン，ヤコブ　81

E メーター → エレクトロサイコメーター
イェンチュ，ヒーバー・C　563（註 11）
医学
アーミッシュと――　88-92
エホバの証人と――　368, 369
イスラム教 → ネイション・オブ・イスラム
――世界の多様性　475, 476
――独自の信条　474, 475
――とユダヤ教，キリスト教との共通点　473, 474
アメリカ合衆国における――　476-478, 497-499
イライジャ・ムハンマドと――　489, 490
概観　473-476
ジハードと――　476
ブラック・ムスリムについて　472, 473
「フルーツ・オブ・イスラム」　486
マルコム X と――　492, 493
ムーリッシュ・サイエンス・テンプル（MST）について　481-483
モスクと――　478

モハメド・アリと――　471, 472
逸脱　108, 576-579
一夫多妻　217
「命への聖堂」　400
異邦人　222
イングリッシュ／イングリッシャーズ（非アーミッシュ）　84
隠語　383, 384
インターネット情報源
アーミッシュ　134, 135
ウイッカ　616
エホバの証人　388
オナイダ共同体　334
サイエントロジー教会　560, 561
シェーカー教徒　197
ジプシー　68, 69
ネイション・オブ・イスラム（NOI）　513
ファーザー・ディヴァイン運動　461
複婚　270（註 46）
モルモン教徒　234, 262, 263

ヴァイン，セント・ジョン・ザ → ヒッカーソン，ジョン
ヴァリアンテ，ドリーン　588
ヴィツァ（親族／同血族集団）　31, 40, 41
ウイッカ → ガードナー，ジェラルド・ブロッソー；ウィッチクラフト
【インターネット情報源】　616
――における**ウイッカニング**　596
――における子育て　599, 600
――の組織　588, 589
――の包括性　598, 599
悪魔主義と――　573, 574
アサメと――　595
インターネットと――　610, 611
オープン・サークルと――　597
オカルティズム　574
カヴン　590, 591
「影の書」（BoS）と――　584-587, 615
儀礼　586-588
クラフトと――　573
クラフトの登場　580-582
クローズド・サークルと――　597
軍隊と――　606, 607
五芒星形と――　570, 571
今日の行動様式について　609-611
サバト／エスバトと――　585
呪術と――　592-595
実践者の数　612-615
宗教としての――　604-608
商品化と――　611, 612
女神　601-603
政府の承認　604-607
ソリテア　591, 592
ダイアニック派　602, 603
年表　586, 587
パトリック・スチュアートと――　570, 571
ハンドファスティング　597
「ブルーム・クローゼットから出る」と――　599
ペイガンと――　572, 606, 607
マン島と――　582-584
メディアと――　608-613
来世と――　598, 599
ライフサイクル　595-599
リードと――　588
ウィッチクラフト
――における「五度のキス」　580
――への序論　571-575
悪魔主義者と――　573, 574
オカルティズムと――　574, 575
「影の書」（BoS）と――　584-587, 615
セーレムと――　579
「空を纏って」と――　580
反ウィッチクラフト運動　575-579
ピューリタンと――　575-577
ペイガンと――　572, 573, 607
魔女術の取り締まり　577-579
マン島と――　582-584
メディアと――　608-613
ウィリアムズ，ヴィーナス　365
ウィリアムズ，ケイト　372-375
ウィリアムズ，セリーナ　364, 365
ウィリアムソン，セシル　582

ウィルキンソン，ジェマイマ　204
ウィルソン，モニーク　583
「ウィンター・シェーカー」　163
ウェストヴァージニア州対バーネット訴訟（国旗に敬礼するかについての最高裁判決）　349, 350, 394（訳註＊5), 395（訳註＊6）
ウェブ，G・E・C　25
ヴェブレン，ソースタイン　87
ウォードレー，ジェームズ／ジェイン　145
ウォールキル　353
ウォレス，マイク　491, 517（註 26）
ウッドラフ，ウィルフォード　225, 275（訳註＊31）
ウッド，ロン　45
ウッドワード，ケニス・L　360
ウリム　206
ウルマン，トレイシー　45

エアハード，ワーナー　540
『栄光のヴィジョン』（ハリソン著）　349
エイズ　91
エヴァンズ，フレデリック　168
エスノセントリズム　62, 305
エスバト　585
エドモンズ - タッカー法　225
エホバの証人 → ラッセル，チャールズ
【インターネット情報源】　388
——たちが信じていること　357-363
——に対する公立学校の迫害　349
——の隠語　383, 384
——の形成期　344-347
——の子供たち　386, 387
——の傘下の組織　344, 345, 391（註 5）
——の「集団」重視　348, 383
——の信者数　341, 390（註 1）
——の創始　342-345
——の内部序列　352
「贖い」　359
アノミーと——　378, 379
アルマゲドンと——　361
医学と——　368, 369
印刷事業　353, 354
王国会館　355-357, 392（註 11）
外国政府と——　351, 352
改宗者の獲得と信仰の維持　372-380
改宗前から共有される価値観　379, 380
開拓者と伝道者　385, 386
確信の必要性　378
過去の関係と——　382
家庭訪問　380, 381
絆　377, 378
教育と——　369, 370, 386, 387
ケイト・ウィリアムズへのインタビュー　372-375
結婚と家族　366, 367
建設　356, 357
広報宣伝活動　351
財源　355-357
産児制限と——　366
慈善事業　356
社会的特徴　363-372
集会　384-386
宗教的な観点　380-384
終末論　360-362
祝日　370-372
信仰療法師と——　369
スパイ法による起訴／有罪判決　347
税金と——　355
聖三位一体についての——　359
性的態度　364-366
世界本部　353, 354
千年王国運動としての——　341, 342
疎外と——　382
組織　352-355
堕罪　358, 359
誕生日のお祝いと——　371
ツアービジネス　354, 355
統合化された共同体　367, 368
同性愛と——　364
投票行動　363, 364
年表　348, 349
農場　353-355
排斥と——　364

「初めに」と――　357, 358
外れた予言と――　359-362
平和主義であることの影響　347-349
変形論と――　350, 351
マスターベーションと――　364
有名人　393（註 29）
輸血と――　368, 369
楽園と――　362, 363
連邦政府と――　347-350
エリクソン，カイ　575
エルドラド（テキサス州）　254
エレクトロサイコメーター（E メーター）　529-531, 548, 567（註 50）
エンガルディオ，ジョエル・P　360
エングラム　530

奥義の級　384
王国会館　355-357, 392（註 11）
オーディティング　529-532
オープン・サークル　597
オールド・オーダー・アーミッシュ　83, 84, 138（註 4）
オカルト　574, 581
オグバーン，ウィリアム・F　118
オナイダ株式会社
――の事業の多様化　331
――の製造品目　331
――の成立　331
オナイダ共同体 → ノイズ，ジョン・ハンフリー
【インターネット情報源】　334
――からの脱退　298, 299
――で用いられた相互批判　299-301
――における求愛　309
――における実父の確定　310
――における出産の解禁　318
――における女性の服装　294, 295, 309
――における女性の役割　293-295
――における生活レベル　306, 307
――における第一次集団の相互行為　286-289
――における優種育成　319-321
――における余興　289, 337（註 5）
――の禁止事項　287, 288, 318
――の経済的失敗　302
――の現代的評価　332-334
――の自己満足とエスノセントリズム　304, 305
――の到達地　284, 285
――の崩壊　329-331
意思決定　290-292
運営委員会　290, 291
概観　277, 278
外部圧力　326, 327
観光ビジネス　304
完全主義と――　280, 281
教育と――　293
経済共同主義　301-307
構成員　295-297
子育て　321-325
「個別的な愛」と――　307, 338（註 19）
コミューンとしての――　281
支部　295, 296, 302
社交性　297
宗教儀式の実践について　288, 289
性的規制　308-310
大ホールでのミーティング　288, 289
タウナー支持者　327-329
男性自制と――　282, 312
男性自制 *vs.* 膣外射精と――　312
中央メンバー　292
仲介人の利用　310-312
「集い」　305, 306
内部圧力　327
仲間意識の高揚と――　312-314, 328
日記／手紙の焼却について　315
入会希望者　296
年表　284, 285
配偶者の共有と――　283
背景　278, 279
『ハンドブック』　290
複合婚　307-317, 330, 331, 338（註 19）
文化的テーマとしての労働　305, 306
変更と――　291
崩壊の余波　331, 332

マンション・ハウス　285, 286, 332, 336（註4）
道の終わり　325-332
「焼き尽くされた」地域と――　205
リーダーシップの衰退の影響　329
罠ビジネス　302-305, 337（註14）
オバマ，バラク　509-511
オペレイティング・セイタン（OT）　532
音楽
アーミッシュ　104, 112
シェーカー教徒　167

カ

カー，シスター・フランシス　173, 182
ガーヴェイ，マーカス　480, 481
カーター，ジミー　61
ガードナー，ジェラルド・ブロッソー
――の旅　580, 581
――の遺したもの　583, 584
ウイッカの創設と――　581, 582
「影の書」（BoS）と――　584-587
サンダースと――　586
「空を纏って」と――　580
カーニー，ジョン　47
ガーフィールド，ジェームズ　298
外集団　63, 236
開拓者（エホバの証人）　385, 386
開拓者の日　216
下位文化　277
「壊滅」（*O Baro Porrajmos*）　26
カウドリ，オリヴァー　212, 213, 251
カヴン　590, 591
カウンター・カルチャー（対抗文化）　23
家具（シェーカー教徒の）　164-166
影の書（BoS）　584-586
ガジェ（非ジプシーの人々）　23, 26, 29, 32, 72（註4）
――との結婚　44, 45
マリメとしての――　35-37
歌唱
アーミッシュ（「歌う会」）　112
ファーザー・ディヴァイン運動　404-407
家族
アーミッシュと――　114-119
エホバの証人と――　366, 367
ジプシーと――　37-41
ネイション・オブ・イスラムと――　504-506
ファーザー・ディヴァイン運動と――　433, 434
モルモン教徒と――　231-234
「かたくなに邪悪」　361
カダフィ，ムアンマル・アル＝　501
価値
アーミッシュ　123, 124
エホバの証人における――観　379, 380
定義　123
学校 → 教育
アーミッシュ　121-123
エホバの証人と公立――　349
サイエントロジー教会のカデット・スクール　537
神の家 → ベテル
カムストック，アントニー　326
カリスマ的権威　278
「仮初の訪問者」としてのアーミッシュ　107
ガルシア，ジョージア　443
ガルシア，スーザン（スージー）　443-446
ガルシア，トマス　443
ガルシア，トミー　443-447, 464（註19）
カルト　18, 19
観光事業
アーミッシュと――　127-129
オナイダ共同体と――　304
完全主義　280, 281, 326-328 → オナイダ共同体
「簡素な贈り物」（ジョゼフ・ブラケット作）　167
カンター，ロザベス　178
カンタベリーのシェーカー教徒　195
監督（アーミッシュの全権力を持つ聖職者）　104, 105

犠牲者非難　63
ギトゥ，チャールズ　298

規範　433
求愛
　アーミッシュ　111, 112
　オナイダ共同体　309
教育 → 学校
　アーミッシュ　120-124
　エホバの証人と――　369, 370
　オナイダ共同体　293, 294
　シェーカー教徒　183, 184
　ジプシーと――　22, 47, 48, 67
　ネイション・オブ・イスラムと――　506-508
　モルモン教徒　258-260
行政
　アーミッシュと――　129, 130
　ウイッカと――　604-608
　エホバの証人と――　347-352
　サイエントロジー教会と――　547-551
キリスト教
　イスラム教と――の共通点　473, 474
　ブラック・ナショナリズムと――　510, 511
「キリスト再来信仰者連合会」→ シェーカー教徒
キング，マーティン・ルーサー，Jr.　492
禁止
　オナイダ共同体　287, 288, 291, 318
　シェーカー教徒　178
　ファーザー・ディヴァイン運動　418, 433-435
　モルモン教徒　231, 237
金板　206-208, 210-212
キンボール，スペンサー・W　247
キンボール，ヒーバー　216, 220

クラジン，メアリー　338（註 19）
グラブ，マーガレット・“ポリー”　524
クラフト　572
クリアー　530, 531, 534
クリアウォーター（フロリダ州）　538, 539
クリサトラ（裁判官）　59, 77（註 91）
クリス（法と正義のシステム）　59, 60, 77（註 91）
クリノパシー　304
クリントン，ヒラリー　28
クルアーン　489
クルーズ，トム　530, 531, 545, 550, 551, 557-559, 564（註 20）
クルセイダーズ　406, 409, 436
グルタル酸性尿症　89
クレイ，カシアス → アリ，モハメド
クレイビル，ドナルド・K　125
クローズド・サークル　597
「グロスドーディ・ハウス」（アーミッシュ，おじいちゃんの家）　95
グロッパー，レナ・C　31, 33
クンパニア　51, 52

経済
　アーミッシュと――　93, 94
　オナイダ共同体　301-307
　シェーカー教徒と――　155, 156
　ジプシーと――　50-52
　ファーザー・ディヴァイン運動　428-432
経済共同主義 → 経済的共産主義
経済的共産主義
　――の失敗　306
　オナイダ共同体と――　301-307
　経済的安定と――　155, 156
　ピアポイント・ノイズと――　301, 302
『刑事ジョン・ブック　目撃者』　128
系図　233, 234
ケイン，マイケル　45
結婚 → 複合婚
　アーミッシュ　113, 114
　エホバの証人と――　366, 367
　オナイダ共同体　288, 307-317, 330, 331, 338（註 19）
　シェーカー教徒と――　155, 156
　ジプシー　41-45
　ジョージ・ベイカーと――　416
　同性婚　546
　日の栄えの結婚　221
　ファーザー・ディヴァイン運動と――　433, 434
　ファーザー・ディヴァインと――　453

マザー・ディヴァインと―― 454, 464（註22）
モルモン教徒 217-227
結婚式
サイエントロジーと―― 557
ジプシー 42
ケネディ，ジョン・F 492
顕在的機能 154, 424-426
原理派末日聖徒教会（FLDS） 252-254
原理派モルモン教徒 251-255

コインテルプロ（COINTELPRO）→対破壊者情報活動
公式的な社会統制 55
『強情なピューリタン』（エリクソン著） 575
肯定的サンクション（アーミッシュ） 109
『高等呪術手引書』（ガードナー著） 581
国税局 549
誇示的消費 87
「五度のキス」 580
子供たち
エホバの証人と―― 386, 387
オナイダ共同体と―― 321-325
アーミッシュの子育て 117
シェーカー教徒と―― 181-185
ノイズの死産体験 282
「個別的な愛」 307, 338（註19）
五芒星形 570, 571
コミューン→オナイダ共同体，シェーカー教徒
経済的安定 155, 156
定義 153, 154
パトニーの社会組織と―― 281
理念型と―― 162
コミュニティ・オブ・クライスト 250, 251
雇用サービスについての告知 431
ゴルトン，フランシス 318
『今日のウィッチクラフト』（ガードナー著） 583

サ

『サイエントロジー教会』（メルトン著） 562（註1）
サイエントロジー教会→ハバード，L・ロン；ミスキャヴィッジ，デーヴィッド
【インターネット情報源】 560, 561
――に関する出版物 562（註1）
――に対する風刺／批判 559
――の社会奉仕活動 535
――の社会問題に関する見解 545-547
――の創設 526
――の敵としての政府 547-551
――への改宗 534-537
Eメーター 529, 548, 567（註50）
オーディティング 529-531
オーディティング期間の支払いと―― 531
概観 521
カデット・スクール 537, 566（註33）
教義 542
クリアーと―― 530, 531, 534
クリアウォーター（フロリダ州） 538, 539
訓練 531, 532
結婚式と―― 557
国税局と―― 549
シー・オルグと―― 537
宗教としての―― 540-545
祝日 544
信者数 536
心理学／精神医学と―― 530, 531
スノー・ホワイト作戦と―― 548, 549
セイタンと―― 532, 543
絶縁と―― 544, 545
セレブリティ・センター 556, 557
葬式 543, 544
ダイアネティックス 528-534
中絶／避妊と―― 546, 547
治療の実践について 554, 555
同性婚と同性愛 546
年表 524, 525
ハリウッドとの親交 555-559
批判者への批判 552, 553
フランス／ドイツと―― 550
分派集団 540
米国食品医薬品局（FDA）と―― 548, 567

（註 50）
メスト（MEST）と――　533, 534
抑圧的な人物（SP）と――　553
来世　547
リサ・マクファーソンの死と――　553-555
リハビリテーション・プロジェクト・フォース（RPF）と――　538
礼拝について　542-544
サイクス，グレシャム　552
再洗礼派　80
『ザ・クラフト』（映画）　609
サザーランド，アン　31
サバスデイレイク　195-197
サバト　585
差別
ジプシーと――　26-28, 60-64
定義　60, 61
サマーランド　598
サンクション　108-110
サンダース，アレックス
BoS と――　586
ガードナーと――　586

シーア派　475, 476
シー・オルグ　537
シールズ，ブルック　531
シェーカー教徒
【インターネット情報源】　197
――経済の評価　168-170
――と身体的接触　173, 174
――と訴訟　169, 170
――に対する迫害と起訴　151-153
――による製作物の品質　164, 193
――の遺産　192-195
――の拡大　154, 158-161
――のコミュニティ　161
――の神学　185-189
――の生活の魅力　154-158
――の典型的な一日　176-181
アメリカでの始まり　149-151
安息日　179, 180
「ウィンター・シェーカー」　163
ウォードレー派の宗教的会合と――　146
音楽　167
家具　164, 166
神の二元性と――　185-187
カンタベリー（ニューハンプシャー州）　195
起源　145, 146
教育方針　183, 184
「キリスト再来信仰者連合会」　144
禁止事物　179
経済組織　162-167
経済的安定と――　155, 156
結婚と――　155, 156
現在の状況　195-197
子供たちと――　181-185
再来信仰者の数　159-161
サバスデイレイク（メイン州）　195-197
ジェンダー役割　150, 165
実用主義と――　165, 166
指導者の出現　148
社会組織　170-173
社交性と――　156, 157
準拠集団行動と――　184, 185
情緒性と熱狂的活動　157
食事　176, 177
心霊主義　187-189
衰退　189-192, 195-197
性的欲望と――　146-148
聖務省　172
男女の分離　173-175
ダンス／痙攣運動　180, 189
地上のキリストと――　157-158
秩序について　178, 179
独身主義の強調　186, 192
南北戦争と――　159
肉体労働と――　162-164
年表　150, 151
発明　166
平等と――　194
ファーザー・ディヴァイン運動と――　435, 436
「ファミリー」　171
部外者の見方　181

服装　177, 178, 203（訳註＊7, 8）
「不信心者」と——　175
分業　164, 165
マザー・アン・リーと——　145-154, 163, 186
「焼き尽くされた」地域と——　204
理念型と——　162
礼拝式の例　143-145, 187-189
シェーカーの発明　166
シェーファー，リチャード　64
シェル，ルイーズ　443
ジェレマイア師，A・ライト　510
ジェンダー役割
シェーカー教徒　150, 165
ジプシー　49
定義　49
マザー・アン・リーと——　150
『シオンのものみの塔とキリストの臨在の告知者』（チャールズ・ラッセル編集刊行）　344
持参金 → ダロ
シスター・ジューン（シェーカー教徒）　143
シスター・フランシス（シェーカー教徒）　143-145
シスター・ペニー　414
——の生まれ変わりについて　454
——の家事の切り盛り　416
——の他界　453
——の登場の減衰　452
結婚と——　416
執事（アーミッシュの聖職者）　105
ジハード　476
ジプシー
【インターネット情報源】　68, 69
——の適応能力　65, 66
——のパラドックス　26, 27
American Gypsy（映画）　74（註 40）
アメリカ合衆国　29, 30
移動　21, 22, 25, 46, 47
ヴィツァと——　31, 40, 41
概観　21-24
ガジェ（非ジプシーの人々）と——　23, 26, 29, 32, 34-37, 44, 45, 72（註 4）
ガジェとの結婚　44, 45
家族と社会組織　37-41
教育　22, 48, 67
クリスと——　59, 60
クンパニアと——　51, 52
経済組織　50-52
結婚　41-45
結婚生活　43
言語　21, 24, 72（註 4）
現代期　27-29
ジェンダー役割　49
社会組織　37-41
社会的距離と——　23, 24
社会統制　15, 55-60
自由と——　45, 46
出自　24, 25
初期の歴史　24-30
人口　21, 29, 30, 72（註 2），73（註 21）
シンテと——　25
税金と——　22, 23
占術　52-54
ダロ（持参金）と——　41, 42
展望　66-68
ファミリア　38-40
不法行為　54
偏見／差別と——　26-28, 60-64
ボリと——　43
マリメと——　32-37, 58, 59, 67
有名人　45
用語について　20, 21
ライフサイクル　47, 48
ライフスタイル　45-49
リーダーシップ　56-58
ローマニアと——　55, 56
ロムを研究する難しさ　30-32
『ジプシーの王様』（マーズ著）　20
シモス，ミリアム → スターホーク
シモンズ，メノー　80
社会組織
アーミッシュ　98-100, 120-124, 140（註 22）
エホバの証人　363-371

シェーカー教徒　170-173
ジプシー　23
ファーザー・ディヴァイン運動　432, 433
社会的距離　23
社会統制
ジプシーと——　55-60
定義　55
マリメと——　58, 59
ローマニアと——　55, 56
ロム・バローと——　56-58
ジャクソン，マイケル　393（註29），503, 504
ジャック・モルモン　237, 238
シャバズ，マルコムX→マルコムX
宗教
アーミッシュの——的慣習　103-108
ウイッカと——　603-608
ウォードレー派の集会と——　146
エホバの証人の——的な問題解決的観点　380-384
オナイダ共同体の——的実践　288, 289
サイエントロジー教会と——　540-545
準——　541
ジョン・ハンフリー・ノイズの——への目覚め　279
チャールズ・ラッセルと——　342-344
ファミリアと——的選択　40
ブラック・ナショナリズムの——的表出　479
モルモン教徒のグローバル——的状態　260-262
宗教的な問題解決的観点　380-384
シュープ，アンソン　242
什分の一　238, 239
終末論　360-362
祝日
アーミッシュと——　99
エホバの証人と——　370-372
サイエントロジー教会と——　544
呪術
——に用いられる道具　595
自分を変化させることと——　592
スペルワーク　593-595
『主の帰還の目的とその方法』（チャールズ・ラッセル著）　344
準拠集団　184, 185
準宗教　541
ショアバ，イオン　58
小規模の作業単位（*wortacha*）　52
状況の定義づけ　14, 34, 36, 382
賞賛的な批評　301
商品化　611
ジョーンズ，ジム　455
ジョーンズ，トマス　573, 574
女神　601-603
女性たち
アーミッシュ　115, 116
ウィッチクラフトと——　577-579
オナイダ共同体と——　293-295
シェーカー教徒　150, 165
ジプシー　48, 49
女神と——　601-603
ダイアニック派ウイッカ　602, 603
ネイション・オブ・イスラム（NOI）と——　504-506
モルモン教徒と——　245, 246
ジョセフ派　250
信仰療法師　369
人種統合　430
シンテ（定住型ジプシー）　25
「真理のうちに」　383
心霊主義　187-189

スイス再洗礼派　80
スターク，ロドニー　238
スターホーク　603
スタンレー，エイブラハム　146, 149
スチュアート，パトリック　570, 571
ステーク（モルモン教徒）　228, 229
ステレオタイプ　426, 427
ストルトゥファス，サム　97
スノー・ホワイト作戦　548, 549
スパイ法違反で有罪判決　347
スピレイン，ミッキー　393（註29）
スペルワーク　593-595

スマート，エリザベス　254
スミス，ウェイン　175
スミス，エマ　215
スミス，サミュエル　212, 273（訳註＊14）
スミス三世，ジョセフ　215, 250
スミス・シニア，ジョセフ　205, 208
スミス・ジュニア，ジョセフ
　──が複婚の啓示を受ける　218
　──に対する迫害／死　214
　──による教会の設立　212, 213
　──の最初の宗教的経験　205
　──の妻たち　220
　教育について　259, 260
　金板と──　206-208
　経歴　208, 209
　日の栄えの結婚と──　221
　「焼き尽くされた」地域と──　205
スミス，ハイラム　212, 214, 273（訳註＊14）
スミス，ルイス・J　421, 422, 463（註 8）
スミス，ルーシー　205
スムート，リード　226
スラック，リード　242
スンニ派ムスリム　475, 476

セイヴィル　417-422
税金
　エホバの証人と──　355
　ジプシーと──　22, 23
　ファーザー・ディヴァインと──　428
性行為 → 同性愛
　──における「繁殖」機能　309
　──における「恋愛」機能　309
　エホバの証人の性的態度　364-366
　オナイダ共同体の性的規制　308-310
　快楽のための──*vs.*生殖のための──　309
　シェーカー教徒と──　146, 147, 173-175
　仲介人の利用と──　310-312
　仲間意識の高揚と──　312-314, 327, 328
　ファーザー・ディヴァイン運動と──　416, 433-436
　複合婚と──　307-317
　モルモン教徒と婚前交渉　231, 267（註 19）
聖餐の祝宴（ファーザー・ディヴァイン運動）
　──においてザ・クルセイダーズが歌う　406, 409
　──においてザ・リリーバッズが歌う　405, 409
　──においてザ・ローズバッズが歌う　404, 408
　──における感謝の証言　403-405
　──におけるファーザー／マザー・ディヴァインの登場　401, 402
　──における料理と給仕　402, 403
　祝いの催し　404-407
　会場のしつらえ　401
　説教　407, 408
政治
　アーミッシュと──　130
　モルモン教徒と──　243, 244, 268（註 35）
聖職者（アーミッシュ）　104, 105
成人洗礼 → 洗礼の「信者」
セイタン　532, 533, 543
セーレム　577, 579
世界黒人地位改善協会　479-481
世界ジプシー会議　66
セカンド・アドベンティスト → ミラー派
絶縁　544, 545
絶縁 → マイドゥンク
説教者（アーミッシュの聖書担当の聖職者）　105
「節度ある行動に関する国際規約」（ファーザー・ディヴァインの考案）　434, 435
ゼルナー，ウィリアム　336（註 4），372-377, 381, 443-447
潜在的機能　155, 424-426
占術　52-54
セント・ジョン・ザ・ヴァイン → ヒッカーソン，ジョン
千年王国運動　341, 342, 496, 497
全米黒人地位向上協会（NAACP）　480
全米ジプシー協会　66
洗礼の「信者」（成人洗礼）　80

躁鬱状態（双極性障害）　90

索　引

「憎悪が生み出す憎悪」（ウォレスの特集番組）491, 517（註 26）
葬儀（葬式）
アーミッシュ　91
サイエントロジー教会と――　543
相互批判　299-301
相対的剝奪　102, 103
疎外　427-428
族外婚　111
族内婚　111, 112
空を纏って　580
ソリテア　591, 592

タ

ダイアニック派ウイッカ　602, 603
ダイアネティックス
――の意味　528, 529
――の概観　528-534
オーディティングと――　529-532
『ダイアネティックス』（L・ロン・ハバード著）525, 562（註 1）
第一次集団　13, 286, 383
大恐慌　425, 426
対抗文化 → カウンター・カルチャー
第二次集団　287
対破壊者情報活動（COINTELPRO）　494-496
代理バプテスマ　233, 234
タウナー，ジェームズ・W　328, 329, 332
タウナー支持者　327-329
ダディ・グレイス　439
ダロ（ジプシーの持参金）　41, 42
男性自制　282, 312

「小さな群」　384
「知恵の言葉」　236
膣外射精　312
チャーチ・アーミッシュ → ビーチィ・アーミッシュ
チャップリン，チャールズ　45
仲介人の利用（オナイダ共同体）　310-312
中和の技術　552
超越瞑想（TM）　541

集い（オナイダ共同体における）　305, 306

ディヴァーノ（ジプシーの公開討論）　60
ディヴァイン，メジャー・ジェラス　411 → ファーザー・ディヴァイン
テイラー，ジョン　214
ティルデン（ネブラスカ州）　522
ティンカーズ　72（註 12）
デットマー，ハーバート　605
デュボイス，W・E・B　481
デュルケム，エミール　164, 379
伝道者（エホバの証人）　385, 386

同化　22, 37
同性愛
エホバの証人と――　364
サイエントロジー教会と――　546
トーウェイ，ジェームズ　607
トーマス，ジョン・C　421
「都市のアーミッシュ」（ノンフィクション番組）　126
トマス，ウィリアム・I　36
トラボルタ，ジェット　558, 559
トラボルタ，ジョン　556-559
トンミム　207

ナ

内集団　63, 235
仲間意識の高揚　312-314, 327, 328
納屋の建設技術　88
ナルコノン・プログラム　535
南北戦争（とシェーカー教徒）　159

ニーファイ人　210
二重意識　481
ニッケルマインズ・アーミッシュ学校銃撃事件　122, 123
ニュー・オーダー・アーミッシュ　127
ニューハウス，シュウエル　302-304
人数
アーミッシュ　82, 83

ウイッカ　613-615
エホバの証人　341, 390（註 1）
サイエントロジー教会　536
ジプシー　21, 29, 30, 72（註 2）, 73（註 21）
ファーザー・ディヴァイン運動　448-450
モルモン教徒　260, 270（註 53）

ネイション・オブ・イスラム（NOI）→アリ，モハメド；マルコム X；ムハンマド，イライジャ
【インターネット情報源】　513
――についてのウォレスの特集番組　491, 517（註 26）
――の人種的メッセージ　485, 486
――の創立　484, 485
――の動乱期（1965-1975 年）　495-497
――の包含する千年王国運動　496, 497
W・D・ムハンマドによる変革　497-499
イスラム教と――　489-490
家族生活／ジェンダーと　504-506
教育　506-508
刑務所における布教　491, 492
初期　484-487
女性と――　505
「俗にいう，ニグロ」と――　468
対破壊者情報活動（COINTELPRO）と――　494, 495
転向事例　469-472
年表　484, 485
ファラカーンと――　500-502
ブラック・ナショナリズムと――　478-481
ブラック・ムスリムと――　472
マルヤム・モスク　501
ミリオン・マン・マーチと――　508, 509
ムーリッシュ・サイエンス・テンプル（MST）との関係　481-483
ユダヤ系アメリカ人と――　502-504
ネオ＝ペイガン　572
ネメス，デーヴィッド　37

ノア，ネイサン　348
ノイズ，P・T　331
ノイズ，ジョン　279, 281
ノイズ，ジョン・ハンフリー　272（訳註＊5）
――による大ホールでの演説　288, 289
――による統率の手順　292
――の引退　329, 330
――のヴァーモント州での大陪審への起訴　283
――のカナダへの出発　330
――のカリスマ的権威　278
――の現代的評価　332-334
――の到達地　284, 285
――のニューヨークへの移動　283, 284
――の晩年　332
完全主義と――　280, 281
経歴　278, 279
言葉巧み　338（註 22）
「個別的な愛」と――　307, 338（註 19）
「最初の夫」としての――　328
死産から受けた影響　281, 282
嫉妬について　317
女性の服装について　294, 295
相互批判と――　299-301
男女平等に関する――　293
男性自制と――　282
仲間意識の高揚　312, 313, 327, 328
年表　284, 285
避妊と――　312
不幸について　299
マンション・ハウスと――　285, 286
ミルズについて　310, 311
「焼き尽くされた」地域と――　204, 205
優種育成と――　319-321
余興と――　289, 337（註 5）
リーダーシップの衰退　329
ノイズ，セオドア　313, 329
ノイズ，ピアポント・B　292, 301, 331
農場
アーミッシュ　92-98, 130, 131
エホバの証人　354

ハ

パーカー，ロバート　311

パーティントン，メアリ　151, 152
バート，ジョナサン　284
バーナム，ケネス　433
背教者
　定義　440
　ファーザー・ディヴァイン運動　440-447
　モルモン教徒　250, 251
排斥　364
ハギス，ポール　545
迫害
　エホバの証人に対する——　341, 349
　シェーカー教徒に対する——　151-153
　ファーザー・ディヴァイン運動に対する——　419-422
　マザー・アン・リーに対する——　147, 152, 153
　モルモン教徒に対する——　214, 216
パターソン農場　354, 355
パッカー，ボイド　245
バックランド，レイモンド　583
ハッジ（メッカへの巡礼）475, 493
パトニー集団
　——のニューヨークへの移動　283, 284
　ヴァーモント *vs.* ——　283
　完全主義と——　280, 281
　コミューンとしての——　281
　男性自制と——　282
　配偶者の共有と——　283
『バトルフィールド・アース』（映画）　556, 557
ハバード，L・ロン　562（註1）
　——によるサイエントロジー教会の設立　525, 526
　——の隠遁生活　528
　——の死　526
　——の幼少期　522, 523
　SF作家としての——　524
　愛について　560
　学歴　523
　作家としての経歴　524, 525
　ティルデンと——　522
ハバード，メアリー・スー　524, 528, 548
バプテスマ → 代理バプテスマ
パペット　593
『ハリー・ポッター』シリーズ　608
ハリソン，バーバラ・グリズッティ　349
ハリソン，ベンジャミン　226
ハンター，ハワード　249
ハンドパーティング　597
ハンドファスティング　597
『ハンドブック』（オナイダ共同体）　290
反ユダヤ主義者　503

ピース・ミッション運動 → ファーザー・ディヴァイン運動
ビーチィ・アーミッシュ（チャーチ・アーミッシュ）　101, 127
ビーチィ，モーゼズ・M　127
ピープ・ストーン　208
非公式的な社会統制　55
ヒジャブ（ムスリムのヴェール）　475, 505
ヒッカーソン，ジョン　412, 413, 415, 439
「ビッグ・ラブ」（HBOテレビの連続ドラマ）　255
羊　383
否定的サンクション（アーミッシュ）　109
日の栄えの結婚　221
批判者への批判　552, 553
ピューリタン　575-577
ヒューロ（家長）　56
ヒル，ジェンナ・ミスキャヴィッジ　545
ヒンクレー，ゴードン　249
ビンボ，ティーン　57

ファーザー・ジェホヴィア → モリス，サミュエル
ファーザー・ディヴァイン
　——に対する迫害　419-422
　——についての著作・記事　410, 463（註4, 5）
　——による「節度ある行動に関する国際規約」　434, 435
　——による説教　408
　——の経歴　410-414
　——の再婚　452-454

——の指導部　450-452
——の地下聖堂／書斎　399, 400
——のハーレムでの集会における演説　423, 424
——の発した雇用サービスについての告知　431
——の風采　401, 402
——の魅力　427, 428
ヴェリンダ・ブラウンと——　440, 441
演説者としての——　407, 451
改名について　416, 417
所得税と——　428
人種統合と——　430
セイヴィルでの拘留／有罪判決　421, 422
セイヴィルでの逮捕　420
トミー・ガルシアと——　443-447
「肉体を持つ神」としての——　409
ホテル業と——　429, 430
マザー・アン・リーと——　435
よき隣人としての——　418
ルイス・J・スミス判事の死と——　422, 463（註 8）
ファーザー・ディヴァイン運動 → ファーザー・ディヴァイン；マザー・ディヴァイン；シスター・ペニー
【インターネット情報源】　461
——が運営する店舗　418
——からの離脱者　440-447
——における禁止事項　418, 433-435
——による貧困救済　425, 426
——の会員の種類　448, 449
——の全盛期　448, 449
——の敵　439, 440
——のニューヨーク市時代　414-417
——のハーレムでの集会　423, 424
——への迫害　419-422
「命への聖堂」と——　400
ヴェリンダ・ブラウンと——　440-442
運動の範囲と運営　447-452
永遠の命と——　437-439
会員数　448-450
概観　398
経済構造　428-432
結婚／家族と——　433, 434
顕在的機能と潜在的機能　424-426
現状　458-460
雇用サービス　430-432
シェーカー教徒と——　435, 436
指導部　450-452
社会組織と名称　432, 433
人種のステレオタイプと——　426, 427
セイヴィルと——　417-422
聖餐の祝宴　401-410
性的行為と——　416, 433-436
疎外と——　427, 428
短所　455-457
長所　457, 458
統計データ　448
トミー・ガルシアと——　443-447, 464（註 19）
入信の理由　423-428
年表　412, 413
フィラデルフィアへの移転　442, 443
報酬　436-439
ホテル業　429, 430
マザー・ディヴァインとの面会について　399, 400
ローズバッドと——　399, 400
ファード，W・D
——の失踪　487
——の素性　484
——の「秘められた知恵」　485
ネイション・オブ・イスラムを創始　484, 485
預言者としての——　487-489
ファミリア
——から生ずる問題　39-40
——の様相　38
ヴィツァと——　40, 41
ジプシー　38-40
宗教と——　40
ファミリイ（ファミリアの複合体）　31
ファラカーン，ルイス
——の経歴　500

——の反ユダヤ主義的立場　503
カザフィーと——　501
ネイション・オブ・イスラムと——　500-502
ミリオン・マン・マーチと——　508, 509
フィンク，ロジャー　238
フォーセット，アーサー・H　450
フォード，ハリソン　128
フォックス姉妹　205
フォンセーカ，イザベル　30
複合婚
——*vs.* 個別的な愛　308, 338（註 19）
——における求愛　309
——における実父の確定　310
——における性行為は私事　310
——における仲介人の利用　310-312
——のシステムは複雑でない　308
——の中止　330
答えなき問題　314-317
性的規制　308-310
性的要求の拒絶と——　316
男性自制 *vs.* 膣外射精と——　312
定義　307, 308
複婚
——に関するインターネット情報源　270（註 46）
——に対する外部からの告訴　224, 225
——についてのキンボール・ヤングの報告　223
——についての公式の宣言　225, 226
——の終焉　224-227
原理派と——　251-255
今日の——　253, 254
注目を集めているケース　254, 255
定義　217
始まり　218, 219
破門と——　227
日の栄えの結婚と——　221
複婚家庭　222, 223
複婚に対する立法措置　224, 225, 275（訳註＊29）
複婚の実施　219-221
モルモン教徒と——　217-227
ブジョ（詐欺）　53
不信心者　175
ブダペスト，Z　603
ブッシュ，ジョージ・W　130
物質，エネルギー，空間，時間→メスト（MEST）
ブラウン，ヴェリンダ　440, 441
ブラウン，トマス　440
ブラケット，ジョゼフ　167
ブラザー・アーノルド（シェーカー教徒）　143, 144
ブラック・ナショナリズム
——の概観　478, 479
——の宗教的表出　479
オバマと——　509-511
キリスト教と——　510, 511
世界黒人地位改善協会と——　479-481
対破壊者情報活動（COINTELPRO）と——　494, 495
二重意識と——　481
ネイション・オブ・イスラム（NOI）と——　478-481
ブラック・ムスリム　472, 473
プラット，オーソン　218
プラット，パーリー　213
ブラッドフォード，ケイル・J　574
フラッフィー・バニー症候群　611
フランズ，フレデリック　350
「フリー・ゾーン」　540
ブリガム・ヤング大学（BYU）　259
プリクリアー　530, 531
ブリストル，タミー　573
ブリンナー，ユル　45
「フルーツ・オブ・イスラム」　486
ブルーム・クローゼットから出る　599
プレストン，ケリー　556, 559
プレスリー，エルビス　45
文化　277
文化相対主義　333
分業（シェーカー教徒）　164, 165

ベイカー，ジョージ

——の経歴　410-412
——のジョージア州での福音伝道　413, 414
——の統制力　415, 416
改名に関して　416, 417
結婚と——　416
ニューヨーク市時代の——　414-417
モリス／ヒッカーソンと——　411-413
ベイカー，ナンシーとジョージ・ベイカー・シニア　410
ペイガン　572, 607
米軍　606, 607
米国食品医薬品局（FDA）　548, 567（註50）
米国ホロコースト博物館　61
ヘイズ，アイザック　556
ヘイズ，ポリー　278, 281
ヘイリー，アレックス　490, 493
ヘックス・サイン　96, 140（註18），142（訳註＊1）
ベテル（神の家）　353, 354
ペニナ → シスター・ペニー
変形論　350
偏見
ジプシーと——　27, 60-64
定義　60
ベンソン，エズラ・タフト　248, 249
ベンソン，スティーヴ　248, 249

ホイッテカー，ジェイムズ　151, 152, 158, 163
ホイットマー，デーヴィッド　212, 273（訳註＊13）
ホイットマー，ピーター　212, 273（訳註＊12）
ホゥルトン，ハリエット　281
ホーク，イーサン　63
ホームズ，ケイティ　557
ポール，イライジャ・ロバート　485 → ムハンマド，イライジャ
ホステトラー，ジョン　108
ホックネル，ジョン　151, 152
ボヤッシュ（ルーマニア系ロム）　31
ボリ（新妻）　43
保留性交 → 男性自制

マ

マークス，ジョン　44
マーズ，ピーター　20, 21
マートン，ロバート　64
マイドゥンク（絶縁）　80, 81, 109, 110
マイナーズヴィル対ゴビティス訴訟（国旗敬礼に関する連邦最高裁判決）　349, 350
マクギリス，ケリー　128
マクネマー，リチャード　168
マクファーソン，リサ
——の死　553-555
フォート・ハリソン・ホテル　553, 554
法的解決　554, 555
マザー，コットン　578
マザー・ディヴァイン
——によるプロポーズ　464（註22）
——の経歴　398, 452-455
——の結婚　453
——の容姿　402
永遠の命について　437-439
シスター・ペニーの生まれ変わりとしての——　454
ジム・ジョーンズと——　454, 455
聖餐における——の登場　401, 402
トミー・ガルシアと——　447
面会　399-401
麻酔療法　525
マスターベーション　364
末日聖徒イエス・キリスト教会 → モルモン教徒
マッツァ，デーヴィッド　552
マドンナ（ポップ歌手）　63
マハリシ・マヘーシュ・ヨーギー　541
マリメ（不潔／堕落）
——としてのガジェ　34-37
——とメラロ　34
——の将来的展望　67, 68
衛生学的＝儀礼的分離と——　32-34
社会統制としての——　58, 59
定義　32, 33
同化への障壁　36, 37

どのような状況が――なのか　35, 36
マルコム X
――の暗殺　495, 496
――の経歴　490, 491
イライジャ・ムハンマドとの関係の終焉　492, 493
クルアーンと――　489
主任牧師としての――　488
人種隔離と分離主義について　492
対破壊者情報活動（COINTELPRO）と――　494-496
頭角を現す　491, 492
二重意識と――　481
反ユダヤ主義と――　503
ブラック・ナショナリズムについて　478, 479
ブラック・ムスリムとの関係　472, 473
メッカへの巡礼　493
モハメド・アリと――　470
マンション・ハウス　285, 286, 332, 336（註 4）
マン島　582-584

ミアズ，ジョン　326, 330
ミーチャム，ジョゼフ　150, 151, 158, 163
ミカエル（大天使）　357-359
ミスキャヴィッジ，デーヴィッド
――の経歴　527, 528
――の地位固め　527, 528
トム・クルーズと――　558
ミラー，ウィリアム　344
ミラー，カロル　32, 35
ミラー派
チャールズ・ラッセルの受けた影響　344
「焼き尽くされた」地域と――　204, 271（訳註＊2）
ミリオン・マン・マーチ（MMM）　508, 509
ミリタリー・ペイガン・ネットワーク　607
ミルズ，ウィリアム　298, 310, 311

ムーリッシュ・サイエンス・テンプル（MST）　481-483
『ムーリッシュ・サイエンス・テンプルの聖なるコーラン』（ノーブル・ドリュー・アリ著）　482, 483
ムスリム → イスラム教
ムハンマド（預言者）　474
ムハンマド，W・D
アメリカン・ムスリム協会と――　497-499
父親の死に関して　497
ムハンマド，イライジャ
――が指導者の地位についた当時　488
――とイスラム教　489, 490
――の経歴　487, 488
――の死　497
――のファードによる引き立て　486
――のメッカへの巡礼　493
アッラーとしてのファードと――　487
「俗にいう，ニグロ」について　468
対破壊者情報活動（COINTELPRO）と――　494, 495
マルコム X との関係の終焉　492, 493
ムーリッシュ・サイエンス・テンプル（MST）と――　483
預言者としての登場　487-490
ムハンマド，クララ　488, 507

女神 → 女神（じょしん）
『目ざめよ！』（エホバの証人の刊行物）　353
メスト（MEST）　533, 534
メッセンジャー → ジョージ・ベイカー，イライジャ・ムハンマド
目鼻などがない人形　123
メラロ（汚い）　34
メリノ，ジョン　77（註 91）
メルトン，J・ゴードン　562（註 1）

モートン，アンドリュー　552
モートン，ホームズ　88, 89
モーレス　453
モスク　478
『ものみの塔』（エホバの証人の刊行物）　353, 385
「ものみの塔聖書冊子協会」　391（註 5）→ エホバの証人

ものみの塔聖書冊子協会対ストラットン（連邦最高裁判決）　381
モリス，サミュエル　411-413, 415
モルモン教徒→スミス三世，ジョセフ；ヤング，ブリガム；モルモン書
【インターネット情報源】　234, 262, 263
──と婚前交渉　231, 267（註 19）
──と人種問題　247, 248, 269（註 41）
──と福祉　256-258
──による参加型関与　230, 231
──による代理バプテスマ　233, 234
──の愛国心　242
──の禁制事項　231, 232, 237
──のワードとステーク　228, 229
──への迫害　214, 216
LDS の組織　227-231
エンダウメントと──　236
エンダウメントの儀式　246, 269（註 40）
改宗率と──　241
家族の活力　231-234
教育　258-260
教会幹部　229, 230, 267（註 15）
教徒の数　259, 260, 270（註 53）
金板　206, 207, 211, 212
グローバル宗教　260-262
血縁家族のネットワーク　232, 233
原理派　251-253
今日のモルモン教　255-260
死者の調査と──　233, 234
ジャック・モルモン　237
集団帰属意識　235, 236
什分の一　238, 239
女性の役割　245, 246
政治と──　243, 244, 268（註 35）
聖職者の階級制　227, 228
草創期　212-214
知恵の言葉と──　236-238
知識人と──　244, 245
伝道活動　239-242
道徳を法制化する　238
独特の慣習　235-242
年表　208, 209
背教者たち　250, 251
迫害からの脱出　216
ビジネスと財政上の利害　255, 256
日の栄えの結婚と──　221
部外者からの攻撃　224, 225, 266（註 11）
複婚と──　217-227
複婚の廃止と──　224-227
分派　214, 215
モルモン教の課題　244-251
「焼き尽くされた」地域と──　204-206
有名人　259, 270（註 52）
余波（指導者の死の）　214-217
モルモン書
疑う人と信じる人　211, 212
概要　209-211
起源　206, 207
モルモン・トレイル　216, 274（訳註＊23）
モロナイ　206, 207, 210
モンソン，トーマス・スペンサー　249

ヤ

山羊　383
「焼き尽くされた」地域　204-207
ヤング，キンボール　223
ヤング，ブリガム　214
──による複婚についての公式声明　218
──の経歴　215
──の死　224
──のリーダーシップ継承　214-216
人種問題と──　247, 248
日の栄えの結婚と──　221
複婚の難しさと──　224, 225
モルモン教徒の移住と──　240

優種育成　319-321
優種育成計画　317-321
優生学　318, 319
輸血　368, 369
ユダヤ教
──とイスラム教との共通点　473, 474
ネイション・オブ・イスラムと──　502-504

ヨァーズ，ヤン　25
ヨーダー対ウィスコンシン州（最高裁判決）　120
抑圧的な人物（SP）　553
「ヨナダブたち」　384
より高い忠誠心の訴え　552
四元素　596

ラ

ラーセン，ドン　606
来世
　ウイッカと――　598
　サイエントロジー教会と――　547
ライト，ルーシー　158, 161
ラザフォード，ジョセフ　347, 360
ラッセル，イライザ　342
ラッセル，ジョセフ・L　342, 344
ラッセル，チャールズ
　――による「シオンのものみの塔」設立　344, 345
　――の経歴　342
　――の宗教の拒絶　343
　――の初期の宗教的活動　342-344
　かすかな醜聞　346
　個人的特徴　345
　千年王国運動の影響　344, 345
　組織の歴史の脚注としての――　346
　外れた予言と――　359, 360
ラッセル，マリア　346
ラム・スプリンガ（「走り回る」の意）　125, 126
ランドン，ロバート　605

リー，アン → リー，マザー・アン
リー，ウィリアム　151-153
リー，ジプシー・ローズ　45
リー，ジョン・D　220
リー，スパイク　490
リー，マザー・アン
　――に対する迫害　147, 152, 153
　――の経歴　145
　――の死　152-154
　――の死因　153
　――の直面した困難　150, 151
　アメリカでの始まりと――　149-151
　ウォードレー派と――　145, 146
　シェーカー教徒の指導者となる　148
　ジェンダー役割と――　150
　時間について
　性的欲望と――　146-148
　地上のキリストとしての――　157, 158, 186
　ファーザー・ディヴァインと――　435
　「焼き尽くされた」地域と――　204, 271（訳註＊3）
　労働について　162-164
リー，ロナルド　32
リード　588
リード，デーヴィッド　370
リグドン，シドニー　213
リチャーズ，ウィラード　214, 273（訳註＊17）
リッチングス，エドナ・ローズ → マザー・ディヴァイン
リトル，フィルバート　491
リトル，マルコム → マルコムX
理念型　162
リハビリテーション・プロジェクト・フォース（RPF）　538
リリーバッズ　405, 436
リンカーン，C・エリック　503
リンカーン，エイブラハム
　シェーカー教徒と――　159
　複婚と――　224, 275（訳註＊29）

「レイノルズ対合衆国」訴訟（最高裁判決）　225
礼拝堂（シェーカー教徒）　143
レーマン人　210

ローズバッド
　――の歌唱　404
　――の服装　399
　処女性と――　436
ローソン，ロバート・C　439
ローマニア（ジプシーの生活様式／世界観）　55, 56
ローラーブレード　97

ロバートソン，ウィリアム・“キャプテン・ビル”
540
ロマーニ（ジプシーの言語）21
ロム → ジプシー
ロムニー，ミット 243, 268（註 35）
ロムニシャル（英国系ジプシー）31
ロム・バロー（ビッグ・マン）56-58

ワ

ワード（モルモン教徒）228, 229
若い女性の教育クラス 486
罠ビジネス（オナイダ共同体）302-305, 337
（註 14）
「われらが主に大いなる栄光あれ」集会 423,
424

松野弘（まつの　ひろし）
一九四七年岡山県生まれ。早稲田大学第一文学部社会学専攻卒業。現在、千葉商科大学人間社会学部教授。博士（人間科学）。専門領域は環境思想・環境社会論、産業・地域社会論。著訳書『現代環境思想論』（ミネルヴァ書房）、『入門企業社会学』（同）ほか多数。

徳永真紀（とくなが　まき）
広島大学大学院修了、博士（学術）。現在、専攻テーマだったアメリカ史・エスニシティ研究者。論文「日系アメリカ人強制立ち退き・収容政策の再評価」、「文化多元主義と社会統合――マイノリティ集団と多元的共生の可能性」ほか。

松野亜希子（まつの　あきこ）
お茶の水女子大学大学院修了。イギリス文学、比較文明・文化論専攻。現在、明治大学などの講師。論文「*Oroonoko; or, The Royal Slave* における王権と「書く女」の文化的権威」、「*Howards End* における隠された同性愛」ほか。

脱文明《だつぶんめい》のユートピアを求《もと》めて
二〇一五年九月二五日　初版第一刷発行

著　者　リチャード・T・シェーファー
　　　　ウィリアム・W・ゼルナー
監訳者　松野《まつの》弘《ひろし》
訳　者　徳永《とくなが》真紀《まき》／松野《まつの》亜希子《あきこ》
発行者　山野浩一
発行所　株式会社筑摩書房
　　　　東京都台東区蔵前二―五―三
　　　　郵便番号一一一―八七五五
　　　　振替〇〇一六〇―八―四一二三
装幀者　神田昇和
印刷所　株式会社加藤文明社
製本所　牧製本印刷株式会社

ISBN 978-4-480-84304-3 C0036

乱丁・落丁本の場合は左記宛にご送付下さい。送料小社負担でお取り替えいたします。ご注文、お問い合わせも左記へお願いいたします。
さいたま市北区櫛引町二―六〇四　筑摩書房サービスセンター
〒三三一―八五〇七　電話　〇四八―六五一―〇〇五三